Streitkultur

Wolfram Mauser / Günter Saße (Hgg.)

Streitkultur

Strategien des Überzeugens im Werk Lessings

Referate der Internationalen Lessing-Tagung der
Albert-Ludwigs-Universität Freiburg und der Lessing Society
an der University of Cincinnati, Ohio/USA,
vom 22. bis 24. Mai 1991 in Freiburg im Breisgau

herausgegeben von
Wolfram Mauser und Günter Saße

Max Niemeyer Verlag
Tübingen 1993

Gedruckt mit Unterstützung der Deutschen Forschungsgemeinschaft, der Stadt Freiburg und der Wissenschaftlichen Gesellschaft in Freiburg im Breisgau

Redaktion, EDV-technische Einrichtung und Gesamtbetreuung des Bandes: Antje Schädel

Die Durchführung der Tagung erfolgte in Zusammenarbeit mit dem Lessing-Museum in Kamenz.

Die Deutsche Bibliothek – CIP-Einheitsaufnahme

Streitkultur : Strategien des Überzeugens im Werk Lessings ; Referate der Internationalen Lessing-Tagung der Albert-Ludwigs-Universität Freiburg und der Lessing Society an der University of Cincinnati, Ohio/USA, vom 22. bis 24. Mai 1991 in Freiburg im Breisgau / hrsg. von Wolfram Mauser und Günter Saße. – Tübingen : Niemeyer, 1993.
NE: Mauser, Wolfram [Hrsg.]; Internationale Lessing-Tagung <1991, Freiburg, Breisgau>; Universität <Freiburg, Breisgau>

ISBN 3-484-10695-6

Satz: ScreenArt GmbH & Co. KG
Druck: Gulde-Druck GmbH, Tübingen
Einband: Heinr. Koch, Tübingen

Inhalt

VI

VIII

Siglen-Verzeichnis

LM   Sämtliche Schriften. Hg. von Karl Lachmann, dritte, auf's neue durchgesehene und vermehrte Aufl., besorgt durch Franz Muncker, 23 Bde., Stuttgart (Bd. 12ff.), Leipzig (Bd. 22f.), Berlin und Leipzig 1886-1924. Reprint: Berlin 1968.

PO   Werke. Vollständige Ausgabe in fünfundzwanzig Teilen. Hg. von Julius Petersen und Waldemar von Olshausen, 25 Teile, 3 Anmerkungs- und 2 Registerbände, Berlin und Leipzig 1925-1935. Reprint: Hildesheim und New York 1970.

R   Gesammelte Werke. Hg. von Paul Rilla, 10 Bde., Berlin 1954-1958. 2. Aufl.: Berlin und Weimar 1968.

G   Werke. In Zusammenarbeit mit Karl Eibl, Helmut Göbel, Karl S. Guthke, Gerd Hillen, Albert von Schirnding und Jörg Schönert hg. von Herbert G. Göpfert, 8 Bde., München 1970-1979.

B   Werke und Briefe in zwölf Bänden. Hg. von Wilfried Barner zusammen mit Klaus Bohnen, Gunter E. Grimm, Helmuth Kiesel, Arno Schilson, Jürgen Stenzel und Conrad Wiedemann, Frankfurt a. M. 1985ff.

Vorwort

›Streitkultur‹ – das Wort verbindet zwei Bereiche, die für gewöhnlich als schwer vereinbar gelten. Wo Kultur herrscht, so die Annahme, geht man verständig miteinander um, geht es um ein harmonisches Miteinander, nicht aber um das Disparate eines Gegeneinander, nicht um Entzweiung und Feindschaft, nicht um verbale Aggression und Kommunikationsabbruch. ›Streitkultur‹ – das Wort zeigt ein Spannungsfeld an, dem nachzugehen ist: Wie kann man streiten, ohne sich zu entzweien? Wie kann man kontrovers miteinander umgehen, ohne die Basis einer Gemeinsamkeit, die im Willen zur Verständigung gründet, zu zerstören? Wie kann man verhindern, daß der Pluralismus der Meinungen in fatalem Dissens mündet? Das sind Fragen von elementarer Wichtigkeit gerade auch in Zeiten, in denen überkommene Gewißheiten und die sie legitimierenden Weltbilder fraglich geworden sind.

Nicht von ungefähr wird in der Epoche der Aufklärung der Streit im Sinne von Kritik zu einem beherrschenden Thema und zu einer prägenden Praxis für viele Angehörige der mittelständischen Intelligenz. Aufklären kann mit einem herrschaftlichen Gestus verbunden sein: Der Wissende lüftet den Schleier, bringt für den Unwissenden Licht ins Dunkel. Aufklärung kann aber auch das Gegenteil meinen: die Absage an die Autoritäten von ›Wissen‹ und ›Wahrheit‹, die Suspendierung jeden Anspruchs auf Verkündigung, stattdessen die Öffnung eines kommunikativen Raumes, der sich als Offerte zur Teilnahme am gemeinsamen Räsonnement versteht, getragen von der Überzeugung, daß sich, zumal in Fragen des ›rechten Lebens‹, ›Wahrheit‹ allein in den Anerkennungsakten der am Diskurs Beteiligten herstellt. Hier hat der Streit als Element einer konsensualen Kommunikation seinen genuinen Ort. Er enthält Momente der Auseinandersetzung, der Differenz, des Trennenden; zugleich aber entsteht durch ihn immer auch Zusammenhang und Bindung. So ist der Streit, indem er das Kontroverse sichtbar macht, auch eine Form der Vergesellschaftung, die ihre einende Kraft in dem Bestreben hat, zu Einsichten zu kommen, die zustimmungsfähig sind. Es ist der Streit, der die ›Wahrheit‹ aus ihrer vertikalen Verankerung in religiösen oder auch rationalistischen Sinnhorizonten löst und sie als Produkt kommunikativer Auseinandersetzung in den zwischenmenschlichen Bezug rückt. Die Sprache dient dabei nicht der Übermittlung des schon Erkannten, das Sprechen, der Dialog, die Debatte, der Austausch von Argumenten bezeichnen vielmehr den Weg, auf dem Erkenntnis möglich wird. Gegen den Dogmatismus des Wahrheitsbesitzes steht so der Kritizismus einer Wahrheitssuche, die den Weg, die streitende Auseinandersetzung um das, was richtig ist, und nicht das Ziel, die fixierte rechte Einsicht, zum Medium menschlicher Erkenntnis erhebt. Eine solche Erkenntnis bleibt sich ihres vorläufigen Charakters bewußt.

Mit guten Gründen wird das Thema ›Streitkultur‹ auf Person und Werk Lessings bezogen. Exemplarisch hat Lessing vorgelebt, was es heißen kann, sich und die Sache dem Streit auszusetzen. Sein Beispiel zeigt, wie sich dabei Polemik und Wissen, Temperament und Gegenstand verquicken. Auch wenn sich Lessing in der Praxis gelegentlich zu verletzender Schärfe hinreißen ließ – programmatisch geht es ihm nicht darum, recht zu behalten oder recht zu haben, sondern darum, durch den Streit eine kommunikative Gemeinsamkeit zu stiften, dies in der Gewißheit, daß die Freiheit der Gedanken dazu beitragen kann, sich der ›Wahrheit‹ anzunähern:

> Schreibt man denn nur darum, um immer Recht zu haben? Ich meine mich um die Wahrheit eben so verdient gemacht zu haben, wenn ich sie verfehle, mein Fehler aber die Ursache ist, daß sie ein anderer entdeckt, als wenn ich sie selbst entdecke. (G 6, S. 379)

Gegen die Egozentrik eines Streites, bei dem es um den Sieg geht, gegen die instrumentelle Funktionalisierung von Rede und Schrift, die den Kontrahenten zum Feind macht, den es zu ›vernichten‹ gilt, hebt Lessing die dem Streite selbst innewohnende Dynamik hervor, die die Streitenden in dem Wunsch verbindet, sich nicht mit vorgegebenen oder vorschnellen Antworten zufriedenzugeben. Denn wer immer schon vorweg weiß, was recht und richtig ist, denkt und agiert dogmatisch; was aber jeglichen Dogmatismus auflöst, das ist für Lessing der Streit, durch den tradierte Wahrheiten zurückgeführt werden auf das, was sie im Horizont des Denkenden sind: bloße Hypothesen, Debattenbeiträge in einem allgemeinen Räsonnement, das in den Verfestigungen von Wahrheitsbehauptungen nicht mehr sieht als Beiträge zu einer fortdauernden Kontroverse. Vor diesem Hintergrund versteht sich das Motto der Tagung:

> Es sei, daß noch durch keinen Streit die Wahrheit ausgemacht worden: so hat dennoch die Wahrheit bei jedem Streite gewonnen. Der Streit hat den Geist der Prüfung genährt, hat Vorurteil und Ansehen in einer beständigen Erschütterung erhalten; kurz, hat die geschminkte Unwahrheit verhindert, sich an der Stelle der Wahrheit festzusetzen. (G 6, S. 407)

Lessings programmatische Rechtfertigung des Streites sollte Ferment der gemeinsamen Arbeit der Tagungsteilnehmer sein. Nachdenken über ›Strategien des Überzeugens‹ hieß auch, sich streitend über strittige Themen zu verständigen, über den Streiter und den Umstrittenen, über den Meister des Streitdialogs und über den umstrittenen Polemiker in Fragen der Dichtung, der Theorie und der Theologie.

Die unter dem Thema ›Streitkultur‹ ausgeschriebene Tagung fand sehr große Resonanz. Die Zahl der Anmeldungen für Referate übertraf nicht nur die Erwartungen, sondern auch den finanzierbaren Rahmen bei weitem. In sechs Hauptreferaten und in fünf Sektionen diskutierten Germanisten, Theologen, Historiker und viele am Werk Lessings Interessierte über ein breites Spektrum von Fragen zum Thema ›Streitkultur‹. Die Beiträge werden hier – von wenigen Ausnahmen abgesehen – nach Haupt- und Sektionsreferaten getrennt in alphabetischer Reihenfolge veröffentlicht. Fast alle Manuskripte wurden für den Druck überarbeitet. Referentinnen und Referenten, die bereit waren, ihre Beiträge für die Veröffentlichung zu kürzen, möchten wir ausdrücklich Dank sagen.

Die Deutsche Forschungsgemeinschaft, das Ministerium für Wissenschaft und Kunst Baden-Württemberg, das Kulturamt der Stadt Freiburg, der Deutsche Akademische Austauschdienst, die Robert-Bosch-Stiftung Stuttgart, das Regierungspräsidium Freiburg und die Werbung im Südwest-Funk GmbH unterstützten die Tagung finanziell. Die Deutsche Forschungsgemeinschaft, die Stadt Freiburg und die Wissenschaftliche Gesellschaft in Freiburg im Breisgau förderten darüber hinaus den Druck des vorliegenden Bandes. Allen Institutionen danken wir für die großzügige Unterstützung. Für die Mithilfe bei der Einrichtung und Korrektur der Manuskripte sowie der Herstellung der Register sagen wir Ellen Biesenbach, Felicitas Hillmann, Regina Kraus, Anneliese Pachaly und Franziska Schößler herzlichen Dank.

Die Herausgeber

HAUPTVORTRÄGE

Wolfram Mauser

Streit und Freiheitsfähigkeit

Lessings Beitrag zur Kultur des produktiven Konflikts

Lassen Sie mich mit einer persönlichen Bemerkung beginnen, die eine für unsere deutsche Tradition erhellende Seite hat. Als ich 1968/69 als Gastprofessor an der Universität Cincinnati in den USA lehrte, war dort, im Mittleren Westen, in einer für das europäische Bewußtsein fernen Region, eben eine Lessing Society gegründet worden. In der Zwischenzeit liegt das Jahrbuch dieser Gesellschaft, das *Lessing Yearbook*, in mehr als zwanzig stattlichen Bänden vor. Lessing war in Deutschland meines Wissens nie ›vereins-würdig‹ oder ›gesellschafts‹-fähig; dort in Cincinnati aber, das 1788 (wie es im Lexikon heißt) als Siedlung »am Übergang mehrerer Indianerwege über den Ohio errichtet« wurde, das also noch nicht existierte, als *Nathan der Weise* entstand, ging man daran, Lessing-Forschung, Kulturarbeit im Geiste Lessings zu institutionalisieren. Ich fragte mich damals, woran es liegen mag, daß Derartiges in Deutschland nie geschehen ist. Nun, wir wissen, daß inzwischen die Herzog-August-Bibliothek in Wolfenbüttel und die dortige Lessing-Akademie zu bedeutenden Zentren der Lessing-Forschung geworden sind. Und wir wissen auch, daß man in Kamenz, dem Geburtsort Lessings, unter schwierigen äußeren Bedingungen die Erinnerung an Lessing wachgehalten hat. Nicht erst in unserem Jahrhundert tun sich die Deutschen mit Lessing schwer. Die Geschichte der Lessing-Forschung und der Aufnahme des Werkes bim Publikum steckt voller Widersprüche. Die Lessing-Tagung der kommenden Woche in Kamenz, dem Geburtsort des Dichters, wird sich mit diesen Widersprüchen auseinandersetzen.

Der Versuch einer Antwort auf die Frage, was Lessing für das moderne Zeitalter und für die Deutschen insbesondere bedeutet, führte zur Konzeption dieser Tagung, die Herr Saße und ich in vielen Gesprächen erörterten und in die Anregungen vieler Kollegen eingegangen sind, für die wir ausdrücklich danken.

*

Im *Contrat social* des Jean-Jacques Rousseau steht der Satz: »Der Mensch ist frei geboren, und überall liegt er in Ketten.«[1] Der Kulturhistoriker Peter Gay sieht in der Aufklärung zurecht den Versuch, eine ›science of freedom‹ hervorzubringen.[2] Eine solche Wissenschaft hatte zweihundert Jahre lang kaum eine Chance, und auch heute haben wir bestenfalls Ansätze dazu. An dem, was an Freiheits*bewußtsein* aber dennoch entwickelt werden konnte, hat Lessing – jedenfalls für Deutschland – unbestreitbaren Anteil.

Nicht als Philosoph der Freiheit wirkt er bis in unsere Zeiten fort, wohl aber als Dichter und Kritiker, dessen Person und Werk für den Willen und die Fähigkeit zur Freiheit steht. Die Kühnheit und Unerschrockenheit seines Auftretens haben mehr bewirkt, als seine Kontroversen an Klärung in der Sache zustande bringen konnten. So überrascht es nicht, daß man sich nach dem Zweiten Weltkrieg, noch unter dem Eindruck politisch-staatlicher Katastrophen und vor die Aufgabe gestellt, eine freiheitliche Gesellschaftsordnung geistig zu fundieren und auszubauen, ausdrücklich auf das Beispiel Lessing berief. Ich erinnere an die Worte Gustav Heinemanns, des Bundespräsidenten der Jahre 1969 bis 1974, dem 1974 der Lessing-Preis der Stadt Hamburg verliehen wurde: »Wer Freiheit als eine aufklärerische Aufgabe versteht, muß bereit sein, auch Widerspruch hervorzurufen. Wer Anstoß geben will, muß auch Anstoß erregen können. [...] Aufklärung, Widerspruch und Anstoß sind miteinander verwandt und allesamt Kinder der Freiheit.«[3] »Was not tut«, so der Titel seiner Dankesrede, »wäre ein Lessing der Freiheitsbewegungen.« Ich füge noch eine Äußerung Hannah Arendts an, auch sie Lessing-Preis-Trägerin, deren »Gedanken zu Lessing« um Begriffe wie Mut, Selbstdenken, Wahrheit und Freundschaft kreisen. In der Bewegungsfreiheit sieht sie die historisch älteste und elementarste Freiheit. Das Aufbrechen-Können, wohin man will, sei die ursprünglichste Gebärde des Freiseins, wie umgekehrt in der Einschränkung der Bewegungsfreiheit seit eh und je die Vorbedingung der Versklavung gelegen habe. Der innere Drang aufzubrechen – denkend und handelnd –, die Kraft des Sich-Lösens aus überlebten Strukturen kennzeichne mehr als anderes die Leistung Lessings. Hannah Arendt zitiert sein Wort vom »sklavischsten

---

[1] Jean-Jacques Rousseau: Kulturkritische und politische Schriften in 2 Bänden. Hg. von Martin Fontius. Berlin 1989. Bd. 1, S. 382.

[2] Dazu auch: Hartmut von Hentig: Die Erziehung des Menschengeschlechts. Ein Plädoyer für die Wiederherstellung der Aufklärung. In: Der Traum der Vernunft. Vom Elend der Aufklärung. Darmstadt und Neuwied 1985 (SL 571), S. 105–124, bes. S. 109–110.

[3] Gustav W. Heinemann: Was not tut, wäre ein Lessing der neuen Freiheitsbewegungen. In: Volker F. W. Hasenclever (Hg.): Reden zum Lessing-Preis. Denken als Widerspruch. Frankfurt a. M. 1982, S. 116–121; Zitat S. 120.

Lande Europas«, in dem er lebe, und beruft sich auf ihn als deutschen Kron-
zeugen für Toleranz und Freiheitswillen, und das bedeutet für sie: »Menschlichkeit in finsterer Zeit.«[4]

Freiheit (im Denken der Neuzeit) ist zunächst ein abstrakter Begriff. Zur
lebendigen Erfahrung wird sie nicht durch die bloße Abwesenheit von Einschränkung und Zwang, sondern erst durch die darauf sich gründende Suche
nach Wahrheit. Die Freiheit des Suchens aber setzt die Möglichkeit zum Streit
voraus. Das Grundrecht auf Freiheit ist als Prinzip unbestritten. Gilt dies auch
für den Streit? Ich meine: Freiheit und Streit sind zwei Seiten einer Medaille.
Der freiheitsfähige Lessing ist auch der streitbare. Der streitende Lessing setzt
allemal Zeichen des Freiheitswillens. Mit der Wahl des Themas ›Streitkultur‹
(übrigens lange, bevor politische Parteien und Medien im Lande diesen Begriff
zu besetzen versuchten) wollen wir an jenen Lessing erinnern, der Mittel und
Wege fand, in dem wenig kritikgewohnten obrigkeitlichen Deutschland des
18. Jahrhunderts öffentliches Raisonnement zu erzwingen. Streitkultur also am
Beispiel Lessings, am Beispiel des Mannes, der wie kein anderer den Habitus
streitbarer Kritik in Deutschland verkörpert. In vielen Referaten und Diskussionen wird dieser Lessing Gegenstand der Arbeit der nächsten Tage sein.

Im Vorfeld dazu möchte ich einige Fragen stellen und einige Gedanken
entwickeln. Wie kann man in einem Lande, in dem die Obrigkeit autoritär
herrscht, Kritik zur Gewohnheit machen? Sollte man dem Streit nicht eher aus
dem Wege gehen? – um des lieben Friedens willen. Oder ist Streit ein Faktor
der Kultur? Brauchen wir so etwas wie eine Kultur des Streitens, einen Konsens
über die Art und Weise, mit dem Dissens kommunikativ, also nicht-autoritär
umzugehen? Und hätte dann nicht, um mit Lessing zu sprechen, die Wahrheit
bei jedem Streite gewonnen? Und die Freiheit, füge ich hinzu.

Die Themen ›Kritik‹ und ›Streit‹ bei Lessing sind nicht neu;[5] auch die
Versuche sind es nicht, das Faszinierende der intellektuellen Statur des Mannes
zu beschreiben: seine stupende Belesenheit, seine durchdringende Gelehrsamkeit, seinen sicheren Blick für das Grundsätzliche, seinen Mut, angemaßte

---

4 Hannah Arendt: Von der Menschlichkeit in finsteren Zeiten. In: Hasenclever (Anm. 3), S. 39–
66; Zitate S. 44 und S. 39.
5 Norbert W. Feinäugle: Lessings Streitschriften. Überlegungen zu Wesen und Methode der literarischen Polemik. In: Lessing Yearbook 1 (1969), S. 126–149. – Volker Noelle: Persuasive Strategie. In: Subjektivität und Wirklichkeit in Lessings dramatischem und theologischem Werk.
Berlin 1977, S. 214–285. – Wolfram Mauser: Toleranz und Frechheit. Zur Strategie von Lessings
Streitschriften. In: Peter Freimark u. a. (Hg.): Lessing und die Toleranz. München 1986, S. 276–
290. – Albrecht Schöne (Hg.): Kontroversen, alte und neue. Akten des VII. Internationalen
Germanisten-Kongresses. Göttingen 1985. Bd. 2. – Franz Josef Worstbrock und Helmut Koopmann (Hg.): Formen und Formgeschichte des Streites. Der Literaturstreit. Tübingen 1986.

Autorität nicht gelten zu lassen, seine Entschlossenheit, dafür Nachteile und Repressalien in Kauf zu nehmen; aber auch seine Lust am Erkennen, seine Leidenschaft, sich für das als richtig Erkannte in die Bresche zu werfen; und nicht zuletzt: die meisterhafte Kunst der Disputation, seine nie versagende List, das treffende Argument im rechten Augenblick zu setzen. Lessings Biographie liest sich wie die leidvolle Probe auf das Exempel eines freimütig-offenen, die eigene Existenz nicht schonenden, aber auch Irrwege riskierenden Denkens.

Die deutschen Verhältnisse des 18. Jahrhunderts im Blick haltend frage ich: Wie konnte es Lessing gelingen, sich als Autor in so ungewöhnlichem Maße einen Freiraum des Denkens und Sprechens zu schaffen? Einem Lessing, dessen Leben und Wirken umstellt war von kirchlichen und staatlichen Autoritäten, die Anerkennung und Gehorsam forderten; von machtvollen Amtsträgern, die es gar nicht nötig hatten, sich auf einen Wettstreit der Argumente einzulassen; von einer Zensur, die sich auf Verdächtigungen, Verleumdungen und Unterstellungen stützte und deren Sanktionsgewalt jeder kritische Kopf zu fürchten hatte. Ohne Zweifel, das Druckprivileg des Hofs in Braunschweig schützte Lessing eine Zeitlang vor Verbot und vor dem unmittelbaren Zugriff auf das Gedruckte; doch wir wissen, wie wenig dauerhaft dieser Schutz war. Als er versagte, blieb Lessing, wenn er überhaupt noch publizieren wollte, nichts anderes übrig, als das provokativ Gemeinte seiner Kritik herunterzuspielen und um die ›richtige‹ Einschätzung seiner Absichten zu bitten. Am Ende hatte er nur noch die Wahl, in die fiktionale Gattung seines ›dramatischen Gedichts‹ *Nathan der Weise* auszuweichen. Die selbstbewußten, aber dennoch demütigenden Bittbriefe an den Landesherrn unterzeichnete Lessing mit den Worten: »Ich ersterbe in tiefster Devotion. Ewr. Durchlaucht untertänigster Knecht, Lessing.« (G 8, S. 614) Gewiß, dies war eine der Formeln für den Umgang mit der Obrigkeit. Doch es ist schwer vorstellbar, daß Lessing diese Worte nicht in ihrem wörtlichen Sinne als treffende Beschreibung herrschender Unfreiheit empfunden haben sollte.

Wie konnte es einem Manne wie Lessing also gelingen, die Barrieren, die Kirche und Staat errichtet hatten, zu durchbrechen und Akte der Freiheitsbekundung zu setzen? Für den Gelehrten, den Kritiker, den Dichter hieß dies: sich in demonstrativer Weise auf das eigene Urteilsvermögen zu stützen, sich aus festgelegten und festgefahrenen Schemata zu lösen, ja offensiv gegen sie anzugehen, denn (um mit Kant zu sprechen): »Hier ist überall Einschränkung der Freiheit.«[6] In seinem berühmten Aufsatz *Beantwortung der Frage: Was ist*

---

[6] Immanuel Kant: Beantwortung der Frage: Was ist Aufklärung? (1783), zitiert nach: Norbert Hinske (Hg.): Was ist Aufklärung? Beiträge aus der Berlinischen Monatsschrift. Darmstadt 1973, S. 455.

Aufklärung? äußerte der Königsberger Philosoph die Gewißheit, daß sich der »Hang und Beruf zum freien Denken« [des Gelehrten] »auf die Sinnesart des Volks« auswirke und daß sie dazu führten, daß dieses (das Volk) der »Freiheit zu handeln nach und nach fähiger« werde[7]. Kein Zweifel: Was Kant 1784 für den einzelnen forderte, nämlich das Recht, »von seiner Vernunft in allen Stücken öffentlichen Gebrauch zu machen«[8], das praktizierte Lessing Jahre davor so konsequent wie kaum jemand: die freie Rede als Ausdruck des ›freien offenen Kopfes‹. (B 8, S. 512) Freiheitsfähigkeit realisierte sich für Lessing aber nicht in Forderungen, Bekundungen oder hymnischen Evokationen, wie Zeitgenossen sie verfaßten, so auch Lessings Freund Mylius, dessen Apotheose der *Freyheit* 1754 noch deutlich neostoische Züge trug: »Frey will ich reden, thun und denken; / Die Freyheit lohnt mit Glück und Ruh.«[9]

Freiheitsfähigkeit tritt dem Leser von Lessings Schriften zuallererst im Gestus des Redens, des Schreibens entgegen. Sprachhandelnd erzeugt Lessing einen Freiraum, den ihm die politisch-gesellschaftlichen Verhältnisse, die Obrigkeit so nicht gewährten. Dieser durch die Art des Redens/Schreibens prätendierte Freiraum war für ihn je und je neu herzustellen. Dafür entwickelte Lessing Muster einer Streitdiktion, die sich als äußerst wirksam erwiesen. Ich gebe einige Beispiele dafür (aus den *Briefen antiquarischen Inhalts* – B 5/2, S. 353–618): Und nun lassen Sie mich es gerade herausagen (S. 459); Sie werden mich fragen (S. 529) –; Nun sagen Sie mir, heißt das Quellen brauchen? (S. 402) Ich denke so! (S. 488) Und nun überlegen Sie (S. 490); Es würde mir schwerlich eingefallen sein (S. 515); Wahrhaftig, Sie haben Recht: das hätte ich bedenken sollen (S. 293); Wollen Sie zweifeln? (S. 491) Ich bitte Sie, mein Freund, lesen Sie das noch einmal; – und noch einmal (S. 497); Kurz, wenn ich schon nicht behaupten wollte [...], so darf ich doch rühmlich leugnen (S. 457). Dem Hauptpastor Goeze gegenüber (*Anti-Goeze 1* – G 8, S. 160–166): »*Lieber Herr Pastor*, Poltern Sie doch nicht so in den Tag hinein: ich bitte Sie. [...] *Überschreien* können Sie mich alle acht Tage: Sie wissen, *wo. Überschreiben* sollen Sie mich gewiß nicht.« (S. 160) »Und nun, Herr Pastor, sein Sie auf Ihrer Hut!« (S. 165) Und andererseits: »Bin ich *mir* denn nun nichts? Habe ich keine Pflicht gegen mich selbst, meine Beruhigung zu suchen, wo ich sie zu finden glaube? Und wo konnte ich sie besser zu finden glauben, als bei dem Publico?« (G 8, S. 247)

---

[7] Ebd., S. 464–465.

[8] Ebd., S. 155.

[9] Christlob Mylius: Vermischte Schriften. Hg. von Gotthold Ephraim Lessing. Berlin 1754, S. 460.

Die Kontroverse in der Sache: Widerspruch, Widerlegungen, Umwertungen fügt Lessing, hier wie häufig, in eine Form dialogischen Sprechens, die die Gegenrede, die vorhersehbaren Argumente des Widersachers mit in Szene setzt. Lessing öffnet sich auf diese Weise demonstrativ für das sonst verweigerte Gespräch. Dabei gelingt es ihm (mit Hilfe sprachlicher Mittel), einen geistigen Raum für den Austausch von Argumenten herzustellen. Durch die besondere Art dialogischen Schreibens werden auch Amtsinhaber und Würdenträger auf ein Spiel der Rede und Widerrede festgelegt, das sie eigentlich nicht billigen, und damit auf Lessings Verfahren der Wahrheitssuche. Und indem sich der Leser darauf einläßt, wird er in den durch den Sprechgestus gesetzten Freiraum hineingezogen, den er im Akt der Rezeption gleichsam gegenzeichnet. Unversehens wird er zum Mitsuchenden, praktiziert er eine Form des Selbstdenkens und eine Eigenwilligkeit den Oberen gegenüber, die ihn dazu ermutigen kann, auch sonst von seiner Vernunft freien Gebrauch zu machen. Freiraum des Geistes läßt sich offenbar durch nichts so wirksam herbeiführen wie durch den Streit. Man versteht, warum sich Lessing potente Widersacher wünscht. Nicht nur, daß ihn der Gegner, »der jeden Schritt des Feldes streitig zu machen verstehet« (B 6, S. 762), zu kritischer Prüfung der Sache herauszufordern vermag, in der Kontroverse sieht er auch den sichersten Schutz vor eigenem vorschnellem Urteil, eigenem Dünkel und eigener Überheblichkeit, davor, sich selbst als Instanz der Wahrheit zu setzen, zum Priester oder Propheten zu machen. Der Geist freimütigen Prüfens (G 5/2, S. 554, 568 und 581) ist unteilbar. Gewiß, dort wo Lessing den Angriff mit Verve und Lust vorträgt, da verbindet sich gelegentlich auch ein Stück Hochmut des Gekränkten, ein Stück Stolz dessen, der es schwer hatte, mentales Kräftespiel des ungewöhnlich Begabten mit dem Argument für die Sache – warum auch nicht, wenn es darum geht, sich und anderen zu beweisen, daß freie Erkenntnis nur gegen den Widerstand von Autoritäten, Interessen und Gewohnheiten errungen werden kann.

Lessings freimütige Rede signalisiert an jeder Stelle: Ich stehe für das Ergebnis des Denkens ein, gleichgültig, ob dabei Gebotsgrenzen des wissenschaftlichen Disputs oder der öffentlichen Schicklichkeit überschritten werden. Ein solches Auftreten provoziert, erregt Anstoß. Vor die Frage gestellt, wie sich der einzelne im Konflikt zwischen dem Recht, von seiner Vernunft öffentlich Gebrauch zu machen, und der gebotenen Subordination verhalten könne, nennt Mendelssohn (mit dem Blick auf den Geistlichen im Amte) drei Möglichkeiten: Entweder er »verschließt die Wahrheit in seinem Herzen und fähret fort, wider sein besseres Wissen, die Unwahrheit zu lehren; oder er legt sein Amt nieder, ohne die Ursachen anzugeben, warum dies geschehe; oder endlich: giebt er der Wahrheit ein lautes Zeugnis und läßt es auf den Staat ankommen, was mit seinem Amte und mit der ihm ausgesetzten Besoldung werden oder was er sonst für seine unüberwindliche Wahrheitsliebe leiden soll.«[10] Wir wissen, daß Kant in diesem Dilemma die Trennung der Person in ›privat‹ und ›öffentlich‹ empfiehlt, auf eine Art und Weise, die ich hier nicht weiter zu erörtern brauche. Die Reflexion über den Zwiespalt des Menschen zwischen innerer Freiheit und äußerer Unterwerfung unter Kirche und Staat hat eine lange Tradition; auf ihrem Weg begegnen wir Namen wie Paulus und Luther. Lessing verweigerte sich dem Gedanken der Trennung von ›innen‹ und ›außen‹. Er beharrte auf der Unteilbarkeit von Person und Meinung. Dies war etwas Neues in Deutschland: Freiheit nicht nur als Ertrag des Streitens, sondern Streit auch zur Sicherung der Freiheit ohne Rücksicht auf vorgegebene Gewißheiten. Diese im Streit erwiesene Freiheitsfähigkeit bezeugt – im Akt der Rede: Es geht. Ich praktiziere sie. Der Mensch ist der Freiheit fähig.

Den Texten eingeschrieben ist aber nicht nur dies. Der Zuschnitt der Schriften vermittelt zugleich die Gewißheit, daß es ein mit der Vernunft und das heißt mit der Natur gegebenes Recht des besseren Arguments gibt. Dies setzt voraus, daß für die Kontrahenten nur die Güte des Arguments zählt, nicht aber Macht oder Rang in der Hierarchie. Mit klugem Kalkül unterstellt Lessing in seinen Kontroversen, daß dies so sei. Doch gerade in dieser Hinsicht muß die faktische Ungleichheit für ihn schwer ertragbar gewesen sein. Bittere Erfahrungen im Umgang mit seinen Widersachern veranlaßten ihn immer wieder, die Gleichheit der Bedingungen des Streits einzufordern, – am eindringlichsten in *Eine Duplik*: »Erst wollen wir den Standort gehörig erwägen, auf dem jeder von uns hält; damit wir um so redlicher Licht und Wetter teilen können […] bewahre uns GOtt alle vor der tödlichen Zugluft heimlicher Verleumdung!« (B 8, S. 507) Lessing war sich darüber im klaren, daß er in seinen Schriften gar nicht anders verfahren konnte, als die Annahme zu setzen, alle unterwürfen sich dem zwanglosen Zwang des besseren Arguments. Wo die Rede der Realität auf diese Weise vorausläuft, suggeriert sie, daß Gleichheit vor der Vernunft tatsächlich hergestellt werden könne. Es gehört seit je zur Strategie des Rhetors, das Erstrebte als schon erreicht erscheinen zu lassen, um es so herbeizuführen.

Doch was geschieht, wenn der Kontrahent nicht hinhört, wenn er wissentlich und vorsätzlich Argumente mißachtet, oder wenn er sie zum Zwecke des leichteren Widerlegens bis zur Unkenntlichkeit verdreht oder verstümmelt? – in dem Bewußtsein, am Ende doch die Macht der Obrigkeit,

---

[10] Moses Mendelssohn: Schriften über Religion und Aufklärung. Hg. von Martina Thom. Berlin 1989, S. 391 (›Jerusalem oder über religiöse Macht und Judentum‹, 1. Abschnitt).

notfalls die Keule der Zensur auf seiner Seite zu haben? Oder wenn, was Lessing widerfuhr, der Hauptpastor Goeze und der Kabinettsbefehl des Herzogs (G 8, S. 610–611, 614–615) ihm unterstellten, er bekämpfe nicht eine bestimmte Art der Beweisführung, sondern das Christentum selbst, er mache es verächtlich; ein ungeheuerer Vorwurf im 18. Jahrhundert, der Lessing »in äußerste Bestürzung versetzt« (G 8, S. 612); »meuchelmörderisch« (G 8, S. 197) nennt er ihn. Hilflosigkeit den mächtigen Widersachern gegenüber ließ Lessing aber gar nicht erst aufkommen, er bestand vielmehr auf dem Recht, den Streit in der Sache zur Polemik für die Sache werden zu lassen. Da war Schärfe angesagt, nicht Beschimpfung, wohl aber Ironie, Spott, Hohn, Zynismus. Dies in der Absicht, den Kontrahenten (und dessen Parteigänger) hervorzulocken, zur Reaktion zu zwingen, um so die Streitsituation in der Sache überhaupt erst herzustellen. Lessing verteidigte die Schroffheit seiner Diktion, indem er sich auf die dem Menschen als Vernunftwesen aufgegebene Verpflichtung zur Wahrheitssuche berief: »Die Höflichkeit ist keine Pflicht: und nicht höflich sein, ist noch lange nicht, grob sein. Hingegen, zum Besten der Mehrern, freimütig sein, ist Pflicht; sogar es mit Gefahr sein, darüber für ungesittet und bösartig gehalten zu werden, ist Pflicht.« (B 5/2, S. 581) Lessing deutete die Vorstellung des Groben um: Wer »gegen alle nur höflich ist, ist im Grunde gegen die er höflich sein könnte, grob.« (B 5/2, S. 581) Ehrliche Grobheit sei unvermeidbar, und einem Widersacher wie Klotz könne er sie auch nicht ersparen, wolle er nicht »an der Sache«, die er gegen ihn verteidige, »zum Verräter [...] werden.« (B 5/2, S. 573)

An der Sache nicht zum Verräter werden – das ist das wiederholte Argument in der Polemik. Lessing hält sich aber gar nicht erst bei dem Versuch auf, diese Verantwortung vor der Sache zu rechtfertigen, er reagiert vielmehr mit Herz und Hirn und nennt dies die Stimme der ›gesunden‹ Vernunft. Woran erkennt man das ›Gesunde‹ an der Vernunft? Gewiß nicht an rhetorisch-syllogistischer Brillanz, die allzuoft das Blendende über die Sache stellt. Als ›gesund‹ erweist Vernunft sich dann, wenn ihr das Evidente evident ist, das unmittelbar Einleuchtende einleuchtet; und zwar deshalb einleuchtet, weil es der sozialen Erfahrung entspricht, einem gesellschaftlichen Wissen, das man im Mit- und Gegeneinander der Menschen gewinnt. Dieses Wissen des Alltags ist nicht verhandelbar. Es meldet sich nicht nur verbal, sondern auch körperlich zu Wort; dem, was der Körper verlautet, gibt Lessing beredten Ausdruck. »[...] eine gewisse schielende, hinkende, sich selber ungleiche Orthodoxie ist so ekel! So ekel, so widerstehend, so aufstoßend! – Das wenigstens sind die eigentlichen Worte für *meine* Empfindung.« (B 8, S. 328) Und an anderer Stelle – am Anfang von *Über den Beweis des Geistes und der Kraft* (1777): »Ich hungere nach

Überzeugung so sehr, daß ich, wie Erisichton alles verschlinge, was einem Nahrungsmittel nur ähnlich sieht.« (B 8, S. 439) – und nachdem er, nur wenige Monate später, *Eine Duplik* (1778) beendet hatte: »Ich fühle es sehr wohl, daß mein Blut anders umfleußt itzt.« (B 8, S. 585) Der Körper spricht ›in natürlichen Zeichen‹ dort mit, wo im Geistigen die Schmerzgrenze überschritten ist, aber auch dort, wo das geistige Bedürfnis so vehement auftritt, daß es sich auch körperlich artikuliert. Für den Geist läßt sich möglicherweise bestreiten, aber gewiß nicht für den empfindenden Körper, daß hier die Natur mitredet: die meistbeschworene und als unbestechlich gedachte Legitimationsinstanz in den Kontroversen des 18. Jahrhunderts. Gegen die Natur, die große Rechtfertigerin, gegen die Garantin der Wahrheit gibt es kein vernünftiges Argument, kein Einspruchsrecht. Ihr zu folgen, befähigt aber zur Freiheit, macht frei. Dabei sei nicht übersehen, daß hier wie andernorts eine argumentative Rückkoppelung stattfindet, die die Beweisinstanz Natur von der Beweisnot her imaginiert.

›Ein anderes‹ ist es, der Autorität zu folgen; ›ein anderes‹, sich auf die ›gesunde Vernunft‹, auf die eigene Einsicht zu verlassen; mit dem Risiko freilich, zu keinen glatten Schlüssen, zu keiner bündigen Antwort zu gelangen. Lessing wußte um die unauflösbaren inneren Widersprüche, die das Verhalten des einzelnen und das der Gesellschaft bestimmen. Seine Dichtungen geben darüber reiche Auskunft. Und spät, im Dialog *Ernst und Falk*, wohl Lessings reifstem Werk, entfaltet er den Gedanken, daß die bürgerliche, d. h. die verfaßte Gesellschaft auf einem unaufhebbaren Widerspruch beruhe: Sie kann, gesellschaftlich und psychologisch, die Menschen nicht vereinigen, ohne sie zugleich zu trennen. Ich füge hinzu (und ich denke ganz im Sinne Lessings): Sie kann zur Freiheit nicht befähigen, ohne dem Freiheitsbedürfnis auch Grenzen zu setzen; dies freilich mit dem Einverständnis, daß es gelte, diese immer wieder zu überschreiten.

Lessing versucht nicht, den Widerspruch, der der Gesellschaft, aber auch der Freiheit ihrer Natur nach zugrunde liegt, argumentativ oder rhetorisch aufzulösen. Er wendet sich stattdessen an den Dritten, an das Publikum, an die Öffentlichkeit und vertraut auf die produktive Kraft des Streits. Mit Nachdruck weist er Goezes Forderung zurück, die theologische Kontroverse in Latein zu führen, um sie der Beurteilung durch das Publikum zu entziehen. (G 8, S. 224) Die »Befugnis«, den »gesunden Menschenverstand vor dem Publico« zu verteidigen, eine »Befugnis«, die »ein jeder von Natur« aus habe (G 8, S. 244), dürfe nicht außer Kraft gesetzt werden. Lessing geht es nicht darum, dem Widersacher oder dem Leser *seine* Vorstellung von richtig oder falsch aufzuzwingen, er macht vielmehr das Publikum zur Instanz gegen das Wahrheits-Monopol von Kirche und Staat. Dies ist ein verwegener Streich, der nicht der

Beweisnot entspringt, sondern einer grundlegend veränderten Vorstellung von Wahrheit und Wahrheitsfindung. Die letzte, im Transzendenten verankerte Wahrheit steht für Lessing unangefochten fest. Für das Miteinander der Menschen aber gilt, daß dem Plausibleren, dem Einleuchtenderen, dem Überzeugenderen die Kraft verliehen werden muß, das Verbrauchte, das Überholte, das nur durch formale Autorität Gedeckte abzulösen. Was in diesem Sinne wahr ist, müßte auch konsensfähig sein. Den Streit führt Lessing mit der Gewißheit, daß das Plausiblere, das Einleuchtendere, das Überzeugendere zugleich das historisch Fällige sei; seinen ›Rettungen‹ liegt diese Gewißheit zugrunde. Es könne daher nicht darum gehen, Wahrheit als etwas Gesichertes zu vermitteln, wie dies Jahrhunderte über geschehen ist, es gelte vielmehr, sich ihr anzunähern, die erkennbaren Teile ausfindig zu machen, sie im Disput, im Streit herauszuarbeiten und freizulegen. Und: »Das Vergnügen einer Jagd ist ja allezeit mehr wert, als der Fang.« (B 8, S. 138) In dem Augenblick, in dem Lessing sich auf einen operativen Wahrheitsbegriff einläßt, ist es nur folgerichtig, daß er das Streben nach Wahrheit über deren Besitz stellt.

Streit*kultur*; gewiß, das Wort meint zunächst (und für viele nur) die Kultivierung des Streitens, die Schicklichkeit, den guten Ton, das Manierliche und in diesem Sinne Disziplinierte; auch die Vorstellung, daß die Grenzen des Zumutbaren eng gezogen sein sollten, daß es auf die Dominanz von Spielregeln ankomme, darauf, sicherzustellen, daß eine gedämpfte Redeweise vorherrscht – und daß sich an den Verhältnissen möglichst nichts ändert.

*Streit*kultur eröffnet darüber hinaus aber den Blick auf ein Kultur-Konzept, in dem ›Streit‹ ein konstitutives und konstruktives Element darstellt. Lessing war nicht Kulturphilosoph im späteren Sinn des Wortes, der kritische Anspruch aber, mit dem er in der intellektuellen Szene des späten 18. Jahrhunderts auftrat, war nicht nur für Theologie und Politik, sondern auch für die Gesamtkultur folgenreich. Was er mit bewirkte, ist ein Wandel des Kulturbegriffs vom Vorrang der Rationalität des Machens und Handelns, weithin im Sinne fortschreitender Naturbeherrschung, zur Fähigkeit kritisch-prüfender Reflexion mit dem Ziel, das Erreichte oder auch nur gedankenlos Akzeptierte scharfer Überprüfung, ständigem Neubefragen zu unterwerfen. Fortschritt im Verständnis heute gebotener Aufgeklärtheit bedeutet dann nicht einfach: vom Guten zum Besseren, vom Gelungenen zum Perfekteren, ohne Rücksicht auf die daraus resultierenden Folgen für das Ganze, sondern vielmehr: sich einlassen auf das Abweichende, auf das Andersgeartete, auf das Ungefügige in der Gesellschaft; dies bedeutet: das Unkalkulierbare mit zu bedenken; nicht nur die Fähigkeiten, sondern auch die Fehlbarkeit und die Schwäche des Menschen gelten zu lassen; vor allem aber: die Festlegungen revidierbar zu halten. Das

Selbstverständnis, das einem solchen Kulturkonzept zugrunde liegt, kann sich auf das Beispiel Lessings berufen. Freiheit meint hier nicht tolerantes Gewähren, sie ist kein Gnadenakt von Mächtigen gegenüber Schwachen, von Mehrheiten gegenüber Minderheiten, sondern ein Raum der Entfaltung, der erstritten und streitend bewahrt werden muß: Streit als Verfahren, das ins Freie, ins Offene führt.

Übrigens: Wir wissen heute, und Lessing, gewiß der scharfsinnigste Psychologe seiner Zeit, hat wohl geahnt, wieviele unbewältigte Konflikte, wieviel unbearbeiteter Haß, wieviele in Schuldgefühle und Angst umgeleitete Aggressionen sich hinter einem an Harmonie ausgerichteten Kulturideal verbergen können. Streit *nach innen*, der ins Abgeschlossene führt, in die Melancholie, die Jahrhundertkrankheit der Aufklärer, das wäre ein zweites Thema.

Der Akzent, den Lessing mit dem Gestus seines Redens, seines Schreibens setzt, ist ein politischer. Was er mit ihm vorwegnimmt, war als selbstverständliche Übereinkunft erst zu etablieren und ist auch heute nur begrenzt hergestellt: ein politisch-gesellschaftlicher Raum nämlich, der jedem einzelnen die Teilnahme an der öffentlichen Suche nach dem ›Wahren‹, dem Richtigen und dem Gemäßen ermöglicht. Lessing machte aber auch klar, daß es unverzichtbare Voraussetzungen für das Funktionieren einer frei raisonierenden Öffentlichkeit gibt: die Möglichkeit, Autoritäten abzulehnen; den Verzicht aller Beteiligten auf absoluten Wahrheitsanspruch; die Bereitschaft, das Feld der Einzelinteressen zugunsten allgemeiner Prinzipien zu überschreiten; wobei auch diese Prinzipien auf einer durch Streit errungenen Übereinkunft beruhen. Jenseits des argumentativen Kalküls sieht Lessing darin die ethische Fundierung des Streits.

Lessings Streitethik gewinnt ihre stärksten Energien aus dem, was man das ›Pathos des Allgemeinen‹ nennen könnte; die Gewißheit, daß es beim Streit, der wahrhaft lohnt, um den Menschen, um die Gattung Mensch überhaupt geht. In der ›Vollkommenheitsdynamik‹, die dem menschlichen Bemühen innewohnt[II], sah der Aufklärer einen naturhaft-übergeschichtlichen Vorgang, in dessen Dienst er sich stellte. Auch wenn uns heute viel vom Menschheitspathos des 18. Jahrhunderts trennt, angesichts der selbstverschuldeten elementaren Bedrohung der Menschheit bleibt Lessings Kampf um die Selbstbefreiung des Menschen eine Herausforderung und eine Ermutigung. Jede seiner Zeilen gleichsam vermittelt die Gewißheit, daß es der Streit ist, der mithilft, die Panzer des Vorurteils und der Selbsttäuschung zu zerbrechen; daß

[II] Wilfried Barner u. a.: Lessing. Epoche – Werk – Wirkung. 5. Aufl. München 1987, S. 342 (Brief an M. Mendelssohn; vom 21.1.1756: Perfectibilité).

es der Streit ist, der uns befähigen kann, in Gegensätzen und Widersprüchen zu leben und mit Konflikten auf eine nicht zerstörerische Weise umzugehen. Gerade im Streit wird dem Menschen seine Freiheitsfähigkeit, seine eigene Lebendigkeit erfahrbar. Lebendigkeit ist es, die den Blick öffnen kann für das auf andere Art Mögliche in Gegenwart und Zukunft.

Ich schließe mit einem Wort des streitbaren Einzelgängers Lessing: »Ja, ja; ich verspreche: – mir es nie wieder auch nur *vorzunehmen*, bei gewissen Dingen kalt und gleichgültig zu bleiben.« (B 8, S. 586)

Wilfried Barner

Autorität und Anmaßung

Über Lessings polemische Strategien, vornehmlich im antiquarischen Streit

Es ist »nicht Leßings Schuld«, so heißt es in Herders großem Nekrolog auf den Freund und Rivalen, als die Sprache auf den »Streit mit der Klotzischen Schule« kommt, »daß der Streit für Teutschland und die Nachwelt nicht nutzbarer ausfiel. Er betraf zu armselige Dinge, zu armselige Leute. Kein Posttag, kein Zeitungsblatt erschien, wo nicht die muthwilligen Knaben kamen und auch Leßing! Kahlkopf schalten; da schikte er endlich zwey Bären über sie, die *zwey Theile von Briefen antiquarischen Inhalts* die zerrissen den Hauptknaben und jagten die übrigen in ihre Löcher und Winkel. Teutschland schämt sich jezt dieser Scene, und des Werths den man damals manchen Kindereien beylegte. Damals indessen wars anders, und Leßing hatte alle Stärke und männliche Dreustigkeit teutscher Sprache nöthig, um zu zeigen, was an ihnen sey«.[1]

Keiner der drei großen Federkriege, die Lessing im Abstand von jeweils einem Jahrzehnt gegen eine der Autoritäten seiner Zeit führte, ist für den Hauptkontrahenten so vernichtend, so katastrophal gewesen wie derjenige gegen den Hallenser Professor Christian Adolf Klotz. Samuel Gotthold Lange, der Pastor in Laublingen, war zwar als Horaz-Philologe und Horaz-Eindeutscher entthront, seitdem der 25jährige Alt-Fürstenschüler in der Rolle des ›Schulmeisters‹ eine gründliche ›Lateinstunde‹ schriftlich mit ihm durchexerziert hatte.[2] Aber noch im Jahr nach dem *Vade mecum*, 1755, wurde der Herr Pastor nachgerade ostentativ zu nicht weniger als dem Inspektor des gesamten Kirchen- und Schulwesens in seinem Bezirk befördert. Und der Horatianer Lange erlebte noch 1971 einen schmucken Neudruck seiner *Horatzischen Oden*,

---

[1] Johann Gottfried Herder: G. E. Leßing. Gebohren 1729, gestorben 1781. In: Der Teutsche Merkur. Weimar 1781. Viertes Vierteljahr, S. 15; auch in: Herders Sämmtliche Werke. Hg. von Bernhard Suphan. Bd. 15. Berlin 1888, S. 499 (leicht überarbeitete Fassung vom Jahre 1786).

[2] Dies ein Hauptelement der polemischen Konstruktion des *Vade mecum für Hrn. Samuel Gotthold Lange, Pastor in Laublingen* (1754).

DFG-finanziert und mit einem veritablen wissenschaftlichen Anhang ver-
sehen.[3] Der Hamburgische Hauptpastor Goeze hat seinen Wolfenbütteler
Widersacher nicht nur um sieben Jahre überlebt, sondern – gewiß nicht ohne
Beihilfe Lessings[4] – sich auch einen respektablen Platz in der Theologie- und
Kirchengeschichte zu erobern vermocht. Ja er hat vor einigen Jahren gar eine
kleine ›Gerechtigkeits‹- oder ›Wiedergutmachungs‹-Welle erleben dürfen.[5]

Christian Adolf Klotz ist bei Erscheinen des ersten der *Antiquarischen Briefe*
(1768)[6] nicht nur angesehener Professor ordinarius publicus der Philosophie
und Beredsamkeit in Halle (seit 1765), »Hofrath« und preußischer »Geheimrath«, sondern auch gefürchteter Inhaber eines nicht unbeträchtlichen publizistischen Imperiums.[7] Klotz stirbt, noch bevor Lessing den geplanten 3. Teil
der *Antiquarischen Briefe* fertigstellt,[8] am 31. Dezember 1771 im Alter von
gerade 33 Jahren. Als Lessing sich ihn eben vorgeknüpft hat, schreibt Matthias
Claudius Ende Juli 1768 aus Hamburg, wo er Lessing begegnet ist, zweideutig
an Heinrich Wilhelm von Gerstenberg, Lessing werde »H Klotzen das garaus
machen«.[9] Nicht wenige ähnliche Äußerungen von Beobachtern – Freunden
wie Gegnern – lassen sich hier anschließen. Kein geringerer als Johann Arnold
Ebert, Professor am Carolinum zu Braunschweig, derjenige, der das Wolfen-
büttel-Angebot des Erbprinzen vermittelt hat, prophezeit dem Lessing-Sympa-
thisanten Rudolf Erich Raspe[10] am 10. April 1770, Lessing werde wohl »noch
Einen Theil antiquarischer Briefe« auf Klotz »abschiessen, und ihm vielleicht

---

[3] Samuel Gotthold Lange: Horatzische Oden und eine Auswahl aus *Des Quintius Horatius Flaccus
Oden fünf Bücher* (übersetzt von S. G. Lange). Faksimiledruck nach den Ausgaben von 1747 und
1752. Mit einem Nachwort von Frank Jolles. Stuttgart 1971 (Deutsche Neudrucke. Reihe Texte
des 18. Jahrhunderts). Heinrich Heines gern zitiertes Diktum, Lange sei überhaupt nur noch
wegen Lessings Polemik bekannt, trifft heute sicher nicht zu.

[4] Es kann kein Zweifel sein, daß Goezes Name heutzutage dort, wo er mehr als beiläufig genannt
wird, als der ›Gegner Lessings‹ gefaßt wird, aber im Sinne auch eines ›Repräsentanten‹.

[5] Die Titel sind zusammengestellt bei Doris Kuhles: Lessing-Bibliographie 1971–1985. Unter
Mitarbeit von Erdmann von Wilamowitz-Moellendorff. Berlin und Weimar 1988, S. 165–168.
Vgl. bes. Heimo Reinitzer, Walter Sparn (Hg.): Verspätete Orthodoxie. Über D. Johann
Melchior Goeze (1717–1786). Wiesbaden 1989. In einer Sektionsdiskussion der Freiburger Ta-
gung argumentierte Peter Michelsen für Goeze, ausdrücklich als »advocatus diaboli«.

[6] Zur komplizierten Entstehungs- und Publikationsgeschichte der *Antiquarischen Briefe* vgl. den
Überblick in B 5/2, S. 948–986.

[7] Hierzu weiter unten.

[8] Lessing erwähnt die Arbeiten daran wiederholt gegenüber seinem Verleger Nicolai (schon am
30. Oktober 1769 bittet er dafür um Vorschuß), doch über verstreute Entwürfe (abgedruckt in
B 5/2, S. 604–618) kommt er nicht hinaus.

[9] Zitiert nach B 5/2, S. 1000. Damals sind die ersten *Briefe* in der *Kayserlich-privilegirten
Hamburgischen Neuen Zeitung* erschienen (seit 20. Juni 1768).

[10] Dessen *Anmerkungen über die Schrift des Herrn Klotz vom Nutzen und Gebrauch der geschnittenen
Steine* erschienen schon 1768.

damit den Rest geben« (zit. nach B 5/2, S. 1067). Wie auch immer der frühe Tod Klotzens – schon von den Zeitgenossen – gedeutet wurde (sei es als zu frühes Sich-Erschöpfen eines Hochtalentierten, sei es zusätzlich durch Lessings ›Geschosse‹), die Destruktion dieser umworbenen und gefürchteten Autorität durch Lessing und seine Freunde war so durchschlagend, daß etwa die *Neue Deutsche Biographie* Christian Adolf Klotz, im Gegensatz zu Lange und Goeze und manch anderen zweit- oder drittrangigen Gestalten der Zeit, nicht einmal mehr erwähnt.[11]

Der Casus Klotz, ja »die Klotzischen Händel« (zit. nach B 5/2, S. 1085), wie sie Goethe noch 1812 in *Dichtung und Wahrheit* nennt (er hat sie als *Laokoon*-Begeisterter selbst verfolgt), stellen noch in anderer Hinsicht vor Fragen der Proportion, oder ethisch-rhetorisch gesprochen: des *aptum* (laut Herder »schämt sich« ja Deutschland »dieser Scene«). Die Attacken gegen den Amtsbruder des Vaters, Samuel Gotthold Lange, mochten manche Zeitgenossen noch bereitwillig einem »Überschwange« der »Jugend« zurechnen. Und im Goeze-Streit wiederum ging es immerhin um Kardinalfragen der protestantischen Theologie, ja des christlichen Glaubens, um den Zeugnischarakter der neutestamentlichen Bücher, um Jüngerschaft, um Vernunft und Offenbarung. Aber gegen Klotz und seine Anhänger stritt Lessing – über Details antiker Steinschneiderei, über konvexe und konkave Oberflächen, über die Auslegung von Plinius-Stellen, über die *Daktyliothek* von Lippert, über Achate und Onyxe und Achatonyxe und Sardonyxe und Opale, und seitenlang über Fragen wie die Etymologie von »Gemme«, »Camayeux«, »Gemmahuja« usf.

Zwar hat Lessing gegen früh sich regende Kritik der »Mikrologie« das eindrücklich humanistische Credo des philologischen Wahrheitssuchers gesetzt: »wer in dem allergeringsten Dinge für Wahrheit und Unwahrheit gleichgültig ist, wird mich nimmermehr überreden, daß er die Wahrheit blos der Wahrheit wegen liebet« (so im Einleitungsteil von *Wie die Alten den Tod gebildet*, der Schrift, die ja unmittelbar aus dem Klotzischen Streit hervorgegangen ist).[12] Aber der schon bald nach dem Ausbruch der Fehde vielfach –

---

[11] Im Register von Bd. 12 (S. 758) findet sich lediglich noch ein salvatorischer Hinweis auf den inzwischen mehr als einhundertjährigen ADB-Artikel von Konrad Bursian: ADB 16 (1882), S. 228–231. Er kann, zusammen mit einschlägigen Partien von Erich Schmidts *Lessing* (s. Anm. 43), zur allerersten Orientierung über die wichtigsten Daten dienen. Es fehlt jedoch an einer Neusituierung Klotzens im Rahmen der ›aufklärerischen‹ Bewegungen auf aktuellem Stand (Philologie, Altertumskunde, Publizistik). Erste apologetische Korrekturen versucht – wiederum einseitig zuspitzend – Tadeusz Namowicz: Lessings antiquarische Schriften. Kunstbetrachtung und anthropolgische Reflexion in der europäischen Aufklärung. In: Hans-Georg Werner (Hg.): Lessing-Konferenz Halle 1979. Halle/Saale 1980, S. 311–326.

[12] Hierzu der Überblick in B 6, S. 1080–1086 (bearb. von Wilfried Barner).

auch unter den Freunden – geäußerten Skepsis ob der ›Wichtigkeit‹ der an-
tiquarischen Details gegenüber blieb Lessing durchaus nicht indolent. Seine
Briefe und auch die Nachlaß-Notizen lassen das erkennen. Friedrich Nicolai,
Verleger der *Antiquarischen Briefe* und Lessings ständiger Korrespondent
während der antiquarischen Fehde, äußert im Abstand eines Jahrzehnts, am 10.
Oktober 1779, gegenüber Tobias Freiherr von Gebler: »Er hat dieses Studium
[sc. das antiquarische] nie im Ernste geliebt und es nur studiert, theils zum
Zeitvertreib, theils sich fester zu überzeugen, daß der gröste Theil der
antiquarischen Gelehrsamkeit Charlatanerie ist.« (Zit. nach B 5/2, S. 1080)
    »Charlatanerie« – hiermit nennt Nicolai nun freilich ein Zentralstichwort
frühaufklärerischer Gelehrsamkeitskritik vor allem in Deutschland;[13] man
erinnere sich Johann Burckhard Menckes erfahrungsgesättigter Schrift *De
charlataneria eruditorum* respective seiner *Zwey Reden von der Charlatanerie
oder Marcktschreyerei der Gelehrten* (1727). Als einen Hochstapler, einen
inkompetenten Schwätzer – so die ursprüngliche Bedeutung von französisch
charlatan[14] – wollte Lessing gewiß auch schon den Pastor von Laublingen
decouvrieren, als eine angemaßte Autorität. Doch abgesehen von der königlich-preußischen Protektion, die Lange für sich beanspruchte und die Lessing
reizte: Hier ging es immerhin noch um das nationalpädagogische Problem
einer künftigen deutschen Übersetzerkultur, um die »Sprache der Poesie« in
ihren großen antiken Mustern. Aber das Ganze dauerte, im eigentlichen Hin
und Her der polemischen Äußerungen, gerade ein halbes Jahr;[15] freilich prägte
es sich den Zeitgenossen ein und trat noch ein Jahrzehnt später, anläßlich des
Streits mit Klotz, aus der Erinnerung hervor.[16]
    Die »Klotzischen Händel« indes führen mit ganz anderer Dringlichkeit vor
die Frage, wie es – mit Herders Formulierung – um den »Werth« der Gegenstände stehe, um den enormen publizistischen Aufwand und seine Neben-
erscheinungen über Jahre hin, schließlich auch um die psychischen Effekte samt
den Opfern, die das Ganze auch gekostet hat. Unter allen seinen größeren

---

[13] Zum Kontext siehe Gunter E. Grimm: Literatur und Gelehrtentum in Deutschland. Untersu-
    chungen zum Wandel ihres Verhältnisses vom Humanismus bis zur Frühaufklärung. Tübingen
    1983, S. 355ff.; Herbert Jaumann: *Ratio clausa*. Die Trennung von Erkenntnis und Kommuni-
    kation in gelehrten Abhandlungen zur *Res publica literaria*. Die Institutionen der Gelehrsamkeit
    in der frühen Neuzeit. Hg. von Sebastian Neumeister und Conrad Wiedemann. Teil II.
    Wiesbaden 1987, S. 409–429.
[14] Hans Schulz, Otto Basler: Deutsches Fremdwörterbuch. Bd. 4. Berlin und New York 1977,
    S. 66–68.
[15] Die ersten Äußerungen Lessings im *Hamburgischen unpartheyischen Correspondenten* erscheinen
    im November 1753, Langes Schreiben an den Herausgeber des gleichen Organs im Mai 1754.
[16] So mit scharf rügendem Akzent schon in einem Brief von Karl Friedrich Flögel an den
    befreundeten Klotz vom 14. November 1768 (B 5/2, S. 1028; und öfter).

Fehden hat Lessing die gegen Klotz am entschiedensten, und vielleicht auch am problematischsten γυμναστικῶς betrieben (um Lessings aus der Patristik entlehnten Ausdruck zu wählen)[17]: zur spielenden Erprobung des eigenen polemischen Instrumentariums und Vermögens. Keiner seiner Federkriege ist so sehr auch Selbstzweck gewesen, so sehr auch autoreflexiv. Die große Schlußsequenz vom *251.* bis zum *257. Antiquarischen Brief,* worin Lessing seine Strategie des Vorgehens gegen Klotz und die Klotzianer im nachhinein beschreibt und begründet, hat kein eigentliches Pendant in seinen anderen ›Feldzügen‹.[18]

Im antiquarischen »Krieg« (auch diese alte philologische Streitmetapher verwendet Lessing früh)[19] wird eine angemaßte Autorität planmäßig destruiert, und zwar durch eine andere Autorität, die selbst ohne Momente von Anmaßung nicht auskommt. In diesem komplexen Gefüge gehen höchst individuell-biographische Elemente, ja Zufälligkeiten, ineinander mit spezifischen sozialstrukturellen und vor allem kommunikationsgeschichtlichen Gegebenheiten, die für die 6oer Jahre des 18. Jahrhunderts in Deutschland und für die Möglichkeiten auch einer Streitkultur jener Epoche charakteristisch sind. Ich möchte diesen bisher nicht hinreichend analysierten Strukturen in sieben Punkten etwas nachgehen, und zwar vornehmlich am Beispiel des »Klotzischen«, des »antiquarischen« Streits.[20]

Erstens: Alte und neue Autoritäten – die Verlockung zur Usurpation

Lessings Epoche ist noch fast zur Gänze durch Autoritätsvorstellungen bestimmt, die sich in expliziter Aufnahme griechisch-römischer Denkmuster vor allem am politisch-juristischen Paradigma orientieren (ich stütze mich hier

---

[17] Hierzu Arno Schilson: Geschichte im Horizont der Vorsehung. G. E. Lessings Beitrag zu einer Theologie der Geschichte. Mainz 1974, S. 168–179.

[18] Zu dieser Lessingschen Grundvorstellung Walter Jens: Feldzüge eines Redners. In: In Sachen Lessing. Stuttgart 1983, S. 11–33.

[19] So schon am 5. Juli 1768 gegenüber Nicolai (B 5/2, S. 999).

[20] Aus der weitverstreuten – auch etwa linguistischen oder sozialpsychologischen – Sekundärliteratur zum verbalen Streiten sei hier nur weniges mir als wichtig Erscheinende genannt. Mehrere anregende Beiträge enthält der Kongreßband: Formen und Formgeschichte des Streitens. Der Literaturstreit. Hg. von Franz Josef Worstbrock, Helmut Koopmann. Tübingen 1986 (Albrecht Schöne (Hg.): Kontroversen, alte und neue. Akten des VII. Internationalen Germanisten-Kongresses Göttingen 1985. Bd. 2); darin besonders Jürgen Stenzel: Rhetorischer Manichäismus. Vorschläge zu einer Theorie der Polemik, S. 3–11; Ludwig Rohner: Die literarische Streitschrift. Themen, Motive, Formen. Wiesbaden 1987; Georg Braungart: Zur Rhetorik der Polemik in der Frühen Neuzeit (Beitrag zu einer Bayreuther Tagung, erscheint

namentlich auf Arbeiten von Theodor Eschenburg[21], Horst Rabe[22] und –
neuerdings – Thomas Docherty[23]). Autorität: Das ist zuvörderst alles Staatliche
und alles von staatlicher Autorisation her verbindlich Abgeleitete; analog gilt
dies für alles von der Kirche institutionell Festgesetzte.[24] Bezeichnend sind (im
einzelnen noch auffallend wenig untersucht) die strukturellen Analogien zu
den Traditions-Vorstellungen[25]: auch darin schließlich, daß nach einer Periode
der Lockerung durch Autonomiepostulate der Vernunft die Restaurationsbe-
wegungen der ersten Jahrzehnte des 19. Jahrhunderts erneut eine Belastung, ja
Petrifizierung der Traditions- und Autoritätskonzepte herbeiführen.[26] Nur so
ist überhaupt Hans-Georg Gadamers bekannter Versuch einer »Rehabilitierung von Tradition und Autorität« denkbar und verstehbar, im Sinne einer
nicht bloß gesetzten, sondern »frei« angenommenen Autorität.[27]

Für fast alle Spielarten des frühaufklärerischen Vernunft- und Naturdenkens
stehen Autorität und Vorurteil in *einer* kategorialen Front, vielleicht am
prägnantesten faßbar in der Formel des Thomasius vom *praejudicium auctoritatis*,[28] von Adelung so erklärt: »Wenn man jemandem, den man für klug hält,
ohne Prüfung glaubt«.[29] Der »Geist der Prüfung« also, mit Lessing zu reden,

---

demnächst). Zu Lessing speziell immer noch nützliche Beobachtungen bei Bruno Markwardt:
Studien über den Stil G. E. Lessings im Verhältnis zur Aufklärungsprosa. VI. Studie: Die
Kampfprosa. In: Wissenschaftliche Zeitschrift der Universität Greifswald 3 (1953/54), S. 151–180;
Werner Gaede: Die publizistische Technik in der Polemik Lessings. Diss. Berlin 1955; Norbert
W. Feinäugle: Lessings Streitschriften. Überlegungen zu Wesen und Methode der literarischen
Polemik. In: Lessing Yearbook 1 (1969), S. 126–149; vgl. insbesondere auch Wolfram Mauser:
Toleranz und Frechheit. Zur Strategie von Lessings Streitschriften. In: Peter Freimark, Franklin
Kopitzsch, Helga Slessarev (Hg.): Lessing und die Toleranz. Detroit und München 1986, S. 276–
290.

21 Über Autorität. Frankfurt a. M. 1965; erweiterte Ausg. 1976.

22 Autorität – Elemente einer Begriffsgeschichte. Konstanz 1972.

23 On Modern Authority: The Theory and Condition of Writing, 1500 to the Present Day.
Brighton, Sussex 1987 (eine der wenigen historisch übergreifenden Studien auch zur Literatur).
Einen Einblick in die breite neuere, besonders angelsächsische ›Autoritäts‹-Diskussion gibt der
Sammelband: Authority Revisited. Ed. by J. Roland Pennock and John W. Chapman. New
York, London 1987.

24 Daß hier in die vor allem römisch geprägten Geltungsschemata spezifisch altjüdische hinein-
wirken, kann nur gerade erwähnt werden.

25 Einzelstudien, die auch für Lessings Frühzeit einschlägig sind, enthält der Band: Wilfried Barner
(Hg.): Tradition, Norm, Innovation. Soziales und literarisches Traditionsverhalten in der
Frühzeit der deutschen Aufklärung. München 1989.

26 Knapper Überblick bei Wilfried Barner: Wirkungsgeschichte und Tradition. Ein Beitrag zur
Methodologie der Rezeptionsforschung. In: Gunter Grimm (Hg.): Literatur und Leser.
Theorien und Modelle zur Rezeption literarischer Werke. Stuttgart 1975, S. 85–100.

27 Hans Georg Gadamer: Wahrheit und Methode. 6. Aufl. Tübingen 1990, S. 281–290.

28 Christian Thomasius: Einleitung zu der Vernunfft-Lehre. Halle 1691, S. 306.

29 Johann Christoph Adelung: Grammatisch-Kritisches Wörterbuch der Hochdeutschen Mundart. Teil 1. Leipzig 1774, S. 330.

ist es, der prinzipiell hinter alle Autorität zu leuchten das Recht, wenn nicht gar die Pflicht hat. Und Diderot, von der Genese jeglicher Autorität her denkend, spricht in seinem großen »Autorité«-Artikel der *Encyclopédie* überhaupt dem Menschen von Natur aus das Recht ab, einem anderen zu befehlen (nur durch »contrat social« komme legitime Autorität zustande; alles andere sei bloße Gewalt).

Ich muß mich auf diese wenigen Andeutungen zum Umfeld des Lessing-schen Autoritätsdenkens beschränken, übergehe alle Vaterkonflikte[30] und alle Konsequenzen fürs Politisch-Staatliche und konzentriere mich auf die *res publica litteraria* und die »schönen Wissenschaften«. Eine unverkennbar prägende Grunderfahrung für das Autoritätsdenken der Lessing-Generation und noch der nachfolgenden (etwa für Herder, ja noch für Goethe) ist die Erscheinung Gottscheds. Immer wieder wird sein Name beschworen, wenn es um die Diagnostik der Figur Christian Adolf Klotz zu tun ist. Für Heinrich Wilhelm von Gerstenberg ist er, in einer Rezension des Zweiten Teils der *Antiquarischen Briefe* vom November 1769, *Gottsched der Zweyte*, dem es kaum anders ergehen werde als dem »Erste[n]«, den Bodmer allein vom »Throne« habe stoßen können.[31] Herder prophezeit ihm sogar schon ein Jahr zuvor, als er noch nicht einmal den Ersten Teil der *Antiquarischen Briefe* in Händen hat, Klotz werde »wie ein zweiter Gottsched«, als Lessings Gegner, »bald in seinem seichten Schlamme versinken«.[32]

Was ist der solchermaßen schon fixierte Klotz für ein Typus neuer Autorität? In den Augen Herders, Gerstenbergs und vieler anderer, nicht zuletzt Lessings selbst: einer, der die Krise der Autoritäten, auch in der Gelehrtenrepublik, nutzt, um im Namen der Vernunft mit Hilfe von Bündnissen und neuen Marktinstrumenten (Zeitschriften, Buchreihen, Kritikorganen, Vorreden usw.) eine neue, eigene Autorität aufzubauen. Dies geschieht in einem Akt der Usurpation, der gewalthaften Anmaßung nach der Definition Diderots. Es ist eine nicht gedeckte Autorität, eine bloß beanspruchte. Das kritische Geschäft aber, das des Bloßstellens dieser Gestalt, besteht nach dem Vorsatz seiner »Gegner« zuallererst darin, das Scheinhafte dieser Autorität durch Analyse ihrer Schriften wieder und wieder zu demonstrieren.

---

[30] Für die Vorurteile gegenüber den Juden habe ich sie zu interpretieren versucht: Vorurteil, Empirie, Rettung. Der junge Lessing und die Juden. In: Bulletin des Leo Baeck Instituts Nr. 69 (Jg. 1984), S. 29–51 (auch in: Juden und Judentum in der Literatur. Hg. von Herbert A. Strauss und Christhard Hoffmann. München 1985, S. 52–77). Anregend zum Autoritäts- (und Vater-)Problem in den Dramen auch Peter Horst Neumann: Der Preis der Mündigkeit. Über Lessings Dramen. Stuttgart 1977.

[31] Zit. nach B 5/2, S. 1064 (Hervorhebungen im Original).

[32] An Nicolai, 21. November 1768 (B 5/2, S. 1029).

Drei Leitmotive der Lessingschen Gegenschriften erhalten von daher ihre spezifische Funktion:[33] daß Klotz über weite Strecken die Autorität Winckelmann lediglich ausschreibe (»ausschmiere«, wie Lessing wiederholt zu formulieren beliebt), und mit Fehlern; daß er sogar zu Plagiaten aus den Vorlesungen von Lessings verehrtem Leipziger Lehrer Johann Friedrich Christ greife; und schließlich: daß Klotz gerade dort, wo seine Autorität angeblich besonders gegründet ist, bei der Auslegung der alten Schriftsteller, bis ins Sprachliche hinein das »Verständnis« oft vermissen lasse. Vor allem hierin führt Lessing eine Strategie fort, die er an Samuel Gotthold Lange bereits mit Erfolg durchgeprobt hat[34] und die noch bei Goeze (ansatzweise auch bei Reß, Schumann und Mascho) zu den Grundlagen seines Vorgehens gehört.

Das Mißverhältnis zwischen faktischer Kompetenz Klotzens und dessen mit allen Registern vertretenem Anspruch, der Angemaßtheitscharakter dieser Autorität also, konzentriert sich für Lessing in zwei Benennungen, die immer wiederkehren: im Aufgeblasenen und im Seichten. Das ist im Prinzip das gleiche Schema moralisch-ästhetischer Kritik, mit dem gerade Gottsched und die Gottschedianer an die Destruktion der spätbarocken Muster herangegangen waren (mit den polaren Typen Lohenstein und Weise). Klotz der »Prahler« und der »Seichte«, der im Grunde »Lächerliche« mit dem »schielenden« (d. h. zweideutig-diffusen) »Wortgepränge«[35] – Klotz ist gemäß dieser polemischen Strategie hinter die genuin aufklärerischen Positionen zurückgefallen, bei aller ostentativ aufklärerischen Programmatik. Wie aber konnte sich das ereignen? Hat hier das neue Vernunftparadigma sozusagen wissenschaftspolitisch versagt?

Hierzu zweitens: Antiquarik als Modefach

Lessing-Würdiger haben sich mitunter gewundert (resp. verlegen darum herum geschrieben), wie überhaupt ein so weitsichtiger und urteilsfähiger Mann vom Range Lessings sich derart detailliert auf die öffentliche Diskussion von antiker Steinschneidetechnik, Kopiendatierung, schriftlicher Quellen-

---

[33] Die Umsetzung kann hier nicht im Detail belegt werden. Konkreteres im Überblickskommentar und im Stellenkommentar der Klassiker-Ausgabe (B 1 bis B 12).
[34] Natürlich reichen die Anfänge noch weiter zurück, letztlich bis zur *Plautus-Abhandlung* von 1749.
[35] Diese decouvrierende Doppelmetaphorik durchzieht die *Antiquarischen Briefe* insgesamt, wird im *Vorbericht* zum Ersten Teil unter dem Stichwort »Höflichkeit« schon präludiert und dann in der Schlußabrechnung (*51. – 57. Brief*) biographisch ins Prinzipielle gewendet.

bezeugung und selbst Etymologie hat einlassen können. Man hat das dann in der Regel – und auch nicht ganz zu Unrecht – auf den eingefleischten Philologen Lessing geschoben, der hier seine Stärken ausspielen könne. Das ist die eine Seite. Die andere: Antiquarisches Studium,[36] d. h. die Beschäftigung mit antiker Kunst und ihrer ›historischen‹[37] Durchdringung, ist, wie es 1771 in einer Rezension der *Allgemeinen deutschen Bibliothek* heißt, »ein Modestudium« (zit. nach B 5/2, S. 1070), ein Modefach. Alle die opulenten, abbildungsreichen Dokumentationswerke[38] zum Teil schon des 17. Jahrhunderts und bis in Lessings Gegenwart hinein (oft italienisch oder französisch), von Gori bis zu Montfaucon, von Natter bis zu den ›malerischen‹ Homer-Exegesen des Comte de Caylus (mit dem Klotz in Kontakt stand, den er stolz zu seinen »Freunden« zählte), all dieser Anschauungsreichtum war vor allem durch Winckelmann mit einem Schlage in eine neue Perspektive gerückt. Vielfalt antiken Lebens zunächst in der Kleinkunst (noch nicht wie später die Tempel und die Fülle der originalen Statuen), faszinierender Reichtum der Formen, der mythologischen Themen u. dgl. wurden zu einem Dorado auch individueller Betätigung und Entdeckung. Von »Geschäftigkeit der Seele« spricht einmal Lessing im *239. Antiquarischen Brief*[39]; dieses ›gymnastische‹ Moment ist nicht zu unterschätzen. Die berühmte Lippertsche *Daktyliothek*, d. h. das umfassende, auf Glaspastenabdrücken beruhende Gemmen-Abbildungswerk des Dresdner Porzellanspezialisten Philipp Daniel Lippert,[40] ist für diese ganze Welle hoch charakteristisch – mit erläuternden Texten immerhin von so renommierten Altertumskundlern wie Christ und Heyne. Ein unerwartetes neues Feld schöngeistiger wie philologischer Betätigung, und auch eines für die Praktizierung öffentlicher Streitkultur.

Mit dem *Laokoon* bereits war Lessing in dieses Modemetier spektakulär eingestiegen, und schon die Schlußabschnitte des 1766 erschienenen Ersten Teils waren auf befremdliche Weise in antiquarische Einzelkritik Winckelmanns zerfasert. Der Neu-Römer zunächst war ›die‹ neue Autorität auf dem antiquarischen Gebiet; nach ihm (und seiner römischen Autopsie) schielten sie jetzt mehr oder weniger alle, die Christ, Heyne, Lippert, Lessing, Klotz; und Winckelmanns Reaktion auf den *Laokoon* erwartete Lessing zuallererst,

---

[36] Zum Wortgebrauch vgl. die Angaben in B 5/2, S. 1086.
[37] Dieser Begriff begegnet wiederholt, im Sinne von philologisch-quellenkritischer Situierung.
[38] Guter Überblick bei Wolfgang Schiering: Zur Geschichte der Archäologie. In: Ulrich Hausmann (Hg.): Allgemeine Grundlagen der Archäologie. München 1959, S. 11–161.
[39] B 5/2, S. 484 (in anderer grammatischer Formulierung; es geht bezeichnenderweise um den Gewinn, der auch bei der Widerlegung seiner Deutung des Borghesischen Fechters bleibt).
[40] Zuerst, als *Dactyliotheca*, 1755/56 erschienen (zeitgleich mit Winckelmanns Erstlingsschrift!), dann als *Daktyliothek* auch deutsch 1767.

vorderhand freilich vergebens.[41] In dieses Feld einzusteigen, war der methodischen Tradition nach durchaus denjenigen möglich, die – wie Lessing und
Klotz – im christlich-philologischen Worthumanismus aufgewachsen waren.[42]
Hier ist der Fall Samuel Gotthold Lange durchaus vergleichbar. In der Ein-
deutschung der großen antiken Muster, dem neuen nationalpädagogischen
Aufgabengebiet, konnte auch der wenig Kompetente, aber hinreichend Selbst-
bewußte versuchen, eine angemaßte Autorität aufzubauen. Eine leicht anomi-
sche Situation, eine Übergangsphase versprach Erfolge.

Und so versuchte es, durchaus dem jungen Lessing vergleichbar – freilich
akademisch etabliert –, auf dem antiquarischen Feld der junge, ehrgeizige
Christian Adolf Klotz. Bisher vorzugsweise durch philologische Arbeiten von
Homer über Cicero bis zu Horaz hervorgetreten, ein hochrenommierter
lateinischer Stilist vor allem (noch Erich Schmidt hält ihn für einen der besten
der Epoche,[43] Lessing spielt auch wiederholt auf den »Lateiner« an[44]), dieser
gerade 29jährige Klotz »wirft sich«, wie es mehrfach heißt, mit geschmacks-
pädagogischem Elan[45] auf das neue Gebiet. Er publiziert – nun auf deutsch
natürlich – binnen kurzem drei programmatische Schriften: *Ueber das Studium
des Alterthums* (1766, im Jahr des *Laokoon*), *Beytrag zur Geschichte des Geschmacks und der Kunst aus Münzen* (1767) und *Ueber den Nutzen und Gebrauch
der alten geschnittenen Steine und ihrer Abdrücke* (1768).

Alle drei, vor allem die beiden letzten, entgehen dem Lessingschen Sezier-
messer nicht. Mit dem *Laokoon* hat Lessing selbst ein Stück antiquarischer
Autorität gewonnen (das bescheinigt ihm sogar jemand wie Heyne)[46], aber
immer noch nicht die erhoffte Stelle, die öffentliche Anstellung. Mehrfach muß
er Nicolai um Vorschuß bitten. In Berlin ist Lessing soeben zum zweiten Mal
beim König abgeblitzt, in Dresden hat sich die Aussicht auf einen Posten an der
Kunstakademie zerschlagen; bald werden in Briefen an Freunde Pläne auftauchen, notfalls in Rom sein Glück zu suchen. Dieser Klotz aber, der sich da
auf das neue Modefach geworfen hat, gefürchtet und gefeiert, dieser Klotz ist

---

[41] Winckelmanns hinhaltende Distanzierung (durchaus verständlich angesichts der Lessingschen
Kritik) spiegelt sich schon in zwei frühen Briefstellen (B 5/2, S. 680f.).

[42] Das wird im Falle Lessings nur wenig dadurch eingeschränkt, daß er schon für die Meißener Zeit
ein besonderes »Kunst«-Interesse in Anspruch nimmt.

[43] Lessing. Geschichte seines Lebens und seiner Schriften. 2 Bde. 3. Aufl. Berlin 1909; hier Bd. 1,
S. 648.

[44] So schon im *19. Brief* (B 5/2, S. 415).

[45] Dies hat gegen diverse Vorurteile vor allem Tadeusz Namowicz betont (wie Anm. 11).

[46] In gedruckten Äußerungen vor allem zur Kontroverse um den Borghesischen Fechter, aber auch
in seinen persönlichen Briefen an Lessing (so gleich nach Erhalt des Ersten Teils der *Antiquarischen Briefe*, 17. Oktober 1768).

in Amt und Würden, Ordinarius und »Hofrath« sowie »Geheimrath« noch dazu. Auch solche Trivialitäten gehören zum Komplex ›Streitkultur‹, zu diesem Exempelfall zumindest: die persönliche Konkurrenz, ja der Leidensdruck, und dies in der Übergangssituation einer Disziplin neuen öffentlichen Interesses, mit der Chance zur Etablierung neuer Autoritäten, und zur Bloßstellung einer angemaßten.

Drittens: Das Phänomen der Prestige-Übertragung

Wie überhaupt ist es denkbar, daß Lessing, dessen Renommee bis zum Jahre 1766 auf ganz anderen Gebieten beruhte (den kleinen poetischen Formen, der Literaturkritik, der Übersetzung und vor allem dem Theater), daß dieser Lessing einen ausgewiesenen Altertumswissenschaftler in einen Streitfall verwickelt, dem noch Goethe eine epochale Bedeutung zumessen sollte? Die Frage ist, da sie unter anderem das Verhältnis von lateinischer Fachwissenschaft und nationaler muttersprachlicher Streitkultur betrifft, von einigem Belang (im Fragmentenstreit gewinnt sie bekanntermaßen noch an Brisanz).[47]

Zunächst: Lessings kritisch-polemische Schriftstellerei akzeptiert ja von vornherein nicht die strikte Trennung zwischen Fachphilologie und muttersprachlich-öffentlichem Kritikdiskurs.[48] Von der frühen *Plautus-Abhandlung* und von den *Rettungen des Horaz* an ist das unübersehbar; andere Autoren wie etwa Kästner oder sogar Heyne sind ihm darin teilweise durchaus benachbart. Alles, was der allgemeinen »Geschmacks«-Bildung in den schönen Künsten dienen kann (Plautus-Stücke auf der aktuellen Bühne, Horaz-Übersetzungen u. dgl.), gehört für Lessing in den öffentlichen Diskurs. Aber wieso hört man auf diesen Autor ausgerechnet in antiquarischen Streitfragen? Er ist längst eine Kritiker-Autorität, und zwar für manche Beobachter beängstigend früh. Schon aus dem Frühjahr 1755 stammt der nicht ohne Unbehagen formulierte Satz Gleims gegenüber Ramler: »Sagt Er, die Schrift sey gut, so druckt sie jedermann«.[49] Lessing ist selbst das, was er später Klotz wieder und wieder vorwirft: ein »gefürchteter« Kritiker. Vollends mit den *Literaturbriefen* und mit den

---

47 Hierzu der Beitrag von Arno Schilson im vorliegenden Band.
48 Wilfried Barner: Lessing und sein Publikum in den frühen kritischen Schriften. In: Edward P. Harris, Richard Schade (Hg.): Lesssing in heutiger Sicht. Beiträge zur Internationalen Lessing-Konferenz Cincinnati, Ohio 1976. Bremen und Wolfenbüttel 1977, S. 323–343.
49 Brief vom 4. März 1755, zitiert nach: Richard Daunicht: Lessing im Gespräch. Berichte und Urteile von Freunden und Zeitgenossen. München 1971, S. 80. Vgl. die etwas stirnrunzelnde Äußerung Sulzers bereits vom 15. Oktober 1751 (ebd., S. 42).

Abhandlungen über die Fabel ist er auch in theoretischen Fragen eine Stimme von Rang. Das Altertumswissenschaftliche, namentlich Philologische in vielen seiner kritischen Schriften hat ihm den besonderen Ruf eines »Kenners der alten Schriftsteller« eingetragen.[50] Für die enorme Aufmerksamkeit, die der *Laokoon* findet, ist dies mitentscheidend – und: der Erwartungseffekt, den Lessing mit seinem immerhin sechsjährigen »Schweigen« als Buchautor (seit 1760) durchaus einkalkuliert.

Gleichwohl ist Lessing durch alles dies noch keineswegs zum Kritiker des Altertumswissenschaftlers Klotz prädisponiert. Wenn er mit seinen Angriffen gegen Klotz rasch so großes Interesse findet, daß ein öffentlicher Streit von beträchtlicher Dauer daraus sich entspinnt, ist dies gewiß aus bestimmten fachlichen Autoritätsvorgaben mitbegründet, aber vor allem wohl aus dem, was man »Prestige-Übertragung« nennen könnte.[51]

Lessings Prestige[52] stammt überwiegend aus – sagen wir: belletristischen Leistungen, aber Klotz selbst kommt dem Streitschriftsteller Lessing insofern auf bezeichnende Weise entgegen, als er sich nicht mit der Sozialrolle des Professor ordinarius publicus begnügt, auch nicht mit der des Geschmacks-pädagogen, sondern indem er mit dem Anspruch eines »Schriftstellers« auftritt.[53] Das ist schon aus der Vorrede zur Münzen-Schrift (von 1767) und dann aus der zu den Gemmen (von 1768)[54] leicht erkennbar. Damit aber betritt er ein auch für Lessing sofort hochbrisantes Terrain, dessen Terrain nämlich, auf dem Klotz natürlich nicht als ›freier‹ Schriftsteller gelten kann. Lessing hinge-gen vermag in den Streit sein ganzes Prestige einzubringen, das er als fast ein Jahrzehnt Älterer, als nationalpädagogisch ambitionierter Schriftsteller hat an-sammeln können.

Und Lessing operiert virtuos mit diesem Prestige. Das zeigen bereits die frühen Resonanz-Zeugnisse, darunter auch die wenigen wahrhaft »unparthey-

---

[50] So ablesbar an manchen Zeugnissen der frühen Rezeption seiner Diderot-Übersetzung (B 5/1, S. 588–610), insbesondere dann des *Laokoon* (B 5/2, S. 674–734).

[51] Das aus der gegenwärtigen Kultur- und Medienwelt durchaus vertraute Phänomen ist von der Soziologie, soweit ich sehe, noch nicht des näheren untersucht worden. Ansätze dazu finden sich am ehesten noch in der amerikanischen Forschung zu »occupational prestige« (›Berufsprestige‹); doch kann darauf hier nicht näher eingegangen werden.

[52] Der Begriff wird hier in einem allgemeineren, äußerlicheren Sinn (›Ansehen‹ usw.) verstanden, differenziert gegenüber Autorität, die sich zunächst auf bestimmte Sachgebiete bezieht – natürlich mit fließenden Grenzen.

[53] Die Problematik dieses Terminus kann hier nicht nachgegangen werden; Versuch einer genaueren Verhältnisbestimmung gegenüber dem »Gelehrten« in meiner Studie: Lessing zwischen Bürgerlichkeit und Gelehrtheit. In: Rudolf Vierhaus (Hg.): Bürger und Bürgerlichkeit im Zeitalter der Aufklärung. Heidelberg 1981, S. 165–204.

[54] Ausschnitte abgedruckt in B 5/2, S. 987–996.

ischen«, wie der beliebte Zeitbegriff lautet: etwa die präzis beobachtende, sorgfältig abwägende Rezension in den *Greifswalder Neuen Critischen Nachrichten*
vom 1. April 1769. Sie mündet in den Satz, daß »noch der lebhafte, hinreissende
Styl eines Schriftstellers« hinzukomme, »der das Genie seiner Sprache kennt
und zu gebrauchen weiß, und auch von dieser Seite Beyfall zu erwarten hat.«
(Zit. nach B 5/2, S. 1050) Der Hallenser Professor hat sich, bei aller publizistischen Selbstbewußtheit und Geschicklichkeit, auf ein Terrain begeben, auf
dem die Prestige-Gewichte ungleich verteilt sind. In dieser Hinsicht entspinnt
sich der Streit von vornherein unter asymmetrischen Voraussetzungen.

Viertens: Kritik-Kartelle und Neue Medien

Unter den drei großen öffentlichen Fehden Lessings ist die antiquarische in den
Augen der Öffentlichkeit, und auch noch der Nachwelt, am ausgeprägtesten
die von ›Schulen‹, ›Freundschaften‹, ›Lagern‹, ›Parteien‹ (alle vier Metaphern
ziehen sich als dichtes Netz durch die zeitgenössischen Zeugnisse). Lessing mag
sich drehen und wenden, Richtigstellungen und Differenzierungen versuchen
– und der Verlegerfreund Nicolai sie bestätigen: Spätestens seit Erscheinen des
Ersten Teils der *Antiquarischen Briefe* im Herbst 1768 ist der Streit einer
zwischen der Berliner »Litteraturschule« (wie es immer wieder heißt)[55] und
»den Hallensern« oder der »Hallenser Schule« um Christian Adolf Klotz. Diese
angenommene Grundkonfrontation mag es auch sein, die manche Zeitgenossen so rasch auf die typologische Parallele Klotz/Gottsched bringt, d. h.
in erster Linie auf die ›Schul‹-Gegnerschaft von ›Leipzigern‹ und ›Zürchern‹
(Lessings eigene Gottsched-Opposition bleibt dabei ganz am Rande).

Auf der Seite Klotzens ist die Personenkonstellation auch vergleichsweise
klar. Diejenigen, die sich publizistisch beteiligen, sind überwiegend entweder
unmittelbare Schüler oder solche, die sich ihm – diese Fähigkeit Klotzens wird
mehrfach bewundernd überliefert[56] – durch persönlichen Charme, auch durch
Schmeichelei[57] haben verpflichten lassen. Es sind meist jüngere Leute wie
Johann Georg Meusel (der spätere Mitverfasser des bekannten Schriftsteller-

---

[55] Natürlich geht diese spezielle Prägung in erster Linie schon auf die von Nicolai verlegten
   Literaturbriefe zurück.
[56] So vor allem in vielen Zeugnissen der postumen Sammlung *Briefe Deutscher Gelehrten an den
   Herrn Geheimen Rath Klotz*. Hg. von J. J. A. von Hagen. Halle 1773.
[57] Sie hat Lessing bekanntlich auch selbst zu spüren bekommen (vgl. insbesondere den Brief
   Klotzens an Lessing vom 9. Mai 1766) – der Punkt wird dann ja auch in den *Antiquarischen
   Briefen* von Lessing wiederholt ins Spiel gebracht.

Lexikons), zu dessen Caylus-Übersetzung Klotz vor kurzem ein wichtiges Vorwort geschrieben hat (auf das Lessing kritisch Bezug nimmt), oder Johann Jakob Dusch, Poet und Rektor in Altona, dessen Naturpoesie Lessing vor Jahren (in den *Literaturbriefen*) zerpflückt hat, oder auch der aufstrebende Erfurter Kunstphilosoph Friedrich Justus Riedel; bei ihm gewinnt man im übrigen den Eindruck, daß ihn Lessing von einer anfangs durchaus moderaten Position im Klotz-Streit schließlich selbst ins gegnerische Lager getrieben hat (er ist ja eine wichtige Figur im Zweiten Teil der *Antiquarischen Briefe*). Für die Streitkonstellation höchst bezeichnend ist schließlich auch eine Gestalt wie der schon erwähnte Philipp Daniel Lippert: die Gemmen-Autorität, die Klotz offenbar gerne ganz auf seine Seite gezogen hätte. Aber Lippert, mehr Praktiker und Materialexperte als etwa professioneller Philologe und Altertumskundler, fürchtet offenbar die Autorität Lessings, versucht sich herauszuwinden, jedenfalls nicht ganz in die Klotzischen Schützengräben zu geraten (oder auch, wie es heißt, zu den »Waffenträgern« zu werden).

Auf seiten Lessings verlaufen die Linien weniger eindeutig. Auffällig ist, wie Autoren von Rang und Namen, die Lessing hochschätzen, etwa der einflußreiche Kunstkenner Christian Ludwig von Hagedorn (Bruder Friedrichs, des Dichters) oder auch der Göttinger Heyne ostentativ bemüht sind, sich nicht – wie sie ausdrücklich formulieren – in die »Streitigkeiten« oder die »Zänkerey« hineinziehen zu lassen. Lessings Jugendfreund Christian Felix Weiße, der zugleich mit Klotz in freundschaftlicher Verbindung steht, leidet nachgerade unter der Situation, reagiert empfindsam-weich »Eintracht und Liebe« ersehnend, die den »schönen Geistern« einzig angemessen sei (wie es im Brief an Klotz vom 20. Oktober 1768 verlautet). (Zit. nach B 5/2, S. 1022) Ein besonders komplexer Fall ist Herder. Einerseits dient sich der noch nicht einmal Fünfundzwanzigjährige in einem Lessing im Januar 1769 übersandten Brief mit beträchtlicher Lobhudelei als Bewunderer an. (B 5/2, S. 1037f.) Andererseits läßt die bald darauf erscheinende große *Laokoon*-Abhandlung (als erstes *Kritisches Wäldchen*) wegen einzelner Lessing kritisierender Passagen manche Leser zunächst auf einen Klotzianer schließen.[58]

Die vielleicht eindeutigsten wirklichen ›Parteigänger‹ Lessings sind der vergleichsweise unbedeutende Hannoveraner Bibliothekar und Antiquar Rudolf Erich Raspe (mit eigenen *Anmerkungen* [1768] gegen Klotzens Gemmen-Schrift)[59] und: immerhin Heinrich Wilhelm von Gerstenberg, der von Herder

---

[58] B 5/2, S. 1021. Das ändert sich freilich mit dem 2. und dem 3. *Wäldchen*, worin Herder unmißverständlich gegen Klotz zu Felde zieht.
[59] Lessing, in einem Dankschreiben an Raspe vom 30. Dezember 1768 (B 5/2, S. 1034f.), hebt

gerühmte ›Vater‹ der Bardendichtung, aus dem Klopstock-Kreis, Herausgeber der *Schleswig'schen Litteraturbriefe* ganz im Fahrwasser Lessings. Daß sein Trauerspiel *Ugolino* (1768; das Dante-Sujet, das Lessing auch im *Laokoon* beizieht) aus dem Klotzischen Lager heraus als abgeschmackt verrissen, von Lessing aber als kühner Wurf gewürdigt worden ist, hat ihm Gerstenberg nicht vergessen. Seine große Rezension der *Antiquarischen Briefe* in dem Hamburgischen Organ, mit dem der Streit begonnen hatte,[60] ist engagierte Parteinahme gegen Klotz, ›historische‹ Einordnung des Streits, Würdigung der »Schreibart«. Hier revanchiert sich der eine Kritiker beim anderen, und zwar überschwenglich: Rezensenten-Filz 1769.

Warum aber, wenn immerhin Autoritäten wie Heyne und Hagedorn, auch Herder, sich in der ausdrücklichen ›Parteinahme‹ zurückhalten (nicht zuletzt des »Tons« der »Zänkereyen« wegen), warum trotzdem bei den meisten Zeitgenossen der Eindruck zweier ›Schulen‹, zweier ›Parteien‹? Das ist bisher wenig bedacht worden. Für die belletristische Streitkultur um die Mitte des 18. Jahrhunderts in Deutschland, und für Lessings Strategie in den »Klotzischen Händeln«, wird hier ein Strukturmuster öffentlicher Kommunikation mitentscheidend: nämlich die Eigengesetzlichkeiten, die sich mit den neuen Schriftstellergruppierungen, mit den Zeitschriften, Zeitungen und Buchreihen verbinden, mit diesen rasch expandierenden ›Neuen Medien‹ und den darauf sich stützenden Imperien.[61]

Gottsched war auch hier der erste, der mit Geschick, Weitsicht und mitunter wenig zimperlicher Durchsetzungskraft demonstriert hatte, was alles mit Hilfe von akademischen Sozietäten, mit Schülern auf Universitätsstellen und Gymnasialrektorenposten, was mit dem Schultheater, mit Lehrbüchern und Kompendien und Textsammlungen und nicht zuletzt mit Zeitschriften an Literaturpolitik durchgesetzt werden konnte. Das Nicolai'sche Imperium ist anderer Art, mit einem verlegerischen Zentrum, aber auch einem Freundeskreis von außerordentlichem Niveau. Und die Dreierseilschaft Lessing, Mendelssohn, Nicolai hat mit den *Briefen, die neueste Litteratur betreffend* (1759–65) ein Kritikorgan geschaffen, ja eine Instanz, deren epochale Wirkung hier nicht charakterisiert zu werden braucht. Die zeitlich und funktional un-

---

heraus, daß Klotz nun erkennen müsse, nicht er »allein« erkläre ihn »für einen unwissenden Prahler«.

60 Auszüge aus der *Kayserlich-privilegirten Hamburgischen Neuen Zeitung* (November 1769; zum Zweiten Teil) abgedruckt in B 5/2, S. 1062–1066.

61 Die von der älteren Forschung vor allem durch die Analyse der Buchproduktion (Meßkataloge etc.) und besonders in den letzten beiden Jahrzehnten differenziert erfaßten Prozesse des 18. Jahrhunderts werden im folgenden vorausgesetzt.

mittelbar an die *Literaturbriefe* sich anschließende *Allgemeine deutsche Bibliothek* (seit 1765) hat bekanntlich noch einen Schiller und einen Goethe in Rage gebracht, als Hort des aufklärerischen »Berolinismus«. Und der junge, ehrgeizige Klotz hat selbst anfänglich dort mitgearbeitet, bis er – eben aus Anlaß der antiquarischen Fehde – Nicolai »die Freundschaft aufsagte«[62] (dies und das Aufkündigen der zunächst stolz hervorgekramten ›Jugendfreundschaft‹ mit Lessing[63] spielt ja eine große Rolle im ganzen Streit).

Klotz wiederum, höchst günstig in der mitteldeutschen zentralen Verlagslandschaft amtierend, hat auf Nicolais Aktivitäten prompt reagiert mit dem Versuch einer Gegengründung, eines eigenen kleinen Imperiums. Für die lateinische Wissenschaftswelt besaß er seit 1764 bereits die Herausgeberschaft der in Göttingen begonnenen, dann Hallischen *Acta litteraria*, in denen noch 1768 auch Klotzens erste, lobende Besprechung des *Laokoon* erscheint (als »aureolus libellus« rubriziert, aber mit vier kleinen Kritikpunkten). Kaum zwei Jahre nach den *Acta* folgten, im Jahr des *Laokoon*, als Organ mit breiterer, muttersprachlicher Streuung und betonter Aktualität, die *Neuen Hallischen gelehrten Zeitungen* und schließlich 1767 die *Deutsche Bibliothek der schönen Wissenschaften*, ostentativ und ganz unverkennbar als Konkurrenz für Nicolais *Allgemeine deutsche Bibliothek* gedacht.

Erst diese mediale Konfrontation zweier Imperien, eines bereits prestigemächtigen mit großem Mitarbeiterkreis und klangvollen Namen, und eines jungen, energisch ausgebauten, mit Konzentration auf das akademische Schulhaupt Klotz – erst hieraus erklären sich eine Fülle von Einzelzügen des epochalen Streits und insbesondere der Lessingschen Streit-Strategie: die Apostrophierung des Klotzischen Schul-Zwangs von vornherein, die eigene wiederholte Distanzierung gegenüber Nicolais *Allgemeiner Deutscher Bibliothek* (an der er, Lessing, kaum aktiv beteiligt sei – was auch stimmt), das Sich-Einschießen auf die biographische Person Klotzens, auf dessen akademische Überschätzung und schriftstellerische Anmaßung, usf. (Hierzu steht eine gründliche Modellstudie noch aus; sie könnte für die Machtstrukturen, für die Strategienwahl und die *elocutio*-Techniken der akademisch-belletristischen Streitkultur in den 1760er Jahren von einiger Aussagekraft sein.)[64]

---

[62] So verschiedentlich die Formulierung, etwa in einem Brief Lessings an Nicolai vom 8. November 1768 (B 5/2, S. 1026).
[63] Die von den Biographen gern aufgegriffene Story entfaltet Lessing selbst, mit ausführlichen Zitaten aus der Korrespondenz, im *252. Antiquarischen Brief.*
[64] Die in Anm. 20 genannten Arbeiten enthalten nur verstreute Hinweise.

Fünftens, hier unmittelbar anschließend: Autorität und verbale Gewalt

Nur wenige Bemerkungen. Beide Hauptkontrahenten im antiquarischen Krieg, Lessing wie Klotz, können aufgrund der Gruppierungen, die hinter ihnen stehen, und mit Hilfe der ihnen offenstehenden Medien verbale Gewalt gegeneinander ausüben, symbolische Gewalt im Sinne von Bourdieu und Passeron.[65] Erst aufgrund dieser Möglichkeiten, die beide sich erarbeitet haben, kann überhaupt der Konflikt, der ja ursprünglich ein fast privater war (mit Kindheitserinnerungen, Freundschaftswerben, Besuchen und Nichtbesuchen usw.),[66] ein öffentlicher werden. Die ›Neuen Medien‹ multiplizieren nicht nur die Zahl der möglichen Leser, sondern durch die Eigendynamik des öffentlichen verbalen Schlagabtauschs (Steigerung, Überbietung, Erwiderungszwänge) auch sozusagen das Gewalt-Potential.[67]

Das Willentliche, ja Forcierte des Streitsuchens ist vor allem bei Lessing mit Händen zu greifen. Nahezu zwei Jahre ist der eigentliche Anlaß her, Klotzens vorsichtige Kritik an Einzelheiten des *Laokoon*, als Lessing im Jahre 1768 fast zufällig auf einen anderen Vorwurf Klotzens (»unverzeihlicher Fehler« – dieses Wort geistert hinfort durch den Blätterwald) aufmerksam wird.[68] Er nimmt sich vor, darauf in einer gesonderten kleinen Schrift zu antworten (es sind wohl die beiden im Nachlaß erhaltenen Entwürfe zu den *Ahnenbildern der alten Römer*). Aber nur kurz darauf hat er sich schon anders entschlossen; am 20. Juni bereits erscheint in der *Hamburgischen Neuen Zeitung* (zwei Tage später auch im dortigen *Unpartheyischen Correspondenten*) der erste der später so genannten *Antiquarischen Briefe*. Stolz nennt er ihn am 5. Juli, Nicolai gegenüber, seine »Kriegserklärung« an Klotz. (B 5/2, S. 999) Jetzt verbeißt er sich. Im April ist das letzte Stück der *Hamburgischen Dramaturgie* erschienen, das Projekt zu Ende, eine neue ›Zeitstelle‹ nicht in Sicht. Daran zu erinnern, mag nicht ungemäß sein. Nach vierzehn Monaten endet fast schlagartig Lessings Interesse an Klotz, als im September 1769 das Wolfenbütteler Angebot ihn erreicht. Mit

---

[65] Pierre Bourdieu, Jean-Claude Passeron: Grundlagen einer Theorie der symbolischen Gewalt. Frankfurt a. M. 1973.

[66] Von Lessing in den Schlußbriefen des Zweiten Teils, zur Erklärung gerade des persönlichen, ›privaten‹ Hintergrundes, detailliert ausgebreitet.

[67] Linguistisch und sozialpsychologisch sind solche Phänomene bisher meist für kleinere ›Einheiten‹ als »verbal aggression« beschrieben worden; vgl. etwa Franz Kiener: Das Wort als Waffe. Zur Psychologie der verbalen Aggression. Göttingen 1983.

[68] Die Stufen der Eskalation sind im einzelnen analysiert in B 5/2, S. 952–960 (mit dem Dokumententeil S. 987–1056).

einem Mal, in der jetzt entstehenden antiquarischen Schrift *Wie die Alten den Tod gebildet,* ist der Ton moderater, die *dispositio* systematischer.[69] Eine neue Perspektive hat sich aufgetan.

Die engeren Freunde, Mendelssohn vor allem, aber sogar Nicolai und der Bruder Karl, haben auf Lessings »heftigen«, »scharfen«, »derben« Ton wiederholt mit unverkennbarer Reserve, ja angedeuteter Kritik reagiert. Die Vorrede zum Ersten Teil der *Antiquarischen Briefe,* in der Lessing diesen ›Ton‹ ausdrücklich rechtfertigt, ist offenkundig bereits Antwort auf solche Einwände. Matthias Claudius' schon zitierte Vorahnung, Lessing werde Klotz »das garaus« machen, ist berechtigt. Lessing bedient sich von Anfang an ganz ungescheut der Gewalt-Metaphorik (»in die Pfanne hauen«, »Kriegserklärung« usw.) wie der Erniedrigung seines Gegners (»rasender Hund«) oder auch billiger Grobianismen (das »stinkende Fett« in Klotzens »Wassersuppe«). In den persönlichen »Anzüglichkeiten« oder auch »Personalitäten«, wie es oft heißt, geben sich Lessing und Klotz wenig nach. Beide spielen wiederholt mit der alten, juristisch relevanten Unterscheidung zwischen »Satire« und »Pasquill«, zwischen moralistisch-generalisierender Verspottung und persönlicher Ehrverletzung. Das ist schon Stereotyp vieler Federkriege des 16. Jahrhunderts und begegnet ansatzweise auch im Lange- und im Goeze-Streit.

Klotz war von den in mancherlei Hinsicht asymmetrischen Voraussetzungen her, die ich skizziert habe,[70] offenkundig überfordert, zumal er ausdrücklich als »Schriftsteller« in den öffentlichen Disput mit Lessing einsteigen wollte. Nicolai berichtet seinem Freund nicht ohne schmeichelnden Beiton schon am 18. Oktober 1768 aus Berlin, selbst Klotz Wohlgesonnene meinten dort, er habe sich »an einen für ihn zu starken Streiter gewagt« (B 5/2, S. 1020). Aber warum gelingt es Lessing nicht, seine doppelte Autorität, als Schriftsteller wie als Altertumskundiger, in wirkliche »Strategien des Überzeugens« umzusetzen?

Daß es ihm auch in den Augen der meisten Zeitgenossen nicht gelingt, wird früh ablesbar an den vielen Zeugnissen, in denen man von den persönlichen »Zänkereien« einerseits, dem spezialistischen »Pedantismus« andererseits ausweicht auf diejenigen *Briefe,* in denen sich eine neuartige »Lebhaftigkeit« der »Schreibart«, eine »Energie« des Sprechens, ja ein »hinreissender Styl« manifestiere.[71] Vor allem die Vielfalt der ›Tonleiter‹ wird bewundert, nicht zuletzt wohl deshalb, weil sie Lessing in den *Antiquarischen Briefen* ausdrücklich

---

[69] Siehe die Hinweise in B 6, S. 1080–1086 und 1104–1106.

[70] Den Begriff des »Symmetrischen« in Kommunikationsvorgängen hat jetzt Karl-Otto Apel erneut als Normbegriff zur Geltung zu bringen versucht: Diskurs und Verantwortung. Frankfurt a. M. 1988.

[71] Nur drei ausgewählte Stellen: B 5/2, S. 1050, 1062 und 1066.

thematisiert. Noch Herders nekrologisches Lob der Lessingschen »Sprache« (der »teutschen«) hat, jedenfalls im Zusammenhang der Klotz-Fehde, derlei Ambivalentes, Ausweichendes. Und dies bleibt auffälliger Bestandteil der Würdigungsgeschichte bis in die Gegenwart. Aber gerade dies sollte Anlaß sein, auch in exemplarischer Absicht nach den möglicherweise komplexen Gründen zu fragen. Lessings ganz individuelle Existenzbedingungen Ende der 1760er Jahre, seine Neigungen und Abneigungen geben immer wieder auch Durchblicke auf Epochentypisches. Ich fasse ein hier einschlägiges strukturelles Moment unter ein Zitat:

Sechstens: »Der gelehrte Staat duldet keinen Despotismus«

Dies ist ein Satz aus Gerstenbergs großer Rezension der *Antiquarischen Briefe*, Zweiter Teil, die in vier Folgen vom 20. bis zum 24. November 1769 in der *Kayserlich-privilegirten Hamburgischen Neuen Zeitung* erscheint, ein Satz unmittelbar im Anschluß an die schon zitierte Parallelisierung von Klotz und Gottsched. Und Gerstenberg setzt hinzu: »Welche Schande für unsre klügern Zeiten«. (B 5/2, S. 1064) Hier wird deutlich ein Phasenmodell innerhalb der aufklärerischen Bewegungen greifbar, durchaus nicht originell (es begegnet auch bei anderen Zeitgenossen, etwa bei Herder, ja bis zu Goethe hin und darüber hinaus). Entscheidend ist mir die Vorstellung vom »gelehrten Staat«. Sie ist hier anachronistisch und nicht anachronistisch. Daß der Begriff der *res publica litteraria*[72] auch bis hin zu politischen Verfassungsformen durchgedacht wird, begegnet seit dem ausgehenden 17. Jahrhundert, namentlich angestoßen durch Pierre Bayles *Nouvelle République des Lettres*, immer häufiger. Es werden in diesem Zusammenhang immer wieder Forderungen nach prinzipieller *libertas* erhoben,[73] und es begegnet sogar das Stichwort »Demokratie«, bemerkenswerterweise auch etwa bei Friedrich Nicolai.[74]

Tendenzen zum Machtmißbrauch insbesondere durch den Ausbau großer Netze von Zweckfreundschaften und Abhängigkeiten hat es in der Gelehrtenrepublik seit dem Hochhumanismus immer wieder gegeben.[75] Die Ent-

---

[72] Den wesentlichen Erkenntnisstand für die Zeit bis in die Frühaufklärung hinein dokumentieren jetzt die Tagungsbände: Sebastian Neumeister, Conrad Wiedemann (Hg.): Res Publica Litteraria. Die Institutionen der Gelehrsamkeit in der frühen Neuzeit. 2 Bde. Wiesbaden 1987.

[73] Etwa bei Christoph August Heumann: Conspectus Rei publicae Literariae. Hannover 1717, S. 37.

[74] In einer Rezension: Allgemeine Deutsche Bibliothek 10/2 (1769), S. 103.

[75] Hierzu Wilfried Barner: Gelehrte Freundschaft im 18. Jahrhundert. Zu ihren traditionalen Voraussetzungen. In: Barbara Becker-Cantarino, Wolfram Mauser (Hg.): Frauenfreundschaft – Männerfreundschaft. Literarische Diskurse im 18. Jahrhundert. Tübingen 1991.

wicklungen im Buchmarkt, im Verlags- und Zeitschriftenwesen, eben den
›Neuen Medien‹, haben solchen Machtstrategien neue Möglichkeiten er-
schlossen, sie auch qualitativ verändert. Bezeichnenderweise ist es der noch
relativ junge, mediengewandte, machtbewußte Universitätsgelehrte Klotz, der
sich – soweit wir sehen – als erster im antiquarischen Streit dieses Vorstellungs-
modells gegen das publizistische Imperium Nicolais bedient. Er habe sich, so
formuliert er im Oktober 1768 in der *Deutschen Bibliothek der schönen Wissenschaften*, »an die Spitze der über den critischen Despotismus Unzufriedenen«
gestellt. (Zit. nach B 5/2, S. 1010) Und Lessing hat im 55. *Brief* zunächst sichtlich
Mühe, die in dem Gesichtspunkt steckende Sprengkraft auf ein Teilproblem
abzulenken: auf das seiner legitimen Freundschaft mit Nicolai.

Aber den gleichen Kardinalvorwurf, den des gelehrten Imperialismus,
wendet Lessing nun nicht ohne Recht wiederum gegen Klotz. Und er erhält
darin Beifall von recht urteilsfähigen Schriftsteller-Kollegen, in der Regel mit
Abwägung der faktischen Autorität der beiden Kontrahenten. So schreibt
Salomon Geßner schon im Januar 1769 an Wieland: »Aber Lessing und Klotz!
Sie werden die Antiquarischen Briefe gelesen haben; Herr Klotz hat sich zu
ungestühm sein Reich errichten wollen, aber er hat mehr Muth als Kräfte sich
zum Monarchen unter uns aufzuwerfen.« (B 5/2, S. 1039, Hervorhebung im
Original) Ganz in diesem Sinne äußern sich auch andere Beobachter der Szene,
vor allem dann nach dem Tode Klotzens: er habe sich einen zu starken
Streitgegner ausgesucht.[76]

Was besagen diese Vorstellungsmodelle für die Möglichkeiten ›schöngeistiger‹ Streitkultur nach der Jahrhundertmitte? Die Vorliebe der Deutschen
für die Ideale der Gelehrtenrepublik ist nicht ohne Recht gerne ironisiert
worden, etwa von Madame de Staël, schon gar in den mitunter darin versteckten politischen Wünschen. Für einen antiquarischen Streit ist die *res
publica litteraria* selbstredend eine angemessene Modellvorgabe. Dabei gibt es
– und Lessing ist hier in vorderster Linie zu nennen[77] – nicht nur die Vision
einer ›modernisierten‹ Gelehrtenrepublik à la Pierre Bayle, sondern nun auch
eine, die durch die neuen publizistischen Möglichkeiten auch Tendenzen zur
polemischen Radikalisierung in sich birgt (ganz in diese Richtung geht Goethes
Diagnose der »Klotzischen Händel«).[78]

---

[76] Vgl. etwa die *Fragmente eines Gesprächs im Reich der Todten* zwischen Klotz und Rabener (B 5/2,
S. 1077f.), aber auch schon B 5/2, S. 1020.

[77] Wilfried Barner: Res publica litteraria und das Nationale. Zu Lessings europäischer
Orientierung. In: Wilfried Barner, Albert M. Reh (Hg.): Nation und Gelehrtenrepublik.
Lessing im europäischen Zusammenhang. Detroit und München 1984, S. 69–90.

[78] Vgl. die eigentümlich verklärenden Formulierungen in *Dichtung und Wahrheit* (Auszug in
B 5/2, S. 1085).

Lessings Strategie ist in dieser Übergangssituation eigentümlich gespalten (und das führt über den Lange-Streit deutlich hinaus). Immer wieder verteidigt er seinen »heftigen Ton«, ja seine »Personalitäten« auch Freunden gegenüber damit, daß Klotz ihm diesen Ton »aufgezwungen« habe, von Anfang an.[79] Als Gegenbild, ja als personifiziertes Gegen-Ideal aber inthronisiert er planmäßig den Göttinger Christian Gottlob Heyne: den »echten« Gelehrten, dem es – wie es wiederholt bei Lessing heißt (B 5/2, S. 473) – »bloß um die Aufklärung der Wahrheit zu tun ist«, der deshalb auch einmal öffentlich ein Mißverständnis oder gar einen Irrtum zuzugeben vermag (wie es im Falle des Borghesischen Fechters auch geschehen ist).

Lessing folgt Klotz gegenüber diesem Ideal nicht. Die alte Gelehrtenrepublik, in der gerade ein Gottsched seinen »Despotismus« über Jahre hin erfolgreich praktizieren konnte, ist für ihn verabschiedet. Klotzens ähnlich erscheinender Versuch, angemaßte Autorität durchzusetzen, scheitert. Aber repräsentiert Lessing demgegenüber echte, ›gedeckte‹ Autorität, als Vorschein einer neuen Gelehrtenrepublik, die allen Despotismus hinter sich läßt? Das antiquarische Feld ist nicht geradezu hierfür geschaffen. Der Klotzische Streit hat trotz der ›Modefach‹-Aspekte das schöngeistige Publikum wegen der ausgeprägten Spezialistik kaum zu fesseln vermocht und manche kritischen Geister wegen des »zänkischen« Tons bald auf Distanz gehen lassen. Manches Zeugnis deutet darauf hin, daß im »Reich des Verstandes und des Witzes« ein gewisser Abschreckungseffekt davon ausging. Im übrigen aber ist die vielzitierte Lessingsche These, daß die »Wahrheit« durch solche Streite immer gewinne, eine salvatorische These geblieben, bestenfalls eine optimistische.

Die zu Anfang zitierte späte Diagnose Herders nehme ich noch einmal auf mit dem

siebten und letzten Punkt: Die »Armseligkeits«-These und das Lessingsche Einüben neuer Autorität.

»Zu armselige Dinge« und »zu armselige Leute« habe der »Streit mit der Klotzischen Schule« betroffen, war Herders Deutung in seinem Nachruf von 1781. Dieser Grundgedanke hat, gewiß nicht durchgängig unter direkter

---

[79] So schon im *Vorbericht* zum Ersten Teil (B 5/2, S. 355f.) mit der standespolitisch genau kalkulierten Ablehnung der »Höflichkeit« (die als verstellte Rede dem »Hofrath« Klotz allenfalls zukommen mag), und dann in vielen Briefen (so schon an Nicolai am 1. August 1768; ebd., S. 1001).

Wirkung Herders, in der Lessing-Würdigungsgeschichte Karriere gemacht. Goethe etwa hat sich seiner bedient, um mit dem Hinweis auf Lessings »so erbärmliche Zeit« die ihn störende »Fürsten«-Kritik der *Emilia Galotti* und die »Pfaffen«-Kritik des *Nathan* als epochal bedingt erscheinen zu lassen.[80] Christian Gottfried Schütz, Professor für Poesie und Beredsamkeit in Jena, später in Halle, meinte gar im Jahr nach Lessings Tod: Hätte Lessing andere Gegenstände als die antiquarischen traktiert, vor allem aber unter einer »Verfassung« nach Art Roms oder Athens leben dürfen, »wir würden Reden von ihm haben, die mit den feurigsten eines Cicero und Demosthenes sich messen könnten.«[81]

Die Klagen über die ›gefesselte‹ Beredsamkeit im Duodezfürsten-Deutschland des 18. Jahrhunderts gehören zweifellos auch zum Problemfeld ›Streitkultur‹. Sind die im Klotz-Streit geführten mikrologischen und grobianischen Dispute über Antiquarisches in diesem Sinne Ersatzhandlungen? Sind es Akte des ›gymnastischen‹ Einübens einer neuen, erst künftigen Streitkultur? Was hat sich zwischen den Gottschedschen Fehden und etwa dem Xenien-Streit schließlich gewandelt?[82] Die Dignität der Gegenstände des Fragmentenstreits ist dem Lessingschen »Krieg« mit Klotz und seinen Anhängern verwehrt geblieben. Die »Dreustigkeit« der Schreibart, die »Lebhaftigkeit«, das »Hinreißende« des Stils, in einigen der *Antiquarischen Briefe*, hat Muster gesetzt, an denen Spätere sich zu messen hatten. Aber Strategien des »Überzeugens«? Viel eher notwendige Vorstufen dazu, und zwar spezifisch: Strategien des polemischen Aufdeckens angemaßter Autorität. Schon der 20jährige Lessing, im Lustspiel *Die Juden*, verkündet nicht etwa Programme der Judenemanzipation, sondern leuchtet zunächst hinter die Mechanismen der Judendiskriminierung, benennt die Interessenten und die verantwortlichen Autoritäten: »Unser Herr Pfarr erinnerte das [sc. das Gefährliche des ›verworfenen‹ Volks] sehr weislich in der letzten Predigt« – so der indoktrinierte Martin Krumm gleich in der 2. Szene.

---

[80] So vor allem in einer späten Äußerung gegenüber Eckermann (7. Februar 1827); die Kritik am ›bloß Gedachten‹, Ausgeklügelten (nicht mit ›bedeutendem Leben‹ Erfüllten) reicht bekanntlich bis ins Jahr der Erstaufführung der *Emilia Galotti* zurück (Mitte Juli 1772 an Herder).

[81] Zitiert nach B 5/2, S. 1081f. Solche hypothetischen Überlegungen zu »Beredsamkeit« und »Verfassung« in Deutschland, mit dem vergleichenden Blick auf die Antike, setzen schon im 17. Jahrhundert ein, besonders bei Weise. Die Benennungen der Defizite verdienten vor allem im Hinblick auf die ›Querelle‹ nähere Untersuchung.

[82] Für das ausgehende 18. Jahrhundert liegen jetzt verdienstvolle Beispieluntersuchungen vor (unter Leitvorstellungen wie etwa: von der »Gelehrtenrepublik« zur »Guerre ouverte«): Hans-Dietrich Dahnke, Bernd Leistner: Debatten und Kontroversen. Literarische Auseinandersetzungen in Deutschland am Ende des 18. Jahrhunderts. 2 Bde. Berlin und Weimar 1989.

Lessing demonstriert in der Klotz-Fehde, wie sich angemaßte akademisch-schriftstellerische Autorität decouvrieren und schließlich destruieren läßt. Das ist, in der mitunter virtuos gehandhabten Strategie öffentlichen Austragens, eine nicht geringe Leistung. Aber wenn man auch einmal Lessings – gewiß nicht sonderlich venerablem – Hauptgegner eine Chance gibt, sich eine Strecke weit auf ihn einläßt (ich denke, Lessing kann das vertragen), so wird doch auch das Willkürliche, ja Forcierte der anfänglichen »Kriegserklärung« und dann auch der »Kriegsführung« unabweisbar. Das politische Risiko war hier zweifellos geringer als später im Streit mit Goeze. Desto ausgiebiger konnte die Selbstreflexion über das Streiten als ein öffentliches Streithandeln hervortreten – nicht nur, aber besonders in der Schlußfolge der *Antiquarischen Briefe*. Je spezieller der Gegenstand und sein Durchexerzieren, desto dringlicher der Begründungszwang, desto offener auch der Blick auf die Werkzeuge und auf die Verfahren. Eine der vielleicht unwillkommenen Einsichten aus diesem etwas unansehnlichen Streit mag sein, daß zu dieser fälligen Decouvrierung und Destruierung angemaßter Autorität ein beträchtliches Stück gewalthaft vorgehender eigener Autoritäts-Anmaßung gehörte. War das unausweichlich? Vielleicht wissen Sie eine Antwort.

Günter Saße

Der Streit um die rechte Beziehung

Zur »verborgnen Organisation«[1] von Lessings *Minna von Barnhelm*

Wenn Lessing in der zweiten Hälfte des 18. Jahrhunderts seine Komödie *Minna von Barnhelm* schreibt, in der sich die Liebenden nach allerlei Verwicklungen und Schwierigkeiten endlich in die Arme fallen, um dem gerührten Publikum die Hochzeit anzukündigen – sogar eine Doppelhochzeit –, dann greift er ein Thema auf, das für die Komödie fast schon gattungskonstitutiv ist.

Goethe hat in seiner *Nachlese zu Aristoteles' Poetik* gerade in der Eheschließung das bestimmende Unterscheidungskriterium zur Tragödie gesehen. Während in dieser die »aussöhnende Abrundung« »durch eine Art Menschenopfer« erreicht werde, fungiere in der Komödie zur »Entwirrung aller Verlegenheiten« die Heirat,

> die, wenn sie auch das Leben nicht abschließt, doch darin einen bedeutenden und bedenklichen Abschnitt macht. Niemand will sterben, jedermann heiraten, und darin liegt der halb scherz-, halb ernsthafte Unterschied zwischen Trauer- und Lustspiel aristotelischer Ästhetik.[2]

Wenn Goethe etwas pointiert, aber durchaus im Blick auf die europäische Komödientradition »Heirat« als zentrales Merkmal vieler Lustspiele herausstreicht, dann verweist er damit auf einen literaturgeschichtlichen Zusammenhang, der sich von der Antike herschreibt. Seit der Neuen attischen Komödie markiert die Eheschließung häufig den Schlußpunkt einer Handlung, die zunächst auf alles andere als auf dieses Ziel zuzulaufen schien.[3]

---

[1] Lessing: *Hamburgische Dramaturgie*. 32. Stück (LM 9, S. 317); *Minna von Barnhelm* wird nach LM zitiert.

[2] Goethe: Werke (Hamburger Ausgabe). Bd. XII. 8. Aufl. Hamburg 1978, S. 343.

[3] Siehe Manfred Fuhrmann: Lizenzen und Tabus des Lachens – zur sozialen Grammatik der hellenistisch-römischen Komödie. In: Wolfgang Preisendanz und Rainer Warning (Hg.): Das Komische. München 1976, S. 65–101, der in einem tabellarischen Überblick (S. 71–75) die wichtigsten Handlungselemente der antiken Komödien von Menander, Plautus und Terenz systematisiert und dabei »Heirat« als ihren zentralen Schlußpunkt herausstreicht.

Was dabei vielfach dieses glückliche Ende hinauszögert und so erst den Geschehensablauf der Komödie sichert, ist der Konflikt zwischen väterlichen Geboten und kindlichem Aufbegehren, zwischen den Normen des Rechtes und der Stimme des Herzens. Erst am Ende, nach allerlei Verwicklungen, findet dann – dem Formtyp der Komödie gemäß – zwischen dem Rechtsanspruch des Vaters und dem Wollen der Kinder ein Ausgleich statt; Heirat ist sein Siegel.

Auch bei Lessings Komödie *Minna von Barnhelm* handelt es sich um ein Heiratsdrama, auch hier gibt es Blockaden und Schwierigkeiten auf dem Weg zur Ehe, und auch hier werden alle Hindernisse am Ende glücklich überwunden.[4]

Was aber den gravierenden Unterschied zu vielen anderen Heiratskomödien der Tradition markiert, ist die manifeste Abwesenheit der Väter, die andernorts kraft ihrer patria potestas zunächst den Wünschen der Kinder entgegenstehen und mit viel List und Raffinesse als Eheblockaden überwunden werden müssen. Minnas Vormund, der Graf von Bruchsall, kommt erst ganz am Schluß, da ihn ein Unfall aufhielt, und bestätigt die Heirat nur noch, die schon entschieden ist. Und auch Tellheim lebt jenseits väterlicher Machtsprüche, fern von seinen kurländischen Angehörigen, allein auf sich gestellt. Nur von Ferne ragt Friedrich der Große, in gewisser Weise auch eine Vatergestalt, ins Drama und sein Schicksal hinein.

In Lessings letzter Komödie hat die Konfliktlinie offensichtlich einen anderen Verlauf; sie trennt nicht Jung und Alt, die Machtsphäre der Väter und die Empfindungssphäre der Kinder, sondern sie hat sich augenscheinlich ins Innere der Protagonisten verlagert, ohne daß damit allerdings schon ausgemacht wäre, das Äußere der Verhältnisse sei hierbei irrelevant.

Kein Zweifel – Minna und Tellheim lieben sich. Und doch – bei aller Liebe – geht es zwischen ihnen um angestrebte und abgewiesene Heirat, um das Drängen des einen und um das Zurückweichen des anderen, um die Weigerung Tellheims, die versprochene Ehe einzugehen, und um Minnas Versuch, ihn umzustimmen. Dann – in spiegelverkehrter Entsprechung – steht dem

---

[4] Daß Lessing seine Komödie vor dem Hintergrund des antiken Komödienschaffens konzipiert, liegt bei seiner genauen Kenntnis dieser Werke auf der Hand. Schon während seiner Schulzeit in St. Afra, aber auch noch später, hat er sich sehr intensiv mit antiken Komödienautoren beschäftigt; 1754 schreibt er in seiner Vorrede zum 3. Teil seiner *Schrifften* (LM 5, S. 268): »Theophrast, Plautus und Terenz waren meine Welt, die ich in dem engen Bezircke einer klostermäßigen Schule, mit aller Bequemlichkeit studirte - - Wie gerne wünschte ich mir diese Jahre zurück; die einzigen, in welchen ich glücklich gelebt habe.« 1750 veröffentlicht Lessing seine *Abhandlung von dem Leben, und den Werken des Marcus Accius Plautus* (LM 4, S. 57–82) und übersetzt dessen Komödie *Die Gefangenen* (ebd., S. 83–130); er veröffentlicht eine anonyme *Critik über die Gefangenen des Plautus* und setzt sich mit dieser auseinander (ebd., S. 131–193).

Wunsch Tellheims auf sofortige Eheschließung Minnas spröde Abweisung
entgegen, bis zu guter Letzt, wie es sich für eine Komödie gehört, die
Hochzeit, sogar in verdoppelter Form, unmittelbar bevorsteht. Was aber bestimmt den verwickelten Ablauf der Ereignisse, warum dieses wechselseitige
Drängen und Zurückweichen, warum die gespielte und tatsächliche Sprö-
digkeit? Was motiviert bei beiden den Streit um die rechte Beziehung so sehr,
daß dabei sogar diese selbst aufs Spiel gesetzt wird?

Offensichtlich hat Lessing im Wechselspiel von Ehewunsch und Eheve-
weigerung ein auf den ersten Blick höchst unplausibles Verhalten der beiden
Protagonisten zur Schau gestellt. Dies ist um so erstaunlicher, als er nicht erst
in seiner kurze Zeit später entstandenen *Hamburgischen Dramaturgie* auf
Plausibilität der Haltungen und Kausalität der Handlungsfolgen allergrößten
Wert legt. Die Forderung nach strikter psychologischer Motivation und zwin-
gender Verknüpfung aller Handlungsschritte erhebt er geradezu zum Gütekri-
terium gelungener Dichtung. Und da soll er ein Werk geschaffen haben, das
seinen Forderungen widerspricht?

Von daher drängt sich mir die Interpretationshypothese auf, Lessing habe
sich mit der Lust dessen, der sich absichtlich einer großen Herausforderung
stellt, der Aufgabe unterzogen, das Dramengeschehen so zu gestalten, daß sich
die auf den ersten Blick gänzlich unwahrscheinlichen Verhaltensweisen der
beiden Liebenden erst nach genauerer Analyse als wohlmotiviert erweisen, so
daß man dann zu guter Letzt doch zugeben muß, daß – wie es in der *Hamburgischen Dramaturgie* heißt – »diese Charaktere unter diesen Umständen
solche Facta hervor zu bringen pflegen, und hervor bringen müssen.«[5]

Gelingt es Lessing, seinem eigenen Anspruch gerecht zu werden, und zwar
dadurch, daß bei genauem Verstehen die – wie er formuliert – »verborgne Organisation«[6] des dramatischen Geschehens erkennbar wird, die zeigt, warum
sich wer wem gegenüber wie verhält?

Zunächst, so ist festzuhalten, bemüht sich schon Minna, den Gründen
nachzuspüren, warum sich Tellheim ihr gegenüber so merkwürdig abweisend
verhält. Der Streit um die rechte Beziehung beginnt als Überprüfung seiner
Motive. Tellheim hatte mit Vehemenz für sich in Anspruch genommen, daß
ihm »Vernunft und Nothwendigkeit befehlen, Minna von Barnhelm zu vergessen«. (II/9) Minna nimmt ihn beim Wort, nachdem sie sich vorher noch
nachdrücklich versichert hat, daß er sie immer noch liebe – das nämlich ist ihr
das Allerwichtigste. Sie fragt: »Aber lassen Sie doch hören, wie vernünftig diese
Vernunft, wie nothwendig diese Nothwendigkeit ist.« (II/9)

---

[5] Lessing: *Hamburgische Dramaturgie*. 33. Stück (LM 9, S. 323).
[6] Siehe ebd., 32. Stück (LM 9, S. 317).

Auch wenn Tellheim nicht so recht dazu kommt, seine Lage im Detail zu schildern, so versucht er dennoch, sein Verhalten zu begründen, indem er auf seine Situation verweist: »Ich bin Tellheim, der verabschiedete, der an seiner Ehre gekränkte, der Krüppel, der Bettler.« (II/9)

Was Tellheim hier voller Emphase als die Misere seiner Existenz heraus-streicht, wird von Minna in einem auf den ersten Blick schlagenden Beweis-gang ad absurdum geführt. Fast schon übermütig resümiert sie ihr Unter-suchungsergebnis:

> Ihre lachende Freundinn beurtheilet Ihre Umstände weit richtiger, als Sie selbst. Weil Sie verabschiedet sind, nennen Sie Sich an Ihrer Ehre gekränkt: weil Sie einen Schuß in dem Arme haben, machen Sie Sich zu einem Krüppel. Ist das so recht? Ist das keine Uebertreibung? Und ist es meine Einrichtung, daß alle Uebertreibungen des Lä-cherlichen so fähig sind? (IV/6)

Tellheim hat sich durch Übertreibung lächerlich gemacht, also provoziert er zu Recht ein Lachen, das hinter der Fassade des Ernstes all die Ungereimtheiten im Verhalten zu erkennen vermag. So wenigstens sieht es Minna, und so legt es uns die theoretische Perspektive der *Hamburgischen Dramaturgie* nahe.[7]

Es ist nun alles andere als erstaunlich, daß Minna den von Tellheim so nachdrücklich behaupteten Ernst seiner Lage nicht zu sehen vermag. Denn wer sich zum Bettler erklärt, obwohl eine große Geldsumme an ihn unterwegs ist, wer sich an der »Ehre gekränkt« fühlt, weil er »verabschiedet« wurde, und wer sich zum »Krüppel« macht, weil er am Arm ein wenig verletzt wurde, der kann nicht damit rechnen, daß man seine Situation als tragisch empfindet. Wie sehr muß Tellheim »für alles andere Gefühl sich verhärte[t]« (IV/6) haben, daß er ein Liebesglück abweist, das er durch die bloße Einwilligung in die Ehe mit Minna verwirklichen könnte? Minna, die ihm voller Courage nach Berlin nachgereist ist und ihn dann im Wirtshaus aufstöbert, hat Geld, sie ist schön, sie liebt Tellheim, umgekehrt liebt dieser auch sie, eine Heirat würde ihn außerdem auch noch aus seiner finanziellen Misere befreien. Und doch ver-weigert er die Ehe, die sie ihm geradezu aufdrängt. Wie kann einer, der doch für sich »Vernunft« reklamiert, so unvernünftig sein und zugleich sein emo-tionales *und* sein materielles Glück nicht wollen?

Für Minna ist die Diagnose klar: »unverzeihlicher Stolz«, »seiner Geliebten sein Glück nicht wollen zu danken haben« (III/12), präge seine Haltung – ein

---

7 Nach Lessing soll die Komödie dem Zuschauer die »Fähigkeit« vermitteln, »das Lächerliche zu bemerken; es unter allen Bemäntelungen der Leidenschaft und der Mode, es in allen Ver-mischungen mit noch schlimmern oder mit guten Eigenschaften, sogar in den Runzeln des feyerlichen Ernstes, leicht und geschwind zu bemerken.« Lessing: *Hamburgische Dramaturgie*. 29. Stück (LM 9, S. 303).

männlicher Hochmut, der selbst in der Not vom patriarchalischen Gestus der Dominanz nicht lassen kann. Der Streit um die rechte Beziehung erweist sich in Minnas Augen als Therapie der falschen Gesinnung Tellheims, der die Liebe um der »Ehre« willen verleugne.

Im Gespräch mit ihr ist Tellheim allerdings noch gar nicht so recht zu Wort gekommen, auch fühlt er sich mißverstanden, und so wählt er den Brief, um in aller Ausführlichkeit und ohne Gefahr, unterbrochen zu werden, seine Lage zu schildern. Sein Inhalt, so betont er nachdrücklich, verspricht die endgültige Klärung, warum er sich genötigt sieht, das Glück der Liebe abzuweisen, das doch auch er sehnlichst wünscht.

In sechs verschiedenen Szenen wird der Brief erwähnt. Angedeutet wird dabei mehrfach, daß er die Auflösung für das merkwürdig erscheinende Verhalten Tellheims bringen wird. Doch erst gegen Ende des vierten Aktes kommt Tellheim dazu, seinen Inhalt Minna mündlich mitzuteilen:

> Sie erinnern Sich, gnädiges Fräulein, daß ich Ordre hatte, in den Aemtern Ihrer Gegend die Kontribution mit der äussersten Strenge baar beyzutreiben. Ich wollte mir diese Strenge ersparen, und schoß die fehlende Summe selbst vor. […] Die Stände gaben mir ihren Wechsel, und diesen wollte ich, bey Zeichnung des Friedens, unter die zu ratihabirende Schulden eintragen lassen. Der Wechsel ward für gültig erkannt, aber mir ward das Eigenthum desselben streitig gemacht. Man zog spöttisch das Maul, als ich versicherte, die Valute baar hergegeben zu haben. Man erklärte ihn für eine Bestechung, für das Gratial der Stände, weil ich sobald mit ihnen auf die niedrigste Summe einig geworden war, mit der ich mich nur im äussersten Nothfall zu begnügen, Vollmacht hatte. So kam der Wechsel aus meinen Händen, und wenn er bezahlt wird, wird er sicherlich nicht an mich bezahlt. – Hierdurch, mein Fräulein, halte ich meine Ehre für gekränkt; nicht durch den Abschied, den ich gefordert haben würde, wenn ich ihn nicht bekommen hätte. – Sie sind ernsthaft, mein Fräulein? Warum lachen sie nicht? Ha, ha, ha! Ich lache ja. (IV/6)

Mit bitterem Sarkasmus reagiert Tellheim auf Minnas Versuche, sein Verhalten in das Licht des Lächerlichen zu tauchen. Nach dieser Schilderung seiner Lage, davon ist er fest überzeugt, müßte ihr das Lachen im Hals stecken bleiben. Er vermag sein Verhalten keineswegs als belachenswert anzusehen, für ihn ist seine Lage unheilvoll und ohne jede Alternative.

Nachdrücklich ist deshalb noch einmal die Aufmerksamkeit auf Tellheims Handlungsmotive vor dem Hintergrund der Situation, in der er sich befindet, zu lenken. Zwei Fragen drängen sich in diesem Zusammenhang auf: Worum genau geht es, wenn Tellheim sein eheabweisendes Verhalten von seiner Lage her zu begründen sucht und dabei seine verletzte »Ehre« als verhaltensbestimmend anführt? Und: Warum kann oder will Minna dies nicht verstehen?

Die Ausgangslage von Tellheims Situation ist folgende: Er hatte den Befehl bekommen, bei den thüringischen Ständen Sachsens »die Kontribution mit der äussersten Strenge baar beyzutreiben.« (IV/6) Hier wird darauf angespielt, daß Friedrich II. den Siebenjährigen Krieg wesentlich dadurch finanzierte, daß er die besetzten Gebiete zwang, an Preußen Geldzahlungen zu leisten, und dabei seine Offiziere einsetzte, das Geld mit rigoroser Gewalt einzutreiben. Tellheim jedoch wollte diese Gewalt nicht anwenden.[8] Er hatte Mitleid mit den thüringischen Ständen Sachsens, die in ihrem Elend die geforderte Summe nicht vollständig zahlen konnten; deshalb »schoß [er] die fehlende Summe selbst vor« (IV/6) – es handelt sich um genau 2.000 Pistolen. Die Stände gaben ihm daraufhin einen Wechsel über diesen Betrag, den er, wie im Friedensvertrag von Hubertusburg festgelegt, der zuständigen preußischen Behörde zur Schuldensicherung vorlegte.[9] Diese bestreitet allerdings nachdrücklich, er habe den

---

[8] Wie unnachsichtig dabei vorgegangen wurde, zeigen die zeitgenössischen Berichte, in denen von Wohnraumzerstörung, Lebensmittelentzug, Gefangennahme und Todesdrohungen die Rede ist. So schreibt der gutinformierte englische Gesandte Sir Andrew Mitchell über den ehemaligen sächsischen Offizier Dyrhern, der als Ortskundiger mit der Erhebung der den Sachsen auferlegten Kontributionen betraut war, daß er sich ›ausgezeichnet‹ habe: »durch jeden Akt mitleidsloser Barbarei, deren ein Mensch schuldig sein kann, der dazu noch über die Kontributionen hinaus sehr große Geldsummen für seine eigene Tasche erpreßt hat [...] der unwürdigste, lasterhafteste und hartherzigste Schurke, der jetzt lebt.« Zitiert nach Chester V. Easum: Prinz Heinrich von Preußen – Bruder Friedrichs des Großen, Göttingen 1958, S. 265. Weitere Belege bei Joachim Dyck: *Minna von Barnhelm* oder: Die Kosten des Glücks. Komödie von Gotthold Ephraim Lessing. Über Wirte als Spitzel, preußische Disziplin, Lessing im Kriege, frisches Geld und das begeisterte Publikum. Berlin 1981, S. 69–80.
[9] Im *Hubertusburger Friedensvertrag* werden nicht nur der technische Ablauf des Truppenrückzuges, eine Amnestie für alle Vergehen im Krieg, Modalitäten der Waffenrückgabe usw. geregelt, sondern es geht in ihm auch darum, wie die sächsischen Zahlungsverpflichtungen gegenüber preußischen Gläubigern zu sichern sind. Zwar verzichtet Friedrich II. zunächst im Artikel II auf sämtliche ausstehenden »Contributiones, alle Lieferungen [...] auch überhaupt alle Arten von Prästationen«, in Artikel VII und im »Separat Artikel« werden jedoch Sonderregelungen für Privatgläubiger getroffen. Es soll ein »Fonds d'Amortissement« gegründet werden, dem die Preußischen Gläubiger beitreten können, damit ihnen ihre Kapitalien nebst Zinsen unter Garantie des »Königs in Pohlen, Churfürsten zu Sachsen [...] binnen einem billigmässigen Zeitraum wieder erstattet werden sollen.« – »F r i e d e n s = T r a c t a t, *welcher zwischen Ihro Majestät, dem Könige in Preussen, und Ihro Majestät, dem Könige in Pohlen, Churfürsten zu Sachsen, am 15ten Februarii 1763 auf dem Schlosse Hubertusburg geschlossen und gezeichnet worden.«* Ins Deutsche übersetzt und veröffentlicht wurde der ursprünglich auf französisch verfaßte Vertragstext am 12. März 1763 in der *Berlinischen privilegirten Zeitung.* – Davon, daß Lessing den Friedensvertrag kannte, muß man ausgehen. Allerdings sind Zweifel angebracht, ob er ihn in offiziellem Auftrag am 15. Februar 1763 der Stadt Breslau feierlich verkündete – so der Bericht seines Bruders Karl, der sich auf die Schilderung des Rektors Klose über Lessings Breslauer Aufenthalt bezieht; siehe Karl Gotthelf Lessing: Gotthold Ephraim Lessings Leben, nebst seinem noch übrigen litterarischen Nachlasse. 1. – 3. Theil. Berlin 1793–1795, S. 247. Einwände dagegen erhebt Erich Schmidt: Lessing. Geschichte seines Lebens und seiner Schriften. 2 Bde. 2. veränderte Aufl. Berlin 1899, Bd. 1, S. 705.

sächsischen Ständen das fehlende Geld vorgeschossen; vielmehr, so ihre Beschuldigung, habe er sich mit diesen 2.000 Pistolen bestechen lassen, damit er sich mit der geringstmöglichen Kontributionssumme zufrieden gäbe.

Aufgrund dieses nun keineswegs a priori abwegigen Verdachts ist gegen Tellheim nicht nur eine Untersuchung anberaumt worden, sondern er selbst befindet sich sogar in einer Art von Untersuchungshaft. Sein - wie es heißt - »schriftlich gegebenes Ehrenwort, nicht eher von hier zu gehen, als bis man mich völlig entladen habe« (IV/6), bindet ihn an Berlin.

Dies ist nun eine keineswegs übertriebene Maßnahme der Behörde. Beim Bestechungsvorwurf geht es ja um die erhebliche Summe von 2.000 Pistolen. Zum Vergleich: Hierfür könnte Tellheim fast 28 Jahre lang Kost und Logis in den besten Räumen seines Wirtshauses nehmen, vorausgesetzt, die Preise bleiben stabil (seine Rechnung über 5 Monate beläuft sich auf 30 Pistolen), und das Freischulzengericht, das Werner verkauft - immerhin ein Gut mit eigener Gerichtsbarkeit und Steuerfreiheit -, bringt einen Erlös von etwas über diese 2.000 Pistolen. Wollte man diese Summe - mit allem Vorbehalt - in heutige Kaufkraft umrechnen, käme man auf mehr als eine halbe Million DM.[10]

Wenn Tellheim also seinen Bericht über den gegen ihn erhobenen Vorwurf mit den Worten schließt: »Hierdurch, mein Fräulein, halte ich meine Ehre für gekränkt; nicht durch den Abschied, den ich gefordert haben würde, wenn ich ihn nicht bekommen hätte« (IV/6), so ist damit der schwere Schuldvorwurf passiver Bestechlichkeit in Tateinheit mit Unterschlagung und Betrug gemeint. Sollte das schwebende Verfahren zu einer Verurteilung Tellheims führen, so ist nach allem, was die zeitgenössischen Rechtsvorschriften vorschreiben, mit Sicherheit damit zu rechnen, daß er für längere Zeit inhaftiert wird. Im späteren *Preußischen Landrecht*, in dem die Gesetzeslage systematisiert wird, steht auf Bestechung in Verbindung mit einer Verletzung von Amtspflichten eine drei- bis sechsjährige Zuchthausstrafe oder entsprechende Festungshaft.[11] Und schon

---

[10] In dem von den Münchner Kammerspielen herausgegebenen Programmheft zur *Minna von Barnhelm* (Spielzeit 1976/77; 66. Spielzeit, Heft 1a) werden die entsprechenden heutigen Summen angegeben. Danach entspricht eine Pistole (= 1 Friedrichsdor = 1 Louisdor) 5 Taler = ca. 300,- DM nach heutiger Kaufkraft. Wenn man allerdings dem Vorschlag von Rolf Engelsing: Wieviel verdienten die Klassiker? In: Neue Rundschau 87 (1976), S. 124-136, folgt, käme man nur auf die Hälfte der angegebenen Summe: »Man rechne einen Taler gleich zwei Gulden gleich 30,- DM von 1975.«, S. 126. Selbstverständlich kann die Umrechnung in heutige Kaufkraft nur ein ganz grober Anhaltspunkt sein. Denn es gab in den verschiedenen deutschen Ländern nicht nur eine Vielzahl unterschiedlicher Münzarten, auch die Münzfüße waren keineswegs konstant, und die Münzwerte konnten sich innerhalb der Jahre stark ändern.

[11] Siehe 2. Theil, 20. Titel, 8. Abschnitt, § 361 des *Allgemeinen Landrechts für die Preußischen Staaten von 1794*. Textausgabe, mit einer Einführung von Hans Hattenhauer und einer Bibliographie

im zeitgenössischen Lexikon, dem *Zedler*, steht zu lesen, welch' hohes Strafmaß
üblicherweise bei Bestechungsfällen verhängt wurde:

> Bestechung ist ein öffentl. Verbrechen, da einer Magistrats=Person oder Bedienten
> etwas gegeben wird, damit der Bestochene sein Amt thun oder es auch unterlassen
> möge, wird an dem Bestochenen willkürlich, auch wohl mit dem Tode bestraft.[12]

Was der *Zedler* als Lexikonwissen artikuliert, verweist auf die rigorose Strafpraxis um die Mitte des 18. Jahrhunderts. In Fällen entdeckter Korruption und
Veruntreuung wurden in aller Regel drakonische Strafen ausgesprochen, besonders auch von Friedrich dem Großen, der kaum Rücksichten kannte, wenn
es um Unterschlagungen, Unregelmäßigkeiten in Finanzdingen und Beste-
chungen ging.[13] Speziell die Betrügereien der preußischen Beschaffungsoffiziere
waren sprichwörtlich, so daß der König am 15. Mai 1762 befahl, daß alle Offiziere, die in dieser Angelegenheit schuldig würden, »nach Befinden der
Umstände cassiret und auf Zeitlebens zur Festung gebracht werden.«[14]

Vor diesem strafrechtlichen Hintergrund wird deutlich, wie sehr nicht nur
das kodifizierte Rechtssystem, sondern auch die herrschende Strafpraxis so in
die fiktionale Welt des Dramas hineinragen, daß sie als handlungsbestimmen-
de Bedingungen erkennbar werden. Jetzt erscheint es nicht nur plausibel, sondern auch moralisch gerechtfertigt, daß Tellheim aufgrund der gegen ihn erhobenen Schuldvorwürfe und des schwebenden Verfahrens von seinem Ehever-
sprechen abrückt. Gegen Minnas Deutung seines Verhaltens als einer Mani-
festation ›ideologischer‹ Fixierung ans »Gespenst der Ehre« (IV/6) wird
sichtbar, wie sehr er tatsächlich durch das Netzwerk der Paragraphen fixiert ist.
Nicht innere, sondern äußere Zwänge bestimmen ihn, auch wenn diese nicht
ohne Rückwirkung auf sein Inneres bleiben, er »für alles andere Gefühl sich
verhärte[t]« (VI/6), wie Minna zu Recht feststellt, ohne jedoch die Ursachen
hierfür richtig zu erkennen.

Tellheims emotionale Selbstblockade und sein Abbruch einer Gemeinsamkeit, die die Geliebte am Schicksal teilhaben läßt, erweist ihn als einen Liebhaber, der aus Verantwortung für die Geliebte der Ehe entsagt. Würde Minna
nämlich – wie es im Drama heißt – einen »bescholtenen Mann« heiraten, hätte

---

von Günther Bernett. Frankfurt a. M. und Berlin 1970; Register: Frankfurt a. M. 1973 (im folgenden abgekürzt: *ALR*).

[12] Johann Heinrich Zedler: Grosses vollständiges Universal-Lexicon aller Wissenschaften und
Künste. Bd. 1–64. Suppl. Bd. 1–4. Halle und Leipzig 1732–1754. Bd. 3, Sp. 1517.

[13] Siehe Wolfgang Neugebauer: Preußische Verwaltung im 17. und 18. Jahrhundert. In: Moderne
preußische Geschichte 1648–1947. 3 Bde. Hg. von Otto Büsch und Wolfgang Neugebauer.
Berlin und New York 1981. Bd. 2, S. 541–597, bes. S. 565f.

[14] Friedrich der Große: Politische Correspondenz. Berlin 1894. Bd. XXI, S. 439f., Anm. 9.

dies mit Sicherheit ihren Ruin zur Folge; seine Verurteilung zöge nicht nur ihre gesellschaftliche Diskriminierung nach sich, sondern auch – wie die einschlägigen Gesetze vorschreiben – die Konfiszierung ihres Vermögens.[15]

Wenn folglich ein Mann, gegen den ein Verfahren wegen passiver Bestechlichkeit schwebt, die versprochene Ehe verweigert, um die Geliebte vor sozialem und materiellem Unglück zu bewahren, dann ist sein Verhalten sicherlich nicht ungerechtfertigt. Tellheims spezifische Lage, aber auch sein Selbstverständnis als Mann, der Hilfe gewährt, sich selbst aber nicht helfen lassen will, bringen ihn dazu, die Doppelstruktur der Ehe als Rechtsinstitution und als Liebesgemeinschaft aufzulösen, jene zu sehen und diese abzuweisen – voller Verbitterung, die seine Emotionalität noch blockiert, als erste Zeichen eine positive Wende andeuten (siehe IV/6).

Doch damit ist der Streit um die rechte Beziehung, um das, was zählt, und um das, was beiläufig ist, nicht beendet. Denn Minna sieht alles ganz anders. Die Tat, die Tellheim ins Unglück brachte, war für sie Anstoß ihrer Liebe zu ihm:

> Ohne diese That, würde ich nie begierig gewesen seyn, Sie kennen zu lernen. Sie wissen, ich kam uneingeladen in die erste Gesellschaft, wo ich Sie zu finden glaubte. Ich kam blos Ihrentwegen. Ich kam in dem festen Vorsatze, Sie zu lieben – ich liebte Sie schon! – in dem festen Vorsatze, Sie zu besitzen, wenn ich Sie auch so schwarz und häßlich finden sollte, als den Mohr von Venedig. (IV/6)

Tellheims finanzielle Hilfe für die Stände, die Minna im Licht der Liebe sieht, verbindet sich ihr mit einem Glück, gegen das seine äußeren Bedingungen

---

[15] So heißt es im *ALR*, 2. Teil, 1. Titel, § 205: »Durch die Vollziehung der Ehe geht das Vermögen der Frau in die Verwaltung des Mannes über.« Zwar kennt das *ALR* das Vorbehaltsgut der Frau, dies aber setzt voraus, daß der Vormund vor der Eheschließung einen Teil der Mitgift vertraglich dem Verfügungsrecht des Ehemannes zugunsten der Ehefrau entzogen hat. Ansonsten steht ihr in die Ehe eingebrachtes Vermögen bei einer Verurteilung des Mannes dem Zugriff der Behörde offen. Der § 384 lautet: »Geldstrafen, in welche der Mann verurtheilt wird, ingleichen die ihm zur Last fallenden Kosten einer gegen ihn verhängten Untersuchung, können aus dem gemeinschaftlichen Vermögen beygetrieben werden.« Vgl. auch Susanne Weber-Will: Die rechtliche Stellung der Frau im Privatrecht des Preußischen Allgemeinen Landrechts von 1794. Frankfurt a. M. 1983, S. 75ff. Pointiert heißt es bei Johann Gottlieb Fichte: Grundlage des Naturrechts nach Principien der Wissenschaftslehre (1796). In: Werke. Hg. von I. H. Fichte. Fotomechan. Nachdruck der Ausgabe Berlin 1845f. Berlin 1971. Bd. 3: Zur Rechts- und Sittenlehre I, S. 1–394, § 17, 18, S. 326f.: »Indem der Staat eine Ehe anerkennt, anerkennt und garantirt er zugleich dem Manne das Eigenthum der Güter seiner Frau – *nicht gegen die Frau*; denn mit dieser ist der Voraussetzung nach kein Rechtsstreit möglich, sondern *gegen alle übrigen Bürger*. Der Mann wird, in Beziehung auf den Staat, der einige Eigenthümer seiner vorherigen Güter und derer, die ihm die Frau zubringt. Die Acquisition ist unbeschränkt; da er ja als die einige juridische Person übrigbleibt. [...] Wie der Staat die Eheleute ansieht, als eine juridische Person, deren äusserlicher Repräsentant der Mann ist, und ihr Vermögen als Ein Vermögen: so ist jeder einzelne Bürger verbunden, sie gleichfalls anzusehen.«

nichtig sind, zur pekuniären Beiläufigkeit werden, die keineswegs ein Verhalten rechtfertigen, wie er es zeige. Daß es die Kriminalisierung seines mitmensch-lichen Handelns ist, das Tellheim in eine emotionale Verhärtung gegen sich und andere treibt, nimmt sie nicht wahr, indem sie Ursache und Wirkung verkehrt, zu einem Charakterfehler erklärt, was Resultat der Umstände ist. Daß sie dies aber so sieht, gründet in der spezifischen Wertwelt, in der sie lebt. In ihr triumphiert die Liebe über alle gesellschaftlichen Regularien.

Gegen den »Verantwortungsethiker« Tellheim, der sein Handeln an den äußeren Folgen für die Geliebte ausrichtet – um den Preis der inneren Wirk-lichkeit des Gefühls, steht sie als eine »Gesinnungsethikerin«,[16] für die die tiefe Empfindung bestimmende Antriebsquelle ihres Handelns ist – um den Preis der äußeren Wirklichkeit des Gesetzes. Die neue Ehevorstellung, so wie sie sich im 18. Jahrhundert herausbildet, findet in ihr eine überzeugte Vertreterin. Für Minna ist die Ehe keine rechtliche Institution, sondern eine private Liebesge-meinschaft, losgelöst von den Bedingtheiten ständischer Ordnung, legitimiert allein aus tiefer Zuneigung. Gegen die äußeren Glücksgüter der Gesellschaft setzt sie die inneren der Liebe. Auf sie ist die Beziehung zu gründen, vor ihr verblaßt alles andere. Doch kann sie diese Ehevorstellung nur bewahren, indem sie die gravierenden Momente der Anklage gegen Tellheim ignoriert – bewußt oder unbewußt, das sei dahingestellt. Und sie *muß* sie ignorieren, wenn sie an der Verwirklichung ihrer Liebe in der Ehe festhalten will. Anders als Tellheim, der wegen der gesellschaftlichen Konsequenzen für Minna auf die Ehe ver-zichtet – gemäß seiner Maxime: »Es ist eine nichtswürdige Liebe, die kein Bedenken trägt, ihren Gegenstand der Verachtung auszusetzen« (IV/6) –, blendet Minna die für sie drohenden sozialen Folgen der Heirat ab, um ihre Liebe in die Dauer der Ehe überführen zu können. Deren institutioneller Charakter, über den sich die Ehe mit der Gesellschaft so vermittelt, daß ihre rechtlichen, ökonomischen und sozialen Apekte Teil von ihr sind, kommt ihr nicht in den Sinn. Und er darf ihr auch nicht in den Sinn kommen, weil allein die Vorstellung von der Ehe als einer gesellschaftsabgewandten Liebesgemein-schaft die Schwierigkeiten Tellheims zu Beiläufigkeiten depotenziert, die nichts zählen angesichts der Einzigartigkeit ihrer Liebesbeziehung.

---

[16] Der Unterscheidung zwischen Gesinnungs- und Verantwortungsethik folgt Max Weber, der davon ausgeht, »daß alles ethisch orientierte Handeln unter *zwei* voneinander grundverschie-denen, unaustragbar gegensätzlichen Maximen stehen kann«: unter der gesinnungsethischen, die – religiös gefaßt – meint: »Der Christ tut recht und stellt den Erfolg Gott anheim‹ –, *oder* unter der verantwortungsethischen: daß man für die (voraussehbaren) *Folgen* seines Handelns aufzukommen hat.« Max Weber: Gesammelte Politische Schriften. Hg. von Johannes Winckel-mann. Mit einem Geleitwort von Theodor Heuss. 3., erneut verm. Aufl. Tübingen 1971, S. 551f.

Anders als Tellheim ist sie nicht der Meinung, der »Unglückliche« dürfe »gar nichts lieben« (II/9). Ganz im Gegenteil: Nicht zu lieben sei das wahre Unglück (s. II/9), gegen das alles gesellschaftliche Unglück irrelevant werde.

Bis zu diesem Zeitpunkt des dramatischen Geschehens ist der Streit um die rechte Beziehung noch gar nicht auf rechte Weise geführt worden. Denn Minna und Tellheim bewegen sich unter verschiedenen Werthorizonten, vor denen der Gegenstand ihrer Auseinandersetzung, die Ehe, als etwas jeweils Unterschiedliches erscheint: Rechtsinstitution für den einen und Liebesgemeinschaft für die andere. Den Doppelaspekt neuzeitlicher Ehekonzeption, die beides zugleich sein will, nehmen die beiden Protagonisten nur in einem seiner beiden Teilaspekte wahr und verabsolutieren ihn im Interagieren. Die »Reziprozität der Perspektiven«, notwendige Voraussetzung für eine gemeinsame Lebenswelt[17] und damit auch für einen produktiven Streit, der nicht die Beziehung selbst zerstört, sondern deren Art und Weise zu klären sucht, ist dadurch nachhaltig gestört. Weil die Ehe bei beiden in einem jeweils anderen Sinn- und Handlungszusammenhang steht, scheiterte bislang die Verständigung zwischen ihnen mit einer gewissen Zwangsläufigkeit. Tellheim konnte sich Minna gegenüber nicht verständlich machen, da ihr Verständnis zugleich ihr Einverständnis gefordert hätte, der Liebe zu entsagen. So stand sein ganzes Bemühen, Verständnis für seine Situation und Zustimmung zu seinem Verhalten zu erzielen, unter dem paradoxen Vorbehalt, daß das geforderte Einverständnis für Minna zugleich bedeutet hätte, die Aufkündigung der Beziehung zu akzeptieren. Dies aber konnte sie nicht zulassen; denn die Klärung der äußeren Situation Tellheims würde ihre auf Liebe zu ihm gründende emotionale Existenz aufs Spiel setzen.

Doch wie es sich für eine Komödie gehört, lösen sich bald darauf die rechtlichen Blockaden, die bislang verhindert haben, daß die Liebesgemeinschaft in die Lebensgemeinschaft überführt wird, in Nichts auf. Denn in der Zwischenzeit ist ein Glückswandel eingetreten. Tellheim ist durch ein königliches Handschreiben vollständig rehabilitiert. Vom Verdacht der Bestechlichkeit ist nicht die geringste Spur geblieben; sein guter Ruf ist offiziell wiederhergestellt.

Minna fragt Tellheim nach dem Inhalt dieses Handschreibens, und er gibt die Kernaussage so wieder, als sei der Brief des Königs an sie adressiert. »Er enthält« sagt er, und jetzt kommt eine Pause, markiert durch einen Gedankenstrich, in der die Zuschauer erwarten könnten, Tellheim wiederhole noch einmal, durch den Brief sei seine Ehre wiederhergestellt. Doch setzt er seine

---

[17] Siehe Alfred Schütz und Thomas Luckmann: Strukturen der Lebenswelt. Neuwied 1975, S. 23ff.

Rede fort: »was *Ihnen* Ihr Oheim nicht nehmen kann. Sie müssen ihn lesen; lesen Sie doch!« (V/9; Hervorhebung von mir)

Auf Minnas Schicksal hin liest Tellheim den Brief. Wieso aber kann ihr der Oheim das nicht nehmen, was der Brief enthält? Im Brief ist ja von Minna überhaupt nicht die Rede, viel weniger noch davon, daß die angeblich Enterbte und Verfemte – dies hatte Minna ja Tellheim zuvor durch ihre Intrige glauben gemacht – wieder in ihre alten Rechte und in ihr altes Ansehen eingesetzt ist. Der Brief enthält einzig und allein die Rehabilitation Tellheims. Wenn dieser die Botschaft nun im Bezug auf Minna deutet, dann heißt das: Es interessiert ihn nicht in erster Linie, daß seine »Unbescholtenheit« wiederhergestellt ist, sondern daß Minna durch die Eheschließung mit ihm als einem jetzt wieder »unbescholtenen« Adligen ihre angeblich zerstörte gesellschaftliche Reputation wiedererlangen würde.[18] Nicht ohne Grund erwartet er folglich eine Reaktion Minnas auf das königliche Handschreiben, mit der sie auf die für sie und ihre Beziehung so erfreulichen gesellschaftlichen Konsequenzen eingeht. Jetzt steht doch dem glücklichen Ende wirklich nichts mehr im Weg! Tellheim ist rehabilitiert, auch das Geld, das er den sächsischen Ständen vorgeschossen hat, soll er zurückbekommen; Minna bräuchte nur noch zu sagen, daß sie die Sache mit ihrer Enterbung und Verstoßung bloß fingiert habe, um sein Mitleid zu erregen, das Paar könnte sich in die Arme fallen und der Vorhang könnte vor dieser rührenden Szene niedergehen.

Doch wie schon gleich zu Beginn des Dramas, als Minna und Tellheim sich im Gasthaus trafen, sich ihre Liebe gestanden und sich darüber hinaus auch noch alle finanziellen Probleme Tellheims durch Minnas Reichtum in Nichts auflösten, hat Lessing auch diesmal nichts Dringlicheres zu tun, als Erwar-

---

[18] Die gilt in besonderem Maße für eine Frau, die – wie Minna – noch nicht volljährig ist. Sie ist, wie es in der nur auf den ersten Blick beiläufigen Fremdenbuchszene II/2 heißt, 20 Jahre alt, sie wird »künftige Lichtmeß [d. i. der 2. Februar 1764] einundzwanzig Jahr«. Nach dem *ALR* aber beginnt die Volljährigkeit der Frau erst mit 24 Jahren. Siehe hierzu *ALR* 1. Teil, 2. Titel, § 26. Zur Rechtsstellung der Frau im 18. Jahrhundert allgemein siehe Marianne Weber: Ehefrau und Mutter in der Rechtsentwicklung. Eine Einführung. Tübingen 1904, S. 333f. Vgl. auch Hannelore Schröder: Die Rechtlosigkeit der Frau im Rechtsstaat. Dargestellt am *Allgemeinen Preußischen Landrecht*, am *Bürgerlichen Gesetzbuch* und an J. G. Fichtes *Grundlage des Naturrechts*. Frankfurt a. M. 1979, S. 126ff.; Susanne Weber-Will (Anm. 15), bes. S. 199f. Pointiert heißt es dazu bei Fichte (Anm. 15), § 34, S. 345: »Oder das Weib ist *verheirathet*, und dann hängt ihre eigene Würde daran, dass sie ihrem Manne ganz unterworfen sey und scheine. [...] Sie dürfte wohl ihre Freiheit zurücknehmen, wenn sie *wollte*; aber gerade hier liegt es; sie kann es vernünftigerweise nicht *wollen*. Sie muss, da ihre Verbindung nun einmal allgemein bekannt ist, allen, denen sie bekannt ist, erscheinen wollen, als gänzlich unterworfen dem Manne, als in ihm gänzlich verloren. Also, zufolge ihres eigenen nothwendigen Willens ist der Mann der Verwalter aller ihrer Rechte; sie will, dass dieselben behauptet, und ausgeübt werden, nur inwiefern *er* es will. Er ist ihr natürlicher Repräsentant im Staate und in der ganzen Gesellschaft.«

tungen auf ein glückliches Ende aufzubauen, um sie sofort danach zu destruieren. Mag beim ersten Mal die Neugier der Zuschauer noch stimuliert sein,
wie er es denn wohl schaffen werde, den Fortgang des Stückes zu sichern, das
doch gerade erst angefangen hat, so provoziert er mit der jetzigen Situation
schon Applausreflexe. Doch bevor die Zuschauer klatschen könnten, kommt
Minnas spröde Reaktion auf Tellheims freudiges Erwarten:

> Nun, was sagen Sie hierzu, mein Fräulein?
> *Das Fräulein (indem sie den Brief wieder zusammenschlägt, und zurückgiebt.)* Ich?
> nichts.
> *v. Tellheim.* Nichts?
> *Das Fräulein,* Doch ja: daß Ihr König, der ein großer Mann ist, auch wohl ein
> guter Mann seyn mag. – Aber was geht mich das an? Er ist nicht mein König.

Tellheim ist tief enttäuscht, daß Minna den Brief als bedeutungslos für sich und
ihr gemeinsames Schicksal abtut, nicht auf die positiven Folgen für ihre Beziehung eingeht, sondern ausschließlich die positiven Folgen für Tellheim
bedenkt: »Und sonst sagen Sie nichts? Nichts in Rücksicht auf *uns* selbst?«
(V/9; Hervorhebung von mir)

Minna reagiert keineswegs so, wie Tellheim es erwartet: voll Freude, daß sie
jetzt problemlos heiraten können. Dies ist erstaunlich genug, war doch die Ehe
mit ihm von Anbeginn an ihr sehnlichster Wunsch; um der Heirat willen hatte
sie sich auf die Suche nach Tellheim gemacht, für ihn wollte sie alles tun, sein
abweisendes Verhalten hatte sie zutiefst betrübt – und jetzt, wo alle Probleme
beseitigt sind, wo Tellheim die Ehe will, da will Minna sie nicht mehr. Sie
begründet dies mit den gleichen Worten, die Tellheim an sie richtete, als er
unter der Anklage der Bestechlichkeit stand; und sie verbindet dies mit dem
Hinweis, er brauche für seine neu eröffnete gesellschaftliche Karriere eine Frau
mit einem gutem Ruf, den sie (angeblich) nicht mehr habe. (s. V/9)

Der Streit um die rechte Beziehung scheint in den Abbruch der Beziehung
einzumünden – diesmal endgültig. War zunächst Tellheims Weigerung zu
heiraten, so ist jetzt die Minnas auf den ersten Blick gänzlich unplausibel. Sie,
die bislang nichts sehnlicher wünschte, als aus Liebe die Ehe mit Tellheim zu
schließen, die ihn unablässig drängte, als er sich weigerte, weigert sich jetzt, wo
er nachdrücklich drängt. Ist dies als Ausdruck des ewigen Geschlechterkampfes
zu verstehen: Das Zurückweichen des einen provoziert die Annäherung des
anderen und umgekehrt? Oder liegt diesem Verhalten ein spezifischeres Problem zugrunde?

Da Minna nun selbst Gründe für ihr Verhalten anführt, sind diese intensiv
zu prüfen. Genau genommen sind es allerdings gar nicht ihre eigenen Gründe,

sondern die Tellheims, die sie jetzt ebenfalls für sich in Anspruch nimmt – nach dem Motto: Was dem einen moralisch recht ist, das muß dem anderen moralisch billig sein. Dessen Maxime lautet: »Es ist ein nichtswürdiger Mann, der sich nicht schämet, sein ganzes Glück einem Frauenzimmer zu verdanken, dessen blinde Zärtlichkeit –« (IV/6) Hier wird er von Minna unterbrochen. Bei ihr heißt es dann: »Es ist eine nichtswürdige Kreatur, die sich nicht schämet, ihr ganzes Glück der blinden Zärtlichkeit eines Mannes zu verdanken!« (V/9)

Es entsteht der Eindruck, Minna habe sich Tellheims Maxime vollständig zu eigen gemacht, um auch ihr Verhalten danach auszurichten. Doch nur auf den ersten Blick, der die feinen Unterschiede ignoriert, wird Tellheim – wie tendenziell fast alle Interpreten (eine Ausnahme ist hier Michelsen[19]) konstatieren – »planmäßig mit den Reden und Redensarten konfrontiert, die er zuvor gebraucht hat.«[20] Denn ein deutlicher Unterschied, der allerdings nur dem aufmerksamen Leser ins Auge springt und nur dem konzentrierten Theaterbesucher ins Ohr dringt, ist der zwischen dem Gedankenstrich am Ende der Tellheimschen Rede und dem Ausrufungszeichen, mit dem Minna ihre Rede zu einem markanten Abschluß bringt.

Was aber bewirkt dieser dann doch nur kleine Unterschied: Bei weitgehender syntaktischer Übereinstimmung verkehrt sich die Aussageintention fast ins Gegenteil. Minna fiel Tellheim ins Wort, er konnte seine Ausführungen nicht zu Ende bringen; hierfür steht der Gedankenstrich. Syntaktisch unvollständig, bedürfte der abgebrochene Satz einer Ergänzung im Hinblick auf die negativen Konsequenzen, die die »blinde Zärtlichkeit« für Minna haben würde, sollte sie den damals noch »bescholtenen« Tellheim heiraten. Wenn sie jetzt seinen elliptisch gebliebenen Satz aufgreift und in einen exklamatorischen Aussagesatz transformiert, so evoziert sie nur eine Übereinstimmung der Maximen durch ihren oberflächlichen Gleichklang. Eine Tellheims Satz analoge Weiterführung, die die rechtlichen Konsequenzen einer Heirat bedenkt, beabsichtigt sie nicht. Dadurch aber wird ihre Rede selbstbezüglich. Wenn sie diejenige eine »nichtswürdige Kreatur« nennt, »die sich nicht schämet, ihr ganzes Glück der blinden Zärtlichkeit eines Mannes zu verdanken«, so äußert sich hier Minnas Besorgnis um die eigene moralische Integrität, so geht es ihr um Selbstachtung.

Ihre Äußerung unmittelbar zuvor macht dies ganz deutlich: »So soll ich, so muß ich in meinen eignen Augen verächtlich werden? Nimmermehr!« (V/9)

---

[19] Peter Michelsen: Die Verbergung der Kunst. Über die Exposition in Lessings *Minna von Barnhelm*. In: Jahrbuch der deutschen Schillergesellschaft 17 (1973), S. 192–252, hier S. 237f.

[20] Jürgen Schröder: Lessing. *Minna von Barnhelm*. In: Die deutsche Komödie. Vom Mittelalter bis zur Gegenwart. Hg. von Walter Hinck. Düsseldorf 1977, S. 49–65, hier S. 58f.

Narzißtische Kränkung führt Minna das Wort – so der Anschein. Tellheims Verhalten habe sie so getroffen, daß sie es ihm jetzt »heimzahlen« wolle. Diese psychologisierende Betrachtungsweise taucht Minna allerdings in ein ausgesprochen negatives Licht. Nachdrücklich hatte sie ja die Ehe mit Tellheim gewünscht. Jetzt, wo dieser entschieden dazu bereit ist, verweigert sie sie, sogar mit fingierten Gründen.

Doch bleibt solch eine Charakterisierung an der Oberfläche. Schon die spezifische Abweichung in der Wiederaufnahme von Tellheims Rede durch Minna zeigt, daß sie durch sein Verhalten in ihrer emotionalen Identität zutiefst getroffen ist. Sie wird als Frau, für die allein die Liebe zählt, dadurch in Frage gestellt, daß Tellheim sie primär unter dem Gesichtspunkt gesellschaftlicher Folgen sieht und sie so auf die soziale Dimension ihrer Existenz reduziert. Damit aber überblendet er die emotionale Wirklichkeit, in der Minna ihre Beziehung sieht. Für sie ist und bleibt die Ehe eine gesellschaftsabgewandte Liebesgemeinschaft, während sie ihm in erster Linie als gesellschaftliche Institution erscheint, die ihn als Mann dazu nötigt, die positiven und negativen Konsequenzen für die Frau zu bedenken. Doch produziert diese Verantwortlichkeit im Gewand der Moralität ihre Negativität: Minna wird zu einem Objekt entmündigt, von dem der Mann schon weiß, was für es gut ist.

Ein neues Licht fällt von daher auf Tellheims Eheverständnis und den mit ihm verbundenen Implikationen seines Verhaltens. Erschien es zu Beginn des Dramas zunächst als lächerlich, vor allem auch, weil Minna den Eindruck erweckte, er habe alle Maßstäbe der rechten Beurteilung seiner Lage verloren, so erfuhr es dann im Lichte der strafrechtlichen Konsequenzen seiner Situation durchaus seine Legitimation als Ausdruck einer Verantwortlichkeit, Minna nicht mit in das drohende Unheil hineinziehen zu wollen. Diese Verantwortlichkeit aber offenbart jetzt, wo es um die positiven Folgen der Ehe geht, in der zunächst befremdlich wirkenden Reaktion Minnas ihre Janusköpfigkeit: Zum Objekt gesellschaftlicher Folgen gemacht, fühlt sie sich in dem Recht der Geliebten auf rückhaltlose Liebe, die von allen Bedenken absieht, beschnitten.

Erst in der Perspektive, die Minnas Wertwelt ernst nimmt, wird verstehbar, daß sie sich gegenüber Tellheims gesellschaftlichem Verantwortungsethos als eine Person zur Geltung bringen will, die sich als Subjekt einer Liebe erfährt, die auch den Geliebten zutiefst bestimmt. Nur indem sie – dem Anschein nach – die Ehe verweigert, glaubt sie von ihm im Entzug ihrer Person als ein Individuum jenseits gesellschaftlicher Bezüge wahrgenommen zu werden. Der Streit um die rechte Beziehung erweist sich als Kampf um deren emotionale Anerkennung als Liebesbeziehung. Diese Gewißheit ist Minna geschwunden, da Tellheims Emotionalität zugedeckt ist von den normativen Geboten eines patriarchalischen Verantwortungsethos, das Liebe in Fürsorge verwandelt. Seiner Liebe zu ihr, die sie als unverwechselbare Person und nicht als soziales Schicksal meint, aber muß sie sich sicher sein, denn auf ihr allein gründet für sie die Beziehung zu ihm.

Minna führt diesen Kampf um die emotionale Anerkennung ihrer Beziehung als Liebesbeziehung mit hohem Risiko, und das Kampfmittel, das sie einsetzt, ist die Ringintrige, die auf den ersten Blick als ein bloßes Verwirrspiel erscheint. Kurz vor Ende des Dramas beginnt sie zu wirken. Sie macht Tellheim glauben, Minna habe die Beziehung zu ihm unwiderruflich aufgekündigt, weil er annehmen muß, sie gebe ihm ihren Verlobungsring zurück und vollziehe damit das Entlobungsritual. Er ist darüber zutiefst verzweifelt. Denn jetzt erfährt er gleichsam am eigenen Leib, im Gefühl des Verlustes, was Minna ihm als individuelle Person bedeutet. Seine Beschimpfung, die er angesichts ihrer angeblichen Entlobung vehement artikuliert, erweist sich als Negativfolie einer Liebe, die sich aus den Bedingtheiten gesellschaftlicher Rücksichten löst und nur noch die Einzigartigkeit der Person sieht, die sich ihm entzieht. Ganz genau so versteht Minna Tellheims Verhalten. Hatte sie seine Verantwortung als Akt patriarchaler Mißachtung ihrer Individualität empfunden, so erfährt sie jetzt seine bis zur vollständigen Entwertung gehende Beschimpfung als deren Beachtung – ex negativo. Was nach Abbruch der Beziehung aussah, erweist sich als Freilegung ihres wahren Fundaments, der Liebe, die sich in Tellheims Verzweiflung über den drohenden Verlust Minnas vehement artikuliert – als Beschimpfung.

Der »Dialektik der Verantwortung«, durch die das gut Gemeinte in das schlecht Erfahrene umschlägt, kontrastiert eine »Dialektik der Entwertung«, die das radikal Negierte als das sehnlichst Erwünschte erweist. Reagierte Minna auf Tellheims Fürsorge mit Abweisung, so reagiert sie jetzt auf seine Abweisung mit Zuwendung, wenn sie ihr Täuschungsmanöver rechtfertigt:

> Nein, ich kann es nicht bereuen, mir den Anblick Ihres ganzen Herzens verschafft zu haben! – Ah, was sind Sie für ein Mann! – Umarmen Sie Ihre Minna, Ihre glückliche Minna! aber durch nichts glücklicher, als durch Sie! *(Sie fällt ihm in die Arme.)* (V/12)

Gegen alle tatsächlichen und vermeintlichen Umstände seiner und ihrer Lage, die Tellheim dazu nötigten, die Ehe als Institution von den gesellschaftlichen Konsequenzen für den Ehepartner her zu sehen, bringt sich Minna in der Unmittelbarkeit ihrer Präsenz als individuelle Person zur Geltung. Gegenüber allen Außenbestimmungen ihrer Beziehung verwirklicht sich so deren Binnenaspekt als Liebesgemeinschaft. Von Anfang an war dies Minnas Ziel, dem

Tellheim sich – wie er sagt – aus Gründen der »Vernunft« widersetzte. Erst in ihrer inszenierten Entlobung erfährt er im drohenden Verlust die für ihn existentielle Bedeutung der Liebe jenseits aller gesellschaftlichen Gegebenheiten. In die Dauer der Ehe aber kann sie nur überführt werden, weil sich die externen Bedingungen ohne ihr Zutun zum Guten gewendet haben – konkret: weil Tellheims Verfahren mit einem königlichen Freispruch wegen erwiesener Unschuld endete.

Ich hoffe, ich habe das auf den ersten Blick durchaus unplausible Verhalten unserer beiden Protagonisten plausibel zu machen vermocht, indem ich der – wie Lessing sagt – «verborgnen Organisation [des dramatischen Geschehens] auf die Spur gekommen» bin.[21] Damit habe ich, so hoffe ich weiterhin, den Nachweis erbracht, daß Lessing seinem eigenen Anspruch genügte, den er ja sehr hoch schraubte, wenn er nur demjenigen Autor den Namen Dichter zubilligen wollte, dem es gelänge, selbst aus einem Stoff, wo die Mutter Kind und Ehemann erschlägt, ein Geschehen zu formen, das sich als wohlmotiviert erweist.[22] Warum sich in seiner Komödie wer wie wem gegenüber in welcher Situation verhält, war aber nur zu erkennen vor dem Hintergrund rechtlicher Gegebenheiten und normativer Leitbilder – konkret: der spezifischen Situation Tellheims einerseits und der widersprüchlichen Verbindung von Ehe und Liebe im Konzept neuzeitlicher Ehevorstellung andererseits, die die individuelle Liebesbeziehung zur Grundlage einer rechtlichen Institution macht und damit ihres individuellen Charakters entkleidet, der aber zugleich konstitutiv für sie sein soll.

Lessings Drama macht deutlich, inwieweit die Vorstellung von einer Ehe, die Liebesgemeinschaft sein will und zugleich Institution ist, in sich ein Streitpotential enthält, das sich, wenn die Umstände danach sind, in der Auseinandersetzung um die rechte Beziehung entlädt. Geschwunden sind die normativ gesicherten Selbstverständlichkeiten traditioneller Ehevorstellungen. Der Beziehungsstreit wird latent: Was zählt bei der Ehe, die Liebe, die von gesellschaftlichen Bedingtheiten nichts weiß, oder die gesellschaftlichen Bedingtheiten, die nicht den Ansprüchen der Liebe folgen? Die verabsolutierenden Antworten von Minna und Tellheim produzierten die Dialektik wechselseitigen Mißverstehens, das zu Beziehungen zwischen ihnen führte, in denen sie sich in ihrer inneren und äußeren Wirklichkeit zu verfehlen drohten, bis dann im glücklichen Ende zur Deckung kommt, was so lange unversöhnbar schien.

---

[21] Lessing: *Hamburgische Dramaturgie*. 32. Stück (LM 9, S. 317).
[22] Siehe ebd., S. 316f.

Auf Lessings Komödie trifft damit in einem sehr präzisen Sinn das zu, was Iser gar zu pauschal für die Literatur insgesamt konstatiert:

> Da die Literatur eine Reaktion darauf verkörpert, was die jeweils historische Gestalt des Sinnsystems als Problem hinterläßt, liefert sie wichtige Anhaltspunkte über die Geltungsschwäche der betreffenden Sinnsysteme und ermöglicht dadurch eine Rekonstruktion des historischen Problemhorizonts.[23]

In gewisser Weise ist Lessings Komödie sogar noch mehr als bloßer Ermöglichungsgrund für die Rekonstruktion des historischen Problemhorizonts. Indem die normativen Leitbilder und generalisierenden Rechtskodifikationen der Ehe im Handeln und Erleben fiktiver Gestalten einer gleichsam experimentellen Probe auf ihre Lebenstauglichkeit unterzogen werden, wird der Problemhorizont überhaupt erst kenntlich gemacht. Was die abstrakten Denkmuster in der Logik ihrer immanenten Ordnung abblenden, wird durch die inszenierte Wirklichkeit des Dramas ins Rampenlicht fiktionaler Gestaltung geholt. Auf diese Weise aber fungiert Lessings Komödie gleichsam als Realitätsprobe auf diskursive Ordnungen des Rechts und der Moral, die im und durch das Spiel auf ihre Konsequenzen für das Handeln und Erleben der Personen befragt werden.

Erfahrbar wird so der potentielle Normenkonflikt zwischen dem, was von den Moralischen Wochenschriften bis hin zu den zeitgenössischen Traktaten als neue Verbindlichkeit proklamiert wird: die *Legitimität* der Ehe aufgrund wechselseitiger Liebe, und dem, was die Gesetzestexte der Zeit als sanktionsbewehrte Rechtsvorschriften erlassen: die *Legalität* der Ehe als gesellschaftliche Institution.

---

[23] Wolfgang Iser: Der Akt des Lesens. Theorie ästhetischer Wirkung. München 1976, S. 122.

Arno Schilson

»Glanz der Wahrheit« oder »blendender Stil«?

Überlegungen zu Gegenstand und Methode
in Lessings Streit mit Goeze

Unter allen Streitgängen Lessings gilt seine Auseinandersetzung mit dem Hamburger Hauptpastor Johann Melchior Goeze nicht nur als der bekannteste, sondern zugleich auch als der wichtigste und am längsten nachwirkende Streit.[1] Über diese noch ganz allgemeine und doch bedeutsame Feststellung herrscht in der bewegten Geschichte der Lessing-Forschung ziemliches Einvernehmen.[2] Doch unterhalb dieser generellen Übereinstimmung beginnen die

---

[1] Der Vortragstext wurde im wesentlichen unverändert belassen und nur durch Anmerkungen ergänzt. Der gesamte Streit Lessings mit Goeze samt den dazugehörigen Schriften bzw. Äußerungen jener, die in den Streitgang unmittelbar eingegriffen haben (wie etwa Albrecht W. Wittenberg) oder aber in ihn hineingezogen wurden (wie z. B. Friedrich Daniel Behn), findet sich kommentiert in B 9; dort wird auch das dramatische Gedicht *Nathan der Weise* in den Kontext des Fragmentenstreites eingefügt. Zuvor hatte bereits Helmut Göbel in G 8, S. 7–379 den Streit zwischen Lessing und Goeze in dialogischer Form präsentiert. Einen leicht zugänglichen, durch weitere Dokumente (z. B. Zeitschriftenbeiträge, Rezensionen u. ä.) angereicherten Wiederabdruck der Einlassungen Goezes bietet Erich Schmidt (Hg.): Goezes Streitschriften gegen Lessing. Stuttgart 1893. (Deutsche Literaturdenkmale des 18. und 19. Jahrhunderts, 43–45). Zu Goezes Gestalt und Werk vgl. noch immer die Arbeit von Georg Reinhard Röpe: Johan Melchior Goeze. Eine Rettung. Hamburg 1860, und deren engagierte ›Widerlegung‹ durch August Boden: Lessing und Goeze. Ein Beitrag zur Literatur-und Kirchengeschichte des achtzehnten Jahrhunderts. Leipzig und Heidelberg 1862. Knapp und instruktiv auch: Carl Bertheau: Goeze, Johan Melchior. In: Realencyklopädie für protestantische Theologie und Kirche. Hg. von Albert Hauck. Bd. 6, 3. Aufl. Göttingen 1899, S. 757–761. Ergänzend s. a. die beiden informativen Sammelbände von Heimo Reinitzer (Hg.): Johann Melchior Goeze 1717-1786. Abhandlungen und Vorträge. Hamburg 1987 (Vestigia Bibliae, 8), und Heimo Reinitzer, Walter Sparn (Hg.): Verspätete Orthodoxie. Über D. Johann Melchior Goeze (1717-1786). Wiesbaden 1989 (Wolfenbütteler Forschungen, 45). Einen guten Einblick vermittelt auch: Lessing contra Goeze. 2. Aufl. München 1975 (Text + Kritik, 26/27). Vgl. auch die in Anm. 2, 4 und 5 genannte Literatur.

[2] Die weit verzweigte, von unterschiedlichen Interessen geleitete Forschungsliteratur kann hier nur in ihren wichtigsten, vor allem aber jüngeren Beiträgen genannt werden. Dort findet sich meist in sehr informativer Weise die frühere Sekundärliteratur aufgeführt: Harald Schultze: Toleranz und Orthodoxie. Johan Melchior Goeze in seiner Auseinandersetzung mit der Theologie der Aufklärung. In: Neue Zeitschrift für systematische Theologie 4 (1962), S. 197–219; Helmut Thielicke: Aufklärung und Orthodoxie. Über Lessing und Goeze. In: Max Seckler u. a.

Einschätzungen und Interpretationen mehr oder weniger auseinanderzudrif-
ten. Allein schon die Frage, worin letztlich die Einzigartigkeit dieses Streites
besteht, ob sie sich maßgeblich aus einem Gegenstand herleitet oder ob dafür
eher Gestalt und Form, Stil und Methode verantwortlich zeichnen, entzweit
die Forscher. Geht es hier – mit Lessings Worten gefragt – um den »Glanz der
Wahrheit«, also um die Sache selbst, oder aber ist es der »blendende Stil«, der
bis heute Interesse und Gefallen findet?[3]

Man muß diese Alternative noch genauer beschreiben, um den wirklichen
Problemen forschend auf die Spur zu kommen. Denn um welche Sache, um
welche Wahrheit es in Lessings Streit mit Goeze geht, ist weniger ausgemacht,
als es zunächst scheinen mag.[4] Doch erst wenn dies geklärt ist, wird man
endgültig sagen können, welches Licht der Wahrheit, welcher helle Glanz an
Einsicht in diesem Streit aufblitzen und einleuchten soll. Auch mit dem
blendenen Stil hat es seine eigene Bewandtnis:[5] Soll er verbergen oder ent-
bergen, soll er den Gegner blenden und täuschen, die eigenen Absichten oder

---

(Hg.): Begegnung. Beiträge zu einer Hermeneutik des theologischen Gesprächs. Graz, Wien,
Köln 1972, S. 663–679; Lothar Steiger: Die »gymnastische« Wahrheitsfrage. Lessing und Goeze.
In: Evangelische Theologie 43 (1983), S. 430–443; William Boehart: Politik und Religion. Stu-
dien zum Fragmentenstreit (Reimarus, Goeze, Lessing). Schwarzenbek 1988; Gerhard Freund:
Theologie im Widerspruch. Die Lessing-Goeze-Kontroverse. Stuttgart, Berlin, Köln 1989.

[3] Die hier und im Titel aufgegriffene Entgegensetzung findet sich im *Zweiten Anti-Goeze* (vgl. B 9,
S. 150,28 bis 151,2).

[4] Um diese mehr inhaltsbezogenen Fragen geht es vor allem in den oben, Anm. 2, genannten
Studien von Freund, Schultze und Thielicke, aber auch bei Reinhard Hütter: Lessings *Anti-
Goeze* im Rahmen des Fragmentenstreites. Eine kleine theologie- und literaturgeschichtliche
Hinführung. In: Dietmar Peschel (Hg.): Germanistik in Erlangen. Hundert Jahre nach Grün-
dung des Deutschen Seminars. Erlangen 1983, S. 185–194, sowie in den Beiträgen von Hans-Otto
Wölber, Peter Stolt und Bernhard Lohse in: Reinitzer (Hg.): Goeze (Anm. 1), und in den Bei-
trägen von Lothar Steiger, Arno Schilson, Harald Schultze und Klaus Bohnen in: Reinitzer,
Sparn (Hg.): Verspätete Orthodoxie (Anm. 1).

[5] Die besondere Struktur von Lessings Streitschriften in seiner Auseinandersetzung mit Goeze ist
unter verschiedensten Rücksichten und mit unterschiedlichsten Ergebnissen untersucht worden.
Vgl. vor allem Werner Gaede: Die publizistische Technik in der Polemik Gotthold Ephraim
Lessings. Diss. phil. (Masch.) FU Berlin 1955; Klaus Lazarowicz: Verkehrte Welt. Vorstudien zu
einer Geschichte der deutschen Satire. Tübingen 1963, S. 118–184; Norbert W. Feinäugle: Lessings Streitschriften. Überlegungen zu Wesen und Methode der literarischen Polemik. In:
Lessing Yearbook 1 (1969), S. 126–149; Walter Jens: Feldzüge eines Redners. Gotthold Ephraim
Lessing. In: Von deutscher Rede. München 1969, S. 46–70; Ingrid Strohschneider-Kohrs: Vom
Prinzip des Maßes in Lessings Kritik. Stuttgart 1969; Jürgen Schröder: Gotthold Ephraim Les-
sing. Sprache und Drama. München 1972, bes. S. 73–105; Marion Gräfin Hoensbroech: Die List
der Kritik. Lessings kritische Schriften und Dramen. München 1976, S. 56–91; Walter Jens:
Gotthold Ephraim Lessing. Theologie und Theater. In: Ort der Handlung ist Deutschland.
Reden in erinnerungsfeindlicher Zeit. München 1981, S. 165–184; Hans-Georg Werner: Der
Streit und die Toleranz bei Lessing. In: Albrecht Schöne (Hg.): Akten des VII. Internationalen
Germanisten-Kongresses Göttingen 1985. Kontroversen, alte und neue. Bd. 2. Tübingen 1986,

Schwächen geschickt kaschieren – oder soll er allein der Sache, der (noch genauer zu bestimmenden) Wahrheit dienen und ihr blendend zum Licht verhelfen? Nicht wenige haben die Heftigkeit des Streites daraus erklären wollen, daß Lessing sich bei seinem insgeheimen Vorhaben von Goeze ertappt und entdeckt fühlte und deshalb »mit rhetorischem Blend- und Gaukelwerk [verhindern wollte], schon zu Lebzeiten als Spinozist und Atheist (im orthodoxen Sinne) verschrieen zu werden«[6]. Andere haben genau darin, in der »Kunst des erfolgreichen Verbergens«[7], die eigentliche rhetorische Glanzleistung der Lessingschen Polemik gesehen und als wahre Kunst gewürdigt, ohne dabei die zur Debatte stehende Sache selbst genauer zu berücksichtigen. Um die *Sache* – sagen wieder andere – ging es Lessing in dieser Auseinandersetzung gar nicht, sondern um die *Person* Goezes, gegen die sich seine heftigen Angriffe richten,[8] und dabei zeige sich dann, »daß Lessing mit Goeze in einer Weise verfahren ist, die den Vorwurf der Ungerechtigkeit, Unsachlichkeit und Frivolität verdient«[9].

All das scheint schwer vereinbar mit Lessings eigenen programmatischen Worten, die er Goezes stereotypem Vorwurf entgegensetzt, er verschleiere oder verunkläre seine Argumentation durch das Spiel mit »Bilder[n] und Anspielungen […], Gleichnissen, Instanzen und Antithesen« (B 9, S. 119) und hoffe dabei, daß dies »am ersten blöde Augen blenden werde« (ebd.). Gegen diese Unterstellung wehrt sich Lessing im *Zweiten Anti-Goeze* so:

> Ich kenne keinen blendenden Stil, der seinen Glanz nicht von der Wahrheit mehr oder weniger entlehnet. Wahrheit allein giebt echten Glanz; und muß auch bei Spötterei und Posse, wenigstens als Folie, unterliegen. Also von *der*, von der Wahrheit lassen Sie uns sprechen, und nicht vom Stil. (B 9, S. 150f.)

Damit sind wir zunächst und vor allem verwiesen auf die genauere Bestimmung jener Wahrheit, über die Lessing mit Goeze streitet. Ob und gegebenenfalls inwiefern seine Methode, der von ihm gewählte Weg argumentativer Erhellung damit zusammenhängt oder sich vielleicht sogar daraus herleitet, wird sich erst danach entscheiden lassen.

S. 152–159; Wolfram Mauser: Toleranz und Frechheit. Zur Strategie von Lessings Streitschriften. In: Peter Freimark u. a. (Hg.): Lessing und die Toleranz. Beiträge der vierten internationalen Konferenz der Lessing Society in Hamburg vom 27. bis 29. Juni 1985. Detroit und München 1986, S. 276–290; Rolf Specht: Die Rhetorik in Lessings *Anti-Goeze*. Ein Beitrag zur Phänomenologie der Polemik. Bern, Frankfurt a. M., New York 1986; Helmut Schmiedt: Angebundene und freie Poesie. Zur Rhetorik im Goeze-Lessing-Streit. In: Lessing Yerarbook 23 (1991), S. 97–110.

[6] Hütter: Lessings *Anti-Goeze* (Anm. 4), S. 192.
[7] Specht: Die Rhetorik (Anm. 5), S. 192.
[8] Vgl. Lazarowicz: Verkehrte Welt (Anm. 5), S. 166.
[9] Ebd, S. 162.

1. Der Hintergrund des Goeze-Streites

1.1. Lessings Problem:
Das prekäre Verhältnis von Vernunft und Offenbarung

Eine knappe Skizze zum Hintergrund von Lessings Streit mit Goeze soll den
Weg zum eigentlichen Thema ebnen. Der relativ breite Konsens der jüngeren
Forschung erlaubt die Beschränkung auf das Wesentliche. Ein, wenn nicht *das*
zentrale Thema im letzten Lebensjahrzehnt Lessings ist die prekäre, von ihm
als durchaus problematisch empfundene Beziehung zwischen Religion und
Vernunft, wobei ihm vor allem das Christentum als die in seinem geschichtlichen Umfeld wirksame bzw. wirksam gewordene Gestalt einer Offenbarungsreligion vor Augen steht. Sosehr es Lessing auch in diesem Feld um eine wachsende Aufklärung der Vernunft, um ein von Vorurteilen freies Denken, um
Einsicht in Wahrheit zu tun ist, sowenig will er dabei den besonderen Rang der
Offenbarungswahrheiten bestreiten oder außer Betracht lassen. Der nüchterne
und scharfsinnige Blick in die Geschichte zeigt ihm, daß das Christentum
keineswegs vernunftfeindlich gewirkt, sondern auf weite Strecken und in be-
achtlichem Ausmaß zur Ausbildung von Vernunft und Humanität beigetragen
hat.[10] Richtet sich der Blick auf die Gegenwart und noch mehr auf die Zukunft
der Aufklärung, so teilt Lessing keineswegs den unerleuchteten Optimismus
und Quietismus vieler seiner Zeitgenossen.[11] Noch ist für ihn das bereits
umrißhaft zu ahnende Ziel der geschichtlichen Bewegung hin zu »völliger
Aufklärung« und »Reinigkeit des Herzens«[12] nicht erreicht, noch bedarf die
Vernunft der immer neuen Anstachelung und Herausforderung, um geübter
und eigenständiger zu werden.

Wer deshalb jetzt schon die Schranken zwischen dem oft skurril und wider-
sinnig erscheindenden Anspruch der Offenbarungswahrheit und dem Vermögen der Vernunft niederreißt, wer der scheinbaren Vernunft oder Überver-
nunft der Glaubenswahrheiten ihren Stachel für die aus eigenen Gründen denkende Vernunft nimmt, der tut der Aufklärung nach Lessings Meinung einen
schlechten Dienst. Denn die Vernunft bedarf dieser Herausforderung, dieses
Wettstreits und dieser beständigen Übung ihrer Kräfte, um sich zur Einsicht in

---

[10] Vgl. dazu etwa den Schluß von *Über den Beweis des Geistes und der Kraft* (B 8, S. 444f.), *Eine
Duplik* (B 8, S. 516–519) und *Eine Parabel* (B 9, S. 42f.), später auch *Die Erziehung des Menschengeschlechts* (G 8, S. 489–510).

[11] Vgl. dazu meinen Beitrag: Lessings »Kritik der Vernunft«. Versuch einer »Aufklärung« über die
Aufklärung. In: Theologische Quartalschrift 162 (1982), S. 24–30.

[12] So die Begrifflichkeit in *Die Erziehung des Menschengeschlechts* (G 8, S. 507; § 80f.).

die ganze, ihr prinzipiell zugeordnete und erreichbare Wahrheit heranzubilden. Hat die Konkurrenz der Offenbarung bislang den Weg der Vernunft so förderlich begleitet, so darf man diese Hilfe auf der letzten Etappe zum Ziel nach Lessings Überzeugung weder übersehen noch zurückweisen – wahre Aufklärung der Vernunft, die Erkenntnis der ganzen Wahrheit soll sich auch weiterhin (oft genug im Widerspruch) der Offenbarung und ihrer Wahrheit stellen und sich ihrer nach Kräften bedienen. Wer deshalb – und genau darin liegt nach Lessings Einschätzung die Aufklärungsfeindlichkeit der scheinbar aufgeklärten Theologie seiner Zeit, der sogenannten Neologie – die Offenbarungswahrheit auf das gegenwärtig erreichte Niveau vernünftig zugänglicher Wahrheit herunterschraubt und sich so der Vernunft anbiedert, schadet unwiderruflich und nachhaltig der wahren Aufklärung und der weiteren Heranbildung der Vernunft. So betrachtet verdienen jene eher noch Anerkennung, die »durch Verdammung der Vernunft die beleidigte Vernunft im Harnisch erhielten« (B 8, S. 316), womit eher die traditionelle protestantische Theologie, vor allem in Gestalt der Orthodoxie gemeint sein dürfte.

1.2. Wider die falsche neologische Versöhnung von Vernunft und Offenbarung

Diesem drohenden Stillstand der nur im Streit und durch konkurrierende Wahrheitsansprüche sich erhaltenden Bewegung wachsender Aufklärung der Vernunft, verursacht durch eine ihre Sache vergessende Theologie, versucht Lessing durch seine Fragmentenpublikation entgegenzuwirken.[13] Dies zeigt zugleich, daß er den offenbarungsfeindlichen Deismus und damit den Standpunkt eines völlig ungeschichtlichen Rationalismus, wie ihn der Fragmentenverfasser vertritt, keineswegs teilt. Vielmehr nutzt er ihn als Vehikel, um die wirkliche Herausforderung der Offenbarungswahrheit für die Vernunft seitens der Theologie seiner Zeit wieder einzuklagen. Gegen die falsche und voreilige, den Fortgang von Aufklärung und Humanität hemmende Versöhnung zwischen Offenbarung und Vernunft tritt Lessing an, und damit zugleich gegen jede vorschnelle Fixierung der Wahrheit, so als sei diese wie ein fester Besitz zu betrachten, zu umschreiben und anzunehmen. Damit war vor allem die Neo-

---

[13] Vgl. zur genauen Erläuterung meinen Kommentar in B 8, S. 848–852, und vor allem Freund: Theologie im Widerspruch (Anm. 2), bes. S. 157–220. Ergänzend Harald Schultze: Lessing als Aufklärer der Theologie. In: Tijdschrift voor de Studie van de Verlichting en van het Vrije Denken 10 (1982), S. 75–85. Mit anderer Akzentuierung und deutlich anderen Konsequenzen behandelt dieses Thema Martin Bollacher: Lessing: Vernunft und Geschichte. Untersuchungen zum Problem religiöser Aufklärung in den Spätschriften. Tübingen 1978; ders.: Geschichte und Aufklärung. Über den Begriff der Vernunft in Lessings Spätwerk. In: Tijdschrift voor de Studie van de Verlichting en van het Vrije Denken 10 (1982), S. 127–140.

logie gemeint, jene seichte, schein-aufgeklärte Theologie, deren Vertreter »Theologen viel zu wenig, und Philosophen lange nicht genug« (B 11/2, S. 540) seien. Mit ihr wollte Lessing streiten, »mehr um den gesunden Menschenverstand, als um die Theologie« (LM 18, S. 226), also um jene Wahrheit, die er auch selbst nicht zu besitzen glaubte, weil sie sich allererst im Streit, in der kritischen Untersuchung auch der scharfsinnig vorgetragenen Offenbarungswahrheit herausstellen sollte und konnte.

Daß es zu diesem eigentlich intendierten Streit nicht kam, daß stattdessen neben die kleineren Respondenten und Kontrahenten ausgerechnet ein Vertreter der lutherischen Orthodoxie, mit der Lessing längst fertig zu sein meinte, mit ihm »den Tanz angefangen« (B 9, S. 98) und so rasch nicht beendet hat, gehört zu der großen Tragik von Lessings Leben und Wirken. Unter dieser Rücksicht war der von Lessing gewollte Streit um die *Fragmente*, dieser Streit um die Zuordnung von Religion bzw. Christentum und Vernunft und damit der Streit um die Wahrheit, bereits beendet, noch ehe er richtig begonnen hatte. Goeze kam – und damit sind wir mitten im Thema – Lessing buchstäblich in die Quere, insofern er einen Fehdehandschuh aufnahm, den Lessing nicht ihm bzw. der von ihm vertretenen lutherischen Orthodoxie vorgeworfen hatte.

1.3. Erste Konsequenzen für das Verständnis des Goeze-Streits

Nimmt man diese von Lessing ganz anders gemeinte Inszenierung des Fragmentenstreites ernst, dann ergeben sich daraus bereits erste entscheidende Konsequenzen für ein genaueres und angemesseneres Verständnis der Auseinandersetzung mit Goeze. Dieser lenkt – ungewollt und zugleich gewollt – vom eigentlichen Ziel Lessings ab und mischt sich in einen voraussehbaren Streitgang ein, der das förderliche Miteinander und Gegeneinander von Offenbarung und Vernunft in der Suche nach endgültiger Wahrheit und Aufklärung zum Gegenstand haben sollte. Von der Orthodoxie war dazu eigentlich bereits alles gesagt, so daß es als höchst unwahrscheinlich gelten mußte, durch Goezes Einlassungen zu wirklich neuen Problemkonstellationen zu gelangen. Im Gegenteil: Die von der Neologie nach Lessings Meinung mehr schlecht als recht versteckte Intoleranz gegenüber dem Gebrauch und dem Anspruch der gesunden Vernunft drohte sich hier in eine offene Intoleranz und Gegnerschaft zu verkehren. Konnte er sich bei der Neologie in der ihn damals nach eigenem Bekunden bewegenden Frage, »quid liquidum sit in causa Christianorum« (G 7, S. 669), noch eine Auskunft erhoffen, die auf Verständigung über Fortgang und Ziel wahrer, auch theologisch vertretbarer Aufklärung hinauslief, so war bei »*Goeze und Compagnie*« (B 9, S. 97) darauf keinesfalls zu setzen.

Worüber dann aber mit einem solchen Gegner streiten? Warum überhaupt
mit ihm in der Aussicht auf fruchtlosen Kampf die Klinge kreuzen? Und überhaupt: Wie soll man hier die Auseinandersetzung führen, um der Sache und
dem Gegner halbwegs gerecht zu werden? Erfreut jedenfalls konnte Lessing –
so gesehen – keineswegs sein, als Goeze unerwartet auf den Kampfplatz trat.
Seine bereits am Beginn des Streites zumindest unterschwellig spürbare Ge-
reiztheit läßt sich nun besser nachempfinden. Ein kurzer Blick auf den genaueren Anlaß und Gang des relativ kurzen, dafür aber um so heftigeren
Streites offenbart noch mehr.[14]

2.   Der genauere Anlaß des Goeze-Streits

2.1.   Der vorgebliche Streit um die fundamentale Rolle der Bibel und der Dissens im Wahrheitsverständnis

Am 17.12.1777 erhebt Goeze zum ersten Mal seine Stimme zu Lessings Fragmentenpublikation.[15] Auf die *Fragmente* selbst geht er dabei kaum ein, doch
hält er sie für die »*lauteste Lästerung*« (B 9, S. 20) der christlichen Religion. Sein
Angriff gilt den *Gegensätzen des Herausgebers* (vgl. deren allgemeinen Teil in
B 8, S. 312f.) und der darin sich andeutenden Preisgabe der grundlegenden und
unverzichtbaren Bedeutung der Bibel im Gesamtgefüge des christlichen Glaubens. »Lauter Axiomen« (B 9, S. 13), sprich: unbewiesene und falsche Behauptungen habe der (hier noch ungenannt bleibende) Herausgeber hinge-
pflanzt – sind diese »spielender Witz? oder Wahrheit?« (B 9, S. 14) Wo Lessing
behutsam auf die »innere Wahrheit« (B 8, S. 313; B 9, S. 78–83 u. ö.) der
christlichen Religion hingewiesen hatte, blockt Goeze ab – er will der »Vernunft
hier nichts einräumen« (B 9, S. 19). Für ihn ist das Fazit eindeutig: Lessing
wolle »*die Bibel Preis geben, um die Religion zu retten,* aber welche Religion?
gewiß nicht die christliche, als welche mit der Bibel stehet und fällt.« (B 9,
S. 20) Damit hat Goeze bereits zu Beginn des Streites mit Lessing dessen

---

[14] Die bei G 8, S. 587–589, und bei Boehart: Politik und Religion (Anm. 2), S. 373–384, vorgelegte
Chronologie des Fragmentenstreits ist unvollständig und z. T. fehlerhaft. Vgl. jetzt die genauere
und breiter ausgreifende chronologische Übersicht im Überblickskommentar von B 9.

[15] Goezes erste Äußerung erschien zunächst im 55. und 56. Stück der *Freywilligen Beyträge zu den
Hamburgischen Nachrichten aus dem Reiche der Gelehrsamkeit* vom 17.12.1777, S. 433–447, und
wurde nochmals unverändert abgedruckt im 1.–4. Stück des Altonaer *Beytrags zum Reichs-
Postreuter* vom 5.-15.1.1778, ehe sie im April 1778 als 1. Stück in Goezes Streitschrift *Etwas Vorläufiges gegen des Herrn Hofrats Leßings* [...] *Angriffe* [...] (vgl. B 9, S. 11–20) aufgenommen
wurde.

Gegenstand aus seiner Sicht ziemlich exakt umrissen. Viel später, im zweiten Teil seiner Schriftenfolge *Lessings Schwächen*, kommt er darauf ausdrücklich zurück und schreibt:

> Die Frage, über welche ich mit Herr Leßing streite, ist diese: *Kann die christliche Religion bestehen, wenn auch die Bibel völlig verloren gienge, wenn sie schon längst verloren gegangen wäre, wenn sie niemals gewesen wäre?* (B 9, S. 370)

Daß auch Lessing die Sache so gesehen hat, erscheint zumindest fraglich – und dies, obwohl er sich exakt auf diesen Streitpunkt sowohl in der unmittelbaren Antwortschrift, den *Axiomata* (vgl. B 9, S. 53–89), als auch in seiner späteren *Nötigen Antwort auf eine sehr unnötige Frage des Hrn. Hauptpastor Goeze in Hamburg* (vgl. B 9, S. 427–434) einläßt und seine eigene Position nachdrücklich verteidigt und genauer begründet. »Unnötig« erscheint ihm diese Frage, weil sie nur Symptom ist für die statisch-dogmatische Wahrheitsbehauptung und -begründung, die sich im besitzesstolzen Pochen auf das Wort der Bibel jeder Annäherung an die Vernunft von vornherein entzieht. Der Weg von der Offenbarung zur Vernunft, der Weg der Aufklärung, führt für Lessing notwendig über eine kritisch-distanzierte Aneignung der Bibel, über deren »Geist« und »innere Wahrheit«, der den von Goeze überstrapazierten »Buchstaben« übersteigt. Im Streit um und über den Geltungsbereich der Bibel geht es deshalb eigentlich um die vor allem der Vernunft förderliche Wahrheit der christlichen Religion und deren Erkenntnis, die nicht Besitz ist, sondern ständige Bemühung erfordert.[16] In diesem Verständnis von Wahrheit, das alle voreiligen Fixierungen, alle glatten Formulierungen und allen ruhigen, ungestörten Besitz übersteigt, in diesem zunächst noch sehr leisen Verweis auf eine Wahrheit, die niemand einfach als letztgültige vorzeigen kann, weil sie umstritten und die Vernunft zu ihr noch unterwegs ist, liegt der eigentliche und tiefere Dissens zwischen Lessing und Goeze – auch und gerade dort, wo es um eine scheinbar rein innertheologische Frage wie die nach der Bedeutung der Bibel geht.

Dabei wird man kaum verkennen können, daß Lessings erste Schriften gegen Goeze nur behutsam auf diesen zentralen Streitpunkt hinsteuern und erst mit dem *Absagungsschreiben* (vgl. B 9, S. 48–52) die Auseinandersetzung schlagartig eine völlig neue Qualität bekommt. Die Vorzeichen sind allerdings schon in den *Axiomata* erkennbar, die wohl »die sachlichste und an echten theologischen Argumenten reichste Schrift des ganzen Goeze-Streits«[17] dar-

---

[16] Vgl. dazu nochmals die feinsinnigen Ausführungen von Freund: Theologie im Widerspruch (Anm. 2) und Lessings Klarstellungen zum Wahrheitsverständnis in: *Eine Duplik* (B 8, S. 510).
[17] Gaede: Die publizistische Technik (Anm. 5), S. 22.

stellt. Daß Goezes stolze Rechtgläubigkeit sich zur Vermessenheit verkehrt, wo sie nicht mehr bereit ist, Gottes größerer und den Menschen unfaßbarer Wahrheit Raum zu geben, stellt Lessing bereits hier fest. Und der berühmte »Kanzeldialog«[18], bei der Goezes Einreden wie eine aufgezogene Spieluhr ablaufen, ohne auf Lessings Entgegnungen zu reagieren, setzt in den *Axiomata* exakt dort ein, wo der Streit auf die von Goeze nicht der Vernunft, sondern strikt der Bibel zugeordnete »innere Wahrheit«[19] der christlichen Religion zu sprechen kommt. Lessing weiß nur zu gut, daß genau in diesem äußerst sensiblen Punkt sein »Partner sich taub stellt [und so] kein Gespräch mehr möglich«[20] ist. Im Klartext formuliert heißt dies: Über den für Lessing eigentlich bewegenden, den Streit lohnenden und seiner bedürfenden Punkt läßt sich mit Goeze nicht wirklich streiten – hier gilt nur die Problemverweigerung.

Wie weit diese bei Goeze reicht, zeigt Lessings viel zu wenig gewürdigte meisterhafte *Palast-Parabel* (vgl. B 9, S. 41–44) und seine kaum weniger aussagekräftige *Bitte* (vgl. B 9, S. 44–48). Beide Schriften hat Goeze in der ihm eigenen Weise grotesk mißverstanden und falsch gedeutet, zumal ihm Lessings »Theaterlogik«[21] hier aufs neue seltsame Kapriolen zu schlagen schien. Doch gerade dies, daß Lessing so sprach und nicht anders, hatte seinen guten Grund. Seine bildhafte und gleichnishafte Rede, sein parabolischer und metaphorischer Stil, sein verblümter Ausdruck ist nicht nachträgliche Übersetzung eines für ihn selbst klaren Begriffes oder Sachverhaltes, sondern eine, *seine* Art des Denkens und Schreibens, das sich auf dem Weg der Aufklärung befindet und deshalb keineswegs über die reine und ganze Wahrheit bereits verfügen kann. Dieser

---

[18] Diese Stilform verwendet Lessing im Goeze-Streit gleich zweimal; zunächst in den *Axiomata* (B 9, S. 79–84), dann in der Nachlaßschrift *Über die von der Kirche angenommene Meinung, daß es besser sei, wenn die Bibel von dem gemeinen Manne in seiner Sprache nicht gelesen würde* (B 9, S. 698–713).

[19] Zu diesem schwierigen, zum Verständnis von Lessings eigener Position allerdings sehr wichtigen Begriff vgl. in B 9 den Kommentar zum Lemma 78, 21f.; daneben bes. Harald Schultze: Lessings Auseinandersetzung mit Theologen und Deisten um die »innere Wahrheit«. In: Edward P. Harris, Richard E. Schade (Hg.): Lessing in heutiger Sicht. Beiträge zur Internationalen Lessing-Konferenz Cincinnati, Ohio 1976. Bremen und Wolfenbüttel 1977, S. 179–184; Freund: Theologie im Widerspruch (Anm. 2), S. 190–192 und 209–219; Johannes von Lüpke: Wege der Weisheit. Studien zu Lessings Theologiekritik. Göttingen 1989, S. 66–75.

[20] Jens: Feldzüge eines Redners (Anm. 5), S. 49.

[21] Dieser Vorwurf gewinnt im Streit Lessings mit Goeze große Bedeutung und begegnet (auch in anderer Formulierung) immer wieder bei Goeze (vgl. z. B. B 9, S. 119–121, 163, 166, 363, 460). Lessing selbst sah sich zu einer beachtlichen und weiterführenden Klarstellung im *Zweiten Anti-Goeze* (vgl. B 9, S. 150–152) veranlaßt und erläuterte im *Achten Anti-Goeze* nochmals kurz das Verhältnis von Begriff und Metapher (vgl. B 9, S. 352f.). Vgl. außer den hier einschlägigen Ausführungen in den oben, Anm. 5, genannten Arbeiten von Schröder, Hoensbroech und Specht jetzt auch Thomas Althaus: Das Uneigentliche ist das Eigentliche. Metaphorische Darstellung in der Prosa bei Lessing und Lichtenberg. Münster 1991, S. 12–20.

Stil wirkt blendend, weil ihm die Suche nach der Wahrheit einen eigenen Glanz verleiht. Wer demgegenüber (wie Goeze) die Wahrheit gleichsam auf den Punkt zu bringen versucht, den blendet dieser Stil bei seinem Bemühen, gleichsam mit zusammengekniffenen Augen dahinter die Wahrheit wie eine feste Größe zu erkennen. Goeze aber fehlt es ebenso an genuinem Verständnis für das unbegreifliche Licht der Wahrheit, das auch im Christentum aufleuchtet und dort erfaßt werden will, wie an Gelassenheit und Vertrauen in das Durchsetzungsvermögen der Wahrheit[22] trotz gelegentlicher Verfinsterungen, die Lessing als ähnlich vorübergehende Erscheinungen beschreibt wie Sonnenfinsternisse oder Mondphasen. Auf beides weist Lessings Erwiderung in der *Parabel* und in der *Bitte* gleichermaßen hin. Dabei ist sein Ton gegenüber Goeze noch versöhnlich und respektvoll, obwohl sich Lessing in seinen Absichten verkannt fühlt, denn Goeze hatte seine eher gymnastisch, als Diskussionsbeitrag hingeschriebenen *Gegensätze* als eine letztgültige, gleichsam dogmatische Äußerung mißverstanden. Angesichts dieses noch relativ ruhigen Beginnes der Auseinandersetzung mit Goeze stellt sich erst recht die Frage, wodurch es eigentlich zu jener plötzlichen Verschärfung kommt, die sich in der Anfügung eines völlig verändert klingenden, bissig-ironischen *Absagungsschreibens* Lessings an Goeze erstmals dokumentiert und dann über elf *Anti-Goeze* bis in die beiden Folgen der *Nötigen Antwort* hinein ziemlich unverändert durchhält.

2.2. Der unmittelbare Anlaß:
Goezes Verweigerung des Streites um die Wahrheit

Äußerer Anlaß dafür war ein weiterer Beitrag Goezes am 30. Januar 1778, in dem er eine von dem Wolfenbütteler Superintendenten Johann Heinrich Reß verfaßte Gegenschrift zu dem fünften *Fragment* über die Auferstehungsgeschichte in höchsten Tönen lobte und seitenlang zitierte.[23] Zum selben Zeitpunkt erschien aus Lessings Feder eine eingehende Widerlegung genau dieses

---

[22] Nach Freund: Theologie im Widerspruch (Anm. 2), S. 219f. u. ö. steht »das strittige Wahrheitsverständnis« im Mittelpunkt der Lessing-Goeze-Kontroverse. Dabei habe Lessing daran erinnert, »daß Wahrheit zuerst ein Geschehen der Wahrheit selbst ist« (S. 204), während Goezes Besitz-und »Festungsmentalität« (S. 41, unter Zitat von Boehart: Politik und Religion [Anm. 2], S. 200) »im tiefsten eine Verschlossenheit vor der Wahrheit christlichen Glaubens« (ebd.) bekunde. Der vorliegende Beitrag verdankt Freunds wertvoller Studie wichtige Anregungen.

[23] Diese Rezension erschien wiederum in den *Hamburgischen Freywilligen Beyträgen*, diesmal im 61. bis 63. Stück vom 30.1.1778, S. 481–501, und wurde unverändert als 2. Stück von Goezes Schrift *Etwas Vorläufiges* [...] nachgedruckt (vgl. B 9, S. 21–35). Ein Teilabdruck aus der hier besprochenen Schrift von Reß befindet sich in B 8, S. 475–503.

Werkes unter dem Titel *Eine Duplik* (vgl. B 8, S. 505–586). Darin rechnete er
aufs schärfste mit der von ihm als reichlich oberflächlich eingeschätzten, dem
Ernst und Gewicht der Sache wenig angemessenen Schrift von Reß ab. Zugleich verdeutlichte Lessing hier auf eindrucksvolle Weise jenes ihm eigene Verständnis von Wahrheit, das ihn meilenweit von Goeze unterschied:

> Nicht die Wahrheit, in deren Besitz irgend ein Mensch ist, oder zu sein vermeinet,
> sondern die aufrichtige Mühe, die er angewandt hat, hinter die Wahrheit zu kom-
> men, macht den Wert des Menschen. Denn nicht durch den Besitz, sondern durch
> die Nachforschung der Wahrheit erweitern sich seine Kräfte, worin allein seine immer
> wachsende Vollkommenheit bestehet. Der Besitz macht ruhig, träge, stolz – [...].
> (B 8, S. 510)

Daß das angeschlossene Bildwort die reine Wahrheit Gott allein vorbehalten
wollte, dem Menschen aber nur ein stetiges Streben danach zusprach, verlieh
dieser Positionsbestimmung den nötigen Nachdruck und Ernst.

Bei Goeze konnte Lessing nun allerdings lesen, man brauche, um die
Ausführungen von Reß zu verstehen, »nichts weiter, als ordentliche Men-
schenvernunft und ein gegen die Wahrheit aufrichtig gesinntes Herz« (B 9,
S. 33). Zudem mußte er sich angesichts seiner vernichtenden Kritik an Reß
indirekt sagen lassen, er habe diesen wohl nicht »mit einem unverblendeten
Herzen« (B 9, S. 21) gelesen und so dessen tiefe Wahrheit erkannt. Auch wenn
Goeze diese Wertungen noch ohne Kenntnis von Lessings *Duplik* geschrieben
hatte, mußten sie bei diesem Ärger und Zorn wecken. Hinzu kam anderes, das
viel schlimmer wirkte. Nach der vorangegangenen zurückhaltenden Anrede als
Herausgeber sprach Goeze Lessing jetzt namentlich an, und dies in einem
äußerst prekären Kontext. Denn nun zog er die politische Karte und schrieb,
nur der könne die von Lessing herausgegebenen *Fragmente* »als etwas gleich-
gültiges ansehen [...], der den Grundsatz hat: *So bald ein Volk sich einig wird,
Republik sein zu wollen, so darf es*, folglich die biblischen Aussprüche, auf
welchen die Rechte der Obrigkeit beruhen, als Irrtümer verwirft.« (B 9, S. 21)
Als versteckter Angriff auf die bestehende politische Ordnung wurde Lessings
Fragmentenpublikation hier vorgestellt und damit indirekt das Eingreifen der
zuständigen Behörden eingefordert, um die weitere Verbreitung dieser
schädlichen *Fragmente* zu verhindern.[24] Diese Vorgehensweise Goezes wird in

---

[24] Vgl. dazu die knappe, aber substantielle Darstellung bei Specht: Die Rhetorik (Anm. 5), S. 12–
14; ausführlich zu diesen politischen und publizistischen Aspekten Klaus Epstein: Die Ursprünge
des Konservatismus in Deutschland. Der Ausgangspunkt: Die Herausforderung durch die Französische Revolution 1770–1806. Frankfurt a. M. 1973, S. 155–169; Boehart: Politik und Religion
(Anm. 2), S. 373–472; ders.: Zur Öffentlichkeitsstruktur des Streites um die Wolfenbütteler
Fragmente. In: Freimark u. a. (Hg.): Lessing und die Toleranz (Anm. 5), S. 146–157. Ergänzend

seinen späteren Schriften gestützt durch zahllose Analogien und Beispiele aus diesem äußerst sensiblen politischen Bereich. Damit nicht genug wurde Lessing selbst im Vorgriff auf den später präzisierten Vorwurf einer »Advokatur«[25] des Ungenannten bereits hier ausdrücklich als »Pflegegvater der von dem Verfasser der Fragmente hinterlassenen Mißgeburt« (B 9, S. 34) angesprochen und seine lobende Charakterisierung des Fragmentenschreibers nachhaltig kritisiert. Abschließend erinnerte Goeze indirekt nochmals an seine erste Schrift und unterstrich aufs neue, daß nach seiner Meinung von Lessings *Gegensätzen* eine noch größere Gefahr ausging, als von den *Fragmenten* selbst.

Die Lektüre dieses Beitrages hat Lessings Haltung im Streit mit Goeze schlagartig verändert, zumal sich vieles davon in den nachfolgenden Streitschriften Goezes wiederholte und bekräftigt wurde. Nicht nur der Ton wurde härter, polemischer und unversöhnlicher – auch der Gegenstand des Streites scheint sich entscheidend und bezeichnend verschoben zu haben. Nun nämlich war etwas geschehen, was Lessing zwar ahnen mochte, aber doch kaum ernsthaft wahrhaben wollte: Der Streit um die Wahrheit, der diese erst auf den Weg und letztlich zur Vernunft bringen konnte, war selbst bedroht. Goeze wollte – so sah es Lessing – nämlich den Gebrauch von Vernunft und Gelehrsamkeit nach seinen Vorstellungen reglementieren, bemessen und einschränken (vgl. B 9, S. 51). Seine Absicht war es zudem, den durch die *Fragmente* ausgelösten Streit um die Wahrheit bzw. um den Beweis für die Wahrheit des Christentums, welchen Lessing für unausweichlich und notwendig erachtete, von der Bühne der Öffentlichkeit zu verbannen. Zugleich versuchte Goeze, Lessing selbst zu einem Gegner der christlichen Religion abzustempeln und ihn durch das damit provozierte Eingreifen des Reichshofsrates endgültig zum Verstummen zu bringen.

---

auch Wolfgang Kröger: Das Publikum als Richter. Lessing und die »kleineren Respondenten« im Fragmentenstreit. Nendeln/Liechtenstein 1979.

[25] Goeze hat diesen Vorwurf, Lessing habe die »Advocatur des Verfassers« der *Fragmente* übernommen, erstmals in der »Vorerinnerung« von *Etwas Vorläufiges* (vgl. B 9, S. 118) erhoben, worauf Lessing im *Siebten Anti-Goeze* ausführlich antwortete (vgl. B 9, S. 341–347). Am 4.5.1778 hatte zudem der Hamburger Redakteur Albrecht W. Wittenberg in einem anonymen Epigramm mit dem Titel *Doctor Schrill* Lessing ebenfalls als »Advokat« verspottet (vgl. B 9, S. 161). Darauf reagierte dieser im *Achten Anti-Goeze* mit beißender Ironie (vgl. B 9, S. 349–355) und bezeichnete den ehemaligen Juristen Wittenberg nun spöttisch als Goezes Advokaten.

3. Der eigentliche Gegenstand:
Vom Gewinn der Wahrheit im Streit

Wer all das bedenkt und dabei zugleich das bereits kurz angesprochene dynamische Wahrheitsverständnis Lessings vor Augen hat, der wird begreifen, daß Lessings Streit mit Goeze von nun an qualitativ anders wird, was gleichermaßen Gegenstand und Methode, Form und Stil betrifft. Weil ihm »der zudringlichen Griffe [...] allmählig zu viel« (B 9, S. 49) werden, weil er sich in die Ecke gedrängt und in die Enge getrieben sieht, weil er gleichsam in Notwehr handelt, muß es ihm erlaubt sein und nachgesehen werden, »sich aller Arten von Waffen zu bedienen« (B 9, S. 154) und den Streitgang keineswegs ohne Ansehen der Person, sondern im festen Blick auf seinen Gegner zu führen. Worum er nun mit Goeze kämpft und streitet, ist nicht mehr und nicht weniger als die Legitimität und Unverzichtbarkeit des Streites um die Wahrheit selbst. Nicht irgendwelche exakt benennbaren und abgrenzbaren Inhalte oder Streitfragen, nicht einzelne, vielleicht sogar grundlegende Momente der christlichen Religion stellen den eigentlichen Gegenstand in diesem »heiligen Krieg«[26] zwischen Lessing und Goeze dar. Der Streit wird vielmehr ausgetragen um des Streitens willen – er bewegt sich im Vorfeld der eigentlichen, sachlich bestimmten Auseinandersetzung und will dafür überhaupt erst den Raum freihalten bzw. freikämpfen.

Genau darin liegt die besondere Qualität und Unverwechselbarkeit, aber auch die bleibende Bedeutung dieses Streites, die ihn weit über jedes bloße Theologengezänk erhebt: daß Lessing hier gegen Goeze erst einmal die Bedingung der Möglichkeit für einen wirklichen Streit erstreiten und erkämpfen muß – daß er dies tut in dem Bewußtsein, daß Wahrheit und Aufklärung nur im Streit zu gewinnen und zu bewähren sind und daß deshalb jeder, der dem offenen Streit aus dem Weg geht, weil er (wie Goeze) die Wahrheit bereits zu besitzen glaubt und ihm der Streit durchaus unnütz und lästig erscheint, sich tatsächlich der stets größeren Wahrheit verschließt und die Ausbildung der Vernunft im Zeichen der Aufklärung verhindert. Sein erstes und eigentliches Ziel im Goeze-Streit hätte Lessing deshalb keineswegs dann schon erreicht, wenn Goeze ihm in diesem oder jenem Punkte recht gegeben hätte. Erst die Bereitschaft, sich in gemeinsamer Anstrengung und mit durchaus verschiedenen Akzentuierungen auf die ernsthafte Suche zu begeben nach Wahrheit und Vernunft im Christentum und weit darüber hinaus, hätte den geradezu

---

[26] Vgl. Georg Christoph Lichtenberg an Christian Gottlob Heyne am 21.5.1780. In: Briefwechsel. Hg. von Ulrich Joost und Albrecht Schöne. Bd. II: 1780–1784. München 1985, S. 60.

transzendental zu nennenden Grundsatzstreit, den »Meta-Streit« um das Streiten, wirklich beenden können und es möglich gemacht, die eigentlich wichtige
und fruchtbringende Phase engagierter, aber streng sachbezogener Auseinandersetzung einzuleiten. Daß es dazu weder mit Goeze noch mit anderen kam,
ist bekannt und gehört ebenfalls zur Tragik von Lessings letzten Lebensjahren.

Doch vorsichtige Hinweise darauf, worüber zu streiten sich gelohnt hätte,
und leise Andeutungen dessen, was er als die größere Wahrheit empfand, die
man nur ahnen, aber noch nicht vernünftig wissen konnte, hat Lessing nach
dem Abbruch des Goeze-Streites durchaus noch geben können. Am spre-
chendsten erscheint unter dieser Rücksicht das aus diesem Streit selbst er-
wachsene und offenbar eng mit dessen eigentlichen Intentionen zusammen-
zuschauende dramatische Gedicht *Nathan der Weise*, das man nicht ohne
Grund den »*›Anti-Göze‹, Numero zwölf*« genannt hat.[27] Kaum weniger Beachtung verdienen in dieser Hinsicht die beiden anderen großen Spätwerke,
Die Erziehung des Menschengeschlechts (vgl. G 8, S. 489–510) ebenso wie *Ernst
und Falk,* also Lessings *Gespräche für Freimäurer* (vgl. G 8, S. 451–488). Über
das, was diese nach dem Fragmentenstreit veröffentlichten Werke Lessings an
Wahrheit und Aufklärungspotential enthalten, streiten nun die Interpreten –
und das ist bezeichnend. Denn spätestens hier bestätigt sich, daß für Lessing
die Wahrheit im und nach dem Goeze-Streit nie einfach bare Münze war, also
fertig und abgeschlossen verfügbar, sondern höchstens in Bildern und Fingerzeigen zu erahnen und allein im Streit zu gewinnen.

4. Der Gang des Streites und Lessings Methode

Daß diese vorausgreifenden Feststellungen nicht leere Behauptungen sind, soll
ein letzter eindringlicher Blick auf Lessings Streitgang mit Goeze zeigen.
Dessen weitere Veröffentlichungen belegen stets neu, wie recht Lessing gehabt
hatte, wenn er den Streit nun ganz auf die Auseinandersetzung über die Unverzichtbarkeit des Streites um der Wahrheit und Aufklärung willen konzentrierte und die ebenfalls strittigen theologischen Sachfragen weit zurücktreten
ließ.

---

[27] Vgl. Friedrich Schlegel: *Über Lessing.* Zit. nach: Horst Steinmetz (Hg.): Lessing – ein unpoetischer Dichter. Dokumente aus drei Jahrhunderten zur Wirkungsgeschichte Lessings in
Deutschland. Frankfurt a. M. und Bonn 1969, S. 183.

4.1. Goezes *Etwas Vorläufiges* – Dokument einer Verweigerung des Streites

Schon der Titel der ersten Buchpublikation Goezes gegen Lessing spricht Bände: *Etwas Vorläufiges gegen des Herrn Hofrats Leßings mittelbare und unmittelbare feindselige Angriffe auf unsre allerheiligste Religion, und auf den einigen Lehrgrund derselben, die heilige Schrift.*[28] Darin empörte sich Goeze nicht nur über Lessings bildhaften, theatralischen, dem akademischen und theologischen Niveau nicht angemessenen Stil. Er kritisierte zugleich erneut, daß Lessings Fragmentenpublikation eine Auseinandersetzung über Grund und Wahrheit der christlichen Religion völlig unnötig in die Öffentlichkeit gebracht habe, die besser im verschlossenen Theologenkabinett belassen worden wäre. Deshalb forderte Goeze auch, man müsse solche Streitigkeiten in der Gelehrtensprache, also lateinisch führen. Ganz unverblümt gab er seiner Hoffnung Ausdruck, das nun entstandene Aufsehen um die *Fragmente* möge »große Herren« (B 9, S. 36) zum Eingreifen nötigen. Diese Erwartung konnte sich auf das soeben erfolgte Verbot von Carl Friedrich Bahrdts 1773/74 erschienener rationalistisch geprägter Übersetzung des Neuen Testaments stützen, auf deren Geschick Goeze in anderem Zusammenhang Lessing bereits warnend aufmerksam gemacht hatte.[29] Er, Lessing, werde doch nun endlich

> […] anfangen zu glauben, daß es keine Kleinigkeit sey, Fragmente drucken zu lassen, in welchen die heil. Apostel, welche die römische und die protestantische Kirche, bis hieher mit dem höchsten Rechte, als von Gott erleuchtete und getriebene Männer Gottes verehret haben, als die ärgsten Bösewichter, Leichenräuber, und Lügner gelästert werden.[30]

Zwar gestand Goeze zu, es könne »verständigen und gesetzten Männern vergönnt bleiben, bescheidne Einwürfe gegen die christliche Religion, und selbst gegen die Bibel, zu machen« (B 9, S. 36). Doch in beinahe gleichem Atemzug kritisierte er aufs heftigste Lessings Überzeugung, daß kein Mensch »jemals […] wissentlich und vorsätzlich sich selbst verblendet habe« (B 9, S. 135, 142f.) und sogar sein (verzeihlicher) Irrtum allein der aufrichtigen Suche nach Wahr-

---

[28] Die Schrift erschien in der ersten Hälfte des April 1778 (vgl. B 9, S. 11–37 und 117–145); kurz danach, noch vor Ende April, antwortete Lessing darauf mit dem *Zweiten Anti-Goeze* (vgl. B 9, S. 149–154).

[29] Carl Friedrich Bahrdts Übersetzung des Neuen Testaments, in 4 Bdn. 1773/4 unter dem Titel *Die neuesten Offenbarungen Gottes* erschienen, war am 26.2.1778 durch einen Reichshofratsbeschluß verboten und konfisziert worden.

[30] Diese Sätze Goezes finden sich am Ende einer lobenden Anzeige des Reichshofratsbeschlusses gegen Bahrdt im 71. Stück der *Freywilligen Beyträge zu den Hamburgischen Nachrichten aus dem Reiche der Gelehrsamkeit* vom 17.3.1778, S. 568.

heit entspringe. Für Goeze war die reine Wahrheit – anders als für Lessing – keineswegs Gott allein vorbehalten; er bestimmte sie vielmehr statisch-erkenntnistheoretisch als »die Übereinstimmung unsrer Vorstellungen von Gegenständen, mit der wahren Beschaffenheit derselben« (B 9, S. 174). Noch etwas zeigte diese erste umfängliche Streitschrift Goezes gegen Lessing: Daß er dem aufrichtigen Streit um die Sache eher aus dem Wege ging als ihn aufnahm. Seine beiden früheren Einlassungen, auf die Lessing inzwischen eindringlich durch die *Axiomata*, die *Parabel* und indirekt auch durch seine *Duplik* geantwortet hatte, druckte Goeze bedenkenlos nochmals unverändert ab, so als habe es darauf noch keinerlei Erwiderung Lessings gegeben. Dabei gibt er zugleich zu erkennen, daß er um diese von Lessing an ihn gerichteten Schriften sehr wohl weiß und blockt diese vorsorglich so ab: »[...] werde ich in diesen Blättern eben die Logik finden, welche Herr L. in den übrigen, die *Fragmente* betreffenden Schriften gebraucht hat; so ist er keiner Antwort würdig.« (B 9, S. 120)

4.2. Lessings *Anti-Goeze* – kompromißloser Widerspruch und Bemühung um Überzeugung

Was tut man mit einem solchen Gegner, der den Streit auf weite Strecken verweigert und so die Wahrheit unter der Decke hält statt ihr zum Licht zu verhelfen – der den Stil Lessings als blendend abtut und für den nach Lessings Überzeugung darin aufleuchtenden »Glanz der Wahrheit« letztlich unempfänglich bleibt – »der einem Jeden Vernunft und Gelehrsamkeit abspricht, welcher Vernunft und Gelehrsamkeit anders braucht« (B 9, S. 51) als er selbst – der ganz und gar nicht Lessings Meinung zustimmt, bislang noch habe »die Wahrheit bei jedem Streite gewonnen« (B 6, S. 717), und der deshalb jeden aufkeimenden öffentlichen Streit über die Wahrheit der christlichen Religion und ihr aufklärerisches Potential im Keime zu ersticken sucht? Leicht ist die hier sich stellende Aufgabe keineswegs, doch Lessing bleibt sich und seinem Vorhaben treu: In der Sache selbst, über die er mit Goeze streitet, also in seiner ganz grundsätzlichen Forderung nach Recht und Notwendigkeit eines öffentlichen Streites auch in Sachen der christlichen Religion, weil nur so der »Gewinn [an Einsicht] allen guten Menschen zu statten [kommen kann], die Erleuchtung und Überzeugung lieben« (B 9, S. 188) bleibt Lessing hart und unversöhnlich – jedes auch noch so kleine Nachgeben müßte seiner Meinung nach der Wahrheit und der Aufklärung der Vernunft empfindlich und nachhaltig schaden. Hier sind für ihn die Grenzen der Toleranz erreicht, und dies bekommt Goeze auch zu spüren. Denn in diesem Punkt muß Lessing Goeze im Streit besiegen und zum Einlenken zwingen, weil sonst alles vergeblich war und das eigentliche Problem, die

Frage nach Wahrheit und Vernunft des Christentums im Zeichen der Aufklärung, nicht einmal zur Sprache gekommen, geschweige denn Anlaß zu
fruchtbaren Auseinandersetzungen geworden ist. Doch besiegen will Lessing
auch hier noch, indem er überzeugt. Einiges deutet jedenfalls darauf hin, daß
er seine Waffen im Streit nach seinem Gegner Goeze richtet und zumindest
tendenziell gewinnend auf ihn zugeht. Nur die drei wichtigsten dieser Bemühungen um Überzeugung seien hier herausgegriffen und kurz erläutert.

Dem lutherischen Hauptpastor gegenüber beruft sich Lessing im Streit
immer wieder auf Luther, den er eher gegen Goeze und damit auf seiner Seite
stehen und im Sinne religiöser Aufklärung (nach)wirken sieht. Ihm traut er zu,
daß er heute ein anderes, zeitgemäßes Christentum lehren würde (vgl. B 9,
S. 50). Er würde den Streit nicht scheuen und neue, vielleicht sogar verbotene
Wege einschlagen. Goezes Berufung auf Luther könnte deshalb zu einem Ei-
gentor, vielleicht auch zum Anlaß einer Neubesinnung werden, denn »[...]
Luthers Geist erfodert schlechterdings, daß man *keinen* Menschen, in der
Erkenntnis der Wahrheit nach seinem eigenen Gutdünken fortzugehen hin-
dern muß« (B 9, S. 95).

Auf Goezes Vorwurf, Lessing habe durch seine unbedachte Publikation der
offenbarungskritischen *Fragmente* den einfachen Christen unnötig in Gewis-
sensnot gestürzt, antwortet dieser mit dem Verweis auf Luther, der die Gefahr
des öffentlichen Ärgernisses dann nicht scheute, wenn er aus tiefster eigener
Überzeugung handeln zu müssen glaubte (vgl. B 9, S. 409, 414f.). Zu allem
Überfluß konnte Lessing Goeze noch darauf hinweisen, daß immerhin Luther
selbst keine Scheu hatte, das von Goeze als gotteslästerlich verschmähte ›To-
ledoth Jeschu«, eine christentumsfeindliche jüdische Geschichte des Lebens
Jesu, ins Deutsche zu übersetzen (vgl. B 9, S. 215).

Den gelehrten, theologie- und kirchengeschichtlich bewanderten Theologen
Goeze erinnert Lessing durch einschlägige Motti und argumentative Ausführungen an den viel unbefangeneren Umgang der frühen Kirche mit christen-
tumsfeindlichen oder vom wahren Glauben abweichenden Schriften, weil hier
das Vertrauen auf die eigene Durchsetzungskraft der göttlichen Wahrheit ungebrochen war.[31] Hatte nicht sogar der lateinische Kirchenlehrer Hieronymus
eine damals der Häresie verdächtigte Schrift des Kirchenvaters Origenes aus
dem Griechischen übersetzt? Anfechtungen im Glauben bringen nach Überzeugung dieser Ursprungszeit der Kirche zugleich dessen Stärkung mit sich –
der objektive Gewinn der Religion ist durch die Widerlegung der Irrlehrer

---

[31] Vgl. vor allem den *Dritten* und *Sechsten Anti-Goeze*, worin Lessing seine reiche Kenntnis der
frühchristlichen Zeit unter Beweis stellt (B 9, S. 185–190 und S. 210f.).

größer als der scheinbare Verlust im subjektiven Bereich, als die momentane
Irritation der Gläubigen. Und wenn Goeze verachtungsvoll auf die dunkle Zeit
des Mittelalters, auf das 9. bis 15. Jahrhundert herabschaut und dort das Christentum beinahe verloren sieht, so konnte dies nach Lessings Hinweis nur
deshalb geschehen, »weil sich niemand damit [mit den Zweifeln an der
christlichen Religion] an das Licht getrauen durfte« (B 9, S. 199). Soll die
Gegenwart durch die Verheimlichung religionsfeindlicher Schriften ein ähnliches Geschick, also einen drohenden Verlust des Christentums erleiden?
Überhaupt und grundsätzlich erinnert Lessing Goeze daran, daß er doch
schließlich aus ureigener Glaubensüberzeugung den Angriffen und dem Streit
um das Christentum ruhig und gelassen entgegentreten könne, weil die Kirche
Christi Verheißung habe, daß die Mächte der Finsternis sie nicht zerstören
könnten. Befremdlich genug, wenn die Theologen, vor allem Goeze,

> [...] glauben, daß dieses nicht anders geschehen könne, als wenn *sie* die Pforten der
> Hölle überwältigen! – Und wie denken sie einen solchen Sieg zu erlangen? Dadurch,
> daß sie gar in keinen Streit sich einlassen? Dadurch, daß sie das Ding so zu karten
> suchen, daß die Pforten der Hölle auch nicht einmal einen Anfall wagen dürfen? –
> Von diesem negocierten Siege aus ihrer politischen Studierstube, kenne ich keine
> Verheißung. (B 9, S. 222)

Endlich aber weist Lessing Goeze als profilierten Vertreter der lutherischen
Orthodoxie nachdrücklich darauf hin, daß er einige wichtige Punkte dieses
Lehrsystems ab- oder sogar ausblende. Dabei kann man den eigentlich ungeheuerlichen Vorwurf Lessings, Goeze sei »nicht einmal Luthers Schulsystem zu
übersehen im Stande« (B 9, S. 50), hier beiseite lassen. Wichtiger und treffender scheint der Hinweis, es gebe über das äußere Wort der Schrift hinaus
schließlich noch das »innere Zeugnis des Geistes« (B 9, S. 63), welches dem
einzelnen auf eine letztlich unableitbar ihm zuteil werdende Weise den Geist
der Bibel innerlich erschließe. In dieselbe Richtung zielt Lessings ständige
Erinnerung an den »fühlenden Christen« (vgl. B 8, S. 312; B 9, S. 85f.) und die
ihm eigene, vom Streit der Theologen nicht zu erschütternde Glaubensgewiß-
heit, die sich u. a. auf eine vielgestaltige Vernunftkonformität der christlichen
Glaubenswahrheiten gründet. Mitten ins Schwarze aber trifft Lessings Verweis
auf die erst zu Beginn des 18. Jahrhunderts in der lutherischen Orthodoxie
intensiver bedachte Lehre von der »illuminatio«, der »Erleuchtung«, die er nun
in einen ganz aktuellen Kontext rückt.[32] Grundsätzlich geht es dabei um die

---

[32] Vgl. dazu den guten Überblick bei Reinhold Seeberg: Erleuchtung. In: Realencyklopädie für
protestantische Theologie und Kirche. Hg. von Albert Hauck. Bd. 5. 3. Aufl. Leipzig 1898,
S. 457–459. Eine andere, rein eschatologische Deutung der Erleuchtung als endzeitlich-ewiger

eher intellektuelle Aneignung des göttlichen Wortes, also der Offenbarungswahrheit. Exakt auf dieser Ebene denkt Lessing weiter und verknüpft die religiös begründete Erleuchtung mit der vernunftbestimmten Aufklärung, wobei
er Goeze nicht weniger als eine ganz und gar un-christliche Haltung unterstellt,
denn:

> [...] die letzte Absicht des Christentums [ist] nicht unsre Seligkeit, sie mag her-
> kommen woher sie will: sondern unsre *Seligkeit, vermittelst unsrer Erleuchtung*; welche
> Erleuchtung nicht bloß als Bedingung, sondern als Ingredienz zur Seligkeit not-
> wendig ist; in welcher am Ende unsre ganze Seligkeit besteht. Wie ganz also dem
> Geiste des Christentums zuwider, lieber zur Erleuchtung so *vieler* nichts beitragen, als
> *wenige vielleicht* ärgern wollen! (B 9, S. 196)

Mit diesen Sätzen ist der Gipfel in Lessings argumentativer Einlassung auf
Goeze erreicht. Nicht nur unverständlich, sondern ganz und gar unchristlich,
der aufklärungsfördernden Absicht des Christentums zuwider ist demnach die
Haltung Goezes, die den Weg zur Wahrheit versperrt, weil sie den klärenden
Streit darüber verweigert.

Blickt man zurück auf diese sehr verschiedenartigen Annäherungen Lessings
an Goeze, so wird man über diese Art der Argumentation, über diese Versuche,
den Gegner im ureigensten Bereich besser sehen und verstehen zu lernen,
durchaus angenehm überrascht sein. Mitten im Tumult, in beißend scharfer
Polemik und in – auf die gezeigte Weise – unversöhnlichem Streit eröffnen sich
hier neue Blicke auf ein Christentum, das seine Wahrheit sehr wohl im Streit
zu bewähren vermag, das offen auf die Vernunft zugeht und in erleuchtend-
aufklärender Weise von ihr ergriffen und begriffen werden kann. Daß dabei
viel von Lessings eigenem Wähnen über Sinn und Auftrag der christlichen
Religion im Blick auf die Aufklärung Eingang gefunden hat, steht wohl außer
Zweifel. Mitten im Streitlärm also wird für den, der zu sehen, zu lesen und zu
hören vermag, eine Einladung deutlich, die lockend und werbend Goeze doch
noch und endlich zum wahren Streit bewegen will, den er bislang so hartnäckig
verweigert hat. An gutem Willen dazu hat es Lessing offenbar keineswegs ge-
fehlt bzw. fehlen lassen. Er wollte den Streit endlich auf die andere, auf die ihn
brennend interessierende Bühne[33] der prekären Zuordnung von Offenbarung

---

Erfüllung bietet Kröger: Das Publikum (Anm. 24), S. 93–95; demgegenüber versteht Bollacher:
Lessing: Vernunft und Geschichte (Anm. 13), S. 313–316, die Erleuchtung als reine Vernunfter-
kenntnis. Zum viel weiter ausgreifenden geistes- und begriffsgeschichtlichen Kontext vgl. den
Exkurs »Aufklärung und Erleuchtung« in meiner Arbeit: Geschichte im Horizont der
Vorsehung. G. E. Lessings Beitrag zu einer Theologie der Geschichte. Mainz 1974, S. 125–132.

[33] Daß Lessing mit seinem dramatischen Gedicht *Nathan der Weise* den mit Goeze nicht eigentlich
geführten Streit auf einer anderen Bühne bzw. Kanzel erfolgreicher zu führen hoffte, zeigt eine

und Vernunft im Zeichen der Suche nach Wahrheit und Aufklärung bringen. Daß dies – wenn überhaupt – nicht ohne überzeugendes Einwirken auf Goeze möglich war und sich durch harsche Polemik allein nicht erreichen ließ, muß Lessing klar gewesen sein – deshalb sein manchmal nur schwer erkennbares, insgesamt jedoch kaum zu übersehendes Bemühen, trotz allem Dissens mit verständigen, auf Überzeugung ausgerichteten Argumenten auf Goeze zuzugehen. Dies geschieht keineswegs allein deshalb, um den Gegner mit seinen eigenen Waffen zu schlagen, sondern offenbar zugleich auch, um ihn zur Einsicht zu bewegen.

5. Zusammenfassender Rückblick und Ausblick

Am Ende dieses langen und mühsamen Diskurses ist noch längst nicht alles zu diesem Streit gesagt, ja nicht einmal angedeutet. Die Vielschichtigkeit von Lessings Goeze-Streit läßt die Linien oft genug verschwimmen, wobei Gegenstand und Methode gleichermaßen undeutlich zu werden drohen. Daß und wie die Wahrheit auch und gerade in diesem Streit ihren Glanz verbreitet, ließ sich im Verlauf der voraufgehenden Überlegungen immer wieder erkennen. Die wesentlichen Ergebnisse lassen sich abschließend in fünf Punkten zusammenfassen:

1. Dort, wo er am heftigsten wogt, geht der Streit zwischen Lessing und Goeze nicht um irgendwelche bestimmte Inhalte, sondern um den Weg zu Wahrheit und Aufklärung selbst. Dabei gilt für Lessing die Wahrheit nie als eine feste Größe, über die der Mensch jetzt schon endgültig verfügen kann; vielmehr ist die Vernunft im Zuge der Aufklärung noch beständig unterwegs zur Wahrheit, und der Weg, wie sie immer mehr erkannt und gewonnen wird, bleibt der Streit. Genau dafür kämpft Lessing gegen Goeze, der vor allem die Wahrheit der christlichen Religion als festen Besitz betrachtet, der deshalb den Streit darüber und über ihren Vernunftgehalt für unnütz und schädlich hält und ihn von Anfang an abzubrechen, keineswegs aber auszutragen versucht.

2. In diesem »Meta-Streit«, in der Auseinandersetzung um Legitimität und Notwendigkeit des Streitens auch und gerade über die dem Christentum eigene Wahrheit und deren Beitrag zur Aufklärung der Vernunft kann es letztlich keine Kompromisse geben, weil jede voreilige Verständigung Verrat an der

---

Notiz in seinem Brief an Elise Reimarus vom 6.9.1778: »Ich muß versuchen, ob man mich auf meiner alten Kanzel, auf dem Theater wenigstens, noch ungestört will predigen lassen.« (LM 18, S. 287).

Wahrheit und der Aufklärung wäre. Deshalb will Lessing in diesem, aber auch
nur in diesem Punkt gegenüber Goeze recht bekommen, weil er weiß, daß er
hier letztlich im Recht ist und die Sache der Wahrheit nur im Streit bewahrt
und gewonnen werden kann. Wer dem Streit ausweicht und ihn mit fragwürdigen Mitteln zu verhindern sucht, dem geht es weder um Wahrheit noch
um Aufklärung, sondern um seine eigene Ruhe und Bequemlichkeit (vgl. B 9,
S. 189f.).

3. Seinen Streit mit Goeze um das Recht des Streitens führt Lessing mit allen
ihm zu Gebote stehenden Mitteln – rhetorisch brillant, polemisch und satirisch, hart und unversöhnlich, vor persönlichen Angriffen auf den Gegner nicht
zurückschreckend, weil dieser nach Lessings Überzeugung Verrat an der Wahrheit übt und sich dem Fortgang ihrer Erkenntnis in den Weg stellt. Aus Goezes
Umklammerung muß sich mit Gewalt befreien und losreißen, wer – wie selbst
»der geringste Pöbel« – endlich »erleuchteter, gesitteter, besser« werden will,
denn Leute vom Schlage Goezes drohen »auf dem nemlichen Punkte der Moral
und Religion immer und ewig stehen zu bleiben, auf welchem ihre Vorfahren
vor vielen hundert Jahren standen« (B 9, S. 207).

4. So kompromißlos und unversöhnlich sich dieser Streit auch entfaltet –
Lessing geht auch darin noch werbend und einladend auf seinen Gegner zu, um
ihn vom Recht seiner eigenen Position zu überzeugen. Er verweist auf die dem
Christentum eigene Streitkultur, die der Auseinandersetzung nicht ängstlich
ausweicht und sich dem Fortschritt an Erkenntnis im Zeichen der Erleuchtung
keineswegs in den Weg stellt, sondern diese nachdrücklich befördert. Wenn es
Goeze gelingen könnte, wie Lessing selbst tatsächlich mit Luthers Augen, mit
der ruhigen Gelassenheit der frühen Kirchenschriftsteller und unter Einbeziehung wirklich aller Lehren der lutherischen Orthodoxie zu sehen, dann
müßte auch er einsehen, daß die Wahrheit im Streit nur gewinnen und niemals
verlieren kann, dann müßte er endlich bereit sein, zum Streit um die Sache des
Christentums und um seinen Beitrag zur Erleuchtung und Aufklärung anzutreten. Dieser werbenden Einladung hat Goeze bis zuletzt konsequent wi-
derstanden, so daß Lessing im *Elften Anti-Goeze* nur resigniert und erbittert
feststellen muß: »Sie haben bis diese Stunde ihn [den Ungenannten] noch in
nichts widerlegt; Sie haben bloß auf ihn geschimpft. Sie sind bis diese Stunde
nur noch als *mein* Gegner anzusehen [...].« (B 9, S. 420)

5. Doch in jenem anderen Streit, um dessen Recht Lessing mit Goeze rang,
im Streit um die Wahrheit und Aufklärungsrelevanz der christlichen Religion,
hatte Lessing selbst keineswegs – wie Goeze fälschlich meinte – bereits endgültig Position bezogen. Nicht als Verteidiger einer längst erkannten und si-
chergestellten Wahrheit tritt er hier auf, sondern als Suchender, der im Streit

erproben möchte, wie weit die Sache trägt. Fest überzeugt war Lessing allein
davon, daß die Zeit reif sei, um über die von ihm als echtes Problem empfundene Zuordnung von Offenbarung und Vernunft neu zu diskutieren: »[…]
ich glaube, daß die Zeiten nicht aufgeklärter werden können, um vorläufig zu
untersuchen, ob das, was er [der Ungenannte] für Wahrheit gehalten, es auch
wirklich ist.« (B 9, S. 346) Bei dieser Untersuchung und in dem damit notwendig verbundenen Streit wollte Lessing kompetent mitreden, doch glaubte
er keineswegs, dabei das letzte Wort für sich beanspruchen zu können. Allerdings erwartete er, daß die Theologie endlich ihren verantwortlichen Part in
diesem Streit um Wahrheit, Offenbarung und Vernunft spielte und sich nicht
wie die Neologie vorschnell durch Preisgabe der Geheimnisse des Glaubens
und deren Provokation für die Vernunft ihrer eigentlichen Pflicht entledigte.
Zumindest in diesem Punkt empfand Lessing eine insgeheime Bewunderung
für die Konsequenz und Prinzipientreue der Orthodoxie, so wenig er sich aus
einem Streit mit dieser erhoffen konnte. Er selbst aber meinte, noch lange nicht
bis zum Innersten des Heiligtums der Wahrheit vorgedrungen zu sein. Das
Motto seiner späten, Fragment gebliebenen *Bibliolatrie* erläuternd sagt er:

> Auch ich bin nicht im Tempel, sondern nur am Tempel beschäftigt. Auch ich kehre
> nur die Stufen, bis auf welche den Staub des innern Tempels die heiligen Priester zu
> kehren sich begnügen. Auch ich bin stolz auf diese geringe Arbeit: denn ich weiß am
> besten, wem zu Ehre ich es tue. (G 7, S. 671)

Viel Staub hat er in der Tat aufgewirbelt, dieser Diener am Tempel der
Wahrheit, vor allem im Streit mit Goeze – doch verschleiert hat er dadurch
nichts. Worüber er tatsächlich mit Goeze stritt und wie er dies tat, läßt sich klar
erkennen und aufzeigen. Doch worüber er gerne mit kompetenten und aufge-
schlossenen Theologen und Denkern seiner Zeit gestritten hätte, vor allem im
Blick auf das Christentum, das vermochte er nur noch in den Bildern und
Gleichnissen, den Parabeln und Fingerzeigen seiner späten Werke mitzuteilen.
Darüber, über den hier sich öffnenden Blick in das Innere des Tempels der
Wahrheit, über die darin sich bezeugende Sache der Wahrheit zu streiten heißt,
den von Lessing eigentlich intendierten Streit um Wahrheit und Aufklärung
endlich beginnen und weiterführen. Wer sich diesem Streit verweigern will,
dem wird Lessings Auseinandersetzung mit Goeze zu einem Menetekel und
einer vernichtenden Kampfansage – wer sich hingegen vorbehaltlos darauf
einläßt, dem winkt als Gewinn nicht nur die Erweiterung seiner Kräfte, sondern jener lichte Glanz der Wahrheit, der in Lessings späten Schriften aufleuchtet und bis heute nichts von seiner Strahlkraft verloren hat.

Rudolf Vierhaus

Kritikbereitschaft und Konsensverlangen bei deutschen Aufklärern

I. Wollte ich nur über Lessing sprechen, dann könnte man zweifeln, ob mein Thema zutreffend formuliert ist. Kritikbereitschaft bei Lessing immer, aber Konsensverlangen? Wer schreibt, ein »kritischer Schriftsteller« gehe am besten so vor, daß er nur erst jemanden suche, »mit dem er streiten kann: so kommt er nach und nach in die Materie, und das übrige findet sich«[1], wer sich als solchen Jemand keinen Geringeren als Voltaire wählt; wer – wie Hannah Arendt meint – als der Weisheit letzten Schluß aus allen seinen Werken formuliert: »Jeder sage, was ihm Wahrheit dünkt, und die Wahrheit selbst sei Gott empfohlen«[2] – war diesem »Ahnherrn und Meister aller Polemik in deutscher Sprache«, der – noch einmal sei Hannah Arendt zitiert – »im Meinungsstreit [...] zu Hause war«[3], wirklich am Konsens gelegen? Stritt er mit dem Ziel der Herstellung von Übereinstimmung? Oder ging es ihm mehr um die Produktivität als um das einvernehmliche Ergebnis einer Auseinandersetzung, das dem streitbaren Gespräch ein Ende setzt? Und wenn die Konsens verbürgende Wahrheit nicht erreichbar ist, deshalb auch gar nicht angestrebt wird, es sich vielmehr immer nur um eine Wahrheit handelt, die in dem Moment fragwürdig wird, wenn sie mit dem Anspruch auftritt, definitiv zu sein und damit den Diskurs beendet, kann dann von Konsens die Rede sein?

Selbst, wenn man die Anforderungen an einen Konsens niedriger hängt, ihn sozusagen als mittelfristiges Einvernehmen, als Etappe im Prozeß eines anhaltenden Diskurses versteht – die Aufklärung war ein solcher Prozeß –, und auch dann, wenn »nur« von einem »Konsensverlangen« der Aufklärer die Rede sein soll, ist Zweifel angebracht, ob solches bei Lessing anzutreffen, gar ein starkes Motiv war. Oder muß bei ihm, der eindrucksvollsten Personifikation der deutschen Aufklärung, ihrem kritischsten und streitbarsten Vertreter, dem »er-

---

[1] Gotthold Ephraim Lessing: *Hamburgische Dramaturgie*. 70. Stück, 1. Januar 1768 (G 4, S. 559).
[2] Hannah Arendt: Von der Menschlichkeit in finsteren Zeiten. Rede über Lessing. München 1960, S. 51.
[3] Ebd., S. 46.

sten Kunstrichter Deutschlands«, wie Herder ihn genannt hat[4], das Konsensverlangen tiefer und differenzierter aufgespürt werden, das – neben der Kritikbereitschaft – den deutschen Aufklärern allgemein zugeschrieben werden soll?

Sie, nicht speziell Lessing, sind hier Gegenstand der Überlegung; daß gleichwohl Lessing dabei immer ein Bezugs- und Orientierungspunkt sein wird, ist nicht nur durch die Gesamtthematik des Symposions vorgegeben. Was Kritik im Zeitalter und im Zeichen der Aufklärung war, sein wollte und bewirken konnte, läßt sich an Lessing fast idealtypisch zeigen, aber auch, was Konsens in einem spezifisch aufgeklärten, mündigen Sinn sein konnte, nämlich nicht beruhigte Harmonie, sondern Verständigung.

II. Kritik[5] bedeutet nicht eo ipso Streit; sie kann streitbar und streitbereit auftreten; die Lessing'sche tat es in hohem Maße.

> Aber so artig, wie man will: die Höflichkeit ist keine Pflicht: und nicht höflich sein, ist noch lange nicht grob sein. Hingegen, zum Besten der Mehrern, freimütig sein, ist Pflicht, sogar es mit Gefahr sein, darüber für ungesittet und bösartig gehalten zu werden, ist Pflicht.

Und weiter:

> Wenn ich Kunstrichter wäre, wenn ich mir getraute, das Kunstrichterschild aushängen zu können: so würde meine Tonleiter diese sein. Gelinde und schmeichelnd gegen den Anfänger; mit Bewunderung zweifelnd, mit Zweifel bewundernd gegen den Meister; abschreckend und positiv gegen den Stümper; höhnisch gegen den Prahler, und so bitter als möglich gegen den Kabalenmacher. – Der Kunstrichter, der gegen alle nur einen Ton hat, hätte besser gar keinen. Und besonders der, der gegen alle nur höflich ist, ist im Grunde gegen die er höflich sein könnte, grob.[6]

Kritik – gemeint ist hier die Kunst- und Literaturkritik – als eine moralische und Erziehungsaufgabe wird also nur dann ihrer Funktion gerecht, wenn sie offen und direkt, scharf und unerschrocken ist. Sie soll provozieren: zum Bessermachen und zu Antworten, die weiterführen – nicht zu endgültigen Wahrheiten, sondern zur Annäherung an die Wahrheit. Im Diskurs selber, in der kritischen Auseinandersetzung liegt die Chance des Fortschreitens; konkret: zu

---

[4] Johann Gottfried Herder: G. E. Lessing (1781). – Siehe auch: Kurt May: Lessings und Herders kunsttheoretische Gedanken in ihrem Zusammenhang (1923). Reprint 1967.

[5] Zur Begriffsgeschichte: »Kritik« und »Kritik, Literaturkritik« in: Hans Joachim Ritter: Historisches Wörterbuch der Philosophie. Bd. 4, 1967, Sp. 1249–1294.

[6] G. E. Lessing: *Antiquarische Briefe*. 57. Brief (G 6, S. 398). – Über Lessing als Kritiker s. die informativen Überblicke in: Wilfried Barner u. a.: Lessing. Epoche – Werk – Wirkung. 5. Aufl. München 1987, S. 134ff., 179ff. und 282ff.

klarerer und gewandterer Sprache, zu bessern Stücken für das Theater, zu präziserer wissenschaftlicher und politischer Prosa. Bei Lessing hat diese Kritik stets dialogischen Charakter, wie denn der Dialog überhaupt die für ihn kennzeichnende Ausdrucksweise ist. »Daraus ergibt sich«, nach einer Formulierung Eric Blackalls,

> ein lebhafter, durch Klage und Gegenklage scharf akzentuierter Stil. Ein Redner, der einen Fall vor Gericht verteidigt, einen Gegner lächerlich macht und die Stellungnahme des Publikums herausfordert. Es ist ein Überredungsstil, und daher sind rhetorische Kunstgriffe am rechten Platze.[7]

Das Ausmaß und die exzeptionelle Bedeutung der aufgeklärten Literaturkritik in Deutschland, die ihren Höhepunkt mit Lessing erreichte, wie auch ihr präzeptorialer und »richterlicher« Stil erklären sich einerseits aus der Sprachtheorie der Aufklärung[8], andererseits aus der praktischen Zielsetzung, die deutsche Sprache zu einer, mit dem Italienischen, Französischen und Englischen vergleichbaren Wissenschafts-, Literatur- und gebildeten Umgangssprache zu machen. Auch der Dichter Lessing hat diese für die frühe Aufklärung charakteristische Intention nie aufgegeben. Gewiß darf man Germaine de Staëls Urteile über die deutsche Literatur nicht auf die kritische Waagschale legen; dennoch trifft sie, wie oft, Richtiges, wenn sie feststellt, die deutsche Literatur habe mit der Kritik begonnen. In anderen Ländern sei die Kritik erst nach den Meisterwerken in Gang gekommen, in Deutschland habe sie diese hervorgebracht. Die Deutschen hätten erst nach anderen Nationen eine eigene Dichtung hervorgebracht und dabei zunächst gemeint, dem Beispiel der anderen folgen zu müssen. Deshalb habe die Kritik erst die Nachahmung ausmerzen müssen, »um für die Originalität Raum zu schaffen.« Anlaß zu dieser Feststellung war für Madame de Staël Lessing. Er habe eine Prosa geschrieben, »deren Reinheit und Präzision bis dahin völlig unbekannt war«; während bei den »Schriftstellern der neuen Schule« die Tiefe der Gedanken häufig den Stil verwirre, habe Lessing, »der darum nicht weniger tief und gründlich war«, etwas Herbes in seinem Charakter gehabt, »das ihn die bestimmtesten und beißendsten Ausdrücke finden ließ. Er war in seinen Schriften stets von einer gewissen Feindseligkeit gegen die Meinungen beseelt, die er bekämpfte, und der Groll hebt die Ideen hervor.«[9]

---

7 Eric Blackall: Die Entwicklung des Deutschen zur Literatursprache 1700–1775. Stuttgart 1966, S. 277.

8 Dazu: Ulrich Ricken u. a.: Sprachtheorie und Weltanschauung in der europäischen Aufklärung. Berlin 1990. (Sprache und Gesellschaft 21).

9 Germaine de Staël: Über Deutschland. Hg. und eingeleitet von Sigrid Metken. Stuttgart 1962, S. 150f. (Reclam Univ.-Bibl. 1751).

Besonders herb, beißend, feindselig konnte Lessings Kritik an Kritikern sein, die mit magistralem Anspruch auftraten oder die Größe des Kritisierten nicht zu erkennen in der Lage waren und sich ihre Kritik zu leicht machten. So die »neologischen« Kritiker der lutherischen Orthodoxie, so – überzogen und in der Schärfe ungerecht – Gottsched, dessen »vermeintliche Verbesserungen« der deutschen Schaubühne entweder »entbehrliche Kleinigkeiten [beträfen] oder [...] wahre Verschlimmerungen [seien]«[10]. Historische Gerechtigkeit war nicht Lessings Sache; noch weniger Scheu vor Personen, auch wenn sie Voltaire hießen, oder gar Scheu vor der Öffentlichkeit. Im Gegenteil: Literaturkritik, insbesondere der literarische Streit gehörte nach seiner Überzeugung vor die Öffentlichkeit. Nicht, daß er das »Publikum« als eine urteilskompetente Instanz anerkannt hätte; es sollte vielmehr in der Teilhabe am literarischen Diskurs dazu erst urteilsfähig werden. Es war das Medium, das sich im Austrag des Streites erst konstituierte. Das aufgeklärte, kritische Publikum, das Lessing gleichsam ins Gespräch zog, wurde von ihm antizipiert, um es dadurch zu erziehen.

Das war nicht erst das Ziel Lessings, sondern prinzipiell die Intention aller Aufklärungsschriftsteller. Denn Aufklärung definierte sich in philosophischem Sinne zunächst als Aufklärung des Verstandes und der Begriffe. »Aufklärung« wurde von dem Wolffianer Alexander Gottlieb Baumgarten synonym mit »dilucidatio, illustratio, explicatio, expositio« gebraucht, und Kant formuliert später in praktischer Anwendung:

> Deutlichkeit der Begriffe vertreibt die Schwärmerey; hinter verworrenen Begriffen verstecken sich Theosophen, Goldmacher, Mystiker, Initiaten in geheimen Gesellschaften.[11]

Diese Aufklärung, nämlich die Erleuchtung des Verstandes zunächst als individuelle Leistung, dann zunehmend als gesellschaftliche Aufgabe unter Anleitung der Aufgeklärten, war (mindestens) zur Hälfte Überlieferungs- und Sprachkritik, deren inexplizite gesellschaftskritische und praktisch-pädagogische Intention gleichwohl nicht zu übersehen ist. Zu Recht hat Dieter Kimpel auf die »anthropologischen und gesellschaftspolitischen Absichten in Gottscheds kritischer Poetik« hingewiesen. Grundintention seiner Begriffe und Prinzipien sei es gewesen, »der schönen Literatur das wissenschaftliche Ansehen

---

[10] G. E. Lessing: *Briefe, die neueste Literatur betreffend.* 17. Brief vom 16. Februar 1759 (G 5, S. 70).
[11] Beide Zitate bei Norbert Hinske: Die tragenden Grundideen der deutschen Aufklärung. Versuch einer Typologie. In: Karlfried Gründer, Nathan Rothenstreich (Hg.): Aufklärung und Haskale in jüdischer und nichtjüdischer Sicht. Heidelberg 1990, S. 71f. (Wolfenbütteler Studien zur Aufklärung 14).

zu sichern und ihr darüberhinaus auch im sozialen Handlungszusammenhang der ständischen Gesellschaft eine dem bürgerlichen Selbstbewußtsein angemessene Funktion zuzuweisen.«[12] Offenbar sei Gottsched daran interessiert gewesen, die Poesie »einem aufklärerischen Bildungsprogramm einzugliedern, das geeignet schien, die Sozialverantwortung des bürgerlichen Selbstbewußtseins im frühen 18. Jahrhundert eindrucksvoll vorzuführen«.[13]

Zu diesem »Bildungsprogramm« gehörten unter anderem die von Gottsched in Gang gebrachte Übersetzung des »Dictionnaire historique et critique« Pierre Bayles, der seinerseits zur Berichtigung der Irrtümer des historischen Wörterbuchs von Louis Moréri entstanden war, und – sozusagen auf umgangssprachlicher Ebene – der *Biedermann*, Gottscheds Moralische Wochenschrift, die so harmlos doch nicht war, wie ihr Name klingt. Adels- und Hofkritik kamen in ihr zwar nur gelegentlich und vorsichtig zu Wort; polemische und streitbare Töne klangen allenfalls in der Auseinandersetzung mit den Schweizern an; aber im Kampf gegen Aberglauben, im Plädoyer für eine vernünftig verstandene »wahre« Religion, in der Vertretung einer prinzipiell »bürgerlichen« Welt- und Lebensanschauung mit dem Ziel der Selbstvergewisserung der bürgerlichen Mittelschichten, lag doch ein kritisches gesellschaftspolitisches Potential. Nicht ein solches, das gegen das ständische Gefüge mobilisiert werden sollte; vielmehr ging es im *Biedermann*, wie in allen Zeitschriften dieser Art (das hat Wolfgang Martens gezeigt[14]), um das Bewußtmachen der Werte bürgerlicher Tugend und der Bedeutung bürgerlichen Verhaltens, bürgerlicher Arbeit und Kultur für Gesellschaft und Staat.

III. Kants berühmte Definition der Aufklärung (1783) als »Ausgang des Menschen aus seiner selbstverschuldeten Unmündigkeit«[15] und die Kennzeichnung seiner Zeit (1781) als »das eigentliche Zeitalter der Kritik, der sich alles unterwerfen muß«[16], der Kritik als »freie und öffentliche Prüfung« durch die Vernunft, ergänzen sich gegenseitig. Mündigkeit, also das Vermögen, »sich seines Verstandes ohne Leitung eines anderen zu bedienen«, anders gesagt: die Fähigkeit des Selbstdenkens und Selbsturteilens, beweist sich in dem Vermö-

---

[12] Dieter Kimpel: Frühaufklärerische Sprachkritik und Literatur 1670–1730. In: Geschichte der deutschen Literatur vom 18. Jahrhundert bis zur Gegenwart. Bd. I,1. Königstein 1979, S. 52f.
[13] Ebd., S. 55.
[14] Wolfgang Martens: Die Botschaft der Tugend. Die Aufklärung im Spiegel der deutschen Moralischen Wochenschriften. Stuttgart 1968.
[15] Immanuel Kant: Beantwortung der Frage: Was ist Aufklärung? (1783). Hier zitiert nach: Werke in zehn Bänden. Hg. von Wilhelm Weischedel. Bd. 9. Darmstadt 1968, S. 53ff.
[16] Immanuel Kant: Kritik der reinen Vernunft. 1. Aufl. 1781. Ebd., Bd. 3, S. 13, Anm.

gen zu vernunftgeleiteter Kritik und ist zugleich das Ergebnis prüfender Kritik, von der grundsätzlich nichts ausgenommen ist, weder die Religion noch die Gesetzgebung, weder die Wissenschaft noch die Herrschaft, auch nicht der Freund. Denn die aufklärende Kritik will helfen und fördern; sie will nicht vernichten und herabsetzen, sondern zu Einsicht und Erkenntnis führen. Auf dieser Intention wie auf der Überzeugung ihrer Notwendigkeit beruhte ihr Anspruch auf Allzuständigkeit und auf Anerkennung bei allen Einsichtigen. Darauf auch beruhte die Erwartung der Verständigung. Selbst nach scharf geführtem Streit müsse ein Friedensschluß, nach einem Meinungsprozeß ein Urteil möglich sein, dem die Kontrahenten zustimmen können bzw. müssen, wenn sie denn die Achtung des aufgeklärten Publikums finden wollen.

Solch weitgehende Einschätzung der Kritik und der Funktion der Kritiker konnte den Bezug zur Realität der politischen Machtverhältnisse wie der gesellschaftlichen Bildungs- und Interessenverhältnisse verlieren. Dann wurde Kritik, die Instrument im Prozeß zur Mündigkeit sein sollte, zur arroganten Bevormundung, oder die Kritiker stießen frustriert und ohnmächtig an die Grenzen der Zensur. Diese war zwar ständig gegenwärtig, jedoch im Laufe des 18. Jahrhunderts in aufgeklärt regierten Staaten großzügiger gehandhabt worden. Ihre erneute Verschärfung schon vor Ausbruch, dann unter dem Eindruck der Französischen Revolution mußte deshalb um so enttäuschender wirken und gemeinsam mit dem Erschrecken vieler Aufklärer über radikal gewordene Religions- und politische Kritik, noch mehr über die Radikalisierung der zunächst begrüßten Revolution in Frankreich, tiefe Resignation und Selbstzweifel auslösen. Auch hat Kant seine Rede vom Zeitalter der Kritik nach dem Tode Friedrichs II. im Vorwort der 2. Auflage der *Kritik der reinen Vernunft* (1787) nicht mehr wiederholt.

Man könnte an der Geschichte des Begriffs der Kritik und an den Vorstellungen der Aufklärer von der Funktion der Kritik die Geschichte der deutschen Aufklärung verfolgen.[17] Das soll hier natürlich nicht geschehen. Wohl dagegen soll anhand des Kritikverständnisses, der Kritikbereitschaft und des Kritikvermögens der Aufklärungsschriftsteller das besondere Profil der deutschen Aufklärung beleuchtet werden – einer Aufklärung, die so zaghaft, so wenig selbständig nicht war, wie oft unterstellt worden ist, wenn man revolutionäres Handeln zum Urteilskriterium für ihre Wirksamkeit machte. Wie denn auch das kritische Potential der Aufklärung nicht hinreichend erfaßt wird,

---

[17] Dazu u. a.: Reinhart Koselleck: Kritik und Krise. Ein Beitrag zur Pathogenese der bürgerlichen Welt. Freiburg und München 1959. – Horst Möller: Vernunft und Kritik. Deutsche Aufklärung im 17. und 18. Jahrhundert. Frankfurt a. M. 1986. (Ed. Suhrkamp 1269).

wenn man übersieht, daß die Kritikbereitschaft stets von einem Konsensverlangen begleitet war. Nicht zuletzt darauf beruhte die Form der deutschen Aufklärungskritik, das »gute Gewissen« der Kritiker; meinten und behaupteten sie doch nicht ohne Penetranz, nur das Beste, das Vernünftige bewirken zu wollen. Diese Überzeugung trug die gesamte als Bewußtseins- und Lernprozeß verstandene Aufklärung. Aus dieser Überzeugung heraus war es gerade den deutschen Aufklärern neben der Kritik am Gegebenen so sehr um die Erziehung für Besseres zu tun, neben der kritischen Überprüfung überkommener um die Vermittlung richtiger Begriffe, Vorstellungen und Handlungsmuster. Erziehung wurde zunehmend zur Signatur der deutschen Aufklärung. Das Zeitalter der Aufklärung und der Kritik war auch das pädagogische Jahrhundert![18] Kritik war die von den Gebildeten zu leistende Vorarbeit, Konsens das Ziel, das sich freilich weitgehend auf die der Einsicht vorauseilende Anerkennung des von den Gebildeten Vermittelten durch die Ungebildeten reduzierte. Das gilt nicht nur für die pädagogischen Programme der Aufklärung, sondern auch für die Politik aufgeklärter Regierungen, mit ihren erziehungsdiktatorischen Tendenzen.

Für die Ausweitung des Begriffs, der Sache und auch der Praxis der Kritik die größte Bedeutung hatte die sich seit etwa 1730, verstärkt seit der Jahrhundertmitte und rapide im letzten Jahrhundertdrittel ausweitende Publizistik. An die Stelle der schwerfälligen kritischen Poetik trat die schnelle kritische Rezension, wodurch die literarische Kritik zur öffentlichen Angelegenheit wurde. So auch die historische Kritik. Sie blieb nicht philologische Hilfswissenschaft für gelehrte Geschichtsforschung, sondern wurde zur grundlegenden Methode der Prüfung der Quellen auf ihren Wahrheitsgehalt, die der Geschichtsschreibung vorausgeht, deren Werke wiederum der literarischen Kritik unterliegen. Und indem die Anforderung kritischer Prüfung historischer Quellen und Überlieferungen auch für die Geschichte bestehender Institutionen Geltung beanspruchte, wurde Geschichtsschreibung politisch. Das konnte mit unterschiedlicher Absicht geschehen: 1. um durch den Hinweis auf Entstehung und geschichtliche Entwicklung die gegenwärtige Gestalt einer Institution zu erklären und zu legitimieren; 2. um zu zeigen, wie weit sie von ihrem ursprünglichen Zweck und ihrem einstigen Funktionieren herabgekommen ist um ihre Erneuerung zu begründen; 3. um nachzuweisen, daß sie überholt ist und grundlegend »verbessert« oder abgeschafft werden sollte. In

---

[18] Dazu u. a.: Ulrich Herrmann (Hg.): »Das pädagogische Jahrhundert«. Volksaufklärung und Erziehung zur Armut im 18. Jahrhundert in Deutschland. Weinheim und Basel 1981. (Geschichte des Erziehungs- und Bildungswesens in Deutschland 1).

dem Maße, wie die Geschichte sich als Wissenschaft verselbständigte und aus ihrer propädeutischen und allgemeinen Bildungsfunktion heraustrat, sich als Staaten-, Rechts-, Verfassungs-, Wirtschaftgeschichte profilierte und als Teildisziplin der »Staatswissenschaften« zur Wirkung kam, je mehr historische Themen und Reflexionen in den Zeitschriften auftauchten und das Interesse des Publikums fanden, desto verbreiteter wurde die kritische Nachfrage nach geprüften Fakten und Daten, wurde auch das kritische Raisonnement über die erlebte, die »Zeitgeschichte«.[19]

Und so in anderen Bereichen! Autoren, die »vernünftig« argumentierten, und Leser, die von ihnen angesprochen wurden, verstanden sich als kritisch, nämlich als solche, denen es nicht um Meinungen, sondern um Tatsachen, um Aufklärung, um die Aufdeckung, Widerlegung oder Rektifizierung von Vorurteilen, um die Entlarvung und Bekämpfung des Aberglaubens ging und, gegen Ende des Jahrhunderts, um die Warnung vor vermeintlichen oder tatsächlichen Machenschaften antiaufklärerischer geheimer Gesellschaften, – der Exjesuiten, Rosenkreuzer, Orden der strikten Observanz etc. Die Vorurteils- und Aberglaubenskritik reichte von der wohlgemeinten Absicht, Licht in das Dunkel der Unwissenheit zu tragen, bis zu heftiger Polemik gegen Obskurantismus und Konspiration.

IV. Es waren die aufgeklärten Schriftsteller, die Publizisten und Popularphilosophen, die sich das Amt der Kritik zusprachen. Sie ernannten sich zum kritischen Gewissen der Nation, zu Anwälten der Wahrheit, die sie der Öffentlichkeit darboten.[20] 1783 antwortete Schlözer in den *Staatsanzeigen* auf den in einer Wiener *TagSchrift* erhobenen Vorwurf, er übe sein Amt als Herausgeber »despotisch« aus: Was hier Despotie des Herausgebers genannt werde, sei »Despotie der Wahrheit, der Tatsachen, der Publizität. Das sind nun freilich fürchterliche Despoten, allmächtiger wie Sultane und Paschas, und schlechterdings, solang es Leute gibt, die denken, oder auch nur sich schämen können, unbezwinglich.«[21] Mit ähnlich starken Worten (und in krassem Gegensatz zu

---

[19] Dazu: Hans Erich Bödeker u. a. (Hg.): Aufklärung und Geschichte. Studien zur deutschen Geschichtswissenschaft im 18. Jahrhundert. Göttingen 1986. (Veröffentl. des Max-Planck-Instituts für Geschichte 81). – Peter Hanns Reill: The German Enlightenment and the Rise of Historicism. Berkely, Los Angeles, London 1975. – Ulrich Muhlack: Geschichtswissenschaft im Humanismus und in der Aufklärung. Die Vorgeschichte des Historismus. München 1991.

[20] Rudolf Vierhaus: Der aufgeklärte Schriftsteller. Zur sozialen Charakteristik einer selbsternannten Elite. In: Hans Erich Bödeker, Ulrich Herrmann (Hg.): Über den Prozeß der Aufklärung in Deutschland im 18. Jahrhundert. Personen, Institutionen und Medien. Göttingen 1987, S. 53–65. (Veröffentl. des Max-Planck-Instituts für Geschichte 85).

[21] August Ludwig Schlözer: Staatsanzeigen V, 1783, S. 516.

seiner eigenen gedrückten Existenz) nannte Wekhrlin 1784 den Schriftsteller
einen »gebornen Advokaten der Menschheit« und das »natürliche Organ der
öffentlichen Gerechtigkeit«. Der »Publizität« sei es zu danken,

> daß die Großen Ehrfurcht vor dem öffentlichen Ruf haben, und die Druckerpresse
> ein eiserner Keil im Nacken des Tyrannen ist. Sie ist's, die jene allgemeine Gärung
> erweckt hat, welche den Ausbrüchen der willkürlichen Regierung, dem Laster der
> Höfe, dem Mutwillen der Mächtigen einen Damm setzt; indem sie die Mißbräuche
> der Gewalt vor den Richterstuhl des Publici zieht, indem sie nicht mehr erlaubt, daß
> ein Regent unwissend oder grausam sein dürfe, indem sie die Maßregeln der Ver-
> waltung mustert und die Schritte des öfflichen Wohls und Übels mit ihrer Zensur
> begleitet, indem sie die subalternen Narren oder Bösewichte hervor ans Licht zieht,
> und der Verachtung des Pöbels preisgibt.[22]

Hatte Kant 1781 seine Zeit das Zeitalter der Kritik, 1784 das der Aufklärung
genannt, so hieß es 1785 in Schlözers *Staatsanzeigen*, »Freimütigkeit und Publizität sind die großen Losungswörter unseres Zeitalters«.[23]

Sie gehörten zum Ensemble der Leitbegriffe und Schlagwörter der deutschen Aufklärung – wie »Freiheit« des Denkens, der Rede und des Drucks, wie
Verbesserung, Erziehung, Unparteilichkeit und Toleranz. Im Prozeß der Aufklärung haben sie nicht alle gleichzeitig ihre Karriere begonnen, überdies hat
sich ihre Bedeutung und ihr kritisches Potential gewandelt; im letzten Drittel
des 18. Jahrhunderts besaßen sie offenkundige soziale und politische Valenz.
Der Begriff der Kritik hingegen verlor an allgemeiner Bedeutung; er wurde
durch eindeutigere Wörter ersetzt, wobei der Akzent sich von der rationalen
Prüfung auf die Wirkung und die Folgen der Prüfung, nämlich auf die Herstellung einer vernünftigen »öffentlichen Meinung« verlagerte. Es waren nicht
nur die Schriftsteller selbst, die behaupteten – und es zeitweilig auch glaubten –, daß das »öffentliche Urteil« eine, »überwiegende Macht« gewonnen und
die »Druckerpresse« mehr erreicht habe als die vereinigten Armeen aller
Mächte in der Welt (Wekhrlin); auch der in Mainz zum Koadjutor des Kurerz-
bischofs und Reichserzkanzlers gewählte Karl Theodor von Dalberg schrieb
1786 an Joseph II., er werde sich ganz besonders über die »öffentliche Meinung
aufklären, denn sie ist es, welche die Ereignisse hervorruft«.[24]

Wohl dagegen blieb der Begriff »Kritik« im Bereich der Literatur- und
Kunstkritik gängig und erreichte in der Philosophie durch Kant, der ihn von

---

[22] Wilhelm Ludwig Wekhrlin: Graues Ungeheuer II, 1784, S. 190ff. (Gleichlautend schon 1781 im
9. Band der *Chronologen*, S. 328).

[23] Schlözer (Anm. 21), S. 78.

[24] Dalberg an Kaiser Joseph II., Mainz, 26.4.1786, zit. bei Karl Frhr. von Beaulieu-Marconnay: Karl
von Dalberg und seine Zeit. Bd. 1, 1897, S. 117.

der Logik in die Metaphysik transferierte, eine neue, umfassende Qualität. Philosophische Kritik, so Kant in der *Kritik der reinen Vernunft* ist nicht »eine Kritik der Bücher und Systeme, sondern die des reinen Vernunftsvermögens selbst«[25]; sie übt die Funktion eines Gerichtshofes aus, dessen Urteilsspruch von der Vernunft gefällt wird. Was diesen Begriff der Kritik im Prinzip mit allen kritischen Bemühungen der Aufklärer gemein war, ist – so der Titel eines Buches von Werner Schneiders über die Aufklärungsphilosophie in Deutschland – die »Hoffnung auf Vernunft«.[26]

Von dieser »Hoffnung« – auch sie durchschritt im Prozeß der Aufklärung mehrere Phasen – wird das Konsensverlangen getragen, das komplementär und konditionierend das Kritikverhalten deutscher Aufklärer kennzeichnete. Sie gründete auf der Überzeugung von der Möglichkeit vernünftiger und wahrer Erkenntnis und vernünftigen und moralisch guten Handelns. Wenn auch die Leibnizsche Annahme einer Harmonie von Glauben und Wissen, bei relativer Autonomie des Denkens, bei den Aufklärungsphilosophen mehr und mehr zurücktrat und die Philosophie sich selbständig machte, blieb den deutschen Aufklärern, über den Kreis der Schulphilosophie hinaus, doch das Vertrauen gemein, daß sich die Wahrheit der christlichen Offenbarung und die Wahrheit vernünftiger Erkenntnis, daß sich Glaube und Vernunft zwar prinzipiell unterscheiden und jeweils eigene Legitimität besitzen, jedoch sich gegenseitig nicht ausschließen. Die zunehmende Trennung von Religion und Philosophie seit Thomasius führte nicht zur Negation der Religion, die Bibelkritik nicht zum Atheismus; die kritische Auseinandersetzung zwischen Philosophie und Theologie, zumal im Protestantismus, wurde trotz aller Schärfe nicht abgebrochen. Aufklärungsideen drangen in die Theologie selbst ein; es gab nicht nur die philosophische Konzeption einer rationalen Theologie, sondern auch die theologische Entmythologisierung der Religion und die theologische Rezeption des philosophischen Rationalismus. Von den Vermittlungsbemühungen der Physikotheologie und der Neologie bis zum radikalen Deismus des Hermann Samuel Reimarus und zum Lessing-Goeze-Streit verschärfte sich die Religionskritik, die Kluft zwischen Theologie und Aufklärungsdenken vertiefte sich; trotzdem blieb der Dialog prinzipiell möglich.[27] Freilich: ein Dialog von

[25] Kant: Kritik der reinen Vernunft (Anm. 16), S. 64.
[26] Werner Schneiders: Hoffnung auf Vernunft. Aufklärungsphilosophie in Deutschland. Hamburg 1990.
[27] Eine befriedigende neue Arbeit über das Verhältnis von Aufklärung und – vor allem protestantischer – Theologie in Deutschland steht noch aus. Hingewiesen sei auf: Klaus Scholder: Grundzüge der theologischen Aufklärung in Deutschland. In: H. Liegig u. a. (Hg.): Geist und Geschichte der Reformation. Festschrift für Hans Rückert. 1966, S. 460–486. – Walter Sparn: Vernünftiges Christentum. Über die geschichtliche Aufgabe der theologischen Aufklärung im

klaren Positionen aus. Deshalb war für Lessing der Streit mit der Orthodoxie fruchtbarer als mit der Neologie.

Wenn der Lessing-Goeze-Streit nicht zu einem Konsens führte, so klärte er doch die Unterschiede und die Grenzen der Sicherung der christlichen Religion mit den Mitteln der Theologie und der Geschichtsphilosophie. Und wenn die streitenden Kontrahenten nicht zu einer Verständigung gelangten, so – möglicherweise – doch das Publikum, vor das Lessing mit der Veröffentlichung der *Reimarus-Fragmente* getreten war und damit dem Streit eine politische Dimension gegeben hatte. Dabei aber stieß er an Grenzen, die auch eine als aufgeklärt geltende Regierung, die auf Landstände und Konsistorium Rücksicht nehmen mußte, der Öffentlichkeit setzen zu müssen glaubte.

V. Wir treffen hier auf eine Problematik, die für die deutsche Aufklärung insbesondere in ihrer späten Phase von großer Bedeutung war. Unter dem Eindruck der Politik und Selbstdarstellung aufgeklärter Fürsten, Minister und Administrationen und im Trend ihrer eigenen kritischen Diskussion über die deutsche Rechts- und Verfassungsverhältnisse hatte sich bei vielen von ihnen die Erwartung ausgebildet, mit ihrer Kritik, vor allem mit ihren Argumenten und Vorschlägen Zustimmung bei den Regierenden zu finden, mit ihnen eine gemeinsame Sprache zu sprechen. Sie glaubten, bei ihnen die wachsende Bereitschaft zu erkennen, die aufgeklärte opinion publique zu beachten, um sie für sich zu gewinnen. Die Berliner Aufklärer der »Mittwochgesellschaft« verstanden sich als Vertreter des friderizianischen aufgeklärten Absolutismus noch über die Herrschaftspraxis des Königs hinaus.[28] Die pädagogischen Reformer von Braunschweig um Campe und Trapp glaubten sich der Zustimmung Herzog Karl Wilhelm Ferdinands sicher zu sein. Die aufgeklärten Schriftsteller, die Mitglieder der vielen gemeinnützigen und patriotischen Gesellschaften waren überzeugt, daß ihre wohlgemeinten Vorstellungen nicht mißverstanden werden konnten, es sei denn von solchen, die entweder (noch) zu ungebildet oder zu uneinsichtig, zu borniert, zu indolent waren.[29]

Die Erwartung, gehört zu werden, gründete bei vielen der Aufklärer auch darauf, daß sie in Ämtern und Diensten standen und deshalb dem diszipli-

---

18. Jahrhundert in Deutschland. In: Rudolf Vierhaus (Hg.): Wissenschaften im Zeitalter der Aufklärung. Göttingen 1985, S. 18–57.

[28] Dazu Norbert Hinske: Einleitung zu *Was ist Aufklärung?* Beiträge aus der Berlinischen Monatsschrift. Darmstadt 1973, 2. und 3. Aufl. mit jeweils ergänzenden Nachworten.

[29] Dazu u. a.: Deutsche Patrioten und gemeinnützige Gesellschaften. Hg. von Rudolf Vierhaus. München 1980. (Wolfenbütteler Forschungen 8).

nierenden Zugriff seitens der Obrigkeit zwar unmittelbar, dem Verdacht umstürzlerischer Absichten jedoch – wie sie meinten – weniger ausgesetzt waren als andere. Wenn sie sich kritisch vom Zustand des Schulwesens, der Justiz und der Verwaltung äußerten und Verbesserungen im Armenwesen, in der Gewerbeförderung, größere Freiheit des Handels für Gesellschaft und Staat nützlich erklärten, nahmen sie Sachkenntnis und Sorge für das allgemeine Wohl ebenso für sich in Anspruch wie sie sie den Regierungen als Pflicht zuwiesen. Zwar überschritt die Kritik selten die ihnen stets bewußten Grenzen der Zensur, die übrigens in den Territorien des Reiches durchaus unterschiedlich gehandhabt wurde; innerhalb und am Rande dieser Grenzen aber schlugen sie drängende Töne an, weil sie voraussetzten, daß ihre Vorschläge, weil vernünftig, auch konsensfähig seien. Im Vorwort des ersten Bandes des von Ernst Ludwig Posselt herausgegebenen, in Memmingen erschienenen *Archivs für ältere und neuere, vorzüglich Teutsche Geschichte, Staatsklugheit und Erdkunde* werden 1790 die »Fürsten Teutschlands« unverklausuliert zu größerer Gerechtigkeit gegenüber ihren Bürgern aufgefordert und ihnen vorgehalten, sie würden ohne den »teilnehmenden Eifer« der Bürger ihre Rechte und Freiheiten nicht behaupten können.

> Was in unsern Tagen geschah ist Fingerzeig genug, Euch zu deuten, wer schwach und wer stark ist. Stark ist die ganze Masse des Volks, wenn sie, vom Gefühl des Drucks, das lange auf ihr lastete, endlich aufgeschreckt, mit eimmal ihr angebornes Recht heischt. – Wahrlich, es bedarf keines Sehergeistes; die Zeichen der Zeit reden laut genug für sich: die Völker haben aufgehört, unmündig zu sein, der Sieg des Menschenverstandes ist entschieden; fürder wird keine Tyrannei mehr sein. Seid gerecht, seid menschlich: wir folgen Euch, verehren Euch – aber vergöttern Euch nicht mehr. Die Tage des Götzendienstes sind vorüber; drüben überm Rhein ist das Land der Freiheit. Wir sind Menschen gleich wie Ihr, nur daß Ihr das mühevolle Vorrecht habt, uns zu leiten [...] Keine Verfassung ist in ihrem Zuschnitt besser als die unsrige – wenn sie nur nicht verdorben wird; kein Volk hat so viele Ehrfurcht für seine Vorsteher, so viel Treue, so viel Mut, Alles für sie zu wagen, wie das unsrige – wenn es nur nicht zu sehr gehudelt wird«.

Langsam, so heißt es warnend weiter, entzünde sich der Deutsche; dann aber könne er fürchterlicher als der »Franke« werden. Und dann, rechtfertigend, verteidigend, werbend:

> Man hat aus Gelegenheit der jetzigen Revolution der Aufklärung aufgebürdet, sie führe die Bürger zu Unzufriedenheit und Empörung [...] O nein, nein. Aufklärung ist der sicherste Grundpfeiler jeder guten Verfassung, eine eherne Mauer für jeden guten Fürsten. Der aufgeklärte Fürst wird und kann nichts wollen, als das Glück seiner Bürger, und die aufgeklärten Bürger werden, nicht aus knechtischem Zwang,

sondern aus innerer fester Überzeugung, gern und freudig seinen wohltätigen Willen tun.[30]

Ein charakteristisches Beispiel aufgeklärter politischer Kritik, die sich in fortge-schrittener geschichtlicher Stunde weit herauswagt, den revolutionären Auf-bruch der Franzosen – in seinen Anfängen – begrüßt, aber nicht für Nachah-mung oder überhaupt für radikale Veränderungen plädiert. Die Aufklärung wird gegen den Vorwurf in Schutz genommen, sie wecke politische Unzufrie-denheit und errege politische Empörung; vielmehr sei sie, rechtzeitig in Praxis umgesetzt, die sicherste Gewähr für die Verhinderung von Revolution. Kritik an noch bestehenden Verhältnissen, Appell an die Regierungen, die Zeichen der Zeit zu verstehen, und Bereitschaftserklärung der Regierten zum bürgerli-chen Gehorsam sind miteinander verknüpft; Aufklärung oben und unten, so wird angenommen, bieten die Basis für Freiheit, Gerechtigkeit, Fortschritt und – in der Sprache der Zeit – für die Teilnahme der Staatsbürger am Staat. Über die Form dieser Teilnahme bestanden unter deutschen Aufklärern keine ein-heitlichen Vorstellungen. Sahen die konservativ Eingestellten und historisch Argumentierenden unter ihnen sie durch neu belebte und als Vertretungen des ganzen Landes agierende Landstände gesichert, so andere – stärker theoretisch Argumentierende – durch eine aufgeklärte Gesetzgebung und Verwaltung, die die Zustimmung der aufgeklärten Bürger findet, also durch ein politisches System, das Kant ein »republikanisches« genannt hat. Voraussetzung dafür sei die Freiheit des Denkens, der Rede, des Drucks, also der freie, öffentliche, kritische Diskurs, in dem sich konsensfähige Meinung bildet.[31]

VI. Die Grenzen und Schwächen einer konsensuellen politischen Kultur, wie sie die liberalen deutschen Aufklärer anstrebten, sollen hier nicht diskutiert werden. Unverkennbar ist bei ihnen ein noch wenig entwickeltes Verständnis der praktischen Bedeutung politischer Institutionen und die Überschätzung der Macht politischer Ideen. Fragt man nach den Gründen für dieses Defizit im deutschen aufgeklärten (und auch noch frühliberalen) Politikverständnis, so sind sie vor allem in der politischen Schwäche der bürgerlichen Mittelschichten und in den verkrusteten Verhältnissen deutscher Kleinstaaten zu finden, die landesherrlichen Patriarchalismus und Absolutismus oder auch ständischen

---

[30] Bd. I, 1790, S. VII – XI (aus dem Vorwort).
[31] Dazu u. a.: Rudolf Vierhaus (Hg.): Politisches Bewußtsein in Deutschland vor 1789. In: Deutschland im 18. Jahrhundert. Politische Verfassung, soziales Gefüge, geistige Bewegungen. Ausgewählte Aufsätze. Göttingen 1987, S. 183–201. – Jürgen Voss (Hg.): Deutschland und die Französische Revolution. München 1983. (Beihefte der FRANCIA 12).

Oligarchismus begünstigten. Hinzu kam jene Hoffnung auf Vernunft, die letztlich auf dem aufgeklärt-protestantischen Verständnis des Verhältnisses von Philosophie und Theologie, von Vernunft und Glauben beruhte. Die diskursive Trennung zwischen beiden und die dadurch mögliche Anerkennung beider in ihrem eigenen Recht machten eine kritische Auseinandersetzung, einen Streit möglich, der ohne sacrificium intellectus und ohne Aufgabe des Glaubens zu vernünftigen Konsensen führen könne.

Die permanente kritische, oft streitvolle und polemische Auseinandersetzung zwischen Theologie und Philosophie, zwischen Theologie und den Natur- und Geschichtswissenschaften: das Grundthema der deutschen Aufklärung, hat jene spezifische Streitkultur entstehen lassen, in der die Kontroverse, wenn mit Vernunft geführt, Verständigungen ermöglichte, welche nicht abschließend, aber auch nicht bloße Kompromisse sein sollten – Verständigungen im Prozeß weiterer Aufklärung in dem – nach Kants Definition – mit dem selbständigen Gebrauch des Verstandes in Religionsdingen nur der erste, allerdings ein entscheidender Schritt getan ist. Würden solche Verständigungen nur um des lieben Friedens willen oder aus Gründen der Staatsraison gesucht, wäre das zu wenig. Im kritischen Diskurs der Aufklärung ging es um mehr, nämlich um Selbstaufklärung und um die Aufklärung des Gegners, mit dem man sich eben deshalb streitet, weil man ihn achtet und ernstnimmt. Und weil man erwartet, daß die der Vernunft zugängliche Wahrheit mit der Wahrheit der Religion – richtiger der Religionen – konvergiert. Jeder Versuch, solche Konvergenz zu dekretieren und zu erzwingen und damit den dialogisch-argumentativen Prozeß abschließen zu wollen, setze sich dem Verdacht der Orthodoxie oder des Despotismus aus.

Kein Zweifel – auch bei Aufklärern gab es Neigungen zur Autoritätsanmaßung und zur Meinungsdespotie, auch bei ihnen blieb nicht selten die Kritik im rechthaberischen Raisonnement stecken. Protest und Spott der Xenienschreiber oder der jungen Romantiker, die doch alle, gerade als Kritiker auf den Schultern der Aufklärer standen, hatten nicht nur das Recht der jüngeren Generation für sich, sie trafen auch die schwachen Stellen selbstgerechter, engstirnig und intolerant gewordener Aufklärung. Es hat jedoch gegen Ende des 18. Jahrhunderts, noch vor der Revolution im Nachbarland einsetzend, die Selbstkritik deutscher Aufklärer gegeben. Sie urteilten skeptisch im Hinblick auf Erreichtes, kritisch im Blick auf das, was alles beanspruchte, Aufklärung genannt zu werden, differenzierend zwischen wahrer und falscher Aufklärung und darauf insistierend, daß der Prozeß der Aufklärung weitergehen werde. Ein Urteil, das eine »moderne« Welt antizipierte, deren Dynamik, deren Massenkräfte und Konfliktpotentiale nicht einmal erahnbar waren.

Heute scheint das aufgeklärt-liberale Konsensvertrauen aufgezehrt, das »Projekt« Aufklärung erschöpft, wenn nicht gescheitert oder entartet zu sein. Während alte Fundamentalismen und neue Utopismen sich zu Wort melden, drängt sich die Frage auf, welche tragfähigen vernünftigen und humanen Konsensmöglichkeiten in der multikulturellen und wertepluralistischen Welt (noch) vorhanden sind.

SEKTIONSREFERATE

Claudia Albert

Mit Mätressen streiten?

So genau man auch den Quellen Lessingscher Widerspruchskunst nachging, so intensiv Konfliktanlage, Traditionsbezüge, Wirkungsstrategien seiner Dramen erforscht wurden, die Stimme der Mätressen blieb ungehört oder wurde nur in spezifischer Verzerrung wahrgenommen. Inzwischen aus der Gesellschaft der »rasenden Weiber« in diejenige der »femmes fatales« aufgerückt[1], bleibt die Einordnung des Figurentypus unzureichend, wenn sie die Angst vor der Leidenschaft durch das freudige Akzeptieren der Wollust ersetzt. In seiner Analyse der Leistung der Form in Lessings Dramen geht Peter Pütz einen Schritt weiter: er gesteht der Marwood eine »unübertreffliche Virtuosität [...] ihres argumentativen Instrumentariums« zu, doch verbucht er diese nur auf dem Konto ihres strategischen Kalküls; die Inhalte der Streitgespräche, die sie führt, erscheinen überstrahlt vom Glanz rhetorischer Perfektion. Gegen die von Pütz vorgenommene Verkoppelung von sozial ungefestigter Position und Handlungszwang, bei der »Marwoods Tat [...] eher der Reflex einer verletzten Kreatur als eine intendierte Aktion«[2] ist, meine ich, daß gerade die Außenseiterposition der Mätresse argumentative und damit auch inhaltlich-konzeptuelle Freiräume schafft; die Stärke der Mätresse liegt m. E. nicht in der Propagierung der einen oder der anderen Moral, sondern in ihrem Umgang mit Normen, die sie ihrerseits Schritt für Schritt demontiert.

So sehr die »gekränkte Tugend« Odoardos sich von der »Rache des Lasters« (V/2) abzusetzen versucht, so sehr Lessing von der Figurenanlage her die verlassene Geliebte Mellefonts ins Zwielicht zu rücken versucht, so sehr gesteht er ihr doch Einsichten zu, die keiner der anderen Protagonisten erreicht. Deren oft beschriebene Handlungshemmung tritt gegenüber dem Kritikpotential der Mätressen noch deutlicher hervor.[3] Damit aber halten sie die Erinnerung an

---

[1] Emil Staiger: Rasende Weiber in der deutschen Tragödie des achtzehnten Jahrhunderts. Zürich und Freiburg 1963, S. 25–74; Rolf-Peter Janz: »Sie ist die Schande ihres Geschlechts«. Die Figur der femme fatale bei Lessing. In: Jahrbuch der deutschen Schiller-Gesellschaft 23 (1979), S. 207–222. Dieser Aufsatz bildet auch die Grundlage mehrerer feministischer Arbeiten (s. Anm. 3).

[2] Peter Pütz: Die Leistung der Form. Lessings Dramen. Frankfurt a. M. 1986, S. 130 und 150.

[3] Zu der darin beschlossenen Spaltung der Frau in Hure und Heilige vgl. Inge Stephan: »So ist

Vergangenes, gern ungeschehen Gemachtes und die Vision nicht selbstzerstörerischer Handlungsalternativen aufrecht. Wenn Lessing Marwood und Orsina
einführt – durch die »verruchte« Handschrift (*Sara*, I/9), einen zunächst nicht
weiter beachteten Brief (*Emilia*, I/1) oder ein Porträt, dessen Wahrheitsgehalt
zweifelhaft bleibt (*Emilia*, I/4) –, erteilt er noch einmal Gestalten das Wort, die
historisch wie dramaturgisch verabschiedet werden sollten. Hochgemut will
Mellefont »alle Marwoods vergessen« (*Sara*, I/7), gelangweilt betrachtet
Gonzaga das Porträt der Orsina (*Emilia*, I/4). Die Hauptsorge beider Gestalten
wird darin bestehen, sich erneut ins Spiel zu bringen, sei es, um den ehemaligen
Liebhaber wiederzugewinnen, sei es, um sich in der Kritik höfischer Verhaltensweisen als »Philosophin« (*Emilia*, IV/3) zu profilieren. Fünfzehn Jahre
trennen die Fertigstellung beider Dramen voneinander. Sie bringen für die
disputierende Mätresse einen Zuwachs an Witz, Scharfsinn und Glaubwürdigkeit, einen Verlust jedoch an Protest- und Handlungsbereitschaft. Nicht
zufällig gab Lessing der Orsina einen Marinelli als Drahtzieher und Spielleiter
zur Seite, um die Mechanik der Intrige in Gang zu halten – eine Aufgabe, die
die Marwood noch in eigener Gestalt übernahm. Sie kann so auch den größeren praktischen Erfolg für sich verbuchen: der Tod der tugendhaften Heldin
ist ihr Werk; bei Orsina dagegen wird der Weg vom Kopf zur Hand (vgl.
Emilia, I/4) abgebrochen durch die Weggabe des Dolches an Odoardo, der
wiederum nicht den beabsichtigten Gebrauch von ihm macht.

Tugend und Laster, Leidenschaft und Mäßigkeit, Liebe und Wollust – es
sind die Themen des bürgerlichen Dramas, die Marwood in ihren Streitszenen
mit Mellefont und Sara aufgreift. Aber sie verfängt sich nicht in den Sophismen
der tugendhaften Moral, die den bekannten Vorwurf des »moralischen Schau-
turnens«[4] begründen, sondern argumentiert – als echte Aufklärerin – mit
Erfahrungstatsachen. Sie weiß um die Flatterhaftigkeit des Mellefont, der sich
nur kurzfristig zu Sara bekehrt hat, sie appelliert in Gestalt Arabellas an seine
Vaterliebe, sie legt ihm in wünschenswerter Deutlichkeit die Grundlagen seines
Handelns offen – oder, um mit Mellefont selbst zu sprechen – sie ruft sein
eigenes Gewissen wider ihn zu Hilfe (II/4). Ihre Ansichten verlieren nicht
schon dadurch an Treffsicherheit, daß sie im folgenden Auftritt ihrer Dienerin
das gesamte Kalkül genauestens auseinanderlegt. Spräche hier nicht die
Mätresse, dürfte man ihre Überlegungen auf dem Konto fortgeschrittener

---

die Tugend ein Gespenst«. Frauenbild und Tugendbegriff bei Lessing und Schiller. In: Peter
Freimark u. a. (Hg.): Lessing und die Toleranz. Detroit und München 1986, S. 357–374.

[4] So die von Gerhard Fricke kreierte und seitdem vielfach zitierte Formulierung (G. F.: Bemerkungen zu Lessings *Freigeist* und *Miss Sara Sampson*. In: Festschrift für Josef Quint. Bonn 1964,
S. 117).

aufgeklärter Menschenkenntnis verbuchen. Mellefont als ertappter Sünder kann sich nurmehr in Trotzreaktionen flüchten.

Auffälliger noch als im Streit mit Mellefont ist das Ungleichgewicht der Kontrahenten in der großen Auseinandersetzung zwischen Marwood und Sara, treffen doch hier sowohl zwei moralisch zweifelhafte Personen aufeinander als auch – in der wechselseitigen Selbstwahrnehmung – Heilige und Sünderin par excellence. Aber auch hier verkehrt Lessing schließlich die Positionen und bringt Sara zum Eingeständnis ihrer formalen, handlungsunfähigen Tugend. Die Modellfigur Marwood, von der vermeintlichen Lady Solmes als Exempel einer unglücklichen Verführten präsentiert, weist so viele Ähnlichkeiten mit Sara auf, daß es dieser kaum mehr gelingt, sich von ihr zu distanzieren. Je heftiger sie es ablehnt, mit Marwood »in einen Rang« (IV/9) gesetzt zu werden, desto mehr bestätigt sie die Gleichheit der Schicksale beider. Schließlich gelangt sie sogar dazu, die Verzeihung des Vaters anzunehmen, deren Ablehnung zu so selbstquälerischen Monologen geführt hatte.

Abwägen von Handlungsalternativen, Lernen aus Erfahrung, Exempel und lebenspraktische Anwendung – es sind die Strategien aufklärerischer Rhetorik, die Lessing Marwood in die Hand gibt und die etwa bei Gellert den Pedanten vom Menschenfreund trennen. Hätte man es nicht mit Marwood zu tun, die dem Systemzwang des Trauerspiels zum Opfer fällt, sie wäre eine Vorläuferin Minnas. Allerdings ist Marwood eine so radikale Aufklärerin, daß sie mit der Demontage empfindsamer Tugend gleich die Tugend insgesamt in Frage stellt und als Leitlinie gesellschaftlichen Handelns keine Norm mehr akzeptiert als eine situationsadäquate Lebensklugheit. So bringt sie Sara zu der Absichts-bekundung, »die menschliche Schwachheit [...] nach den Regeln der Klugheit zu beurteilen« (IV/8), doch gilt dieser Vorsatz nur, solange Sara über die wahre Identität der Lady Solmes nicht informiert ist.

So überfordern Marwoods Streitgespräche im Grunde ihre Partner, da sie keinen Ausweg gewährt als den schmerzhafter Selbsterkenntnis – und zu diesem sind sie nicht bereit. Eine »mörderische Retterin« (IV/8) nennt sie Sara, ein »unsinniges Weibsbild« (II/7) Mellefont, bevor statt der Worte stärkere Waffen, Gift und Dolch, in Aktion treten. Wenn Lessing der Marwood vom Ende des vierten Aktes an die Teilnahme am Streit der Empfindsamen ver-weigert, so vermutlich deshalb, weil sie in das Versöhnungstableau des Schlusses einen heftigen Mißklang gebracht hätte, der die Grundlagen des Trauerspiels selbst hätte tangieren müssen. Nun wirken nicht ihre – in anderer Konstellation durchaus vernünftigen – Vorschläge, sondern das Gift, das Sara den gesamten fünften Akt hindurch einen rührenden Tod bereitet. Lessing verschreibt sich hier nochmals der Autorität der Antike, um in der Medea-

Reminiszenz auf seine allzu kritische Aufklärerin den Schatten zu werfen, von
dem er sie zuvor befreit hatte. Allerdings ist der Zwang zur Beseitigung der
unbequemen Diskutantin auch in der Tendenz zum Abbau der Distanz zwischen Bühne und Zuschauer begründet.[5] Bemüht Mellefont noch Himmel und
Erde, um »der weiblichen Ungeheuer größtes zu verschlingen« (V/5), so bietet
Marwoods Selbstbezichtigungsbrief Sara die Gelegenheit zur Verzeihung im
Tode (V/10), und die als Geisel benutzte Arabella kann für die Tugend der
neuen Familie zeugen (V/11). Marwood selbst aber muß sich mit dem Ende des
vierten Aktes von der Bühne verabschieden, um einer persönlich wie dramaturgisch unsicheren Zukunft entgegenzusehen. Im zärtlichen Schlußtableau hat sie
nur als unfreiwillige Verursacherin versöhnender Gesten, nicht als Figur sui
generis, einen Platz.[6] Zwar wollte Lessing 1767 im 30. Stück der *Hamburgischen
Dramaturgie* einer Medea immerhin noch eher vergeben als einer Kleopatra, sei
sie doch, »das, was sie sein soll, nur zu heftig«, doch hat wohl gerade ihre
Heftigkeit sie als Streitpartnerin unbrauchbar gemacht.[7]

   Gräfin Orsina hat Lessing dieser Gefahr der Überlagerung des Streit-
gesprächs durch strategische Interessen weit weniger ausgesetzt. Bereits im
ersten Akt durch einen ungeöffnet bleibenden Brief (I/1) und ein umgedreht
gegen den Stuhl gelehntes Bild (I/4) eindeutig als entlassene Favoritin gekennzeichnet, tritt sie erst im vierten Akt wieder auf und versteht sehr bald, daß sie
fehl am Platze ist. Selbst ihr oft als Inbegriff der Hofkritik gedeuteter Ausruf
»Der Prinz ist ein Mörder« (IV/5) kann keine besondere Originalität mehr
beanspruchen: das gleiche hatte Claudia kurz zuvor ebenfalls erkannt und mit
»wilde[m] Geschrei« (III/8) Marinelli entgegengerufen.[8] Orsinas erheblich
geringere Bühnenpräsenz, ihre faktische Überflüssigkeit, ist ausgeglichen durch
die logische Präzision der Gespräche, die sie in schneller Folge und in wechselnden Konstellationen mit Marinelli, Odoardo und Marinelli und schließlich
mit Odoardo allein führt. Mit dem letzten Auftritt des vierten Aufzuges findet
ihr Intermezzo, in dem die Anrufung aller verlassenen Frauen als »Furien«

---

[5] Winfried Woesler: Lessings *Miss Sara Sampson* und Senecas *Medea*. In: Lessing Yearbook 10
    (1978), S. 75–93, bes. S. 88ff. Zur weiteren Diskussion um die *Medea*-Rezeption vgl. Gisbert Ter-
    Nedden: Lessings Trauerspiele. Der Ursprung des modernen Dramas aus dem Geist der Kritik.
    Stuttgart 1986, S. 20ff. sowie S. 87ff.
[6] Den weiteren Weg des Typus verfolgt Ursula Frieß: Buhlerin und Zauberin. Eine Untersuchung
    zur deutschen Literatur des 18. Jahrhunderts. München 1970.
[7] Vgl. Ter-Nedden (Anm. 5), S. 113, der allerdings trotz aller interpretatorischen Sorgfalt das
    Verschwinden der Marwood nicht erklärt, da er sie zu einseitig einer »Logik der Rache« ver-
    pflichtet sieht und den Inhalt ihrer Gespräche nur strategisch wertet.
[8] Vgl. Ter-Nedden (Anm. 5), S. 216ff. Vgl. auch die nachträgliche Bestätigung Orsinas, sie habe
    »ein weibliches Gekreische« gehört (IV/3).

(IV/7) wie ein unpassender Einbruch wirkt, bereits sein Ende. Es bleibt wiederum ein Requisit, der Dolch, der in Verkehrung von Opfer und Täter weder Orsina selbst noch den Prinzen trifft. Über ihr eigenes Ende ist keine Klarheit zu gewinnen; ein höfliches »Warum nicht? Sehr gern.« auf Odoardos Bitte hin, Claudia in der Kutsche zurück in die Stadt zu begleiten, bleibt ihr letztes Wort.

Orsinas dramaturgische Funktion scheint es zu sein, reflektierend und räsonierend die Grundlagen der ständig scheiternden Kommunikationsakte zwischen dem Hof und den Galottis freizulegen – eher mit resignativen Untertönen, die sich bereits im Gespräch über ihr Porträt angedeutet hatten, als in der Absicht, verändernd in die Handlung einzugreifen. Sie ersetzt die Illusion von Wahrheit und Verläßlichkeit durch die Einsicht in eine Gesprächsstruktur, die nie eindeutig faßbar ist und sich in den Begriffen »Zufall« und »Lüge« und in der Widersinnigkeit des Schwörens (IV/5) manifestiert. So erkennt sie die den anderen Protagonisten nicht bewußten, sich überkreuzenden und sich verfehlenden, echten und fingierten Kommunikationsabsichten. Das Wort »Zufall« wird für sie zur »Gotteslästerung« (IV/3). Selbst wenn aus dieser oft zitierten Quintessenz ihrer Beobachtungen kaum eine plötzliche Bekehrung Orsinas zur gläubigen Christin abgeleitet werden kann, ist bei ihr doch mehr am Werke als die »egozentrische Verblendung«, mit der nach Ter-Nedden Odoardo wie Orsina »ihre eigenen mörderischen Absichten und Affekte zu unmittelbaren Zwecken des Himmels erheben«.[9] Gerade im Changieren zwischen persönlicher Betroffenheit und Verallgemeinerung liegt Orsinas besondere Leistung, die sie zur »Philosophin« (IV/3) qualifiziert, und in der sie sich von Claudias intuitiver, leidenschaftlich auf die Rettung der Tochter gerichteter Erkenntnis unterscheidet.

Die Tatsache, daß Orsina sich ihrerseits über den Zufall der Gegenwart des Prinzen in Dosalo zu ihren eigenen Gunsten täuscht und in IV/4 durch die nonchalante Äußerung »Ich bin beschäftiget« jäh eines Besseren belehrt wird, bietet ein erneutes Beispiel für die Doppelbödigkeit der Kommunikation, deren Opfer nun sie selbst wird. Diese wiederum treibt sie auf die Spitze, wenn sie in IV/5 Marinelli auch um eine Lüge bittet: »Lügen Sie mir eines auf eigene Rechnung vor. Was kostet Ihnen denn eine Lüge?« Leider ist Marinellis barmherzige Lüge, Appiani sei beim Prinzen, leicht aufzudecken, und Schritt für Schritt kombinierend, nähert sich Orsina der Wahrheit an: »Der Prinz ist ein Mörder«. Deren Bedeutung besteht tatsächlich nicht in ihrer Neuheit, sondern darin, daß durch sie Marinelli, auf seinem eigenen Felde geschlagen, zum betrogenen Betrüger wird. Wichtiger als das, was er erfährt, ist, daß er es

---

9 Vgl. ebd., S. 224.

aus dem Munde einer Hofangehörigen erfährt, die das Spiel durchschaut hat. Ihr kombinatorischer Verstand reicht weiter als die kurzgriffigen Planungen des »nachplaudernde[n] Hofmännchen[s]« (IV/3). Gleichzeitig sind so die Kategorien »Zufall«, »Absicht«, »Wahrheit« und »Lüge« endgültig demontiert.

Wirft nun ihre abschließende Rache-Vision wirklich einen so schwarzen Schatten auf Orsinas Äußerungen und Erkenntnisse, daß diese allesamt dem Verdikt verfallen müssen, nur die »Verletzungen, die [ihr] zugefügt worden sind, in selbstzerstörerischer Weise [zu] potenzieren?«[10] Oder ist Orsina gerade umgekehrt Sprachrohr des Autors, »Raisonneur« und Erfinderin jenes fatalen Auswegs, den »auch der Autor selbst als einzige Möglichkeit erkannt zu haben glaubt«[11] – eine Vermutung Hans Mayers von 1967, für die er – wie viele andere Interpreten – von Ter-Nedden den Vorwurf einstecken muß, der »Figur nach dem Munde [zu] reden«?[12] Beide Interpretationen schreiben den handelnden Personen ein viel zu hohes Maß an Zielstrebigkeit und Durchsetzungsvermögen zu, während sie sich doch – wie Steinmetz jüngst nochmals eindringlich belegt hat[13] – ständig in Mißverständnissen bewegen, Befürchtungen halb aussprechen, halb verschweigen, Pläne schmieden und sie wieder verwerfen und so zwischen der Realität und ihrer Deutung eine erhebliche Disproportion erkennen lassen. In dieser oft das Komödienhafte streifenden Konstellation Orsinas Dolch überhaupt eine eindeutige Richtung – womöglich gar die der »Gegen-Aufklärung«[14] – zuzuschreiben, erfordert einigen interpretatorischen Wagemut, insbesondere da ja auch sie selbst sich erst gegen Ende des Gesprächs mit Odoardo auf das gefährliche Requisit zurückbesinnt und ihren angeblichen Racheplan dem beleidigten Vater anvertraut – dies mit dem erstaunlich selbstsicheren Einleitungssatz: »Ich, ich bin nur ein Weib, aber so kam ich her! fest entschlossen!« (IV/7) Es spricht viel dafür, auch den Dolch und die mit ihm verbundene Racheabsicht auf dem gleichen Konto zu verbuchen wie die Medea-Zitate: auf demjenigen melancholischer Reminiszenzen an antike Figuren.[15]

---

[10] Ebd., S. 226.
[11] Hans Mayer: Lessings poetische Ausdrucksform. In: Lessing und die Zeit der Aufklärung. Göttingen 1968, S. 130–147, hier S. 141; diese Meinung teilt auch noch Simonetta Sanna: Lessings *Emilia Galotti*. Die Figuren des Dramas im Spannungsfeld von Moral und Politik. Tübingen 1988, S. 63.
[12] Ter-Nedden (Anm. 5), S. 224.
[13] Horst Steinmetz: *Emilia Galotti*. In: Lessings Dramen. Interpretationen. Stuttgart 1987, S. 87–137, hier S. 101ff.
[14] Ter-Nedden (Anm. 5), S. 236; vgl. dagegen Pütz (Anm. 2), der meint, für Emilias Tod sei der Dolch »im Grunde gar nicht erforderlich« (S. 186).
[15] Vgl. Woesler (Anm. 5) sowie Wilfried Barner: Produktive Rezeption. Lessing und die Tragödien Senecas. München 1973.

Unter moralischem Aspekt wäre Orsina zu ihrer Kritik an der Diskrepanz zwischen Sprechen und Handeln also genauso qualifiziert wie alle anderen Personen, und es fragt sich, was die spezifische Eigenart ihrer Sprach- und Argumentationsstrategien ausmacht. Zumindest ist sie die einzige, die auf – fragwürdige – Begriffe bringt, was die anderen passiv erleiden oder blind in die Tat umsetzen; sie weiß um die Zweifelhaftigkeit der Kategorien »Wahrheit«, »Lüge«, »Zufall« und kann sie auf die ablaufenden Handlungen anwenden, zumeist jedoch ihrerseits »aus der Situation der Defensive«, mit »zynische[r] Ironie« und »in hilflosem Aufbäumen gegen die Allmacht des Zufalls«[16]. So dienen ihre Gespräche weniger dem Streit um Konzepte und Haltungen wie bei Marwood, sondern der Klärung von Sachverhalten, über deren Unerträgliches, Menschenunwürdiges und Unangreifbares sich die anderen Personen durch hektische Aktivitäten hinwegzusetzen versuchen. Wo die bürgerlichen Protagonisten »auf halbem Wege zwischen rhetorisch-explizitem Aussagen und mimetisch-implizitem Andeuten Halt mach[en]«[17], treibt Orsina die Erkenntnis immer noch ein Stück weiter. Nicht umsonst ist es insbesondere die »Gefährdung der Tugend durch die Sinnlichkeit«[18], die sie in das immer wieder als selbstsüchtig disqualifizierte Bild vom Heer der verlassenen Geliebten faßt. Ihre Rachephantasie avanciert so zu einer hilflosen Kritik an der Aufklärungsvariante, die Sinnlichkeit nur an Fürstenhöfen situiert und Tugend nur als asexuelle denken kann. Auch die seltsamen Zustände der Orsina, ihr Schwanken zwischen verschiedenen heftigsten Gemütsbewegungen und ihre Präsentation als Verrückte durch Marinelli, die sie selbst wiederum schrittweise widerlegt, zeugen von Lessings gestiegenem Interesse an den Kräften und Gefährdungen des Gemüts, wie es sich auch in der anthropologischen Diskussion seit der Jahrhundertmitte nachvollziehen läßt. Über Andeutungen und eine durch das Medea-Zitat noch zusätzlich ins Zwielicht gerückte episodische Funktion gelangt Orsina aber nicht hinaus; vielleicht wollte Lessing einer Schwärmerin nicht noch mehr Einsichten in die Triebkräfte des Menschen zubilligen, verbindet sie doch, was nach Pütz im Prozeß der Aufklärung Philosophen und Dramatiker weitgehend getrennt voneinander verhandelten:

Der Philosoph stößt auf Antinomien und Antagonismen, die er analysiert, vermittelt oder in ihrer spannungsvollen Gegensätzlichkeit beläßt, ohne vor Augen zu führen,

---

[16] Steinmetz (Anm. 13), S. 114. Im Hinblick auf ihren psychologischen Scharfsinn wird diese Zwiespältigkeit diskutiert bei Norbert Haas: Lessings Emilia. In: Der Wunderblock 7 (Juli 1981), S. 26ff.

[17] Hans Helmut Hiebel: Mißverstehen und Sprachlosigkeit im »Bürgerlichen Trauerspiel«. Zum historischen Wandel dramatischer Motivationsformen. In: Jahrbuch der deutschen Schiller-Gesellschaft 27 (1983), S. 124–153, hier S. 137 und auf Lessing selbst, nicht auf Orsina bezogen.

[18] Steinmetz (Anm. 13), S. 133, sowie Pütz (Anm. 2), S. 180ff. und Stephan (Anm. 3), S. 364ff.

wie Menschen zwischen den Fronten zerrieben werden. Das zu zeigen, bleibt dem
Kunstwerk vorbehalten [...].[19]

Es scheint, als ob Orsinas verwirrende Doppeldeutigkeit ihrem zweifachen
Charakter als dramatische Person und Philosophin zuzuschreiben sei. So ist sie
als Streitpartnerin kaum mehr einsetzbar, weiß sie doch ohnehin schon zuviel.
Ihre spezifische Art der Erkenntnis aber kann dramatisch nicht mehr nutzbar
gemacht werden, da Odoardo der Spur seiner beleidigten Ehre folgt und
Emilia, das Opfer der Sinnlichkeit, ihn darin bekräftigt. Das diskursive Übergewicht der Marwood, ihre Infragestellung der Tugend als gesellschaftliches
Organisationsprinzip, konnte durch die Versöhnungsszenen des fünften Aktes
noch aufgefangen werden; der ungleich radikalere Zweifel der Orsina, ob es
überhaupt noch verläßliche Grundlagen des Handelns gebe, war wohl kaum
noch weiterzutreiben. Ihm antwortet im fünften Akt von *Emilia Galotti* das
»délire à deux« zwischen Emilia und ihrem Vater, bei dem zwei in ihrer Tugend-
vorstellung verfangene Individuen sich bis auf den Tod gegen eine dritte, die
Grundlage ihres Handelns in Frage stellende Position wehren.[20]

Ein Seitenblick auf Schillers zehn Jahre später begonnenes bürgerliches
Trauerspiel *Louise Millerin* zeigt, daß die diskursive Präsenz der verabschiede-
ten Mätresse erheblich gestiegen ist, daß Lady Emilia Milford der Marwood in
ihrer Funktion als Intrigantin sehr nahe steht, während die Treffsicherheit ihrer
gesellschaftlichen Diagnosen sie der Orsina annähert. Ihre Auseinandersetzungen mit Ferdinand und Luise thematisieren viel deutlicher als bei Lessing die
Ausweglosigkeit einer Liebeskonzeption, die nur Herrschaft oder Unterwerfung kennt. Von der besitzergreifenden Liebestheologie eines Ferdinand
ebenso tangiert wie von dem freiwilligen Selbstopfer Luises, besinnt sich die
Lady auf ihren Stolz als britische Fürstin (IV/8 und IV/9), um in Gestalt von
Johanna Norfolk jenseits der Grenze ein neues Leben zu beginnen. Mehr als
die Demonstration eines Selbstbewußtseins, das sich über die Abhängigkeit
von der Leidenschaft und die mit ihr verbundenen Intrigen zu erheben vermag,
gesteht aber auch Schiller seiner Variation des Figurentypus nicht zu, während
er Ferdinand und Luise an den ausweglosen Verwicklungen von Vaterbindung
und Besitzanspruch, Liebespathos und Sprachlosigkeit scheitern läßt.[21]

---

[19] Pütz (Anm. 2), S. 201.
[20] Ich formuliere hier parallel zu Hiebel (Anm. 17), S. 137, der jedoch in seiner Terminologie
(»Wahnsysteme«, »Dyade imaginärer Spiegelungen«, »Phantasmen«) das historische Substrat
dieser Tugendidee nicht zur Geltung bringt.
[21] Hiebel (Anm. 17), S. 138 ff.; vgl. Stephan (Anm. 3), S. 366 f., die allerdings m. E. zu ausschließlich
die Lady als »Sprachrohr der Tyrannenkritik des Autors« (S. 367) betrachtet und ihre dramaturgische Funktion vernachlässigt.

Wolfgang Albrecht

Zwiespältigkeiten Lessingscher Streitkultur

Über die Auseinandersetzungen mit Wieland in den *Briefen, die neueste Literatur betreffend*

Literaturkritik ist, wie jegliche kritische Äußerung, nicht unwesentlich mit Überzeugungsarbeit verbunden. Wollte ein Kritiker andere Menschen, Leser und Autoren, nicht zumindest partiell von seinen Ansichten und Deutungen überzeugen, brauchte er diese kaum kundzutun, weder durch den Druck noch gesprächsweise. Dies gilt um so mehr für ein Werk der Kritik, das beides vielfach innovierend vereint hat: Streben nach Öffentlichkeit und Führung eines (vorgeblich) privaten, indes quasiöffentlichen weitverzweigten Diskurses. Von den Hauptverfassern der *Briefe, die neueste Literatur betreffend* (1759–65) hat einer solchen Verknüpfung wohl keiner größere Vorteile abgewonnen als Lessing. Er nutzte die Fiktion freundschaftlicher Briefe dazu, eine früh erprobte Art unerbittlichen, streitbaren Kritisierens zu vervollkommnen – eine Art, die eher berühmt-berüchtigt geblieben denn systematisch untersucht worden ist.[1]

Der Konferenzthematik gemäß soll gefragt werden, wovon Lessing wen und wie in seinen *Literaturbriefen* überzeugen wollte. Und zwar im speziellen Fall seiner zwiefachen Auseinandersetzung mit Wieland, die recht exemplarisch für die Briefe ist. Denn sie berührt fast alle ihrer zentralen Themen und Gegenstände[2]: Schweizer und Gottschedianer, Ästhetik und Gelehrsamkeit, religiöse Dichtung und historische Dramatik.

Die erste Bekundung zu Wieland betrifft sein Schaffen im Bodmer-Breitinger-Kreis und erstreckt sich über acht *Literaturbriefe*[3], den 7. bis 14. Ihre un-

---

[1] Hans Werner Seiffert: Neues über Lessings Literaturbriefe. In: Festschrift zur 250. Wiederkehr der Geburtstage von Gleim und Lichtwer. Halberstadt 1969, S. 65–79. – Peter Michelsen: Der Kritiker des Details. Lessing in den *Briefen, die neueste Literatur betreffend*. In: Wolfenbütteler Studien zur Aufklärung 2 (1975), S. 148–181.

[2] Wolfgang Albrecht: Kritik, Polemik und Ästhetik im Zeichen der Gelehrsamkeit. Lessings Beitrag zu den *Briefen, die neueste Literatur betreffend*. In: Impulse. Folge 9. Berlin und Weimar 1986, S. 115–152, hier ab S. 130.

[3] Zitiert mit Brief- und Seitenzahl nach R 4.

verkennbare leitende Absicht besteht darin: überzeugend zu erweisen, daß von
zwei Ursachen des Wielandschen Gesinnungswandels in der Schweiz die
schlechtere zutrifft, daß er nicht aus freiem innerem Antrieb, sondern durch
»äußere Umstände« bedingt, mit »Gewalt« (7; S. 103) sich änderte und dabei
statt irgendeines Gewinns die Gefahr erlangte, seinen guten Namen zu be-
einträchtigen.

Dies zu erweisen, bezog Lessing Persönliches ein und machte es sogar zum
Angelpunkt – entgegen dem sonst in seinen *Literaturbriefen* durchaus praktizierten eigenen Prinzip sachlicher werkbezogener Kritik[4], das er auch hier an-
führte. Dennoch deutete er auf Wielands frühere freidenkerische Gesinnung
hin und lastete ihm angesichts des Kontrastes zur gegenwärtigen religiösen an,
eine »doppelte Rolle gespielt [zu] haben« (7; S. 103). Der Schluß, daß Wieland
noch in eine weitere Zwielichtigkeit geraten sei, wird durch die ferneren
Ausführungen sehr nahegelegt. Sie lassen ihn einerseits und durchaus berechtigt als willfährigen Handlanger der schweizerischen Literaturgruppierung
gegen ihren Widersacher Uz erscheinen, andererseits und etwas vereinseitigend
als allenthalben frömmelnden Schriftsteller (der Wieland in der punktuell
kritisierten *Sammlung einiger prosaischen Schriften*, von 1758, keineswegs bloß
ist). Es ergibt sich ein Kontrast zwischen absoluter Unduldsamkeit bestimmter
anderer Literatur gegenüber und ostentativer christlicher Frömmigkeit, der
indes kein exponiertes Argument in Lessings kritischer Betrachtung bildet.
Vielmehr wurden die anschließenden Briefe hauptsächlich daraufhin angelegt,
Wielands Religiosität in ihren literarischen Folgen zu ergründen.

Lessing hat damit nicht zufällig im dichterischen Bereich begonnen. Dort
sah er generell die durch die *Literaturbriefe* vorrangig aufzuzeigenden Probleme. Und dort konstatierte er im Falle Wielands den unmittelbarsten fatalen
Niederschlag der religiös geprägten Haltung, anhand des Prosahymnus *Empfindungen des Christen* (1757/58). Sie sind von Lessing präzis als Wielands eigene
Empfindungen interpretiert und als Übersteigerungen bewertet, genauer:
abgewertet worden. Aus einem Vergleich mit Prosagesängen des dichtenden
Theologen Johann Wilhelm Petersen (1649–1727) erwächst das sachlich gegründete, nachvollziehbare Fazit: Wieland sei im Unterschied zu Petersen
»reich an Blümchen, an poetischem Geschwätze«, doch gleich ihm »ein
Schwärmer« (8; S. 107). Mit dem Pejorativum »Geschwätz« ergibt sich eine
Kategorie zur Beurteilung des Autors und zur Meinungsbildung des Lesers,
womit dem Kritiker hernach weitere Bereiche des jüngsten Wielandschen
Schaffens begrifflich exakt und eindringlich faßbar geworden sind.

---

[4] Vgl. Albrecht (Anm. 2), S. 120ff.

Kaum minder wirksam eingesetzt hat Lessing den zweiten Schlüsselbegriff, »Schwärmer«, der das resümierende und einem finalen Paukenschlag gleichende Schlußwort des 8. Briefes abgibt und stringent aus ihm entwickelt wird. Schwärmerei galt in der deutschen Aufklärungsbewegung schon seit ihrer Frühphase öfter als etwas Bedenkliches, als eine Verirrung zuvörderst religiösen Denkens, Fühlens und Handelns. Von daher bot sich, um 1750, zu einer Zeit neuerlich wachsender Gefühlsinnigkeit der Literatur (auch der Lessings; Umfeld der Mitleidsdramatik), die Problematik literarisch sublimierten Schwärmertums verstärkt zu kontroverser Diskussion. Lessing bezog in den *Literaturbriefen* Wieland ebenso wie Klopstock und Cramer gegenüber eine Sonderstellung, vergleichbar seinem Standpunkt im Fragmentenstreit. Waren es für ihn da sowohl Neologen als auch Orthodoxe, die Religion und Religiosität fragwürdig werden ließen, so hier diejenigen, die »uns die ganze Religion platterdings wegphilosophieren«, und diejenigen, »die uns eben diese Religion wegwitzeln« (8; S. 106), beide Male aus eigennützigen Absichten.

Der Verfasser der *Empfindungen* gehörte für Lessing zur letzteren, auf vordergründiges Leseamüsement abzielenden Richtung. Wieland mache, lautet Lessings Kritik und (An-)Klage umschließender Befund, verfehlterweise »Geheimnisse« der Religion »zu Gegenständen des *schönen Denkens*« (8; S. 105). Der hervorgehobene Terminus stammt aus dem zeitgenössischen Wortfeld »schöne Wissenschaften« und bezieht sich auf ein Produkt der Dichtkunst – indes auf ein nach Lessings plausibler Darlegung vereinseitigend ausgedachtes, vor allem affektbedachtes eines durch seinen eigenen »witzigen Kopf« Enthusiasmierten, der glaube, »daß dieser Enthusiasmus das wahre Gefühl der Religion sei« und »Ausschweifungen der Einbildungskraft Empfindungen« (8; S. 105). Aufs Innerste der Religion fehlbezogener leichter Geist, von ihm bewirkter Enthusiasmus, ausschweifende Phantasie, Schwärmerei – das ist der von Lessing evident gemachte Entstehungszusammenhang der Schrift, der auf einen zweckverhafteten und empfindungsarmen Denkvorgang schließen läßt. »Wo diese [die Einbildungskraft – W. A.] so geschäftig ist, da ist ganz gewiß das Herz leer, kalt.« (8; S. 105) Auch das Herz Lessings ist es, bei der Lektüre, geblieben. Und so, bedeutet er unausgesprochen, werde es nicht nur ihm gehen. In seiner Sicht mißlang Wielands religiöse Dichtung, weil sie keiner Einheit von »Kopf« und »Herz« entsprang und keine hervorzubringen vermag. Ausgewogenes engstes Zusammenspiel von tiefgründigem Denken und Fühlen sowie im weiteren von lebensnahem selbständigem Denken und Handeln war es, worauf Lessing schon immer insistiert und seine eigenständige aufklärerische Position gegründet hatte.

Wennschon jene Einheit mehr oder weniger zu einem Ideal tendierte, lieferte sie für Lessings Kritik eine tragfähige Basis und einen adäquaten Bewertungsmaßstab, eben weil Wieland dergleichen Ansprüche signalisiert hatte. Füglich verblieb Lessing in dieser Argumentation auch hinsichtlich eines anderen Hauptteils neuen Wielandschen Schaffens, der Publizistik. Hierbei boten sich, schon vom Titel her, die Überlegungen an, die in der Schrift *Plan einer Akademie zu Bildung des Verstandes und Herzens junger Leute* (1758) vorgelegt worden waren.

Den Ansatzpunkt lieferte Wielands Bekunden, anknüpfend an griechische antike Autoren ein wohlüberlegtes Lehrverfahren zu entwickeln. Dies hat den *Gelehrten* Lessing aktiviert, der falsche oder strittige Auslegungen aufzeigt und daraufhin (Mendelssohnsche Bemerkungen einbeziehend) die Wieland vorschwebende stufenweise Ordnung zur Wissenschaftsvermittlung als verfehlt und lückenhaft nachweist. In einem Zwischenresümee konstatiert Lessing sarkastisch, dennoch sachlich gegründet, weitreichende Oberflächlichkeit statt der versprochenen Gründlichkeit. Und Wieland sei vollkommen in dem gewöhnlichen Kardinalfehler befangen, die Erziehung zum Selbstdenken zu übergehen.

An dieser Stelle weitet sich Kritik exemplarisch zur verallgemeinernden aufklärerischen Reflexion:

> Das große Geheimnis, die menschliche Seele durch Übung vollkommen zu machen – (Herr *Wieland* hat es nur dem Namen nach gekannt) – bestehet einzig darin, daß man sie in steter Bemühung erhalte, durch eigenes Nachdenken auf die Wahrheit zu kommen. Die Triebfedern dazu sind Ehrgeiz und Neubegierde; und die Belohnung ist das Vergnügen an der Erkenntnis der Wahrheit. (11; S. 114f.)

Lessing hat hier eine der in der Aufklärungsbewegung von Anfang an begegnenden »Programmideen«[5], das Selbstdenken, formelhaft einprägsam ausformuliert zu einem Hauptprinzip aufklärerischen Bestrebens. Es umfaßt, von ihm selbst stets praktiziert, die Zusammengehörigkeit von Selbstdenken und *Selbsthandeln* zwecks Wahrheitsfindung als ideellen Ziels jeglichen Aufklärens.

Von dieser Warte her erschien Lessing begreiflicherweise der »Plan« Wielands für die »Bildung des Verstandes« so wenig tauglich wie für die »des Herzens«. Analog zur religiösen Dichtung, wo christliches Empfinden zur Schwärmerei verflachte, wollte Wieland nunmehr die von ihm unablässig beigebrachte christliche Religion Lessing zufolge »bloß als eine erhabene Moral

---

[5] Norbert Hinske: Die tragenden Grundideen der deutschen Aufklärung. Versuch einer Typologie. In: Karlfried Gründer und Nathan Rothenstreich (Hg.): Aufklärung und Haskala in jüdischer und nichtjüdischer Sicht. Heidelberg 1990, S. 67–100, hier S. 74ff.

gelehret wissen«, dem »Inhalte der Dogmatik« benommen (12; S. 118). Dem korrespondiert seine bloßgestellte Bewunderung französischer Kanzelredner, die er für unerreichte Muster erachtete, während Lessing bei ihnen die – »wahre Gottesgelehrte« (13; S. 119) auszeichnende – Lehrhaftigkeit des Predigens vermißte. Entsprechend fiel Lessings Endurteil aus:

> Und eben diese so schwere Verbindung des Gründlichen und Pathetischen ist es, die unserm *Mosheim*, nach meinem Bedünken, einen sehr großen Vorzug vor allen französischen Predigern gibt. Allein was geht *Herr Wielanden* das Gründliche an? Er ist ein erklärter Feind von allem, was einige Anstrengung des Verstandes erfordert, und da er alle Wissenschaften in ein artiges Geschwätze verwandelt wissen will, warum nicht auch die Theologie? (13; S. 122)

Abermals bemerkte Lessing resümierend Oberflächlichkeit oder Seichtigkeit. Nach genuin aufklärerischen, gegenstandsadäquaten Kriterien urteilend, wies er Wielands *Plan* eine Wertigkeit zu, die die Bezeichnung »Geschwätz« unmißverständlich kundtat.

Trotzdem zog er noch ein zusätzliches, über das Literarische hinausreichendes Moment heran: den Patriotismus. Unpatriotisch dünkte ihm nicht Wielands Vorliebe für Shaftesbury und andere Engländer (die seiner eigenen gleichkam), wohl aber die für einige Theologen aus Frankreich sowie die Verwendung von Gallizismen. Wenngleich Wieland sich zu jener Zeit tatsächlich dem Patriotischen gegenüber distanziert verhielt[6], ging der Vorwurf »patriotischer Verachtung seiner Nation« (13; S. 118) zu weit. Ein differenzierteres, seinem Kosmopolitismus gemäßeres Verständnis der im Gefolge des (Siebenjährigen) Krieges hochaktuellen Problematik bekundete Lessing nach der öffentlichen, unmittelbar an die Wieland-Kritik anschließenden Wertschätzung des »preußischen Grenadiers« (*15. Literaturbrief*) in Privatschreiben an Gleim (16.12.1758; 14.2.1759). Und statt Wielands Sprache vornehmlich als weiteren Beleg für den gerechtfertigten scharfen Spruch über sein Werk zu nehmen, wurde sie zum Zeugen gegen seine persönliche Gesinnung berufen, wobei Lessing zudem völlig die Mehrsprachigkeit in der Schweiz außer Betracht ließ. Es schloß sich ein Kreis; Lessing kam auf den Ausgangspunkt der kritischen Auseinandersetzung zurück, aufs Private und Persönliche.

Sein Verfahren läßt eine verdeckte Nebenabsicht vermuten. Und es gibt sie unzweifelhaft; sie besteht darin, Wielands Handlungsweise Uz gegenüber, einem Freund Lessings, zu ahnden. Lessing spricht vom »verabscheuungswür-

---

[6] Vgl. Irmtraut Sahmland: Christoph Martin Wieland und die deutsche Nation. Tübingen 1990, Kap. 6.1.

digen Verfolgungsgeist« (7; S. 104), und ihn hat er mindestens dreifach zurückgegeben. Kaum anders als Uz durch Wieland wurde Wieland von Lessing
moralischer Verachtung anheimgestellt (Brief 7), in individueller Religionsauffassung verdächtig gemacht und geradezu an Theologen denunziert (Brief 12)
und schließlich ideell-politisch diskreditiert. Die Methode war nicht neu, und
sie ist wahrhaftig ein probates Mittel geblieben, unliebsame Andersdenkende
auszuschalten.

Jedoch trachtete Lessing, im markanten Unterschied zu seiner Polemik gegen Gottsched, weder den Menschen noch den Autor Wieland kritisch zu
vernichten. Hauptsächlich erfolgte eine werkbezogene Sachkritik. Sie wurde
ausdrücklich dem fiktiven Briefempfänger, damit jedem Leser, »zur Beurteilung« vorgelegt (9; S. 108). Zuvor war außerdem eine dringliche Mahnung zur
Gesamtlektüre der Wielandschen Prosasammlung ergangen (7; S. 104). Wie
stets sollten Lessings Leser, hier zugleich diejenigen Wielands, zum Selbstdenken, zur eigenen Meinungsprüfung stimuliert werden. Und genauso Wieland
selbst, an den Lessing sich direkt wandte, dem er mit Fragen erklärtermaßen
»beschwerlich fallen« wollte (9; S. 109). Eben weil er ihn zu schätzen wußte,
führte er schonungslos die Gefahr vor Augen, daß sein Ruf »einer der schönsten
Geister unter uns« (7; S. 103) leicht Schaden nehmen könnte. Wieland wurde
unmittelbar einbezogen in die Überzeugungsarbeit des Kritikers, der ihn
warnte vor Schwärmerei und Frömmelei sowie vor Oberflächlichkeit und
Nachlässigkeit als den folgenschwersten Erscheinungen der im Verlaufe des
Schweizaufenthalts eingenommenen schriftstellerischen Haltung. Letztlich
sollte Wieland aus dem Bannkreis Bodmers und Breitingers herausgeführt
werden zu einer Position über den kontroversen Parteien der Schweizer und
Gottschedianer, deren Streit den Literaturbriefschreibern allesamt recht anachronistisch vorkam, über den hinweg sie zu neuer aufklärerischer deutscher
Literatur vorzudringen und ihre Zeitgenossen hinzulenken versuchten.

Der Auftakt der zweiten Wieland-Kritik (Brief 63 und 64), die dem Trauerspiel *Lady Johanna Gray* galt, könnte angelegt sein, den Anschein zu erwecken,
als habe die erste bereits gefruchtet: »Freuen Sie sich mit mir! Herr *Wieland* hat
die ätherischen Sphären verlassen, und wandelt wieder unter den Menschen-
kindern.« (63; S. 293) Daß sich über dem Stück umgehend Unstimmigkeit
zwischen Bodmer und Wieland anbahnte[7], dürfte Lessing kaum gewußt, weil
schwerlich ungenutzt gelassen haben. Im übrigen war es bereits im Juli 1758
uraufgeführt und bald darauf publiziert worden. Lessing verschwieg die Daten

---

7 Vgl. Raimund Neuß: Tugend und Toleranz. Die Krise der Gattung Märtyrerdrama im 18. Jahrhundert. Bonn 1989, S. 81–86.

und auch das, was ihn sehr wahrscheinlich entscheidend veranlaßte, sich relativ spät noch öffentlich mit dem Drama zu beschäftigen: Mendelssohns Rezension des Buches in der *Bibliothek der schönen Wissenschaften* (Bd. 4, St. 2, Mai 1759). Es besteht diesbezüglich Parallelität zum berühmten *17. Literaturbrief*. Nur wurden Differenzen mit dem Kritiker der *Bibliothek* nicht offen bekundet; sie existieren aber, bei aller Zustimmung für »die Verfasser der *Bibliothek*« (63; S. 295), nachweislich[8] und sind identisch mit Lessings Haupteinwänden gegen das Stück.

Über die gleich anfangs so vehement getane Aufforderung zur Freude wurde versucht, den Leser zu lenken, ihn nachhaltig dahin zu bringen, mit Lessing mitzugehen; auch dann noch, wenn bei Aufreihung der Schwächen des Dramatikers Wieland und Bloßlegung seiner Abhängigkeit von dem *Johanna*-Stück des Engländers Nicholas Rowe sich reiner Frohsinn schmälert und seitens des Kritikers schier in Häme, wenigstens in Ironie wandelt, als er die Abhängigkeit zwischen Wieland und Rowe umkehrt und seine »kleine Bosheit« (64; S. 302) dann einbekennt.

Lessing hat die Analyse der Dramaturgie und des Stück-»Plans« verschränkt mit »einigen Anmerkungen, die den *Schöpfergeist* des Herrn *Wielands* in ihr Licht setzen sollen« (63; S. 295). Es werden (abermals) seine poetologischen Vorgaben und dichterischen Resultate untersucht; wofür allerdings Rowe, »eine[r] der größten englischen Dichter« (64; S. 302), den Maßstab liefert und übergreifend Lessings Mitleidsdramaturgie. Nur partiell läßt sich das Bemühen erkennen, Wielands Werk aus Wielands Geist heraus zu verstehen und zu bewerten. Denn seine Dramenkonzeption mit dem »*vermeinten* edeln Endzweck des Trauerspiels« (63; S. 295) wird von Anfang an bezweifelt und indirekt verworfen.

In einer, von Lessing auszüglich zitierten Vorrede hatte Wieland die tragische Gattung dazu bestimmt, »das Große, Schöne und Heroische der Tugend auf die rührendste Art vorzustellen – sie in Handlungen nach dem Leben zu malen, und den Menschen Bewunderung und Liebe für sie abzunötigen'« (63; S. 293). Auch Mendelssohn stand in der Tradition des heroischen, auf Bewunderung abzielenden Trauerspiels, die er im sogenannten Briefwechsel über das Trauerspiel mit Lessing und Nicolai (1756/57) verteidigt hatte.[9] Lessing hingegen hatte, wesentlich von der Praxis seines bürgerlichen Trauerspiels *Miß Sara Sampson* (1755) ausgehend, der tragischen Dramatik den »Endzweck« der Mit-

---

[8] Aufgezeigt bei Neuß (Anm. 7), S. 68, 79f. und 104f.
[9] Hans-Jürgen Schings: Der mitleidigste Mensch ist der beste Mensch. München 1980, Kap. III.

leidserregung zugewiesen.[10] Der Mitleidsaffekt sollte den Rezipienten aktivieren, zum Selbstdenken und Selbsthandeln stimulieren, was nach Lessings Überzeugung die kontemplative Bewunderung unmöglich erreicht. Freilich knüpfte er Hervorbringung des Mitleids an zwei Hauptbedingnisse. Zum einen an Identifikation gewährende Figuren, die weder einseitig gut noch bloß böse seien; zum zweiten an solche Identifikationsgestalten, die selbst nach Maßgabe der Einheit von Reflexion und Handeln auftreten. Und beides lasse Wieland vermissen. Statt des beabsichtigten Stücks voll lebensnaher Handlung habe er, wie Lessing bilanzierte, ein moralisierendes Märtyrer- und Heroendrama geschrieben; also ein der klassizistischen höfischen Tragödie verwandtes Werk.

Der Lessing häufig angelastete Plagiatsvorwurf [11] steht nicht allein und nicht einmal im Mittelpunkt, sondern im Kontext der über den *17. Literaturbrief* hinaus fortgesetzten Polemik gegen Nachfahren des französischen Klassizismus. Sie erfolgt innerhalb einer untergründigen Weiterführung des Briefwechsels übers Trauerspiel und bildet das geheime Zentrum zweier *Literaturbriefe*, unter deren Adressaten außer Wieland auch Mendelssohn gehört. Von Wielands Stück empfing Lessing neue Argumente gegen Mendelssohn. Und es ist weniger unter dem Aspekt des Plagiats (nirgends mit dieser aburteilenden Begrifflichkeit) bewertet worden als unter dem der schöpferischen Aneignung (die für Lessing immer entscheidend war, weil er selbst Werke anderer nutzte). Dem Wertungsverfahren eignet an sich Überzeugungskraft, indes zeitigte es im Falle Wielands ein recht subjektives Fazit, das großenteils auf individuellen, dem Dramenkonzept des Kritikers entlehnten Analysekriterien beruht.

Daß Wieland sein Stück höfischer Klassizistik angenähert hatte, mußte zwangsläufig gegen ihn sprechen vor ihrem und Gottscheds unerbittlichstem Widersacher. Die bei Lessing mitspielende Zwangsläufigkeit brachte Wieland gelegentlich eng an die Seite Gottscheds: »Ich meinte, nur der Verfasser der *Parisischen Bluthochzeit* stehe in dem schülerhaften Wahne, daß der Dichter [...] genau bei den Charakteren, wie sie die Geschichte von seinen Helden entwirft, bleiben müsse.« (63; S. 298) Andererseits war gerade dieser Vergleich einen Grundsatz zu bekräftigen gedacht, der kurz zuvor im antithetischen

---

[10] Zum folgenden Wolfgang Albrecht: »Was ist ein Held ohne Menschenliebe!« Bürgerliches Trauerspiel und Humanität bei Lessing. In: Weimarer Beiträge 31 (1985) 12, S. 1941–1965, hier S. 1946ff.

[11] Zuletzt von Raimund Neuß: »Einen prächtigen Tempel eingerissen ...«. Zu Lessings Plagiatsvorwurf gegen Wielands Märtyrerdrama *Lady Johanna Gray*. In: Zeitschrift für deutsche Philologie 107 (1988) 4, S. 481–488. Neuß zieht eine direkte Linie zur Wieland-Kritik der Frühromantiker, obwohl die Lessings »weit über den Plagiatsvorwurf hinausging« (S. 482).

Bezug zu einem personifizierten Herkommen aufgestellt wurde: »Doch lassen Sie mich nicht wie ein *Gottschedianer* kritisieren. Der Dichter ist Herr über die Geschichte [...]!« (63; S. 296) Dieser Grundsatz führt über das Wielandsche Einzelwerk hinaus, obschon er, auf es angewandt, zunächst vorrangig den der Mitleidskonzeption verpflichteten Kritikerbefund gestützt hat.

Lessing verlebendigte aus Traditionen antiker Poetologie ein ästhetisches Prinzip, das der Literaturkritik allgemeingültige Kriterien und der Dichtung Neuerungen zu erschließen geeignet war. Gleiches gilt für seine ebenfalls verallgemeinerbare Unterscheidung zwischen »*moralisch gut*« und »*poetisch böse*« (63; S. 293). Sie half, hergebrachte Tugend-Laster-Dualismen zu überwinden und die Maxime zu verbreiten, daß ästhetische Qualität eines literarischen Werkes über Tugend oder Moral darin auftretender Figuren rangiere. So wurden Möglichkeiten vorgezeichnet, die unabdingliche Subjektivität des Kritikers etwas zu objektivieren. Und insofern brachte Lessing einige Momente ein, die seine beibehaltene Absicht unterstützen konnten, zusamt seinen Lesern auch Wieland zu erreichen und womöglich zu überzeugen.

Lessings Wieland-Kritik insgesamt umfaßt beträchtlich mehr als die ihr bisher zugeschriebene rachevolle Auseinandersetzung mit einem exponierten Repräsentanten der Schweizer[12] und bestätigt nicht uneingeschränkt die zu den Lessingschen *Literaturbriefen* pauschal getroffene Feststellung, sie gründeten auf Vor-Urteilen und konservativen Kategorien.[13] Zwiespältig aber sind sie öfter, gerade in den Wieland gewidmeten Partien, wegen unangebrachter Vermengung persönlicher und sachlicher Komponenten. Und nicht etwa dadurch gewinnt die Wieland-Kritik an zusätzlicher Relevanz, daß der Kritisierte bald manches akzeptierte[14] und sukzessive der Aufklärerposition Lessings näherrückte.[15] Sondern deshalb, weil einige innovatorische, zukunftsträchtige Prinzipien und Kriterien vorgebracht und zumindest partiell angewandt wurden: einlässige werkbezogene Analyse statt planer Inhaltsreferate, streitbare Kritik ohne Ansehen namhafter Persönlichkeit, aber mit konstruktiven Endabsichten und förderlichen Hinweisen für den Kritisierten, mit nutzbaren Verallgemeinerungen, Schlußfolgerungen. Lessing bezog die Leser in seine Argumentationsbildung und -ausbreitung ein und ermunterte sie, jegliche

---

[12] So Seiffert (Anm. 1) und Asta Richter: Das Bild Wielands in den *Briefen, die neueste Literatur betreffend*. In: Thomas Höhle (Hg.): Wieland 1983. Halle (Saale) 1985, S. 259–266.

[13] Michelsen (Anm. 1), insbes. S. 172 und 164.

[14] Vgl. G. E. Lessing: *Briefe, die neueste Literatur betreffend*. Mit einer Dokumentation zur Entstehungs- und Wirkungsgeschichte. Hg. von Wolfgang Albrecht. Leipzig 1987, S. 413–421.

[15] Punktuell vergegenwärtigt bei Wolfgang Albrecht: Lessing und Wieland. Konzeptionen der Aufklärung in Deutschland. In: Erbepflege in Kamenz 8 (Kamenz 1988), S. 49–67.

Meinung zu prüfen; er wollte weitestmöglich überzeugen, nicht bloß unverbindlich streiten – um selbständiges Denken und Handeln zu provozieren, um sich und andere auf dem aufklärerisch angebahnten Weg zur Wahrheit voranzubringen.

Beate Allert

Pluralisierung der Ringe oder Ringverlust?

Lessings Beitrag zur Metaphorisierung und/oder Politisierung der Sprache

> Es ist nicht wahr, daß die kürzeste
> Linie immer die gerade ist .[1]

In der Ringparabel kann sich der Vater zunächst nicht entscheiden, welchem der drei Söhne er den Ring geben soll. Er verspricht ihn jedem der Söhne einzeln, geht zum Juwelier und läßt sich von einem Künstler identische Ringe nachmachen. Während der Vater in Boccaccios *Decamerone* noch wußte, daß einer von den Ringen der Söhne das Original war, hat hingegen der Vater in Lessings Ringparabel die Kontrolle über diese Frage völlig verloren.[2] Impliziert ist bei dieser Lesart Lessings über den Kontrollverlust des Vaters hinaus, daß es überhaupt kein Original mehr gibt, denn: »Der echte Ring / Vermutlich ging verloren« (G 2, S. 279). Wollte der Vater »Die Tyrannei des Einen Rings nicht länger / In seinem Hause dulden« (G 2, S. 280), so ist die Qualität des Ringes mit der Pluralisierung – mit Walter Benjamin könnte man ergänzen: dem Auraverlust – grundsätzlich verändert.[3] Nicht der Ring bestimmt den Träger, sondern der Träger bestimmt nunmehr den Ring. Nur derjenige Sohn, der selbst die Kraft besäße, sich bei andern beliebt zu machen, sei legitimer Herrscher, was für den Wert des Ringes rückwirkend sprechen würde. Dann hätte der Träger die verborgene Kraft in dem Stein seines Ringes zum Ausdruck gebracht. Die entscheidende Bedeutung ist jedenfalls keinem der Ringe von

---

[1] Gotthold Ephraim Lessing: *Erziehung des Menschengeschlechts.* In: G 8, S. 509.

[2] Zum Vergleich der Ringparabel Lessings mit der dritten Geschichte vom ersten Tag in Boccaccios *Decamerone* s. Heinz Politzer: Lessings Parabel von den drei Ringen. In: G. E. Lessing: Wege der Forschung. Bd. CCXI. Hg. von Gerhard und Sibylle Bauer Darmstadt 1968, S. 343–361.

[3] Walter Benjamin: Das Kunstwerk im Zeitalter seiner technischen Reproduzierbarkeit. In: Illuminationen. Frankfurt a. M. 1977, S. 136–169. Schreibt Benjamin von der Veränderung der Wahrnehmung und des Wahrnehmungsgegenstandes durch die Photographie, so nimmt Lessing mit der Veränderung des Ringes durch die Multiplizierung in seiner Version der Ringparabel einen Teilaspekt derartiger Strukturveränderung, die sich auch in der Sprache spiegelt, vorweg.

vornherein gegeben. Nathan wechselt von der Erzählung der Legende zur
Aufforderung: »Es eifre jeder seiner unbestochnen / Von Vorurteilen freien
Liebe nach! / Es strebe von euch jeder um die Wette, / Die Kraft des Steins in
seinem Ring' an Tag / Zu legen« (G 2, S. 280). Im danach folgenden Konditio-
nalsatz spricht Nathan von einem Richter, den er »über tausend tausend Jahre«
wiederum vor diesen Stuhl laden werde, und der wohl ein weiseres Urteil als
er selbst fällen könne (G 2, S. 280). Damit hat Nathan die unbequeme und
tückische Frage Saladins von sich gewälzt.

In Lessings Ringparabel zeigt sich gleichnishaft eine Vertauschung von Zeichen und Bezeichnetem: Der Ring besitzt seine Wunderkraft nicht von vornherein, sondern hängt ab vom Gebrauch des Trägers, vom Diskurs, in dem er
eine interpretationsbedürftige Rolle spielt, die ihrerseits für die implizite
Sprachtheorie Lessings ausschlaggebend ist. Verschoben wird die Aufmerksamkeit vom Was zum Wie, vom Sprecher zum Hörer, von der lexikalischen Bedeutung des Wortes zur metaphorischen. Diese Bedeutung läßt sich nach Lessing nicht mehr wie in der antiken Metapherntradition auf die sekundäre Bedeutung des Wortes reduzieren.[4] Was mich dabei interessiert, ist die Lockerung
des herkömmlichen Zuordnungssystems sprachlicher und sprachtheoretischer
Verhältnisse und die politische Relevanz jener angedeuteten Verschiebung.
Angezeigt ist eine Metaphorisierung der Sprache, die in der Tradition von Metapherntheorien weitreichende Folgen hat, etwa bis hin zu den besagten Münzen oder Worten Nietzsches, die auch, aber doch ganz anders als bei Lessing,
ihren ursprünglich geglaubten Wert verloren haben.[5]

---

[4] Zur Geschichte der Metapherntheorien ausgehend von Aristoteles vgl. Paul Ricoeur: La meta-
phore vive. Paris 1975; Jürgen Nieraad: Bildgesegnet und Bildverflucht: Forschungen zur
sprachlichen Metaphorik. Erträge der Forschung. Bd. 63. Darmstadt 1973; Ernesto Grassi: Die
Macht der Phantasie: Zur Geschichte abendländischen Denkens. Königstein im Taunus 1979;
Mark Johnson: Introduction: Metaphor in the Philosophical Tradition. In: M. Johnson (Hg.):
Philosophical Perspectives of Metaphor. Minneapolis 1961, S. 2–44; Anselm Haverkamp (Hg.):
Theorie der Metapher. Darmstadt 1983. Wird die Wende vom Substitutionsmodell der Meta-
pher zum Interaktionsmodell in der Metaphernforschung oft im Verweis auf Vico, Herder und
Jean Paul genannt, so bezeichnet Lessing meines Erachtens eine Bruchstelle in der Tradition von
Metaphertheorien. Die Vorstellung, daß Metaphern verkürzte Vergleiche oder abgeleitete, sekundäre Sprachstrukturen seien, wird durch das anspielungsreiche Zitat Lessings zu Beginn
meines Vortrags bereits in Frage gestellt. Vgl. auch Frank Schlossbauer: Nathans Witz: Zur Neu-
bestimmung des witzigen Formprinzips bei Lessing. In: German Quarterly 62, Nr. 1 (Winter
1989), S. 15–26.
[5] Vgl. Friedrich Nietzsche: Über Wahrheit und Lüge im aussermoralischen Sinn. In: Werke. Hg.
von Karl Schlechta. 6. durchgesehene Aufl. München 1969. Bd. III, S. 314: »Was ist also
Wahrheit? Ein bewegliches Heer von Metaphern, Metonymien, Anthropomorphismen, kurz
eine Summe von menschlichen Relationen, die poetisch und rhetorisch gesteigert, übertragen,
geschmückt wurden und die nach langem Gebrauch einem Volke fest, kanonisch und verbindlich dünken: die Wahrheiten sind Illusionen, von denen man vergessen hat, daß sie welche

Im Diskurswechsel von der Kanzel zur Bühne, von der politischen Streitschrift zum Medium der Kunst, der Fiktion, ist es Lessing gelungen, trotz der Zensur weiterzuschreiben.[6] Auch wenn der konkrete politische Anlaß für die Ringparabel der Religionsstreit mit Goeze war, enthält dieser Text weit mehr als die Verlängerung des Religionsstreits oder eine darauf fixierte Verzögerungspolitik.[7] Die qualitative Differenz der poetischen Sprache Lessings besteht darin, daß sie nicht nur auf vorgeschriebene Antworten verzichtet, sondern die Struktur von Fragen und ihre eigene Modalität mitreflektiert. Lessing behauptet weder ein Bedeutungsmonopol des »Musterrings«, noch steht die Ringparabel für eine beliebige Gleichwertigkeit der Ringe. Auch wenn der kategorische Imperativ der Ringparabel Lessings ausdrücklich den Söhnen gilt, so ist doch die Tendenz von *Nathan der Weise*, Gleichberechtigung als Prinzip zu befürworten und dem künftigen Publikum ein Votum zuzuspielen. Übertragen auf die implizite Sprachtheorie Lessings heißt die Ringparabel, daß Wortbedeutungen weder ein für alle mal feststehen, da sie vom jeweiligen Kontext, in dem sie verwendet werden, abhängen und daß sie andererseits, bezogen auf ihre jeweilige Wirkung, eine Eigendynamik haben können.

Wir reden in dieser Konferenz, und so will es die Überschrift, von Lessings Strategien, von Ausweichmanövern und von sprachlicher Taktik. Vorausgesetzt werden bei Lessing scheinbar Autorkontrolle und durchkalkulierte Sprache,

---

sind, Metaphern, die abgenutzt und sinnlich kraftlos geworden sind, Münzen, die ihr Bild verloren haben und nun als Metall, nicht mehr als Münzen, in Betracht kommen.« Vergleicht Nietzsche die Worte mit abgegriffenen Münzen, die ihren Wert verloren haben, obwohl sie noch in Umlauf sind und den Konventionen gemäß gehandelt werden, so hält Lessing in der Ringparabel einerseits am besonderen Wert jeden Ringes in Abhängigkeit von der persönlichen Handlungsweise des Trägers fest, andererseits wird der Verlust des Ringes thematisiert. Seine Aussagen lassen sich weder einheitlich dem Substitutionsmodell der Metapher noch dem Interaktionsmodell zuordnen.

[6] Zu Lessings Problem der Zensur und zum historisch-politischen Hintergrund s. Wilfried Barner, Gunter E. Grimm u. a.: Lessing: Epoche – Werk – Wirkung. 5. Aufl. München 1987, insbes. S. 309–313.

[7] Vgl. Sigrid Suesse-Fiedler: Lessings *Nathan der Weise*: Eine wirkungsgeschichtliche Studie. Stuttgart 1980; David Wellbery: Lessing's *Laokoon*: Semiotics and Aesthetics in the Age of Reason. Cambridge 1984 und Robert S. Leventhal: The Parable as Performance: Interpretation, Cultural Transmission and Political Strategy in Lessing's *Nathan der Weise*. In: German Quarterly 61 (1988) 4, S. 502–527, und Michael Morton: Verum est factum: Critical Realism and the Discourse of Autonomy. In: German Quarterly 64(1991) 2, S. 149–165. Indem Leventhal um eine implizite Hermeneutik bemüht ist, leistet er einer feministischen Interpretation der Ringparabel Vorschub. Mit seiner These von Lessings Strategie der Umschreibung (»circumlocution«), befürwortet er eine kontextorientierte Sichtweise. Morton setzt sich kritisch mit Wellbery und Leventhal auseinander, bleibt dabei aber mit der Frage zwischen Söhnen und Richter befangen: »The Parable is structured in such a way that we elucably find ourselves simultaneously in the position of the judge and the sons, which is to say that for us comprehension and (moral) activity are henceforth one« (S. 158).

Vorstellungen, die aber nicht nur durch Kritiker der Aufklärung, sondern schon mit Lessing hinterfragt sind. Lessing hat nicht zwischen willkürlichen Zeichen der Dichtung und natürlichen Zeichen der Malerei eine Trennungslinie gezogen; über dieses dualistische Konzept hinaus hat er den Gedanken entwickelt, daß es ein Merkmal poetischer Sprache sei, willkürliche Zeichen zu scheinbar natürlichen zu machen. Dieser Ansatz blieb bislang weitgehend vernachlässigt. Meist ignoriert wurde, die für Lessing wichtige Dimension selbstreflektierender Sprache und die Fähigkeit gleichnishafter Schreibweise, Einblicke in den Entstehungsprozeß von Begriffen und in die Prozeßhaftigkeit gedanklicher Vorgänge zu vermitteln. Es ist ein Merkmal für Lessings Sprachduktus, Erwartungen nicht zu erfüllen und dem Leser/der Leserin wenig vorzuschreiben. Dies gilt, obzwar auf der inhaltlichen Ebene von *Nathan der Weise* die Idee einer prästabilierten Harmonie überwiegt, das Problem der Ringparabel als vorläufiges gemindert und zuletzt die Verwandtschaft unterschiedlicher Figuren und Kulturen behauptet wird. Wenn auch bei Lessing das Monadenmodell von Leibniz vordergründig noch dafür zu sorgen scheint, daß das Problem der Pluralisierung zu keinem Verlust der Einheit führt, so sind doch entgegen dem Postulat der Einheit im Bereich sprachlicher Bilder, die über die Ebene der Argumentation hinausreichen, Ansätze vorhanden, die nicht in dieses Schema passen und von der Logik kategorialer Vernunft und begrifflicher Fixierungen weder eindeutig noch überzeugend erfaßt werden können. Wie der Tempelherr in *Nathan der Weise* beklagt, »Daß doch in der Welt / Ein jedes Ding so manche Seiten hat / Von denen oft sich gar nicht denken läßt / Wie sie zusammenpassen« (G 2, S. 304), so paßt bei genauerem Hinsehen auch in Lessings dramatischem Gedicht nicht alles zusammen. Sagt der Tempelherr: »Wie ist doch meine Seele zwischen Auge / Und Ohr geteilt« (G 2, S. 266), so klaffen auch bei Lessing verschiedene Sinne und sprachliche Ebenen nicht selten auseinander.

Ich möchte davon ausgehen, daß es bei Lessing auch jene Falten (Deleuze, *Le Pli*) oder, wie Herder sagen würde, »Schlupfwinkel« der menschlichen Seele gibt,[8] die vom Autor nicht zu kalkulieren oder zu kontrollieren sind und die

---

[8] Vgl. Gilles Deleuze: Le Pli. Paris 1988, und Johann Gottfried Herder: Ob Malerei oder Musik größere Wirkung gewähre? In: Sämtliche Werke. Hg. von Bernhard Suphan. Hildesheim 1967. Bd. XV, S. 238: »Wenn man einen Wilden schildert, sprach er, darf man nicht selbst wüten, und wenn man von einem Rasenden dichtet, nicht selbst rasen. Eben das ist das Vorrecht der Himmelgeborenen Kunst, das sie durch eine Art von Allwissenheit und geheimer Vorahnung auch die Falten und Schlupfwinkel des menschlichen Herzens kennt, die der Künstler selbst nicht gefühlt haben darf, jetzt aber im Lichte seiner Muse gewahr wird, und wie durch reflektierte Strahlen andern zeiget.« Was Herder als Vorrecht der Kunst bezeichnet, entspricht genau dem Vorsprung, den der Blick Sittahs, den Lessing als »Kunst« charakterisiert, gegenüber Saladin auszeichnet.

insbesondere in der bildhaften Sprache, im Bereich von Metaphern und Metonymien, zum Ausdruck kommen. Ich meine: Gewiß hatte es Lessing nicht nur mit einer äußeren, sondern auch einer inneren Zensur zu tun. Das Verdrängte und das nicht zu Ende Gedachte kommt indirekt, zeichenhaft, andeutungsweise und unvollständig zur Sprache. Es kann nur durch ein Lesen, das gewisse Denklücken mitberücksichtigt und der Gewohnheit zuwiderläuft, erkannt werden. Ohne Lessing eine feministische Interpretation unterstellen oder auf der sprachlichen Ebene zielgerichteter Artikulation zuschreiben zu wollen, möchte ich den bisherigen Interpretationen, die sich auf den weisen Nathan konzentrierten oder sich ausschließlich der Frage nach dem Richter und den Söhnen zuwandten, eine Interpretation nebenanstellen, bei der die Waise Recha als Erklärungsmodell gewählt wird und das Zusammenwirken scheinbar nebensächlicher Details ausschlaggebend wird.

Meine folgenden Überlegungen knüpfen an verschiedene Ansätze der bisherigen Lessingforschung an. Anregungen verdanke ich der psychoanalytisch orientierten Interpretation von Peter Horst Neumann, der hervorhob, daß es sich bei Lessing weniger um die Darstellung eines vorbildlichen, überlegenen Vaters handelt, sondern daß Nathan der Weise ein ratloser Vater ist, der einen Lernprozeß zu machen hat.[9] Volker Noelle hat nachgewiesen, daß Metaphernströme, Metaphernketten und daß die sogenannte »Metaphernregie« Lessings nicht nur eine Methode der Veranschaulichung und der Überzeugungskunst Lessings sind, sondern »Sinnverschiebungen« und »Akzentverlagerungen« zur Folge haben.[10] Wolfram Mauser hat treffend formuliert, daß Metaphern für Lessing nicht nur eine persuasive Funktion haben, sondern auch eine »subversive,« von der er vor allem dann Gebrauch mache, »wenn er eine Perspektive einführt, die argumentativ – im üblichen Sinn – nicht gedeckt ist, nicht gedeckt sein kann, nicht gedeckt sein will«.[11] Mauser hat überdies betont, daß es nicht darum geht, eine Wahrheit an die Stelle einer andern zu setzen, sondern in bestehende Machtstrukturen einzugreifen, wobei durch sprachliche Mittel eine Situation inszeniert wird, die hierarchischem Denken zuwider läuft und eine Gleichstellung und Toleranz unter den Gesprächspartnern in Antizipation erstrebter Sozialstrukturen bereits voraussetzt.[12] Im Dia-

---

[9] Peter Horst Neumann: Der Preis der Mündigkeit. Über Lessings Dramen. Stuttgart 1977, bes. S. 60–74.

[10] Volker Noelle: Subjektivität und Wirklichkeit in Lessings dramatischem und theologischem Werk. Berlin 1977.

[11] Wolfram Mauser: Toleranz und Frechheit. Zur Strategie von Lessings Streitschriften. In: Peter Freimark, Franklin Kopitzsch, Helga Slessarev (Hg.): Lessing und die Toleranz, Sonderband zum Lessing Yearbook. Detroit und München 1986, S. 279.

[12] Ebd., S. 281, schreibt Mauser in diesem Sinn von einer »Öffentlichkeit, die Lessing (noch) nicht

log wird ein Publikum nicht nur erzogen, sondern erst als solches geschaffen. Lessing stellt meines Erachtens mit der anfänglichen Frage, die aus der Tradition herrührt, wer der drei Söhne den Ring bekommen solle oder wer, nachdem von der Tradition schon abgewichen wurde, dann noch den richtigen Ring habe, die implizite Frage in den Raum, was es wohl mit den Töchtern auf sich habe. Diese Frage, die – oberflächlich betrachtet – von Lessing verdrängt wurde, wird beispielsweise provoziert durch die Erwähnung einer Schachfigur, der Königin, die von Saladin vernachlässigt und übersehen wurde, und auf die es aber im Spiel mit Sittah gerade ankommt.

Im ersten und im letzten Auftritt des dramatischen Gedichts *Nathan der Weise* dreht sich das Geschehen um Recha. Sie ist die Adoptivtochter Nathans, der von einer Reise zurückkommt und von Daja erfährt, daß es im Haus gebrannt habe. Nathan wird erst hellhörig, als er erfährt, daß Recha dabei beinahe ums Leben gekommen wäre, aber gerade noch rechtzeitig von einem jungen Tempelherrn gerettet werden konnte. Am Ende des Stückes sind es drei Männer, ein Jude, ein Christ und ein Moslem, die in ihrer jeweiligen Art um Recha bemüht sind und zugleich Besitzansprüche ihr gegenüber anmelden: der Adoptivvater Nathan, der seine Vaterrechte gefährdet sieht, ihr Retter, der Tempelherr, den Recha zuerst für einen Engel hielt, der sie nun heiraten will, dabei aber Widerstand von Nathan bekommt, der schon längst geahnt hat, daß der Tempelherr Curd von Felnick und somit Rechas Bruder ist. Nathan hält ihm das Argument vor: »Was du gerettet, ist / Deswegen nicht dein Eigentum. Sonst wär' / Der Räuber, den sein Geiz ins Feuer jagt, / So gut ein Held, wie du!« (G 2, S. 341). Der dritte Beschützer und Verehrer Rechas, Saladin, bietet Recha nach einiger Verwirrung, die ihn ebenfalls betrifft, die Lösung an: »Sobald der Väter zwei / Sich um dich streiten: – Laß sie beide; nimm den dritten! – Nimm dann mich zu deinem Vater!« (G 2, S. 339) Ähnlich, wie in der Ringparabel Nathans die Frage lautet, wer von den drei Söhnen den richtigen Ring hat, so dreht sich auf der Ebene der dreifachen Figurenkonstellation hier die Frage darum, zu wem Recha gehört. Ring und Recha verhalten sich von diesem Gesichtswinkel aus parallel zueinander. Scheint Recha bezogen auf die männlichen Hauptfiguren als Handlungs- und Gesprächsobjekt, als Ziel des Begehrens einerseits und als Objekt der Rettung andererseits, so führt der Handlungsverlauf dieses Stücks zur Einsicht, daß sie in keine dieser Rollen paßt. Recha gewinnt Eigenständigkeit und befreit sich von ihren anmaßenden Beschützern. Recha, die ähnlich wie der gesuchte Ring für die Legitimation der Herrschaft steht, verkörpert das in der Ringparabel absente Prinzip des Weiblichen.

---

vorfindet, sondern erst herstellen muß« und S. 282: »Was Lessing in einer Konspiration mit dem imaginierten Leser versucht, ist ein sprachlich geführter Putsch im Namen der Toleranz.«

Die Bedeutungen von Ring und Recha sind nicht nur analog, sondern auch kontrovers. Gibt es zwar übertragbare Eigenschaften im Blick auf die Suche, die Frage der Zugehörigkeit und das Problem eindeutiger Entscheidungen im jeweiligen Umfeld von Ring und Recha, so klaffen die Bedeutungen doch auseinander. Der Ring enthält seinen Wert in Abhängigkeit von Besitzverhältnissen, vom Gebrauch des Trägers und vom künftigem Urteilsspruch des Richters; Recha dagegen entzieht sich allen Besitzansprüchen, sie läßt sich bis zum Ende von niemandem vereinnahmen und verkörpert deutlich nicht nur das Prinzip des Weiblichen, sondern auch das Inkommensurable. Sie stellt zur Frage in der Ringparabel, die sich ausschließlich an die Söhne wandte, ein Gegengewicht im Kontext des dramatischen Gedichts dar und macht dadurch auf eine Lücke im Argumentationszusammenhang aufmerksam.

Eine dazugehörige Beobachtung ergibt sich aus dem Dialog zwischen Sittah, die ebenfalls das Weibliche verkörpert, und Saladin, für den im Schachspiel Figuren nur »glatte Steine« sind. Dieser Sichtweise widerspricht seine Schwester Sittah, die den Blick auf das richtet, was sich seiner Kalkulation entzieht und was insbesondere der von ihm ignorierten Figur im Schachspiel, der Königin, gilt: Erneut ist eine Verbindung vom Weiblichen zum Inkommensurablen angedeutet. Dazu etwas genauer: Im ersten Auftritt des zweiten Aufzugs spielen Saladin und Sittah Schach. Sittah ist dabei ihrem Bruder überlegen, vielleicht, weil sie sich vor dem Verlieren nicht fürchtet, zum anderen deshalb, weil sie weniger zerstreut ist als er. Dieser sieht nicht die Schlüsselrolle seiner Königin: »Nun freilich; dieses Abschach hab' ich nicht / Gesehn, das meine Königin zugleich / Mit niederwirft« (G 2, S. 236). Weil er mit dieser Figur, mit der er »nie recht glücklich« war, nicht zurechtkommt – und Sittah fragt mehrdeutig: »Bloß mit dem Steine?« (G 2, S. 236) –, gelingt es ihm auch nicht, seinen Springer zu decken. Als Erklärung für seinen Verlust meint Saladin: »Du hattest, Sittah, nicht so unrecht; ich / War nicht so ganz beim Spiele; war zerstreut. / Und dann: wer gibt uns denn die glatten Steine / Beständig? die an nichts erinnern, nichts / Bezeichnen« (G 2, S. 237). Kaum hat er diese Erklärung gegeben, findet er eine bessere: »Nicht die ungeformten Steine, Sittah, sinds / Die mich verlieren machten: deine Kunst, dein ruhiger und schneller Blick [...]« (G 2, S. 237). Vergleichbar dem Vater in der Ringparabel hat Saladin die Kontrolle über die Steine verloren, er kann sie nicht mehr voneinander unterscheiden. Das Ringproblem wird als Sprach- und Wahrnehmungsproblem angesprochen. Schiebt Saladin seinen Verlust zuerst auf die mangelhafte Zeichenhaftigkeit dieser Steine, so fällt ihm noch eine andere Erklärung ein: Nicht die Steine, sondern die Augen sind es, der andere Blick Sittahs ist es, was ihm seine Schwierigkeit bewußt macht und was ihn beim Schachspiel ablenkt. Was aus der funktionalen und kalkulativen Sicht Saladins nur Randfigur war, hat für Sittah Schlüsselbedeutung: die Königin. Macht Sittah im Gespräch mit Saladin auf das Verdrängte und von ihm Vernachlässigte aufmerksam, so deutet sie außer der Königin eine Metaphorisierung der Sprache an. Ihre auf die Mehrdeutigkeit der Sprache bedachte Sichtweise hängt zusammen mit einem Bewußtsein für sprachliche Machtpolitik, die es zu durchschauen gilt. Kritisch ist ihr Kommentar in diesem Zusammenhang: »Seine Tugend nicht; sein Name / Soll überall verbreitet werden; soll / Die Namen aller guten Menschen schänden, / Verschlingen. Um den Namen, um den Namen / ist ihnen nur zu tun« (G 2, S. 238). Verschlingen, Vereinnahmen, Usurpieren, diese Assoziationen verbindet Sittah mit dem Vorgang des Namengebens und begrifflichen Fixierens. Das, was sich dem Namen, dem festlegenden Begriff, entzieht, ist hingegen aus ihrer Sicht das, worauf es ganz besonders ankommt. Indem sie die Politisierung der Sprache, wie sie in alltäglichem Gebrauch ständig geschieht, zum Bewußtsein bringt, macht sie auf die vielseitigen Möglichkeiten eines metaphorischen Umgangs mit der Sprache aufmerksam. Im Unterschied zu Saladin, der zwischen Sehen und Hören eine Kluft empfindet, gelingt es ihr, zugleich ›Seherin‹ als auch ›Horcherin‹ zu sein. Man könnte schließen, daß Saladin von ihr eine Wahrnehmungsweise lernen kann, die mit einer ›Feminisierung‹ des Blicks in diesem Zusammenhang beschrieben ist: die Optik der Kunst.

Die Schlüsselrolle Rechas, die übersehene Königin im Schachspiel und der differenzierte Blick Sittahs, diese Aspekte im größeren Zusammenhang der Ringparabel, zeigen in ihrem Bezug zueinander, daß Lessing vereinfachende Antworten auf schwierige Fragen ablehnt. Über die Frage nach den Ringen hinaus geben sie zu erkennen, daß in der Ringparabel vergessene Details durch Gleichungen, die nicht aufgehen und durch textuelle Spiegelungen, die aber nicht nur zu Wiederholungen führen, ins Denkmodell integriert werden. Vergleichbar dem Ring in der Parabel, von dem es heißt: »Der Stein war ein / Opal, der hundert schöne Farben spielte« (G 2, S. 276), so ist auch sprachliches Verstehen ein perspektivisches. In Lessings Parabel über den Palast, der für die Architektur der Sprache steht, gibt es wenig Fenster, aber unzählige Türen und Nebeneingänge (G 8, S. 118). Es ist auch eine Einsicht der Ringparabel, daß Verstehen nur prozeßhaft von innen, im Handeln mit der Sprache, aber nicht von außen, als System, vorgestellt wird. Die Ringparabel im Kontext des dramatischen Gedichts ist eine Reflexion der poetischen Sprache Lessings in ihr Inneres. Reflektiert sind auch solche gedanklichen Möglichkeiten, die noch nicht völlig ausgeschöpft sind. Der Umfang des Palastes ist »unermeßlich« (G 8, S. 118). Das Verdrängte kommt, wenn auch nur indirekt, zum Vorschein.

Thomas Althaus

Der Streit der Worte

Das Problem diskursiver Gedankenführung und die sprachkritische Entfaltung der Vernunft in Lessings dialogischer Prosa

Was berechtigt die Sätze Lessings über das »Zanken« in der *Vorrede* zu *Wie die Alten den Tod gebildet*? Sie ohne Bedenken gelten zu lassen hieße, sie um das eigene Wahrheitsmoment zu bringen, sprechen sie doch von der Beförderung der Wahrheit durch den Streit. Was hindert die Entartungen und sichert den Bestand des Kompositums, das das Leitwort der Tagung ist, den Zusammenhalt von ›Streit‹ und ›Kultur‹?

Das etablierte Denken der Lessing-Zeit, das rationalistische, gibt genaue Anweisung, wie zum Zwecke der Wahrheitsfindung zu verfahren sei. Das vernünftige Verhalten soll durch die Annäherung des sprachlichen Verhaltens an formallogische Operationen gewährleistet werden. Der Rationalismus prägt dem Reflexionsgang eine Syntax des Diskursiven auf, die die Stringenz der Argumentation über eine strikte Verkettung der Sätze erreichen soll: daß »immer ein Gedancke in einer unverrückten Reihe aus dem andern erfolget«[1] und »die Wahrheiten in einer Reihe an einandergehängt werden, die gleichsam in *gerader Linie* fortgehe«.[2]

Jene *Vorrede* Lessings zu *Wie die Alten den Tod gebildet* rekurriert auf das Gegenparadigma eines Streites um die Wahrheit. Aber andererseits erscheint auch wieder, nach der rationalistischen Maßgabe, eine Prosa der strikten Relationen. Es heißt,

---

[1] Christian Wolff: Vernünfftige Gedancken von GOTT, Der Welt und der Seele des Menschen, Auch allen Dingen überhaupt. (Deutsche Metaphysik). Mit einer Einleitung und einem kritischen Apparat von Charles A. Corr. (Ges. Werke. Abt. I. Dt. Schriften. Bd. 2). Hildesheim, Zürich, New York (Nachdruck der Ausgabe Halle 1751), § 341, S. 195.

[2] Johann Heinrich Lambert: Neues Organon oder Gedanken über die Erforschung und Bezeichnung des Wahren und dessen Unterscheidung von Irrthum und Schein. Hg. von Hans Werner Arndt. Bd. 1. Hildesheim 1965 (Nachdruck der Ausgabe Leipzig 1764), § 680, S. 435.

[...] daß die Menschen *noch über nichts in der Welt* einig seyn würden, wenn sie *noch über nichts in der Welt gezankt* hätten.

»*Gezankt*;« denn so nennet die Artigkeit alles Streiten: und *Zanken* ist etwas so unmanierliches geworden, daß man sich weit weniger schämen darf, zu hassen und zu verleumden, als zu *zanken*.

[...]

Aber die *Wahrheit*, sagt man, gewinnet dabey so *selten*. – So *selten?* Es sey, daß noch *durch keinen Streit die Wahrheit* ausgemacht worden: so hat dennoch die *Wahrheit bey jedem Streite* gewonnen. (LM 11, S. 3 – Hervorhebungen von mir, Th. A.)

Was diese Prosa augenfällig als durchgeführte Argumentation qualifiziert, der bis zur Wortaufnahme genaue Anschluß der Satzteile aneinander, ist freilich nur erst ein rhetorisches Verfahren. Es häufen sich Figuren der Wiederholung (Anapher, Anadiplose, Kyklos, Polyptoton). Das garantiert als solches natürlich nicht die Vernunft der Argumentation, leitet nur, fast müßte man sagen: zwingt in ihren Weg. Es ist noch fraglich, ob hierbei das Verhältnis von Wort zu Wort auch als die genaue Entwicklung eines Gedankens gelten kann. Ginge es tatsächlich um die direkte Wortaufnahme und dann um miteinander Identisches, ergäbe dies nur ein Sagen des Selben, keinen Fortschritt im Denken. Offenbar verhält es sich anders. Mögen die Wörter einander gleichen, so verändert sich doch der Satzkontext und damit die Bedeutung, deren Teil sie jeweils sind. Dann gerät aber alles trotz der diskursiven Struktur wieder ins Unsichere. Daß richtig argumentiert wird (was wäre dies aber schon: ›richtig argumentieren‹?), bleibt in der Verantwortung dessen, der spricht. Beunruhigender noch: Die diskursive Struktur führt den Schein der Stringenz mit sich, und unter ihm könnte sich jede Verantwortungslosigkeit verbergen und jede Vagheit als Konsequenz gerieren.

I.

Auf das Problem diskursiver Gedankenführung reagiert Lessing, wie es die Forschung hervorgehoben hat, mit einer dialogischen Anlage und Entwicklung seiner Texte.[3] Hier zeigen die Fabeln in besonderem Maße die Bedingungen eines Sprechens zur Wahrheit hin; sie sind geradezu das Feld einer experimentellen Erprobung seiner Möglichkeiten im Dialog. Es gibt wohl noch, neben

---

[3] Vgl. u. a. Jürgen Schröder: Gotthold Ephraim Lessing. Sprache und Drama. München 1972; Karin Hüskens-Haßelbeck: Stil und Kritik. Dialogische Argumentation in Lessings philosophischen Schriften. München 1978; Beatrice Wehrli: Kommunikative Wahrheitsfindung. Zur Funktion der Sprache in Lessings Dramen. Tübingen 1983.

den Dialogen her, das Geschehen, das von den tradierten Fabeln geliehen ist, die darin überlieferte Erkenntnis, wie es in den Fabel-Abhandlungen heißt: »die *allgemein bekannte Bestandtheit der Charaktere*« (LM 7, S. 450). Doch ist es der Sinn der Fabeln, daß der Dialog der Figuren nicht mehr vor diesem Hintergrund beurteilt werden kann. *Der Wolf auf dem Todtbette* (LM 1, S. 208) hat wohl noch mit der alten Geschichte zu tun, aber er ist keineswegs mehr durch sie, vielmehr dadurch bestimmt, wie er sich am Ende des Lebens, bei dem Bekenntnis seiner Sünden, im Dialog mit dem Fuchs und mehr noch mit sich selbst sprachlich dazu verhält. Der Zyklus *Die Geschichte des alten Wolfs* (LM 1, S. 224–227) entspricht zunehmend weniger und schließlich nur noch durch eine problematische Verkehrung der Situation solchen vorgegebenen Formeln wie »der Wolf *zerreisset*« (LM 7, S. 435). *Wahrheit* als Voraussetzung für den Dialog oder als von ihm abstrahierbare Lehre wird fragwürdig. Sie erreicht das an den Texten Entscheidende nicht mehr, wie die Pro- und Epimythen zeigen. Sie sind von solcher Art bereits, daß eine Figur der anderen sagen kann: »Ich höre schon [...]; du fängst an zu moralisieren. Lebe wohl!« (LM 1, S. 226) Was bleibt, ist – wichtiger als die Wahrheit – der *Streit* um sie. Darum auch sind diese Fabeln bloß im Marginalen geschehensorientiert, ist ihre Prosa in so hohem Maße dialoggeprägt.

In den Fabeln vom Esel und Löwen (LM 1, S. 209) führen die Figuren, ohne daß es noch zu dem bekannten Geschehen kommen muß, den Dialog über dessen mögliche Bedeutung. Die Geschichte ist nach der Perspektive, nach der sie je gedacht wird, auch je eine andere; so gehen aus der überlieferten Fabel zwei neue hervor, und in ihnen können die Figuren wieder je verschiedene Auffassungen von dem Geschehen haben. Da es keine vorgegebenen Perspektiven mehr gibt, müssen mögliche von ihnen selbst beständig neu entworfen werden. Auch kann sich das Geschehen immer wieder proteushaft verwandeln (*Der Rabe und der Fuchs*, LM 1, S. 212f.), und höchst relativ ist in ihm die Wahrnehmung, die das Leben der Figuren bestimmt (*Die Sperlinge*, LM 1, S. 201; *Die Eiche*, LM 1, S. 224). Zum einzig Verläßlichen wird die sprachliche Auseinandersetzung über das Unverläßliche, und es gibt kein Kriterium der Verifizierbarkeit des Sprechens mehr außerhalb seiner selbst.

Wie wenig garantieren in solcher Situation Modi des Argumentierens die innere Vernunft des Dialogs! Selten geht es gut aus, wenn die Figuren sich folgerichtig zueinander verhalten. Dabei ist es schon nicht mehr sehr wichtig, ob eine wirkliche oder bloß eine scheinbare Folgerichtigkeit vorliegt. Was bedeutet noch folgerichtiges Verhalten, wenn gleichzeitig gezeigt wird, daß das Argumentieren vor dem Irrtum noch dort nicht sicher ist, wo es sich formal kohärent bis zur Tautologie entwickelt? Als der Tiger in der Fabel *Der Löwe und*

der Tiger den Satz, den ihm die Fabel vorgibt (»Der Löwe und der Hase, beyde
schlafen mit offenen Augen.«, 1/205), für sich repetiert (»Schläft er nicht mit
offenen Augen, natürlich wie der Hase!«), ist das vorher Wahre schon zu Falschem geworden. Der Tiger übersieht die umständliche Wortfügung, mit der
die Fabel den Vergleich zieht (»Der Löwe und der Hase, beyde [...]«), um
darauf hinzuweisen, daß das so sehr Verschiedene nur in diesem Umstand ein
Vergleichbares ist. Durch seinen Tod wird er eines Besseren belehrt (»Wie der
Hase? brüllte der aufspringende Löwe, und war dem Spötter an der Gurgel.«).
Trotzdem liegt der Unterschied zwischen der richtigen Voraussetzung und dem
falschen Schluß in nichts als der unterschiedlichen Akzentuierung eines Arguments.

Im Dialog kann »die Richtung der Gedanken [...] alle Augenblicke verändert« werden (*Zweyter Anti-Goeze*, LM 13, S. 150). Hierin das Problem zu
sehen würde bedeuten, die Realität des Sprachgeschehens in ihrem dialogischen
Charakter (die »wirklichen Gespräche des Umganges«) selbst für problematisch
zu halten – der Sprachkalkül tut es. Da es aber die Realität des Sprachgeschehens ist, in die die Prosa der Fabeln sich ständig zurückführt, müssen
umgekehrt Argumentationsformen entwickelt werden, die im Dialog ein an sie
gestelltes Erfordernis sehen. Das heißt, es muß methodisch so verfahren
werden, daß das Argumentieren von den Bedingungen her gedacht wird, die
durch den Dialog an es gestellt sind. Wenn die »Richtung der Gedanken« nicht
verändert wird und das Argumentieren dadurch nicht an Perspektive gewinnt,
entwickelt sich nichts. Das machen die »Wolfshunde« der Fabel *Das beschützte
Lamm* deutlich, die in der äußersten Weise nach dem Prinzip der Wortaufnahme verfahren:

> Das beschützte Lamm.
> Hylax, aus dem Geschlechte der Wolfshunde, bewachte ein frommes Lamm. Ihn
> erblickte Lykodes, der gleichfalls an Haar, Schnautze und Ohren einem Wolfe ähn-
> licher war, als einem Hunde, und fuhr auf ihn los. Wolf, schrie er, was machst du mit
> diesem Lamme? -
> Wolf selbst! versetzte Hylax. (Die Hunde verkannten sich beyde.) Geh! oder du
> sollst es erfahren, daß ich sein Beschützer bin!
> Doch Lykodes will das Lamm dem Hylax mit Gewalt nehmen; Hylax will es mit
> Gewalt behaupten, und das arme Lamm – Treffliche Beschützer! – wird darüber
> zerrissen. (LM 1, S. 211)

Nach dem Kriterium der »*allgemein bekannte[n] Bestandheit der Charaktere*« ist
für diese Fabel nichts entscheidbar. Die Figuren sind »Wolfshunde«, Wolf und
Hund zugleich, und macht sie auch ihre äußere Erscheinung noch »einem
Wolfe ähnlicher [...] als einem Hunde«, so sind sie doch innerlich, ihrem ei-

genen Anspruch nach, bereits andere geworden, das Gegenteil dessen, Beschützer des Lamms. Freilich bedürfte dies der argumentativen Klärung im Dialog. Weil es zu ihr nicht kommt, wird die falsche ›Ansicht‹ im nachhinein wieder zu einer richtigen, denn es wird dann ja – wie zwischen zwei Wölfen – das Schaf zerrissen.

Alles, noch das Augenscheinlichste bedarf jener argumentativen Klärung im Dialog. Bleibt sie aus, sind falsche Einschätzungen das Ergebnis (*Der Strauß*, LM 1, S. 223). Andererseits ist aber auch zu sagen: Findet sie in diesen Fabeln statt, wird das Vertrauen, sie sichere vor der Katastrophe, gleich wieder irritiert. Dadurch, daß die Figuren miteinander sprechen, ist das schlimme Ende, das meistens droht, immer noch eher befördert denn verhindert: »Kaum war das Wort gesagt, so ward der Esel zerrissen.« (*Der Esel und der Wolf*, LM 1, S. 205) Das Scheitern des Dialogs hat keineswegs nur mit den schlechten Voraussetzungen zu tun, die die Figuren für das Argumentieren mitbringen. Es gibt solche schlechten Voraussetzungen auch an dem Dialog selbst. Es ist möglich, daß in ihm schlichtweg Vorstellungsunfähigkeit über den Sinn der Worte herrscht; der Dialog vermag daran so wenig zu ändern, daß es schließlich zur Vermeidung des Schlimmsten doch wieder des Augenscheins bedarf (*Zeus und das Pferd*, LM 1, S. 197). Immer ist der Dialog eine Gelegenheit für interessegeleitetes statt wahrheitsbezogenes Argumentieren (*Der Knabe und die Schlange*, LM 1, S. 207f.). Es kann folgerichtig argumentiert werden und – nicht trotzdem, sondern gerade deswegen – falsch (*Die Wasserschlange* (LM 1, S. 211f.)[4]. Es zeigt sich: Die Dialogsituation als solche und das Argumentieren in ihr gewährleisten hier nicht und nie die Wahrheit des Sprechens, könnten sie es, würden die Tragödien- und Trauerspielschlüsse unnötig werden.

Die Geschichte des alten Wolfs, in sieben Fabeln ist das bis zur Katastrophe fortdauernde Scheitern des Versuchs, zwischen den Antagonisten per se in der Fabel, Wolf und Schäfer, ein Gespräch zustande zu bringen. So ›wohlgeformt‹ die Dialoge äußerlich in ihrem genauen Verhältnis von Frage und Antwort sein mögen, auf der einen Seite, beim Wolf, führen sie zur Lüge (»Ich könnte kein lebendiges Schaf würgen [...]«, LM 1, S. 226), auf der anderen Seite, bei den Schäfern zum Todschlag (»Hiermit grif der Schäfer nach der Keule [...]«, LM 1, S. 227). Wollte der Dialog sinnvoll funktionieren, müßte er gleichzeitig der Vollzug einer Argumentation und von beiden Seiten die Infragestellung ihrer einzelnen Schritte sein. Es gibt aber einen anderen Dialog, den man den Streit

---

[4] Vgl. Helmut Arntzen: Lehrt die Fabel? Bemerkungen zur deutschen Tierfabel seit dem 18. Jahrhundert. In: Fabula docet. Illustrierte Fabelbücher aus sechs Jahrhunderten. Wolfenbüttel 1983, S. 75–81, hier S. 77f.

der Worte nennen könnte, der oft nicht in den Gesprächen selbst erscheint, sondern neben ihnen her geführt wird. Er ereignet sich auch hier einmal, gleich zu Beginn, in der ersten Fabel des Zyklus, und dann erreicht der Dialog für einen Augenblick noch das Wahre:

> Der böse Wolf war zu Jahren gekommen, und faßte den gleissenden Entschluß, mit den Schäfern auf einem gütlichen Fuß zu leben. Er machte sich also auf, und kam zu dem Schäfer, dessen Horden seiner Höhle die nächsten waren.
>
> Schäfer, sprach er, du nennest mich den blutgierigen Räuber, der ich doch wirklich nicht bin. Freylich muß ich mich an deine Schafe halten, wenn mich hungert; denn Hunger thut weh. Schütze mich nur vor dem Hunger; mache mich nur satt, und du sollst mit mir recht wohl zufrieden seyn. Denn ich bin wirklich das zahmste, sanftmüthigste Thier, wenn ich satt bin.
>
> Wenn du satt bist? Das kann wohl seyn: versetzte der Schäfer. Aber wenn bist du denn satt? Du und der Geitz werden es nie. Geh deinen Weg! (LM 1, S. 224)

Die Wiederaufnahme des Bedingungsgefüges führt schon dadurch zur Wahrheit, daß es vom Schäfer als Frage behandelt und an den Anfang der Antwort gestellt wird, die er dem Wolf gibt. Damit ist die Bedingung neu eingeführt als die entscheidende Voraussetzung, von der »doch wirklich« nicht abzusehen, sondern der eben nachzufragen ist. Der Wolf hatte sie ganz an das Ende seines ›Redebeitrags‹ gerückt und wie ein Akzidens behandeln wollen, das nicht weiter in Betracht kommen sollte, und das war gelogen. Die Entdeckung der Lüge ergibt allerdings nicht schon der genaue Anschluß selbst, sondern die Struktur von Entgegensetzung, zu der er verwandelt wird, und das weiterführende Fragen, das sich auf die Dialogsituation als solche nicht verläßt, vielmehr auch auf sie seine kritische Aufmerksamkeit richtet.

II.

Die Grenzen des Dialogs und des Dialogischen in Lessings Prosa sind nicht auch bereits die Grenzen derartiger Auseinandersetzungen dieser Prosa mit sich selbst. So ist es keineswegs nur ein Streit *um* Wörter zwischen den Figuren. Bei ihm ginge es letztlich gar nicht um die Wörter, sondern wieder nach der alten und von den Texten nun überholten Voraussetzung um eine Wahrheit dahinter, bloß um deren adäquaten Ausdruck. Den Streit, den Figuren beginnen können, setzen die Worte, die dabei gesagt werden, untereinander fort. Weder die Figurationen des Dialogs noch die Schemata der Verkettung argumentativer Schritte garantieren das Wahre. Vielmehr ist die Möglichkeit für sinnvolles Argumentieren und für einen sinnvollen Dialog, für das eine in dem anderen adäquat erst dort gegeben, wo der Streit *der* Worte beginnt und hierdurch die vielberufene »Wortgrübelei« (*Über eine zeitige Aufgabe*, LM 16, S. 295) statthat. Er beginnt damit, daß Behauptetes befragt wird (nichts bleibt unbefragt), und führt weitergehend dazu, daß die Texte sich über die Möglichkeiten der Sinnkonstitution aus ihren Worten immer von neuem verständigen. Der Streit der Worte provoziert die Entwicklung eigener Perspektiven.

In der eingangs zitierten *Vorrede* zu *Wie die Alten den Tod gebildet* erbringt eben dies die Konsistenz der Argumentation und das Neue, das gesagt wird. Die dezidierten Sätze über den Wahrheitsbezug des Streitens können so dezidiert sein, weil mit ihrer Formulierung auch ihr Geltungsanspruch erarbeitet wird durch die Reflexion bereits im Augenblick des Ausgesprochenwerdens; und in dieser Reflexion erarbeitet der Text seine Idee: »[…] wenn [die Menschen] noch über nichts in der Welt gezankt hätten./ ›Gezankt‹; denn so nennet die Artigkeit alles Streiten […] Aber die Wahrheit, sagt man, gewinnet dabey so selten. – So selten?« Das Fehlen solcher sprachkritischen Vorgänge macht die besondere Defizienz von Goezes »Kanzeldialog« (*Axiomata*, LM 13, S. 128–133) aus, in den Lessing die Reflexion aus dem Streit der Worte parenthetisch einzufügen sucht. Goeze will sich bei Erklärungen der Schrift »*vorher* überzeugen«, ob der Erklärer »von der innern Wahrheit derselben eine richtige und gegründete Vorstellung habe.« (»Ich. *Vorher*? Warum vorher?«). Goeze will wissen, woher man »die Erkenntniß der innern Wahrheit der christlichen Religion nehmen« wolle. (»Ich. Woher die innere Wahrheit nehmen? Aus ihr selbst. Deswegen heißt sie ja die *innere* Wahrheit […]«). Goeze behauptet, daß »die schriftlichen Ueberlieferungen« bestimmte »Begriffe […] in unsern Seelen hervorbringen *sollen*.« (»Ich. – *Sollen*! Aber welche sollen sie hervorbringen? […] Welches sind die rechten, die hervorgebracht werden *sollen*?«).

Wo aus dem Streit der Worte gedacht wird, ergibt sich »Erziehung des Menschengeschlechts«, der Text Lessings und die bewußtseinsgeschichtliche Entwicklung, die in ihm aufgefaßt werden soll. Der Text wird durch den Streit zu dem hermeneutischen Prozeß selbst, den er darstellt, und an seinem Ende wird neben den Perspektiven einer weiterführenden Betrachtung jener Streit, aus dem sie sich ergeben, als solcher vorgeführt.

> Eben die Bahn, auf welcher das Geschlecht zu seiner Vollkommenheit gelangt, muß jeder einzelne Mensch (der früher, der später) erst durchlaufen haben. – In einem und eben demselben Leben durchlaufen haben? […] (LM 13, S. 435)

Immer wieder, noch mit den letzten Worten des Textes, geht durch solches Nachfragen aus dem vorangegangenen das nächste Kolon reflektierter hervor: »[…] weil so zu viel Zeit für mich verloren gehen würde? – Verloren?« (LM 13,

S. 436) Es entsteht der berühmte offene Schluß des Textes, mit welchem Schluß die inneren Bedingungen eines Sprechens zur Wahrheit hin in dem Maße erfüllt sind, daß der Text seine historische, immer begrenzte Position zu transzendieren beginnt. Er ist durch den Streit der Worte in bestimmtem Maße vor eigenen Mißverständnissen bewahrt, auch davor, nicht zu weit hinter der Zukunft möglichen Verstehens zurückzubleiben.

Das Schreiben Lessings entwickelt in sich dieses Verfahren der Auseinandersetzung zwischen Worten, und andererseits ist es das sprachkritische Verfahren selbst, dessen eigenes intentionales Moment, durch das die Texte in ihrer Entstehung und Entwicklung entscheidend bedingt sind. Das gilt für die »Theaterlogik« der Dramen, wo es zu erwarten ist, aber z. B. auch für die Pointierung im Epigramm.

Auf den Bav.

Ein schlechter Dichter Bav? ein schlechter *Dichter*? nein!

Denn der muß wenigstens ein guter Reimer seyn. (LM 1, S. 25)

Durch den Streit der Worte wächst der Leser als Fragender in den Text hinein. Das Epigramm beginnt noch herkömmlich mit dem »schlechte[n] Dichter Bav« (aus den *Eklogen* des Vergil), aber der Beginn ist bereits das Einsetzen des Streites der Worte um die Möglichkeit solchen Beginnens. Daraus resultieren hier ›Erwartung‹ und ›Aufschluß‹, damit das Epigramm als poetische Gattung. Das besagt zugleich etwas über das Poetischwerden auch der Prosa, die den Streit der Worte sucht, und das durch eine solche Art von Streit in sich schlußfolgernde Sprechen zeigt den Wesensbezug von Sprache und Vernunft, logos als ›Vernehmen des Wortes‹ (Ferdinand Ebner).

Das vernünftige Verhalten entsteht aus der Annäherung an das sprachliche Verhalten, in dem Interesse an Wahrheitsfindung, das auf den jeweiligen Vorgang des Sprechens gerichtet ist und sich in dieser Bewegung ihm selbst vermittelt. Dabei entzieht sich die Prosa dem Duktus begriffsorientierter Darstellung. Sie ist im Streit der Worte an der Bedeutungsfähigkeit des Ausdrucks in seinem jeweiligen Kontext interessiert, nicht an Bestimmungen.[5] Deshalb führt auch die literarische Prosa weiter, als es die formallogischen Operationen können. Die Vorstellung von deren Prävalenz bleibt die Inanspruchnahme der Intentionalität sprachkritischen Verhaltens für die an sich intentionslosen Strukturen. Demgegenüber ist der Streit der Worte die ständige, auf keinen einzelnen Gegenstand des Argumentierens mehr eingrenzbare Erfahrung, daß es Axiomata in dergleichen Dingen gibt.

---

[5] Vgl. Thomas Althaus: Das Uneigentliche ist das Eigentliche. Metaphorische Darstellung in der Prosa bei Lessing und Lichtenberg. Münster 1991, hier insbes. zu Lessings Fabeln, S. 48–117.

Rainer Baasner

Lessings frühe Rezensionen

Die *Berlinische Privilegirte Zeitung* im Differenzierungsprozeß der Gelehrtenrepublik

Das Loblied des radikalen Gottsched-Verreißers Lessing ist schon oft ange-
stimmt worden. Lessing gilt als das »erste deutsche Beispiel einer schlagfertig
witzigen, lebendigen Kritik«[1]. Geeignet, dies zu untersuchen, sind nach wie vor
die Rezensionen über Gottscheds Bücher im *Gelehrten Artikel* der *Berlinischen
Privilegierten Zeitung* (1748–1749) und in deren Beilage *Das Neueste aus dem
Reiche des Witzes* (1751). (LM 4, S. 6ff., 23, 12, 32ff. und 301f.) Sie bilden einen
bekannten Diskussionsstoff, der einerseits Urteile über argumentative und stilistische Verfahren ermöglicht, dessen Funktion im Kontext der Gelehrtenrepublik andererseits durch seinen Bezug auf eine der wichtigsten Positionen des
zeitgenössischen Literaturbetriebes klar zu beschreiben ist.

Bei der Analyse der eigenwilligen Einstellungen tauchen jedoch notorisch
Schwierigkeiten auf, die realistische und konsensfähige Aussagen über Lessings
Leistungen verhindern. Das wesentliche Problem ist die mangelnde Sicherheit
der Zuweisung einzelner Rezensionen an Lessing als tatsächlichem Verfasser.[2]
Dies spricht für eine Aufteilung der in Frage stehenden Verfasserschaft, Mylius
schrieb von den Texten vier, Lessing nur einen. Auf der inhaltlichen wie der
stilistischen Ebene kann jedoch keine Textanalyse einen grundsätzlichen Unterschied zwischen den Rezensionen vollkommen plausibel machen. Sichere
Zuweisungen wären nur aus sekundären Quellen (vor allem aus Briefen) zu
gewinnen, von denen jedoch bisher nur wenige einschlägig nutzbare bekannt
geworden sind. Darüber hinaus führen sogar Briefe zeitgenössischer Sach-

---

[1] Peter Michelsen: Der Kritiker des Details. Lessing in den *Briefen die Neueste Litteratur betreffend*.
In: Der unruhige Bürger. Studien zu Lessing und zur Literatur des achtzehnten Jahrhunderts.
Würzburg 1990, S. 70ff, hier S. 73.

[2] Karl S. Guthke: Der junge Lessing als Kritiker Gottscheds und Bodmers. In: Literarisches Leben
im achtzehnten Jahrhundert in Deutschland und der Schweiz. Bern 1975, S. 24ff., hier S. 32.

kenner gelegentlich in die Irre, wenn sie sich blindlings am beliebten und verbreiteten Ratespiel um den Urheber der einen oder anderen Kritik beteiligen. Zu bedenken wäre außerdem die Möglichkeit, daß andere Auftragskritiker ebenfalls als Autoren einzelner Texte in Frage kommen oder daß der jeweils diensthabende Redakteur in die Texte anderer Kritiker eingegriffen haben könnte, um sie Stil und Standpunkt der Zeitung anzugleichen.

Die Quellenlage zwingt dazu, das Individuum Lessing zunächst bei der Betrachtung zurückzustellen: wenn eine Unterscheidung von Texten mehrerer Verfasser kaum möglich erscheint, so dominieren offensichtlich die Gemeinsamkeiten. Argumentation und Stil prägen eine mehr oder weniger weitreichende Gruppenidentität. Die Gruppe handelt auf der Basis von äußeren Gegebenheiten: Dies verweist auf Funktionszusammenhänge, die den Texten gemein sind, auf Ziele, die sie teilen. Impliziert sind dabei gemeinsame literaturpolitische Positionen und literaturkritische Vorbilder, die die Grundlage für die Zusammenarbeit in einer richtungsweisenden Redaktion bilden, ferner ein gemeinsames Zielpublikum, auf welches die Argumentations- und Darstellungsformen ausgerichtet werden. Die Gruppe aus Autoren und Lesern einer Zeitschrift scheint da zur Deskription der Strukturen besser geeignet, die sich unterhalb der Ebene des sehr abstrakten Großmodells einer Gelehrtenrepublik befinden. Damit erlaubt es die Möglichkeit, die Binnendifferenzierung dieser als umfassend angenommenen Gelehrtenrepublik zu beschreiben. Außerdem ist es geeignet, die Idealvorstellungen, die die Zeitgenossen mit dem Begriff ›Gelehrtenrepublik‹ verbanden, am Beispiel von empirisch faßbaren Funktionszusammenhängen zu operationalisieren. Die Profilierung einzelner Akteure innerhalb solcher Gruppen geschieht zunächst immer auf der Grundlage gemeinsamer Ziele und Handlungsweisen. Im Verhältnis zur Tradition, die sich in rivalisierenden oder zuvor bestehenden Gruppen gebildet hat, sind die Entwicklungen einer jeden neu entstandenen Gruppe als Prozeß der Ausdifferenzierung zu beschreiben.

Den Funktionsrahmen für die *Privilegirte Zeitung* bestimmt eine fortgeschrittene »Entwicklung des Zeitschriftenwesens«[3]. Erst aus einer derartigen Konstellation heraus beginnt der Prozeß von Lessings unverkennbarer Individualisierung. Die Rezensionen Gottschedscher Schriften der Jahre 1748 und 1749 sind durch einheitliche Grundzüge zu charakterisieren. Sie sind kurz gehalten, nicht mehr als ein bis drei Oktavseiten im Satzspiegel der Muncker-

---

[3] Zu Lessings Überlegungen, die Konstitution seines Publikums zu jener Zeit betreffend vgl. Wilfried Barner: Lessing und sein Publikum in den frühen kritischen Schriften. In: Lessing in heutiger Sicht. Bremen u. a. 1977, S. 323ff., besonders S. 327ff.

schen Edition. Daß sie keinen Raum für ausgreifende Argumentation bieten, entspricht durchaus der Gattung der Zeitungsrezension, die dem Autor – gegenüber den Kritikern der in größerem Abstand erscheinenden gelehrten Periodika – auch durch den Zwang zur schnellen Niederschrift nur wenig Zeit zum Überlegen läßt. Für Anzeigen jedoch, die der Bekanntmachung neuer Bücher über deren Inhalt dienen, verraten die vier Rezensionen erstaunlich wenig über die jeweils besprochene Publikation. Vielmehr entsteht von vornherein der Eindruck, daß sich der Verfasser (in diesem Falle also vermutlich Mylius) auf Vorkenntnisse seines Publikums stützen kann, die ausführlichere Darstellungen überflüssig machen. Sätze wie der folgende mögen dies beispielhaft belegen: »Endlich erscheinet die so lange versprochne deutsche Sprachlehre des Hrn. Prof. [...]«.[4] – Auch bestimmte Erwartungen scheinen die Leser bereits zu hegen, wenn der Rezensent davon schreiben kann, Gottsched rede »in der Vorrede mit einer *ungewohnten* Bescheidenheit von diesem Werke« (LM 4, S. 6).

Weitere Argumente lassen ebenso erkennen, daß gerade die Geringschätzung Gottschedscher Leistungen für die Leser Tradition hat. Ausdrücklich unternimmt der Verfasser seine Verrisse unter Berufung auf Vorgänger: »nach den unzähligen Kritiken, welche seine [d. i. Gottscheds] Gedichte haben ausstehen müssen« (LM 4, S. 6), ferner zieht er den Schluß, daß alle Schriften, die Gottsched noch verfasse, abzulehnen seien: »den Werth der unbekannten kann man aus dem Werthe der bekannten leicht schätzen« (LM 4, S. 33).

Gesteigert wird der Eindruck, daß es sich hier um eine Art von habitueller Demontage Gottscheds handele, durch die Verurteilung aller Gattungen, – Poesie wie Prosa und sogar Weltweisheit. Die Auseinandersetzung wird mit Pauschalurteilen en bloc geführt. Die Angriffe richten sich eher gegen die Institution des ›Hrn. Prof.‹ – als gegen bestimmte Eigenschaften seiner Werke. Die Zielrichtung der Kritik scheint denn auch beliebig: so wird gegen Gottscheds Begriff von ›Sprachkunst‹ polemisiert (LM 4, S. 23), gegen die angenommene geographische Zentrallage der Provinz mit der vorbildlichen Mundart (LM 4, S. 7), gegen einzelne Metaphern. Der geschilderte Gesamteindruck, hier werde ad hominem polemisiert, wächst weniger mit der Grobheit der verwendeten Ausdrücke, als mit ihrer Beliebigkeit, die keine rhetorische Verankerung der Metaphern im Argumentationsverlauf erkennen läßt. Deutliche Fallbeispiele bilden etwa die schon oft zitierten Sätze »Aber was hilft das Wischen, wenn man einen unreinen Schwamm dazu braucht?« (LM 4, S. 13) oder »wenn die Würzhändler einmal eine neue Auflage von dessen Gedichten ver-

---

[4] Ebd., S. 324.

langen sollten« (LM 4, S. 23). Gottsched hat sich gegen die Angriffe der *Privilegirten Zeitung* nicht gewehrt,[5] offenbar waren sie nur ein Steinchen im großen Mosaik gegnerischer Standpunkte. Aus dieser Perspektive läßt sich die ungezügelte Unsachlichkeit der Rezensionen in der *Privilegirten Zeitung* als Ausdruck des Wunsches verstehen, die eigenen Beiträge zu diesem Mosaik gegenüber anderen ›Steinchen‹ abzuheben. Die Konkurrenzsituation unter den vorhandenen Konzepten zwingt zu einer Radikalisierung, die nur noch durch Steigerung stilistischer Mittel geleistet werden kann.

Neue Argumente werden aufgeführt in der (vermutlich Lessingschen) Rezension gegen die zweite Auflage von Gottscheds Gedichten. Vier Punkte lassen sich dabei unterscheiden, die als weitere Merkmale der Gruppenidentität aufgefaßt werden können. Mit den ersten beiden zielt der Verfasser auf die aktuellen Publikumsinteressen. Er verspottet Gottscheds Einteilung der Gedichte nach dem Stand der besungenen Personen (»die Ordnung [...], welche der schärffsten Hof=Etiquette Ehre machen würde«; LM 4, S. 301), die einer auf Gleichrangigkeit aller Glieder ausgerichteten Gelehrtenrepublik Hohn spricht. Der Rezensent schreibt für ein bürgerliches Publikum. Zugleich hebt er die prächtige Ausstattung der Gedichtausgabe hervor, die »den Buchläden große Ehre« (LM 4, S. 301) macht, doch für eine weite Verbreitung im Publikum zu teuer ist. Die implizierte Forderung nach marktgerechter Verbreitungsmöglichkeit unterstützt den Gedanken einer Vergrößerung der Gelehrtenrepublik. Damit wird die Bedeutung des Ladenpreises (der in der *Privilegirten Zeitung* im Gegensatz zu rein gelehrten Rezensionsorganen meist genannt wird) für die Konstitution einer auch nach Marktmechanismen gesteuerten Publikumsgruppe hervorgehoben. Im Text ausgesprochen werden solche Überlegungen nicht, doch stellen sie für die zeitgenössischen Leser leicht zu vollziehende Schlußfolgerungen dar. Abgenommen ist ihnen die Denkleistung freilich vom Kritiker nicht. Insofern ist die Darstellung in diesem Text anspruchsvoller als in den vier vorausgehenden.

Unter den Gedichten der rezensierten Sammlung wird nur eines erwähnt, die Ode *Das Andenken des vor 100 Jahren in Leipzig gebohrnen Freyherrn Gottfried Wilhelms von Leibniz* [...] (LM 4, S. 301). Diese Auswahl ist keineswegs zufällig, sondern wird zu einem gezielten Argument genutzt; es betrifft ebenfalls Aspekte der Gelehrtenrepublik. Der Spott, Gottsched besinge Leipzig mehr als den zu ehrenden Philosophen (»Das ist Pindarisch!«), verweist auf einen Rangstreit zwischen Leipzig und Berlin. Dieses Thema berührt die Re-

---

[5] Vgl. Guthke (Anm. 2), S. 27.

dakteure der *Privilegirten Zeitung* zunächst in privater Hinsicht, weil sowohl Mylius als auch Lessing ihre literarische Karriere in Leipzig begonnen haben. Doch es betrifft auch die Berliner Gruppe um die Zeitung. Gottscheds Leibniz-Ode wurde ursprünglich »zu Leipzig 1746 den 10. May vorgelesen«[6], zu diesem Zeitpunkt feiert sie den größten Sohn der Stadt als Begründer der Leipziger Hegemonie über die gesamte deutsche Gelehrtenrepublik. Gerade 1746 aber kam die Berliner Akademie, ursprünglich von Leibniz begründet, nach den Reformen, die Friedrich II. hatte durchführen lassen, wieder in Gang. Für die Berliner steht der Name Leibniz deshalb als Signatur ihrer eigenen gelehrten Zentralstellung, während Gottsched mit seiner ›pindarischen‹ Darstellungsweise versuche, Leipzig noch immer den Rang der Metropole zu erschleichen. Mit der entschiedenen Zurückweisung dieses Versuchs erhebt der Rezensent den Anspruch, mit seinem Publikationsorgan bereits für die Gelehrtenrepublik vergleichsweise wichtiger geworden zu sein als die ehemals mächtigen Leipziger Literaten und Kritiker des Gottsched-Kreises. Für die Redakteure bedeutet dies zugleich die Emanzipation vom engen Leipziger Freundeskreis[7] hin zum größeren Publikum, mit dem sie kaum noch persönlicher Kontakt verbindet. Professionalisierung und Anonymisierung gehen mit dieser Emanzipation einher.

Im letzten Argumentationsschritt greift der Rezensent einen Vorschlag Bodmers für die Literaturpraxis auf, um ihn gegen Gottscheds Verdikt zu verteidigen, ja er geht darüber hinaus und macht sich den Vorschlag in Form einer erweiterten Idee zu eigen: »Wäre es nicht sehr gut, wenn man auch unsre Schauplätze zu den Vorlesungen verschiedner Arten von Gedichten anwendete [...]«. (LM 4, S. 302) Dieser angedeutete Plan gibt der Rezension eine pragmatische, konstruktive Wende, die als Keim einer selbständigen Literatur- oder Theaterpolitik gesehen werden könnte. Sie scheint damit einen Übergang anzudeuten zu den *Literaturbriefen*, wo Lessing schließlich aus der Kritik an Gottsched heraus zur Entfaltung eines eigenen, zugleich auf weitere Quellen gestützten Nukleus zukünftiger Literaturtheorie gelangt. Es handelt sich dabei freilich um eine andere Textgattung, die diese Form der Ausbreitung und Reflexion erlaubt; die kurzen Rezensionen in der *Privilegirten Zeitung* bilden hierfür auch vom Gattungsrahmen her eine Vorbereitungsstufe.

Die besprochenen Rezensionen verfügen noch nicht über viele jener Merkmale, die später Lessings Texte so deutlich auszeichnen. Die Urteile dienen eher

---

[6] Vgl. Johann Christoph Gottsched: Ausgewählte Werke. Hg. von Joachim Birke. Bd 1. Berlin 1968, S. 188.
[7] Vgl. Barner (Anm. 3), S. 324.

der Verankerung der Kritikleistungen im Bewußtsein dieses Publikums, als daß sie dem Publikum wesentlich Neues darböten. Selbstdenken ist zwar als Konzept in mancher Aufforderung oder in impliziten Urteilen erkennbar, bleibt jedoch gewissen gruppenspezifischen Übereinkünften untergeordnet.

In der Mitte des Jahrhunderts ist das deutschsprachige Rezensionswesen bereits über sechzig Jahre alt. In diesem Zeitraum haben sich verschiedene Strömungen entwickelt, die jeweils eigene Argumentations- und Stilprinzipien herausbildeten. Charakteristisch ist, daß dabei die Autoren einer Gruppe nicht immer die schon vorhandenen Gattungsmerkmale der Rezension aufgreifen, sondern durchaus – aus der Perspektive der späteren Historiographie deutlich sichtbar – gleichermaßen Rück- wie Fortschritte wählen können. Die kurzfristig anzustrebenden Ziele des Rezensionsorgans und die Erwartungen seiner Leser leiten jeweils die Entscheidung. Eines der Merkmale, die von der Redaktion der *Privilegirten Zeitung* zunächst entgegen der Tradition wieder aufgegeben wurde, ist der Grad der Individualisierung der Urteile. Mylius' und Lessings gemeinsame Leipziger Vergangenheit gibt Hinweise auf den Ursprung ihres Rezensionsstils. Gemeinsam hatten sie in der sächsischen Universitätsstadt Gottsched und die Gottschedianer sowie deren ausgesprochene und unausgesprochene Kritiker kennengelernt. Aus deren Kreisen waren über Gottscheds eigene Periodika hinaus weitere entstanden, sei es im Sinne einer leicht modifizierten Weiterführung der Gottschedschen Tradition (wie die *Belustigungen des Verstandes und des Witzes*), sei es später in deutlicher Distanzierung (wie die der *Bremer Beiträge* oder eben der *Berlinischen Privilegirten Zeitung*).

Die persönlichen Kontakte zum Kreis der ›Belustiger‹ waren für Mylius wie Lessing vielfältig, eine herausragende Figur jedoch bildet Abraham Gotthelf Kästner (1719–1800). Er war für beide sowohl akademischer Lehrer als auch ein vorbildlicher Schriftsteller auf dem Gebiet der Satire und der Rezension.[8] Seine Kritiken gehören in den *Belustigungen* zu den pointiertesten überhaupt, sowohl in puncto inhaltliche Zurückweisung von in seinen Augen unhaltbaren gelehrten Argumenten als auch in bezug auf einen mitunter äußerst ironischen, oft polemischen Stil. Ein Blick auf ein Beispiel aus den *Belustigungen* mag einen Teil der Feststellungen verdeutlichen. Zur Demonstration ausgewählt sei ein Text, in dem sich Kästner mit einer anderen Zeitschrift, dem *Bibliothecaire*

---

[8] Als Anleihe bei seinem Mathematiklehrer Kästner mag Lessings Seitenhieb gegen Gottscheds Bezeichnung der Analysis als der »Rechenkunst *in den* unendlich Kleinen« (statt ›der‹; LM 4, S. 302) zu werten sein. Auf eine gewisse anhaltende Anerkennung des Kästnerschen Rezensionsstils verweist weiterhin die Tatsache, daß Lessing ihn zur Mitarbeit am *Neuesten aus dem Reiche des Witzes* überredete.

moderne, auseinandersetzt. Stilvergleiche mit Stellen aus Lessings Kritiken sollen dabei nur eine untergeordnete Rolle spielen. Kästner äußert sich im Verlauf seiner Kritik vielmehr programmatisch zum Rezensionswesen, diese Aussagen erlauben einen präziseren Überblick über die Punkte, die vom Verfasser selbst als problematisch angesehen werden. In seiner Form des fingierten Briefes – *M.[agister] A.[braham] G.[otthelf] K.[ästners] Brief an Herrn J. C. St. über das erste Stück des Bibliothecaire moderne*[9] – nutzt der Text von vornherein »dialogische Momente«, wie sie später in Lessings Argumentationsweise in verfeinerter Form festzustellen sind.[10] Die Ausgangslage ist, daß der Angesprochene dem Rezensenten die Zeitschrift übersandt hat und daß Kästner sich nun zu deren Inhalt äußert. Ihr anonymer Verfasser beklagt sich über ungerechte Rezensionen, wogegen Kästner folgendermaßen Stellung bezieht:

> Daß man das Recht habe, über öffentlich herausgegebene Schriften zu urtheilen, beweist der Verfasser durch sein Exempel, und Despreaux rechtfertigt ihn […] Er beschweret sich, daß man ihm Grobheiten gesagt, daß man mehr seine Person, als seine Schriften angegriffen […] Der Verfasser würde sehr wohl gethan haben, wenn er gesagt hätte, was das für Leute wären, die mit ihm so übel umgegangen sind, und bey was für Gelegenheit sie dieß gethan haben. Am allerklügsten aber würde es gewesen seyn, wenn er sich genannt hätte.[11]

Obwohl Kästner an anderer Stelle den Schutz der Anonymität in Rezensionen gelegentlich bejaht, überwiegt doch die hier geforderte Offenheit des Streites. Gleichzeitig weist er die Vorherrschaft der Affekte beim Kritiker zugunsten inhaltlicher Argumentation zurück: »Man zeigt, daß die Gegner Unrecht haben, und zeigt dieses mit Gelassenheit«.[12] Wenn der Kritiker sein Publikum zur Selbständigkeit anleiten wolle, »so lerne er seine Urtheile gründlicher abfassen«.[13] Umfangreiche Exzerpte übernehmen dabei keine Funktion: »Denn in Deutschland verlangen wir von dem Verfasser […] eigene Gedanken, und nicht große Plätze aus anderen Schriftstellern, die wir selbst lesen können«.[14] Charakteristisch für Kästners Stil ist eine fortlaufend eingeflochtene Ironie – etwa »da ich als ein Deutscher zum Nachahmen gebohren bin«;[15] »Wir […]

---

[9] In: Belustigungen des Verstandes und des Witzes 1 (1741), S. 246ff.
[10] Vgl. Barner (Anm. 3), S. 329.
[11] M.[agister] A.[braham] G.[otthelf] K.[ästners] Brief an Herrn J. C. St. über das erste Stück des Bibliothecaire moderne. In: Belustigungen des Verstandes und des Witzes 1 (1741), S. 246ff; hier S. 249.
[12] Ebd., S. 252.
[13] Ebd., S. 255.
[14] Ebd., S. 256.
[15] Ebd., S. 248.

halten es für eine übel ausgekramte Gelehrsamkeit, und sind gar nicht geneigt zu schließen, daß einer viel Bücher gelesen habe, der viel anführt«.[16]

Im Verhältnis zu den Kritiken der *Privilegirten Zeitung* freilich sind die Beiträge Kästners in den *Belustigungen* ausführlich, sie argumentieren über viele Seiten hinweg. In der *Staats- und Gelehrten Zeitung des Hamburgischen unpartheyischen Correspondenten* allerdings zeigt Kästner als Literaturkritiker zur gleichen Zeit, daß seine argumentative wie stilistische Grundhaltung auch auf dem knapperen Raum der Tagespublizistik zu realisieren ist. Hier trägt er unter anderem seine gegen Gottsched gerichtete Haller-Apologie wiederholt vor, ferner einen Angriff auf Lange, der Lessings *Vade mecum* den Weg weist.

Kästners Positionen stützen sich auf die Systemphilosophie einer- und auf eklektische Strömungen andererseits. Die Adaptation charakteristischer Merkmale aus beiden Richtungen stellt seine besondere Leistung dar. Aufgegriffen wurde in Debatten über die schöne Literatur jedoch vornehmlich der individualistische Einfluß. Er unterscheidet sich von der im rationalistischen System argumentierenden Kritik mehr durch Argumentationsformen als durch den Stil. Kämpferische Rezensionen etwa hatte Gottsched genug verfaßt (z. B. die oft zitierte über Bodmers *Critische Abhandlung von dem Wunderbaren in der Poesie*), sie können trotzdem kaum als Vorbild für Lessing angesehen werden. In Gottscheds Texten nämlich erfolgt die Begründung jeweils aus dem systematischen Kanon heraus, in der genannten Rezension außerdem aus dem Nationalcharakter – für einen ›Parameter Persönlichkeit‹ gibt es dabei kein Beispiel. Der Ursprung des ›Parameters Persönlichkeit‹ ist eher in der eklektischen Tradition der deutschen Frühaufklärung zu finden. Thomasii Schriften begründen diese Tradition, als entscheidendes Vermittlungsglied zu Lessings Zeitalter muß aber Nikolaus Hieronymus Gundling (1671–1729) gelten. Seine Bücheranzeigen und gelehrten Nachrichten fanden unter einem eigenen Sammeltitel über Jahre ein festes Publikum: *Gundlingiana. Darinnen allerhand zur Jurisprudenz, Philosophie, Historie, Critic, Litteratur und übrigen Gelehrsamkeit gehörige Sachen abgehandelt werden* (Halle 1715ff.). Charakteristisch dafür ist, daß sie einerseits neue Urteile transportieren, andererseits jedoch zur Belustigung der Leser beitragen sollen. Dieser Aspekt wird in diversen Vorreden und Stellungnahmen als notwendige Innovation und vor allem als Unterscheidungskriterium gegenüber der traditionellen gelehrten Bücheranzeige im Stile der großen europäischen Journale (u. a. der Leipziger *Acta eruditorum*) betont. Die Verbindung zwischen Information und Belustigung gelingt Gundling so

---

[16] Ebd., S. 256.

erfolgreich, daß eine Auswahl seiner Anzeigen postum als *Satyrische Schriften* (Jena 1738) erneut herausgegeben wurde.

Wegweisend für die spätere Entwicklung der kritischen Publizistik in Deutschland ist die *Neue Bibliothec oder Nachricht von neuen Büchern und allerhand zur Gelehrsamkeit dienende Sachen.* (Halle 1709ff.) In der Vorrede zum ersten Stück werden die neuen Prinzipien dargelegt und gegenüber denen bestehender Organe abgegrenzt:

> Vielen ist verdrießlich, lange Extracten / die doch gemeinlich den Inhalt eines Buches weder halb noch gar [ganz?] exprimiren, zu lesen / zumahl wann öfters zwey oder drey Chartequen den Appetit eines hungerigen Lesers stillen müssen / andere erwarten vielmehr ein vernünfftiges Urtheil / als ein blosses und zerstümmeltes Sceleton / welchem aller Safft abgezogen ist. Ich bin daher schlüßig worden in der Mitte ein Temperament zu suchen / und die vornehmsten Bücher / welche ans Licht treten / nicht sowohl umständlich zu excerpiren / als vielmehr den general-Zweck / die Güte und Beschaffenheit samt denjenigen Nachrichten anzuführen / welche man nach Gelegenheit der Sachen / dienlich zu seyn erachten wird. Die Urtheile sollen dergestalt eingerichtet seyn / daß ein jeder erkennen möge / wie man sich nicht einigen Affect, sondern bloß die gesunde Vernunfft zum Leitstern erwehlet […].

Während dies zunächst die Funktion der Artikel bestimmt, wird an anderer Stelle die Art der Argumentation und des Stils beschrieben: »ohne Eifer, bald lachend, bald ernsthaft, bald Philologisch, bald Philosophisch, bald lustig, bald indifferent […]«.[17] Dabei soll der affektgeladene Stil einiger anderer Rezensenten vermieden werden, die »jedermann grimmig anfallen, und nur fechten, beissen, und kratzen wollte[n]«.[18] Weiter wird das Selbstdenken des Kritikers vor den Augen der Leser ausführlich begründet. Dabei nimmt ›Wahrheit‹ die Stellung eines alles dominierenden Leitbegriffs ein, dem alle Praxis untergeordnet ist:

> Willst du wissen, was mein künftiges Vorhaben sey, so lasse dir gefallen das einige Wort *Wahrheit* zu betrachten […] Dann in diesen düncket es mich, könne die Pedanterey am besten gerühret, die Präjudicia am füglichsten angegriffen, das wahre von dem falschen am allerdeutlichsten abgesondert werden.[19]

Um Kritik der schönen Literatur geht es Gundling in seinen programmatischen Erklärungen am wenigsten, sie nimmt auch in seinen gesammelten Texten nur einen sehr geringen Teil ein. Bedeutenderes steht zur Diskussion: Grundbe-

---

[17] Zit. nach Nikolaus Hieronymus Gundling: Satirische Schriften. Jena 1738. Vorrede des Verfassers, S. 4.
[18] Ebd., S. 6f.
[19] Ebd., S. 6.

griffe der Aufklärung überhaupt, die die Organisation und Funktionsweise der
gesamten gelehrten Öffentlichkeit betreffen. Das ›unerschrockene Raisonni-
ren‹ zielt vor allem auf naturrechtliche und theologische Auseinandersetzungen, die Versuche orthodoxer Opponenten, Gundlings Veröffentlichungen zu
unterdrücken, geben wiederholt Anlaß, Freiheit und Toleranz zu fordern:
»Allein was ists? die Libertas sentiendi will ihm nicht in den Kopf«.[20]

---

[20] Ebd., S. 5.

Ehrhard Bahr

Autorität und Name in Lessings Streitkultur

> Zwar mit dem Ansehen des Aristoteles wollte
> ich bald fertig werden, wenn ich es nur auch
> mit seinen Gründen zu werden wüßte.
>
> (Lessing, *Hamburgische Dramaturgie*, 1768)

In der Polemik des Fragmentenstreits hat Lessing sich über die wissenschaftliche Praxis hinweggesetzt, Namen zu zitieren, um seine Aussagen zu legitimieren. Es ging ihm nicht darum, wer etwas sagte, sondern er fragte vielmehr danach, ob die Aussage richtig oder falsch sei. Mit der Ablösung von der Latinität an den deutschen Universitäten des frühen 18. Jahrhunderts hatte sich ein neues Wissenschaftsbewußtsein durchgesetzt. Christian Thomasius und sein *Diskurs von der Freiheit* gaben das Vorbild dafür ab (Gawlick, S. 256–273[1]). Als erste Aufgabe eines *scavant homme* stellte er die Abschaffung der »*praejudicia* und vorgefaßten Meinungen« heraus, »welche sich auf nichts anders als auf die Autorität derer, von welchen sie solche eingesogen, gründen« (Thomasius, S. 36). Bei Thomasius erhielt der Begriff der Autorität zum ersten Mal in der deutschen Begriffsgeschichte eine pejorative Bedeutung (Rabe, S. 394). Thomasius führte »die Devise des Jahrhunderts, das ›Denke selbst!‹« ein, »das als Grundzug der Aufklärung bis zu […] Kant seine Gültigkeit« bewahrte (Bollacher, S. 60). Man begann, unabhängig zu denken, anstatt den Autoritäten der Vergangenheit zu folgen, wie es noch bis zum Humanismus die Praxis war. Lessing befand sich hier auf der Höhe der Zeit, während die theologische Disputation, wie es sich im Fragmentenstreit zeigen sollte, noch tief im 17. Jahrhundert steckte. Wie Martin Bollacher unter Berufung auf das von Lessing zitierte *praejudicium auctoritatis* (G 8, S. 291) überzeugend herausgestellt hat, wollte Lessing »die protestantische Theologie zur Kenntnisnahme des neuzeitlichen Wissenschaftsprinzips« zwingen. Er habe »gleichsam einen Kommentar in nuce zu den kontradiktorischen Prinzipien von vorgegebener Autorität und modernem Wissenschaftsethos« geliefert (Bollacher, S. 65).

---

[1] Angaben, die im laufenden Text in Klammern stehen, beziehen sich auf die Literaturliste am Ende dieses Beitrages.

Man wird Lessings Entscheidung zur anonymen Veröffentlichung der Reimarus-Fragmente nicht allein als Tarnungsmanöver zum Schutz des verstorbenen Autors und seiner Familie begründen wollen. Als weiteres Motiv ist sicherlich zu berücksichtigen, daß Lessing es für wichtig erachtete, die Leser mit den
Zentralargumenten des Deismus bekannt zu machen und damit die traditionelle theologische Disputation in den Bereich der vom aufklärerischen Wis-
senschaftsdiskurs beherrschten Öffentlichkeit zu überführen, denn er hielt
es, ähnlich wie Kant später, mit der Würde des Menschen vereinbar, sich »in
Religionsdingen« etwas vorschreiben zu lassen (Kant, S. 15). Bei der Lektüre der
Reimarus-Fragmente sollten die Leser nicht mit Fragen nach der Autorität des
Namens oder der Rechtgläubigkeit des Verfassers vom eigentlichen Thema
abgelenkt werden. Im Verlauf der Debatte sollte sich Lessing ausdrücklich
gegen »diese Namenjagd« aussprechen. Er bezeichnete sie als »läppisch und
unnütz« (G 8, S. 300) und wandte sich gegen die »elende Neugier nach einem
Namen! nach ein Paar Buchstaben, die so oder so geordnet sind!« Für Lessing
war der Name nicht nur unwichtig, sondern schädlich, »wo die Vernunft auf
ihrem eigenen Wege nur Gründe prüfen soll: was soll da der Name des, der das
bloße Organ dieser Gründe ist?« (G 3, S. 295).

Als Lessing 1774 begann, Auszüge aus der *Apologie oder Schutzschrift für die
vernünftigen Verehrer Gottes* von Hermann Samuel Reimarus zu veröffentlichen,
hob er die »Freimütigkeit« und den Ernst der Argumente des Ungenannten
hervor:

> Der Untersucher vergißt seine Würde nie; Leichtsinn scheint nicht sein Fehler gewe-
> sen zu sein; und nirgends erlaubt er sich Spöttereien und Possen. [...] Er sagt seine
> Meinung gerade zu, und verschmähet alle kleinen Hülfsmittel, den Beifall seiner
> Leser zu erschleichen. (G 7, S. 313)

Aber Lessing verzichtete damit nicht grundsätzlich auf die Legitimation durch
Namen. Er führte den Theologen Johann Lorenz Schmidt (1702-1749) an, um
das Unternehmen seiner Textausgabe *Von Duldung der Deisten* zu rechtfertigen.
Bereits im ersten Satz seiner Einleitung hatte sich Lessing auf Adam Neuser
(gest. 1579) berufen. Beide waren Opfer der Orthodoxie geworden und hatten
ihre Unabhängigkeit mit Kerkerstrafe bzw. Exil bezahlen müssen. So wurde der
Leser damit auf den Inhalt und die Bedeutung des folgenden Textes vorbe-
reitet. Bei dem Ungenannten mußte es sich um jemand handeln, der ähnlich
wie Schmidt oder Neuser des Schutzes »eines einsichtsvollen und gütigen
Fürsten« bedurfte, um sich die Unabhängigkeit seines Denkens zu bewahren.
Ohne sich weiter »bei Vermutungen über den Verfasser aufzuhalten,« brachte
Lessing dann den Text, damit seine Leser sich mit dem »Geiste« seines Autors

»näher bekannt machen« konnten (G 7, S. 314). Das heißt, der Argumentation wurde eine größere Wichtigkeit eingeräumt als der Autorität des Namens oder der Person.

Lessings Kommentar läßt erkennen, daß seine Polemik also keineswegs eine Streitkultur ohne Namen ist, doch läßt sich ein neuer Gebrauch der Autorität des Namens im wissenschaftlichen Diskurs feststellen, der näherer Untersuchung bedarf. Meine These läuft darauf hinaus, daß Lessing hinsichtlich der Denkfreiheit im 18. Jahrhundert nicht nur auf der Höhe der Zeit stand, sondern in der Verwendung von Autorität und Namen eine neue Form des wissenschaftlichen Diskurses zu entwickeln suchte, weil er ein anderes Verhältnis zur Wahrheit besaß als seine Gegner. Lessing sollte später mit seiner bekannten Aussage in der *Duplik* von 1778 dieses Verhältnis näher erläutern: Nicht der Besitz der Wahrheit machte den Wert des Menschen aus, »sondern die aufrichtige Mühe, die er angewandt hat, hinter die Wahrheit zu kommen« (G 8, S. 33). Lessings Gegner gingen im Fragmentenstreit von einer von Staat, Kirche und Tradition sanktionierten Lehre aus. Wie aus Lessings Briefwechsel ersichtlich ist, wollte er Orthodoxie und Neologie zu einer öffentlichen Diskussion herausfordern, d. h. den theologischen Fachdisput in den Bereich der Öffentlichkeit überführen. Dabei bestand die Gefahr, daß die Frage nach der Autorität oder Person des Verfassers von der Diskussion der Sache des Deismus ablenken würde. Befreit von der Verfasserfrage, würde man sich auf die Zentralargumente konzentrieren müssen. Die Wahrheit sollte nicht von der Autorität eines Namens oder der Zugehörigkeit zu einem bestimmten Lehrsystem entschieden werden, sondern durch die philosophische oder historische Evidenz der Gründe. Mit anderen Worten: Lessing wollte so etwas wie eine Version des »herrschaftsfreien Diskurses« (J. Habermas) für das 18. Jahrhundert einführen und hielt dafür die Form eines »discours sans noms« am besten geeignet.

Dabei spielte für Lessing der Test durch die Öffentlichkeit eine entscheidende Rolle: er sollte zur Wahrheitsfindung beitragen. Das aufgeklärte Laienpublikum war der eigentliche Adressat der Lessingschen Fragmenten-Publikation, nicht die theologische Fachwelt, wie Arno Schilson in seinem Kommentar dargelegt hat. »Die an Wahrheit und Aufklärung interessierte Öffentlichkeit« sollte aufgrund eigener Kompetenz und Information in die Diskussion einbezogen werden (B 8, S. 910). Die Veröffentlichung der Fragmente war ein Mittel, um, wie Lessing sagte,

> dem Publico [...] wo möglich, das Dreisteste und Stärkste, daraus mitzuteilen, um bei Kleingläubigen den Verdacht nicht zu erwecken, was für unbeantwortliche Dinge so geheim gehalten würden. (G 7, S. 331)

Veröffentlichung und Publikumsdiskussion sollten zur Klärung theologischer Fragen beitragen, die auch für den Herausgeber noch nicht geklärt waren. Wie die *Gegensätze des Herausgebers* zeigen, stand auch für Lessing die Wahrheit nicht fest, weder am Anfang noch am Ende, doch er vertraute dem Prozeß von Veröffentlichung und Diskussion, daß er zur Klärung der verschiedenen Positionen beizutragen vermöchte.

Lessings *Gegensätze zu Reimarus* verzichten ausdrücklich auf die Berufung auf Autorität. Für den aufgeklärten Leser sollten die Namensautoritäten ebensowenig eine Rolle spielen wie für den gläubigen Christen, der sich in seinem Christentum »so wahr [...], so selig *fühlet*«. Über diesen konnte Lessing beruhigt mit dem Hinweis auf eine wissenschaftliche Fachkontroverse in der Elektrizitätslehre und deren praktische Anwendung in der Medizin sagen: »Wenn der Paralyticus die wohltätigen Schläge des Elektrischen Funken *erfährt:* was kümmert es ihn, *ob Nollet*, oder ob *Franklin*, oder ob keiner von beiden Recht hat.« (G 8, S. 458) Vom aufgeklärten Leser verlangte Lessing die gleiche Unabhängigkeit im Denken, die er für die Unabhängigkeit im Glauben des »wahren« Christen voraussetzte.

Dabei werden Namen nicht nur negativ zitiert, sondern überhaupt in ihrer Autorität in Frage gestellt. So lehnte Lessing im Hinblick auf das dritte Reimarus-Fragment (*Durchgang der Israeliten durchs rote Meer*) ohne weiteres die Autorität von vier Bibelkommentatoren ab: Johannes Clericus (1657–1736), Augustin Calmet (1672–1757), Jacques Saurin (1677–1730) und Theodor Christoph Lilienthal (1717–1782). Ihre Antworten hätten »sehr viel wohl nicht« verschlagen. »Notwendig wird [man] also ganz auf etwas Neues denken müssen«, bemerkte Lessing dazu (G 7, S. 469). Dasselbe Verfahren läßt sich am Schluß der *Gegensätze des Herausgebers* feststellen, wenn Lessing drei englische Autoritäten mit ihren Abhandlungen zur Glaubwürdigkeit der Auferstehung Christi ablehnt – Humphrey Ditton (1675–1715), Thomas Sherlock (1678–1761), Gilbert West (1703–1756) –, weil sie nicht auf sämtliche Widersprüche eingegangen sind: »Denn diesem und jenen [Widersprüchen] nur etwas wahrscheinliches entgegen setzen, und die übrigen mit triumphierender Verachtung übergehen, heißt keinen beantworten.« (G 7, S. 491)

An anderer Stelle führte Lessing die Tabellen des Mathematikers Johann Christoph Sturm (1635–1703) als Beispiel für die Möglichkeit des Irrtums bei Autoritäten an. Sturms Tabellen wurden damals dem Studenten als definitives Lehrbuch zum Mathematikstudium in die Hand gegeben, obwohl sie im 18. Jahrhundert noch die mittelalterliche Chiromantie »mit unter den mathematischen Wissenschaften« abhandelten. »Hätte [er] aber glauben müssen, daß [Sturm] unfehlbar gewesen«, argumentierte Lessing, so würden die [...] Grundsätze der Chiromantie [ihn] mit Furcht und Mißtrauen gegen die mathematischen Wahrheiten erfüllt haben. [...] Unmöglich hätte er beide, Geometrie und Chiromantie, für gleich gewiß halten können: aber möglich wäre es gewesen, daß [er] sich gewöhnt hätte, Chiromantie und Geometrie als gleich unge-wiß zu denken. (G 8, S. 465)

Dieses Beispiel diente Lessing zum Beweis dafür, daß Irrtum oder Rückstän-digkeit auf einem Gebiet zum Zweifel an der Autorität auf einem anderen führen kann, bzw. daß man etablierten Autoritäten nicht mehr vertrauen kann als anderen Dialogpartnern auch.

Bereits in der ersten Kontroverse des Fragmentenstreits, in der Kontroverse mit Johann Daniel Schumann (1714–1787), der in wesentlichen Fragen mit Lessing übereinstimmte, zeigt sich der Rückfall in den Diskurs der theologi-schen Disputation, der in der Scholastik des Hochmittelalters entstanden und im 16. Jahrhundert erneut aufgegriffen worden war. Trotz der Proklamierung der Denkfreiheit durch Christian Thomasius wurde dieser Diskurs noch in der zweiten Hälfte des 18. Jahrhunderts von konservativen Gelehrten, besonders Theologen, gepflegt. (Barner, S. 303) Schließlich und endlich handelte es sich bei dem Fragmentenstreit um die kanonischen Texte der christlichen Religion, die selbst eine Autorität darstellten, abgesehen von der Autorität der Apolo-geten und Kommentatoren und der Autorität des Staates, der sich der Religion zur Begründung seiner Macht bediente. Für Johann Melchior Goeze war ein jeder Angriff auf die Autorität der Bibel auch ein Angriff auf »die Rechte der Obrigkeit«, die auf »biblischen Ansprüchen« beruhen, wie Lessing sehr bald erfahren sollte.

So ist es keineswegs überraschend, daß Schumann in seiner Auseinander-setzung mit Lessing eine »Überfülle einschlägiger Bibelstellen und (meist zeitgenössischer) apologetischer Literatur« heranzog, um seine Gegenbeweise mit Hilfe von Autorität und Namen zu begründen (B 8, S. 968). Da Schumann ausführlich Origenes zitierte, mußte auch Lessing auf den frühchristlichen griechischen Kirchenlehrer und Apologeten eingehen. Aber wiederum di-stanzierte sich Lessing eindeutig von Origines als Autorität, weil er [Lessing] »nicht einmal mehr in dem Falle des Origines« wäre, sondern »in dem 18ten Jahrhundert [lebte], in welchem es keine Wunder mehr gibt« (G 8, S. 10). Wenn diese Form des Beweises fortgefallen sei, argumentierte Lessing, wie sei es ihm dann zuzumuten, daß er

die nämlichen unbegreiflichen Wahrheiten, welche Leute vor 16 bis 18 hundert Jahren auf die kräftigste Veranlassung glaubten, auf eine unendlich mindere eben so kräftig glauben soll. (G 8, S. 11)

Auch in der *Duplik* von 1778, mit der Lessing auf die Gegenschrift von Johann
Heinrich Reß antwortete, war Lessing gezwungen, im einzelnen auf Bibelstellen und -kommentare einzugehen. Arno Schilson hat in seinem Stellenkommentar Lessings hervorragende Kenntnisse der Theologie seiner Zeit bestätigt.
(B 8, S. 1037) Doch benutzte Lessing diese Kenntnisse nicht, um seine Gegner
damit zu überwältigen, sondern er wollte sie mit Argumenten zum Dialog
herausfordern und womöglich überzeugen. Es läßt sich auch hier ein Beispiel
anführen, das veranschaulicht, wie Lessing sich weigerte, sogar eine anerkannte
Autorität wie Augustinus zu zitieren. »Lesen Sie es bei ihm selbst nach«, heißt
es in Lessings *Duplik*. (G 8, S. 81) Wiederum ging es ihm um das Argument,
nicht um die Autorität des Zitats und des Autors. Das Zitat sollte der Fachgelehrte selbst nachlesen, falls er des genauen Wortlauts bedurfte. Für die
Argumentation bedeutet das wörtliche Zitat nur Zeitverschwendung. »Ich
würde nicht fertig, wenn ich vollends mit Ihnen in die ältesten Harmonien
gehen wollte«, erklärte Lessing (G 8, S. 81).

Im Fragmentenstreit mit Johann Melchior Goeze griff dieser zunächst auf
die Schullogik zurück und suchte Lessings *Gegensätze zu Reimarus* als logisch
falsch zu erweisen. (G 8, S. 22–29) Als Goeze es nicht gelang, Lessing damit
zum Schweigen zu bringen, versuchte er es mit politischer Einschüchterung
und nahm schließlich Zuflucht zur Autorität von Bibelzitaten, den Kirchenvätern und Luther. Lessing scheint zum Teil dadurch gezwungen worden zu
sein, auf diese Autoritäten einzugehen. Seine *Anti-Goeze*-Schriften werden
sämtlich von Mottos eingeleitet, die von Autoritäten von Hieronymus bis zu
Luther stammen. Ebenso verhält es sich mit den Ausführungen, die eine
größere Anzahl von Zitaten aufweisen, als von Lessing zu erwarten wäre, wenn
man von der spezifischen Konstellation der Goeze-Polemik absieht. Lessing
mußte sich zahlreicher Beschuldigungen erwehren, und dabei ging es nicht
ohne Zitat von Autorität und Namen ab. Er war sich dieser Zwangslage bewußt
und berief sich deshalb im Eingang zum neunten *Anti-Goeze* mit einem Motto
auf das der Wahrheitsfindung schädliche *praejudicium auctoritatis* (Bollacher,
S. 59). Das Motto lautete folgendermaßen in deutscher Übersetzung:

> Wer mir den unbekannten, als Autorität geltenden Verfasser eines Buches enthüllt,
> dient nicht so sehr meinem Nutzen als meiner Neugier. Im Gegenteil, er bringt mir
> nicht selten Schaden, weil er dem Vorurteil der Autorität Raum gibt. (G 8, S. 291, 659)

Das Motto verweist auf Lessings Dilemma, daß er gezwungen war, auf einen
Diskurs einzugehen, den er im Prinzip ablehnte. So zögerte er nicht, dem
Gegner »mit gutem Vorsatze, noch mehrere Beweise zu einer Klage zu liefern«,
obwohl er sie von Grund auf verachtete. (G 8, S. 291)

Lessing war mit den Kirchenvätern eng vertraut und bewies »auch hier eine stupende und souveräne Kenntnis«. (B 8, S. 1031; Schilson, *Geschichte*, S. 168–179) Doch als es beim Nachweis der *regula fidei* in der *Nötigen Antwort* darum ging, seine patristischen Kenntnisse auszubreiten, begnügte sich Lessing mit dem Hinweis, daß der Belesenste in dieser Sache nicht mehr Quellen kenne als er selbst und daher auch nicht mehr wissen könne als er selbst. Er beschloß das Argument mit dem Zusatz:

> Es ist gar nicht wahr, daß so tiefe und ausgebreitete Kenntnisse erfordert werden, um in allen diesen Stücken auf den Grund zu kommen, als sich manche wohl einbilden, und manche die Welt bereden möchten. (G 8, S. 313)

Doch in seiner letzten *Anti-Goeze*-Schrift zögerte Lessing nicht, seinem Gegner nachzuweisen, daß er den Irenäus nicht nach den patristischen Schriften, sondern nach einer Luther-Polemik zitierte. (G 8, S. 338) In diesem Zusammenhang kam ihm der Name des Kirchenvaters höchst gelegen, weil er damit keine Autorität als solche zu zitieren brauchte, sondern vielmehr eine der zahlreichen »Schwächen« von Johann Melchior Goeze nachweisen konnte.

Goeze hatte geglaubt, Lessings »Gewäsche, und überhaupt seine in der Antwort angegebenen 20 Sätze« mit der Autorität dieses Zitats auf einmal niederschlagen zu können (G 8, S. 337). Doch Lessing schlug ihn mit seinen eigenen Waffen, indem er überzeugend nachwies, daß Goeze nicht nur falsch zitiert hatte, sondern daß »der wahre Sinn« der weiteren Ausführungen des Irenäus »unwidersprechlich« mit den Argumenten von Lessings zwanzig Sätzen der *regula fidei* in der *Nötigen Antwort* übereinstimmte. (G 8, S. 338) Bis zuletzt ging es Lessing also nicht um Autorität und Namen des Irenäus, sondern um dessen Argument.

Lessings *Laokoon* beweist, daß er durchaus bereit war, die Zitierkonventionen seiner Zeit zu beachten, wenn es für die Argumentation angebracht war. In der *Hamburgischen Dramaturgie* finden wir wiederum jene andere Seite Lessings, die bereits im *217. Literaturbrief* und dann auch im Fragmentenstreit zum Ausdruck kommt. Mit der Autorität und dem Namen des Aristoteles verstand es Lessing, »bald fertig« zu werden, wie er im 74. Stück erklärte. Lessings Sorge als Kritiker und Denker galt jedoch den Gründen: wenn er »nur auch mit [den Gründen des Aristoteles] fertig zu werden wüßte« (G 4, S. 574). Darüber sollte letztlich sein Leserpublikum entscheiden. Indem er die Autorität des Aristoteles als irrelevant bezeichnete, forderte Lessing sein Publikum zum Mitdenken und zur Kritik der von ihm dargelegten Gründe heraus. In diesem Sinne waren nicht nur seine religionsphilosophischen Schriften, sondern auch seine Literaturkritik und Poetik von den Prinzipien eines *discours sans noms* bestimmt.

Literaturverzeichnis

Barner, Wilfried u. a.: Lessing: Epoche – Werk – Wirkung. 5., neubearb. Aufl. München 1987.

Bollacher, Martin: Lessing: Vernunft und Geschichte. Untersuchungen zum Problem religiöser Aufklärung in den Spätschriften. Tübingen 1978. (Studien zur deutschen Literatur 56).

Brüggemann, Fritz (Hg.): Aus der Frühzeit der deutschen Aufklärung: Christian Thomasius und Christian Weise. Nachdruck der 2. Aufl. von 1938. Darmstadt 1966. (Deutsche Literatur in Entwicklungsreihen. Reihe Aufklärung 1).

Gawlick, Günter: Thomasius und die Denkfreiheit. In: Werner Schneiders (Hg.): Christian Thomasius (1655–1728). Interpretationen zu Werk und Wirkung. Mit einer Bibliographie der neueren Thomasius-Literatur. Hamburg 1989, S. 256–273. (Studien zum 18. Jahrhundert 11).

Kant, Immanuel: Beantwortung der Frage: Was ist Aufklärung? In: Ehrhard Bahr (Hg.): Was ist Aufklärung? Thesen und Definitionen. Stuttgart 1974 (Reclam).

Rabe, Horst: Autorität. In: Otto Brunner, Werner Conze, Reinhart Koselleck (Hg.): Geschichtliche Grundbegriffe. Historisches Lexikon zur politsch-sozialen Sprache in Deutschland. Bd. 1. Stuttgart 1976, S. 382–406.

Schilson, Arno: Geschichte im Horizont der Vorsehung: G. E. Lessings Beitrag zu einer Theologie der Geschichte. Mainz 1974.

Thomasius, Christian: Deutsche Schriften. Ausgewählt und hg. von Peter von Düffel. Stuttgart 1970 (Reclam).

Joachim Bark

Brandstifter Reimarus

I.

Das Alte Testament enthält eine »bösartige Stammesethik«, die einem »sadisti-
schen Gott« zugesprochen werden muß; die Vorstellung, Jahwe habe Kanaan
den Juden als heiliges Land versprochen, ist schlicht »arrogant«; die Evangelisten haben die Tatsachen im Osterereignis, das sowieso niemals wörtlich zu
verstehen war, zurechtgebogen; Jesus selbst erscheint in vielen Berichten als eng
und nachtragend; das Dogma der Dreieinigkeit macht keinen Sinn, das von der
Jungfrauengeburt widerstreitet jeder Vernunft; sogar der Glaube, daß Christus
zur Rettung der Menschheit Mensch wurde, ist hinterfragbar; Paulus endlich
war ein unterdrückter Mann, der sich selbst nicht mochte, seine Theologie
entspringt dem Ressentiment.

   Das sind nicht Äußerungen eines Atheisten und auch nicht eines rationalen
Kritikers der Bibel, der um die Mitte des 18. Jahrhunderts seine Abrechnung
schreibt. Das sind Passagen aus dem jüngsten Buch von John Spong, eines
Bischofs der protestantisch-episkopalischen Kirche in den USA, 1990 unter
dem Titel *Rescuing the Bible from Fundamentalism* im angesehenen Verlag von
Harper in San Francisco erschienen. Doch solche Sätze haben Tradition, und
eben nicht nur außerhalb der etablierten Kirchen, sondern auch in ihrem
Schoß. Von Spong aus zurückschauend erscheint das 18. Jahrhundert als eine
Etappe, wenn auch sicherlich die wichtigste, in einem Kampf gegen langfristig
durchgesetzte, dann gewaltsam verteidigte Dogmen, gegen traditionsgeheiligte
Auslegungen, gegen eine verordnete Lektüre der Bibel überhaupt; das betraf
und betrifft den Katholizismus wie den lutherischen Protestantismus gleichermaßen.

   Die Reaktion auf Spongs Kritik ist im Lichte der Kontroverse um Lessings
Veröffentlichung der *Fragmente eines Ungenannten* voraussagbar. Er wird des
Atheismus bezichtigt, lege er doch Feuer an die Fundamente des Glaubens; zu
fragen sei, wie lange die episkopalische Kirche diesen Bischof noch tragen
könne. – Sie hat sich inzwischen gegen ein Disziplinarverfahren ausgesprochen.
Den radikalen Bibel- und Religionskritikern im lebenszeitlichen Umkreis des

Hermann Samuel Reimarus (1694–1768) erging es schlechter. In den Schriften von Johann Christian Edelmann (1698–1767), etwa in seinem *Glaubens-Be-kenntnis* von 1746, stehen Anschauungen über die Bibel, über Moses, Jesus und die Apostel, die in der Sache denen der *Apologie* gleichen, wenn auch anders, enthusiastischer und forcierter, vorgetragen. J. C. Edelmann wurde als Atheist verfolgt, eine öffentliche Verbrennung seiner Werke fand im Mai 1753 in Frankfurt statt, an die 200 Gegenschriften gegen den Propagandisten des Spi-nozismus sind gezählt worden.[1] Und Johann Lorenz Schmidt, dessen Kom-mentar seiner Übersetzung des Pentateuch 1735 den verordneten Bezug zum NT willentlich unterließ und der sich ausdrücklich der allegorisierenden Exegese enthielt, wurde verfolgt, 1737 in die Reichsacht getan und mußte über Hamburg nach Wolfenbüttel fliehen, wo er 1749 starb.

II.

Die heftige Auseinandersetzung, die einsetzte, als Schmidts sogenannte ›Wert-heimer‹ Bibel 1735 mit seinen Anmerkungen erschien, erlebte Reimarus als angesehener Professor für orientalische Sprachen am Akademischen Gymnasi-um in Hamburg, verheiratet mit der Tochter seines früheren Lehrers, des Physikotheologen Johann Albert Fabricius, der jetzt sein altphilologischer Kollege war. Seit seinen Reisen 1720/21 nach Leyden und Oxford war Reimarus persönlich mit Deisten bekannt,[2] spätestens seit der deutschen Übersetzung von Matthew Tindals Hauptwerk *Christianity as old as the Creation* von 1730, die Lorenz Schmidt 1741 herausbrachte, war die gesamte akademische Welt mit dem englischen Deismus vertraut. Reimarus war von gutbürgerlichem Stand, hatte Familie, und er besaß kein aggressives Naturell; die Schubladenschrift der *Apologie* war für ihn, wie der intensive und unerwartet persönliche Vorbericht in 13 Paragraphen verrät, eine notwendige Seelenreinigung und eine Selbstver-ständigung; öffentliche Folgen wollte er ausschließen: ein heimlicher Brandstif-ter aus Überzeugung.

　　Aus Brandlegen, Brennen und Löschen besteht ein sehr wichtiges Bildfeld der Reimarus-Lessing-Goeze-Kontroverse. Indirekt nur in Lessings Beispiel, in

---

[1] Walter Grossmann: Edelmann und das »öffentliche Schweigen« des Reimarus und Lessings. In: Zeitschrift für Kirchengeschichte 85 (1974), S. 359.

[2] Henning Graf Reventlow: Das Arsenal der Bibelkritik des Reimarus. In: Hermann Samuel Reimarus (1694–1768), ein »bekannter Unbekannter« der Aufklärung in Hamburg. Vorträge. Göttingen 1973, S. 45 und 51f.

der *Duplik*, vom Tempel der Diana in Ephesus, der, stünde er noch vor uns, in seiner Schönheit und historisch erwiesenen Festigkeit nicht beachtet würde, weil man sich über die Art der Kohlen den Kopf zerbräche, die angeblich sein Fundament bilden. Die Anwendung des Bildes: man solle doch gefälligst das standfeste Gebäude der Religion hier und heute ins Auge fassen, statt über die Deutung der Grundsteinlegung, sprich: die biblischen Zeugnisse (und deren Kommentierung) zu streiten; das nämliche sagt die berühmtere *Parabel*, in der bekanntlich die Löschmannschaft tatenlos das vermeintliche Feuer gewähren läßt, weil sie in der Lektüre der verschiedenen Baupläne vertieft ist, von denen sie Kenntnis über die Lage des Brandes erwartet. Brandstiftung auch später, denn noch die kritische Kommentierung des Fragmentenstreits 1779 durch den seinerzeit meistgeachteten Theologen, durch Johann Salomo Semler, benutzt das Bild in einer satirischen Gegenparabel: Da wird ein Sir John Bowling durch den Lord Mayor von London zwar nicht ins Gefängnis, aber ins Irrenhaus zu Bedlam geschickt, nachdem er im Nachbarhaus einen Brand bemerkt und im Vertrauen auf die erprobte Festigkeit des Gebäudes die Fenster geöffnet und Strohballen in die Flammen geworfen hat, um dem Feuer Luft zu verschaffen.[3] Was Semler meint, ist klar: Lessing gehört nach Bedlam, hat er doch jene brandgefährlichen Fragmente veröffentlicht und ihre verheerende Wirkung unterschätzt. – Den Brand gelegt hat freilich der Ungenannte. Und so beginnt um das Jahr 1740 das Spiel mit den Zündhölzern, mit Worten, die auf Sätze Kants in seiner Aufklärungsschrift von 1784 vorausweisen:

> Eine vernünftige Religion muß vor allen Dingen in jeder sogenannten Offenbarung der Grund- und Prüfe-Stein werden, als welche gewiß durch die Natur von Gott abstammet. Mithin muß uns auch ein ungehinderter Gebrauch der gesunden Vernunft und ihrer Regeln leiten. Ohne Vernunft und deren Gebrauch wären wir, wie das Vieh, gantz und gar keiner Religion fähig; und selbst die wahre Offenbarung wäre uns so unnütz, als wenn Ochsen und Eseln das Evangelium gepredigt würde. (*Apologie*, Vorbericht, § 10, S. 54)[4]

---

[3] Johann Salomo Semler: Beantwortung der Fragmente eines Ungenannten, insbesondere vom Zwecke Jesu und seiner Jünger. 1779. (Anhang: Von dem Zwecke Herrn Lessings und seines Ungenannten). – Wie erbost Lessing über Semlers Schrift war, bezeugt sein Brief an Elise Reimarus vom 14. Mai 1779: »Ich bekam sein Geschmiere, eben als ich noch den ganzen 5ten Akt im Nathan zu machen hatte, und ward über die impertinente Professorengans so erbittert, daß ich alle gute Laune, die mir zum Versemachen so nötig ist, darüber verlor, und schon Gefahr lief, den ganzen Nathan darüber zu vergessen [...].« Am gründlichsten ist die Kontroverse diskutiert durch Leopold Zscharnack: Lessing und Semler. Gießen 1905, Kap. 7.

[4] Reimarus wird zitiert nach der Ausgabe der *Apologie* von Gerhard Alexander: Hermann Samuel Reimarus: Apologie oder Schutzschrift für die vernünftigen Verehrer Gottes. Im Auftrag der Joachim-Jungius-Gesellschaft der Wissenschaften Hamburg. 2 Bde. Frankfurt 1972.

Reimarus hatte schon in seiner für den Deismus in Deutschland grundlegenden Schrift *Von den vornehmsten Wahrheiten der natürlichen Religion* (1754, mit
Vorstufen vor 1740)[5] deutlich eine Absage an den Anspruch von Offenbarungswahrheiten geschrieben: Nicht mal um die Mängel der Vernunft auszu-
gleichen, will er sie noch als notwendig erachten. Das zumindest hatte die
deistische Tradition in der Version Christian Wolffs noch reklamiert. Die natürliche Religion ist für Reimarus nicht Erkenntnis von Gott mittels der natürlichen Kraft der Vernunft, sondern lebendige Erkenntnis, will sagen: Einsicht, die moralische Folgen hat. Wobei es dann ziemlich gleichgültig ist, ob
hier pietistisches Gedankengut dominiert, wie es Aner für die »applicatio ad
hominem« wahrhaben möchte.[6] Von Ethik oder vom moralischen Maßstab,
den Reimarus zum Beispiel an die Erzväter legt, ist 1754 nicht ausführlich die
Rede, die theoretischen Probleme der »metaphysica specialis«: Dasein Gottes,
Abhängigkeit der Welt, Manifestationen der göttlichen Attribute in der Natur
und die Bestimmung des Menschen, sind wichtiger. Aber was die Angelegenheit heute noch lesbar macht, sind »die gemeinen Erfahrungen und bekannten
Grundsätze« (Vorrede), die Reimarus gegen die mathematische Methode
Wolffs ins Spiel bringt. Zusammen mit der 1756 erschienenen *Vernunftlehre*,
einer Logik, und der unveröffentlichten *Apologie* schrieb H. S. Reimarus die
unter Kennern bedeutendste Religionsphilosophie in Deutschland zwischen
Leibniz und Kant, die auch Laien zugänglich erscheint.[7] Daß schon am Ausgang des Jahrhunderts niemand mehr von ihr sprach, die Folgenlosigkeit des
Reimarus, ist Lessing geschuldet. Reimarus, mit den Augen Goezes gesehen:
Das brächte zwei Gestalten in den Blick, die geistige Gegner auf einer Stufe,
einer durchaus hohen, gewesen wären und die beide durch eine auf Lessing
fixierte Nachwelt in ein eigentümliches Dunkel gerückt worden sind.[8] Wenigstens die Kritik des Reimarus am Alten Testament soll heute wieder etwas
beleuchtet werden.

---

[5] Hermann Samuel Reimarus: Von den vornehmsten Wahrheiten der natürlichen Religion. 1754.
   6. Aufl. 1791, nach Josef Engert: Der Deismus in der Religions- und Offenbarungskritik des
   H. S. Reimarus. Wien 1916, S. 84ff.
[6] Karl Aner: Die Theologie der Lessing-Zeit. Halle 1929, S. 121.
[7] Ausführlich bei Günter Gawlick: Hermann Samuel Reimarus. In: Martin Greschat (Hg.): Die
   Aufklärung. Stuttgart 1983, S. 300 und 304.
[8] Immerhin spricht 1787 der berühmte Alttestamentler Johann Georg Eichhorn über Reimarus als
   einen »Riesen«, der unerweckt in der Wolfenbütteler Bibliothek eingekerkert gewesen war (J. G.
   Eichhorn (Hg.): Allgemeine Bibliothek der biblischen Litteratur. Leipzig 1787. Bd. 1, 1. Stück,
   S. 3).

III.

Sie ist, wie schon gesagt, kein Werk bloßen Räsonierens. Im Vorbericht der *Apologie* reiht Reimarus sich in die Mehrzahl der Gläubigen ein, die, weil sie ihre Religion nur ererbt haben, nicht verstehen, woran sie glauben oder warum. Die Pfarrer und Gelehrten verhindern ein ernsthaftes Befragen und damit den Ausstieg aus dem »Strom der Vorurteile« (§ 3, Vorbericht). Nur allmählich, so berichtet Reimarus (§ 5–9), konnte er sich seinen Zweifeln stellen: an der Vollkommenheit der Bibel als Lehrbuch, in dem die Wahrheiten der Religion »zerrissen und zerstreut« dargeboten werden; an der Denkunmöglichkeit von Dogmen wie dem der Trinität; an der Diskrepanz zwischen dem Bild Gottes als liebendem Vater und dem des gnadenlosen Richters; schließlich an den vermeintlichen Trägern der Offenbarung, deren moralische Disqualifikation ihn umtrieb. Wenn eine Offenbarung von Gott kommen soll, dann muß sie die Merkmale der Wahrheit an sich tragen und muß dem Maßstab der Vernunft genügen (§ 10). Mit dieser Sonde geht Reimarus an beide Testamente, nachdem er seinem Herzen in einem Tribunal gegen die Unterdrücker der vernünftigen Religion Luft gemacht hat: Die »Verschreiung der Vernunft auf den Kanzeln« führe zur öffentlichen Verfolgung der Andersdenkenden, vornehmlich der Deisten, die sich deshalb in ihrem bürgerlichen Stand verstellen müssen und die unter einem virtuellen Publikationsverbot leiden; die Verschreiung der Vernunft fördere Heuchelei, Duckmäusertum und Fanatismus (§ 13).

Ausgangspunkt für das Religionsverständnis des Reimarus bleibt das wie immer auch in seinen Grundlagen angegriffene Christentum; dies muß man im Auge behalten, wenn im folgenden einige Aspekte seiner Kritik an der hebräischen Bibel erörtert werden, die im Gesamt der *Apologie* beträchtlich umfangreicher ist als die häufiger zitierte, weil von Lessing stärker herausgestellte, Kritik an den Evangelien. Reimarus nimmt dabei an, daß die hebräische Bibel nicht geschrieben wurde, um eine Offenbarungsreligion zu bezeugen. Dieser Anspruch an das Fundament jeder Religion bleibt sozusagen vor der Klammer:

> Sind sie [die Gesetzesbücher und die anderen] zur Offenbarung eines seligmachenden Erkenntnisses, welches noch über des Menschen natürliche Vernunft gehet, aufgesetzt: so werden sie nicht allein eine reine natürliche Religion und deren Pflichten durch Lehre und Beyspiele zu pflanzen suchen, sondern auch die Seligkeit der Menschen nach diesem Leben, und übernatürliche Mittel zu derselben, zum Haupt-Zweck haben [...]. (5. Buch, I, § 1, S. 684),

denn die Partien mit religiösem Inhalt im engeren Sinne und mit moralischen Unterweisungen verschwänden schon quantitativ gegenüber den historischen und erzählenden Abschnitten. Was er am Dekalog bemängelt, gilt fürs das Ganze:

> [...] daß das Wesentliche der Religion, ich meyne die Lehre von Gott und die Pflichten des Menschen gegen ihn, gegen den Nächsten und gegen sich selbst, kaum zehn Worte (wie es die Schrifft selbst nennet) ausmacht. (5. Buch, I, § 4, S. 690)

Die Empfänger der Offenbarung läßt Reimarus mit großem Sarkasmus und geduldig Revue passieren. Seine Darlegungen sind gespickt mit jenem Antisemitismus, der schon den Kommentar des angesehenen Alttestamentlers Johann David Michaelis über Lessings Einakter *Die Juden* gefärbt hatte: so einen edlen Juden könne es doch gar nicht geben![9] Gleichwohl ist die denunziatorische Kritik an den Patriarchen und Propheten mehr als nur der gleichsam ortsübliche Antisemitismus innerhalb beider Konfessionen. – Daß Reimarus später auch die Apostel unter den Verdacht stellt, göttliche Eingebung für ihre eigenen zweckgerichteten Erfindungen reklamiert zu haben, reiht ihn in den Zusammenhang jener ersten Phase der gesamteuropäischen Aufklärung ein, in der Mythen, religiöse wie profane, als Erfindung geistreicher oder auch nur betrügerischer Autoren abgetan wurden; erst eine spätere Phase sah Religion und Dichtung im Mythos entspringen und erkannte diesen als die geschichtlich oder menschheitspädagogisch notwendige Denkart und Darstellungsweise einer früheren Kulturstufe; so etwa Christian Gottlob Heyne (*De causis fabularum seu mythorum veterum physicis*, 1785).[10] J. G. Eichhorn hat 1792 Heynes an der antiken Literatur geübte Mythenkritik dann auf das Alte Testament übertragen. – Über den alltäglichen Antisemitismus der Theologen geht Reimarus in seiner Patriarchenkritik hinaus, wenn er nach ausführlicher Erörterung der vielen Betrugsgeschichten im 1. Buch Mose zu dem Resümee kommt:

> Die Handlungen selbst bestehen in lauter Thaten die auch der natürlichen Religion zu wieder lauffen. Da ist nichts als Lügen, Betrug und schändlich Gewerbe, um sich in dem unstetten Herumziehen Reichthümer und einen guten Wohnsitz zu erwerben; nichts als blinde und höchst ungerechte Liebe für diejenigen Kinder, von welchen das Israelitische Volk entsprossen ist; nichts als Ermordung, Plünderung, Schindung und Unterdrückung unschuldiger, unglücklicher Leute [...]. (2. Buch, II, § 17, S. 262)

---

[9] Die Michaelis-Kritik im zeitgeschichtlichen Kontext erörtert Heinz Mosche Graupe: Juden und Judentum im Zeitalter des Reimarus. In: Hermann Samuel Reimarus (Anm. 2), S. 115.

[10] Zum gesamten Komplex Heinz Schlaffer: Poesie und Wissen. Die Entstehung des ästhetischen Bewußtseins und der philologischen Erkenntnis. Frankfurt a. M. 1990. Kap. III/2.

Weder die Richter noch die Könige noch die Priester und Propheten entgehen einer Untersuchung, die ihren Maßstab am lebensweltlichen Verhalten und an jedermanns Lebenserfahrung findet, und dies ganz ausdrücklich. Ich wähle das Beispiel der wunderbaren Schwangerschaft der alten Sarah:

> Nun last uns der Sarah ihre Begierde zu einem Leibes Erben, und des Abrahams Begierde nach Reichthümern zusammen reimen: so werden wir den Schlüssel zur gantzen Geschichte finden, wenn wir so wie bey andern natürlichen Menschen davon urtheilen. (2. Buch, II, § 4, S. 229)

Im folgenden zwingt Reimarus die Unfruchtbarkeitsgeschichte Sarahs mit der Lüge Abrahams gegenüber dem Pharao bzw. Abimelech (Genesis 12 und 20) zusammen:

> Da sie ihrem Manne das Vergnügen gemacht, ihm eine fruchtbare Beyschläferin zu geben [gemeint ist Hagar]: so erwartete sie auch von ihrem bequemen Manne die Gegengefälligkeit, daß er sie auch durch den Beyschlaf eines andern Mannes fruchtbar werden liesse; zumal, da sie es nicht mit schlechten Leuten, sondern mit großen Herrn versuchen wollte, und es ihm wohlgehen würde um ihrentwillen. (Ebd., S. 230)

Auffällig ist nicht das Ergebnis: die moralische Disqualifikation von beiden, Stammesmutter und -vater, sondern die augenzwinkernde Korrespondenz mit dem Leser, die leicht beantwortbaren Fragen und die Interjektionen; es geht nach dem gesunden Menschenverstand und der wird inszeniert:

> Freylich waren hier Wunder und Offenbarung nöthig, um sich zu überreden, daß die Keuschheit der Sarah unverletzt geblieben sey [...] Hat es denn Abraham von seiner Frauen aufrichtig geglaubt? Die Natur des Menschen widerspricht. Wer seine Frau, unter dem Namen einer unverehelichten Person, einem Könige, zum Genuß ihrer Liebe, willig übergiebt, und um ihrentwillen reiche Geschenke annimmt, der liebt die Geschenke über alle Ehr und Redlichkeit, der trägt wissentlich verguldete Hörner, und verheuret seine Frau für eine gute Belohnung, wenn er gleich das Ansehen noch haben will blind zu seyn und seiner Frauen übermenschliche Keuschheit zu zu trauen. (2. Buch, II, § 5, S. 232f.)

Die überaus widersprüchliche Auslegungsgeschichte dieser Stelle läßt Reimarus nicht unberührt, wenn er unter Hinweis auf Bayle die scharfe Kritik an den Patriarchen aus der Feder des Manichäers Faustus beifällig zitiert, und zwar aus einem gegen diesen gerichteten Kommentar des Augustinus, so daß auch der Kirchenvater in einem zweifelhaften Licht erscheint.

Diese Stelle läßt zum einen sehr gut das argumentative Vorgehen des Reimarus erkennen; der stellt seine Sache so ganz wörtlich auf die Alltagsvernünftigkeit seiner Leser und verfolgt auch abgelegenere Möglichkeiten zur Illustrie-

rung von Sentenzen, sofern sie im Erfahrungsfeld des fiktiven Gegenübers liegen. Er schert sich nicht um die gehobene Sprache der Exegese, in der er
vermutlich ebenso gewandt war wie im kernigen Deutsch der *Apologie*; im
Vergleich zu leicht stilisierten, aber noch alltagssprachlichen Dokumenten aus
der Mitte des 18. Jahrhunderts, etwa den Tagebuchaufzeichnungen Gellerts, ist
die Schreibweise der *Schutzschrift* pointiert drastisch. Zum andern hat die zitierte Exegese eine auffällige Parallele in einer späteren, aus dem Nachlaß
bekannten Abhandlung Lessings: *Meines Arabers Beweis, daß nicht die Juden,
sondern die Araber die wahren Nachkommen Abrahams sind* (vermutlich um
1770). Für Leopold Zscharnack war die Nähe zu Reimarus eindeutig (PO,
S. 17), spätere Kommentatoren ließen sich von den mit Reimarus kritisch
umgehenden *Gegensätzen* leiten und versagten sich die Nachbarschaft[11] – wie
überhaupt die wachsende Lessing-Idolatrie eine skalierende Einschätzung
seiner Werke erschwert. Dabei ist die Argumentation so ganz im Sinne und im
Duktus der *Apologie*, daß allein dies eine vorhergehende Lektüre des Reimarus
nahelegt; ganz isoliert ist aber, und hierin sehe ich das Argument für Lessings
Orientierung an der *Apologie*, der exegetisch unerhörte Verdacht, die Geschichte Sarahs mit Abimelech, im Wortsinn eine anstößige Geschichte, lasse
die Opferung Isaaks, diese so ganz gehorsam, geradezu bereitwillig befolgte, im
letzten Moment verhinderte Preisgabe des verheißenen Erben, als Handlung
aus Eifersucht verstehen – Isaak, so heißt das, war nicht der Sohn Abrahams,
das war Ismael, sein Kind mit Hagar. Die Berufung des jüdischen Volkes auf
diese, neben der Landnahme wichtigste Verheißung Jahwes an Abraham, bezieht sich in Konsequenz dieses Verdachts auf einen Bastard. Aus der kirchlich
sanktionierten Auslegungsliteratur ist mir keine Entsprechung bekannt. Lessing hat offenbar diesen Gedanken nicht ausgearbeitet, er hat auch die frühere,
ebenso unerhörte und sehr eindringliche Befragung dieser Stelle in der *Apologie*
nicht veröffentlicht, sondern hat die in ihren Konsequenzen weniger anstößige
Widerlegung der Wundergeschichte vom Durchzug durchs Meer vorgezogen.

IV.

Der wissenschaftsgeschichtliche Umkreis der *Apologie* sei wenigstens in Stich-
worten angedeutet. Obwohl Lehrer für orientalische Sprachen, war Reimarus

---

[11] Noch deutlich bei Henning Graf Reventlow: Die Auffassung des Alten Testaments bei H. S.
Reimarus und G. E. Lessing. In: Evangelische Theologie 25 (1965) 8, S. 447. Der Aufsatz ist
jedoch eine frühe gute Darlegung der Bibelkritik von Reimarus.

an der Philologie nicht besonders interessiert, zumindest nutzte er die eindringliche Erforschung des Hebräischen, der semitischen Dialekte und des Arabischen, die seit Ende des 17. Jahrhunderts zugange war, nicht für seine Argumentation. A. Schultens' Schrift *Vetus et regia via hebraizandi* von 1738 hatte den Bann, der bislang über der ›Lingua sacra‹ gelegen hatte, gebrochen; Grammatik und Philologie halfen das Dogma der Theopneustie aufzuweichen; sie fanden Eingang in die bibelwissenschaftliche Disziplin der Critica sacra und lockerten dort festgetretenen Boden für eine Critica profana. Die ästhetische Lektüre der Heiligen Schrift schließlich, wie sie J. G. Eichhorn in den Vorlesungen des englischen Bischofs Robert Lowth *De sacra poesi Hebraeorum* (1753) in der deutschen Übersetzung durch Michaelis von 1758 vorfand, ermöglichte und befahl die Anwendung der Kategorien der klassischen Literatur auf die Bibel; damit war die Unterwerfung der biblischen Theologie unter die Disziplin der klassischen Philologie vorgezeichnet.

Das Erstaunliche an der *Apologie* liegt auf dem Gebiet der Exegese, genauer: im willentlichen Bruch mit der traditionellen heilsgeschichtlichen Auslegung, die jeden Einwurf, die Historizität der Einzelbücher betreffend, fortwischte; und sie liegt in einer auffälligen Minderschätzung der Dogmatik, in der seit alters Bibelstellen vornehmlich als dicta probantia ausgewertet wurden. Während in der offiziellen Lehrstuhltheologie die großen Schlachten auf dem Gebiet der Pentateuchkritik geschlagen wurden (war Moses der Verfasser oder Esra oder Hilkia? Was ist mit den verschiedenen Quellen in Genesis 1–3, die Jean Astruc, der Leibarzt Ludwigs XIV., 1753 herausschälte und deren Nachweislichkeit Moses zum Redaktor degradierte?) und während in den Einleitungsschriften noch die Theopneustie verteidigt wurde, geht H. S. Reimarus ohne Umwege ins Zentrum und attackiert den Offenbarungsanspruch in toto.[12] Er verwirft jegliche christusbezogene Auslegung des AT; überhaupt kommt in der *Apologie* eine typologische Lektüre nicht vor, die doch gemäß der orthodoxen Hermeneutik vergangene Geschichte auf Christus hin aufhellen, allgemeine moralische Sätze begründen und die Vorstellung von künftiger Geschichte entwerfen soll.

Reimarus weist die traditionelle Auslegung der Hermeneutica sacra zurück, der die Auffassung von der Einheitlichkeit und Untrennbarkeit beider Testamente zugrunde liegt. Darin liegt die Radikalität seiner Schrift: sie geht nicht eklektisch vor, sondern untersucht die gesamte Textbasis des Christentums.

---

[12] Hans-Joachim Kraus: Geschichte der Erforschung des Alten Testaments. 2. Aufl. Neukirchen-Vlyn 1969, S. 95 (Pentateuch), S. 98 (Stand der Sprachforschung).

Von der Trennung der Testamente war es für Reimarus ein notwendiger Schritt, auch im NT nach Brüchen und Fügungen zu forschen; er unterschied daher im 2. Buch seiner *Apologie* die Lehre Jesu von der der Apostel, das Leben Jesu von der messianischen Geschichte. Die kirchengeschichtliche Rezeption hat natürlich an diesen Sezierungen den ärgsten Anstoß genommen, schon Semler hatte in seinem Resümee der Lessing-Goeze-Kontroverse dafür einen guten Blick.

Der ureigene Reimarus ist also jener Bibelleser, der das Offenbarungszeugnis einem Allgemeinbegriff vernünftiger lebensweltlicher Moral unterwirft. Hier hat er dreißig Jahre früher als Johann Salomo Semler sein Verdikt gesprochen; dessen vielzitierter Satz aus der *Abhandlung von freier Untersuchung des Canons* von 1771: »Da wir durch alle 24 Bücher des Alten Testaments nicht moralisch gebessert werden, so können wir uns auch von ihrer Göttlichkeit nicht überzeugen«,[13] dieser Satz steht in vielen Variationen in Reimarus' *Apologie*. Deren erste Entwürfe datiert bekanntlich G. Alexander in eine Zeit vor 1740, während jene handschriftliche Fassung, die Lessing vorgelegen hat, um 1750 geschrieben sein wird.[14] Viel später, erst in den siebziger Jahren, hat sich die rationalistische Bibelkritik an den Hochschulen, insbesondere Berlin, etabliert und in Nicolais *Allgemeiner deutscher Bibliothek* ihr Organ gefunden; aber noch 1771, in einem Brief Nicolais an Lessing vom 8. März, heißt es resigniert:

> Der denkenden Leute sind so wenige, sie haben in den meisten Ländern so viel zu riskiren und sind daher sehr furchtsam [...]. Wer unsern neuern Theologen nicht von der Seite der Orthodoxie, sondern von der Seite der natürlichen Theologie ihre Inconsequenz zeigen könnte, das wäre eine schöne Sache! Ich habe es in meinem Romane beiläufig thun wollen; aber die Feder fällt mir aus den Händen, wenn ich bedenke, wie wenig das Publikum in Deutschland noch vorbereitet ist, gewisse Wahrheiten ganz nackend zu sehen.

In diesem Sinn ist Lessings Fragment *Von Duldung der Deisten* ein für die Lebensarbeit des Reimarus wie auch für die religionsgeschichtlichen und -soziologischen Streitpunkte zentraler Einstieg.

---

[13] Johann Salomo Semler: Abhandlung von freier Untersuchung des Canons 1771 (-75). 3. Teil, S. 26, zitiert bei H.-J. Kraus (Anm. 12), S. 108.
[14] G. Alexander in seiner Einleitung zur *Apologie*, bes. S. 22–32.

Edward Batley

Folge und Zusammenhang von erzählten und gespielten Theaterszenen als Anregung zum kritischen Denken

Jakob Michael Reinhold Lenz soll der erste gewesen sein, Shakespeare als »bewußten Kompositionskünstler« anzuerkennen und »Wirkung und Mechanismus der Shakespearischen Illusion« aus der Kunstform der Dramen zu erklären, so Hans-Günther Schwarz.[1] Wie dies auch sein mag, die kritischen Schriften Lenzens schlugen bei weitem nicht die originellen Wege seiner Komödien ein, die durch eine inhaltsbezogene, zum Teil von Shakespeare über Goethe abgeleitete Szenenvielfalt ausgezeichnet waren. Seine Shakespeare-Verehrung schränkte er zum Beispiel mit der Bemerkung ein, daß auch Aristophanes und Voltaire in Ansehung der Einheiten der Zeit und des Ortes sich Freiheiten erlaubt hätten, und daß Shakespeare die Veränderung der Szene »immer nur als Ausnahme von der Regel« angebracht habe. Kaum kann man aus seinen Schriften anders schließen, als daß er so gut wie nichts von der Aufnahme der Tragödien Shakespeares bei Voltaire wußte.[2]

Die meines Erachtens sehr bescheidene Aussage Gotthold Ephraim Lessings aus dem Jahre 1769, er habe als Dramatiker alles nur »fremden Schätzen« zu verdanken, macht den Eindruck, als wollte er damals den organisch-künstlerischen Aufbau der eignen Dramen verleugnen, zugleich auch den originellen Beitrag zum deutschen Drama, den diese schon geleistet hatten. (LM 10, S. 209) Sein kurz darauf vollendetes zweites bürgerliches Trauerspiel zog immerhin seinen Vorteil aus diesem Beitrag und sein erstes hatte ihm schon praktische Erfahrungen geliefert, die seine Dramaturgie im allgemeinen wie auch ganz besonders seinen kritischen Vergleich der Gespensterscheinung bei Shakespeare und Voltaire bereichern konnten. Was die Behandlung der Einheiten betrifft, zeigte dieser Vergleich leider nur kein Verständnis für *Hamlet* als ein Theaterstück, in dem die Zeit für sich, so Inbar, »direkt thematisch« wird (sie

---

[1] Hans-Günther Schwarz: Jakob Michael Reinhold Lenz, Anmerkungen übers Theater, Shakespeare-Arbeiten und Shakespeare-Übersetzungen. Stuttgart 1976, S. 139.
[2] Voltaire: Lettres Philosophiques. Hg. von F. A. Taylor. Oxford 1951, S. 68–72 und 172–176.

weist mit diesen Worten auf das ausgedehnte Zögern des Königssohns hin)[3], wohingegen ihm die Aufführung von Voltaires *Sémiramis* eine Wertschätzung abrang, die dem französischen Dramatiker einen noch progressiveren Anschein als dem englischen verlieh:

> Die Bühne ist geräumlich genug, die Menge von Personen ohne Verwirrung zu fassen, die der Dichter in verschiedenen Szenen auftreten läßt. Die Verzierungen sind neu, von dem besten Geschmacke, und sammeln den so oft abwechselnden Ort so gut als möglich in einen. (LM 9, S. 232)

Mit der einzigen Bedingung, daß das »schöne Ganze« und die Einheit des Stückes unversehrt blieben, fand Lessing das erweiterte Bühnenpersonal und den variierten Szenenwechsel Voltaires prinzipiell berechtigt. Gleich offen zeigte er sich in seiner kritischen Auseinandersetzung mit dem *Demokrit* Regnards und dem Addisonischen *Drummer of the Haunted House.* (LM 9, S. 254f.) Nicht zum erstenmal deutete er in der *Hamburgischen Dramaturgie* auf »wahre allgemeine Schönheiten« hin, denen er viel mehr Bedeutung als den »willkührlichen Regeln« zutraute.[4] Wie vor ihm Houdar de la Motte, Hédelin und Johann Elias Schlegel, wie nach ihm Herder, Goethe und Lenz, schrieb er ihnen eine geradezu untergeordnete Rolle zu, die der viel wichtigeren Einheit des Interesses diente.

Für Johann Elias Schlegel bestanden die inneren Regeln des Theaters nicht nur aus der »Schönheit der Handlung« sondern auch aus der »Schönheit der Charaktere«. Die Einheiten der Zeit und des Ortes, die das Interesse der Zuschauer förderten und auf die Handlung lenkten, gehörten zur äußerlichen Form. Jeder Szenenwechsel müsse begründet sein. Zum Teil aus praktischen Gründen tendierte Schlegel zur strengen Beobachtung der Einheit des Ortes. Der Einbildungskraft räumte er zwar eine wichtigere Rolle als Gottsched ein, aber er verstand auch, wie allzu bunte Szenenwechsel ablenken könnten.[5] Da Lessing zur Zeit seiner *Mérope*-Kritik schon zehn Jahre früher die »so sonderbare[n] und ihm eigene[n] Wege« Shakespeares erkannt hatte, ließ er sich in der *Hamburgischen Dramaturgie* nur ungern in eine Diskussion ein, die, wenn sie auch »der Sache gerecht« sei, durch die kritischen Maßstäbe der Franzosen bestimmt wurde. Nach Hédelin, so behauptete Lessing, müsse die Szene nur ein Teil des Palastes sein, »wie ihn das Auge aus einem und ebendemselben Standorte zu übersehen fähig ist.« Daß die Szene »bald in dem Zimmer

---

3 Eva Maria Inbar: Shakespeare in Deutschland – Der Fall Lenz. Tübingen 1982, S. 230.
4 Edward Batley: Catalyst of Enlightenment – Gotthold Ephraim Lessing. Productive Criticism of Eighteenth-Century Germany. Bern u. a. 1990, S. 123f; auch LM 4, S. 187–89.
5 Johann Heinrich Schlegel: Johann Elias Schlegels Werke. Kopenhagen und Leipzig 1771. Bd. 3. III – Gedanken zur Aufnahme des dänischen Theaters (1747), S. 292ff.

der Königin, bald in dem oder jenem Saale, bald in dem Vorhofe, bald nach dieser, bald nach einer anderen Aussicht muß gedacht werden«, störte ihn überhaupt nicht, obwohl er sich zugleich zur Meinung Corneilles bekannte, eine Abwechslung solle weder im Laufe eines Aktes noch innerhalb einer Szene erlaubt werden.

Den am selben Ort zitierten Rat Hédelins über den Gebrauch des Vorhangs hielt Lessing auch für sinnvoll. Schon zwanzig Jahre früher hatte er seinen eigenen Plan für ein republikanisches Trauerspiel über die Enthauptung Samuel Henzis als »schön« und »regelmäßig« bezeichnet. Er hatte die Handlung dieses schließlich unvollendeten Werkes am frühen Tage anfangen und in einem einzigen Saale des Berner Rathauses spielen lassen, und zwar »damit die Vorfälle einander nicht allzusehr drengen und dadurch unnatürlich scheinen möchten«. Obwohl dies keine Notwendigkeit sei, behauptete er, solle sich jeder Anfänger wie er den »kleinen Regeln« unterwerfen. Außerdem hatte er die Einheit des Ortes erhalten wollen, falls er

> [...] etwa kühn genug sein sollte, in den folgenden Aufzügen die Rathsversammlung selbst, und [seinen] Helden vor ihr redend zu zeigen; man würde alsdenn nichts als den innern Vorhang aufziehen dürfen.[6]

Wenn Rathaussaal und Ratsversammlung die einzigen Spielorte in *Samuel Henzi* sein sollten, so spielten in *Philotas* mit knapp vier Personen alle acht Szenen des einzigen Aktes in einem Zelt im Lager des Aridäus, was in der Entwicklung Lessings als Dramatiker einen Rückschlag auf neuklassische Muster bedeutete. Viel lockerer in der Behandlung der Szene war das vier Jahre früher erschienene Trauerspiel *Miß Sara Sampson*, dessen Handlung in zwei Gasthöfen der gleichen Stadt ablief. Aber schon Corneille ließ eine ganze Stadt als mögliche Ortsbegrenzung einer wahrscheinlichen Handlung zu. Dieses Stück erlebt im Grunde eigentlich nur zwei Szenenveränderungen. Der Schauplatz für den ersten Akt ist »ein Saal im Gasthofe«. In der dritten Szene wird der mittlere Vorhang aufgezogen, um Mellefonts Zimmer zu zeigen, was eine neue Perspektive eröffnet, die durch den Zustand Saras und ihr Verlangen, mit Mellefont zu reden, motiviert wird. Der zweite Akt »stellt das Zimmer der Marwood vor, in einem andern Gasthofe« und der dritte »ein[en] Saal im erstern Gasthofe«. Vermutlich durch den Aufzug des mittleren Vorhangs wird dann für die zweite Szene das Zimmer Saras gezeigt, durch seine Senkung wieder der Saal für die siebte. Die beiden letzten Akte spielen im gleichen

---

[6] LM 5, S. 110. Siehe auch Edward Batley: Tu exécutes comme tes maîtres jugent!‹ – The Henzi Affair and the Question of Lessing's Political Judgement. In: German Life & Letters. NS 37, 1984, S. 251–262.

Gasthofe, der vierte Akt im Zimmer Mellefonts und der fünfte im Zimmer Saras. Charakter und Themen werden je mit Szene und Situation voll integriert, wohingegen der Anspruch auf die Vorstellungskraft des Zuschauers immer noch sehr bescheiden bleibt. Wenn im Zimmer Saras der dritte Akt auf die Aussöhnung von Tochter, Vater und Schwiegersohn hinarbeitet und im Zimmer Mellefonts der vierte seinen immerhin wankenden Entschluß zur Heirat zeigt, so ist weder wahrscheinlich, daß der Zuschauer das Schreckbild Marwoods im zweiten Akt noch vor dem inneren Auge sieht, noch , daß dies die Absicht der Szeneneinteilung war. Obwohl sich die Szenen sehr locker abwechseln, verstößt *Miß Sara Sampson* gegen die *Discours* Corneilles schon deshalb nicht, weil der Szenenwechsel die Handlung nur noch wahrscheinlicher macht.[7]

Eine noch straffere Szeneneinteilung bezeichnet die *Minna von Barnhelm*. Obwohl kein mittlerer Vorhang genannt wird, läßt die allgemeine Bühnenanweisung leicht einen vermuten: »Die Scene ist abwechselnd in dem Saale eines Wirthshauses, und einem daran stoßenden Zimmer.« Die Szenen teilen sich mehr oder weniger danach, ob sich die Aktion im Durchgang oder privat abspielt. Die Szenen im vorletzten und letzten Akt, die mit geschwinderem Tempo über kurze Monologe und ein burleskenhaftes Hin- und Herrennen die kürzlich gerade zurückgewonnene Extrovertiertheit Tellheims markieren, spielen dementsprechend in aller Öffentlichkeit »im Saale«. Die Szenenverbindung wird durch je einen oder zwei Verlobungsringe gefördert, die zugleich Symbol und Wegweiser für die Empfindungen sind. Außerdem wird dieses Lustspiel durch eine verschobene Exposition ausgezeichnet, die erst in der sechsten Szene des vierten Aktes ihre Vollendung findet, als endlich erklärt wird, warum die sächsische Minna sich damals, vermutlich 1761, zu dem preußischen Offizier so hingezogen fühlte und Tellheim sich seither so vor ihr schämte.

Die ganze Handlung der *Emilia Galotti* wird in acht bis zwölf Stunden vollendet. Die Szene verändert sich nur zweimal. Das Kabinett des Prinzen, in dem der erste Akt spielt, wird für den zweiten in einen Saal im Hause der Galotti, dieser für die übrigen drei Akte in einen Vorsaal auf dem Lustschlosse des Prinzen in Dosalo verändert. Der mittlere Vorhang wird nicht benutzt. Andererseits erstreckt sich der Handlungsraum weiter als bei Corneille vorgesehen, nämlich auf Guastalla-Hof, Guastalla-Stadt und das Lustschloß Dosalo. Den Grund für die Logik der Szenenfolge behauptete Corneille in

---

[7] H. T. Barnwell: Pierre Corneille, Writings on the Theatre. Oxford 1965. III – ›Discours des trois unités, d'Action, de Jour, et de Lieu‹, S. 62–79.

Aristoteles gefunden zu haben. An zwei Stellen weist er darauf hin, wie der griechische Philosoph erstens zwischen Vorfällen unterscheidet, die einfach nacheinander folgen, und denjenigen, die ihre Ursache in den vorhergehenden finden, und zweitens verlangt, daß alles, was sich in einem Trauerspiel ereignet, entweder notwendig oder sehr wahrscheinlich aus dem fließt, was sich vorher schon ereignet hat. In *Emilia* finden die übrigen Szenen nach dem ersten Akt ihren Grund schon in diesem, der zugleich die Exposition vollendet.

Stil und Charakter dieses in den frühen Jahren des ›Sturm und Drang‹ uraufgeführten Trauerspiels waren aber sonst wesentlich anders als Corneille in seinen *Discours* empfohlen hatte. Es zählt zehn spielende Personen und »einige Bediente« dazu. Die sozialen Stände sind wie fast immer bei Lessing zahlreicher vertreten. Das Naturalistische an seinem Drama zeigt sich wieder in seiner Gewohnheit, Gewalttaten auf der Bühne darzustellen. In *Miß Sara Sampson* hatte er aber mindestens einmal schon im Sinne Corneilles »derrière le théâtre« spielen lassen, als Marwood in der Pause zwischen dem vierten und fünften Akt die Arznei vergiftete, die Sara schließlich tötete. In *Emilia* wird diese Verhüllungstechnik zu einer vollen Szene ausgebaut, als der Prinz Hettore Gonzaga die Bürgerstochter Emilia in der Kirche anredet. Die erste der zahlreichen Folgen dieser Begegnung »an heiliger Stätte« erkennt der Zuschauer an der von Emilia gebotenen Interpretation, welche verrät, wie sie sich trotz der ihr bevorstehenden Vermählung mit Appiani zu dem Prinzen hingezogen fühlt. Dies begründet zugleich ihre später gestandene Hilflosigkeit gegen Verführung. Dank der beruhigenden Worte ihrer Mutter verspricht sie, weder Bräutigam noch Vater ein Wort davon zu sagen, so daß Appiani, der deshalb nichts vom Grunde der Hofkabale weiß, um so weniger Anstand zur Verteidigung des Hochzeitzugs macht und Odoardo erst im Lustschloß von der eifersüchtigen Gräfin Orsina davon unterrichtet wird, was auch den flüchtigen Augenblick des Verdachts gegen seine Tochter begründet. Durch Bekanntmachung der Begegnung wirkt die Szene außerdem noch als unleugbarer Beweis für die »Liebe« des Prinzen zu Emilia.

Emilia Galotti besteht aus 43 Szenen, wovon sich mindestens 20 explizit oder implizit auf die Kirchszene beziehen. Der Zuschauer kennt diese Begegnung nur vom je nach Charakter und Umständen abgeänderten Hörensagen. Der Prinz entlädt sich insgesamt dreier Interpretationen, der ersten »höhnisch« und der zweiten ehrlicher vor Marinelli, der dritten mit aller Verführungsrhetorik vor Emilia. Zu den vermittelten Interpretationen Marinellis und denen Claudias und Orsinas zählt auch noch die Interpretation Emilias. Der Zuschauer kann aber kein selbständiges Urteil bilden, da er selbst kein Zeuge ist. Als praktisches Ergebnis der ästhetischen Vorarbeiten zum *Laokoon* stellt diese

Szene eine Unklarheit dar, die gerade durch ihre Unsichtbarkeit das Vorstel-
lungsvermögen des Zuschauers anreizt und Zweifel an der sonst strengen Tugend Emilias erregt.[8]

Im Monolog des Prinzen (I/7) wird zum erstenmal auf seine bevorstehende
Begegnung mit Emilia hingedeutet. Sein Entschluß, sich sofort zur Kirche zu
begeben, wird gegen Ende dieser Szene und fast bis zum Ende der achten durch
die Staatssache des zu unterzeichnenden Todesurteils vereitelt. Als der Vorhang
fällt, weiß man ihn nun endlich auf dem Weg zur Kirche. Zwischen dem Ende
des ersten Aktes und der sechsten Szene des zweiten spielen drei Fetzenszenen
und zwei weitere, die auch keine lange Spielzeit brauchen. Sie dienen zur
Exposition neuer Personen, werden aber zugleich durch eine Spannung markiert, deren vordergründige Komponente aus Hochzeitserwartungen, der
Ängstlichkeit des Brautvaters und dem Schwarzhandel Angelos mit Pirro bestehen. Sie verbinden den wilden Abtritt des Prinzen am Schluß des ersten
Aktes mit dem genauso wilden Stürzen Emilias ins Haus in der sechsten Szene
des zweiten. Lessing markiert das schnelle Tempo an verschiedenen Stellen und
erklärt die Ängstlichkeit Odoardos durch die unerwartete Abwesenheit seiner
Tochter. Das Leitmotiv der Ängstlichkeit wird durch ein Gespräch unterbrochen, in dem Angelo den Bedienten Pirro über die Bewachung des Hoch-
zeitszugs ausfragt und somit die unmittelbar darauffolgende Entführung vorbereitet. Die Ängstlichkeit des Vaters wird am Anfang der vierten Szene wieder
aufgegriffen (»Sie bleibt mir zu lang' aus – «) und in der fünften, die aus dem
kurzen Monolog Claudias besteht, weiterentwickelt und später mit dem
Charakter des Prinzen (»Ein Wollüstling, der bewundert, begehrt«) verbunden:
»Wo bleibt aber Emilia? – Er ist des Vaters Feind: folglich – folglich, wenn er
ein Auge für die Tochter hat, so ist es einzig, um ihn zu beschimpfen?«

Gleichzeitig mit diesem vordergründigen Geschehen nimmt der Prinz dicht
hinter Emilia Platz in der Kirche, flüstert ihr Worte von »Schönheit« und
»Liebe« zu, ergreift gleich danach in der Halle ihre Hand, redet sie wiederholt
an und verfolgt sie bis vor die Haustür. Die Umstände werden in der
Nacherzählung Emilias anschaulich dargestellt. Die Dauer von Kirchszene und
Verfolgung zugleich entspricht mehr oder weniger der Spieldauer der fünf
verbindenden Szenen. Die Ästhetik Lessings wußte schon zwischen schadlosen
und schädlichen Wirkungen zu unterscheiden. (LM 9, S. 141) Wie sehr
schädlich eine absolute Macht wirken kann, wird durch diese hintergründige
Aktion gezeigt, deren Kern kräftiger durch Vorgestelltes als durch Dargestelltes
wirkt.

---

[8] LM 14, S. 220ff. Siehe Batley (Anm. 6), S. 226f.

Die zwei unsichtbaren Szenen in *Nathan der Weise* bedingen einzeln und zusammen den weiteren Verlauf der Handlung und üben ihren Einfluß sogar bis in die letzte Szene im Harem aus. Die erste konzentriert sich auf den Augenblick, als der Mohammedaner Saladin, nachdem er zwanzig gefangene Tempelherren hat hinrichten lassen, dem einundzwanzigsten genau ins Gesicht sieht, eine Familienähnlichkeit zu erkennen glaubt, und ihn sogleich begnadigt. Die andere steht dem Anfang des Stückes zeitlich näher und besteht in der Aktion desselben Tempelherrn, der Recha aus dem brennenden Haus ihres Vaters rettet. Diese knüpft sich an jene an. Daß Recha überhaupt noch lebt, ist einem Mohammedaner zu danken, der einem Christen das Leben schenkte, der selbst nun einer Jüdin das Leben retten konnte. Dieser Kreis, worin auch das Christentum des Tempelherrn und das Judentum der Recha zunächst bezweifelt, dann untersucht und erhellt werden, vollendet sich erst in der Schlußszene.

Erzählte Erinnerungen, die zugleich Exposition und Handlungsträger sind, gehörten zum technischen Apparat der *Emilia*. In *Nathan* beschränken sich alle Szenen auf die mit Judentum, Christentum und Islam geschichtlich eng verbundene Stadt Jerusalem. Die tatsächliche Entfernung, die jede Szene von der vorhergehenden trennt, verlor Lessing weder in seiner Kritik noch in der eignen Bühnenpraxis aus den Augen. Innerhalb der begrenzten Räumlichkeit handelt es sich in *Nathan* nicht um einfache Abänderungen der Szene durch Aufzug oder Senkung des mittleren Vorhangs, sondern um gründliche Veränderungen. »Flur in Nathans Hause« bezeichnet die ersten vier Szenen, in denen die Hausbewohner des Juden vorgestellt werden und unter anderem Charakter und Rettungsaktion des Tempelherrn erzählt werden. In der fünften (»ein Platz mit Palmen«) erscheint der Tempelherr zum erstenmal. Die ersten drei Szenen im zweiten Akt zeigen »des Sultans Pallast« mit den Mohammedanern Saladin und Sittah. Die folgenden sechs Szenen spielen »vor dem Hause des Nathan, wo es an den Palmen stößt«, was schon auf die kommende Freundschaft zwischen Juden und Christen hinweist. Die Absicht Lessings war es also, das Haus Nathans und die Palmen, die das Grab Christi beschatten, nebeneinander auf der Bühne sehen zu lassen. Im dritten Akt rücken nicht ohne Gefahren die Vertreter der drei Religionen noch näher. Wie der vierte und fünfte Akt, bietet der dritte drei verschiedene Örtlichkeiten, deren jede der Reihe nach Juden, Mohammedaner und Christen darstellt: »in Nathans Hause«, »ein Audienzsaal in dem Pallaste des Saladin«, »unter den Palmen«.

In den ersten drei Szenen des dritten Aktes handelt es sich um den Besuch des Tempelherrn bei Recha, die sich allmählich vom besonderen Standpunkt ihrer christlichen Amme distanziert. Die Hoffnung Dajas auf ein Liebesverhältnis zwischen zwei vermeintlichen Christen wird erhöht. Recha will dem jungen Mann ihre Dankbarkeit sagen. Er ist entbrannt in Liebe zu ihr und verläßt deshalb sehr verlegen die Szene, wohingegen Recha in der folgenden bemerkt, wie ihr »Puls / Nicht mehr bey seinem Namen wechselt.« Mit wenigen Worten wird von Recha eine abschlägige Antwort auf die von Daja erhoffte Frage gegeben und zugleich eine neue Frage über ihre eigene religiöse Abstammung gestellt: »Nun werd ich auch die Palmen wieder sehn: / Nicht ihn blos untern Palmen [...].«

Gleich danach schaltet sich eine zweite Episode ein, als sich Saladin und Sittah im Audienzsaal des Palasts auf den Besuch Nathans vorbereiten. Nathan erzählt Saladin die Ringparabel und von der Rettungsaktion des ihm schon bekannten Tempelherrn. Die dritte Episode fängt mit dem Liebesmonolog des Tempelherrn an, in dem er sich von seinen Gelübden befreit. Er geht in sich und verfolgt fragestellend die Wahrheit, obwohl er noch in die Person einer Jüdin verliebt zu sein glaubt. Er wirbt zunächst bei Nathan um ihre Hand. In der letzten Szene des dritten Aktes erzählt ihm Daja, daß Recha eine getaufte Christin sei. Das Verständnis für die christliche Lehre, das Recha früher zeigte, dient Tempelherr und Zuschauer zugleich als Indizbeweis dafür, daß Daja die Wahrheit sagt. Daß Recha weder Jüdin noch Christin, sondern das Kind einer Mischehe zwischen Mohammedaner und Christin ist, stellt sich erst gegen Ende des fünften Aktes heraus, so daß sich eine im dritten Akt offenbarte Wahrheit schließlich und rückblickend nur als Scheinwahrheit und Vorurteil erweist.

Das Ende der ersten Episode markiert der rasche Abtritt des Tempelherrn, als er seine Empfindungen für Recha nicht länger beherrschen kann. Dieser Handlungsstrang wird durch die Saladinszenen unterbrochen und erst wieder in der achten aufgenommen, in der der Tempelherr auf sein Treffen mit Recha zurückblickt. Während die Saladinszenen mit Ringparabel im Vordergrund spielen, lauert der nachdenklich gewordene Tempelherr, der, verliebt, ungeduldig auf Nathan wartet, hinter den Kulissen. Wie Lessing in seiner Erklärung für den gemäßigten Ausdruck des Todesschmerzes im Gesicht des Vaters Laokoon somit eine höhere Stufe ästhetischen Erlebnisses durch Anregung der Vorstellungskraft erstiegen wissen wollte, so zielt er auch in *Nathan* darauf, und zwar ganz besonders durch das sichtbare Leitmotiv »auf und ab unter den Palmen«, das ständig an das Grab Christi erinnert, seine Bestätigung im Text findet, und einen jungen Tempelherrn symbolisiert, der seine Gelübde einst »mit blindem Gehorsam« angenommen hatte, sie erst in Jerusalem bezweifelte und im positiven Sinne der Aufklärung schließlich kompromittierte. Die assoziative Verbindung der Moral der Ringparabel mit dem strebend irrenden

Charakter des Tempelherrn wird durch die künstlerische Zusammensetzung der Szenen hergestellt. Was darüber hinaus die Einheit des Interesses fördert, ist die fein graduierte Entfaltung und Erziehung der einzelnen gleichzeitig mit der Vertiefung eines im Falle des Tempelherrn noch nicht ausgereiften Verständnisses für andere, das in einer erzielten Toleranz gipfeln sollte.

Gerhard Bauer

Streitlust, Gewinnstrategien und Friedensbemühungen in Lessings Nachkriegskomödie

»Streitkultur«. Ist die in dieser Zusammensetzung ausgegebene Parole der Tagung vielleicht eine Beschönigung? Macht sie die Sachen leichter, als sie sind? Gibt sie sich selbst schon als Lösung eigentlich noch umkämpfter Probleme aus? (Die Tagungsteilnehmer schienen fröhlicher als bei anderen Kongressen.) Wie soll sich denn Kultur und, nehmen wir Lessings Werk ernst, wie soll sich Kunst mit der häßlichen Beschäftigung Streiten vereinigen?

Die konventionelle Vorstellung löst den Widerspruch schnell und für konventionelle Ansprüche befriedigend auf. In der Kunst, auf der Bühne, zumal in den Komödien wird zwar fulminant gestritten, aber das ist nur ein Spiel. Da sitzt der Gerechte, er heißt wörtlich »Just«, und hat einen gerechten Zorn auf einen Ausbund an Lumperei. Er muß den Zorn nicht hinunterschlucken, nein, Just »erstickt« schon nicht »vor Bosheit«, wie er fürchtet (I/4)[1] der Dichter hat für ihn gesorgt. Er darf sich in Worten, die damals als starke Worte galten, Luft machen. Er darf sich mit dem schuftigen Wirt sogar prügeln, das allerdings nur im Traum. Weil Lessing uns mit dieser ersten Szene seiner Komödie in sein großes Thema des Streitens einstimmen will, gestaltet er die phantasierte Prügelei als eine herzhafte, geradezu innige Prügelei. »Schlag zu, Bruder!« so ermahnt der Gerechte den herausgeforderten Widerpart ebenso wie sich selbst zum Schlagen (I/1). Der Beleidigte zahlt es dem Aggressor nicht nur heim, sondern er wird ihm dadurch immer ähnlicher, in Worten: zu verwechseln. Der Wirt vergilt Just die nur ausgedachten Prügel in seiner kriecherischen, alles verredenden Weise. Er kommt von der anderen Seite ebenfalls zu einer Identifikation mit dem Aggressor. »Ich liebe ihn darum -«, behauptet er: nämlich weil Just so hitzig für seinen Herrn streitet (I/3). Im wachen Zustand bringt freilich das Abreagieren mit einem und demselben

---

[1] Der Text von Lessings *Minna von Barnhelm* wird zitiert nach R 2 (2. Aufl. Berlin und Weimar 1968).

(zahmen) Schimpfwort, an dem Just unnachgiebig festhält[2] und bringt auch der hervorgekehrte Mutwill des Zorns (»Ich will mich ereifern«, I/2) nicht die wahre Abfuhr. Der Zivilisationszustand verbietet es, den Schuft zu erdrosseln oder mit den Zähnen zu zerreißen. Die darauf stehenden Strafen werden vorab genannt; sie machen aus dem Wunsch einen bloßen frommen Wunsch (I/4). Der voll zivilisierte Tellheim sagt nur »Bestie« angesichts dieses Rückfalls in die Wildheit. Der anerkanntermaßen rachsüchtige Gerechte muß auf andere drastische Mittel sinnen. Er will dem Wirt das Haus abbrennen oder seine Tochter zur Hure machen (I/12). Doch das bleiben schließlich Worte (die schon von jeher dem Autor mehr verübelt wurden als seiner Figur). Da Just noch rechtschaffener als rachsüchtig ist, wird auch hinter den Kulissen, in die er damit abgeht, nichts daraus folgen.

Das ganze gern gespielte Stück *Minna von Barnhelm* ließe sich lesen wie diese Slapstick-Ouvertüre. Es ist überschüssig voll von Streit: von Nachlaufen und sich Entziehen, von gegenseitiger Überbietung an Edelmut oder an Verständnis, von Klagen, Prahlerei, Belehrungen, Verhören, Mißverständnissen, Verweisen und Dementis, ein knappes Dutzend Lügen nicht zu vergessen. Selbst die Übereinstimmung, auf die viele Vorgänge zwischen den ebenso edlen wie vernünftigen Figuren hinauslaufen, ist so gut wie nie ohne Entgegensetzung, ohne Zuvorkommen, Überraschen, Ins-Wort-Fallen zu haben. Wenn dies eine Liebeskomödie ist, wird hier eine ausgesprochene kämpferische Liebe dargestellt. Zu ihrem größten Teil besteht sie im Streit um die Worte, um die Replik, im Kampf um das Recht zu fragen, in Anzweifelungen und Beteuerungen der Aufrichtigkeit. Die ganze Streitlust der so beredten Frauenfiguren und des hartnäckigen Majors, die ganze Schönheit der fixen, wendigen, beziehungsreichen, manchmal »tiefsinnigen« Repliken kann frei ausgespielt werden, denn alles passiert ja zum Spaß. Das gute Ende steht von vornherein fest. Selbst die Lügen, zu denen alle Figuren (außer dem allzu rechtschaffenen Just) trotz ihres sonstigen Edelmuts oder gerade zur Lancierung ihres Edelmuts (s. I/6) immer mal greifen (greifen »müssen«), sind zumeist durchsichtige oder bald aufgeklärte Lügen. Die Figuren können einander kaum täuschen (sich selbst schon eher). Sie benutzen nur eine zusätzliche Modulation in ihrem reichen Repertoire von Künsten, sich selbst im Gespräch oder im Streit zu geben.

---

[2] Arntzen findet, Justs wiederholtes »Er ist doch ein Grobian« klinge »schon der Struktur nach« bedenklich an die Formel der totalen Intoleranz im *Nathan* an (»Tut nichts, der Jude wird verbrannt«), Helmut Arntzen: Die ernste Komödie. München 1968, S. 28. Soll die »Struktur« des Wortlauts von Äußerungen Parallelen begründen, wenn ihnen die Reichweite der Äußerungen und die Modalität der Sprechabsicht klar widersprechen?

Wo so überschüssig viel gestritten wird, kann der Streit, das Spiel, schließlich die Handlung selbst als Luxus erscheinen. Man braucht sich nur auf den Boden der vorher bestehenden und der am Ende erzielten Tatsachen zu stellen, und man kann ausrechnen, daß die Komödie sich strenggenommen um nichts dreht. Wäre das königliche Handschreiben einen Tag eher oder wäre Minna einen Tag später eingetroffen, so hätte Tellheim keinen Grund gehabt, sich zu weigern, so hätte Minna nicht um seine Hand kämpfen müssen. Das hat schon Erich Schmidt klar gesehen, und damit hat er einfach recht.[3] Dagegen nur das höhere Recht der Kunst und des Spiels geltend zu machen, von denen Erich Schmidt in der Tat nicht viel verstanden hat,[4] nützt nicht recht, es könnte jedoch leicht die ganze Kunst und ihr Spiel in Mißkredit bringen. Lessing verfährt umgekehrt, möchte ich behaupten. Um die Ernsthaftigkeit und Relevanz des spielerischen Streits herauszufinden, müssen wir die angeblichen Tatsachen ansehen, die die Handlung der Komödie determinieren und diese womöglich entbehrlich machen könnten.

Da war in der kriegerischen Vorgeschichte die hochherzige Tat des Majors, die ihm die Liebe der Erbin der Barnhelmschen und Bruchsalschen Güter eingetragen hat. Die Tat wird schon in Tellheims bescheidenen Worten ein Glanzstück der Unwahrscheinlichkeit. Friedrich, der das besetzte Sachsen bis aufs Äußerste ausplünderte, weil er anders seinen Krieg nicht länger hätte führen können, betraut mit einem Teil dieses Geschäfts den sanftmütigsten, rücksichtsvollsten seiner Offiziere, der sich ihm aus dem Kurländischen Ausland zur Verfügung gestellt hat. Und dieser führt die »Ordre« so aus, daß er die Kontribution nicht hinauf-, sondern hinuntertreibt: auf die niedrigste Summe, die »im äußersten Notfall« noch durchging. Und er streckt um des lieben Friedens willen, immerhin im Krieg, den Betrag, den die Thüringischen Stände nicht bezahlen können, gleich selbst vor (IV/6). Wahrlich ein Muster für alle Gerichtsvollzieher und Steuerbeamten! Friedrich wäre erledigt, wenn ihm noch mehr so edle Offiziere dienten. Tellheim zahlt es auch noch in »bar«, also müssen wir annehmen, daß der patente Major bei all seinen Kriegshändeln, bis ins vierte oder fünfte Jahr des Krieges, immer Tausende von Friedrichsdor bei sich trug, um den von seinen Truppen drangsalierten Feinden auszuhelfen. Im vorliegenden Fall waren das immerhin 10.000 Taler (allein ein Gewicht von 13,3 kg), eine Summe, die in heutigen Preisen einer halben oder ganzen Million entspräche (fast soviel wert wie ein gutgestellter Bauernhof, ein »Freischulzengericht«).

---

[3] Erich Schmidt: Lessing. Geschichte seines Lebens und seiner Schriften. Bd. 1. Berlin 1884, S. 471.
[4] Fritz Martini: Riccaut, die Sprache und das Spiel in Lessings Lustspiel *Minna von Barnhelm*. In: G. E. Lessing. Wege der Forschung. Darmstadt 1968, S. 376–426.

Wenn wir fragen, woher der Major plötzlich soviel Geld haben soll, wird die Unwahrscheinlichkeit die schiere Unmöglichkeit, ökonomisch wie moralisch. Wir wissen nicht, wie ertragreich der Besitz der Tellheims in Kurland ist. Wir wissen nur, daß es Tellheim persönlich dort nicht hielt, daß es ihn in Friedrichs Heer zog und daß er Just schon zweimal nach Kurland schicken mußte (IV/6), offenbar ohne durchschlagenden Erfolg. Im Krieg freilich konnte man »Beute machen«. In kleinen Andeutungen erscheint der Krieg als die Chance der Bereicherung, des direkten Zugriffs, als eine Quelle des von so vielen Seiten erstrebten »Glücks«. Das war dieser Siebenjährige Krieg für einige große und eine Reihe kleiner Kriegsgewinnler tatsächlich auch, neben allem Kriegselend.[5] Doch das kam nur robusteren Naturen zugute wie dem Wachtmeister, der durch den Krieg zu einer guten Partie geworden ist (III/4). Ein edler Offizier nutzt den Krieg nicht aus, macht gar keine Beute oder verschenkt sie alsbald wieder (I/8). Ein so veranlagter Ritter und »Verschwender« wie Lessings Tellheim konnte sichtlich den ganzen Krieg hindurch nur draufzahlen. Er mußte Abhängige unterstützen, er mußte Geld verleihen und durfte es dann nicht zurückfordern. Zwangsläufig ist er am Ende des Krieges bankrott. Daß er im vor- oder drittletzten Kriegsjahr eine halbe Million flüssig gehabt hätte, worauf die ganze Handlung aufbaut, gehört ins Reich der Märchen. Genauer, es ist nichts als ein Axiom der moralfrommen, idealistischen Aufklärung: Glückswürdigkeit und Glückseligkeit koinzidieren; der total moralische Charakter ist auch mit äußeren Glücksgütern gesegnet. Für dieses Axiom bot die zeitgenössische Wirklichkeit exakt null Beispiele zur Verifikation, also mußten solche erfunden werden. Bei einem redlichen Schriftsteller wie Lessing tragen sie (hier wie im *Nathan*) tatsächlich alle Züge der Erfindung, des Märchens.

Die Lösung des Geschehens, die die Streitigkeiten der Komödie fast entbehrlich gemacht hätte, ist um nichts reeller. Das huldvolle Handschreiben des Königs ist und bleibt eine schneidende Satire auf den tatsächlichen Regierungsstil Friedrichs, siehe Mehring. Man braucht sich die Wendungen des ominösen Briefes nur auf der Zunge zergehen zu lassen und man kommt darauf: Das ist Wunscherfüllung in ihrer klinisch reinen Form. Das hat Tellheim, der »Träumer«, Wort für Wort aus seiner Zwangslage heraus imaginiert, das ist so real wie der Heiland in *Hanneles Himmelfahrt*. Mit dem Erhalt dieses

---

[5] Wie weit Lessing persönlich am Kriegs- oder »Soldatenglück« beteiligt war, ist in der Forschung umstritten. Selbst Michelsen, der ihn weitgehend in die Politik der Münzverschlechterungen, mit denen u. a. sein General Tauentzien beauftragt war, verstrickt sieht, kommt doch zu dem Schluß, große Reichtümer könne ihm sein Amt nicht eingebracht haben (Jahrbuch der Schiller-Gesellschaft 17, 1973, S. 208f). Lessing als Autor scheint mit selbstironischer Häme mit der Vorstellung von »bar Geld in dem Schreibpulte« zu spielen (I/3).

Briefes, mit der Beseligung durch ihn steigt der Major aus. Er verläßt Preußen, das den Zeitgenossen bekannte Preußen unter der Fuchtel, dem Krückstock, den schnarrenden, hingeknurrten Worten an das »Pack« von Untertanen, denen der höchste Preuße nie einen Dank hinzugesetzt hat. Tellheim emigriert in eine Wunschlandschaft, ein Niemandsland.

Lessing unterstreicht die »verkehrte Welt«, indem er seine fiktive Handlung mit einem realen Datum versieht. Jener 22. August 1763 war der Höhepunkt der Finanzmalaise und der Insolvenzen, die die unsoliden Finanzoperationen der letzten Kriegsjahre nach sich zogen. Joachim Dyck hat zur Erhöhung unseres Lesegenusses im einzelnen nachgewiesen, wie subtil und beziehungsreich die Finanzlage der Komödie: »bei dem oder jenem Bankier werden einige Kapitale jetzt mit schwinden« (IV/6), an die Schrecken der realen Finanzwelt in Amsterdam, Hamburg und Berlin erinnert, die sich den Zeitgenossen eingeprägt hatten.[6] Er hätte nur noch hinzufügen sollen, daß in der Spielhandlung der reale Bankenkrach genau spiegelverkehrt abgebildet ist. Tellheim wird (u. a.) zum Gegenbild des Großkaufmanns und Bankiers Gotzkowsky, der für die unerschwinglichen Kontributionen aus der Stadt und dem Kreis Leipzig in den letzten zwei Kriegsjahren 2,1 Millionen Taler aufgebracht – und dank der Münzverschlechterung schon eine halbe Million profitiert hatte. Diesen Gotzkowsky ließ Friedrich an jenem schwarzen Montag fallen, versagte ihm die weitere (heimliche) Unterstützung, setzte die »Immediate Wechselkommission« zur Untersuchung der insgesamt windigen Geldgeschäfte der Berliner Kaufmannschaft ein. Und unseren Major Tellheim salviert und rehabilitiert er an diesem Tage, spricht ihn frei von den Vorwürfen des Betrugs, versichert ihn seiner Gnade und bittet ihn, wieder in seine Dienste zu treten. Wer aber hat, dem soll gegeben werden (sagt der Wachtmeister Werner mit etwas mehr Kopfschütteln als die Bibel). Gotzkowskys Finanzklemme lag mit daran, daß Leipzig auch ein halbes Jahr nach Friedensschluß nicht in der Lage war, dem einstmals rettenden und die Not ausnützenden Bankier »die getanen Vorschüsse« zu erstatten. Die Thüringischen Stände aber schicken zur gleichen Zeit aus eigenem moralischen Antrieb einen Grafen aus und geben ihm die vorgeschossenen Gelder mit, damit er in Berlin nur ja den großherzigen Spender ausfindig macht und ihm alles erstattet. Das ist nicht nur die verkehrte Welt. Das ist der Sankt-Nimmerleins-Tag in der strengen Definition Brechts: »Und an diesem Tag zahlt die Güte sich aus«.[7]

---

[6] Joachim Dyck: *Minna von Barnhelm* oder: Die Kosten des Glücks. Berlin 1981, S. 59–68; vgl. Dieter Hildebrandt: Lessing, *Minna von Barnhelm*. Dichtung und Wirklichkeit. Frankfurt a. M. 1969, S. 8–10 und 119–129.

[7] Bertolt Brecht: *Der gute Mensch von Sezuan*. In: Gesammelte Werke. Frankfurt 1967, Bd. 4,

Wenn also die realen Bedingungen der Spielhandlung so irreal sind, dann ist das zwischen ihnen ausgespannte Geschehen vielleicht weniger überflüssig und nicht so automatisch auf ein happy end programmiert, wie uns die gewöhnliche Verwechslung der Lessingschen Utopie mit »der Wirklichkeit« glauben machen will. In der Beklemmung, der Ungewißheit, der Hast und Verblendung, in der materiellen oder emotionalen Notlage, die die Personen zum Sprechen bringt und zum Streiten nötigt, steckt mehr Realismus als in dem einstigen glanzvollen Auftritt, der zur Verlobung geführt hat, und der huldvollen Lösung im fünften Akt, die zur Hochzeit führen wird. In diesen, die Redewendungen bestimmenden Unfreiheiten steckt meiner Meinung nach mehr Geist der Aufklärung als in Minnas frommem Vertrauen auf die »Vorsicht« (Vorsehung), die im Verein mit der »Tugend« schon alles richten werde (IV/6).

Damit will ich überhaupt nicht Tellheims Halsstarrigkeit aufwerten oder Minnas Sieg (auch in der Philologie unseres Jahrhunderts) schmälern. Es stimmt vollkommen: Sie erweist sich als die Vernünftigere, die Humanere, die im Gespräch oder Streit mit dem konkreten Gegenüber lebt, statt sich von starren Prinzipien kommandieren zu lassen. Sie vertritt die moderneren Positionen, dem Bürgertum näher als der Ehrenpussel Tellheim. Doch aus ihr spricht nicht die Vernunft schlechthin, nicht der Inbegriff des modernen, bürgerlichen Geistes – sonst wäre es kein Lustspiel von Lessing oder jedenfalls kein so gutes. Minna ist auch die Naivere, vernunftgläubig statt welterfahren – sie ist gerade 20. Von der Welt der Geschäfte, zumal der vom Krieg belasteten, von dieser Verwirrung von Rechnungen und Nachweisungen (II/1) spricht sie mit äußerstem Unbehagen und flieht sie lieber als sich ihr zu stellen. Wenn sie mit ihrer Gutherzigkeit an den Falschen geraten ist – sie ist nicht weniger verschwenderisch als Tellheim –, dann dichtet sie, getreu Lessings Poetik, diesen ausgemachten Schwindler und Falschspieler zu einem gemischten Charakter um, der mit dem erschwindelten Darlehen jetzt »still und sparsam« ein neues Leben anfängt (IV/3). Ihr Angebot an Tellheim: Laß den Ärger mit den bornierten preußischen Behörden und heirate mich lieber, ist ebenso liebenswürdig wie selbstbewußt. Es ist von ihr aus eine sehr offene, ja kühne dialogische Position. Es verkennt nur die Situation des Angesprochenen und kann

---

S. 1562. Dazu Michelsen: »Die Schein-Welt wird also nicht – wie in der Komödie bisher üblich war – unzweideutig als eine mit der wirklichen identische gesetzt: sie *gibt sich* nur als Wirklichkeit, während die eigentliche Wirklichkeit im Hintergrund des Stückes verborgen bleibt.« (Die Verbergung der Kunst. Über die Exposition von Lessings *Minna von Barnhelm*. In: Jahrbuch der Schiller-Gesellschaft 17, 1973, S. 244.) Damit sucht Michelsen lediglich Lessings Komödientechnik zu charakterisieren. Der Satz gewinnt aber bei genauerem Zusehen eine schärfere gesellschaftskritische Bedeutung, als Michelsen selber Lessing zugestehen will.

ihm nicht wirklich helfen. »Ihre Güte foltert mich«, sagt er (II/9), noch bevor sie ihn absichtlich »ein wenig zu martern« beginnt. Wieso kann Güte foltern? Tellheim ist nicht frei, um offen, mit Gewinn (für sich oder für beide) zu streiten. Er ist blockiert durch einen anderen Streit, der ihn so absorbiert, daß Minnas Auftauchen hier ihn nur stört. In diesem Streit mit dem Rechnungshof der königlich-preußischen Kriegskasse kann er nicht mutig, geradlinig voran-kommen, wie er es als Soldat gewöhnt ist. Er muß alles über sich ergehen lassen und abwarten. Er darf sich nicht einmal rühren, da er selbst seine Freizügigkeit hat verpfänden müssen. Nicht aus der »Tiefe (seiner) seelischen Not« (Martini[8]) nicht nur aus Empörung über den Undank[9] und nicht aus Übersteigerung seiner aristokratischen Selbstherrlichkeit, sondern weil er sich aus einer ihm angetanen Entmündigung nicht aus eigener Kraft herausbewegen kann, begeht er in den quälenden Händeln mit seinem Wirt, seinem Diener, seinem Freund und nun auch noch mit seinem Fräulein Braut all die Dummheiten, Unge-schicklichkeiten und teilweise wirklich inhumanen Reaktionen, die eine dafür immer sensiblere Germanistik ihm schon vorgerechnet hat.[10] Selbst zu Ehren seiner ominösen »Ehre« muß gesagt werden, daß ihm ja nicht seine Geburt oder die Zugehörigkeit zu seiner Kaste streitig gemacht werden, daß er mit diesem Panierwort der Aristokratie also gar keine essentials des Adels vertei-digt.[11] Unterschleif als Regimentskommandeur und Bestechlichkeit gegenüber dem ehemaligen Kriegsgegner werden ihm vorgeworfen, rein bürgerlich-recht-liche Vergehen, die immerhin im rein adligen Offizierscorps Friedrichs nicht selten vorkamen. Ob er das eher auf sich hätte sitzen lassen können als Minna den Spott ihrer Landsmänninnen, einem z. Z. unerreichbaren Idealbräutigam vergeblich nachgefahren zu sein, ist für den Dramatiker Lessing nicht so ausgemacht wie für den überwiegenden Teil seiner heutigen Interpreten.

Die pathologischen Reflexe in Tellheims Reaktionen auf diese permanente Überforderung sind freilich nicht zu übersehen. Doch worauf sollte sich das

---

[8] Martini (Anm. 4), S. 407.
[9] Siehe Ilse Appelbaum-Graham: The Currency of Love. In: GLL 18, 1964–65, S. 273.
[10] Siehe vor allem Beatrice Wehrli: Kommunikative Wahrheitsfindung. Zur Funktion der Sprache in Lessings Dramen. Tübingen 1983; Jürgen Schröder: G. E. Lessing. Sprache und Drama. Mün-chen 1972; ders.: *Minna von Barnhelm*. In: Walter Hinck (Hg.): Die deutsche Komödie. Berlin 1977, S. 49–65; Helmut Arntzen: Die ernste Komödie. München 1968, S. 25–45.
[11] Hinrich C. Seeba: Die Liebe zur Sache. Öffentliches und privates Interesse in Lessings Dramen. Tübingen 1973; Joachim Dyck: *Minna von Barnhelm* oder: Die Kosten des Glücks. Berlin 1981; S. 99–111; Heinz Schlaffer: Der Bürger als Held. 5. Aufl. Frankfurt a. M. 1981, S. 86–125. – Sehr klar arbeitet dagegen Peter Michelsen die von Lessing (absichtlich) hinter dem komischen Schein verborgene Unaufgebbarkeit des Ehrenstandpunkts (im Sinne der existimatio) heraus (Jahrbuch der Schiller-Gesellschaft 17, 1973, S. 194–200 und 235–243). Noch gründlicher, materialistischer hat darüber Günter Saße in seinem Beitrag zur Tagung (im vorliegenden Band) gehandelt.

auch in Komödien rege gemachte Mitleiden richten, wenn nicht auf wirkliches Leiden, Pathologie? Vor allem reagiert der seiner freien Entscheidung Beraubte mit Rückzug, Abfindung, Scheidung. Kaum verrät sein letzter Diener zuviel Verständnis für seine Situation, so heißt es: »wir sind geschiedene Leute« (I/4), und so vier Fünftel des Stückes hindurch. Er sucht seine Abhängigkeit von der Außenwelt, also seine Kontakte zu anderen zu verringern. Er will seine Verlobte, weil er sie in seinem jetzigen Zustand nicht heiraten könnte, einfach »vergessen«. Das wäre ihm angeblich auch fast gelungen, wenn sie nicht aufgetaucht wäre und das Spiel an sich gerissen hätte. In seiner hartnäckigen Weigerung macht er sich so unattraktiv wie möglich – und muß ihr zugleich nachlaufen, um auch ja die Entlastung seines Gewissens von ihr zu erhalten. Er wirkt ziemlich einsam, absichtlich einsam, und er stilisiert sich obendrein tragisch und als Opfer. Für alle Fälle besteht er darauf, daß die Pistolen hinter seinem Bett beim Umzug nicht vergessen werden (I/10). Herausreißen aus dieser destruktiven, selbstdestruktiven Haltung kann ihn bezeichnenderweise nicht die Erscheinung der wirklichen, sehr lebendigen Minna, sondern das Gedankenbild von ihr als einer Unglücklichen und Verfolgten. Für die bedürftige Minna ist er bereit, alles zu tun, viel mehr jedenfalls als für sich allein. Er gibt eine sehr edle Begründung dafür und tut damit einmal selbst einen Blick in seinen eigentümlichen Motivhaushalt: »Der Trieb der Selbsterhaltung erwacht, da ich etwas Kostbareres zu erhalten habe, als mich« (V/5). Also hat Minna durch ihren Betrug das entscheidende Hindernis für seine Selbsttätigkeit beseitigt.[12] Sein Leben hat endlich wieder einen Zweck, zwar einen fingierten, aber einen vernünftigeren als bisher und im Krieg (denn in den Krieg ist er, wenn er sich selbst befragt, nur zur Abhärtung gegangen, nur um »Kälte und Entschlossenheit zu lernen«, V/9). Freilich vervielfältigt Minna mit ihrem Betrug zugleich auch die Figuren des Streits zwischen ihnen.

Minna ist nicht weniger streitlustig als Tellheim, obgleich aus anderen, z. T. entgegengesetzten Gründen. Wenn er, schwer gereizt, die Galle als »noch das Beste« definieren kann, was wir haben (V/11, vgl. Just, I/2), so versetzt sie sich auf das erste Zeichen von ihrem Tellheim hin in einen »zänkischen Rausch« (II/3). Beide wollen »mit Gewalt glücklich machen und nicht glücklich gemacht sein«, resümiert Claudius.[13] Sie ist voll bei der Sache, die sie durch ihre Reise nach Berlin überhaupt erst auf die Tagesordnung gesetzt hat. Er dagegen erscheint nicht nur unwillig oder geradezu geistesabwesend, er würde am liebsten

---

[12] Minnas List wirkt, im Rahmen des Stücks, als die einzig mögliche Abhilfe gegen Tellheims Selbstblockierung. »A stroke of genius«, schreibt Appelbaum-Graham (Anm. 9), S. 275.

[13] Matthias Claudius, zit. in: Horst Steinmetz (Hg.): Lessing – ein unpoetischer Dichter. Frankfurt a. M. und Bonn 1969, S. 69.

den TOP Minna ganz von der Tagesordnung absetzen. Sie hat das Gespräch und damit auch ihn weitgehend in der Hand. Schon längst vor ihrem »Streich« inszeniert sie die Bewegung zwischen ihnen (wie sie offensichtlich zuvor die Verlobung inszeniert hat). Sie läßt ihn holen, aber er darf nicht ahnen, zu wem er geholt wird (II/6). Sie will seine ungeschützte Reaktion auf ihren überraschenden Anblick. Er darf sich also nicht vorher auf die Begegnung freuen wie sie. Er soll sich, als Krieger, nicht irgendwie »wappnen« können – er erweist sich bald als ohnehin viel zu fest gewappnet. Mit ihrer Wahrhaftigkeit und Geradlinigkeit wie mit ihren Winkelzügen, die nur seine innere Wahrhaftigkeit freisetzen sollen, setzt sie ihm zu. Sie führt die Regie der Themen, der Wendungen, der Stimmungen und weitgehend auch der Schlußfolgerungen. Franziska gegenüber spricht sie Klartext: »Du sollst mit deinem Wachtmeister auch machen können, was du willst« (IV/1). Die traditionelle Ordnung zwischen den Geschlechtern, die im galanten und vernünftigen 18. Jahrhundert erst richtig festgeklopft wurde, bleibt, in Tellheims Worten, unangefochten bestehen: »Welches bestimmte die Natur zur Stütze des andern?« (V/9). Aber das heißt hier lediglich, daß die Frau alles (fast alles) deichselt und obendrein dem Mann immer schicklich die Initiative zuschiebt. Das ist eine eigentümliche Vorform der Emanzipation, die aber nach Lessings Begriffen ihre eigene Würde und vor allem ihren eigenen Witz hat. Daß das Spiel nicht ganz nach Wunsch abläuft, daß es in Tellheim plötzlich massive Vorwürfe und Verdächtigungen auslöst, ist nötig, um Minnas Überlegenheit als Spielleiterin ein wenig zu brechen. Sie soll nicht einfach über dem Streit stehen, da sie doch zugleich Partei in diesem Streit ist.

Schließlich wäre zu fragen, ob in diesem ernsten Streitspiel sechs Monate und sieben Tage nach dem Friedensschluß von Hubertusburg außer den lustvoll ausgespielten Gewinnstrategien auch eine explizite Strategie der Friedensstiftung erprobt wird. Es geht beinah um nichts anderes. Nur erweist sich jeder Vorschlag zum Frieden und Ausgleich zugleich als ein Eingriff, ein Vorgriff, eine Zumutung an den anderen. Tellheims Vorstellungen einer schiedlich-friedlichen Lösung müssen Minna ebenso verletzen wie ihn verarmen. Aber auch ihre offenen Angebote, für sie beide zu denken, ihre Entwürfe einer Existenzmöglichkeit für beide können ihn beim Stand der Dinge nur erschrecken oder in sich selbst zurückscheuchen. Sie sagt einmal »du« in ihren immer ganz höflich gefaßten Verhandlungen. Seine Selbststilisierung zum »Bettler« erlaubt es ihr: »Deine Hand, lieber Bettler!« (II/9). Sie will »seine Hand« nicht nur in der Metapher, sie ergreift die Hand in natura und – zieht sie an ihre Brust. Die Geste sagt deutlich (für damals unerhört deutlich), was sie will. Minna bietet sich selbst als Person und nicht nur als Redegegenstand an. Sie demonstriert ihm den Ausweg aus dem vergeblichen Wortemachen, das sie beide in gespenstische Gegenüberstellungen zu verstricken beginnt. Aber ihre Geste der Vereinigung wirkt auf ihn erst recht als Aggression; sie verschärft seinen inneren Zwiespalt bis zur Verzweiflung. Statt an ihrer Brust sieht er sich tot zu ihren Füßen.

Es gibt keine volle Harmonie, kein definitives Ende des Streits in diesem Stück. Selbst der am Schluß erreichte Friedensschluß ist erzwungen und ist von Verlegenheit und neuen Aufbauschungen gezeichnet. Allein in den Verwirrungen und Verwicklungen des Geschehens verwirklicht sich das Eheschließungsglück der beiden.[14] Nur indem sie ihm immer neu zusetzte, konnte Minna sich den Anblick seines »ganzen Herzens« verschaffen (V/12). Und nicht einmal das »Herz«, diese Bastion der Zuverlässigkeit, bleibt als solche unangefochten. Mindestens als impromptu (im Munde der gewitzten Franziska) wird eine noch modernere Auflösung, die Quelle von unendlichen Streitigkeiten in den beiden folgenden Jahrhunderten, in die noch soliden Gefühlszustände dieser Komödie eingeführt: »Man traue doch ja seinem Herzen nicht zuviel. Das Herz redet uns gewaltig gern nach dem Maule« (I/2).

Lessing hat sich sicherlich zeit seines Lebens für Frieden und Verständigung eingesetzt. Aber im Reich des Witzes wie auch im Reich der Hoffnungen und der Begegnungen war ihm vieles zu friedlich, lahm, ergeben, zu schöngefärbt und hingenommen. Keine Einbildung, kein frommer oder unfrommer Wunsch, kein Plan und kein Vorschlag kann laut werden, ohne daß sie auf Widerspruch stoßen und im Streit verändert werden. Das ist, wenn man so will, der kulturelle Wert des permanenten Streites, auch in Lessings letzter vollendeter Komödie. Gut 200 Jahre später dürfen wir bei allem Respekt feststellen, daß der Autor noch längst nicht genug Streit angezettelt hat.

---

[14] Was hier der Streitlust zugeschrieben wurde, leitet Steinmetz ganz aus Lessings Emanzipation vom Gattungsschema ab: ein niemals zur Ruhe kommender Widerspruch zwischen dem Konflikt und seiner komödienhaften Lösung, s. Horst Steinmetz: *Minna von Barnhelm* oder die Schwierigkeit, ein Lustspiel zu verstehen. In: Wissen aus Erfahrung. Festschrift für Herman Meyer. Tübingen 1976, S. 135–153. – Der unaufhörliche Streit zeigt an, daß das innere Gleichgewicht von Geben und Nehmen, zumal in der Liebe, gestört ist (s. I. Appelbaum-Graham, Anm. 9, S. 271–278; Ingrid Strohschneider-Kohrs: Die überwundene Komödiantin in Lessings Lustspiel. In: Wolfenbütteler Studien zur Aufklärung II, 1975, S. 182–199) – und er läßt zugleich dieses Ideal als eine eben nur ideale, jenseits der wirklichen Interaktion bestehende (gewissermaßen tender minded) Vorstellung erscheinen.

Klaus L. Berghahn

Zur Dialektik von Lessings polemischer Literaturkritik

Wenn von Lessing als Literaturkritiker die Rede ist, lohnt es sich immer noch zu jener alten Abhandlung zurückzukehren, in der Lessings Form und Methode der Kritik erstmals charakterisiert wurde. Als nämlich Friedrich Schlegel 1804 eine Auswahl von Lessings Dichtungen, Schriften und Briefen herausgab, stellte er diese so zusammen, daß für den Leser das intellektuelle Profil Lessings als des »eigentlichen Autors der Nation und des Zeitalters« sichtbar würde. Aus diesem Anlaß schrieb er auch die allgemeine Einleitung *Vom Wesen der Kritik*, die noch immer zum Lesenswertesten gehört, was über Kritik und Lessings kritische Methode geschrieben wurde. »Alles was Lessing getan, gebildet, versucht und gewollt hat,« heißt es dort, »läßt sich am füglichsten unter dem Begriff der Kritik zusammenfassen«.[1]

Gerade weil dieser Begriff nach dem »Zeitalter der Kritik« (Kant) so weit verbreitet und vieldeutig war, versuchte Friedrich Schlegel ihn genauer zu bestimmen, indem er eine kurze Geschichte der Kritik einfügte, die natürlich mit den Griechen beginnt. Sie sind für ihn die Erfinder der Kritik, die sie bald zu einer »Wissenschaft« entwickelten. Diese »alte Kritik« diente im Grunde der »Auswahl der klassischen Schriftsteller« und der »Behandlung verschiedener Lesarten«, der Kanonbildung und Textkritik also. Ohne sie kann auf Dauer keine Literatur bestehen, denn sie pflegt die Tradition und erhält ihren Geist lebendig. An dieser Gelehrsamkeit und Kritik mangelte es in Deutschland über Jahrhunderte, und als man sie im 18. Jahrhundert wiederentdeckte, fehlte es den Gelehrten an »Kunstsinn«. Sie waren zufrieden, wenn sie die Dichter auf die Naturnachahmung und auf ein dogmatisches System von Regeln festgelegt hatten, nach denen man ihre Werke beurteile. »In diese Epoche fällt die erste Stufe der Lessingschen Laufbahn und Kritik.«[2] Diese Phase der pedantischen Regelkritik wurde durch die Geschmacksdebatte erschüttert, oder wie Schlegel

---

[1] Friedrich Schlegel: Kritische Schriften. Hg. von Wolfdietrich Rasch. München 1964, S. 390.
[2] Ebd., S. 395.

sich ausdrückt, durch die Wiederentdeckung des »Kunstgefühls«. Doch solange man das »ästhetische Gefühl« bis hin zu Kant nur theoretisch begründete, war auch für die Kritik noch nicht viel gewonnen, denn den »Kunstsinn« mußte man erst auch »allseitig üben, anwenden und bilden« lernen. Diese neue Kritik, die auf die Wirkung der Kunst ebenso achtete wie auf die Gesetze ihrer Gattungen, fand in Lessing ihren Meister. Er sprach als Kritiker für den Kunstliebhaber, dessen Empfindungen er angesichts der Kunstwerke erklärte, indem er die Grenzen der »poetischen Gemälde« bestimmte und die gattungsspezifischen Leistungen der Poesie erklärte. Dabei war es notwendig, dogmatische Verfälschungen, Irrtümer und Vorurteile zu bekämpfen, welche die Traditionen verkrusteten und der lebendigen Entwicklung der Literatur und Kritik schadeten. Diese Widerlegungen, die sich in all seinen antiquarischen, theologischen, kunsttheoretischen und literarischen Untersuchungen finden, haben die Form der Polemik, die Schlegel als eine der Kritik sehr »nahe verwandte Gattung« betrachtet.[3] Damit sind die wichtigsten Tendenzen von Lessings Kritik schon angedeutet; ergänzt werden sie noch durch eine dritte Qualität, die Schlegel mit »Popularität« umschreibt. Damit meint er weniger, daß Lessing für alle Stände schrieb und schon gar nicht für den »Pöbel«, sondern auf »allgemeine Verständlichkeit« Wert legte, die ihm ein Publikumsinteresse sicherte, das über die Gelehrtenrepublik hinausging. Damit hat Lessing der Kritik in Deutschland eine »sichere Grundlage« gegeben, an der die folgenden Generationen anschließen und auf der sie bauen konnten.

Wenn Friedrich Schlegel abschließend das Wesen der Kritik »noch genauer und wissenschaftlicher« bestimmt, indem er sie als »die innigste Vermählung der Historie und Philosophie« beschreibt, was erst zum »gründlichen Verstehen« der Werke führe, so spricht er schon vom Standpunkt der romantischen Literaturkritik. Schlegels Essay ist geradezu ein Musterbeispiel jener verstehenden Kritik. Auch wenn wir Schlegels einseitiges Verständnis der Werke Lessings als Kritik auf Kosten der Dichtung nicht mehr teilen, so ist seine Charakterisierung des Kritikers Lessing doch kongenial und treffend. Seit Schlegels Tagen gehört es daher zum guten Ton der Lessing-Forschung auch etwas Bedeutendes über den Kritiker und Polemiker Lessing zu sagen.

---

[3] Ebd., S. 390. In der Einleitung zum dritten Teil von Lessings Schriften, *Vom Charakter des Protestanten*, heißt es dazu: »Daß Lessings Tendenz durchaus polemisch war, seine ganze schriftstellerische Laufbahn vom ersten Versuch bis zum letzten Bruchstück, was auch der Stoff oder die äußere Form war, durchaus polemische Farbe und Richtung hatte, und wie geringschätzig er von denen dachte, denen die Polemik weder eine Kunst noch eine Wissenschaft ist, das liegt in allem, was wir von ihm erhalten haben, so klar zutage, daß es überflüssig sein würde, noch ein Wort darüber zu verlieren.« Ebd., S. 430.

Doch anstatt Lessings Form der Literaturkritik nochmals zu beschreiben und seine polemische Methode abermals zu loben[4], sollen hier einige kritische Anmerkungen zu Lessings polemischer Literaturkritik gemacht werden, die vielleicht anregen, die Schattenseiten von Lessings Polemiken mehr zu berücksichtigen. Es gehört zur Dialektik der Polemik, daß sie dem Polemiker nicht nur Lustgewinn bringt, sondern auch ins eigene Fleisch schneiden kann. Der rhetorische Sieg wird oft teuer erkauft. Dabei ist nicht so sehr an die de facto Niederlage im Fragmentenstreit zu denken, denn ihr verdanken wir immerhin die ernste Komödie *Nathan der Weise*, was selbst Lessing als Nettogewinn verbuchen würde. Nein, nicht mehr von den intellektuellen Triumphen und gewonnenen Schlachten soll hier die Rede sein, sondern von physischen und psychischen Kosten, die sicher nicht gering waren. Zu leicht vergißt man über dem Lob des brillanten Kritikers und Polemikers Lessing, daß es bei diesen intellektuellen Schaukämpfen vor Zuschauern auch um die Selbstbehauptung des Polemikers auf dem literarischen Markt geht, der seine Leser nicht nur überzeugen, sondern, wenn es sein muß, auch sophistisch zu überreden sucht. Was seine ehrenwerten Widersacher betrifft, mit denen zu streiten sich lohnte, so scheinen sie manchmal nicht nur der Sache wegen gewählt, sondern Lessing prügelt oft genug den Sack und meint den Esel; will sagen, daß sich hinter der Fassade der Polemik auch private, gesellschaftliche und politische Motive verbergen, die durch die miserablen literarischen Verhältnisse in Deutschland noch verschärft wurden. Jedenfalls kann man sich in den Polemiken gegen Gottsched, Voltaire, Klotz und Goeze oft des Eindrucks nicht erwehren, daß es nicht nur um die Wahrheit ging, sondern auch darum, in den machtgeschützten Autoritäten auch die Institution zu treffen, in den Kritisierten auch die Konkurrenz, im saturierten Gegner auch die elende Person. Dabei geht es nicht ohne Haß, Zorn und Rache ab, und die Gegner werden nicht nur widerlegt, sie werden auch vernichtet, wenn es sein muß. Sicher gewinnen seine Kritiken durch den polemischen und satirischen Stil ihren unvergeßlichen Ton, aber ihre Gewaltmetaphorik macht auch deutlich, wer sich an die Stelle der gestürzten Autoritäten setzen möchte. Über die verbreitete Idealisierung des Wahrheitsuchers Lessing vernachlässigt man nur zu oft die Schattenseite seiner polemischen Persönlichkeit. Auch wer, außer Lessing, nötigt uns zu sagen, daß der polemische Kritiker, selbst wenn er sich auf Aristoteles beruft, der beste sei. Wer Lessing als Polemiker nur preist, macht es sich und ihm zu leicht. Ei-

---

[4] Vgl. Klaus L. Berghahn: Von der klassizistischen zur klassischen Literaturkritik. 1780–1806. In: Peter Uwe Hohendahl (Hg.): Geschichte der deutschen Literaturkritik. Stuttgart 1985, S. 38–47.

gentlich fangen hier die Probleme erst an; aber es ist bekanntlich leichter, etwas Löbliches über ihn zu sagen, als ihn zu kritisieren.

Lessings polemische Kritik ist zweifellos der reinste Ausdruck aufklärerischen Denkens: Aufklärung als Kritik und Polemik als Methode. Darin ist er Kant zu vergleichen, der für das Zeitalter der Kritik in der Theorie jene Wende herbeiführte, die Lessing in der Literaturkritik signalisiert. Lessings polemische Kritik mag sich aus seinem Charakter und Temperament erklären, aber genauer läßt sie sich als Tathandlung seines kritischen Geistes bestimmen, die sich im Widerspruch gegen Irrtümer, Vorurteile und Blasiertheiten der Zeitgenossen artikuliert. Seine Polemik wendet sich gegen das bequeme Denken, das sich in Geschmacksfragen überholten oder fremden Vorbildern unterwirft; gegen das vorurteilige Denken, das abstrakt ist, von Denkschablonen bestimmt wird und über alles Bescheid zu wissen meint; und gegen das borniert Denken, das vom eigenen Standpunkt nicht abzusehen vermag. Kant hat diese »konsequente Denkungsart« in der Methodenlehre der *Kritik der reinen Vernunft* auf den Begriff gebracht. Dort heißt es unter dem Stichwort »polemischer Gebrauch« der kritischen Vernunft: »Unter dem polemischen Gebrauche der reinen Vernunft verstehe ich nun die Verteidigung ihrer Sätze gegen dogmatische Verteidigungen derselben.«[5] Was hier über die notwendige Verteidigung der Grundsätze der reinen Vernunft gesagt wird, gilt auch für die Grundsätze des Geschmacks, nur daß diese nicht mit der gleichen Allgemeingültigkeit bewiesen und verteidigt werden können, was die polemische Auseinandersetzung nur noch verschärft. Irrtümer lassen sich widerlegen, Vorurteile lassen sich in ihrer abstrakten Verallgemeinerung durch den konkreten Einzelfall kritisieren, aber über Geschmacksurteile, die nur Anspruch auf »subjektive Allgemeinheit« haben, kann die Kunstkritik höchstens eine Diskussion anregen, deren Ergebnis im Idealfall ein »sensus communis aestheticus« ist.[6] Eigentlich brauchte es der Polemik nicht, denn abgesehen von Scheingefechten, die doch nur von der Eitelkeit oder Selbstbehauptung der Kritiker zeugen, zielt das Kunstgespräch auf einen Konsens der Kunstliebhaber. Doch bevor dieser erreicht ist, herrschen Krieg und Polemik, unter denen die Wahrheit meist leidet, und vor dem Richterstuhl der Vernunft läßt sich dieser Streit nicht entscheiden. Dazu bedürfte es einer Selbstreflexion der Kritik, wie sie sich in Kants »Methodenlehre« andeutet und erst in der romantischen Kritik praktiziert wurde.

---

[5] Immanuel Kant: Kritik der reinen Vernunft. Hg. von Raymund Schmidt. Hamburg 1956, S. 678.
[6] Immanuel Kant: Kritik der Urteilskraft. Hg. von Karl Vorländer. Hamburg 1963, S. 146.

Lessings große Leidenschaften waren Widerspruchsgeist, Streitlust und Polemik. Sein Widerspruch wandte sich gegen jede Form von Dogmatismus, seine Streitlust wurde durch pedantische Professoren gereizt und seine Polemik richtete sich gegen alles Falsche, zumal wenn es auch noch autoritär vertreten wurde. Lessings zahlreiche publizistische Streifzüge kosteten ihn viel Zeit und Energie, und manchmal fragt man sich, ob Aufwand und Ergebnis nicht in einem disproportionalen Verhältnis zueinander stehen. Seine polemische Feder richtete sich gegen viele kleine Geister, die er so verewigte, obwohl weder die Personen noch die Gegenstände so viel Aufmerksamkeit verdient hätten. Aber indem er sich auf die journalistischen Tagesgeschäfte einließ, was mit dem erbärmlichen Brotberuf eines freien Schriftstellers notwendig zusammenhing, blieb Wichtigeres auch unerledigt: Über die Polemik gegen Gottsched versäumte er, Grundsätzlicheres über Shakespeare zu schreiben; statt sich über den Lyriker Dusch zu ärgern, hätte er Klopstock mehr Aufmerksamkeit widmen können – vom jungen Goethe, den er verkannte, ganz zu schweigen; weniger Klotz-Polemik wäre vielleicht Winckelmann zugute gekommen; und so interessant der Fragmentenstreit auch war, eine Spinoza-Abhandlung wäre wichtiger gewesen. Die von Peter Demetz beklagte Folgenlosigkeit Lessings, hängt wohl auch mit diesen polemischen Streifzügen zusammen,[7] denn sie lenkten auch von wichtigeren Fragen der Epoche ab, denen sich andere, wie Winckelmann, Kant oder Schiller, zielstrebiger und ausschließlicher zuwandten. Mag sein, daß Kritik für Lessing eine »Gymnastik des Geistes« (Mendelssohn) war und daß Polemik ihm erst die Schwungkraft gab, um in die Materie zu kommen. Aber manchmal kann man sich des Eindrucks nicht erwehren, daß der lautere Lessing eine grausame Lust daran hatte, seine Gegner um der Wahrheit willen zu vernichten. »Kein Kopf war vor ihm sicher«, beobachtete schon Heine beifällig, »ja, manchen Schädel hat er sogar aus Übermut heruntergeschlagen, und dann war er dabei noch so boshaft, ihn vom Boden aufzuheben und dem Publikum zu zeigen, daß er inwendig hohl war.«[8] Man kann, auch wenn man die gerechte Sache verficht, auf schreckliche Weise recht haben; will sagen: der Wahrheitsucher Lessing, der polemisch für sie streitet, kann auch inhuman werden, indem er seine Gegner zu Opfern seiner Polemiken macht. Es wäre der Mühe wert, einmal zu fragen, was Lessing durch seine polemische Energie eigentlich kompensierte. Vielleicht kämen dann auch bei dem edlen Lessing abgründigere Seiten zum Vorschein, die man lieber schweigend übergeht.

---

[7] Peter Demetz: Die Folgenlosigkeit Lessings. In: Merkur 25 (1971), S. 727ff.
[8] Heinrich Heine: Sämtliche Schriften. Hg. von Klaus Briegleb. München 1976. Bd. 5, S. 586.

In seinen Kritiken verfuhr Lessing induktiv und unsystematisch; sie sind dadurch gekennzeichnet, daß sie fast ausnahmslos Korrekturen und Grenzbestimmungen darstellen. Seine Polemiken sind emphatischer Ausdruck eines Ordnungsstiftens, das sich gegen vermeintliche Fehldeutungen und Grenzverwischungen richtet. Anders als die systematische Ordnung Gottscheds, die normativ und statisch war, zielte Lessing auf eine neue Ordnung, welche die Künste funktional bestimmte. Ihr dienen seine strengen Grenzbestimmungen zwischen bildnerischen und sprachlichen Kunstwerken und seine funktionalen Festlegungen der literarischen Gattungen. So ist die *Laokoon*-Abhandlung schon laut Untertitel durch das Pathos der Grenzziehung charakterisiert. Lessing bestimmte die *Grenzen der Malerei und Poesie*, indem er sie sowohl in der Wahl ihrer Gegenstände wie ihrer Materialverschiedenheit und in der Art ihrer Nachahmung voneinander trennt. Doch die verborgene Absicht dieser theoretischen Inszenierung von Ordnung ist auch eine neue Hierarchisierung der Künste; denn von nun an gilt das Drama als die höchste Form der Kunst, da es in idealer Weise die sinnliche Erscheinung eines Bildes im Raum mit der geistig bewegten Aussage in der Zeit verbindet und so die größtmögliche Wirkung auf den Zuschauer garantiert. Indem er die künstlerischen Möglichkeiten der bildenden Künste einschränkte, worüber sich mit guten Gründen streiten ließe, erhob er die dramatische Gattung zur höchsten Form der Poesie, die sie – gestützt auf seine Autorität – für die nächsten hundert Jahre blieb. Diesen Anspruch untermauerte Lessing dann in der *Hamburgischen Dramaturgie*. Auch sie ist eine polemische Ausgrenzung der dramaturgischen Gattung mit dem Ziel, Moral als gesellschaftliche Tugend des Mitleids zu propagieren. »Bessern sollen uns alle Gattungen der Poesie«, heißt es im 77. Stück, »aber alle Gattungen können nicht alles bessern.« (LM 10, S. 114) Die Funktion der Tragödie ist es, Leidenschaften zu erregen, um unsere Mitleidsfähigkeit auszubilden, denn »der mitleidigste Mensch ist der beste Mensch, zu allen gesellschaftlichen Tugenden der aufgelegteste«, wie es schon 1756 in einem Brief an Nicolai heißt.[9] Diesen Satz erläuterte er zwölf Jahre später in seiner berühmten Neuinterpretation der aristotelischen Katharsis, die dann – trotz zahlreicher Proteste – zur Grundlage der bürgerlichen Theaterauffassung wurde.

Dieses ordnungsstiftende Pathos der Grenze, das in der Polemik geradezu spitzfindig wird, scheint an anderer Stelle wieder flexibel genug, um dem Genie großzügig Freiheiten bei der Mischung des Epischen und Dramatischen einzuräumen:

---

[9] Lessing an Nicolai, November 1756. In: Jochen Schulte-Sasse (Hg.): Lessing, Mendelssohn, Nicolai: Briefwechsel über das Trauerspiel. München 1972, S. 55.

In den Lehrbüchern sondre man sie so genau voneinander ab, als möglich; aber wenn ein Genie, höherer Absichten wegen, mehrere derselben in einem oder ebendemselben Werke zusammenfließen läßt, so vergesse man das Lehrbuch und untersuche bloß, ob es diese höheren Absichten erreicht hat. (LM 9, S. 390)

Die *Hamburgische Dramaturgie* ist kein normatives Lehrbuch nach Gottscheds Fasson: Die formalen Elemente des Dramas werden den gattungsfunktionalen und wirkungsästhetischen Gesichtspunkten konsequent untergeordnet. Das macht Lessings Poetik geschmeidiger, so daß er das Genie gegenüber Schulmeistern verteidigen kann. »Das Genie lacht über all die Grenzscheidungen der Kritik« (LM 9, S. 210), denn es hat »die Probe aller Regeln in sich.« (LM 10, S. 190) Doch hält sich diese Großzügigkeit immer noch im Rahmen der traditionellen poetischen Lizenz. Schwieriger wurde es, wenn die Genies allen Ernstes den Anspruch der Theorie bezweifelten und der Geniekult die poetische Ordnung bedrohte, die Lessing gerade erst errichtet hatte. Jetzt wendet man ausgerechnet den Geniebegriff, den Lessing als Waffe gegen den Dogmatismus des französischen Klassizismus benutzt hatte, gegen seine Kritik, die man als überfordernd empfindet. Seine strenge Kritik schade dem Genie, das Verständnis, Aufmunterung und Freiheit brauche statt Räsonnement.[10] Grollend nahm Lessing diese »Gährung des Geschmacks«, welche die Errungenschaften der Aufklärungskritik gefährdete, 1768 zur Kenntnis und polemisierte gegen sie: »Wir haben, dem Himmel sei Dank, itzt ein Geschlecht von Critikern, deren beste Critik darin besteht, – alle Critik verdächtig zu machen. Genie! Genie! schreien sie. Das Genie setzt sich über alle Regeln hinweg! Was das Genie macht, ist die Regel.« (LM 10, S. 190) Schlimmer noch: Diese Kritikfeindlichkeit machte das Genie zum selbstherrlichen Gesetzgeber der Kunst und degradierte den Kritiker zum kongenialen Ausleger seiner Werke. Vehement setzt sich Lessing gegen diese Reduktion der Kritik im Namen des Genies zur Wehr. Für ihn ist die Literaturkritik des beginnenden Sturm und Drang nur der »Rand eines anderen Abgrunds,« ein die Kunst bedrohendes Chaos, das die Ordnung der Kunsttheorie und die Institution der Kritik radikal in Frage stellt. Zwischen den Extremen der Pedanterei Gottscheds und der Regellosigkeit der Geniebewegung wählen zu müssen, schien Lessing eine unerträgliche Zumutung, und er insistierte auf der Kontroll- und Vermittlungsfunktion der Kritik. Hier wird sein Pathos der Grenze tatsächlich eine polemische Verteidigung der Ordnung der Kunst und des Geschmacks, die sich gegen die Selbst-

---

[10] So die Kritik von Lessings *Hamburgischer Dramaturgie*. In: Horst Steinmetz (Hg.): Lessing – Ein unpoetischer Dichter. Frankfurt a. M. 1969, S. 74.

aufhebung der Kritik richtete. Ganz so schlimm, wie Lessing befürchtete, kam es dann doch nicht; dennoch signalisiert diese Polemik am Ende der *Hamburgischen Dramaturgie* eine erste Krise der Literaturkritik, aus der sich bald ein neues Verständnis der Kritik entwickelte: Die polemische Literaturkritik verwandelte sich in eine verstehende.

»Ich wollte es auch einmal so gut haben, wie andere Menschen. Aber es ist mir schlecht bekommen.«[11] Aus diesen Sätzen des Achtundvierzigjährigen nach dem Tode seiner Frau sprechen Schmerz und Resignation, aber auch die Sehnsucht nach Normalität und Glück, die in seinem Leben wohl zu selten waren. Die lange aufgeschobene Ehe mit Eva König sahen beide als ein »gemeinschaftliches Projekt glücklich – wollte sagen reich zu werden.«[12] Ein gemeinsames Lotterielos sollte die Voraussetzung ihres Glücks sein und das Warten darauf abkürzen. Es kam, wie wir wissen, anders – und Lessing verbitterte noch mehr. Was wäre gewesen, wenn Lessings Leben unter einem so glücklichen Stern wie Goethes Leben gestanden hätte? Gewiß hätten materielle Sicherheit, gesellschaftliches Ansehen und häusliche Harmonie auch sein Werk, ganz sicher aber seine Kritik verändert. So aber bestimmten Zufälle, die Unsicherheiten einer Existenz als freier Schriftsteller und Unrast seine Lebensbahn. Gegen die Unsicherheiten und Kontingenzen des Lebens setzte er Disziplin, Arbeit und Ordnung. Das Pathos der Polemik ist im Grunde der Ausdruck eines verzweifelten Strebens nach Ordnung und Harmonie. Vielleicht kompensiert der Polemiker Lessing auch das eigene Unglück, indem er immer wieder für die Wahrheit und die gerechte Sache ficht. Er liegt also auch im Streit mit sich selbst, und die Polemik schneidet ins eigene Fleisch. Doch sind dies bloße Vermutungen, die nur neue Fragen aufwerfen. Ginge man ihnen gründlicher nach, so ließe sich vielleicht auch über Lessings polemische Literaturkritik noch Genaueres und Besseres sagen.

---

[11] An Johann Joachim Eschenburg, 31. Dezember 1777.
[12] Eva König an Lessing, 13. Januar 1771.

Hans Erich Bödeker

Raisonnement, Zensur und Selbstzensur

Zu den institutionellen und mentalen Voraussetzungen aufklärerischer Kommunikation

I. Aufklärung und Kommunikation bedingten sich wechselseitig. Dabei knüpfte die Aufklärung an traditionelle Institutionen wie die Gelehrtenrepublik, die Universitäten, die Briefwechsel usw. an und schuf sich zugleich, so in den Zeitschriften, neue Kommunikationsmedien.[1] Die Aufklärungskultur war vornehmlich eine Kultur des gedruckten Wortes; der Schriftsteller der Typus des Aufklärers schlechthin.[2] Sein Schreiben war ständiger Appell an den Verstand und die Urteilskraft, ein permanentes Raisonnement, das jeden Gegenstand auf seine »Vernünftigkeit« prüfte. Er stellte einen neuartigen Publikumsbezug her, in dem Motive von Selbstaufklärung und öffentlicher Kommunikation zusammenkamen. Öffentliche Kommunikation wurde als Medium der Meinungsbildung und der Wahrheitsfindung ebenso wie als Garantie der aufklärerischen Schriftstellerei gedacht. Wenn auch den Schriftstellern die Aufklärung als Ziel und die Publizität als deren Prinzip galt, fand die aufklärerische Kommunikation doch unter staatlicher Kontrolle statt. Das 18. Jahrhundert war ein Jahrhundert der unerschrockenen freien Meinungsäußerung; es war allerdings ebenso ein Jahrhundert der Zensur und der unablässigen Versuche der Autoren, die Zensur zu umgehen. Zensur als Kontrolle der Entstehung des literarischen Produktes, seiner Distribution und damit der literarischen Kommunikation überhaupt, der die Vorzensur, die Nachzensur und Präventiv- und Prohibitivzensur als Maßnahmen korrespondierten, war ein konstitutiver

---

[1] Vgl. Hans Erich Bödeker: Aufklärung als Kommunikationsprozeß. In: Aufklärung 2/2 (1987), S. 89–111.
[2] Vgl. Rudolf Vierhaus: Der aufgeklärte Schriftsteller. Zur sozialen Charakteristik einer selbsternannten Elite. In: Hans Erich Bödeker, Ulrich Herrmann (Hg.): Über den Prozeß der Aufklärung in Deutschland im 18. Jahrhundert. Personen, Institutionen und Medien. Göttingen 1987, S. 53–65.

Faktor des aufklärerischen literarischen Lebens.[3] Die angestrebte Kontrolle über die Autoren war gleichzeitig auch eine Kontrolle über das entstehende Publikum. Die aufklärerischen Autoren wußten, daß sie unter Zensur schrieben;[4] fast alle stießen im Verlaufe ihres Lebens mit den vielfältigen Instanzen der Zensur zusammen. Sie taten also gut daran, bei ihren schriftstellerischen Bemühungen die Zensur in Rechnung zu stellen, sorgfältig darauf zu achten, wie weit sie sich vorwagen konnten, um noch publiziert zu werden. So ist es nur allzu verständlich, daß die Zensur ein zentrales Thema der Freiheitsdiskussion wurde, in der sich, wie in einem Brennspiegel, die Emanzipationstendenzen der Zeit sammelten. Ein um so wichtigeres Thema, weil bei politischer Machtlosigkeit der Schriftsteller alle Wirkungsmöglichkeiten der Ausbreitung der Aufklärung in der »Freimüthigkeit« und »Publizität« erblickt wurde.

II. Das System der Kommunikationskontrolle, das im wesentlichen bis zum Ende des deutschen Reiches Bestand hatte, war bereits am Anfang des 18. Jahrhunderts entwickelt. Die Zensur basierte auf einer langen Reihe gesetzlicher Anordnungen. Die ersten Zensurgesetze für das Reich fallen zeitlich zusammen mit der Erfindung des Buchdrucks als einer rationalisierten Verbreitungsmöglichkeit von Texten und mit den religiösen und sozialen Auseinandersetzungen am Anfang des 16. Jahrhunderts. Nach anfänglich rein kirchlicher Aufsicht wurde die Zensur zunehmend von weltlichen Instanzen übernommen, bis schließlich die weltliche Zensur in den Vordergrund trat. Noch bis weit ins 18. Jahrhundert hinein fungierte sie als verlängerter Arm der Kirche. In der Umwandlung von der kirchlichen zur weltlichen Zensur veränderte sich langfristig jedoch nicht nur die verwaltungsmäßige Zuständigkeit, sondern auch ihre vorrangige Zielsetzung. Neben die »Religion« und die »guten Sitten« als Schutzobjekt traten verstärkt »Staatsrücksichten«, zum einen die des innenpolitischen Schutzes des inneren Friedens, also von Ruhe und Ordnung; zum anderen die des außenpolitischen der Bewahrung von Staatsgeheimnissen und des Schutzes vor äußerer Bedrohung.

---

[3] Vgl. aus der Fülle der Literatur Dieter Breuer: Geschichte der literarischen Zensur in Deutschland. Heidelberg 1982, S. 86ff; Jürgen Fromme: Kontrollpraktiken während des Absolutismus. In: Heinz Dietrich Fischer (Hg.): Deutsche Kommunikationskontrolle des 15. bis 20. Jahrhunderts. München u. a. 1982, S. 36–55 sowie Herbert G. Göpfert, Erdmann Weyrauch (Hg.): »Unmoralisch an sich…« Zensur im 18. und 19. Jahrhundert. Wiesbaden 1988.

[4] Vgl. J. E. Biester: Antwort an Herrn Professor Garve […]. In: Berlinische Monatsschrift 6 (1785), S. 84: »Indeß weiß ich selbst, daß es mir nicht ziemt, laut über Handlungen der Fürsten, wie etwa über die Schriften der Gelehrten, zu urtheilen; und Sie, und alle Welt wissen, daß jeder Schriftsteller in Deutschland unter Censur schreibt.«

Zu Beginn des 18. Jahrhunderts wurde die Zensurgesetzgebung des Reiches neu belebt.[5] Das Kommissionsdekret vom 14.8.1715 wurde als die wichtigste Rechtsgrundlage des Bücher- und Pressewesens entscheidend für die Entwicklung des literarischen Lebens im 18. Jahrhundert.[6] Das Edikt – das sich auf alle Reichsuntertanen (!) bezog – faßte einmal die bis dahin geltenden Zensurgesetze des Reiches zusammen und suchte gleichzeitig den seit dem 16. Jahrhundert eingetretenen Veränderungen Rechnung zu tragen. Es schrieb die Gültigkeit der Zensurgesetze fest, die in den kirchlich-theologischen und zugleich politischen Auseinandersetzungen der Reformationszeit entstanden waren, und zog damit für religions- und kirchenkritische Äußerungen im 18. Jahrhundert enge Grenzen. Gleichzeitig versuchte es, die tastend einsetzenden Diskussionen über den politisch-rechtlichen Status des Reiches und die Auswirkungen des Naturrechts auf öffentliches und privates Recht zu beeinflussen. Das Edikt schuf damit die Voraussetzungen, gegen mißliebige politische und staatsrechtliche Literatur vorgehen zu können. Die Zensur versuchte den politischen Reformdiskussionen von Anfang an enge Grenzen zu setzen, den politischen Raum gegenüber der sich bildenden raisonierenden Öffentlichkeit abzuschirmen. Zensur wurde zum Mittel staatlicher Machterhaltung. Diese sich im Edikt anbahnende »Verstaatlichung« der Zensur war eine neue Entwicklung. Die Aufhebung der Beschränkung der Druckorte auf Universitäts- und Residenzstädte entsprach der geschichtlichen Entwicklung und kam den gestiegenen Lesebedürfnissen entgegen. So sehr die Zensurgesetzgebung von der kaiserlichen Zentralgewalt im 18. Jahrhundert aktiv betrieben wurde, so wenig kann von einer einheitlichen Zensurgesetzgebung die Rede sein.

Diese reichsgesetzlichen Zensurbestimmungen bildeten während des ganzen 18. Jahrhunderts auch die Basis landesherrlicher Zensurverordnungen. Die mächtigen Reichsstände betrieben explizit eine eigene Zensurpolitik.[7] Allerdings beriefen sich katholische und protestantische Obrigkeiten gleichermaßen auf die kaiserliche Zensurgesetzgebung, wenn es darum ging, unliebsame

---

[5] Vgl. Ulrich Eisenhardt: Die kaiserliche Aufsicht über Buchdruck, Buchhandel und Presse im Heiligen Römischen Reich Deutscher Nation 1496–1806. Ein Beitrag zur Geschichte der Bücher- und Pressezensur. Karlsruhe 1970.

[6] Vgl. Neue und vollständige Sammlung der Reichs-Abschiede. 4 Teile. Frankfurt 1747. Teil 4, S. 334ff.

[7] Vgl. außer der bereits erwähnten Literatur noch immer Oswald Krempel: Das Zensurrecht in Deutschland zu Ausgang des 18. und Beginn des 19. Jahrhunderts. Diss. Würzburg 1921; aufschlußreich weiterhin Agatha Kobuch: Zensur und Aufklärung in Kursachsen. Ideologische Strömungen und politische Meinungen zur Zeit der sächsisch-polnischen Union (1697–1763). Weimar 1988 sowie Thomas Sirges, Ingeborg Müller: Zensur in Marburg 1558–1832. Eine lokalgeschichtliche Studie zum Bücher- und Pressewesen. Marburg 1984.

Autoren oder Verleger in Nachbarterritorien zu bestrafen oder zu verfolgen, auch wenn die eigene territorialstaatliche Gesetzgebung den Vorgaben des Reiches nicht immer folgte.

III. Der konkurrierenden Gesetzgebung entsprachen konkurrierende Instanzen der Zensur des Reiches wie seiner verschiedenen Glieder. Auf der Ebene des Reiches oblag die Zensur dem Reichshofrat, der kaiserlichen Bücherkommission, dem Reichskammergericht sowie dem Reichstag. Die Bücherkommission in Frankfurt am Main übte messepolizeiliche Funktionen aus; sie überwachte die Zensurvorschriften, kontrollierte den Meßkatalog und sammelte die Pflichtexemplare für die Nachzensur. »Der Reichshofrat, ggf. das Reichskammergericht und der Reichsfiskal hatten nicht nur die Vernichtung und Abstrafung der auf der Länderebene unentdeckt bzw. ungeahndet gebliebenen schädlichen Publikation zu gewährleisten, sondern notfalls auch gegen nachlässige Zensoren und deren Landesherren vorzugehen.«[8]

Die Zensurinstanzen der zahlreichen geistlichen und weltlichen Territorien lassen sich nicht generalisieren. Wiederholt wurden eigene Zensurkollegien gebildet, bisweilen wurde die Zensur an Institutionen übergeben, etwa an kirchliche Institutionen (Konsistorien, Oberkonsistorien usw.) oder an die Universitäten, ab und zu auch an individuelle Personen. Diese Gemengelage führte zwangsläufig zu Kompetenzstreitigkeiten. Überdies wurden die Zensurinstanzen im 18. Jahrhundert laufend reformiert, einmal um der Ausdehnung und den sich wandelnden Tendenzen der literarischen Produktion gewachsen zu sein, zum anderen aber wegen der verstärkten Übernahme der Zensur durch die staatlichen Instanzen. Im Ausbau, in der Rationalisierung und Effektivierung der Zensurbehörden entstand schließlich ein vielfältig gegliedertes, sich partiell behinderndes, ja ausschließendes System von Instanzen, das zum Schutz der »Staatsinteressen«, der »Religion« und der »guten Sitten« die öffentliche Kommunikation und Meinungsbildung umfassend kontrollieren sollte. Grundsätzlich sollten alle Druckerzeugnisse durch die Organe des Reiches und der Landesherren zensiert werden: Bücher, Zeitungen und Zeitschriften in jeder Form, Noten, Karten, Kalender, Kupferstiche, Gesangbücher usw. Schulbücher unterlagen ebenso der Zensur wie die wissenschaftlichen Werke.[9] Von vornherein aber ging es der Zensur nicht so sehr

---

[8] Hans-Jürgen Schrader: Pietistisches Publizieren unter Heterodoxieverdacht. Der Zensurverfall »Berleburger Bibel«. In: Göpfert, Weyrauch (Anm. 3), S. 61–88, hier S. 65.
[9] Vgl. etwa Agatha Kobuch (Anm. 7), S. 20.

darum, den Austausch wissenschaftlicher Ergebnisse unter den Gelehrten zu reglementieren, als vielmehr ihre Verbreitung über die Gelehrtenwelt hinaus zu kontrollieren.

IV. Die Vorzensur war das wichtigste Element zensorischer Praxis. Erst wenn kein Einspruch erhoben bzw. die Einwände bereinigt worden waren, durften die Texte gedruckt werden. Einige Belegexemplare mußten an den Reichshofrat zur Nachzensur (Revision) abgeführt werden. Häufig führte dann die Nachzensur zu einem Verbot der Verbreitung. Es wurde die Konfiskation angeordnet, die gedruckten Texte wurden beschlagnahmt. Autor, Drucker und Verleger erhielten je nach Sachlage Geld-, Leib- oder Ehrenstrafen. Natürlich wurden sie auch bestraft, wenn sie die Zensur bewußt umgangen und ohne obrigkeitliche Erlaubnis gedruckt hatten. Zu den Strafen gehörte auch noch im 18. Jahrhundert die Bücherverbrennung und zwar nicht nur, um die Bücher zu vernichten, sondern auch, um die Autoren öffentlich zu ächten.[10] Aber auch in den Händen des Käufers war das Buch im 18. Jahrhundert noch lange nicht vor dem Zugriff der Zensur gesichert. In einigen katholischen Territorien des Reiches war auch der private Besitz von verbotenen Büchern strikt untersagt und konnte Strafen nach sich ziehen.

Die praktische Wirksamkeit der Zensurvorschriften und -instanzen auf der Reichsebene war gering und auch die föderative Struktur des Reiches verhinderte eine wirksame Zensur. Die Unübersichtlichkeit der Zensurvorschriften sowie die sich überlagernden und ausschließenden Kompetenzen der beteiligten Institutionen ließen in den Territorien den umfassend gedachten Anspruch auf Kommunikationskontrolle scheitern. Die Intensität der Zensur war außerdem abhängig von der jeweiligen politischen Konstellation. Eine gestrenge Durchführung der Vorschriften oder eine nachsichtige Praxis der Zensur hing von unterschiedlichen politischen Faktoren ab, von wichtigen innen- und außenpolitischen Ereignissen, vor allem aber von der – manchmal auch wechselnden – Einstellung der regierenden Fürsten selbst. Ein Thronwechsel bedeutete im 18. Jahrhundert in aller Regel eine grundlegende Veränderung der Zensurpolitik.

Schließlich waren die inhaltlichen Zensurkriterien häufig so allgemein formuliert, daß sie den zahlreichen Zensoren einen relativ großen Ermessens-

---

[10] Vgl. Hermann Rafetseder: Bücherverbrennungen. Die öffentliche Hinrichtung von Schriften im historischen Wandel. Wien u. a. 1988, S. 182ff.

spielraum bei der Begutachtung der Literatur einräumten; sie konnten sowohl eine bemerkenswerte Freizügigkeit als auch den kleinlichsten Despotismus ermöglichen. Die als Journalisten und Schriftsteller zum Teil zur aufgeklärten Gesellschaft gehörenden Zensoren bestimmten in ihrer Heterogenität, mit ihren unterschiedlichen Kriterienkatalogen, Wertvorstellungen und Mentalitäten entscheidend die Zensurpraxis und damit die literarische Produktion und Kommunikation der Aufklärung.[11] Gleichwohl darf die Liberalität der Vorzensur auch nicht überschätzt werden. Ihr wurden gerade durch die Nachzensur noch deutliche Grenzen gesetzt.

Tatsächlich existierten im Reich die verschiedenartigsten Formen zensorischer Praxis, vom rigorosesten Preßzwang bis hin zur völligen Zensurfreiheit, die jedoch kein rechtlicher, sondern nur ein tatsächlicher Zustand war. Die vom Reich angeordnete Zensur wurde nie aufgehoben. Eine ausgedehnte Pressefreiheit gewährten – zeitweise und diskontinuierlich – neben den Reichsstädten die Territorien Hessen und Mecklenburg, Braunschweig und Baden; in Holstein bestand Pressefreiheit durch das dänische Gesetz von 1770. Ebenso kannte Hannover, das in Personalunion mit England verbunden war, eine liberale Zensur. Allerdings verloren auch die Territorien, die dem aufklärerischen Raisonnement einen gewissen Spielraum zubilligten, nie die Kontrolle über die entstehende »öffentliche Meinung«. Hingegen litten das Österreich Maria Theresias, das Bayern Karl Theodors, das Württemberg Karl Eugens und das Preußen Friedrich Wilhelms II. unter strengster Zensur.[12] »So entstand eine Landkarte der Zensur, die ebenso bunt war wie die des Reichs selbst«. Die Räume milderer Zensur gab es immer, »aber sie waren kaum mehr als Aussparungen in einem Netz, welches das ganze Reich überzog.«[13]

V. Die regional und individuell unterschiedliche Wirksamkeit der Zensurvorschriften und Kontrollmaßnahmen war eine Voraussetzung für die Veröffentlichung der Aufklärer. Regelrechte Zensurlücken entstanden, wenn Autoren persönliche Zensurfreiheiten zugestanden wurden, wie beispielsweise J. A. Bengel in Stuttgart, G. E. Lessing in Wolfenbüttel oder auch den Göttinger Professoren. Von den Göttinger Professoren wurde erwartet, nichts »anstössiges

---

[11] Eine Sozialgeschichte der Zensoren ist eines der dringendsten Desiderate der Zensurforschung.
[12] Vgl. Franz Schneider: Pressefreiheit und politische Öffentlichkeit. Studien zur politischen Geschichte Deutschlands bis 1848. Neuwied und Berlin 1966, S. 129ff.
[13] Ebd., S. 127.

oder bedenckliches« zu veröffentlichen,[14] oder von Chr. F. D. Schubart nach seiner Haft auf dem Hohen Asperg, von der Zensurfreiheit »vorsichtigen und bescheidenen Gebrauch« zu machen.[15] Diese individuelle oder korporative Zensurfreiheit bedeutete faktisch eine Verlagerung der Verantwortung für den Inhalt der Veröffentlichungen vom Zensor auf den Autor oder den Herausgeber selbst. Zensurlücken entstanden auch dann, wenn zwei konkurrierende Zensurinstanzen gegeneinander ausgespielt werden konnten.

Gleichwohl galt für die Autoren, die steten Gefährdungen des zugestandenen Handlungsspielraums im Auge zu behalten. Sie waren gezwungen, Strategien zu entwickeln, Lücken und Nischen der zensorischen Praxis zu nutzen.[16] So hatten sie die Möglichkeit, jenseits der Grenzen des Reichs oder in den von nichtdeutschen Herrschern regierten Randterritorien oder auch in einem anderen Territorium drucken zu lassen. Die Wahl des richtigen Druckortes war ein Vorteil der deutschen Kleinstaaterei. Und sie suchten durch die Anonymität des Herausgebers bzw. des Autors, durch falsche Titel- oder Buchangaben, durch fingierte Erscheinungsorte die Zensur zu täuschen, sie zu umgehen. Allerdings setzten solche Versuche Autoren, Verleger und Drucker der Gefahr strafrechtlicher Verfolgung aus; sie konnten zur Beschlagnahme der Texte führen. Um die Zensur zu unterlaufen, verlegten die Autoren die Handlungen in ferne Zeiten und exotische Länder, fingierten sie die Herausgabe von neugefundenen, »alten« Texten, wechselten sie das Kommunikationsmedium. Lessings Ausweichen auf das Theater nach der Aufhebung seiner Pressefreiheit ist dafür ein sprechender Beleg.[17] Die bewußte Auseinandersetzung mit dem Zensor stand offensichtlich noch außerhalb der Denkmöglichkeiten der Autoren des 18. Jahrhunderts.

Die auf längere Sicht wirksame Taktik bestand zweifellos in der Anpassung des Schreibstils an die jeweiligen wechselnden Zensurbedingungen, d. h. in der Entwicklung und Verfeinerung ironischer und parodistischer Formen, der Entfaltung einer spezifischen Sprache, die den Behörden die zensorische Praxis erschwerte etc. Dies alles erforderte eine Technik der Anspielung und der

---

[14] Zitiert nach Carl Haase: Obrigkeit und öffentliche Meinung in Kurhannover 1789–1803. In: Niedersächsisches Jahrbuch für Landesgeschichte 39 (1967), S. 192–295, hier S. 200.

[15] Zitiert nach Erich Schairer: Schubart als politischer Journalist. Tübingen 1914, S. 175.

[16] Vgl. die Hinweise bei Hans G. Gerth: Bürgerliche Intelligenz um 1800. Zur Soziologie des deutschen Frühsozialismus (1935). Neudruck Göttingen 1976, S. 69.

[17] Vgl. John A. McCarthy: »Das sicherste Kennzeichen einer gesunden, nervösen Staatsverfassung«. Lessing und die Pressefreiheit. In: Peter Freimark, Franklin Kopitzsch, Helga Slessarev (Hg.): Lessing und die Toleranz. Detroit und München 1986, S. 225–244, hier S. 240ff.

Verstellung; sie setzte eine Basis des Verstehens mit dem Publikum voraus, die es dem Leser ermöglichte, die Intentionen des Autors zwischen den Zeilen zu entziffern und zu restituieren. Daß dabei Mißverständnisse nicht ausblieben, ist nur allzu verständlich.

Schließlich blieb den Autoren noch die Möglichkeit, der obrigkeitlichen Zensur durch eine Selbstzensur[18] vorzubeugen, die nicht berechenbare Fremdkontrolle durch eine bewußte Eigenkontrolle zu unterlaufen, damit wenigstens der Kern der Wirkungsabsichten noch erhalten bleiben konnte. Die Selbstzensur konnte von engagierten Schriftstellern strategisch eingesetzt werden, es handelte sich gleichsam um eine schöpferische Strategie, um die Zensur zu umgehen. In diesem Sinne war sie eine von den Schriftstellern insgesamt beherrschte Strategie, eine kontrollierte, den jeweiligen Veröffentlichungs- und Zensurumständen gemäß dosierte Schreibpraxis. Die selbstauferlegte Zensur konnte allerdings, wenn die äußeren Restriktionen internalisiert wurden, eine Eigendynamik entfalten. Sie konnte zu einer regelrechten Vermeidung von Themen, von präzisen Meinungsäußerungen, kurz: zur übervorsichtigen Eingrenzung des Publikationsspielraums führen.[19] Selbstzensur richtete sich letztlich auch immer gegen den Autor.

VI. Bis weit ins 18. Jahrhundert hinein haben Schriftsteller und Leser die autoritäre Kontrolle des literarischen Lebens hingenommen. Vor 1750 haben Forderungen nach Meinungs- bzw. Pressefreiheit kaum eine Rolle gespielt. Zensur wurde als notwendiges Element der literarischen Kommunikation angesehen. Nicht ob Zensur, sondern in welchem Ausmaß und für wen sie richtig und nötig sei, war die Frage, die diskutiert wurde.

Die verschiedenen Einstellungen der Gebildeten in der zweiten Hälfte des 18. Jahrhunderts zum Problemkomplex der Zensur- bzw. Pressefreiheit gründeten in unterschiedlichen Aufklärungsentwürfen.[20] Ein elitäres Aufklärungsverständnis, das der Mehrheit der Bevölkerung die Tätigkeit zu ver-

---

[18] Vgl. Artikel *Selbstzensur*. In: Hans Jörg Sandkühler (Hg.): Europäische Enzyklopädie zu Philosophie und Wissenschaften. Bd. 4. Hamburg 1990, S. 255–258.

[19] Dafür kann Friedrich Schillers Verhalten als Herausgeber der Zeitschrift *Die Horen* stehen. Vgl. John A. McCarthy, »Morgendämmerung der Wahrheit«. Schiller and Censorship. In: Göpfert, Weyrauch (Anm. 3), S. 231–248.

[20] Vgl. für die folgende Argumentation die grundlegende Studie von Eckart Hellmuth: Aufklärung und Pressefreiheit. Zur Debatte der Berliner Mittwochsgesellschaft während der Jahre 1783 und 1784. In: Zeitschrift für historische Forschung 9 (1982), S. 315–345.

nünftigem Handeln absprach, mußte an der Zensur festhalten und das öffentliche Raisonnement als Privileg der aufgeklärten Elite reklamieren. Solange
die Zensur nicht den Fortschritt der Wissenschaften behinderte, konnte sie
durchaus als notwendige obrigkeitliche Tätigkeit im Sinne der Verantwortung
für das Gemeinwohl wie für die diesseitige und jenseitige Glückseligkeit der
Untertanen angesehen werden. Solche Einstellungen konnten sich mit der
Forderung nach einer grundlegenden Reform der Zensur verknüpfen, durch
die ein größeres Maß an Versachlichung, Objektivität, Unabhängigkeit und
Rechtsförmigkeit erreicht werden sollte.

Auch engagierte Aufklärer distanzierten sich von den »Wienkoppen und
Schubarten«,[21] weil sie die Freiheit des Schreibens mißbrauchten, die im Zuge
der Zeit den Schriftstellern von den Obrigkeiten zugestanden worden war. Die
verhehlten nicht, daß selbst dort, wo die Regierungen den Vorteil freierer
Meinungsäußerung eingesehen und die Zensur beschränkt hatten, diese Freiheit ein gefährdetes Gut war, solange sie nicht gesetzlich abgesichert war und
durch die Regierung eingeschränkt, suspendiert oder gar abgeschafft werden
konnte. Einige Schriftsteller waren realistisch genug, einzusehen, daß dieses
Zugeständnis nicht aus Achtung für den »gelehrten Stand« erteilt wurde. Sie
sahen vorerst nur die Möglichkeit, sie dadurch zu erhalten, indem sie sie nicht
mißbrauchten. In diesem Kontext konnte auch der Gedanke eines »schriftstellerischen Censur-Gerichts«, einer freiwilligen Selbstkontrolle der Schriftsteller
entstehen und propagiert werden.[22]

Weder das Akzeptieren des Zurückweisens des Anspruchs auf öffentliche
Diskussion durch die Regierungen, noch das bloße Akzeptieren der gewährten
Zensurfreiheiten war allgemein geteilte Überzeugung innerhalb der deutschen
Spätaufklärung. Spätestens seit den 70er Jahren wurden auch Stimmen laut, die
nachdrücklich Presse- und Meinungsfreiheit einforderten. Während die Pressefreiheit als fürstlicher Gnadenerweis gewährt oder allenfalls aus Gründen der
Zweckmäßigkeit zugestanden worden war, galt die unverhüllte Forderung nun
der Abschaffung der Zensur und der Anerkennung von Pressefreiheit als Men-
schenrecht.

Während dieser Diskussionen bereiteten zahlreiche Territorien neue Zensurverordnungen, eine Neuorganisation der Zensurinstitutionen vor. Unter dem

---

[21] Christian Wilhelm Dohm an Johannes Müller, 11.8.1786. In: Briefe an Johannes von Müller. Hg.
      von Johann Heinrich Maurer-Constant. 6 Bde. Schaffhausen 1839–1840. Bd. 2 (1839), S. 309.
[22] Vgl. Johann Georg Schlosser: Ueber Bücherzensur und Publizität. In: Deutsches Museum 1
      (1788), S. 249–263.

Einfluß der Französischen Revolution beschleunigten sich diese Aktivitäten. Um revolutionäres Gedankengut abzuwehren, zu unterdrücken, um das herrschende System aufrechtzuerhalten, wurde die Zensur verstärkt und ausgebaut.[23]

---

[23] Vgl. neben der bereits angeführten Literatur noch die dichte Fallstudie von Karlheinz Fuchs: Bürgerliches Räsonnement und Staatsräson. Zensur als Instrument des Despotismus. Dargestellt am Beispiel des rheinländischen Württemberg 1806–1813. Göppingen 1975.

Peter J. Burgard

Schlangenbiß und Schrei: Rhetorische Strategie und ästhetisches Programm im *Laokoon*[1]

Lessings Bemühen um die Unterscheidung zwischen Malerei und Poesie konstituiert eine Grundlage für die kritische Analyse des Verhältnisses von Text und Bild, auf die spätere Versuche in den folgenden Jahrhunderten immer wieder zurückgegriffen haben. Selbst in den achtziger Jahren unseres Jahrhunderts halten es zwei der bekanntesten Theoretiker auf diesem Gebiet, W. J. T. Mitchell und N. Bryson, noch für notwendig, ihre Untersuchungen der *Iconology* bzw. der Intertextualität in der Kunst durch ausführliche Besprechungen des *Laokoon* zu fundieren.[2] Die Rezeption von Lessings Text begnügt sich jedoch allzuoft damit, passende Textstellen zu ihren Argumenten herauszugreifen oder Lessings Argument vom Prozeß seines Textes zu abstrahieren und somit auf der Ebene der expliziten Aussage des Textes zu verbleiben. Und obwohl *Laokoon* in den letzten Jahren eine Renaissance erlebt, ist diese Art von Rezeption noch immer die Regel – bei Bryson und, obgleich differenzierter, auch bei Mitchell.[3] Erst in den neuesten Studien werden Lessings textuelle Strategien und deren Wirkung erörtert, so etwa bei Carol Jacobs, die die »critical performance« des *Laokoon* untersucht, oder bei Eva Knodt, die dessen dialogische Struktur artikuliert.[4]

---

[1] Dieser Beitrag ist die deutsche Fassung eines Arguments aus: Idioms of Uncertainty. Goethe and the Essay. University Park 1992. Der Aufsatz erscheint hier mit Genehmigung des Verlags (Penn State University Press).

[2] W. J. T. Mitchell: Space and Time. Lessing's *Laokoon* and the Politics of Genre. In: Iconology. Image, Text, Ideology. Chicago 1986, S. 95–115; Norman Bryson: Intertextuality and Visual Poetics. In: Style 22 (1988) 2, S. 183–193.

[3] Vgl. auch: David E. Wellbery: Lessing's *Laokoon*. Semiotics and Aesthetics in the Age of Reason. Cambridge 1984. Wellberys neuester, in Kürze erscheinender, und äußerst ergiebiger Beitrag zur *Laokoon*-Diskussion (Das Gesetz der Schönheit. Lessings Ästhetik der Repräsentation. In: Christiaan L. Hart Nibbrig (Hg.): Was ist Darstellung? Frankfurt 1922), die seine frühere Arbeit weiterführt und zugleich dekonstruiert, befaßt sich eingehend mit den impliziten Ebenen und intertextuellen Bezügen von Lessings Argument und der darin enthaltenen Theorie der Repräsentation, nicht aber mit den diskursiven Strategien des Textes und deren Wirkung auf diese Theorie.

[4] Carol Jacobs: The Critical Performance of Lessing's *Laokoon*. MLN 102 (1987), S. 483–521; Eva

Liest man Lessings Ausführungen im Zusammenhang seiner rhetorisch-diskursiven Strategie, so gewinnt man Einsicht in das von Lessing selbst proble-
matisierte Argument. Der Widerruf einer systematischen Unterscheidung von
Malerei und Poesie war insofern bereits geplant, als Lessing in den Entwürfen
zur Fortsetzung seines Projekts das »Problem der semiotischen Relation in Malerei und Dichtung« weiterverfolgt und »den exklusiven Anspruch der Malerei
auf ›natürliche Zeichen‹ mit bisher ungeahnter Radikalität in Frage stellt«,
sowie »[...] parallel dazu Fälle aufzuweisen [versucht], in denen sich die
Dichtung tatsächlich natürlicher Zeichen bedient« (Knodt, S. 39–40), d. h. die
Grundlage seiner Unterscheidung implizit als fragwürdig hinstellt. Aber auch
ohne einen Blick in den Nachlaß läßt sich erkennen, wie Lessing im veröffentlichten Text selbst die grundsätzliche Differenzierung von literarischen
Texten und Werken der bildenden Kunst in Frage stellt. Dies geschieht nicht
in dem, *was* er sagt, sondern dadurch, *wie* er es sagt, d. h. in der rhetorischen
Strategie der Untersuchung. Sein Argument verlagert sich damit von der expliziten Aussage in die Rhetorik des Schreibens.[5] Im folgenden werde ich zu
zeigen versuchen, daß Lessing so mit der systematischen Form der Überzeugung spielt, daß die Möglichkeit der Überzeugung im Sinne seines vermeintlichen ästhetischen Programms – d. h. die Möglichkeit der Überzeugung von
einem grundsätzlichen Unterschied zwischen Text und Bild – verlorengeht.

*

Obwohl er den essayistischen Charakter des *Laokoon* anerkennt (S. 109–110),
beschreibt David Wellbery Lessings Argumentation, als ob sie ein systematisches Ganzes darstelle, wenn er von Lessings »systematic consistency« (S. 4)
oder von dem »systematic rigor« (S. 200f.) seiner Schlußfolgerungen schreibt.[6]
Demgegenüber zeigt Jacobs in ihrem bemerkenswerten Aufsatz die Inkohärenz
des Textes auf und verfolgt, sozusagen an seinen Rändern, d. h. an den ersten
und letzten Kapiteln, das Zerbröckeln seiner vermeintlich harmonisch-syste-
matischen Struktur (S. 496). Ich möchte weniger an den Rändern verweilen als

---

Knodt: »Negative Philosophie« und dialogische Kritik. Zur Struktur poetischer Theorie bei
Lessing und Herder. Tübingen 1988.

[5] »Rhetorik« wird hier weniger im traditionellen Sinne (Kommentar, Eloquenz, Überzeugung) als
in dem erweiterten Sinne der textuellen Strukturen und Strategien gebraucht, den sie in der
philosophischen Literaturtheorie der letzten 25 Jahre erworben hat. Siehe z. B. Paul de Man:
Semiology and Rhetoric. In: Allegories of Reading. Figural Language in Rousseau, Nietzsche,
Rilke, and Proust. New Haven 1979, S. 3–19: »Rhetoric radically suspends logic and opens up
vertiginous possibilities of referential aberration« (S. 10); »A rhetorical reading of the passage
reveals that the figural praxis and the metafigural theory do not converge« (S. 15).

[6] Die Seitenangaben beziehen sich auf Wellbery: Lessing's *Laokoon* (Anm. 3).

ins Zentrum von Lessings Argumentation gelangen. Will man jedoch Lessings textuellen Prozeß, sein Spiel mit systematischer Darstellung, verstehen, so muß man zuerst jene frühen und späten Kapitel in Betracht ziehen.

Lessing stellt seine Studie als anti-systematisches Unternehmen vor: Zu Anfang des Textes beschreibt er seine Strategie als eine, die von der systematischen Argumentation abweichen wird. Das Essayistische seiner Studie betonend, nennt er die Kapitel »Aufsätze« und behauptet, sie seien weder im Kontext eines systematischen Bemühens entstanden, noch ließen sie sich zu einem systematischen Ganzen vereinigen:

> Sie sind zufälligerweise entstanden, und mehr nach der Folge meiner Lektüre, als durch die methodische Entwicklung allgemeiner Grundsätze angewachsen. Es sind also mehr unordentliche Collectanea zu einem Buche, als ein Buch. (G 4, S. 11)

Diese Vorstellung einer unordentlichen Sammlung von Gedanken, die sich ohne bestimmtes Ziel von einem Punkt zum anderen bewegt, evoziert die mäandernde, offene Form des Essays. Der essayistische Gestus wird wiederholt, wenn Lessing im ersten Kapitel nach einem Zitat aus Winckelmann kundtut, daß seine Untersuchungen hier anfangen und dem Prozeß der sich entwickelnden Ordnung seiner Ideen folgen werden: »Von hier will ich ausgehen, und meine Gedanken in eben der Ordnung niederschreiben, in welcher sie sich bei mir entwickelt« (G 6, S. 13). Daß Lessing selbst sein Vorhaben als ein der systematischen Methode entgegengesetztes versteht, wird klar bei seiner ersten Bemerkung zur Struktur seines Textes, »an systematischen Büchern haben wir Deutschen überhaupt keinen Mangel« (G 6, S. 11), und bei seiner nur scheinbar bescheidenen Äußerung, daß sein »Raisonnement nicht so bündig als das Baumgartensche« (G 6, S. 11) sei. Er fährt dann fort, uns darauf vorzubereiten, daß seine Sammlung von Aufsätzen/Essays mehrere Überlegungen enthalten wird, die nicht zu seinem Hauptargument beitragen. Lessing macht es uns daher von Anfang an unmöglich, seine Studie als System zu betrachten; unser erster und stärkster Eindruck vom *Laokoon* ist also das Verwerfen der Systematik.

Verdacht gegenüber diesen anti-systematischen Gesten schöpfen wir erst, wenn es offensichtlich wird, daß sie sich in der Vorrede konzentrieren und deshalb möglicherweise kaum mehr als eine Haltung sein dürften, die der Autor einnimmt. Sobald man Entstehung und Struktur des Textes berücksichtigt, wird es klar, daß Lessings wichtigster essayistischer, d. h. anti-systematischer Gestus – seine Betonung des mäandernden Prozesses seines Schreibens – reine Fiktion ist. Lessing verfaßte verschiedene Entwürfe des *Laokoon*, bevor das Buch dann schließlich erschien. Die ersten zwei Entwürfe offenbaren

das Vorhaben, eine im Grunde genommen systematisch-deduktive Untersuchung zu schreiben. Wir müssen daher notwendigerweise seine Behauptung,
das Buch sei nicht aus der »methodischen Entwicklung allgemeiner Grundsätze« entstanden, anzweifeln. Daß weiterhin der Winckelmannsche Rahmen
erst später eingeführt wurde, führt zu dem Schluß, daß Lessing doch nicht
einfach Winckelmann gelesen und sich dann hingesetzt hatte, um seinen
Laokoon zu schreiben. Mit anderen Worten, seine ›Aufsätze‹ sind *nicht* nach der
Folge seiner Lektüre entstanden.

Die Besprechung von Winckelmanns *Geschichte der Kunst des Altertums* in
den späteren Kapiteln sollte jene Behauptung, daß die Gedanken »in eben der
Ordnung« aufgeschrieben würden, wie sich diese Ordnung beim Verfasser
entwickele, bestätigen. Sie enthält statt dessen eine weitere Fiktion, die der
Schlußfolgerung, daß Lessing in der Vorrede eine Fiktion erfunden hat,
Nachdruck verleiht.[7] Am Ende des neunzehnten Kapitels schreibt er, daß er
sich »der Mühe [entlasse], meine zerstreuten Anmerkungen über einen Punkt
zu sammeln, über welchen ich in des Herrn Winckelmanns versprochener
Geschichte der Kunst die völligste Befriedigung zu erhalten hoffen darf« (G 6,
S. 129); das 26. Kapitel beginnt dann mit dem Satz, »Des Herrn Winckelmanns
Geschichte der Kunst des Altertums ist erschienen« (G 6, S. 166). Winckel-
manns *Geschichte*, die 1763 erschien, war Lessing aber schon längst bekannt, als
sein *Laokoon* veröffentlicht wurde. Nachdem er die *Geschichte* als Kontext seiner
Untersuchung eingeführt hat, bespricht Lessing jedoch verschiedene Punkte,
wie z. B. Winckelmanns Gebrauch des Wortes »parenthyrsos«, die weniger mit
diesem neuen Kontext zu tun haben als mit Argumenten in dem früheren Text
*Gedanken über die Nachahmung der griechischen Werke in der Malerei und
Bildhauerkunst*. Das zeigt wieder, daß *Laokoon* nicht nach der Folge von Lessings Lektüren verfaßt wurde.

Daß die vermutlich anti-systematische Strategie, nicht nach einer streng
logischen Methode zu schreiben, sich als Fiktion herausstellt, heißt aber nicht,
daß die Strategie, die ›übrigbleibt‹, eine systematische ist. Die Mühe, die
Lessing sich gab, um diese komplexen Fiktionen zu etablieren, um sie in seinen
Text über viele Kapitel hinweg einzuschreiben, deutet vielmehr das große Maß
an Aufmerksamkeit an, das er strategischen Problemen schenkte. Solche strategische Sorgfalt bewirkt, daß der Leser, gerade dann, wenn er die Fiktion des
Anti-systematischen eingesehen hat, nicht mehr vom Prozeß des Textes absehen, nicht länger ein systematisches Argument als ›Kern‹ des Textes von dessen

---

[7] Vgl. auch die Besprechung dieses Themas bei Jacobs (Anm. 4), S. 486ff.

Form abstrahieren kann. Jene Fiktionen leisten, *als solche*, Widerstand gegen jeden Versuch, den *Laokoon* als systematische Abhandlung zu lesen.

Man könnte jedoch auch die zwei Kompositionsfiktionen auf umgekehrte Weise auffassen und behaupten, daß das Beharren auf einem Schreiben, das der ›natürlichen‹ Ordnung der Gedanken vom Anfang bis zum Ende folgt, das neue Gedanken erst dann einführt, wenn sie im Laufe der Untersuchung möglich sind (wie z. B. die Einführung von Winckelmanns ›neuen‹ Ideen, seiner *Geschichte*, erst im 26. Kapitel ›möglich‹ wird), von einem ursystematischen, archäo-teleologischen Impuls zeugt. Adorno kritisiert in seinem Aufsatz *Der Essay als Form* diesen Impuls, wenn er von dem, dem systematischen Diskurs entgegengesetzten, Essay schreibt:

> Er fängt nicht mit Adam und Eva an sondern mit dem, worüber er reden will; er sagt was ihm daran aufgeht, bricht ab, wo er selber am Ende sich fühlt und nicht dort, wo kein Rest mehr bliebe.[8]

In dem Moment, wo sich die Ankündigung, auf archäo-teleologische Weise zu schreiben, als Fiktion entpuppt, deutet sich Lessings Unterminierung seiner systematischen Strategie an. Unabhängig davon, wie man diese Fiktionen versteht, konstituieren sie eine rhetorische Strategie, die es uns unmöglich macht, den Text als systematische Darstellung einer systematischen Unterscheidung zu betrachten.

Wenn man vom 16. Kapitel absieht. Hier nämlich, im Zentrum seines Textes, stellt Lessing bekanntlich sein Hauptargument zur grundsätzlichen Differenzierung von visueller und textueller Kunst vor. Indem er seinem Text auf so offensichtliche Weise eine zentrierte Struktur und den Anschein von Gleichgewicht verleiht, scheint er wiederum das vermutlich Essayistische seiner Untersuchung Lügen zu strafen. Das Zentrum ist das, was eine systematische Struktur verankert, was das Spiel des Diskurses begrenzt; Zentrum, *arché* und *telos* – nach Derrida Begriffe, die in strukturgleiche Positionen einrücken können – beschreiben Hauptaspekte der systematischen Diskursivität.[9] Es

---

8 Theodor W. Adorno: Noten zur Literatur. Bd. 1. Frankfurt a. M. 1958, S. 11.
9 Jacques Derrida: Die Struktur, das Zeichen und das Spiel im Diskurs der Wissenschaften vom Menschen. In: Die Schrift und die Differenz. Übers. von Rodolphe Gasché. 4. Aufl. Frankfurt a. M. 1989, S. 422–442: »Die Struktur oder vielmehr die Strukturalität der Struktur wurde [...] immer wieder neutralisiert, reduziert: und zwar durch einen Gestus, der der Struktur ein Zentrum geben und sie auf einen Punkt der Präsenz, auf einen festen Ursprung beziehen wollte. Dieses Zentrum hatte nicht nur die Aufgabe, die Struktur zu orientieren, ins Gleichgewicht zu bringen und zu organisieren [...], sondern es sollte vor allem dafür Sorge tragen, daß das Organisationsprinzip der Struktur dasjenige in Grenzen hielt, was wir das Spiel der Struktur nennen können. [...] Das Zentrum einer Struktur [orientiert und organisiert] die Kohärenz des

überrascht also, hier eine Konzentration auf das ›Zentrierende‹ aufzufinden, wo wir doch eben Lessings äußerst spielerische Unterminierung des Archäo-te-leologischen in seinem Diskurs entdeckt haben.

Das 16. Kapitel beginnt mit dem Satz »Doch ich will versuchen, die Sache aus ihren ersten Gründen herzuleiten« (G 6, S. 102). Damit wird der Plan einer systematischen Beweisführung ausgesprochen. Das Wort »herzuleiten« und das in diesem Kapitel oft wiederholte »folglich« führen die Sprache des Systems sowie das systematische Bemühen um Definition und Unterscheidung ein. Zudem ist hier im Zentrum des *Laokoon* der Versuch, die Grenzen der Künste zu artikulieren, indem Lessing verspricht, »die Sache aus ihren ersten Gründen herzuleiten«, als *archäologischer* Prozeß konzipiert. Dieser findet sein (zentrie-rendes) Komplement, wenn Lessing die Dichtung als das Reich der »Hand-lung« beschreibt. Da »Handlung« eine Bewegung zu einem Ende oder Ziel heißt, hat sie als *teleologischer* Begriff zu gelten. Daß Lessing sie auch als solchen verstand, können wir seiner Abhandlung *Von dem Wesen der Fabel* entnehmen, die schon 1759 erschienen war: »Eine *Handlung* nenne ich, *eine Folge von Ver-änderungen, die zusammen Ein Ganzes ausmachen. Diese Einheit des Ganzen* beruhet auf der *Übereinstimmung aller Teile zu einem Endzwecke*« (G 5, S. 367). Das 16. Kapitel führt also nicht nur systematisches Denken in Lessings Text ein, sondern betont diesen neuen Aspekt seines Diskurses noch dadurch, daß es das Funktionieren von Systemen *thematisiert*.

Dieses Thematisieren weckt aber schon einige Zweifel am systematischen Programm des 16. Kapitels, wenigstens insofern, als der Prozeß des Thema-tisierens eine gewisse Divergenz vom Thematisierten impliziert: Um einen Diskurs- und Gedankenprozeß zu thematisieren, besonders wenn er, wie im *Laokoon*, in starkem Kontrast zum übrigen Text steht, muß man mindestens etwas davon distanziert sein. Jene Zweifel nehmen zu, wenn wir Lessings Gebrauch des im textuellen Sinne systematischen Wortes »Handlung« unter-suchen. Lesen wir die früheren Entwürfe des *Laokoon*, so entdecken wir die eigentümliche Geschichte dieses Wortgebrauchs. In einem der frühesten Entwürfe steht:

> Nachahmende Zeichen *auf einander* können auch nur Gegenstände ausdrücken, die auf einander, oder deren Teile auf einander folgen. Solche Gegenstände heißen überhaupt *Handlungen*. Folglich sind Handlungen der eigentliche Gegenstand der *Poesie* (G 6, S. 565).

Systems. [...] Das Zentrum [erhält] [...], sofern es ebensowohl draußen als drinnen sein kann, ohne Unterschied den Namen des Ursprungs oder des Endes, der *arché* oder des *telos*« (S. 422–423).

Nun schickte Lessing bekanntlich seinen Text mit der Bitte um Kommentar an Moses Mendelssohn. Mendelssohn protestierte heftig gegen den Gebrauch des Wortes »Handlung«, und zwar mit dem Argument, daß Lessing »eigentlich« »Bewegung« hatte schreiben wollen (G 6, S. 565). Scheinbar wollte Lessing tatsächlich »Bewegung« schreiben, denn er sah seinen Fehler ein, und in seiner Antwort auf Mendelssohns Kritik lesen wir: »Die Poesie schildert Bewegungen, und andeutungs Weise durch Bewegungen, Körper« (G 6, S. 594). Daß Lessing den Grund für Mendelssohns Einwand verstand, wird deutlich, wo er den grundsätzlichen Unterschied zwischen den beiden Worten durch Rekurs auf den teleologischen Aspekt des Begriffs »Handlung« erklärt. Mendelssohn hatte diese Erklärung nicht gegeben, Lessing aber brauchte sich nur an seine Abhandlung zum *Wesen der Fabel* von 1759 zu erinnern. In Anlehnung an die frühere Definition schreibt er: »Eine Reihe von Bewegungen, die auf einen Endzweck abzielen, heißet eine *Handlung*« (G 6, S. 594). Diese Korrektur schadete seinem Argument nicht, denn er konnte sie dadurch ohne Schwierigkeiten einbauen, daß er jetzt zwischen »einfachen Handlungen«, deren sich die Poesie bedient, und den »kollektiven Handlungen« der Malerei unterschied (G 6, S. 594). Ein Blick auf die Endfassung des *Laokoon* läßt uns jedoch nicht wenig erstaunen, wenn wir plötzlich lesen: »Gegenstände, die auf einander, oder deren Teile auf einander folgen, heißen überhaupt Handlungen. Folglich sind Handlungen der eigentliche Gegenstand der Poesie« (G 6, S. 103). Das heißt, in das Zentrum seines Arguments stellt Lessing bewußt einen Begriff – überdies einen Begriff, der durch seine teleologischen Implikationen die Idee des Zentrums evoziert – den er selbst, wie wir eben gesehen haben, in diesem Zusammenhang für fragwürdig hält. Das Zentrum verschwindet, da es wegen dieser Instabilität nicht mehr als zentraler Bestandteil das System verankern kann, wird abwesend, sofern es nicht länger die Kohärenz und Stabilität der systematischen Struktur aufrechterhalten kann. Indem er auf diese Weise eine scheinbar zentrierte Struktur de-zentriert, unterminiert Lessing den systematischen Charakter seiner Untersuchung. Das, was vorgeblich die Kohärenz des Systems schafft, ironisiert gleichzeitig das System.

Man könnte Lessings rhetorische Strategie als einen verdoppelten Prozeß des Aufhebens beschreiben. Erst gibt er vor, nach der noch nicht bestimmten Folge seiner Gedanken und Lektüren schreiben zu wollen; dieser Gestus wird außer Kraft gesetzt durch die Entdeckung, daß sie eine Fiktion ist, und durch die systematische Symmetrie und Geschlossenheit, die sich im 16. Kapitel bemerkbar macht. Wir entdecken dann wiederum, daß systematische Kohärenz nicht zustande kommt, daß der Text nicht zu einem Schluß kommt (auch weil der geplante zweite Teil fehlt), und daß jene Fiktionalität insofern annulliert wird, als der Text die logische Linearität einer Bewegung von der *arché* zum *telos* nicht aufweist.

Die Frage, wie sich diese Strategie zum ästhetischen Programm der Schrift verhält, läßt sich nun relativ leicht beantworten. Da »Handlung«, nunmehr als fragwürdiger Begriff erkannt, eben an die Stelle des von Lessing als solches dargestellten Zentrums seiner Unterscheidung zwischen Malerei und Poesie tritt, wird dieses Zentrum, d. h. die Unterscheidung selbst, fragwürdig. Oder anders ausgedrückt: Lessings Spiel mit systematischen Strukturen ist gleichzeitig ein Spiel mit der letztlich doch systematischen Qualität einer strengen Unterscheidung, die sich sein Text explizit zum Ziel setzt. Auf dem Wege einer Untersuchung der rhetorisch-diskursiven Strategie des *Laokoon* sind wir also zur Einsicht in die implizite Aussage des Textes gelangt, der sich sodann als ein Versuch offenbart, den Leser von der *Problematik*, wo nicht Unmöglichkeit, einer absoluten Differenzierung von Text und Bild zu überzeugen.

Jene Problematik kommt überdies nicht nur in der Strategie von Lessings Argument zum Vorschein; sie ist von Anfang an in das Argument selbst ›eingeschrieben‹. Der ›prägnante‹ Augenblick, dessen Wahl die Laokoon-Statue zu einem exemplarischen Werk der bildenden Künste mache und sie von literarischer Kunst unterscheide, setzt schon *an sich* eine Handlung voraus, die irgendwie aus der Statue herauszu*lesen* sein muß. Um den Augenblick als ›prägnant‹ erkennen zu können, müssen Lessing und wir schon das Vorhergehende sowie das Nachfolgende suppliert haben. Indem Lessing die Geschichte erzählt, die die Statue durch ihre Darstellung vergegenwärtigt, verwandelt er sie in eine Erzählung – eine Erzählung, die sich zumindest über den Zeitraum von Schlangenbiß bis Schrei erstreckt. Er macht die Laokoon-Gruppe zu einem literarischen Text, d. h. zu dem, wovon er sie vorgeblich unterscheiden will, und problematisiert damit die Frage der Unterscheidung überhaupt.[10]

Zu sagen, daß Lessing uns von der Problematik seines Arguments überzeugen will, ist vielleicht etwas irreleitend, da seine Strategie eben keine Strategie des Überzeugens im traditionellen Sinne konstituiert. Genauer wäre es,

---

[10] In seinem Aufsatz zum *Gesetz der Schönheit* (Anm. 3) bespricht Wellbery dieses Überschreiten der Grenze zwischen Bild und Text, sieht es aber im Kontext seiner Interpretation von Lessings Theorie der Repräsentation sozusagen als ›die Ausnahme, die die Regel bestätigt‹ – d. h. die Regel von der grundsätzlichen Unterscheidung der Künste. (Der prägnante Augenblick wäre demnach der einzige, in dem die Malerei ihre Schranken überwindet und in den privilegierten, weil in der Einbildungskraft freien Bereich der Poesie übergeht.) Die Implikationen dieses Grenzüberschreitens sind jedoch weitreichender, betrachtet man sie im Kontext einer textuellen Strategie, die überhaupt die Möglichkeit einer solchen Unterscheidung in Frage stellt.

Lessings rhetorische Strategie als eine, am überlieferten Sinne des Wortes »Rhetorik« gemessene, *Anti-Rhetorik* aufzufassen. Lessings Strategie ist die der Kritik, des In-Frage-Stellens dessen, wovon er vorgeblich überzeugen will. Diese Strategie bewirkt die Subversion des vermutlichen ästhetischen Programms seiner Schrift.

Brian Coghlan

»In der Art, wie er Achtung zuerkannte (und wie er sie verweigerte), liegt das ganze Pathos des Menschen.«[*]

Von Lessings Art und Kunst des Disputierens

Die sinnvollsten Antithesen werden mitunter auf augenfälligste Art und Weise veranschaulicht. Man schrieb 1929, Neujahr bzw. Mai. Man vergegenwärtige sich den Augenblick: Wall Street, die Weimarer Republik kracht an allen Enden, diejenige hektische Röte auf den Wangen, von der bei Thomas Mann im *Faustus*-Roman die Rede ist.[1]

Soviel zur vertrauten Zeitkulisse. Und nun zur besagten Antithese. Zum 200. Geburtstag Lessings veröffentlichte eben derselbe Thomas Mann, im *Berliner Tageblatt*, einen Aufsatz zu seinem – Lessings – Gedächtnis. Am 16. Mai, und zwar auf Einladung des ›Klubs demokratischer Studenten‹ der Universität München, hielt er eine Rede über die Stellung Sigmund Freuds in der modernen Geistesgeschichte. In der mir vorliegenden Stockholmer Ausgabe stehen Schlußwort des einen – über Lessing – und Eingang des anderen – über Freud – auf einer und derselben Seite. Da liest man also, zuerst über Lessing:

> Es ist schön von den Kränzen zu lesen, die das Deutschland vom Anfang des 19. Jahrhunderts auf seinen Sarg häufte, den Sarg eines Mannes, der nichts gewesen war als ein freier Schriftsteller; von den öffentlichen Versammlungen, die sich damals feierlich auf sein Vermächtnis verpflichteten. Eine solche Versammlung bildet heute das höhere, das geistig gutwillige Deutschland. Zu ihm gehört, wer wünscht, es möge ihm einst ins Grab gesprochen werden, was Herder dem früh Verewigten nachrief: er habe immer, und selbst im Irrtum, gestrebt, ein ganzer Mensch, ein fortgehender, zunehmender Geist zu werden.

---

[*] Hofmannsthal: *Gotthold Ephraim Lessing*, 1929
[1] Vgl. Thomas Mann: Werke (Stockholmer Gesamtausgabe). Bd. 6. Oldenburg 1960, S. 676.

Daran anschließend und dunkel genug, dessen Widerspruch: als Auftakt zu Thomas Manns Überlegungen zum Thema Sigmund Freud – folgendes:

> In einem entscheidenden Aphorismus, den er ›Die Feindschaft der Deutschen gegen die Aufklärung‹ überschreibt, erörtert Nietzsche den Beitrag, den die Deutschen, ihre Philosophen, Historiker und Naturforscher in der ersten Hälfte des 19. Jahrhunderts mit ihrer geistigen Arbeit der allgemeinen Kultur gebracht haben, und weist darauf hin, daß der ganze große Hang dieser Forscher gegen die Aufklärung und gegen die Revolution der Gesellschaft gerichtet war, welche mit grobem Mißverständnis als deren Folge galt.[2]

Die Abkehr von Lessing, von der Aufklärung schlechthin, wurde somit –1929 – zur Weissagung. Und im selben historischen Augenblick: Hofmannsthal. Hofmannsthal zielte direkt auf Lessing als verlorengegangenen Retter, als verschüttetes Vorbild, als »Möglichkeit deutschen Wesens, die ohne Nachfolge blieb«:

> Neben ihm, nach ihm, bricht der Schwall durch: der Überschwang des *Werther* (den er geringschätzte), der Überschwang der Stürmer und Dränger (die er mißachtete), Jean Paul, die Romantik, Hegel, Fichte, Schelling: das Ausschweifende des Geistes, mit dem diese ›gedankenvolle, aber tatenarme‹ Nation auf die französische Ausschweifung des Handelns antwortete.[3]

Somit umreißt man vorläufig die Zeitepochen überdauernde Sachlage, was Lessings nachhaltigen Ruf und seine stark unterschiedliche Wirkung anbetrifft, wobei – sinnbildlich genug für Lessing – *Sach*lage, *sach*lich hervorgehoben werden sollte, beherrschte er doch den jeweiligen Stoff, die Sache an sich, statt – um wieder mit Hofmannsthal zu reden – sich von ihr beherrschen zu lassen.[4]

Lessing also: stets zwischen den Fronten, gleich kampflustig, ob es nun galt, dem Amtsdünkel der ewig Gestrigen den Kampf anzusagen oder aber sich über die gar zu trockenen, zweckgebundenen Denkspieler des vermeintlichen ›aufklärerischen Zeitalters‹ herzumachen. Er scheute sich nicht, zum Beispiel, sich mit dem sonst befreundeten Nicolai anzulegen, wo es um – sozusagen – die vier letzten Dinge bzw. die eigenen Wesensgrundlagen ging:

> Sagen Sie mir von Ihrer Berlinischen Freiheit zu denken und zu schreiben ja nichts. Sie reduciert einzig und allein auf die Freiheit, gegen die Religion so viel Sottisen zu Markte zu bringen, als man will [...]. Lassen Sie einen in Berlin auftreten, der für die

---

[2] Mann (Anm. 1), Bd. 10, S. 255–256.
[3] Hugo von Hofmannsthal: Gesammelte Werke. Reden und Aufsätze III. Frankfurt a. M. 1980, S. 142.
[4] Ebd.

Rechte des Untertanen, der gegen Aussaugung und Despotismus seine Stimme erheben wollte [...] und Sie werden bald die Erfahrung haben, welches Land bis auf den heutigen Tag das sklavischste Land von Europa ist. (B 11/1, S. 22–23).

Pauschal darf wohl gesagt werden: Lessing hielt sich jederzeit zum Waffenhieb und -gang bereit, gleich ob es auf der einen Flanke lediglich um die Möchtegernvernünftler ging, oder aber, auf der anderen, um finstere Dogmatiker Goezescher Provenienz, mit ihren »flammenden Schwertern an der Pforte unserer heiligen Religion«. Bei Lessing ist in der Tat nichts Berechenbares bzw. Absehbares: außer der permanenten und doch nicht immer gleichbleibenden Unberechenbarkeit. – Wobei ihm, und zwar hundertfünfzig Jahre im voraus, das Horváthsche Wort möge vorgeschwebt haben: Nichts verschaffe einem so sehr das Gefühl der Unendlichkeit wie die Dummheit. Nun: Dummheit gab es nicht nur bei den – das Wort entnehme ich Jean Améry – »barock-groben Kirchenmännern« Goezescher Provenienz.[5] Lessing hatte jedenfalls keine ›Furcht vor der Freiheit‹, nichts von jener Furcht nämlich, die es immer, brutal und gleichzeitig feig, besser weiß und immer mit realpolitischen, selbstabdeckenden Vorwänden und Ausreden, unter der Maske von weltmännischer Weitsichtigkeit, aufzuwarten vermag. Lessing hat die Freiheit, in welcher Form auch immer sie ihm entgegenkam bzw. vorschwebte, nie gefürchtet. Bei ihm ging es bekanntlich ums Ganze. Dabei ist aber von Selbstsicherheit, Selbstgefälligkeit bzw. Rechthaberei – jener ›folie des grands simplificateurs‹ – nicht die geringste Spur. Dieter Borchmeyer bemerkte, wie sehr Lessings Theologie der »Prozeß eines unausgesetzten Suchens und Forschens, einer permanenten kritischen Überprüfung alles vom Glauben und Denken als sicher und endgültig Hingestellten«[6] sei. Lessing dachte nie daran, im selben Fluß zweimal zu schwimmen. Jede These, jedesmal Ertrag eines rigorosen Denkprozesses bzw. einer Auseinandersetzung mit sich selbst, trug schon in sich selber deren Antithese oder mindestens den Keim einer eventuellen Widerlegung. Ich vermute, daß das merkwürdig aufheiternde Element bei Lessings Art zu disputieren darauf zurückzuführen ist, daß er nichts endgültig Erreichtes darbietet. Es ist bei ihm *nie* erreicht! Darin, hat man öfters gemeint, weiche er von den meisten seiner Weggenossen in der Aufklärungszeit ab. Er ist in manchem das ›Weltkind der Mitte‹:

Je bündiger mir der eine das Christentum erweisen wollte, desto zweifelhafter ward ich. Je mutwilliger und triumphierender mir es der andere ganz zu Boden treten

---

[5] Jean Améry: Lessingscher Geist und die Welt von heute. Wolfenbüttel 1987, S. 8.
[6] Dieter Borchmeyer: Die Weimarer Klassik. 2 Bde. Königstein/TS 1980. (Athenäum-Tb; 2166: Literaturwiss.).

wollte, desto geneigter fühlte ich mich, es wenigstens in meinem Herzen aufrechtzuerhalten.[7]

Dazu tritt eine ganz ungewöhnliche Harmonie in der Beschaffenheit des persönlichen Charakters. So wie es bei ihm im Kampfe immer ums Ganze geht,
so ist es bei ihm selber. In allem, was er tut, ist er ganz dabei. Ich denke hier
an das bekannte Wort, es stammt von Paul Requadt, – »die theresianische
Einheit von Herz und Hirn«, worauf noch zurückzukommen ist. Auffallend bei
Lessing, erst recht auffallend gegenüber anderen großen Waffenherren der
Literaturgeschichte, ist jene in sich ruhende Einheit des Menschen, der ganzen
persona, – des Freundes Lessing, des Kontrahenten Lessing, des Sohnes, Lieb-
habers, Rhetors, Generalsekretärs Lessing, des liebenden, trauernden Vaters
und Ehegatten und Witwers Lessing. Betrachtet man aber die großen Satiriker
und Streiter der Vergangenheit – Luther, Murner, Fischart, Nietzsche, Harden,
Tucholsky, Karl Kraus, Heinrich Mann, Carl Sternheim, – ja auch Dean Swift
oder John Wilkes (eine wohl ›mothley crew‹ allesamt!) – so ist allen eine gewisse
kalte Härte nicht abzusprechen, eine oft ätzende Bitterkeit, ein Hang zur
Nörgelei, Besserwisserei, zum Grotesk-Fratzenhaften, zum Verletzenden. Auch
wenn selbstverständlich ein derartig grob pauschalierendes Urteil etwas nu-
anciert werden müßte, so fällt doch, dem nicht deutschen Außenstehenden auf
jeden Fall, eine gewisse dunkle Liebe zum Negativen, ein tief pessimistischer
Grundzug auf.

In dieser Gesellschaft der großen »frowners und straiteners« – ich bemächti-
ge mich hier des großartigen Wortes des australischen Historikers Manning
Clark – in dieser Satiriker-Gesellschaft der Stirnrunzler, der ›Beenger und Be-
schränker‹ also – glänzt Lessing durch Abwesenheit. Bei ihm sticht die Normalität, stechen Gleichgewicht, Ausgeglichenheit, Liebe *zum* – nicht nur Erziehung *des* Menschengeschlecht(s) hervor. Bei Lessings Arbeiten, meinte
Hofmannsthal, gebe es »keine Kluft zwischen der Intention und der Materie.
Der ganze Mensch in allem.« Und Hofmannsthal fügte nachdenklich hinzu:
»[...] weniger gewollte Haltung als Goethe«.[8] In Hofmannsthals Aufsatz über
›die große Kaiserin‹ Maria Theresia – auch sie und nicht lediglich Friedrich der
Große Zeitgenössin Lessings – heißt es:

> Die Briefe der Regentin und der Mutter sind dem Ton nach kaum auseinanderzu-
> halten: es ist dasselbe Mass von unermüdlicher Sorge darin, dieselbe ihr ganz eigen-

---

[7] Lessings *Biblioatrie*: Aus dem Nachlass (1779).
[8] Hofmannsthal (Anm. 3), S. 552.

tümliche Mischung von Autorität und Zartgefühl. [...] sie kann nicht nach Willkür
Gemüt oder Gewissen draussen lassen. In allem, wo sie handelt, ist sie ganz drin.⁹

Im *Turm* heißt es übrigens an entscheidender Stelle weiter:

> Herz und Hirn müßten eins sein. Ihr aber habt in die satanische Trennung gewilligt
> [...].¹⁰

– Ein in der Tat Lessingscher Gedanke. Von ähnlich ausgeglichener, organischer
Einheit waren auch Lessings Anschauungsweisen, wobei einem das stets Werdende, sich immer Weiterentwickelnde auffällt.

> Nicht die Wahrheit, in deren Besitz irgend ein Mensch ist oder zu sein vermeinet,
> sondern die aufrichtige Mühe, die er aufgewandt hat, hinter die Wahrheit zu
> kommen, macht den Wert des Menschen [...]. Der Besitz macht ruhig, träge, stolz.
> (B 8, S. 510)

Nun: wer immer strebend sich bemüht. – Heinrich Heine hielt es übrigens für
gleichzeitig merkwürdig und beeindruckend, daß jener »witzigste Mensch in
Deutschland auch zugleich der ehrlichste war.« Nichts, meinte Heine, gleiche
Lessings Wahrheitsliebe, er mache ihr nicht die mindeste Konzession, selbst
wenn er dadurch, in der gewöhnlichen Weise der Weltklugen (redete Heine
hier, nüchtern-reumütig und brustklopfend, auch etwa von sich selbst?) den
Sieg der Wahrheit befördern könnte. Er konnte, stellte Heine nachdenklich-
antithetisch fest, »alles für die Wahrheit tun, nur nicht lügen«.¹¹ Man erinnert
sich, wie etwa Franz Mehring Lessings unermüdliche Dialektik kennzeichnete:

> [...] eine unersättliche Begierde des Wissens, die Lust mehr noch am Trachten nach
> Wahrheit als an der Wahrheit selbst, die unermüdliche Dialektik, die jede Frage
> kehrte und wandte, bis ihre geheimsten Falten offenlagen, die Gleichgültigkeit gegen
> die eigene Leistung, sobald sie einmal vollbracht war [...].¹²

Hannah Arendt ging so weit zu behaupten, Lessing habe sich direkt und
diebisch darüber gefreut, daß es keine endgültige, unwiderlegbare Wahrheit
gebe. Sie nimmt bei seiner Kunst des Argumentierens die Eigenschaft eines
»unendlichen Gesprächs« wahr. Wobei aber: »[...] hätte sich für ihn die eine
Wahrheit, wenn sie es überhaupt geben sollte, nicht anders als eine Katastrophe
auswirken können.«¹³ Man entsinnt sich des bekannten Worts von Lessing
selber:

---

⁹ Hofmannsthal (Anm. 3), Reden und Aufsätze II, S. 444f.
¹⁰ Hofmannsthal (Anm. 3), Dramen III, S. 277 bzw. (2. Fassung) S. 398f.
¹¹ Heinrich Heine: Zur Geschichte der Religion und Philosophie in Deutschland (1834).
¹² Franz Mehring: Die Lessing-Legende (1893). 8., unveränd. Aufl. Stuttgart 1922, S. 5.
¹³ Hannah Arendt: Von der Menschlichkeit in finsterer Zeit (Rede über Lessing, 1960). In: Volker

> Wenn Gott in seiner Rechten alle Wahrheit und in seiner Linken den einzigen immer
> regen Trieb nach Wahrheit, obschon mit dem Zusatze, mich immer und ewig zu
> irren, verschlossen hielte, und spräche zu mir: wähle! – Ich fiele ihm mit Demut in
> seine Linke, und spräche: Vater, gib! die reine Wahrheit ist ja doch nur für dich allein!
> (B 8, S. 510)

Lessings Theorie, bemerkte Borchmeyer, ist eine solche der Fragen, nicht der
Antworten.[14] Lessing also als Denkspieler? Sicher scheint es, daß Lessing ein tief
ein- und ausgeprägter Hang zum Analytischen, allein um des Analysierens
willen, offenbar angeboren war. Und er hatte seine reine Freude daran, die
merkwürdigerweise an den fast sinnlichen Denkgenuß des Galilei bei Bertolt
Brecht erinnert. Man denke in diesem Rahmen lediglich an Lessings Freundschaft, um die Mitte der 50er Jahre, mit Friedrich Nicolai und Moses Mendelssohn. Mendelssohns Interesse galt bekanntlich und vornehmlich der Ästhetik und der Philosophie. Nicolai lag eher die Literatur und die Geschichte.
Lessing, wie das ja immer seine Art war, lavierte zwischen beiden. Es war eine
ungleich-gleiche Dreieinigkeit:

> Die innigste Freundschaft verband mich bald mit beyden, – (so Nicolai) – Wir waren
> damals alle drey in der Blüte unsrer Jahre, alle drey voll Wahrheitsliebe und Eifer, alle
> drey von unbefangenem Geiste, und hatten keine andre Absicht, als wissenschaftliche
> Ideen aller Art in uns zu entwickeln.[15]

Die drei Freunde verabredeten sich mindestens zwei-/dreimal in der Woche. Es
galt ausschließlich der Diskussion, wobei Sinn und Zweck des ganzen geistigen
Unternehmens darin bestand, ihr gegenseitiges Wissen zu vertiefen und dabei
ihr kritisches Vermögen und ihre dialektische Kampfbereitschaft auf Hochglanz
zu bringen. »Lessing«, schreibt Nicolai:

> [...] war sehr oft der Dritte in unsern philosophischen Unterhaltungen, und sie
> wurden immer noch lebhafter durch ihn, weil er im Disputieren die Art hatte, ent-
> weder die schwächste Partie zu nehmen, oder wenn jemand das *Dafür* vortrug, so
> gleich mit seinem Scharfsinn das *Dawider* aufzusuchen – Diese Manier Lessings
> entstand nicht aus Liebe zum Widersprechen, sondern um Begriffe dadurch noch
> heller und bestimmter zu entwickeln, so dass man sie von mehreren Seiten betrach-
> tete; denn er war so wie wir alle überzeugt, dass in spekulativen Dingen sehr oft die

---

F. W. Hasenclever (Hg.): Denken als Widerspruch: Plädoyer gegen die Irrationalität oder ist
Vernunft nicht mehr gefragt? Frankfurt a. M. 1982, S. 39–66.

[14] Borchmeyer (Anm. 6).

[15] Vgl. z. B. Eva Engel: Vivida vis animi: Der Nicolai der frühen Jahre (1753–1759). In: Bernhard
Fabian (Hg.): Friedrich Nicolai: 1733–1911. Essays zum 250. Geburtstag. Berlin 1983, S. 12.

die gefundene Wahrheit nicht so viel wert ist, als die Übung des Geistes, wodurch man sie zu finden sucht. Daher summierten wir, wenn unsere Unterredungen eine Zeitlang gedauert hatten, nicht die Summe der gefundenen Wahrheit sondern die Summe der Entwicklung unserer Geisteskräfte.[16]

Viele Jahre nach dieser frühen Begegnung nahm es sich Herder vor, Lessings Gesamtleistung zusammenzufassen. Anhand von Winckelmann als Antithese und im schroffen Gegensatz zu Lessing, stellt Herder einen Vergleich an und zwar zwischen Lessings Verfahrensart als der eines Poeten, und der von Winckelmann als der eines bildenden Künstlers:

> Lessings Schreibart ist der Styl eines Poeten, d. i. eines Schriftstellers, nicht der ge-macht hat, sondern da machet, nicht der gedacht haben will, sondern uns vordenkt, wir sehen sein Werk werdend, wie das Schild des Achilles bei Homer [...] sein Buch ein fortlaufendes Poem mit Einsprüngen und Episoden, aber immer unstät, immer in Arbeit, im Fortschritt, im Werden. Sogar bis auf einzelne Bilder erstreckt sich dieser Unterschied zwischen beiden, Winckelmann der Künstler, der gebildet hat, Lessing der schaffende Poet.[17]

Ein Musterbeispiel dafür ist der bekannte Fund in der Wolfenbüttler Biblio-thek, bald nach Lessings dortigem Amtsantritt im April 1770. Darüber wird in seinem letzten Brief an den Vater berichtet:

> [...] eine Entdeckung gemacht, welche sehr wichtig ist, und in die Theologische Gelehrsamkeit einschlägt. Sie kennen den Berengarius, welcher sich in dem XIten Jahrhunderte der Lehre der Transsubstantiation widersetzte. Von diesem habe ich nun ein Werk aufgefunden, von dem ich sagen darf, daß noch kein Mensch etwas weiß: ja dessen Existenz die Katholiken schlechterdings geleugnet haben. (B 11/2, S. 32)

Lessings *Rettung* des Abtes Berengarius kennt man zu Genüge. Auffallend dabei ist die für Lessings Verfahrensart typische Verdichtung einer beim ersten Blick harmlosen, eher antiquarischen Angelegenheit. Zum ersten versucht er nun ganz gezielt, einen Brand anzustiften, – unter den Theologen, unter Ge-lehrten sämtlicher Schattierungen. Er bemerkt gleich: »Ich sehe voraus, wie unendlich verschieden die Urteile [...] ausfallen müssen.« (G 7, S. 70)

Dabei blickt er gleichzeitig hinüber Richtung Hof und Herrscher, weiß er doch aus langjähriger, etwas zerschundener und zerbeulter Erfahrung, wie empfindlich die vermeintlich Großen dieser Erde und erst recht diejenigen

---

[16] Ein guter, knappgehaltener Bericht ist: Dorothy Reich: Introduction zu *Laokoon*. Oxford 1965, S. 20f.
[17] Johann Gottfried Herder: Kritische Wälder.

seines partikularistischen kleinen Erdenkreises auf jede Kontroverse, jede Zu-
rechtrückung der Geschichte bzw. der gegenwärtigen gesellschaftlichen Perspektive reagieren. Dementsprechend schreibt er vorsichtig:

> Ein so guter und weiser Fürst ist zu sehr überzeugt, daß auch solche Schätze keine
> Schätze sind, wenn sie nicht jeder nutzen kann, der ihrer bedarf. (G 7, S. 70)

Die Rückendeckung also …, aber der milde Ton täuscht. Was Lessing nun mit
dem verstaubten, vermeintlich verschollenen Berengarius vorhat, ist keineswegs lediglich eine gelehrte Ausgabe, keine ›Denkmäle des Europäischen
Mittelalters‹, nicht nur ein Theologenstreit. Im Gegenteil: es wird alles verle-
bendigt; er geht nun daran, den toten Staub, die schattenhaft Verblichenen
versunkener Jahrhunderte, wiederaufstehen zu lassen, fast so frisch und blut-
durchtränkt wie am ersten Tag. Dieter Hildebrandt findet das treffende Wort:

> Er findet eine alte Schrift, und er entdeckt einen Menschen. Er gerät an ein theo-
> logisches Problem des Mittelalters (das auch für seine Gegenwart, ja bis in unsere
> Zeit, akut ist), aber was ihn vor allem interessiert, ist der Charakter des Mannes, der
> darin, bis zur Gefährdung der leiblichen Existenz, verstrickt ist. Lessing fragt: Wie
> verhält sich einer, dessen Leben aus Streit besteht, aus Aufsässigkeit, aus Kritiklust.[18]

Hildebrandt weist nun auf die Art und Weise, wie Lessing in seinen polemischen Auseinandersetzungen eine gewisse ›Ich-Dramatisierung‹, eine Art
Selbst-Inszenierung betreibt. Er sucht sich ›verwandte Naturen, ähnliche kri-
tisch-strittige Naturen‹, und malt sie nun voll-dimensional in aller frischer
Lebendigkeit aus.

Der Fall Berengarius erinnert übrigens in manchem an Galileis Zusam-
menprall mit Rom, nur daß Berengarius ein offensichtlich rüstiger, auch
schlauer Kämpfer war, der von seinem Kloster in Tours aus (und die Entfernung ist auch ›was wert‹!) zwei Päpste und zum Schluß auch die ganze katholische Orthodoxie auf den Plan rief. Dazu bemerkte Lessing nachdenklich – die geballte Ausdrucksstärke wirkt genauso packend und erbaulich auf-
munternd wie vor zwei Jahrhunderten:

> Ich weiß nicht, ob es Pflicht ist, Glück und Leben der Wahrheit aufzuopfern; we-
> nigstens sind Mut und Entschlossenheit, welche dazu gehören, keine Gaben, die wir
> uns selbst geben können. Aber das, weiß ich, ist Pflicht, wenn man Wahrheit lehren
> will, sie ganz, oder gar nicht, zu lehren; sie klar und rund, ohne Rätsel, ohne Zu-
> rückhaltung, ohne Mißtrauen in ihre Kraft und Nützlichkeit zu lehren: und die

---

[18] Dieter Hildebrandt: Lessing. Biographie einer Emanzipation. München 1979, S. 336.

Gaben, welche dazu erfordert werden, stehen in unserer Gewalt. Wer die nicht erwerben, oder, wenn er sie erworben, nicht brauchen will, der macht sich um den menschlichen Verstand nur schlecht verdient, wenn er grobe Irrtümer uns benimmt, die volle Wahrheit aber vorenthält, und mit einem Mitteldinge von Wahrheit und Lüge uns befriedigen will. Denn je gröber der Irrtum, desto kürzer und gerader der Weg zur Wahrheit: dahingegen der verfeinerte Irrtum uns auf ewig von der Wahrheit entfernt halten kann, je schwerer uns einleuchtet, daß er Irrtum sei. (G 8, S. 79–80)

Nun, und da sticht der Vergleich mit Galilei doch umso schmerzvoller hervor, wurde Berengarius vorgeladen. Er machte sich bekanntlich auf nach Rom, zweimal sogar, wo er unter Druck gesetzt wurde: er müsse seine Ketzerei widerrufen und ein entsprechendes Gelübde unterzeichnen. Galilei begnügte sich bekanntlich (bzw. apokryphisch) mit dem hingemurmelten »E poi muove […]«. Der nach außen hin versöhnlich tuende, reumütige Abt Berengarius hatte es etwas leichter. Er durfte in Frieden wieder nach Frankreich zurück. Aber, wie Lessing erzählt:

> […] kaum war er aus den Händen seiner Feinde, als er alles wieder zurücknahm, was er, aus Furcht vor dem Tode gegen die Wahrheit geredet und geschrieben hatte. (G 7, S. 81)

»Ein schöner Fall, ganz sonnenklar, / Und in der Suppe doch ein Haar!«[19] – Lessing setzt sich mit diesem offensichtlich moralischen Widerspruch eingehend auseinander: einerseits die Selbstdemütigung – in Rom leugnet der Verzagte sein besseres Ich ab. Andererseits, einmal in Sicherheit, wieder in seinem Kloster in Tours, sitzt er wieder hoch zu Roß und zieht gen die Großen hin zu Felde und fällt sie allesamt und fällt sie balde. Meint er jedenfalls. Mit gerade dieser Fragwürdigkeit beschäftigt sich Lessing nun, und übernimmt die Verteidigung und Rechtfertigung:

> Weil Berengarius schwach war, muß er darum mit Vorsatz auch falsch gewesen sein? Weil ich ihn beklagen muß, soll ich ihn auch verachten müssen? Der Mann, der, bei drohenden Gefahren, der Wahrheit untreu wird, kann die Wahrheit doch sehr lieben, und die Wahrheit vergibt ihm seine Untreue, um seiner Liebe willen. (G 7, S. 80)

Das ist klassischer Lessing: jene Mischung aus Einsicht, verquickender, lebendiger Phantasie, verstehender, einsichtsvoller Liebe und herbem Wirklichkeitssinn. Etwas mehr als ›tout savoir, c'est tout comprendre‹.

Rom aber ließ den Aufsässigen – Berengarius – nicht los. Der weit und breit geachtete Lanfrancus – später kam er als Erzbischof nach Canterbury – wurde

---

[19] Hofmannsthal: Jedermann (Teufel).

aufgefordert, diesen »turbulent priest«[20] zu bändigen. Was er dann tat: Berengarius, so hatte die Überlieferung bisher gemeint, wurde nun von Lanfrancus niedergemacht. Vor der mächtigen Feder seines virtuosen Vorgesetzten gab Berengarius wieder nach. Schluß, so wollte die Tradition es haben, Niederlage des Aufsässigen, fast wie wenn, ein halbes Jahrtausend später, Eck und Kajetan doch gesiegt hätten.

Gerade das aber, meinte Lessing, jene vermeintliche Niederlage des Berengarius, sei schier unmöglich. Nun, könnte man behaupten, Lessing gesellte sich sowieso zu Berengarius, weil er dort einen brüderlichen Geist erahnte, weil er eine ganz entschiedene Wahlverwandtschaft spürte. Derartiges ist natürlich nicht von der Hand zu weisen. Gleich aber vermochte er – Lessing – dieses, sein instinktives Reagieren, faktisch, geistig und vernunftmäßig zu untermauern. Was er nämlich in seiner Bibliothek gefunden hat, behauptet er, ist gerade der Beweis, daß Berengarius nicht nachgab, gar nicht schwieg. Im Gegenteil: Er wehrte sich tapfer und konsequent gegen Lanfrancus, was Lessing natürlich ganz besonders freut, und zwar nicht so sehr wegen der theologischen Berichtigung, sondern eher weil da bei Berengarius der unversiegbare Wahrheitsdrang abermals bestätigt wird, und zwar dialektisch einwandfrei:

> Kurz, ich fand, was ich gesagt habe: ein Werk, worin Berengarius dem Lanfrancus Schritt vor Schritt folgt, und auf jedes seiner Argumente und Einwendungen nach der nämlichen Methode antwortet, welche sein Gegner wider ihn gebraucht hatte [...].(G 7, S. 85)

Lessing wendet alle ihm zur Verfügung stehenden Mittel der psychologischen Einsicht an und legt die Unmöglichkeit jedweder Abtrünnigkeit dar: sein ganzes Leben lang hätte Berengarius versucht, die Wahrheit aufzufangen; er hätte sie jederzeit unverzagt und furchtlos kundgemacht. Nun, fährt Lessing fort:

> Trotz seiner eignen Furchtsamkeit vor diesen Gefahren [hätte er] dreißig, vierzig Jahre [dabei] beharret: und auf einmal, in eben dem Augenblicke, da unter allen erworbenen Schätzen, dem Menschen keine werter sein müssen, als die Schätze der Wahrheit, die einzigen, die er mit sich zu nehmen Hoffnung hat, – eben da, auf einmal, hätte seine ganze Seele so umgekehrt werden können, da? Wahrheit für ihn Wahrheit zu sein aufhörte? – Wer mich dieses bereden könnte, der hätte mich zugleich beredet, allen Untersuchungen der Wahrheit von nun an zu entsagen. Denn wozu diese fruchtlosen Untersuchungen, wenn sich über die Vorurteile unserer ersten Erziehung doch kein dauerhafter Sieg erhalten läßt? wenn diese nie auszurotten,

---

[20] Heinrich II. (von England) über Erzbischof Thomas Becket (1170): »Who will rid me of this turbulent priest?«

sondern höchstens nur in eine kürzere oder längere Flucht zu bringen sind, aus welcher sie wiederum auf uns zurück stürzen. (G 7, S. 89)

An derartigen Schlüsselstellen ist Lessing schon längst nicht mehr im Geiste bei seinem jeweiligen Vorbild, sondern bei sich, in seiner eigenen Zeit; und man dürfte behaupten – auch bei uns in unserem Zeitalter, überall dort nämlich, wo es darum geht, sich von jedem Vorurteil, jeder erstarrten Denkungsart möglichst zu befreien. Also: Dank diesem für ihn typischen Verfahren, das teils antiquarisch-historisch, aber letzten Endes doch gegenwartsbewußt und -bezogen ist, vermag Lessing die Zeiten zu überbrücken, die Vergangenheit zu verlebendigen, um sie dann in die unmittelbare Gegenwart hereinragen und -wirken zu lassen.

Diesen Abschnitt seines Denkens schließt Lessing besonders nachdenklich und gegenwartsbezogen ab:

> Die Begriffe, die uns von Wahrheit und Unwahrheit in unsrer Kindheit beigebracht werden, sind gerade die allerflachsten, die sich am allerleichtesten durch selbst erworbene Begriffe auf ewig überstreichen lassen: und diejenigen, bei denen sie in einem spätern Alter wieder zum Vorschein kommen, legen dadurch wider sich selbst das Zeugnis ab, daß die Begriffe, unter welche sie jene begraben wollen, noch flacher, noch seichter, noch weniger ihr Eigentum gewesen, als die Begriffe ihrer Kindheit. Nur von solchen Menschen können also auch die gräßlichsten Erzählungen von plötzlichen Rückfällen in längst abgelegte Irrtümer auf dem Todbette, wahr sein, mit welchen man jeden kleinmütigern Freund der Wahrheit zur Verzweiflung bringen könnte. (G 7, S. 89–90)

Daß Lessing seine vermeintlich bahnbrechende Arbeit mit einer gewissen Selbstironie vorankündigt, erhöht nur deren Wirkung: Er hält sie nämlich lediglich für »die Arbeit eines Bibliothekars, die mit dem Staubabkehren in einer Klasse steht.«

Ob nun, abschließend, und wieder wie am Eingang mit Hofmannsthals Worten redend, – ob nun, dreißig, vierzig Jahre nach Lessing, Fichte und Hegel etwa von einer »desequilibrierten Nation« zeugen, bleibe notgedrungen dahingestellt. Daß aber Lessing in seinem ganzen Wesen, das durch seine Kunst des Argumentierens zum Ausdruck gelangte, eine »Möglichkeit deutschen Wesens« zeigte, die »ohne Nachfolge blieb« – Hofmannsthal wieder[21] –, das dürfte etwas weniger umstritten sein.

---

[21] Hofmannsthal (Anm. 3), S. 142.

Eric Denton

Selbstüberzeugung[1] in Lessings *Philotas*

> Man hat meine Jugend denken, aber nicht
> reden gelehrt.[2]

»Ein Drama zu schreiben wäre wieder natürlich, wenn die Personen einen Gott ansprechen könnten [...]«, hat Peter Handke irgendwo[3] geschrieben, der Lessing um die Natürlichkeit seines Schreibens wohl deshalb beneiden könnte. Tatsächlich fängt Philotas den Monolog, aus dem der 4. Auftritt besteht, mit einem Ausruf an die Götter an. In diesem Monolog fehlt es nie an Gesprächspartnern: die Götter, der Vater, das Selbst werden angesprochen. Philotas denkt durch andere Leute. Die Gedanken anderer treffen ihn; seine Gedanken zielen wiederum auf sie. Und in einem Stück, in dem die bildhafte Sprache der Metaphern und Vergleiche fast ganz wegfällt, ist es aufschlußreich, daß Philotas mit einem Bild anfängt: dem Blitz seines Schicksals, der ihn beinahe getroffen hätte. Auch die wenigen Bilder, die benutzt werden, werden wiederholt. Parmenio, wenn er die Aussage des Prinzen im 5. Auftritt fürchtet, sagt, »Es hat geblitzt, und ich erwarte den Schlag.« In dieser Wiederholung besetzt Philotas den Blitzschlag neu. In gewisser Hinsicht ist das ganze Stück ein Wiederholungsspiel, in dem Philotas seinen eigenen Tod entwirft und inszeniert.[4] Seine Todesszene ist eine neue, verbesserte Bearbeitung der ersten Schlachtszene, in der der Tod, wie die Konsequenzen des Blitzes, zu Philotas' Bestürzung ausblieb.

---

[1] ›Selbstüberzeugung‹ ist ein doppeldeutiger Begriff. Er bezeichnet den Prozeß, in dem man sich von etwas überzeugt. Er kann auch im Sinne Emersons *self-conviction* heißen. Philotas überzeugt sich auf eine falsche Art und Weise und leidet unter einer falschen Selbstüberzeugung.

[2] Gotthold Ephraim Lessing: *Philotas. Ein Trauerspiel*. In: Sämtliche Werke II. Hg. von Karl Lachmann. Stuttgart 1986, S. 353–376 (hier *Philotas*, 3. Auftritt). Alle Zitate, soweit im Text nicht anders vermerkt, entstammen dem 4. Auftritt. – Ich schrieb die Urfassung dieses Aufsatzes an der Yale Universität im *Graduate* Seminar bei Peter Demetz, den ich wegen seiner ungewöhnlich kritischen und pädagogischen Doppelbegabung immer noch schätze.

[3] Peter Handke: Die Geschichte des Bleistifts. Salzburg 1982, S. 170.

[4] Siehe Hinrich C. Seeba: Die Liebe zur Sache. Öffentliches und privates Interesse in Lessings Dramen. Tübingen 1973: Philotas tendiere dazu, »seinen Tod fürs Vaterland als ästhetisches Spektakel zu inszenieren, bei dem er am liebsten sein eigener Zuschauer wäre« (S. 57).

Hier aber ist Philotas am Anfang seines Erkenntnisprozesses, und daß ich sofort so weit abgekommen bin, deutet nur darauf hin, wie kompakt und wie alles implizierend das Stück aufgebaut ist.[5] Im Gegensatz zu mir denkt Philotas schrittweise und folgerichtig. Wenn er etwas (z. B. seine Lage) feststellt, zieht er sofort danach die passende Schlußfolgerung (»jetzt darf ich wieder vor dir erscheinen, mein Vater«). Da bleibt nur noch eine kleine Einwendung (die Scham der niedergeschlagenen Augen), aber den Tadel seines Vaters braucht er nicht mehr zu fürchten. Daß er seinen Vater apostrophiert und in sein Selbstgespräch miteinbezieht, ist kennzeichnend für seinen Denkprozeß und wird wiederholt geschehen. Er scheint auch mit Gedanken an sich unzufrieden zu sein; oft, wie hier, verwandelt und vergegenwärtigt er sie in vorgestellten Szenen: er spielt auch das Wiedersehen mit dem Vater vor. Eigentlich denkt er überhaupt nicht; er stellt sich eine Idee vor, die er in die Tat umsetzen will.

So konsequent wie Philotas einem Gedanken bis zur letzten Konsequenz nachjagt, erreicht er immer einen Punkt, wo er weiterspringt. Er bewegt sich sprunghaft von Punkt zu Kontrapunkt. Diese Tendenz, alles umzudrehen, ist durchaus typisch für seine Denkweise.[6] Hier dreht Philotas die Verzeihung des Vaters in Selbstverurteilung um. Das unterbrechende »aber« signalisiert das Umschalten in seinen Gedanken. Darauf folgen eine neue Feststellung und zwei fast rhetorische Fragen, die alle zu einer neuen Schlußfolgerung führen. In gewisser Hinsicht versucht Philotas mittels solcher Argumentation das »Recht über sich selbst« wiederzugewinnen, das er in der Gefangenschaft verloren hat. Während Philotas im Laufe des Monologs versucht, selbständig denken zu lernen (um selbständig handeln zu können), bleibt es jedoch fraglich, inwiefern dieses überhaupt möglich ist – inwiefern das Selbst »unparteyisch« ist. Sind Philotas' Schlußfolgerungen nicht genau die, die ihm ein vorgegebenes Denksystem (vorgegeben vom Vater und Philosophen) diktiert?[7] Er redet nicht; er trägt vor.

---

[5] »Die Interpretation des richtig verstandenen Monologs setzt die Interpretation des ganzen Stücks voraus [...]« (Peter von Matt: Der Monolog. In: Werner Keller (Hg.): Beiträge zur Poetik des Dramas. Darmstadt 1966, S. 57).

[6] Karl Eibl nennt diesen Sprung kritisch Philotas' »Kurzschlußbrücke«: Identitätskrise und Diskurs. Zur thematischen Kontinuität in Lessings Dramen. In: Jahrbuch der deutschen Schillergesellschaft 21 (1977), S. 138–191, hier S. 171.

[7] Eibl bezeichnet Philotas als »Opfer einer falschen Erziehung« (ebd., S. 173). Siehe auch Peter Pütz: Die Leistung der Form. Lessings Dramen. Frankfurt a. M. 1986: »Das Drama demonstriert am Thema problematischer Jugendlichkeit eine fehlgeschlagene und abgebrochene Erziehung – und das im Jahrhundert der Pädagogik« (S. 116).

Auf jeden Fall ist Philotas' doppelte Denkweise – systematisch-logisch bis zu einem bestimmten Punkt, dann sprunghaft – strukturell vorgegeben. Philotas denkt streng absatzweise. Seine Gedankenreihen – aufeinanderfolgende Fest-stellungen, Gegenfragen und Schlußfolgerungen – werden in fast regelmäßigen Absätzen organisiert. Diese Absätze werden aneinandergekettet. Zwischen den Absätzen kommt eine Unterbrechung: entweder eine Umdrehung, wie zwi-schen dem ersten und zweiten Absatz, oder eine neugewonnene Perspektive, wie jetzt zwischen dem zweiten und dritten Absatz. Diese Absatzstruktur fehlt in dem ersten Monolog, in dem der verstörte und verwirrte Philotas keine Überlegung, vor lauten Ausrufen und Fragmenten fast keinen vollständigen Satz herausbekommt. Der letzte Monolog (6. Auftritt) verbindet die Leiden-schaft des ersten mit dem Überlegungsdrang des mittleren, aber er behält die Absatzstruktur bei. Dazu ist noch zu bemerken, daß diese Struktur nicht nur eine Eigenschaft des gedruckten Blattes ist. Sie wäre durch die verschiedenen rhetorischen Mittel – die plötzlichen Unterbrechungen, Signalworte wie »aber«, »und«, »und nun« und Zwischenfragen (»Was sagte der König?«) – zum größten Teil auch auf der Bühne erkennbar.

Wie sein Ausruf zeigt (»Und wie leicht ich mich verblende!«), ist sich Philotas bewußt, daß eine Perspektive eine andere überschatten kann. Er hält sich selbst nicht nur schuldig für das Geschehene, das er verursachte, sondern auch für das Mögliche, das er durchkreuzte. Hierin zeigt Philotas seinen fatalen Hang zum Konjunktiv. Er stellt sich die Konsequenzen vor, wenn »Polytimet, nicht Philotas und Polytimet gefangen« wäre. Dadurch zerstört er das Bild des Gleichgewichts – die Waagschalen –, die die Götter, Aridäus und Lessing, mit solcher Mühe errichtet hatten. Im Laufe des Monologs setzt er diesen Konjunk-tiv in seinen Gedanken durch; im Laufe des Stückes setzt er sie mit tragischer Notwendigkeit in die Bühnenrealität um.

Der nächste Absatz scheint mir der interessanteste im ganzen Monolog zu sein, nicht nur weil die Forschung ihn als besonders problematisch auffaßt. Während bis jetzt Philotas' Denkprozeß nachvollziehbar war, taucht hierin ein Gedanke offenbar aus dem Nichts auf. Im Gegensatz zu den früheren Ge-danken, die geformt sind und durchaus in rhetorische Muster passen, scheint dieser Gedanke formlos; er wird nicht ausgedrückt, sondern nur angedeutet. Auf jeden Fall muß Philotas ihm buchstäblich nachjagen, und die Verfolgung dieses flüchtigen, abwesenden Gedankens nimmt die Form eines Sinnbilds von Philotas' Denkprozeß ein.

An diesem Absatz hängt jedes kritische Urteil über Philotas' Denken. Conrad Wiedemann ist der Meinung, daß solch eine Passage mehr mit Empfinden als mit Denken zu tun hat, und er wendet Lessings eigene Worte gegen Philotas:

Doch wirklich ist etwas neues darinn. Dieses nehmlich; daß er das denken nennt, was andere ehrliche Leute empfinden heißen.[8]

Es ist sicher richtig, daß hier eine »unwiderstehliche Tendenz« vorhanden ist, die »sich zu verabsolutieren« sucht,[9] aber ist diese nicht eher eine allgemeine Eigenschaft des Monologs (des Denkens überhaupt), worin immer ein Element der Selbstüberzeugung steckt? Was Wiedemann als »Verabsolutierung« verwirft, scheint mir eher eine natürliche Tendenz jedes Gedankens zu sein, sich vom Sprecher zu lösen und ein Eigenleben zu entwickeln. Empfindung und Denken sind auch nicht unbedingt so klar voneinander zu trennen, wie Wiedemann das tut. Was in seinen Augen wie Verwirrung aussieht, sieht von einer anderen Perspektive aus wie eine Vereinigung von Empfindungs- und Denkprozeß.[10] Anders gesagt, Werther hätte nicht *Emilia Galotti*, sondern *Philotas* lesen sollen. Philotas ist der Werther der Fünfzigerjahre.[11] Diese Vereinigung von »Herz« und »Vernunft« ist wiederum sehr wichtig im Hinblick auf ein Problem der Monologform an sich. Der Monolog hat die Tendenz, die Möglichkeit von Handlung zu verneinen. Jede Handlung verschwindet in einer Entropie von Überlegungen. Die Empfindung ist dann ein Versuch, fast wie ein deus ex machina, dieses formale Denkstottern zu durchbrechen. Nach diesem Schema wäre Philotas ein Anti-Hamlet; der Monolog dient dazu, eine bestimmte Handlung zu erzeugen, nicht, wie in *Hamlet*, sie hinauszuschieben.[12]

Diese deus ex machina-Qualität wirft eine andere interessante Frage auf. Offensichtlich hat dieser ungenannte Gedanke etwas mit einem Inspirationsmechanismus zu tun. In gewisser Hinsicht verkörpert dieser Absatz den Augenblick der Inspiration selbst. Dieser Augenblick wird in einer Sprache be-

---

[8] Zitiert nach Conrad Wiedemann: Ein schönes Ungeheuer. Zur Deutung von Lessings Einakter *Philotas*. In: Germanisch-Romanische Monatsschrift 17 (1967) 14, S. 390–391.

[9] Ebd., S. 390.

[10] In seiner Geschichte von der Entwicklung der bürgerlichen Intersubjektivität beschreibt Eibl eine zweite Phrase als »die Phrase der Verinnerlichung«: »›Vernunft‹ und ›Herz‹ sollen in Übereinstimmung gebracht werden, Normen werden als Bestandteil der gesamten Persönlichkeit empfunden, der Abweichler wird von seinem ›Gewissen‹ bestraft, während die Sanktion von ›außen‹ nur Hilfsfunktion besitzt« (Anm. 6, S. 139).

[11] Lessings Problem in *Philotas* ist, daß er die eigentliche Problematik des Stückes nicht erkennt. Heldentum ist nicht mehr, Selbstmord noch nicht ein aktuelles Thema. Trotzdem sind bestimmte psychologische und rhetorische Ähnlichkeiten zwischen Philotas und Werther so auffallend, daß man mit Recht von Philotas als Vorläufer Werthers sprechen kann.

[12] In seiner Analyse des Stückes scheint Dieter Hildebrandt diese Art von Denken zu bevorzugen: »Philotas denkt sich, in einem Monolog, der wie eine Schlinge ist, um den eigenen Kopf, und das ist aufregender als die Koloraturarie von Sein oder Nichtsein« (Lessing: Biographie einer Emanzipation. München 1979, S. 225).

schrieben, die leicht an Offenbarung grenzt. Philotas behauptet, daß der Gedanke überhaupt nicht von ihm, sondern von einem Gott in ihm gedacht sei.
Es ist vielleicht unerlaubt, in Goethes »Gab mir ein Gott, zu sagen, was ich
leide« ein Echo Lessings »Ein Gott in mir« zu erkennen, der Akzent an Offenbarung ist jedoch ähnlich. Der Verbreitungs- und insbesondere der Durch-
strahlungseffekt des Gedankens hinterläßt Spuren einer empfindsamen, latent
religiösen Denkweise: »Wie weit er sich verbreitet, und immer weiter; und nun
durchstrahlt er meine ganze Seele!«

Solch eine Denkweise steht im Kontrast, aber nicht im Gegensatz zu Philotas' normalem Überlegungsprozeß. In seinem folgenden Gespräch mit Parmenio (5. Auftritt) werden sogar beide Arten von Denken eigenartig vermischt.
Mit einer sophistenähnlichen Klugheit verwendet Philotas (pseudo-)religiöse
Sprache und Vergleiche, die das Verschweigen rechtfertigen sollen. Erstens
spricht er über den Gedanken in der gleichen Terminologie wie über Gott
selbst:

> […]ich denke ihn nur, wie mich der Philosoph Gott zu denken gelehrt hat, und aufs
> höchste könnte ich dir nur sagen, was er nicht ist.

Zweitens vergleicht er die Konsequenzen dieses Gedankens in ihrer Unschäd-
lichkeit mit denen eines Gebets. Freilich operiert Philotas sehr aufklärerisch,
fast ironisierend in seiner Manipulation von religiösen Begriffen. Im Monolog
ist er vielleicht unfähig, vielleicht unwillig, diesen Gedanken auszudrücken; im
Dialog mit Parmenio wendet er diese angebliche Unfähigkeit bewußt an, um
ihn nicht ausdrücken zu müssen. Trotzdem bleibt in beiden Fällen die wesentliche Eigenschaft dieses offenbarten Gedankens seine Unaussprechlichkeit;
er ist eine Art Mysterium.

Natürlich ist es im nachhinein offensichtlich, worum dieser Gedanke geht,
und in gewisser Hinsicht rekonstruiert der übrige Monolog diese Inspiration
Schritt für Schritt in Philotas' üblicher Überlegungssprache. Wenn er zum
nächsten Absatz springt – als ob von seiner inneren Welt zurück zu der äußeren –, gibt es keinen Zweifel mehr, von wem seine Inspiration kommt und was
sie ist: »Was sage der König?« Hier ist es noch einmal erwähnenswert, daß Philotas' Denken fast immer das Reagieren auf die Worte anderer ist. Sein Monolog hat einen Hang zum Dialog und einen implizierten Gesprächscharakter.[13]

---

[13] »Die Gesellschaft wird als ein personales Gegenüber hypostasiert, das zum Helden ja sagt, nein
sagt oder – als schlimmstes – ihn ignoriert (›verwirft‹); der Held selber kann nichts anders, als
im Widerspiel seinerseits ja zu sagen, nein zu sagen oder zu ignorieren. Das erste führt zur
Hochzeit, das zweite zum Mord, das dritte zum Suizid« (Eibl, Anm. 6, S. 183).

Die »Nachricht« des Aridäus ist das Mittel, wodurch Philotas' Argument Fortschritt macht, und gleichzeitig das Mittel, wodurch Philotas den Konjunktiv in die Realität einsetzen kann. Aridäus' Auskunft, man könne argwöhnen, er sei bereits an seiner Wunde gestorben (auch im Konjunktiv!), bringt Philotas auf die Idee seines eigenen Todes: daß er immer noch sterben kann. Seine Denkmethode ist wie vorher ein Frage- und Antwortspiel, wobei er mit Aridäus bis zu einem bestimmten Punkt mitdenkt, um dann dessen Gedanken umzudrehen. Er ahmt Aridäus' Denkprozeß nach, aber aus einer anderen Perspektive. Was für Aridäus Unglück bedeutet, den Leichnam eines verstorbenen Prinzen, greift Philotas als Mittel zum Sieg auf.

Philotas ist jedoch noch nicht bereit, Selbstmord als einen legitimen Ausweg aus seiner Gefangenschaft zu akzeptieren. Der Selbstmord kommt nicht in Frage, solange es nur um seine Ehre geht, obwohl diese verletzte Ehre eine psychologische Ursache hinter dem Todesgedanken ist. Philotas braucht einen Grund, seinen Selbstmord zu rechtfertigen. Aridäus vermittelt Philotas diesen Grund. Lessing sagte über den Tod seines Freundes Ewald von Kleist »Er hat sterben wollen!«[14], und diese Aussage kann ohne weiteres auch auf den fiktiven Philotas bezogen werden. Aridäus' Nachricht gibt einem inneren Wunsch Legitimation durch die Außenwelt. In gewisser Hinsicht zeigt die Entwicklung des Todesbegriffs im Laufe des Stückes, wie »Raserei« (Unvernunft) zur Vernunft in Philotas' Denkprozeß verwandelt wird.

Um auf die Idee seines eigenen Todes zu kommen, denkt Philotas rückwärts. Er postuliert seinen Tod a priori, um sich dann zurück zur Tat selbst zu arbeiten. Seine Methode hier ist sowohl empirisch wie auch verzögernd. Erstens stellt er sich die Konsequenzen seines Todes für seinen Vater vor: »Denn mein Vater hätte alsdenn einen gefangenen Prinzen, für den er sich alles bedingen könnte.« Zweitens kommt er auf den Leichnam, aber er distanziert sich noch von dieser Vorstellung mittels der Verwendung der dritten Person: Er spricht nicht von seinem eigenen, sondern von dem »Leichnam eines gefangenen Prinzen«. Drittens kommt Philotas endlich auf den Akt des Sterbens selbst. Auch hier hält er sich den Tod vom Leibe als nur eine von vielen möglichen Schlußfolgerungen. Wenn er sich nachprüft, werden die Antwort und sogar der Tod als Sprichwort verallgemeinert: »[...] der Mensch ist mächtiger als er glaubt, der Mensch, der zu sterben weiß!« Nur gegen Ende, im Sprung zum neuen Absatz, kommt Philotas auf sich selbst: »Aber ich?« Erst mit dem Gedanken des Todes als fertige Tatsache, fragt er nach seiner eigenen Fähigkeit zu sterben.

---

[14] Brief an Gleim, 6. Sept. 1759. In: B II/1, S. 333.

Das Beziehen des Todes auf sich selbst unternimmt Philotas durch ein kompliziertes Überlegungs- und Definitionsverfahren. Man kann es auch umgekehrt sagen: Eigentlich bezieht sich Philotas auf den Tod. In drei Absätzen macht Philotas einen Selbsterkennungsprozeß durch, wobei er sich an dem Tod mißt. Im ersten Absatz geht es um seine Reife. Während sich Strato und Parmenio berechtigte Sorgen machen, daß der Held im Keim ersticken wird (Strato im 3. Auftritt: »[...] sonst möchte der werdende Held im ersten Keime ersticken«; Parmenio im 5. Auftritt: »Gib nicht zu, daß der rauhe Soldat das zärtliche Kind so bald in dir ersticke«), ist Philotas besorgt, ob der Keim überhaupt über das Sterben Bescheid weiß. Um diesen Zweifel zu umgehen, postuliert er einen Keim des Todes in dem Leben. Diese Philosophie des Todes, worin »Sterbenswissen« ein Lebensgrundsatz wird, operiert nicht mit Philotas' üblichen direkten Fragen und Schlußfolgerungen, sondern mit dem wem und was der offenen Konditionen:

> Wer zehn Jahr gelebt hat, hat zehn Jahr Zeit gehabt, sterben zu lernen; und was man in zehn Jahren nicht lernt, das lernt man auch in zwanzig, in dreißig und mehrern nicht.

Wer diese Lehre nachvollzogen hat, nimmt den Tod von der Perspektive des Helden auf. Lessing legt hier seinem Möchtegernheld einen unablässigen Strom von Fragen in den Mund, um sich mit dem Thema des Heldentums auseinanderzusetzen.[15] Als Ansatzpunkt setzt Philotas etwas voraus, was die Tat des Selbstmords (und nicht bloß die Rede davon) bedingt: »Alles, was ich werden können, muß ich durch das zeigen, was ich schon bin.« Er reduziert das Werden auf das Sein mittels des Heldentums.

In seiner Nachprüfung aller Begriffe prüft sich Philotas an jedem einzelnen Begriff. Er stellt allerdings nur sich selbst in Frage; er kommt nicht auf die Idee, seine Begriffe in Frage zu stellen. Es ist merkwürdig für einen, der normalerweise alle Worte gewissenhaft hinterfragt, daß er sich den Bedingungen des Heldentums so bedingungslos unterwirft. Obwohl Philotas sich fähig zeigt, sterben zu können, bleibt er unfähig, aus einem aufgepfropften und angelernten Denksystem auszubrechen. Trotz seiner Sprünge scheint Philotas ange-

---

[15] Siehe Gisbert Ter-Nedden: Lessings Trauerspiele. Der Ursprung des modernen Dramas aus dem Geist der Kritik. Stuttgart 1986: »Die Zweideutigkeit des kriegerischen Heldentums besteht bei Sophocles darin, daß eben die Tugenden, die die Gemeinschaft nach außen schützen, sie im Innern gefährden. Lessing läßt beides, die erwünschte Aggression nach außen, und die sozialschädigende und damit letztlich auf Selbstzerstörung hinauslaufende Aggression nach innen zusammenfallen. Die Sequenz ›Kampf gegen die Feinde – Verbrechen gegen die Freunde – Selbstmord‹ wird von ihm ›dialektisiert‹.« (S. 118).

sichts des Heldentums weniger ein eigenständiger Denker, als vielmehr ein Schüler, der seine Rhetoriklektion zwar ausgezeichnet, aber etwas mechanisch wiederholt. Das ist die eine Seite. Auf der anderen hätte Philotas angefangen, nach dem Heldentum zu forschen, wäre er wieder wie in *Hamlet* verschwunden. Sein Nachdenken hätte sein Tun paralysiert. Sein Monolog droht sowieso auseinanderzubrechen. Philotas wiederholt Wörter wie »Mann« (siebenmal) und »Held« (viermal) in einem Crescendo von Selbstüberzeugung. Er fängt an, über solche Worte und über Gedankenstriche zu stolpern: »Ein Held sei ein Mann – Ein Mann? Also kein Jüngling, mein Vater? – Seltsame Frage!« Sein Beharren auf seiner Jugend scheint ein letzter Versuch, sich an diesem Tun vorbeizudrücken. Die kuriose Aussage: »Gut, daß sie mein Vater nicht gehöret hat! Er müßte glauben, ich sähe es gern, wenn er Nein darauf antwortete«, deutet an, wie weit dieser Monolog gekommen ist. Die Möglichkeit der Rettung und des Wiedersehens mit dem Vater, am Anfang scheinbar sicher, läuft in den Optativ-Konjunktiv ab. Die Fragen, die Philotas stellt, sind teilweise Selbstzweifel. Jedoch stellen sie vielmehr den einzigen Ausweg aus diesen konsequenten Überlegungen und überlegten Konsequenzen dar: Sie appellieren an den Vater.

Durch Fragen und Apostrophen an den Vater bezieht sich Philotas auf eine höhere Autorität. Von Anfang an bezieht er den Vater mit in den Denkprozeß ein: »O mein abwesender vortrefflicher Vater, itzt sei ganz in meiner Seele gegenwärtig!« Große Teile von diesem Absatz lassen den Unterschied von Zwei- und Zwiegespräch nicht mehr erkennen: »Hast du mich nicht gelehrt [...]«; »Also kein Jüngling, mein Vater?« In dieser Hinsicht sind die vielen Stellen im ganzen Stück, die auf die Ähnlichkeit, ja die Identität von Vater und Sohn hindeuten, von größerem Interesse. »So blühet die Jugend deines Vaters«, sagt Aridäus im 2. Auftritt, und später im gleichen Auftritt sagt er etwas noch Aufschlußreicheres, weil es die Sprache des Philotas betrifft: »Auch diese frühe, männliche Sprache, Prinz, war deines Vaters.« Man kann es nicht treffender als Peter Horst Neumann in bezug auf den Vaterkonflikt in den Dramen Lessings ausdrücken:

> In Lessings Trauerspielen fällt am Ende der Vorhang über die Leiche der Kinder. Hinter ihnen stehen die Väter. Vom Licht seiner Vater-Idee getroffen, werfen sie Schatten, die größer sind als ihre Gestalt.[16]

Ohne Zweifel wirft die Stimme des Vaters Schatten über den Monolog seines Sohnes Philotas. Wäre es zuviel zu behaupten, daß der Vater seinen Sohn sub-

---

[16] Peter Horst Neumann: Der Preis der Mündigkeit. Über Lessings Dramen. Stuttgart 1977, S. 37.

sumiert (wie Zeus seine Kinder auffrißt)? Daß die Stimme des Vaters den inneren Richter, Philotas' »unparteiysches Selbst«, ersetzt? Daß der Gott, der in Philotas denkt, der Vater ist? Nach diesen Fragen wäre Philotas ein Anti-Ödipus, der nicht den Vater, sondern sich selbst ermordet. Philotas ist es nicht gelungen, sich mit dem Vater zu streiten.

Um seinem Entschluß weitere Unterstützung zu geben, bezieht sich Philotas auf noch eine Autoritätsfigur, seinen Philosophen oder »Weltweisen«. Hierin zeigt er, wie gefangen er in dem Denksystem anderer ist. Seine Worte bestimmen ihn jetzt mehr als er sie. Er dreht seine Denkweise noch einmal um; statt wie im letzten Absatz mit seinen Zweifeln an seiner Reife anzufangen, stellt er eine Voraussetzung, die genau zu der gewünschten Schlußfolgerung führen muß. Er steckt sich in den Satz des Weltweisen, »Jedes Ding [...] ist vollkommen, wenn es seinen Zweck erfüllen kann«, um die banale Antwort herauszubekommen, »Ich bin ein Mann«. Er denkt nicht mehr empirisch, sondern deduktiv. Während Philotas seinen Zweck als »zum Besten des Staats sterben« definiert, wird er zwangsläufig zum Zweck eines (Denk-)systems.

Trotz des Wortes »ruhen«, das am Ende zweimal fällt, besitzt dieser Monolog jedoch paradoxerweise keineswegs eine Form, die Energie verschlingt. Vielmehr erzeugt sie Denk-, Empfindens- und Redeenergie. In dieser Hinsicht verkörpert die Monologform den Willen zur Tat. Im letzten Absatz bricht mit dem Eintritt Parmenios die äußere Welt ein. Und so lange und ausführlich, wie Philotas sich bis jetzt hat überlegen müssen, kommt er hier auf einen Entschluß »geschwind entschlossen«. Er scheint den ganzen Dialog des 5. Auftritts während seines Gedankenstrichs zu entwerfen:

> Was muß ich zu ihm sagen? Was muß ich durch ihn meinem Vater sagen lassen? – Recht! das muß ich sagen, das muß ich sagen lassen.

Der Monolog impliziert und bereitet den Dialog vor. Das Denken fällt Philotas schwer, das Reden wird ihm gelingen. Dieser Monolog dreht seine eigene Behauptung um, man habe ihn denken, aber nicht reden gelehrt. Philotas ist eher Redner als Denker, auch im Monolog.

Verena Ehrich-Haefeli

Philotas: Streiten nach außen – Streiten nach innen?

Tragische Pannen der Verinnerlichung bei Lessing

Für Bernhard Böschenstein

»Das Gewissen ist doch mehr, als eine ganze uns verklagende Welt« (G 2, S. 11), sagt Waitwell; es kann auch, wie Saras Briefszene zeigt, mehr sein als eine Welt, die zur Versöhnung ruft. Auch Philotas beruft sich auf den »inneren Richter«, dessen Urteil mehr wiege als die »Zunge des Pöbels« (G 2, S. 110); mehr aber auch als die plötzliche Milde des Geschicks. Von solcher Gewissensproblematik her möchte ich eine Neulektüre des *Philotas* vorschlagen, ja fast im Lessing-schen Sinn eine Rettung sowohl des Helden wie implizit des Stücks versuchen, Rettung vor dem Konsensus der Interpreten der letzten 25 Jahre.

Seit Wiedemanns Aufsatz[1] definitiv geklärt hat, daß das heroische Selbstop-fer am Ende von Lessing nicht etwa verherrlicht, sondern problematisiert wird, Philotas also nicht zu »bewundern« ist, hat man sich einhellig bemüht, ihn zu verabscheuen. Das Stück sei das »Psychopathogramm eines heroischen Toren«[2], es handle von »pubertärem Trotz«[3] oder vom »Männlichkeitswahn« eines »altklugen Knaben«, der »seinen Tod als ästhetisches Spektakel inszeniere«[4], von einem »jungen Worthelden, dessen Sätze so hektisch von einem Ich zum andern stolpern«, womit das Stichwort gegeben ist: »ego-trip«[5], »rücksichtlos egoistische Zwecke«[6], »an Autismus grenzende Selbstbezogenheit«[7] – von einer

[1] Conrad Wiedemann: Ein schönes Ungeheuer. Zur Deutung von Lessings Einakter *Philotas*. In: GRM 1967, S. 381–397.
[2] Peter Horst Neumann: Der Preis der Mündigkeit. Über Lessings Dramen. Stuttgart 1977, S. 34.
[3] Volker Riedel: Lessings *Philotas*. In: Weimarer Beiträge 1979, S. 61–88, hier S. 74.
[4] Hinrich C. Seeba: Die Liebe zur Sache. Öffentliches und privates Interesse in Lessings Dramen. Tübingen 1973, S. 57.
[5] Ebd., S. 60.
[6] Beatrice Wehrli: Kommunikative Wahrheitsfindung. Zur Funktion der Sprache in Lessings Dramen. Tübingen 1983, S. 95.
[7] Peter Pütz: Die Leistung der Form. Lessings Dramen. Frankfurt a. M. 1986, S. 102.

Darstellung zur folgenden steigert sich die Schärfe der Verurteilung, sie mildert sich nur, insofern man Philotas »der Lächerlichkeit preisgegeben« findet.[8]

Dabei aber drängt sich sogleich die poetologische Frage auf: Wie kann es denn sein, daß kurz nach dem Briefwechsel über das Trauerspiel Lessing ein Trauerspiel schreibt mit genau dem Helden, jenem »schönen Ungeheuer« (G 4, S. 173), das uns kalt läßt, von dem er nichts mehr wissen will? Nur Wiedemann und Barner streifen dieses Problem, räumen es aber mit wenig befriedigenden Antworten kurz aus dem Weg.[9] Auch Barner, der die Bedeutung einfühlender Psychologisierung in Lessings Auseinandersetzung mit der überlieferten heroischen Tragödie hervorhebt, suspendiert seltsamerweise diesen Gesichtspunkt für Philotas: dieser sei »von vornherein übermenschlich und hybrid gezeichnet« (S. 56). – Daß man heute so wenig bereit scheint, den in Philotas gestalteten menschlichen Konflikt wahrzunehmen, wäre einer kleinen rezeptionsgeschichtlichen Studie wert.

Nun will ich keineswegs zurück zur Version »patriotisches Heldenstück«, da bleibt Wiedemanns klare Scheidung bestehen. Nur ist seine starre Opposition: aufgeklärte Humanität der Väterfiguren – erstarrter unmenschlicher Heroismus des Sohns, der sich alle folgenden Deutungen mehr oder weniger anschließen[10], zu einfach und verstellt den Blick auf die innere Problematik des Helden. So möchte ich als erstes zeigen, daß der unvoreingenommene Zuschauer auch für Philotas Mitleid empfinden und mit ihm »sympathisieren muß, er mag wollen oder nicht« (G 4, S. 235), weil auch er ein »gemischter Charakter« ist; auch für ihn gilt, was Lessing von Medea sagt: »sie ist das, was sie sein soll, nur zu heftig« (G 4, S. 370) – womit ja auch nicht der Kindermord als bewundernswerte Handlung hingestellt wird. Lessings implizite Stellungnahme im Siebenjährigen Krieg, wie Wiedemann sie herausgearbeitet hat, wird dadurch nicht etwa abgeschwächt, im Gegenteil: an einem moralisch edlen Menschen zu zeigen, wie er unter Umständen von patriotisch-heroischer Leidenschaft irregeleitet werden kann, mußte Lessing ungleich wirksamer scheinen als die Demonstration an einem von vornherein negativ markierten Helden.

---

[8] Seeba (Anm. 4), S. 57; Wehrli (Anm. 6), S. 84, 97 u. a.

[9] Wiedemann (Anm. 1), S. 392; Wilfried Barner: Produktive Rezeption. Lessing und die Tragödien Senecas. München 1973, S. 56.

[10] Außer den genannten noch Wilfried Barner, Gunter E. Grimm, Helmuth Kiesel, Martin Kramer: Lessing. Epoche – Werk – Wirkung. 5. Aufl. München 1987, S. 256ff.; Günter Saße: Die aufgeklärte Familie. Untersuchungen zur Genese, Funktion und Realitätsbezogenheit des familialen Wertsystems im Drama der Aufklärung. Tübingen 1988, S. 137ff.; Joachim Schmidt-Sasse: Das Opfer der Tugend. Zu Lessings *Emilia Galotti* und einer Literaturgeschichte der Vorstellungskomplexe im 18. Jahrhundert. Bonn 1983, S. 37ff.

Philotas tritt auf, mit sich im bittersten Streit begriffen von Selbstanklage und Selbstverurteilung. Wie dieser unerträgliche innere Zwiespalt aufgehoben werden kann, darf, soll –, wie es dazu kommt, daß dieser vielverheißende Jugendliche sein verletztes Selbstwertgefühl nur um den höchsten Preis wieder reparieren kann, diese Frage stellt das Stück. Die Verwandtschaft mit Sara wie mit Tellheim liegt auf der Hand. In allen drei Situationen scheint dann ein Ereignis von außen, ein Glückswechsel im positiven Sinn – die Gefangenschaft auch des gegnerischen Prinzen, der Versöhnungsbrief des Vaters, das Erscheinen Minnas – eine Wendung zum Guten nahezulegen, aber alle drei Figuren müssen diese aus Gewissensgründen zurückweisen, Sara und Tellheim auf Zeit, Philotas endgültig.

Volker Noelle hat die Verwandtschaft dieser drei Figuren untersucht, aber auch er begründet sie schließlich nur mit der »Selbstbezogenheit« der monologischen »Subjektivität«, die unfähig sei, sich auf die Wirklichkeit der anderen zu öffnen[11]. Ich möchte Lessings Darstellung des ›zu strengen Gewissens‹ – ob es nun im Namen von Ehre oder von Tugend urteilt – psychohistorisch angehen. Mich interessieren also vorerst die psychischen Strukturen und Prozesse, die sich in den Strategien der Rede aktualisieren – wichtige Fragen wie Wandel und Kritik des Ehrbegriffs im 18. Jahrhundert, wozu der *Philotas* einen bedeutenden und komplexen Beitrag leistet, müssen ausgespart bleiben. (Vgl. Anm. 16) Dabei stütze ich mich auf neuere psychoanalytische Forschungen, die die narzißtische Problematik des Selbstwertgefühls in notwendiger, untrennbarer Verbindung sehen mit Funktionen des Über-Ich.[12] Bei der Analyse des Textes werden zwei für jenen Zeitraum bedeutsame Tendenzen ins Blickfeld treten: der für das Streben nach moralischer Autonomie entscheidende Prozeß der Verinnerlichung von Werten und Normen im Über-Ich; und die zunehmende Emotionalisierung der Vater-Kind-Beziehung. In der Problematik des

---

[11] Volker Noelle: Subjektivität und Wirklichkeit in Lessings dramatischem und theologischem Werk. Berlin 1977. Auch Neumann (Anm. 2) hat auf die Verwandtschaft von Philotas und Sara hingewiesen.

[12] Léon Wurmser: Flucht vor dem Gewissen. Analyse von Über-Ich und Abwehr bei schweren Neurosen. Berlin u. a. 1987: »Alle ödipalen Konflikte [...] sind narzißtisch imprägniert. Und umgekehrt ist Narzißmus ohne Über-Ich-Beteiligung undenkbar [...] [Narzißmus] bezieht sich darauf, [...] wie man sich selbst bewertet [...] Wo man von Werten spricht [...] handelt es sich immer um Urteile, die das Über-Ich miteinbeziehen [...] Der Zugang zu den Problemen des Narzißmus [erfolgt] immer am besten [...] durch den »inneren Richter«, durch dessen [...] übersteigerte, oft archaische Ich-Ideale, die mit massiven Selbstverurteilungen einhergehen.« (S. 165f. und passim). Cf. Wurmser: The masks of shame. Baltimore 1981. Die Darstellung solcher Verquickung, wie sie an Philotas in Erscheinung tritt, bringt mit sich, daß die zwei entsprechenden Terminologien sich gelegentlich vermischen.

›zu strengen Gewissens‹ gestaltet Lessing neue Gefährdungen des Menschen, die mit diesem doppelten Zuwachs an aufgeklärter Menschlichkeit verbunden sind – wie er ja auch sonst Leitvorstellungen des aufklärerischen Denkens immer wieder kritisch umwendet und überprüft.

I

Als erstes soll gezeigt werden (das betrifft Szene 1-3), daß die Figur des Philotas so angelegt ist, daß dieser zunächst »das ist, was er sein soll.« Philotas gehe es, sagt man, statt ums Vaterland nur um den eigenen Ruhm; ich würde sagen, es geht ihm vorerst um die eigene Schande, womit sich freilich der psychische Stellenwert des Geschehens verändert. An drei Stellen des gesamten Textes ist von Ehre oder Ruhm die Rede, an drei weiteren von Synonymen; über dreißigmal hingegen finden sich Vokabeln wie Schande, Schimpf, Scham, Hohn, Spott, verächtlich, elend, verabscheuenswert etc. Dieser Befund muß uns veranlassen, die Anfangssituation, wie Philotas sie erfährt, ernst zu nehmen. Er ist geradezu vernichtet von brennender Scham, sich gefangen zu finden. Das Bewußtsein, in bezug auf ein verpflichtendes Ideal, mit dem der Sinn des eigenen Lebens verknüpft ist, versagt zu haben, ist die »allerniederschlagendste Leidenschaft«[13]; es bleibt dem Ich nur das unerträgliche Gefühl der eigenen Wertlosigkeit und Ohnmacht.

Dabei ist es keineswegs nur der Übereifer des 17-jährigen, dem Gefangensein der Inbegriff von Schande ist, sondern das gilt für die im Stück dargestellte Welt generell; auch Aridäus spricht »vom schimpflichen Lösegeld« für seinen Sohn (G 2, S. 125), auch Parmenio schämt sich und fürchtet, seinem König als Gefangener wieder vor Augen zu kommen. – Im ancien régime war es für Offiziere schmachvoll, sich gefangen zu geben, solange sie noch kämpfen konnten[14]; Zahl und Art der Wunden, bevor man aufgab, waren jedenfalls ein Kriterium. »Nur eine Wunde, nur eine!« klagt Philotas und wünscht sie sich gefährlicher (G 2, S. 103) – Lessing selbst schrieb in bezug auf seinen Freund Ewald von Kleist, der in der Schlacht von Kunersdorf sich den Tod holte: »Er hatte drei, vier Wunden schon«; warum ging er nicht? Es haben sich Generals

---

[13] Die Formulierung von J. M. R. Lenz: Werke und Briefe in drei Bänden. Hg. von Sigrid Damm. München 1987. Bd. 2, S. 927.

[14] Paul de Vallière: Honneur et fidelité. Histoire des Suisses au service étranger. Neuchatel 1913. Dt.: Treue und Ehre. Lausanne 1940, S. 203, 607, 620 u. a.

mit wenigern, und kleinern Wunden unschimpflich beiseite gemacht.« (An Gleim, 6. Sept. 1759) Auch für Parmenio ist die »lange Liste« seiner Wunden sein ganzer Stolz, der sich in der spaßig-wegwerfenden Sprechweise kaum verbirgt: »Wozu hat man denn die Knochen anders, als daß sich die feindlichen Eisen drauf schartig hauen sollen?« (G 2, S. 112f.) – Daß die Werte und Ideale des 17-jährigen Philotas kriegerische sind, das ist also nicht ihm im besonderen anzulasten; er teilt sie mit der Welt von Kriegern, in der er aufgewachsen ist, mit den Vätern, die seit drei Jahren, wie Aridäus sagt, »Ströme Bluts vergossen« haben (G 2, S. 126). (Seit drei Jahren dauert beim Erscheinen des Stücks der Siebenjährige Krieg.) Am Widerspruch zwischen aufklärerischem Gedankengut und Kriegsführung haben alle Figuren teil, nicht nur der Prinz.

Natürlich verschärft dann die Jugendlichkeit des Philotas die Situation, das zeigt die 2. Szene. Die Scham über sein Versagen quält ihn umso mehr, je gewisser seine Erwartung war, bei diesem ersten Ausreiten mit den Kriegern, dieser ersten Erprobung seiner Tüchtigkeit in der Welt der Erwachsenen, sich zu bewähren. In seinem Klagen und Weinen, in seinem verzweifelten Widerstreben, sich mit der Situation abzufinden, zeigt sich die ganze Verletzlichkeit des noch unerprobten Selbstwertgefühls des Jugendlichen, für den ein erstes Versagen sogleich seine völlige und endgültige Wertlosigkeit erweist; der noch nicht gelernt hat, Mißerfolge zu überstehen. – Hier läßt sich der Spielraum des Komischen, der in diesen ersten Szenen aktualisiert wird, genau bestimmen. Freilich kann der Eifer, die leidenschaftliche Selbsterniedrigung des Philotas belächelt werden – nämlich aus der Perspektive eines Alters, das sich daran gewöhnt hat, sowohl die Forderungen an sich wie auch die Enttäuschungen über sich selbst entschieden zu mäßigen; dies ironische Lächeln ist aber nicht verächtlich, sondern gemischt mit Rührung – genau wie es Schiller beschreiben wird für die Haltung angesichts des verlorenen Naiven. Daß Philotas – jetzt noch – ungestüm und absolut ist in seinem Streben und in der Zerknirschung über sein Versagen, ist Anzeichen seines Werts und zugleich das Maß seiner Gefährdung, die in seinem »verzehrenden« Drang nach Bewährung (G 2, S. 104f.) sich manifestiert.

Ein zweites Element wird von Lessing hinzugefügt: die berechtigte Verzweiflung des Philotas über die objektive Schuld, die ihn jetzt trifft. Daß er mit seinem Angriff bergaufwärts schuld ist am Ausgang des Gefechts, das sieht auch ein strategisch ungeübtes Auge. Ungleich schwerer aber drückt ihn das Wissen um den zu erwartenden Preis seiner Auslösung. Was diese seinen Vater und das Reich des Vaters kosten wird, das sieht er schließlich vor sich im Bild all der Gefallenen, die es in den drei Jahren des Kriegs mit ihrem Leben erkämpft haben (es handelt sich um die Stelle, die Wiedemann offensichtlich mißver-

steht und die der Ausgangspunkt seiner Verzeichnung des Philotas wird, s.
Wiedemann, S. 389):

> Wenn ich denn [...] hinab zu den Schatten schleiche, wie finster und stolz werden
> die Seelen der Helden bei mir vorbei ziehen, die dem Könige die Vorteile mit ihrem
> Leben erkaufen mußten, deren er sich als Vater für einen unwürdigen Sohn begibt.
> (G 2, S. 106)

Durch ihn wird jetzt der Sinn ihres Opfers verloren gehen; sie werden nun bloß
für ihn, bloß seines Versagen wegen gestorben sein. Durch das entsetzliche
Mißverhältnis – ein Prinz ist das Leben einer beliebigen Anzahl von Mitstrei-
tern wert – wird ihm seine Schuld und seine Schande vollends unerträglich,
»mehr als eine fühlende Seele ertragen kann.« (G 2, S. 106)

Daß Philotas als einziger dieses Mißverhältnis erkennt zwischen dem geliebten Einen, über dem zärtliche Besorgnis wacht, und den vielen, die fraglos
in Kampf und Tod geschickt werden, das zeigt erneut, wie falsch es ist,
Menschlichkeit nur auf seiten der Väter zu situieren. Und wenn Philotas in
dieser Hinsicht die grenzenlose Liebe seines Vaters nun fürchtet, je mehr sie
Aridäus erlauben wird, den Preis für die Auslösung hochzutreiben – so hört er
doch darum nicht auf, liebender Sohn zu sein; wieviel von seinen Reden mit
sich selbst sind an den abwesenden Vater gerichtet! Dieser ist dauernd in seinen
Gedanken präsent. Seine paradox zugespitzte Aussage, sein größtes Glück, die
zärtliche Liebe seines Vaters, werde nun sein größtes Unglück, zeigt, wie sehr
er leidet an der Verklammerung von Liebe des Vaters und Schuld des Sohns,
die in der gegebenen Situation unausweichlich scheint. (Bei Sara wird sich
Entsprechendes zeigen.)

Wenn wir nun nach der sprachlichen Aktualisierung des hier gestalteten
Konflikts mit dem Gewissen fragen, zeigt sich, wie sehr das Dialogische von
Lessings dramatischen Monologen geeignet ist, den Widerstreit von verur-
teilender Gewissensautorität und angeklagtem Ich auszudrücken – vielleicht
sogar, daß der Impetus des Dialogischen seinerseits diesen Widerstreit befeu-
ert? Man kann fast von Satz zu Satz die Zuweisung zur einen oder anderen
Instanz feststellen. »So bin ich wirklich gefangen?« – mit der Frage versucht das
Ich, die unerträgliche Realität wider besseres Wissen in Zweifel zu ziehen.
»Gefangen!«, so schneidet der Richter die Ausflucht ab. Die Abwehr durch
Leugnung des Geschehenen wiederholt sich: könnte es denn nicht nur ein
Traum sein? Die Gewissensinstanz unterbricht, unbarmherzig: »Schmeichle dir
nur, Philotas! Wenn ich sie nicht sähe, [...] die Wunde!« Das Ich entschuldigt
sich: »man hat sie mir wider Willen verbunden [...]« Wieder fährt die richtende
Stimme drein, härter, strenger: »Nichtswürdiger, sie sollte tödlich sein! – Und

nur eine Wunde, nur eine!« Und zu den Vorwürfen hinzu kommt die ironische Selbstverhöhnung, ein bekanntes Register des strafenden Über-Ich: »Ein würdiger Anfang meiner kriegerischen Lehrjahre!« (G 2, S. 103) – Unerbittlich verstellt der innere Richter dem von seinem Unglück überrumpelten Ich noch den letzten Schlupfwinkel von schonender Illusion, von mildernden Umständen, Entschuldigung. Der Duktus scheint vertraut; er gleicht demjenigen, mit welchem der ›streitbare‹ Lessing einen möglichen Irrtum aus allen Schlupfwinkeln aufjagt, bis er ihn vor den Richterstuhl der Vernunft gebracht hat. Hier könnte eine interessante Perspektive sich öffnen auf die Frage nach den psychischen Energien und Strukturen, mit denen Lessings extrem dialogisches Schreiben zusammenhängt; das Über-Ich hat ja noch andere Funktionen außer Tadel und Strafe (und entsprechend Billigung): es ist die Instanz, die immer wieder Distanz schafft zum Ich, um sein Tun zu beobachten, zu überprüfen, infragezustellen im Hinblick auf eine leitende Zielsetzung, ein anzustrebendes Ideal …

Außerdem interpretiert das Gewissen dem armen Ich des Philotas die erinnerten Umstände, um es weiter zu peinigen: der Krieger, der ihn Kind nannte, verhöhnte ihn! Auch die Zuvorkommenheit, mit der man ihn untergebracht hat, ist nur Hohn! – Hier zeigt sich schon im Monolog der 1. Szene, in welcher Weise dann die Kommunikation mit der Außenwelt, mit Strato, mit Aridäus, durch den innern Konflikt, in dem Philotas gefangen ist, entstellt wird (Szene 2 und 3). Denn alles, was zu ihm gesagt wird, hört er als auf sich gemünzt, in allem hört er Verdoppelung, Verstärkung seiner Selbstvorwürfe. »Lass meine Bildung unverspottet!« »Schmeichle mir nicht!« mutzt er gegen Strato – Strato meinte weder zu schmeicheln noch zu spotten (G 2, S. 104). So weist Philotas auch die privilegierenden Verbindlichkeiten, mit denen man ihm begegnet, schroff zurück: sie gelten ja jenem Prinz, der er war, solange er sich selber achten konnte; jetzt gibt ihm jede solche Geste nur noch bitterer zu fühlen, wie unwert er solcher Behandlung ist. Freilich reagiert Philotas hier selbstbezogen: das zeigt aber nicht seinen Charakter, sondern ist die unvermeidliche Folge des inneren Widerstreits mit dem Gewissen. (Die geringste Selbstbeobachtung in einer Situation von Schuldgefühl oder von Befangenheit, der geläufigsten Erfahrung von Scham, bestätigt das.)

II

Durch die Nachricht von der Gefangennahme des Polytimet wendet sich die dramatische Situation, mit dem Austausch zweier gefangener Prinzen ist der status quo ante wiederhergestellt: das ganze Unglück, das Philotas über den Vater und das Reich gebracht hatte, seine gesamte Schuld fällt wie durch ein Wunder dahin. »Nun darf ich wieder vor dir erscheinen, mein Vater!«, nun wird es mit einem »Verweis mit Lächeln« sein Bewenden haben; es ist wie ein glücklich erlöstes Aufatmen: »Wunderbare Götter!« (G 2, S. 109).

An dieser Stelle aber meldet sich in Philotas jenes »zu viel«, das die Wendung zum Guten ausschlägt und wie blind dem tragischen Ausgang zusteuert. Was eben noch sein höchster Wunsch gewesen war, das muß jetzt, wo die Erfüllung sich anbietet, abgewiesen werden:

> Aber – ja, beim Himmel! [...] Darf ich mir alle Fehler vergeben, die mir die Vorsicht zu vergeben scheinet? Soll ich mich nicht strenger richten, als sie und mein Vater mich richten? Die Allzugütigen! (G 2, S. 110)

Die höchsten Instanzen der Außenwelt, Vater und Vorsicht, sind begütigt, mit ihnen würde er sich wieder im Einklang befinden – die eigene innere Autorität aber richtet »strenger«, und ihr Spruch gilt. Philotas benennt sie mit einer markanten Formulierung: »Hier der innere Richter, mein unparteiisches Selbst«. Daß die innere Stimme des Selbst (das Über-Ich) mehr Autorität hat als der Vater und die Vorsicht bzw. die Götter, darin eben besteht Auto-nomie, jene unwiderrufliche Errungenschaft des Subjekts, in der das aufklärerische Heraustreten aus der Unmündigkeit der Vernunft sich verschränkt mit dem auf ganz anderer Ebene verlaufenden Prozeß der Verinnerlichung, aus dem die psychischen Strukturen der Selbstverpflichtung hervorgehen. Wenn Philotas nun gerade den wahnhaft-willkürlichen Überschuß an Strenge gegen sich selbst »unparteiisch« nennt, ist das ein Hinweis darauf, daß eben jetzt, von jener andern Ebene her, die blinde psychische Macht sich einzumischen beginnt, die ich das ›zu strenge Gewissen‹ genannt habe. Es ist eine Art »Strafbedürfnis«[15] von innen, ein Bedürfnis nach büßender Wiedergutmachung, das mit der Wirklichkeit in keinem Verhältnis mehr steht. Es ist, wie wenn es eine neue, tiefste Kränkung des Selbst bedeuten würde, die nicht mehr ertragen werden kann, sich die Wiedergutmachung nun einfach von außen schenken zu lassen – ohne irgend eine eigene »Leistung«, an der die Selbstachtung sich wieder aufrichten kann. – Daß etwas Blindes, Zwanghaftes sich einmischt, das zeigt auch die Reihenfolge der Gedanken: primär ist der Einspruch »strenger rich-ten« – Strafe soll geleistet werden, auch wenn die Schuld sich verflüchtigt hat; die Begründungen werden hinterher gefunden, von wechselnden Standpunk-ten aus, eine die andere überbietend, mit viel Scharfsinn und Logik gegen

---

[15] Sigmund Freud: Studienausgabe. Bd. III, S. 350; Bd. IX, S. 254.

Einwände des Ich dichtgemacht. Die übriggebliebene Scham, die eben noch ein väterlicher »Verweis mit Lächeln« (G 2, S. 109) abzugelten vermögend schien, wird nun plötzlich wieder »die wahre dauernde Schande« im Innern, die nie erlischt (G 2, S. 110)[16]; dann wird gesucht im Bereich der verschwundenen Schuld, ob nicht unter den veränderten Umständen doch noch irgendeine Verschuldung auszumachen ist: »Und [...] verliere mein Vater durch mich nichts?« (G 2, S. 110) – klar, daß das Strafbedürfnis nun mit Sicherheit ›Schuld‹ finden wird. Dabei erhöht der innere Richter unbemerkt die Idealforderung, deren Verwirklichung Philotas schuldig geblieben ist; wenn irgendwo, so zeigt sich hier das Wahnhafte, in dessen Bann er nun gerät: »Wenn ich, ich elender Gefangener, meinem Vater den Sieg noch in die Hände spielen will [...]« (G 2, S. 110) – den Sieg, den definitiven, der den Krieg entscheidet und beendet? Nie war davon die Rede gewesen bei dem leichten Explorationsgefecht des Vormittags. Und so ergibt sich schließlich – genau entsprechend Lessings Konzeption des stetigen Wachsenlassens der Leidenschaften (G 4, S. 235) – mit gefährlicher ›Evidenz‹ der Plan zu jener Wiedergutmachung, die allein geeignet scheint, den inneren Richter voll und ganz auszusöhnen: »[...] Sterben [...] weiter nichts« (G 2, S. 110) – ein Gedanke, den Philotas in der ersten Szene noch als »Rasen« weggeschoben hatte.

Philotas selber merkt, daß die neue Strenge des innern Richters und der ihr antwortende Gedanke der Selbstaufopferung einen andern psychischen Status haben als der Gewissenskonflikt zuvor. Dieser konnte Strato ausführlich mitgeteilt, konnte dem prüfenden und mitfühlenden Verstehen eines anderen unterbreitet werden. Was ihn jetzt aber treibt, erscheint ihm als Gedanke, den nicht er, sondern ein Gott in ihm dachte (G 2, S. 110); zu Parmenio nennt er es einen »guten Einfall«, den das blinde Glück ihm zugeworfen, an dem sein Verstand keinen Anteil habe, weshalb er ihn auch nicht mit Parmenio zusammen überlegen könne (G 2, S. 115f.). Philotas scheint also zu spüren, daß sein »schimmernder Entschluss« (G 2, S. 119) einer gemeinsamen Prüfung seiner Angemessenheit an die Wirklichkeit nicht standhielte – nichtsdestoweniger hat er für ihn die Autorität von etwas Gott-Gesandtem, worin sich die inappellable Macht jener innern Instanz ausdrückt, unter deren blindem Zwang er nun handelt. Das entspricht jener Situation, wo Tellheim im gemeinsamen Realitätsprüfungsdiskurs kapitulieren muß vor Minnas abschlie-

---

[16] Wo Tellheim vergebens versucht, sein Festhalten an einem »gesellschaftlichen« Aspekt der Ehre Minna zu erklären, entfaltet für Philotas die Ehre als völlig verinnerlichtes Ich-Ideal erst ihre ganze destruktive Macht.

ßender Tautologie: »Die Ehre – ist die Ehre.« (G 1, S. 680) – ohne daß doch
diese Kapitulation die Ebene der inneren Geltung im geringsten tangiert.

Dabei hat sich in Philotas der »allerniedergeschlagendste« Affekt von Scham
und Reue in ein Hochgefühl verwandelt: dank dem gefundenen Entschluß von
der innern Autorität wieder anerkannt und angenommen zu werden, mit ihr
wieder versöhnt zu sein, das bewirkt jene erlösende Beselung, die – wie
Philotas sagt – »meine ganze Seele [...] durchstrahlt« (G 2, S. 110), die sich
schließlich bis zum »Feuer« der »Begeisterung« steigert (G 2, S. 111). Mehreres
trägt bei zu dieser gefährlichen Euphorie des wiederhergestellten Selbstgefühls:
daß nun nicht ein äußerer Zufall die Schuld tilgt (wie es in Wirklichkeit ja der
Fall ist), sondern das Ich selber alles leisten wird; daß es ihm gelingen wird, die
passive Ohnmacht des Gefangenen umzuwenden in ein Handeln aus Freiheit;
daß dabei jenes Mißverhältnis zwischen dem Einen und den Vielen, das zuvor
seine Schuld und seine Schmach unendlich vermehrt hatte, ins Gegenteil gewendet wird, indem er nun vielen den Tod ersparen wird; daß, wenn er dem
Vater ›den‹ Sieg zuspielt, er gleichsam den Vater retten würde statt umgekehrt
– das Grandiose eines Selbstopfers, das solche Wirkungen hervorbringt, wird
ihn als Sohn und Prinz zugleich völlig rehabilitieren!

Dieses innere Hochgefühl wirkt sich nun aus in den folgenden Dialogen. Wo
Philotas zuvor – abgesehen von seinem Bericht, – nur wortkarg abwehrte, spielt
er jetzt souverän und überaus beredt mit allen rhetorischen Registern und mit
den eignen Rollen als Sohn, Prinz, Kind; er scheint beflügelt von jener besonderen Energie und Treffsicherheit des Sprechens und Handelns, die sich
einstellt, wenn alle psychischen Kräfte endlich in einer Richtung zusammenwirken – nur daß ihm hie und da ein kleines fiebriges Zuviel entwischt. Denn
freilich, ein offener Dialog findet auch jetzt nicht statt. Konnte er schon im
ersten Teil nicht wirklich ›hören‹, weil er alles als auf sich gemünzt mißdeuten
mußte, so ist jetzt die Kommunikation doppelt gestört: er muß seinen Zweck
vor den andern geheimhalten, und seine Abschirmung gegen das, was die
Gesprächspartner ihm sagen wollen, ist im entscheidenden Punkt jetzt noch
stärker als zuvor: bis der innere Befehl eingelöst ist, ist seine Fähigkeit zu
vernehmen, seine Vernunft blockiert: er kann und darf auf nichts hören, was
seinen Wiedergutmachungsplan in Frage stellen würde. Die neuen Friedens-
perspektiven, die Aridäus, bewegt von der sonderbaren Situation, andeutet,
kann er deshalb gar nicht wahrnehmen.

Seine tragische Verblendung läßt sich also dahin zusammenfassen, daß er
sich selber tötet, um seine Selbstachtung wiederzufinden, indem er eine Schuld
wiedergutmachen will, die in der Wirklichkeit nicht mehr besteht, und ein
Opfer bringt, das gerade jetzt sinnlos und unnötig wird.

III

Zum Problem des Strafbedürfnisses (oder der moralischen Selbstüberforde-rung), dem Philotas sich aufopfert, und der psychischen Zusammenhänge, in denen es aktuell werden kann, gibt uns die Psychoanalyse interessante Auf-schlüsse; diese können uns helfen, die Bedeutung dieser Problematik für Les-sings Zeit etwas zu ermessen, d. h. für die Entstehungszeit eben jener bürger-lichen Familienform, deren psychische Auswirkungen Freud dann zu analysie-ren begann. (Ich muß mich auf grobe Hinweise beschränken, wobei auch nicht alle Aspekte der hier gestalteten psychischen Problematik berücksichtigt wer-den können.)

1. Daß die ursprüngliche Handlungsmotivation durch Belohnung und Strafe von außen allmählich ersetzt wird durch eine innerpsychische Selbst-verpflichtung, diesen Prozeß verstehen wir heute als Verinnerlichung der El-terninstanzen zu der psychischen Autoritätsinstanz Über-Ich bzw. Ich-Ideal und Gewissen.[17] In der Literatur gerade der Lessingzeit finden sich sprechende Darstellungen dieses Vorgangs, besonders der Verinnerlichung des Vaters. So wird Appiani zu Odoardos »Sohn« (G 2, S. 193), indem er dessen Bild als Ich-Ideal in sich aufnimmt: »Welch ein Mann [...]. Das Muster aller männlichen Tugend! [...] Nie ist mein Entschluß immer gut, immer edel zu sein, leben-diger, als wenn ich ihn sehe – wenn ich ihn mir denke.« (G 2, S. 154). Ein besonders wichtiges Zeugnis dafür ist unser Text: In Philotas' Reflexionen gehen der Dialog mit dem Gewissen und der Dialog mit dem Vater ständig ineinander über; zwei Sätze der entscheidenden vierten Szene zeigen genau den Übergang an: »Oh mein abwesender vortrefflicher Vater, itzt sei ganz in meiner Seele gegenwärtig!« und dann »hier der innere Richter, mein unparteiisches Selbst«. Daß der innere Richter die Autorität des Vaters in sich aufnimmt und schließlich ersetzt, haben wir gesehen. – Übrigens, ein Verinnerlichungsprozeß (nicht individualgeschichtlicher, sondern »psychohistorischer« Art) ist Thema auch der *Erziehung des Menschengeschlechts*; hier zeigt die dritte Stufe jenen Zustand, wo keinerlei Belohnung oder Strafe mehr, auch nicht die entfernte in einem jenseitigen Leben mehr nötig ist, da die Menschen nun gelernt haben,

---

[17] Wie sehr die dabei mobilisierte Selbstachtung (bzw. Selbstverurteilung) narzißtisch relevant ist, darum weiß die moraldidaktische Literatur der Zeit, die nicht müde wird, die narzißtischen Prämien der praktizierten Tugend herauszustreichen. Und die Encyclopédie (1765) preist die Selbstachtung für tugendhaftes Verhalten als »le sentiment le plus délicieux de tous« – dies als ersten Eintrag (estime de soi-meme) unter dem Stichwort »honneur«! (Tome VIII, S. 288. Re-print. Stuttgart-Bad Cannstatt 1967.)

»das Gute [zu] tun«, nur »weil es das Gute ist« (§ 85) und »die Tugend um ihrer
selbst willen zu lieben« (§ 80). Den Übergang von der zweiten zur dritten
höchsten Stufe der reinen Selbstverpflichtung glaubt Lessing in seiner Zeit zu
erkennen (§ 68).

2. Ebenso wichtig in diesem Zeitraum ist die Thematik »Patriarchat und
Zärtlichkeit« – die Propagierung des liebenden Vaters, der wohl die Aufgaben
der patris potestas wahrnimmt, aber dazu Liebe walten läßt.[18] Alle Väter Lessings werden gezeigt als liebende Väter; die in unserem Stück und in der
Vorstufe *Kleonnis* aber mehr als alle anderen. Euphaes, der Vater des ausgezo-
genen Prinzen in *Kleonnis*, ist völlig außer sich vor liebender Sorge um den
Sohn; umgekehrt spricht Parmenio aus, was ein solcher Vater von seinem Sohn
erwartet (dieser ist auch Soldat, wenig älter als Philotas):

> Aber wüsste ich, dass sich der junge Wildfang nicht in allen Augenblicken, die ihm
> der Dienst freilässt, nach seinem Vater sehnte, und sich nicht so nach ihm sehnte, wie
> sich ein Lamm nach seiner Mutter sehnet: so möchte ich ihn gleich […] nicht erzeugt
> haben. (G 2, S. 113)

Bei solchem Liebesanspruch – wobei der Vater zugleich noch als Mutter geliebt
werden will – werden wir heute stutzig; ich glaube aber nicht, daß Lessing hier
bewußt problematisiert. Die emotionale Bedeutung des Kindes und der Liebe
des Kindes für den Vater ist hier ungeheuer groß; bei Sara ist es diskreter, aber
ähnlich. (Auf die auffällige Personenkonstellation unseres Stücks, das vier Väter
mit je einem Sohn zeigt, aber keine Mutter, überhaupt keine Frau, und auf die
ganze Problematik der abgewerteten oder fehlenden Mutter überhaupt bei
Lessing kann ich hier nicht weiter eingehen, obschon sie, als Hinweise auf eine
bestimmte Art der Sozialisation, für das Thema der Verinnerlichung sehr
wichtig sind: der einzige Sohn fühlt, daß alle Erwartungen des Vaters sich auf
ihn richten; solchem Druck entspricht jenes »verzehrende« Bedürfnis nach
Bewährung, das schon das Kinderspiel des Philotas prägte (G 2, S. 123); es fehlt
ganz die Dimension der ›haltenden‹ Mutter, dank deren nicht mit Forderungen
verbundener Zuwendung das Selbstgefühl des Kindes noch eine andere Art
von Halt finden könnte; auch wird die Macht des Über-Ich größer und starrer,
wenn es sich nicht aus unterschiedenen oder gar widersprüchlichen Elternin-
stanzen bildet. Die Frage nach der möglichen biographischen, und historischen
Relevanz solcher Tendenzen kann hier natürlich nur gestellt werden.)[19]

---

[18] Bengt Algot Sørensen: Herrschaft und Zärtlichkeit. Der Patriarchalismus und das Drama im
       18. Jahrhundert. München 1984. Neumann (Anm. 2).
[19] Zu diesem ganzen Komplex s. Ehrich-Haefeli: Sécularisation, langue et structure familiale: le
       père dans le drame de Diderot et de Lessing. In: Colloquium Helveticum 1986, S. 33–72.

3. Nun gehören Verinnerlichung und Liebe aufs engste zusammen; die Verinnerlichung der väterlichen Werte und Normen wird umso tiefer und intensiver, je mehr die Beziehung eine der gegenseitigen Liebe ist. Wenn ich nicht nur ein Gebot des Vaters übertrete oder anders bin, als er von mir erwartet, sondern dazu noch ihn bis ins Herz hinein verwunde, ihn, der mich doch so sehr liebt und den ich ebenso liebe – das vermehrt meine Schuld unendlich. So kommt es, daß das Kind gerade des liebevollen Vaters ein besonders strenges, anspruchsvolles Über-Ich in sich ausbildet.[20] Dieser Sachverhalt spiegelt sich besonders deutlich in Saras Briefszene (abgesehen von ihrem Zurückweisen der väterlichen Vergebung). Ihre fieberhaften Hoffnungen und Wünsche in bezug auf die Haltung ihres Vaters haben nur diesen einen Inhalt: daß er sie nicht mehr lieben möchte, nur damit sie den unermeßlichen Zuwachs an Schuld loswürde, der dadurch entsteht, daß sie – über die Verletzung der Tugend hinaus – sein liebendes Herz kränkt. »So liebt er mich ja noch? […] Nein, nein, das tut er nicht; das kann er nicht tun! Siehst du denn nicht, wie unendlich jeder Seufzer, den er um mich verlöre, meine Verbrechen vergrößern würde?« (G 2, S. 48) Wie in *Philotas* durch die Situation der Auslösung Liebe des Vaters und Schuld des Sohnes sich verschränken, haben wir gesehen. Auch in Benjamin Pfeils *Lucie Woodvil* (1756) wird ein Zusammenhang von väterlicher Liebe und Gewissensqualen des Kindes, das sich vergangen hat, thematisiert, wobei auch die unerträgliche Scham, von der Selbstachtung der Tugendhaften fortan ausgeschlossen zu sein – immer ist von Lucies verletztem Stolz die Rede – eine wichtige Rolle spielt. – Es zeigt sich hier einer jener Zusammenhänge, angesichts derer man an ein raffiniertes ›Subjekt‹ der Geschichte glauben möchte: In der gleichen Zeit, da Gott als belohnend-strafende Instanz unglaubwürdig zu werden beginnt, verändern sich in ganz anderen Kausalitätsreihen die Familienstrukturen und wird die väterliche Liebe zum Postulat erhoben: Voraussetzungen dafür, daß ein zuverlässiger innerpsychischer Ersatz für die entstehende Lücke sich bilden kann …

4. Um nun aber das Bedürfnis nach Selbstbestrafung ohne reale Verschuldung zu verstehen, ist eine weitere Überlegung nötig. Auch die liebevolle Erziehung ist verbunden mit Triebverzicht und Versagung, und der (sanfte) Zwang zur Anpassung ist hier besonders mächtig: Nur ist es hier – wie die Erfahrung zeigt – dem Kind nicht möglich, seine Reaktion auf Zwang und Versagung zu zeigen. Enttäuschung, Wut, Aggression – gegen einen Vater, der voller Liebe ist? – all das muß unterdrückt werden, es wird verdrängt ins Un-

---

[20] Sigmund Freud: Das Unbehagen in der Kultur. Studienausgabe Bd. IX, S. 256.

bewußte und bleibt dort erhalten. Mit dieser im Unbewußten gespeicherten
Aggression gegen den geliebten Vater hängt das »Strafbedürfnis« zusammen.
Das Über-Ich fordert Rechenschaft und Strafe auch dafür, wenngleich das Ich
von solcher Aggression nichts weiß. Es wirkt hier der Mechanismus der depres-
siven Wendung gegen das eigene Selbst: Dem Maß an unterdrückter Aggression gegen den Vater entspricht das Maß der scheinbar grundlosen Selbstbestrafung bzw. der moralischen Selbstüberforderung, die das Über-Ich nun
über das Ich verhängt.

Gerade im Zusammenhang mit der engen Bindung an den Vater wird nun
die Selbstaufopferung des Philotas verstehbar, wie auch Saras erstweiliges
Zurückweisen der ersehnten Versöhnung. (Auf die besondere Problematik der
väterlichen »Vergebung« für das Selbstgefühl des Kindes, und gar wenn diese
noch explizit mit der Vergebung Gottes den Menschen gegenüber verglichen
wird, sei nur hingewiesen.) Bei Tellheims Verzicht auf Minna liegen die Dinge
etwas anders;[21] was ich hier skizziert habe, ist nur eine von verschiedenen
psychischen Möglichkeiten des ›zu strengen Gewissens‹. – Dabei ist hinzuzufügen, daß in den drei Beispielen die Selbstbestrafung ja doch auch die verdrängte Aggression gegen den anderen außen mitrealisiert – wenn die Väter das
geliebte Kind, Minna den geliebten Mann verlieren sollen. Daß es sich als
unmöglich erweist, sich allein zu strafen, alles auf sich zu nehmen – auch das
ist ein Beitrag an die Konzeption von Geselligkeit, an der Lessing so viel lag.

5. Für den geschichtlichen Stellenwert unserer Beispiele scheint es mir
wichtig, was auch der Text nahelegt, das, was an den drei Figuren als ›nar-
zißtisch-egoistisch‹ oder als ›masochistisch‹ sich zeigt, zu verstehen als Auswirkungen des zugrundeliegenden Konflikts mit dem inneren Richter.[22] Damit
stehen auch die drei Stücke im Horizont der moralphilosophischen Präok-
kupationen des 18. Jahrhunderts; die Motivation zum richtigen Handeln muß
ein zentrales Thema werden im Moment, wo man den Menschen als selbst-
bestimmt postuliert. Wir wissen, was das Erreichen moralischer Autonomie in
Lessings Denken bedeutet – in *Nathan* I/3, in *Erziehung des Menschengeschlechts*,
in der in *Ernst und Falk* angedeuteten Sozialutopie, wo »Ordnung [...] auch
ohne Regierung bestehen« kann, »wenn jedes Einzelne sich selbst zu regieren
weiss.« (G 8, S. 458) Was aber heißt, sich selber regieren? Wie gelangt man dazu,
daß der Mensch von sich aus will, was er soll? Durch »völlige Aufklärung« des
Verstandes, sagt, in *Erziehung des Menschengeschlechts* (§ 80), der Denker Les-

---

[21] Renate Böschenstein: Die Ehre als Instrument des Masochismus in der deutschen Literatur des
    18. und 19. Jahrhunderts. In: Freiburger Literaturpsychologische Gespräche 7 (1988), S. 34–55.
[22] Wurmser (Anm. 12).

sing – hier im Chor der Zeit. Durch Erregung des Mitleids, fügte der Literaturtheoretiker hinzu. Der Dichter aber, der Menschen gestaltet, weiß noch um andere Dimensionen des Psychischen, die dabei mitspielen. Er beobachtet, wie das Gewissen funktioniert, was zur Bildung oder Stärkung dieser komplexen inneren Instanz beiträgt; und unerbittlich faßt er auch – in den drei Stücken sowie, anders gewendet, in der gleichzeitig konzipierten *Emilia Galotti* – jenen Punkt ins Auge, wo gerade das, was den Menschen zum moralischen Handeln befähigt, sein Bestes also, umschlagen kann ins rein Destruktive. Er muß sich ein wenig ausgekannt haben an jener Grenze; Tellheimisches scheint ihm ja nicht ganz fremd gewesen zu sein. Auch hier wird eine Dialektik der Aufklärung gezeigt – wie von dem Teufel, den Lessings Faust in Dienst nimmt, weil er weiß, wie schnell der Übergang ist vom Guten ins Böse.

Karl Eibl

Von der dogmatischen zur kritischen Rationalität[1]

Die folgenden Hinweise gelten dem Kern eines Denk- und Argumentations-
verfahrens, das prägend wurde für das neuzeitliche Denken und in Lessing
einen der frühesten Vertreter auch auf dem Felde der ›schönen Wissenschaften‹
gefunden hat. In bündiger – freilich noch etwas enigmatischer – Formel könnte
der Titel auch lauten: »Vom Modus ponens zum Modus tollens«.

Ich will den in Frage stehenden Denk- und Argumentationstypus gleich an
einem Beispiel darstellen. In Lessings *Laokoon* steht der lapidare Satz über die
bildende Kunst der Alten: »Ich darf behaupten, daß sie nie eine Furie gebildet
haben.« (G 6, S. 20) Und in einer Anmerkung steht ferner, daß sie den Tod nie
als Skelett abgebildet hätten. (G 6, S. 84f.) Bekanntlich gilt ein nicht unbe-
trächtlicher Teil der *Briefe antiquarischen Inhalts* und die Schrift *Wie die Alten
den Tod gebildet* der Kontroverse um diese Behauptungen. Doch nicht um die
inhaltlichen Probleme soll es gehen, sondern um den Argumentationstypus.
Der Gegner Klotz meinte, Lessing hier Wissenslücken nachweisen zu können.
Doch Lessing geht es gar nicht ums antiquarische Detail. Seine beiden Behauptungen stehen in einem deduktiven Zusammenhang mit zwei sehr allgemeinen und weitreichenden Hypothesen zur Kunst und auch zur Lebens-
weise der Alten: Daß ihre bildenden Künstler nämlich nur das Schöne gebildet
hätten (im Unterschied zu den Dichtern), und daß die Alten ein anderes
Verhältnis zum Tod hatten als wir. In eine strengere Form, einen klassischen
Syllogismus nach Celarent, gebracht, würde die erste Behauptung etwa lauten:

Ce: Die bildenden Künstler der Alten haben nichts Häßliches gebildet.
la: Furien sind häßlich.
rent: Also haben die Alten keine Furien gebildet

Oder konditional formuliert: Wenn gilt, daß die bildenden Künstler der Alten
nichts Häßliches gebildet haben, und wenn gilt, daß Furien häßlich sind, dann
gilt auch, daß sie keine Furien gebildet haben. Die Pointe einer solchen
Schlußweise besteht darin, daß der allgemeine Satz, aus dem der Schluß gezo-

---

[1] Der Beitrag wurde für den Druck geringfügig retuschiert.

gen wird, auf diese Weise der empirischen Prüfung ausgesetzt wird. Gelingt es nachzuweisen, daß die Alten doch Furien gebildet haben, dann ist auch der allgemeine Satz zumindest problematisch geworden. Wenn gilt, daß die Alten Furien gebildet haben, dann gilt entweder nicht, daß die Alten nichts Häßliches dargestellt haben oder daß Furien häßlich sind oder beides. Eben dies ist der Modus tollens. Im Modus ponens wird die Wahrheit von den Vordersätzen auf den Schlußsatz transferiert; im Modus tollens wird die Falschheit des Schlußsatzes auf wenigstens einen der beiden Vordersätze transferiert. Wie Kant es formuliert hat:

> Der modus tollens der Vernunftschlüsse, die von den Folgen auf die Gründe schließen, beweiset nicht allein ganz strenge, sondern auch überaus leicht. Denn wenn auch nur eine einzige falsche Folge aus einem Satze gezogen werden kann, so ist dieser Satz falsch.

Dieses Zitat hat Karl Raimund Popper seiner *Logik der Forschung*[2] als Motto vorangestellt. Diese *Logik der Forschung* ist das Grundbuch des sog. Kritischen Rationalismus. Ich muß nun, ehe ich Poppersche Kategorien anwende, eine kleine methodische Zwischenbemerkung machen, um Mißverständnisse zu vermeiden. Poppers Lehre besteht aus einer deskriptiven und einer normativen Komponente. Leider ist diese Unterscheidung und damit auch der Zusammenhang beider Komponenten selbst Popper und den Popperianern nicht immer ganz präsent, so daß es hier zu einigen völlig überflüssigen Kontroversen gekommen ist. Der Zusammenhang sieht folgendermaßen aus und ist vielleicht für den Historiker einfacher zu durchschauen als für den Wissenschaftstheoretiker. Popper geht nämlich, ohne das besonders zu thematisieren, von der Frage aus: ›Wie ist diejenige Art von Wissenschaft, die wir heute als erfolgreich einschätzen, vorgegangen?‹ Und diese Art des Vorgehens wird dann als vorbildliche Methodologie empfohlen. Diese Empfehlung, also die normative Komponente, interessiert an dieser Stelle nicht, wohl aber die deskriptive, die logische Analyse eines Denk- und Argumentationstyps.

Popper schlägt als Abgrenzungskriterium zwischen Wissenschaft und Metaphysik das Falsifizierbarkeitskriterium vor. Konkret heißt das, daß aus wissenschaftlichen Hypothesen allgemeiner Art sogenannte Basissätze, d. h. Sätze über singuläre Sachverhalte, abgeleitet werden können, die für empirische Prüfung offen sind, sich entweder bewähren oder falsifiziert werden können. Der Idealfall solcher Basissätze ist der Typus der Verbots- oder »Es-gibt-nicht«-Sätze, weil hier der Modus tollens, der den Rücktransfer des Falschheitsgehalts

---

[2] Karl R. Popper: Logik der Forschung. 8. Aufl. Tübingen 1984.

zu den Vordersätzen bewirkt, zu seinem vollen Recht kommt. ›Es gibt nicht bildnerische Darstellungen der Furien, es gibt nicht die Darstellung des Todes als Skelett bei den Alten.‹ Hierauf kann Klotz, wie Lessing selbst es ihm in den Mund legt, antworten: »Lessing leugnet gebildete Furien; hier ist eine!« (G 6, S. 207)

In dieser Argumentationsweise manifestiert sich ein epochaler Wandel der intellektuellen Auseinandersetzung. Man kann ihn in aller Kürze an zwei eher anekdotischen Details illustrieren. Die erste Geschichte ist unter Literarhistorikern zumindest aus Brechts Bearbeitung des Galilei-Stoffes bekannt: Die Gelehrten wollen einen förmlichen Disput über die Frage, ob Trabanten des Jupiter überhaupt möglich bzw. überhaupt nötig seien und wollen ›Gründe‹ hören, d. h. Schlüsse nach dem Modus ponens, abgeleitet aus dem göttlichen Aristoteles. Aber sie sind nicht bereit, einen Blick durchs Fernrohr zu werfen. Das war zu Anfang des 17. Jahrhunderts. Aber auch gut 100 Jahre später galt der einfache Modus ponens vielen noch immer als der Königsweg der Wahrheitsfindung. Newton hatte behauptet, die Erde sei wegen der Zentrifugalkraft an den Polen abgeplattet, andere Gelehrte hingegen beharrten auf der Kugelgestalt, wegen deren Vollkommenheit; beides waren Basissätze, die aus allgemeinen Gesetzen deduziert worden waren. Als aber 1737 Maupertuis eine Expedition nach Lappland ausrüstete, um an Hand von Gradmessungen eine der beiden konkurrierenden Hypothesen in einem Experimentum crucis zu falsifizieren, erregte das bei den älteren Mitgliedern der französischen Akademie noch immer einiges Kopfschütteln. Ich brauche Ihnen hier nicht lange mit Zitaten aus Christian Wolff oder Gottscheds *Weltweisheit* zu belegen, daß der Modus ponens, die Ableitung für wahr gehaltener Untersätze aus dogmatisch gesetzten Obersätzen, in den ersten Jahrzehnten des 18. Jahrhunderts noch immer die vorzügliche Methode des Argumentierens war, jedenfalls im Bereich der Weltweisheit. Es genüge der Hinweis auf die eher amüsanten Eiertänze, die nötig waren, wenn die abgeleiteten Sätze und die Realität konfligierten – wenn etwa Gottsched die Versrede und das Wahrscheinlichkeitspostulat durch die Behauptung miteinander in Einklang zu bringen suchte, auch in der Alltagsrede neigten wir zur alternierenden Betonung. Gerade der bekannteste Text Wolffs übrigens, die *Rede über die Sittenlehre der Sineser*, widerlegt im Modus tollens den Satz: ›Es gibt keine Hochkultur ohne Offenbarungsreligion‹, indem er auf China deutend sagt: ›Hier ist eine!‹ – dies freilich nur, um die These von der Allgemeinheit der Natur- und Vernunftgesetze zu stützen.

Halten wir nun eine kleine Umschau nach weiteren Beispielen für den Modus tollens in Lessings Argumentationen, so wird die Vielzahl der Bereiche deutlich, in denen er eine Rolle spielt. Etwa in der Argumentation gegen

Gottsched im bekannten Beispiel aus der *Vorrede* zu *Des Herrn Jakob Thomson sämtliche Trauerspiele*: »Bei einer einzigen Vorstellung« des *Kaufmann von London* seien mehr Tränen vergossen worden als bei allen möglichen Vorstellungen des *Sterbenden Cato* »nicht können vergossen werden« (G 4, S. 144). Die Frage also, ob ein Drama gut ist, kann nicht allein aus der Übereinstimmung mit deduzierten Regeln entschieden werden, sondern das Drama muß sich auch als Basisphänomen bewähren. Mehr noch, und damit kein Mißverständnis der Art entsteht, daß ich Lessing hier schon eine radikale Abkehr von jeder normativen Poetik unterstellen würde: Aus dem Basisbefund ergibt sich für ihn die Notwendigkeit einer Revision der Theorie, um die er mehr als ein Jahrzehnt lang in immer neuen Anläufen unter dem Begriff des Mitleidens ringen wird.

Doch der Modus tollens reicht auch hinein in Lessings eigene dramatische Produktion, und zwar schon an früher Stelle. Mit Recht ist darauf hingewiesen worden, daß die traditionelle Lustspieldoktrin, also die der Typen- und Verlachkomödie, im Widerspruch steht zur Idee der Toleranz.[3] Die Verlachkomödie hat als Hintergrund einen normativen Modus ponens. Vorausgesetzt wird normgerechtes Verhalten, das seinerseits in Vernunft und Natur begründet ist, und wer von solchem normgerechten Verhalten abweicht, wird dem Gelächter preisgegeben. In diesem Sinn spricht auch noch jener Brief an die Mutter aus dem Januar 1749, in dem Lessing die positiven Wirkungen der Komödie noch ausschließlich auf deren sozialdisziplinierende Funktion beschränkt. (B II/1, S. 14–19) Diese Rolle des Lustspieldichters als ›hämischen Kontrolleurs‹, wie Wilhelm Meister das ausdrückt[4], hat Lessing aber im selben Jahr bereits verlassen, wenn wir seiner eigenen Datierung glauben dürfen, nämlich mit dem Lustspiel *Die Juden*. Der Titel kündigt eine Typen- oder Ständesatire an, ruft im Erwartungshorizont des Publikums sämtliche einschlägigen Vorurteile ab, um sie im Verlauf des Stückes durch ein Basisphänomen, ein theatralisches freilich, zu falsifizieren. In diesem Falle haben wir das Glück, daß eine sehr explizite Reaktion aus dem Publikum vorliegt, die Rezension von Johann David Michaelis. Michaelis erscheint der Charakter dieses Juden unwahrscheinlich, und zwar sozusagen vom Standpunkt eines aufgeklärten, sozialpsychologisch argumentierenden Antisemitismus aus. Michaelis glaubt nicht,

---

[3] Michael Böhler: Lachen oder Verlachen? Das Dilemma zwischen Toleranzidee und traditioneller Lustspielfunktion in der Komödientheorie. In: Peter Freimark, Franklin Kopitzsch, Helga Slessarev (Hg.): Lessing und die Toleranz. Detroit und München 1986, S. 245–262.

[4] Goethes Werke. Hamburger Ausgabe. Hg. von Erich Trunz. Bd. 7, S. 95: Der »Lustspieldichter ist gleichsam nur ein hämischer Kontrolleur, der auf die Fehler seiner Mitbürger überall ein wachsames Auge hat und froh zu sein scheint, wenn er ihnen eins anhängen kann.«

daß unter einem Volke von den Grundsätzen, Lebensart und Erziehung, das wirklich die üble Begegnung der Christen auch zu sehr mit Feindschaft oder wenigstens mit Kaltsinnigkeit gegen die Christen erfüllen muß, ein solches edles Gemüt sich gleichsam selbst bilden könne [...] Bei den Grundsätzen der Sittenlehre, welche zum wenigsten der größte Teil derselben angenommen hat, ist auch eine allgemeine Redlichkeit kaum möglich, sonderlich da das ganze Volk von der Handlung leben muß [...] (G 1, S. 416)

Ich übergehe, was Lessing zu den dramaturgischen Voraussetzungen ausführt, die solche Unwahrscheinlichkeit beheben können. Voll zur Wirkung kommt der Modus tollens als Mittel der Falsifikation erst dadurch, daß Lessing am Ende seiner Erwiderung justament einem edlen Juden das Wort erteilt und einen Brief des Freundes Mendelssohn abdruckt. Damit wiederholt er in der Realität die Argumentationsweise, die er vorher in der dramatischen Fiktion angewandt hatte, nur für uns viel sichtbarer, weil die Deduktion von Michaelis, die hinführt zum Basissatz: ›Es gibt keinen edlen Juden‹, explizit vorgeführt wird und insgesamt in Frage gestellt werden kann durch Lessings Pointe: ›Hier ist einer‹.

In der Komödie *Der Freigeist* gibt Lessing gar eine Art von wissenschaftstheoretischem Exempel.[5] Adrast, als Freigeist ohnedies mit englischen Traditionen konnotiert (Collins wird ausdrücklich genannt), ist offenbar ein Vertreter der Baconschen Lehre der Induktion. Er hat seine »Begriffe«, wie er sagt, von »tausend Beispielen abgesondert«, also ›induziert‹: Alle Theologen sind Heuchler, es gibt keinen ehrlichen Theologen. Aber auch solche durch Induktion scheinbar empirisch gewonnenen ›Begriffe‹ enthalten immer einen kaum abschätzbaren Überschuß an Verallgemeinerung, müssen sich kritischer Prüfung aussetzen, wenn sie nicht zu ›Vorurteilen‹ gerinnen sollen. Der Theologe Theophan fordert Adrast denn auch zu einem Experiment an der Basis auf: »Stellen Sie mich auf die Probe.« (G 1, S. 477f.) Am Ende bekennt Adrast: »Theophan – Sie sind doch wohl ein ehrlicher Mann.« (G 1, S. 547)

Die Reihe der Beispiele ließe sich über *Minna von Barnhelm* bis hin zu den theologiekritischen Schriften verfolgen, sei aber hier abgebrochen.

Dem kritischen Verfahren, wie es sich mit dem Namen Galilei verknüpft, verdanken die Naturwissenschaften ihre großen Erfolge. Mit Lessing befinden wir uns an der Stelle, an der es über diesen Bereich hinaus auch in die Ästhetik,

---

[5] Vgl. Martin Kramer im Arbeitsbuch Lessing. Epoche – Werk – Wirkung. Hg. von Wilfried Barner u. a. 3. Aufl. München 1977, S. 107. Der knappe Hinweis ist besonders wertvoll, weil immer wieder die irrige Auffassung begegnet, die Deduktion sei der Induktion gewichen. Tatsächlich ist das kritische Verfahren ein Verfahren sui generis.

die Poesie, die allgemeineren gesellschafts- und weltkonstituierenden Diskurse hineinwächst. Wenn wir das nicht als einen bloß geistimmanenten Prozeß auffassen wollen, müssen wir nach den Ursachen fragen, genauer, nach der Problemlage, auf die dieses Phänomen antwortet. Dazu ist noch einmal ein Wort zur Natur der Basissätze zu sagen. Die Rezeption Poppers im deutschen geisteswissenschaftlichen Milieu leidet unter dem von der Frankfurter Schule in die Welt gesetzten Gerücht, daß es sich hier um eine Variante des Empirismus des Wiener Kreises handle, speziell: daß die Basissätze der Popperschen Konzeption ähnlich wie Carnaps Protokollsätze als sichere Abbildungen der Wirklichkeit aufgefaßt werden. Das ist falsch. Mag sein, daß die Wortprägung »Basissatz« zu diesem Mißverständnis beigetragen hat, und deshalb wurde auch vorgeschlagen, statt dessen von »Prüfsätzen« zu sprechen (Gunnar Andersson). Popper hat immer wieder betont, daß wir die Wirklichkeit immer schon im Lichte von Theorien wahrnehmen und daß deshalb auch die Basissätze immer theoriegetränkt seien. Die Basissätze, so heißt es schon 1934, in der ersten einschlägigen Publikation, »werden durch Beschluß, durch Konvention anerkannt, sie sind *Festsetzungen*.«[6] Sie sind das Ergebnis eines Konsens. Gegenüber anderen Sätzen haben sie allerdings zwei Vorzüge, die eng miteinander zusammenhängen:

1. Es ist vergleichsweise einfacher, sich über solche Sätze zu verständigen als über allgemeine Sätze. Über die Wahrheit des Satzes: »Dieses Stück Papier verbrennt«, ist eher Einigkeit zu erzielen als über generelle Aussagen zur Rolle des Sauerstoffs oder des Phlogistons bei der Verbrennung. Wenn aus solchen generellen Aussagen der Prüfsatz abgeleitet werden kann: »Unter den und den Umständen kann dieses Papier nicht brennen«, und es brennt doch, wird man auf Probleme der allgemeinen Aussage zurückschließen können. Man kann die Theorie allerdings auch durch Immunisierungsstrategien schützen, und dann muß das Verfahren der Konsensbildung scheitern. Gerade die *Antiquarischen Briefe* sind ein Musterfall dafür, daß man auch über Basissätze streiten kann. Sie sind aber auch ein Musterfall für die Methode der Konsensbildung, eine neue Methode der Konsensbildung, indem nämlich (im 151. Brief) die Rolle des Publikums als Richterrolle definiert, d. h. ein möglichst breiter einsichtiger Konsens gesucht wird.[7]

---

[6] Popper (Anm. 2), S. 71. Hervorhebung im Original.

[7] Da im Laufe der Tagung mehrfach Verwunderung darüber geäußert wurde, daß der Begriff des Konsens in einigen Beiträgen ausgerechnet zum Thema *Streitkultur* so breiten Raum einnahm, sei die folgende Trivialität eigens angemerkt: Konsens bedeutet nicht Harmonie, sondern ist unerläßliche Voraussetzung des – kultivierten – Streitens, etwa als Konsens über Kriterien der Gültigkeit von Argumenten.

2. Identische oder widersprechende Basissätze können aus verschiedenen Theorien abgeleitet werden. Wenn Galilei die Phasen der Venus durchs Fernrohr beobachtet, dann führt er zwei ganz heterogene Theorien zusammen, prüft sie aneinander: die Theorie, daß die Planeten um die Sonne kreisen, und die Theorie, daß die Linsen des Fernrohrs keine Chimären, sondern die Wirklichkeit zeigen. Er macht sie kommensurabel.

Die Logik des kritischen Verfahrens *basiert* auf Konsens hinsichtlich der gemeinsamen Prüfbasis, und sie *zielt* auf Konsens hinsichtlich der ›Kommensurabilisierung‹ heterogener Voraussetzungen – in einer sozial- und mentalitätsgeschichtlichen Situation, so muß man hinzufügen, in der Konsens nicht mehr selbstverständlich ist, weil die konsensstiftenden und gesellschaftsordnenden Instanzen, von der ständischen Definition der Ehre bis zur abschließenden Erklärung des Weltganzen, fragwürdig geworden sind. Es ist nicht eine bloß geistimmanente Entwicklung, keine ›Selbstbefreiung‹, die zur Herausbildung des kritischen Verfahrens führt, sondern dieses Verfahren ist die Antwort auf eine spezifische historische Problemsituation. Den nun eigentlich fälligen Exkurs zu den sozialgeschichtlichen Voraussetzungen dieser Situation, zur Entstehung des gebildeten Neubürgertums aus ganz heterogenen Ausgangspunkten und zum übergreifenden Prozeß der funktionalen Differenzierung kann ich an dieser Stelle unterlassen.[8] Jedenfalls besteht ein immenser Abstimmungsbedarf, muß eine neue, gleichsam flüssigere, flüchtigere und spontanere Form der Konsensbildung gefunden werden. Konsens wird nicht mehr mittels des Modus ponens aus unverbrüchlichen allgemeinen Gesetzen deduziert, zwanghaft als ewige, allen ›Vernünftigen‹ und ›Tugendhaften‹ einsichtige, nur in Einzelheiten jeweils neuer Applikation bedürftige Ordnung vorausgesetzt, sondern im Medium je neu zu ermittelnder gemeinsamer Erfahrung erarbeitet.

Wenn nicht mehr das Dogma die letzte Appellationsinstanz ist, sondern der Konsens, dann führt das zu einer tiefgreifenden Veränderung des Wahrheitsbegriffs, und dessen Konsequenzen sollen nun abschließend skizziert werden. In einem unabgeschlossenen Weltbild kann das Prinzip der zureichenden Begründung keinen Halt mehr finden. Jede Begründung heischt abermals nach Begründung, führt in einen infiniten Regreß; will man den Regreß irgendwo abschließen, so gelingt das nur durch Setzung eines Dogmas. Wird aber auch die Setzung eines Dogmas verweigert, so geht das an den Nerv des Begründungsverfahrens überhaupt.[9] Es ist kein fester Punkt mehr da, der als unver-

---

[8] Vgl. hierzu den Sektionsbeitrag von Marianne Willems in diesem Band.
[9] Zum ›Münchhausen-Trilemma‹ von infinitem Regreß, Dogmatisierung und Zirkel vgl. Hans

brüchlicher Anfang oder Abschluß des Denkens eingesetzt werden könnte, kein »Ich-bin« mit gottverbürgten eingeborenen Ideen, aus denen im Modus ponens die Welt konstruiert werden könnte, und auch keine sichere empirische Tatsachenbasis mehr, von der aus, wie Bacon meinte, die allgemeinen Sätze induziert werden könnten. Beide Seiten stecken im Unsicheren. Oder, um eine Wortprägung Hans Alberts zu verwenden, das »Offenbarungsmodell« der Erkenntnis, das Vertrauen in eine sichere Quelle der Wahrheit, hat auch in seiner säkularisierten Version ausgespielt. An die Stelle des Dogmas tritt der je neu zu erarbeitende Konsens, mit all seinen Unsicherheiten. Und an die Stelle der Begründung tritt die Bewährung.

Eine der deutlichsten Formulierungen dieser Wende vom Begründungs-denken zum Bewährungsdenken findet sich in Nathans Ringparabel. Der Streit der Brüder, wer den echten Ring des Vaters besitze, ist ja ein Streit um legitime Begründung von Religion und Herrschaft. Der Sultan meint, die Religionen seien »wohl zu unterscheiden [...] Bis auf die Kleidung; bis auf Speis und Trank!« Dem entgegnet Nathan: »Und nur von Seiten ihrer Gründe nicht.« (G 2, S. 278) Der Regreß der Begründung verliert sich im Ununter-scheidbaren, kann auch nicht durch Dogmatisierung abgebrochen werden, denn es liegen drei Dogmen miteinander in Konkurrenz, so daß sozusagen ein von allen anerkanntes Metadogma nötig wäre. Der Richter stellt ein Experi-mentum crucis an, fragt, welchen der drei Brüder die anderen beiden am meisten lieben, denn der echte Ring hat ja die Eigenschaft, vor Gott und Menschen angenehm zu machen. Als auf diese Frage keine Antwort erfolgt, schließt er schulgerecht im Modus tollens: »Eure Ringe sind alle drei nicht echt.« (G 2, S. 279) Angesichts dieser Sachlage vollzieht er schließlich die volle Wendung, weg vom Begründungs- und hin zum Bewährungsdenken. »Es strebe von euch jeder um die Wette, die Kraft des Steins an seinem Ring an Tag zu legen!« (G 2, S. 280)

Unabweisbar aber bleibt der Verdacht, daß alle drei Ringe falsch sind. Damit ist eine Problemverschiebung von säkularem Ausmaß signalisiert, die hier am Ende nur angedeutet werden kann. Wenn alle Rede von der Wahrheit dem raum-zeitlich kontingenten Konsensus ausgeliefert ist, dann droht der alte Begriff der Wahrheit zu verwaisen. Wahrheit wird zu einer regulativen Idee der

---

Albert: Traktat über kritische Vernunft. 5. Aufl. Tübingen 1991. Der Anhang von Alberts Buch kann zugleich dokumentieren, welche immensen Schwierigkeiten der Verzicht auf das (Letzt-)Begründungsprinzip manchen Philosophen auch heute noch bereitet. Es scheint da ein phylogenetisches Bedürfnis am Werk zu sein, das vermutlich auch für politisch-ideologische Re-Unifizierungs-Versuche der letzten 200 Jahre mitverantwortlich ist.

Kommunikation, und folgerichtig schätzt Lessing die Suche nach Wahrheit höher ein als ihren Besitz. Wahrheit in einem emphatischen Sinn jedoch, die wahre Wahrheit, rückt damit ins Verborgene. Das Problem des Umgangs mit solcher verborgener Wahrheit, so glaube ich, wird prägend für die geistigen Auseinandersetzungen im letzten Drittel des Jahrhunderts. Ob es sich um die Wiederentdeckung hermetisch-alchimistischer Geheimlehren handelt, um den Geniekult, um den Eklektizismus[10], den Gedanken eines unaussprechlichen Consensus aller großen Religionen und Weisheitslehren, um die Ausdifferenzierung eines Systems Poesie als der Stätte uneigentlicher Rede vom Ganzen: Dahinter steht der Gedanke von der verborgenen Wahrheit. Und die idealistische Geschichtsphilosophie an der Wende zum neuen Jahrhundert kann man als den kühnsten Versuch deuten, der verborgenen Wahrheit noch einmal eine Chance zum Erscheinen in der Geschichte zu geben – in »tausend tausend Jahren«. Er ist freilich ebenso gescheitert wie die späteren, trivialeren, brutaleren.

---

[10] Vgl. den Sektionsbeitrag von Hans-Georg Kemper in diesem Band.

Bernhard Greiner

Streitkultur des Als Ob: Komödie als transzendentale Bedingung des Streitens in *Minna von Barnhelm*

Wie auch immer in einem Streit eine Position sich durchgesetzt haben mag, durch bessere Argumente, brillantere Rhetorik oder durch strukturelle Gewalt (wenn die Vertreter der einen Position über die situativen Bedingungen des Streitens verfügen): soll der Sieg für mehr als einen Augenblick Dauer haben, so ist aufzuzeigen, daß auch die unterlegene Position das zu berühren und aufzunehmen vermag, was sie bisher abgewiesen hat. Und reziprok muß sich auch die siegreiche Position als fähig erweisen, zur Sprache zu bringen und sich anzueignen, was sie ausschließt. In der Geschichte des siegreichen Aufklärungs-diskurses ist es Lessing, der auf dieser Forderung insistiert und, indem er sie freilegt, zugleich erfüllt. Die Komödie *Minna von Barnhelm* erschließt sich aus der Aufgabe, zur Sprache zu bringen, was im Aufklärungsdiskurs nicht aufgeht, was ihn unterminiert und was er doch, um einer umfassenderen Aufklärung willen, in sich integrieren muß. Die Ordnung der äußeren, sozialen Existenz, kristallisiert im Prinzip der Ehre, ist vom Innern, vom Herzen her zu beleben, die rigide Ordnung moralischer Verantwortlichkeit von der Freiheit und der Lust des Spielens her, die Ordnung der Sprache, die klar definierte Relationen zwischen materiellem und ideellem Gehalt des Zeichens verlangt, analog von der Ambiguität des Zeichens, der Dialogizität des Wortes her. Das Verfehlen solcher Erweiterung um das Ausgeschlossene führt zur Tragödie, wie *Minna von Barnhelm* im Schaffen Lessings zwischen Tragödien steht, zugleich erweist sich die Komödienlösung aber als nur schwer zu erringen, zeigt sie sich als äußerst gefährdet, wie man zu *Minna von Barnhelm* gesagt hat, die Komödie trage in ihr einen hauchdünnen Sieg davon.[1]

Die Komödie ist nicht nur der Ort, da berührt und angeeignet wird, was im Aufklärungsdiskurs nicht aufgeht, sondern zugleich Medium dieses Prozesses. Die Integration des Ausgeschlossenen erfolgt, weil und insofern die Figuren

---

[1] Horst Steinmetz: *Minna von Barnhelm* oder die Schwierigkeit, ein Lustspiel zu verstehen. In: Wissen aus Erfahrungen. Festschrift für Herman Meyer. Hg. von Alexander von Bormann. Tübingen 1976, S. 152.

Komödie spielen. Hierin gewinnt das Stück seinen besonderen dramaturgischen Reiz, zugleich gründen hierin die Verschiebungen auf immer andere Ebenen der Handlung und Argumentation, die den Interpreten von jeher viel Kopfzerbrechen bereitet haben. Allen Regeln über den Aufbau einer dramatischen Handlung entgegen, ist Tellheims Unglück, um dessen Wende zum »Soldatenglück« es doch zu gehen scheint, durch keine der am Spiel beteiligten Figuren verursacht und trägt das Handeln der Figuren auch nichts zur Wende bei. Die Rehabilitation kommt von außen als ein »Deus ex machina Coup«[2]. Das Problem, von dem der Streit seinen Ausgang bzw. seinen Fortgang nimmt, ist schon gelöst, wenn der Vorhang sich hebt und die Figuren ihren Streit entfalten, nur wissen oder erkennen sie es nicht. Sie handeln, als ob das Problem noch bestünde. Das gilt auf der Ebene der äußeren wie der inneren Handlung: Tellheims Ehre ist schon wiederhergestellt, der Bote hat ihn nur noch nicht erreicht; die Verlobung ist mit Minnas Rückgabe des verpfändeten Rings neu bekräftigt, Tellheim verkennt dies nur als Zeichen der Lösung des Verlöbnisses. So steht das Handeln der Figuren in einem grundlegenden Als Ob (als ein Mißverhältnis von Sein und Bewußtsein). Von dem Augenblick an, da die Gesamthandlung der Komödie zu übersehen ist, manifestiert sich strukturell Komödie als komischer Kontrast von Konflikt und Konfliktlösung bzw. als »Diskrepanz zwischen Spielhandlung, die auf die Lösung des Konflikts abzielt und tatsächlich statthabender Lösung, die mit der Spielhandlung in keinerlei Zusammenhang steht«[3]. Dies Als Ob und damit Komödienhafte eines Handelns, das nur scheinbar auf Wandel der Ausgangssituation hin orientiert ist, eröffnet dann aber die Möglichkeit, ganz anderes zur Sprache zu bringen, das im Aufklärungsdiskurs hintangestellt ist. Bezogen auf die Ehre-Handlung spricht Minna es am Ende aus. Das Handeln der Figuren hat zum Wandel der Ausgangssituation nichts beigetragen, es ist offenbar gar nicht darum gegangen, sondern um das Verhalten von Figuren in Situationen, um das Offenbarmachen ihres Innern, um ihr Selbstverständnis, ihre Maßstäbe und Orientierungen; so resümiert Minna: »Nein, ich kann es nicht bereuen, mir den Anblick Ihres ganzen Herzens verschafft zu haben! – Ah, was sind Sie für ein Mann!« (IV/12; G 1, S. 700f.)

Das Stück exponiert den durchaus zeittypischen Widerstreit zwischen dem Anspruch der äußeren, sozialen Existenz, wofür die Ehre steht und dem Anspruch der inneren Existenz, des Herzens. Dieser Konflikt ist für bürgerliche Welt- und Selbsterfahrung charakteristisch. Das Prinzip Ehre ist in diesem

---

[2] Wilfried Barner, Gunter E. Grimm, Helmuth Kiesel, Martin Kramer: Lessing. Epoche – Werk – Wirkung. 4. Aufl. München 1981, S. 257.
[3] Steinmetz (Anm. 1), S. 149.

Streit nicht überholt, wir befinden uns nicht in einem Gottschedischen Besserungsstück, das von einer Einseitigkeit heilen will, unbezweifelte Ehre ist
vielmehr (bürgerlich-rechtliche) Voraussetzung für Dienstverhältnisse und
damit von existenzieller Bedeutung für Personen wie den güterlosen Adligen
Tellheim, der auf eine bezahlte Stellung angewiesen ist. Das Stück spielt vier
Versuchsanordnungen durch, um zu klären, ob die Forderung der Ehre mit der
Stimme des Herzens zu vermitteln sei und führt zum immer gleichen Ergebnis,
daß der Anspruch des Herzens vor dem der Ehre zurückzutreten habe.

I. Tellheim ist ohne Ehre und Minna erinnert an das Verlöbnis, aber der
ehrlose Tellheim weigert sich, Minna zu heiraten.

2. Minna gibt sich gleichfalls als entehrt. Jetzt besteht der Konflikt mit der
sozialen Existenz gar nicht, da scheinbar nun beide aus dieser hinausgeworfen
sind. Tellheim will im fernen Persien Dienste nehmen. Diese Konstellation
bringt das Problem des Stücks nicht voran, kam aber zeitgenössischen Eska-
pismuswünschen entgegen, nimmt den Zuschauer derart für Tellheim ein und
bestärkt den – falschen – Eindruck, daß Tellheim seine Überzeugung gewandelt habe.

3. Tellheims Ehre ist wiederhergestellt; Minna nimmt nun Tellheims früheren Standpunkt ein, daß ein Ehrloser nicht heiraten könne, um den anderen
nicht in seine Schande hinunter zu ziehen. Minna äfft dabei zwar Tellheims
Ehredenken nur nach: »Es ist eine nichtswürdige Kreatur, die sich nicht schämet, ihr ganzes Glück der blinden Zärtlichkeit eines Mannes zu verdanken!«
(V/9; G I, S. 697), aber der vom Zuschauer gewußte Unernst tut nichts zur
Sache; denn Tellheim nimmt die Position Minnas zunehmend für wahr. Er
erkennt sie als berechtigt an, spätestens, wenn er erfährt, daß der von ihm
versetzte Verlobungsring von Minna eingelöst worden ist, sie also wieder im
Besitz des Zeichens ist, mit dem sie sich ihm versprochen hatte. Dies führt bis
zur völligen Handlungslähmung, dem gefährdetsten Augenblick der Komödie:

> [Das Fräulein.] Tellheim! – Tellheim! [Der vor Wut an den Fingern naget, das Gesicht
> wegwendet, und nichts höret.] – Nein, das ist zu arg! – Hören Sie mich doch! […]
> (V/12; G I, S. 700)

Aber Tellheim hört nicht; er gibt die Möglichkeit zu, daß die vermeintlich
verstoßene, also ehrlose Minna die Verlobung mit ihm gelöst habe, weil er
solches Verhalten in Analogie zu seinem eigenen als berechtigt anerkennen
muß.

4. Der in seiner Ehre wiederhergestellte Tellheim erfährt, daß Minna nie
ihrer Ehre verlustig war. Jetzt besteht wieder Gleichheit, gibt es mithin gar
keinen Konflikt zwischen den Ansprüchen der Ehre und denen des Herzens.

Tellheim ändert seine Grundsätze nicht, was sich ändert ist die Versuchsanordnung. So wird auch verständlich, daß Minna ihr Spiel, verstoßen zu sein, weiterspielt, auch nachdem sich Tellheims Problem gelöst hat (während Franziska zweimal das Spiel beenden will: V/5; V/9). Denn mit der Wiederherstellung von Tellheims Ehre ist der Konflikt zwischen Ansprüchen der äußeren Existenz und der Stimme des Herzens keineswegs ausgetragen. Wenn dieser Konflikt gegeben ist, opfert Tellheim stets den Ansprüchen der Ehre die Liebe auf und projiziert diese Haltung auch auf Minna. Darum erkennt er nicht, daß Minna ihm ihren Ring zurückgegeben, die Verlobung damit bekräftigt hat, obwohl sie ausspricht, daß sie noch einen zweiten Ring habe (V/5; G 1, S. 689).

Minnas Spiel, verstoßen zu sein, scheinbar die Verlobung zu lösen und gerade nach Tellheims Rehabilitierung hierauf zu bestehen, hatte, wie Minna am Ende erläutert, den Sinn, das Innere Tellheims freizulegen, den »Anblick eines ganzen Herzens« zu verschaffen – können wir auch sagen: es herauszurufen? Jedenfalls stellt dies Spielen Tellheim auf die Probe, ob er, der im Konfliktfall den Ansprüchen der äußeren Existenz immer den Vorrang gibt, »für alles andere Gefühl verhärtet« ist oder ob er ein lebendiges Inneres hat. Diese Probe scheint Tellheim glänzend zu bestehen und ganz in Lessing-Manier. Denn Mitleid mit der vermeintlich Entehrten ist es, die seine Stimme des Herzens befreit, ihn zu einem unbedingt Liebenden macht, der bereit ist, gegen alle vermeintlich feindliche Außenwelt anzutreten. Aber war die Probe echt? Ist die wunderbare Stimme des Herzens, die Mitleid sprechen gemacht hat, nicht eigenartig entmächtigt, da sie keinen Konflikt mit den Ansprüchen der Ehre austragen muß? Denn sie erklingt in einem Raum jenseits gesellschaftlicher Existenz, während mit dem erneuten Bezug auf diese sogleich als berechtigt anerkannt wird, daß das ehrlose Fräulein sich dem in Ehre befindlichen Tellheim verweigert.

Im Streit zwischen Ansprüchen der Ehre und solchen des Herzens ist Vermittlung nicht möglich. Immer setzt sich das Prinzip der Ehre gegen die Liebe durch. Die Handlung aber, die zur Wiederherstellung der Ehre funktionslos ist, bringt unter der harten Kruste des auf vollständige Rehabilitation seiner Ehre beharrenden Offiziers einen empfindsam liebenden Menschen zum Vorschein. Als Mittel hierzu setzt die Komödie ein (und macht damit geltend), was der Aufklärungsdiskurs gleichfalls ausgrenzt als der Forderung des Ernstes und der Berechenbarkeit entgegenstehend, das Spielen. Medium aber der Reintegration des Ausgegrenzten sind Prozesse der Stellvertretung; so macht es sich die Komödie zur Aufgabe, in das Spiel von Stellvertretungen und d. h. von Zeichenrelationen einzuführen (insofern ein Zeichen immer für ein abwesendes steht), womit neben dem Herzen und dem Spiel das dritte entscheidende

Moment, das der rigide Aufklärungsdiskurs nicht zu akzeptieren vermag, in diesen reintegriert wird, die Ambiguität der Zeichen.

Minna von Barnhelm ist eine Komödie über gestörte und wieder einzurenkende Zeichenrelationen. An die Stelle der gestörten äußeren Zeichenrelation, der Geschichte des nicht bzw. falsch anerkannten Wechsels, auf die das Handeln der Figuren keinerlei Einfluß hat, tritt im Diskurs der Komödie das Geschehen um eine innere Zeichenrelation, das Spiel mit den Ringen. Zum Vorgang um den Wechsel: Der Wechsel als Zeichen hat einen materiellen Aspekt (die sächsischen Stände verpflichten sich, eine Summe an Tellheim zu bezahlen) und einen ideellen Aspekt (er verweist auf die Großmut Tellheims, den Ständen eine geringe Kontribution aufzuerlegen und sie den Ständen vorzuschießen). Die staatlichen Ämter Preußens haben den einen Aspekt vom anderen gelöst, sich den materiellen Aspekt angeeignet, indem sie ihm einen anderen ideellen (Bestechungsgeld der Stände) unterlegt haben. Zur Debatte steht, ob die von Tellheim geltend gemachte Relation von materiellem und ideellem Aspekt des Zeichens gültig ist, aber hierauf hat Tellheim keinen Einfluß. In seiner privaten Existenz nimmt Tellheim dann aber die analoge Aufspaltung eines materiellen und eines ideellen Aspekts am Zeichen vor. Er versetzt den Verlobungsring Minnas, d. h. er trennt den materiellen Gehalt des Rings, den Goldwert, von dessen ideellem, dem Verlobungsversprechen Minnas, beharrt auf dem ideellen Versprechen als weiterhin gültig, obwohl ihm, wie beim Wechsel, das materielle Unterpfand »aus den Händen gekommen« ist (vgl. IV/6; G 1, S. 678). Das ruft, so kann nach dem diskursiven Sinn des Stücks, nicht nach der ausgeführten Kausalität der Handlung, gesagt werden, die Geberin des Rings auf den Plan. Sie vereint das Getrennte wieder, spielt Tellheim den Ring wieder zu, aber in einem Spiel im Spiel (im Potenzieren des Spiels), das die Verlobung zu lösen scheint. Nicht ihren Ring, den Tellheim versetzt hat, scheint sie zurückzugeben und damit ihr Verlobungsversprechen zu bekräftigen, sondern den Ring Tellheims und damit dessen Verlobungsversprechen aufzulösen. Der Akt der Ringrückgabe, selbst ein Zeichen, ist zweideutig. Er bringt den materiellen und den ideellen Aspekt des Zeichens in einer Weise zusammen, die falsche Deutung provoziert (was Bekräftigung der Verlobung ist, hat die viel größere Wahrscheinlichkeit, deren Auflösung vorzustellen). Für den Zuschauer, der Minnas Spiel mit den Ringen durchschaut, ist das Komödienschema gesetzt; er erwartet die glückliche Lösung, während die Hauptfiguren auf eine tragische zuzusteuern scheinen. Das Netz des Scheins, die Verbindung des materiellen Aspekts des Zeichens mit seinem verkehrten ideellen, zieht sich zusammen, die Protagonisten drohen sich darin zu verfangen. Tellheim erkennt den Ring und damit die neue glückliche Vereinigung

von ideellem und materiellem Aspekt des Zeichens nicht, weil er am Zeichen
der Ringrückgabe den Widerspruch nicht annimmt zwischen erwartbarem
(Lösen der Verlobung) und tatsächlichem Gehalt (Erneuern der Verlobung im
Zeichen der Liebe). Tellheim sieht nicht – und darum hat man zu Recht
Blindheit als leitendes Motiv des Stücks erkannt[4], weil er etwas nicht vermag,
was offenbar Lernziel der Komödie ist, wozu der Zuschauer jedenfalls befähigt
wird: an *einem* Zeichen den materiellen/sozialen und den ideellen/auf das Herz
bezogenen Aspekt in beglückender Übereinstimmung und in latent tragischem
Widerspruch zugleich zu denken. Das aber heißt, am Zeichen einer grundlegenden Ambiguität inne zu sein, ohne einen Vorrang der einen Deutung vor
der anderen festlegen zu können, beide vielmehr als gleich-gültig anzuerkennen.

Während die Protagonisten sich in der Ambiguität der Zeichen zu verfangen
drohen, wird der Zuschauer in eine Position versetzt, in der er sie anzuerkennen
lernt. Auf der einen Seite weiß er um die Ringintrige Minnas, sieht er also, was
Tellheim nicht zu sehen vermag, auf der anderen Seite muß er Tellheims
Blindheit Berechtigung zugestehen. Das weist auf Verlachkomödie, wenn es
deren Wesen ausmacht, daß der Zuschauer von einer Position übergeordneten
Wissens die Mißverhältnisse durchschaut, denen die Figuren ausgesetzt sind.
So weit stellt sich die Komödie in die Tradition Gottscheds. Die Wirkungsgeschichte des Stücks widerspricht allerdings diesem Befund.[5] Die Position der
Übersicht, die Anerkennen der Ambiguität der Zeichen einschließt, scheint
doch wenig gesichert. Überwiegend wird Minnas Deutung des Spiels im Spiel
– sie wolle den zu stolzen Tellheim »ein wenig martern« (III/12; G 1, S. 663), ihn
von seiner Fixierung auf den Ehre-Standpunkt heilen, den Forderungen der
sozialen Existenz die Stimme des Herzens entgegensetzen – zur Lese- bzw.
Rezeptionsanleitung des Stücks, wobei genauere Interpreten notwendig einräumen müssen, daß diese Lesart nicht aufgehe. Die Urteile über das Stück
zeigen gerade nicht ein Anerkennen der Ambiguität der Zeichen, sondern ein
Eindeutig-machen-wollen, entsprechend ein Argumentieren in Oppositionen:
dies sei ein Stück über falsches Ehre-Denken oder gerade kein Stück über die
Ehre, es sei ein Besserungsstück oder gerade keines, ein Stück über die Stimme
des Herzens (entsprechend dem Zeitgeschmack der Empfindsamkeit) oder
eines, das dieser Stimme gerade nicht angemessenen Raum gebe usw. Bedürfnis

---

[4] Jürgen Schröder: Gotthold Ephraim Lessing: *Minna von Barnhelm*. In: Walter Hinck (Hg.): Die
   deutsche Komödie. Düsseldorf 1977, S. 49–65.
[5] Material hierzu: Barner u. a. (Anm. 2); Gerhard Stadelmaier: Lessing auf der Bühne. Ein Klassiker im Theateralltag (1968–1974). Tübingen 1980; Hans-Georg Werner (Hg.): Bausteine zu
   einer Wirkungsgeschichte: Gotthold Ephraim Lessing. Weimar 1984.

nach Eindeutigkeit wächst mit der Verwirrung, in die das Spiel den Rezipienten versetzt. Das Stück, das in Minnas Spiel im Spiel den Zuschauer/Leser in eine Position des Wissens, der Anerkennung der Ambiguität seiner Zeichen versetzt, stürzt ihn offenbar in der äußeren Handlung (in der es um die Bedeutung der Ehre für die Zukunft der Liebenden geht) in Ungewißheit und Verwirrung, auf die er mit dem Bedürfnis nach Unterscheidung, nach Eindeutigkeit reagiert.

Diese Verwirrung ist dem Zuschauer/Leser aber nicht als Ungenügen anzulasten, das Stück selbst legt es vielmehr auf sie an. Denn erst dies erklärt zureichend seine eigenartige Informationsstruktur, d. i. die völlig untypische Verteilung des Wissens in der Abfolge des Stücks.[6] Die Aufklärung über den zentralen Sachverhalt (worin denn die Kränkung Tellheims bestehe, ob sie falschem Ehre-Denken entspringe, ob entsprechend Tellheim ernsthafte Gründe für seine Weigerung, sich mit Minna zu verbinden, geltend machen kann), die Aufklärung hierüber erfolgt erst in der sechsten Szene des vierten Aktes, verlangt zudem Spezialwissen, um in seiner Tragweite verstanden zu werden (Wissen über die Verbindlichkeit von Wechsel-Geschäften, die im Krieg abgeschlossen worden sind, nach Friedensschluß), und die Aufklärung wird zudem von Kommentaren Minnas eingerahmt, die sie in ihrer Bedeutung entschieden herunterstufen. Unmittelbar bevor er zu seiner ausführlichen Erklärung anhebt, hält Minna Tellheim vor, daß er seine Umstände nicht richtig beurteilen könne und zu Übertreibungen neige (vgl. G 1, S. 677), unmittelbar nach seiner Erklärung wird er als »wilder unbiegsamer Mann« apostrophiert, der »nur immer sein stieres Auge auf das Gespenst der Ehre hefte« (vgl. G 1, S. 679). All dies lenkt den Zuschauer, die Zeichen des Spiels so zu lesen, daß es hier um falsches Ehre-Denken gehe, um einen übermäßig stolzen Mann, der sein Glück nicht der Liebe einer Frau verdanken wolle. Im Fortgang muß der Zuschauer dann aber erfahren und zugeben, daß die Zeichen des Spiels im Gegensinn zu lesen sind, daß Tellheim sich nicht ändert oder gar bessert, daß die Ehre (im bürgerlich-rechtlichen Sinn der Unbescholtenheit) keineswegs ein »Gespenst« ist (vgl. G 1, S. 679), sondern als Wert bekräftigt wird. Weiter muß der Zuschauer zugeben, daß die Handlung der Figuren, die sich um das Ehre-Problem Tellheims zu drehen scheint, zu diesem Problem gar nichts beiträgt, stattdessen ein ganz anderes Zentrum hat (den ganzen Anblick eines Innern zu verschaffen).

---

[6] Detailliert herausgearbeitet von Peter Michelsen: Die Verbergung der Kunst. Über die Exposition in Lessings *Minna von Barnhelm*. In: Jahrbuch der deutschen Schillergesellschaft 17 (1973), S. 192–252.

Die eine Reaktion auf diese Erfahrung wurde schon genannt, das Bedürfnis, Eindeutigkeit zu schaffen, die Ambiguität der Zeichen, statt anzuerkennen, nach einer Seite hin aufzulösen. Eine zweite Reaktion besteht darin, die Verschiebung mitzuvollziehen, die das Stück vornimmt, was heißt die Ambiguität der Zeichen, mit der das Spiel konfrontiert, zu depotenzieren; denn nun erscheint ein anderes Spiel im Zentrum, das Spiel, das die fühlenden Herzen zur Anschauung bringt, sei es unter der harten Schale des unbiegsam und stieren Blicks auf die Ehre fixierten Mannes, sei es unter der verfließenden Kontur einer schwärmerisch die gute Tat und erst abgeleitet hiervon den Täter liebenden Minna. Die Ambiguität der Zeichen ist zu ertragen, so kann als Quintessenz dieser Verschiebung formuliert werden, wenn deutlich wird, daß sie sich auf liebende, mitleidende, großmütig-edle Herzen bezieht und dieser Wert nicht selbst wieder der Mehrdeutigkeit verfällt.

Mit System versetzt die Komödie den Zuschauer in Verwirrung. Bezogen auf Minnas Spiel im Spiel ist er in der übergeordneten Position des Wissenden, wird er entsprechend zur Anerkennung der Ambiguität der Zeichen gebracht. Hinsichtlich der Rahmenhandlung um die Fragen der Ehre und Heirat wird ihm die Übersicht verwehrt, wird ihm Nicht-Anerkennen der Ambiguität der Zeichen suggeriert. In diesem Widerspruch ist ein wesentliches Wirkungspotential des Stücks zu erkennen. Wenn der Zuschauer sich als Wissender über die Erfahrungen der Figuren, über deren Sich-Verfangen in der Ambiguität der Zeichen, erheben will, muß er sich zugleich als ebenso beschränkt wie die Figuren, d. h. als die Ambiguität der Zeichen nicht durchschauend bzw. nicht ertragend, erkennen. Das erst bringt ihn in die Position des Mit-Leidens (sympathein), das, wie bekannt, für Lessing das entscheidende Medium moralischer Wirkung von Kunst ist. Was aber im derart geschaffenen Medium des Mitleidens gelernt werden soll, läßt sich nun mit Blick auf diese eigenartige Wirkungsstruktur des Stücks konkretisieren.

Am 7. August 1767, also kurz vor der Uraufführung der *Minna von Barnhelm* (im Druck war das Stück im Frühjahr 1767 erschienen) gibt Lessing (im 29. Stück der *Hamburgischen Dramaturgie*) seine vielzitierte Erläuterung zur Komödie:

> Die Komödie will durch Lachen bessern; aber nicht eben durch Verlachen; nicht gerade diejenigen Unarten, über die sie zu lachen macht, noch weniger bloß und allein die, an welchen sich diese lächerlichen Unarten finden. Ihr wahrer allgemeiner Nutzen liegt in dem Lachen selbst; in der Übung unserer Fähigkeit, das Lächerliche zu bemerken. (B 6, S. 323)

Dies Lächerliche bestimmt Lessings Komödie als Nicht-Zugeben, daß die Zeichen (des Spiels, der Sprache) den einen und zugleich dessen Gegensinn bezeichnen können. Wahrnehmenlernen dieses Lächerlichen als das Lernziel der Komödie erweitert den Aufklärungsdiskurs praktisch, da es nicht nur vergegenwärtigt, was dieser unterdrückt, sondern mit dem Anerkennen der Ambiguität der Zeichen zugleich das Medium etabliert, in dem das Unterdrückte in den Aufklärungsdiskurs integriert werden kann.

Das Spiel aber, das den Zuschauer befähigt, der Ambiguität der Zeichen inne zu sein, es als das zu Erlernende nicht nur bei den Figuren, sondern auch bei sich selbst wahrzunehmen, wird von Lessing als äußerst gefährdet gezeigt. Die sich manifestierende Ambiguität der Zeichen verschlingt die Figuren nur darum nicht, obwohl das Spiel dies streift, weil die gute Lösung von Beginn an gesetzt, d. h. das »Soldatenglück« auf der Ebene der äußeren Handlung (um Wechsel und Ehre) wie der inneren Handlung (um Ringrückgabe und Verlobung) schon immer gesetzt ist, dem Glücklichen nur die Augen geöffnet werden müssen. Ist Lessing da nicht selbst ein wenig Spieler wie sein Lieutenant Riccaut de la Marlinière, der im Spiel, damit es gut ausgeht, die Karten ein wenig gezinkt, sich mithin besondere Bedingungen geschaffen hat?

Preis der komplexen Wirkungsstruktur des Stücks, daß nicht nur die Figuren, sondern auch die Zuschauer sich verwirren lassen und so nicht nur für die Figuren, sondern auch für sich als Aufgabe erkennen, der Ambiguität der Zeichen inne zu sein, Preis weiterhin, daß die Entfaltung dieser Ambiguität sich nicht zur Tragödie entwickelt, ist ein bestochenes Spiel, als ein Spiel, das die gute Lösung schon vorweg gesetzt hat, was für Minna in der Ringintrige gilt wie für den Autor mit der Lösung von Tellheims Problem als von außen kommend und dem Spiel zeitlich vorausliegend. Solch bestochenes Spielen ist »Künstlichkeit« nicht nur in der Anlage des Spiels (mit der voraus gesicherten guten Lösung), sondern auch in seiner zeitlichen Situierung. Bekanntlich kann die Komödie ja nur an dem einen Tag spielen, da die gute Lösung schon gesetzt ist, den Betroffenen aber noch nicht erreicht hat. Vor diesem Tag würde das Spiel zur Tragödie, nach diesem Tag hätte es sich erübrigt. Wie aber steht solche Künstlichkeit von Konzeption und Durchführung zu der Grundforderung Lessings, die Poesie habe ihre »willkürlichen Zeichen« zu »natürlichen« zu machen?[7]

---

[7] »Die Poesie muß schlechterdings ihre willkürlichen Zeichen zu natürlichen zu erheben suchen; und nur dadurch unterscheidet sie sich von der Prose, und wird Poesie. Die Mittel, wodurch sie dieses tut, sind der Ton, die Worte, die Stellung der Worte, das Silbenmaß, Figuren und Tropen, Gleichnisse usw. Alle diese Dinge bringen die willkürlichen Zeichen den natürlichen näher; aber sie machen sie nicht zu natürlichen Zeichen: folglich sind alle Gattungen, die sich nur dieser Mittel bedienen, als die niederen Gattungen der Poesie zu betrachten; und die höchste Gattung der Poesie ist die, welche die willkürlichen Zeichen gänzlich zu natürlichen Zeichen macht. Das

Das hohe Maß an Künstlichkeit, durch das die Komödie ihr Wirkungsziel erst erreicht, zugleich Indiz des Prekären der Wende in die Komödie, weiß das Stück durch eine weitere Suggestion zu verschleiern, die eigenartigerweise in ihrer Widersprüchlichkeit noch nie ernst genommen worden ist, so »natürlich« ist offenbar dies künstliche Zeichen.[8] Lessings Komödie hat den vollständigen Titel: *Minna von Barnhelm oder Das Soldatenglück.Ein Lustspiel in fünf Aufzügen, verfertiget im Jahre 1763.* Das Stück datiert also die Zeit seiner Verfertigung nicht nach dem tatsächlichen Jahr (1767), sondern frei, in diesem Sinne willkürlich (»verfertiget im Jahre 1763«). Es suggeriert damit, daß es in eben der Zeit entstanden sei, in der es spielt. Das arbeitet der weiteren Suggestion vor, daß der Autor selbst sein Wissen erst mit dem Fortgang der Handlung erhalte, er darum die wesentliche Information so spät gebe, bzw. das Spiel überhaupt ablaufen lasse (weil er selbst nicht von Beginn an wisse, daß die Voraussetzungen des Spiels, das Problem Tellheims, sich schon erledigt hat). Literaturtheoretisch ist die Möglichkeit dieser Suggestion darin zu erkennen, daß der Widerspruch von faktischer und im Titel angegebener Entstehungszeit zwischen Stück und realem Autor einen fiktiven Autor einschiebt, der ausdrücklich der Zeit zugeordnet ist, in der das Stück spielt, d. i. im Jahr der Beendigung des Siebenjährigen Krieges. Diesem Autor wären die verzögerte Information und das Ablaufenlassen des Spiels, obwohl die Probleme der Figuren schon gelöst sind, anzulasten, aber sie können ihm nicht angelastet werden, weil offen gehalten ist, daß er sich in der Zeit der Figuren selbst bewegt, mithin deren Wissenshorizont nicht überschreitet.[9]

Was semiologisch auf der Ebene der Handlung wie des Rezipienten als Ambiguität der Zeichen entwickelt worden ist, die das Stück in den Aufklärungsdiskurs reintegriert, dem gibt Lessing, damit die »Künstlichkeit« der hierzu benötigten Veranstaltung »natürlich« werde, auf der Autor-Seite ein Pendant

---

ist aber die dramatische; denn in dieser hören die Worte auf, willkürliche Zeichen zu sein, und werden natürliche Zeichen willkürlicher Dinge.« (Brief an Nicolai vom 26. Mai 1769 anläßlich von Garves Rezension des *Laokoon*; B 11/1, S. 609f.).

[8] Helmut Göbel weist auf den Widerspruch hin, will aber die Angabe des Verfertigungsjahres im Titel »nicht wörtlich« nehmen: *Minna von Barnhelm oder Das Soldatenglück.* In: Lessings Dramen. Interpretationen. Stuttgart 1987, S. 45–86.

[9] Nimmt man die Zeitangaben der Figuren ernst, so weilt Tellheim schon eine längere Zeit (»seit Jahr und Tag«, I/1; G 1, S. 609) im Wirtshaus in Berlin, ist in dieser Stadt wegen der gegen ihn erhobenen ehrenrührigen Unterstellungen; also muß seit dem Friedensschluß (15.2.1763) schon einige Zeit verstrichen sein. Wenn das Stück auch im Jahre 1763 verfertigt sein soll, werden Zeit der Verfertigung und gespielte Zeit kongruent. Im zweiten Akt werden dann Monat und Tag des Spieltages genannt, der 22. August. H. Göbel (Anm. 8) hat herausgefunden, daß mit Wirkung dieses Tages in Berlin zur Klärung der vom Krieg noch anhängigen Wechsel-Verbindlichkeiten eine unmittelbar dem König unterstellte Wechsel-Commission eingesetzt worden ist.

in der Vervielfältigung des Autors, der Stimme, die spricht, derart im Einführen des Dialogischen bzw. Polyphonen im Sinne Bachtins[10] in den Diskurs der Komödie. Wie das Stück damit konfrontiert, daß seine Zeichen das eine und das diesem Widersprechende bedeuten, unterminiert es auch die Entscheidung der Frage, wer spricht? Es gibt immer zwei Stimmen, die des realen und die des fiktiven Autors, und was diese sagen, ist nicht dasselbe. So hat Lessing die Komödie zum Medium gebildet, Streit, der auf Unterscheidung und Abgrenzung zielt, in Dialogizität als Stimmenvielfalt zu überführen, die nicht mehr erlaubt, die in einem Text oder Drama sich artikulierenden vielen Stimmen in die Kohärenz eines Sinnes und eines Sprecher-Subjekts, das für solche Sinnkohärenz gutsteht, zusammenzuführen. Diese Botschaft ist bis heute aktuell; nicht zuletzt darum ist *Minna von Barnhelm* seit über zweihundert Jahren wie selbstverständlich auf dem Theater gegenwärtig.

---

[10] Michail Bachtin: Das Wort im Roman. In: Rainer Grübel (Hg.): Die Ästhetik des Wortes. Frankfurt 1979, S. 154–300.

Gunter E. Grimm

»O der Polygraph!«

Satire als Disputationsinstrument in Lessings literaturkritischen Schriften

Lessings Apotheose als des Wahrheitssuchers par excellence findet sich in zahlreichen Lessingbiographien von Erich Schmidt bis zur jüngsten, 1989 erschienenen Monographie von Gustav Sichelschmidt (*Lessing. Der Mann und sein
Werk*), die Lessing außerdem als »Idol männlichen Kämpfertums« anpreist.[1]
Der Topos vom Wahrheitskämpfer geht letztlich auf Johann Gottfried Herder
zurück. Er hat in seinem Nekrolog bekanntlich die einprägsame Formel vom
»edlen Wahrheitsucher, Wahrheitkenner und Wahrheitverfechter« geschaffen.[2]
Die Verbindung des Wahrheitsmotivs und der Kampfesmetapher hat vor allem
in der preußischen Historiographie zum Bild von Lessing als dem patriotischen
Verfechter preußischer Ideale geführt.[3] Sie findet sich jedoch schon bei Heine,
einem nationalistischer Anwandlungen unverdächtigen Autor. In der Schrift
Zur Geschichte der Religion und Philosophie in Deutschland charakterisiert er
Luthers Nachfolger als Schwertkämpfer: »Vor dem Lessingschen Schwerte
zitterten alle [...] Wen sein Schwert nicht erreichen konnte, den tötete er mit
den Pfeilen seines Witzes.« Diese seine Streitbarkeit habe Lessing ausschließlich
in den Dienst der Wahrheit gestellt:

> Merkwürdig ist es, daß jener witzigste Mensch in Deutschland, auch zugleich der
> ehrlichste war. Nichts gleicht seiner Wahrheitsliebe [...] Er konnte alles für die
> Wahrheit tun, nur nicht lügen.[4]

---

[1] Gustav Sichelschmidt: Lessing. Der Mann und sein Werk. Düsseldorf 1989.

[2] Johann Gottfried Herder: Gotthold Ephraim Lessing. Gebohren 1729, gestorben 1781. Erstdruck
im Teutschen Merkur. Weinmond 1781, S. 3–29; überarbeitet in: Zerstreute Blätter. Zweite
Sammlung. Gotha 1786. In: Herders Sämmtliche Werke. Hg. von Bernhard Suphan. Bd. 15.
Berlin 1888, S. 486–512, hier S. 510.

[3] Dazu Jürgen Schröder: Der »Kämpfer« Lessing. Zur Geschichte einer Metapher im 19. Jahrhundert. In: Herbert G. Göpfert (Hg.): Das Bild Lessings in der Geschichte. Heidelberg 1981
(Wolfenbütteler Studien zur Aufklärung IX), S. 93–114.

[4] Heinrich Heine: Sämtliche Schriften. Hg. von Klaus Briegleb. Bd. 5. München und Wien 1976,
S. 586.

Diese Apotheose war nicht aus der Luft gegriffen. Lessing hat sie nämlich selbst
in seinem Werk angelegt. Mehrfach betont er seine unverrückbare Liebe zur
Wahrheit, und das in der *Duplik* (LM 13, S. 23f.) gezeichnete Selbstporträt vom
ewig und unablässig nach Wahrheit strebenden Menschen bildet den Keim
dieser »Lessing-Legende«.

Das im Rahmen der theologischen Auseinandersetzung geschaffene Bild
wurde, einem Ganzheitsverständnis biographischer Literaturgeschichtsschreibung entsprechend, auch auf Lessings andere Tätigkeiten übertragen. Alles, was
Lessing verfochten habe, sei – so lautet der Tenor dieser Legende – im besten
Wissen und reinen Herzens geschehen. Zu Recht daher seine Polemik und
seine Vernichtung mittelmäßiger Literaten und mediokrer Gelehrten! Wieder
hat Heine in seiner unverwechselbaren Diktion ein anschauliches Bild geprägt,
das fortan die Literaturgeschichten beherrschte:

> Mehre winzige Schriftstellerlein hat er mit dem geistreichsten Spott, mit dem
> köstlichsten Humor gleichsam umsponnen, und in den Lessingschen Werken er-
> halten sie sich nun für ewige Zeiten wie Insekten, die sich in einem Stück Bernstein
> verfangen. Indem er seine Gegner tötete, machte er sie gleichsam unsterblich.[5]

Wenn ich nun im folgenden dieses in den Wolken schwebende Idealbild ein
wenig auf den Erdboden zurückhole, so ist damit keineswegs eine Autoren-
schelte beabsichtigt. Es soll lediglich aufgezeigt werden, daß Lessings Literaturkritik nicht rückhaltlos seine nach wie vor beherzigenswerten Maximen verwirklichte, daß sie vielmehr auch ein Produkt interessenbezogener Literaturpolitik und persönlicher Motivation war. Zu diesem Zweck möchte ich den Blick
auf eine Methode lenken, das satirische Verfahren, dessen er sich mit besonderer Vorliebe in seinen literaturkritischen Schriften bedient. Aus dem Blickwinkel der traditionsreichen Satire und der zeitgenössischen Satirendiskussion
erhält manches Argument einen anderen Stellenwert, als es ihn im Rahmen der
jungen Gattung Literaturkritik besitzen kann.

Geht man von der griffigen Satirendefinition aus, die Jürgen Brummack
1971 gegeben hat, Satire sei »ästhetisch sozialisierte Aggression«[6], und berücksichtigt die neuerdings zu Recht erhobenen Einwände Helmut Arntzens gegen
diese etwas hierarchische Definition, so manifestiert sich Satire als »sprachäs-
thetische Darstellung von Entrüstung«, und sie entsteht, wenn ihre Textur als

---

[5] Ebd., S. 586.

[6] Jürgen Brummack: Zu Begriff und Theorie der Satire. In: Deutsche Vierteljahrsschrift für Literaturwissenschaft und Geistesgeschichte 45 (1971). Sonderheft Forschungsreferate, S. 275–377,
hier S. 282; vgl. auch ders.: Satire. In: Reallexikon der deutschen Literaturgeschichte. Bd. 3. Hg.
von Werner Kohlschmidt und Wolfgang Mohr. 2. Aufl. Berlin und New York 1977, S. 601–614.

Textur von Negativität bzw. ›Verkehrtheit‹ lesbar ist und das Dargestellte »gewissermaßen seine eigene Abschaffung mitproduziert«[7]. Satire bewegt sich in einem kausal und final strukturierten Motivgefüge. Sie konstituiert sich aus einem subjektiven Grund: der Entrüstung, und einem moralistischen Appell: der Destruktion des dargestellten ›verkehrten‹ Bewußtseins, und verfolgt dieses aggressive Ziel in ästhetisch instrumentalisierter Form.

Bei seinen Zeitgenossen galt Lessing zwar nicht als Satiriker, wohl aber als Autor, der sich der satirischen Schreibe bediente.[8] Das *satirische Verfahren* läßt sich jedenfalls in fast allen seinen polemischen Auseinandersetzungen beobachten, in den antiquarischen mit Klotz, den altphilologischen mit Lange, den pädagogischen mit Basedow und vor allem den theologischen mit Johann Melchior Goeze. Auch in der Literaturkritik versucht Lessing, seine literarischen Gegner zu Objekten der Satire zu machen. Seit Hans Werner Seifferts Entschlüsselung von Lessings Chiffren als *flagello* muß das Selbstverständnis Lessings als eines Kritikers, der die Geißel der satirischen Züchtigung schwingt, als gesichert gelten.[9] Daß er – ohne ihn namentlich zu nennen – dabei an Liscow und dessen beliebtes Verfahren der deductio ad absurdum dachte[10], liegt auf der Linie von Wielands (in den *Sympathien* von 1756 erhobenen) Forderung nach einem neuen, die übermütigen Geister peitschenden Liscow.[11]

---

[7] Helmut Arntzen: Satire in der deutschen Literatur. Geschichte und Theorie. Bd. 1: Vom 12. bis zum 17. Jahrhundert. Darmstadt 1989, S. 1–17.

[8] In der Darstellung von Friedrich Wilhelm Ebeling: Geschichte der komischen Literatur in Deutschland seit der Mitte des 18. Jahrhunderts. Bd. 1. Leipzig 1869 wird ausführlich Lessings Auseinandersetzung mit Klotz behandelt (S. 210–397). Christian Adolf Klotz hat Lessing einen »oft mehr als bloß satirischen Stil« vorgeworfen (LM 10, S. 436), und Lessings von Ironie triefende Erwiderung, er bedaure, wenn sein Stil bloß satirisch sei, er intendiere jedenfalls mehr, er wolle nämlich »treffend« sein, widerlegt den Vorwurf keineswegs. Immerhin hat Lessing Epigramme und Lustspiele mit satirischen Zügen verfaßt. Seine Epigramme hält er selbst nicht für »zu beissend und zu frey« (LM 5, S. 36), das Lustspiel *Der junge Gelehrte* indes erscheint ihm als Beispiel, in dem er seine »ersten satyrischen Waffen« gegen das gelehrte »Ungeziefer« wendet (LM 5, S. 270). Lessing hat Swift, den größten englischen Satiriker, geschätzt: »ein englischer witziger Kopf, welcher oft das Lächerliche übertrieb, um es desto glücklicher zu bestreiten.« (LM 5, S. 399f.)

[9] Hans Werner Seiffert: Neues über Lessings Literaturbriefe. In: Festschrift zur 250. Wiederkehr der Geburtstage von J. W. L. Gleim und M. G. Lichtwer. Hg. von Gleimhaus. Halberstadt 1969, S. 65–79; vgl. auch Wolfgang Albrecht: Kritik, Polemik und Ästhetik im Zeichen der Gelehrsamkeit. Lessings Beitrag zu den *Briefen, die neueste Literatur betreffend*. In: Impulse 9 (1986), S. 115–152.

[10] Vgl. dazu die Ausführungen Christian Ludwig Liscows in seiner Schrift *Unparteyische Untersuchung der Frage: Ob die bekannte Satyre, Briontes der Jüngere* […] *mit entsetzlichen Religionsspöttereyen angefüllet, und eine strafbare Schrift sey?* In: Christian Ludwig Liscow's Schriften. Hg. von Carl Müchler. Teil 2. Berlin 1806. Reprint Frankfurt a. M. 1972, S. 83–258, hier S. 185f.

[11] Wielands Gesammelte Schriften. Hg. von der Dt. Kommission der Kgl. Preuß. Akademie der Wiss. Erste Abtlg. Werke. Bd. 2. Hg. von Fritz Homeyer. Berlin 1989, S. 492–495.

Schon 1760, im *105. Literaturbrief*, stellt Lessing das Programm des idealen Kunstrichters auf. Streng wendet er sich gegen die Vermengung von Sachurteil und persönlicher Verunglimpfung. Die goldenen Worte seien hier zitiert, weil sich Lessing an ihnen selbst messen lassen muß.

> Ich habe immer geglaubt, es sey die Pflicht des Kriticers, so oft er ein Werk zu be-urtheilen vornimmt, sich nur auf dieses Werk allein einzuschränken; an keinen Verfasser dabey zu denken; sich unbekümmert zu lassen, ob der Verfasser noch andere Bücher, ob er noch schlechtere, oder noch bessere geschrieben habe; uns nur auf-richtig zu sagen, was für einen Begrif man sich aus diesem gegenwärtigen allein, mit Grunde von ihm machen könne. (LM 8, S. 237)

Ähnlich heißt es 1768, im *57*. der *Antiquarischen Briefe*. (LM 10, S. 436) Bleibt zu fragen, ob Lessing in seiner eigenen kritischen Praxis sich an diese Maxime hält?

Bekannt ist seine Fehde mit Gottsched. Lessing schreckt bei der Demontage einer bereits angekratzten Autorität nicht vor persönlicher Verunglimpfung zurück, aber auch nicht bei einem Autor, bei dem er einen Angriff gegen sich selbst allenfalls vermuten konnte: bei Christoph Martin Wieland. Ich übergehe hier diesen Tatbestand, der hart an der Grenze zur üblen Nachrede steht.[12]

Eine Bündelung beider Vorgehensweisen, der menschlichen Diskreditierung und der literarischen Destruktion, findet sich in Lessings Vorgehen gegen Johann Jakob Dusch, den 1725 in Celle geborenen, 1748 zum Dichter ge-krönten Professor und Direktor des Gymnasiums in Altona, den vielseitigen und hochgeschätzten Verfasser von Oden, Elegien und Satiren, von Schäfer-gedichten und beliebten »komischen Heldengedichten«.

Lessing hat Duschs Werke an vier Stellen besprochen. 1755 bescheinigte er Dusch noch den Ruf »eines schöne Geistes«.[13] In den beiden Rezensionen, die Lessing vier Jahre später über zwei Schriften Duschs verfaßte, eine Übersetzung der Werke Popes und das Originalprodukt *Schilderungen aus dem Reiche der Natur und der Sittenlehre*[14], unterscheidet sich die Tonart gravierend vom frü-heren positiven Statement. Wenn Lessing den Verfasser als »eine der fruchtbar-

---

[12] Vgl. Adolf Baumann: Studien zu Lessings Literaturkritik. Zürich 1951, S. 85f. Auch wenn der Staigerschüler zuweilen zu einer realistischen Revision gängiger literaturhistorischer Urteile gelangt, so ist dennoch gegenüber seinen voreingenommenen Wertungen Vorsicht am Platze. Dokumente zum Verhältnis Wielands gegenüber Lessing sind abgedruckt in der Edition: Gott-hold Ephraim Lessing: *Briefe, die neueste Literatur betreffend*. Mit einer Dokumentation zur Entstehungs- und Wirkungsgeschichte. Hg. von Wolfgang Albrecht. Leipzig 1987, S. 413–421.
[13] *Berlinische Privilegierte Zeitung* vom 28. Januar 1755 (LM 7, S. 7).
[14] Im *2*. und im *41. Literaturbrief*. Zur Auseinandersetzung Duschs mit Lessing vgl. die Doku-mente in Lessing: *Literaturbriefe* ed. Albrecht (Anm. 12), S. 421–441.

sten Federn unsrer Zeit« apostrophiert, so wendet er dieses an sich neutrale Etikett sofort ins Negative. Er berichtet nämlich, die *Bibliothek der schönen Wissenschaften* hätten von den bisher erschienenen drei Bänden lediglich den ersten besprochen. Und wieso? Weil man bei der leisesten Kritik an Dusch ein Schock von Erwiderungen gewärtig sein müsse; jede Kritik verwandle er in eine Streitigkeit. Und dies sei der Grund, weshalb friedliche Menschen sich nicht mehr mit ihm abgeben wollten. Damit ist die Konstellation, in die Lessing Autor und Kritiker drängt, bereits skizziert: der Autor als Streithammel, der Kritiker als friedfertiger, aber um der Sache willen zum Streit genötigter Märtyrer.

Was aber muß nachgetragen werden, um die ganze Angelegenheit in ein anderes Licht zu rücken? Zum Beispiel der Tatbestand, daß die *Bibliothek der schönen Wissenschaften und der freyen Künste* ein Organ des Berliner Buchhändlers und Lessingfreundes Friedrich Nicolai war. Die *Briefe die neueste Litteratur betreffend* stammten bekanntlich aus demselben Hause. Man hat es also mit *einer* Partei zu tun, und wenn ein rezensierter Autor (wie Dusch) sich gegen die Parteilichkeit und Ungerechtigkeit der »Berliner« ausspricht, so versteht es sich, daß die angegriffene Partei umgehend ihre anderen Publikationsorgane mobilisiert.

Just diese Auftrags- oder meinetwegen Gesinnungs-Arbeit verrichtet Lessing im 41. *Literaturbrief.* Was er hier über den Verfasser sagt, überschreitet genau die Grenze, die er stets einzuhalten empfiehlt. Wenn er vorgibt, er habe die *Schilderungen* nicht gelesen, nur darin geblättert, so suggeriert diese Fiktion, bei Duschs Schriften genüge bereits das flüchtige Durchblättern für ein begründetes Urteil. Das Werk erscheint ihm als Cento, als ein aus lauter Lektürebrocken zusammengesetzter Flickenteppich, Dusch selbst als ein schwatzhafter Autor, »der andre mit der allerunglaublichsten Freyheit ausschreibet«. (LM 8, S. 95)

Das beliebteste Verfahren Lessings ist es, dem Kritisierten Ungereimtheiten, also logischen Unsinn, vorzuwerfen. Ein Beispiel.

Im Oktobermonat der *Schilderungen* schreibt Dusch:

> Uns beyde, o Doris, wird der Tod dahin führen, wo unsere Väter seit der Sündfluth schlafen. Wir werden nicht gegen dieses allgemeine Gesetz der Sterblichkeit murren, nicht zittern, unsern Tod zu sehen. Aber wollte der Himmel uns einen Wunsch gewähren, so sollte kein Auge den Verlust des andern beweinen! Eine Stunde sollte unser Leben schliessen; zugleich sollte in einem Seufzer unser Athem entfliehen.

Dazu Lessing:

> Nun ja doch, ja; wir merken es wohl, daß von dem lieben Paare keines das andere überleben will. Aber sagen dem ohngeachtet die Worte: *so sollte kein Auge den Verlust*

des andern beweinen, nicht ganz etwas anders? Ihnen zu Folge wünschet Herr *Dusch*,
daß keines von ihnen *einäugig* werden möge; nicht aber, daß keines das andere überleben möge. Denn nur alsdenn, wenn man das Unglück hat, *einäugig* zu werden,
beweinet ein Auge den Verlust des andern. Und auch für dieses Unglück bewahre ihn
der Himmel! Denn eine einäugige Doris, und ein einäugiger Liebhaber sind freylich
ein trauriger Anblick. (LM 8, S. 97)

Es wird deutlich, daß Lessing hier eine grammatisch ambivalente, jedoch kon-
textuell semantisch eindeutige Aussage in eine andere als die intendierte Richtung hin auslegt, ihr dadurch einen komischen Effekt abgewinnt und den
Autor lächerlich macht. Es handelt sich natürlich um ein absichtsvolles Mißverstehen, ein von Lessing auch gegenüber anderen Dichtern, etwa Klopstock,
praktiziertes Verfahren. Für Lessing – er macht daraus kein Hehl – ist Dusch
ein Vielschreiber, der »ohne zu denken schreibt«. Dessen Praxis widerspricht
Lessings von früh auf praktizierten Grundsatz, nur das zu schreiben, was man
denken könne. Lessing hat diese Maxime im Zusammenhang mit der Emp-
findsamkeitskritik formuliert, aber sie richtet sich selbstverständlich gegen das
Nicht-Denken in seiner umfassenden Form. Auf die Abkanzelung Duschs folgt
eine strategische Finte, mit der Lessing seine eigene Glaubwürdigkeit legitimiert. Er zitiert nämlich eine gelungene Partie aus Duschs Werk, um den
Verdacht des Lesers zu zerstreuen, hinter seinem Tadel verberge sich ein unlau-
teres Motiv.[15]

Auch beim nächsten Schlag gegen Dusch im *77. Literaturbrief* vom Januar
1760 setzt Lessing den Vielschreiber-Topos effektvoll ein: »Herr Dusch hat
geschrieben, schreibt und wird schreiben, so lange er aus Hamburg Kiele bekommen kann [...]«, beginnt seine Besprechung und gipfelt im entrüsteten
Ausruf

O der Polygraph! Bei ihm ist alle Critik umsonst. Ja man sollte sich fast ein Gewissen
machen, ihn zu critisiren; denn die kleinste Critik, die man sich gegen ihn entfahren
läßt, giebt ihm Anlaß und Stoff zu einem *Buche*. (LM 8, S. 201)

Lessing nimmt sich eine anonyme Übersetzung von Vergils *Georgica* vor, die er
am Umfang und an spezifischen Fehlern gleich als eine Arbeit Duschs iden-

---

[15] Dusch war nicht der Mann, der den in den *Literaturbriefen* ausgesprochenen Tadel auf sich sitzen
ließ. Im *Altonaer Reichspostreuter* vermutet er, die negativen Kritiken seiner Pope-Übersetzung
aus der *Bibliothek* und den *Literaturbriefen* stammten vom selben Verfasser. Dies bestritt Lessing
zu Recht in der *Bibliothek* (4. Bd.) und in der Vorrede zur Fabelausgabe vom Herbst 1759.
Tatsächlich war Nicolai der Verfasser der *Bibliotheks*-Rezension. Vgl. *Literaturbriefe* ed. Albrecht
(Anm. 12), S. 439.

tifiziert. Auch die Detailkritik weist in dieselbe Richtung.[16] Akribisch rechnet
er Dusch philologische Fehler vor, und als Motiv dafür gibt er die »Belehrung«
an – Belehrung für den Übersetzer Dusch nämlich. Lessing inszeniert eine
Rollensituation: Der Kritiker als der große Lehrmeister, der Schulmann Dusch
als der unwissende Lateinschüler. Systematisch degradiert der Rezensent den
Autor zum Nichtskönner: Entweder Dusch übersetze *grammatisch falsch* oder
schlecht, oder er verstehe von der Sache nichts und übersetze deshalb *sachlich
falsch*. Die von Lessing meisterlich aufgebaute Fiktion ermöglicht ein arrogan-
tes Spiel mit dem armen Opfer. Sie bestätigt das Urteil des Anfangs: »Doch das
sind alles Kleinigkeiten! Sie haben uns wieder ein dickes Buch geliefert; und
dafür müssen wir Ihnen freylich verbunden seyn.« (LM 8, S. 214f.) Der Wirkung konnte sich Lessing sicher sein, der gebildete Leser mußte sogleich den
aus der Gelehrtensatire vertrauten Typus des geschwätzigen Vielschreibers as-
soziieren.

Ich formuliere das Resultat in Form einer *These*: Lessings satirisches Verfahren ist vordergründig nicht als satirisches erkennbar, weil es in einem
Kontext begegnet – der Literaturkritik nämlich –, der *nicht* der satirischen
Tradition angehört. Dem *Wesen* nach sind diese Texte jedoch satirisch, weil die
Verzerrung der Wirklichkeit ihr Konstituens ist. Hierin sind sie der Groteske
benachbart. Lessing erschafft einen Popanz, den er dann einigermaßen mühelos
vernichten kann. Ein Verfahren, das er aus Liscows persönlicher Satire übernehmen konnte (nicht aus Rabeners allgemeiner Satire), und das er virtuos
angewandt hat. Wesentlich ist diesem Vorgehen die *Personalisierung*.

Aber genügt die unterschiedliche literarische Parteigängerschaft, um diese
schonungslose *Vernichtungsstrategie* zu erklären? Vielmehr steht zu vermuten,
daß ein außerliterarisches Motiv dahintersteckt. Dusch hatte 1758 in *Briefen
über ›Miß Sara Sampson‹* Lessings Drama einer etwas kleinlichen Kritik unterzogen und als mögliche Wirkung allenfalls »kurzes Vergnügen über einen
unerwarteten Einfall«, keineswegs aber Erschütterung empfunden. Lessing gilt
ihm als »witziges, aufgewecktes Genie«; doch spricht er ihm, der »den Witz und
den Geist der anakreontischen Gedichte« besitze, »den Geist des Theaters« und
das Geschick zum »ernsthaften Lehrgedichte« rundweg ab.[17] Dies also der »ei-

---

[16] Dazu vgl. Norbert W. Feinäugle: Lessings Streitschriften. Überlegungen zu Wesen und Methode
der literarischen Polemik. In: Lessing Yearbook 1 (1969), S. 126–149; Peter Michelsen: Der
Kritiker des Details. Lessing in den *Briefen die Neueste Literatur betreffend*. In: Wolfenbütteler
Studien zur Aufklärung 2 (1975), S. 148–181.

[17] Brief über das Trauerspiel *Miß Sara Sampson*. In: Johann Jakob Dusch: Vermischte Kritische und
Satirische Schriften. Altona 1758, S. 46–76, hier S. 46; auch in Horst Steinmetz (Hg.): Lessing
– ein unpoetischer Dichter. Dokumente aus drei Jahrhunderten zur Wirkungsgeschichte Lessings in Deutschland. Frankfurt a. M. und Bonn 1969, S. 53.

gentliche« Grund für Lessings Gegenschlag im *41. Literaturbrief.* Für einen
Dichter, so kontert Lessing erbarmungslos, habe Dusch »nicht Witz und Er-
findungskraft genug«, und für einen Philosophen »nicht genug Scharfsinn und
Gründlichkeit«. Also mache er aus seiner doppelten Not gewissermaßen eine
Tugend und schreibe moralische Lehrgedichte; dazu reichten seine Gaben
gerade aus. (LM 8, S. 110) Eine besondere Bosheit, wenn man sich vergegenwärtigt, daß Lessing im *Laokoon* (Kap. XVII) die beschreibende Lehrdichtung
aus dem Reich der Poesie ausgeschlossen wissen wollte.

Lessing liefert mit seiner Kritik alles andere als eine sachbezogene Besprechung; sie ist vielmehr Ausdruck einer Vergeltungsaktion, bedient sich also
gerade der Vermischung von Privatem und Sachlichem, die er theoretisch so
entschieden ablehnt.[18] Es ist doch einigermaßen auffällig, daß der Heros der
neuen Literaturkritik selbst auf jede Kritik, die sich gegen ihn richtet, offenkundig idiosynkratisch reagiert – möglicherweise aus Unsicherheit, Existenz-
angst oder Geltungsbedürfnis. Ob indes solcherart nicht manche Urteile
entstanden, die weniger aus sachlicher Argumentation, als eher aus persönlicher Animosität entstanden? Ob sich deshalb nicht im einen oder andern Fall
eine Revision lohnt? Im Falle Duschs läßt sich das Zeugnis eines unverdächtigen Gewährsmannes anführen. Im Jahre 1765 hat Thomas Abbt, Lessings
Nachfolger bei den *Literaturbriefen,* Dusch immerhin »nicht zu den ganz
schlechten Köpfen« gerechnet und bekannt, er würde es bedauern, Rezensionen verfaßt zu haben, aus denen dem kritisierten Autor »ein wirklicher Nach-
teil« erwachsen wäre.[19] Diese Bedenken kannte Lessing freilich nicht.

Es ist deutlich: Lessing betreibt keine objektive Literaturkritik, sondern
Literaturpolitik, er schreibt als Parteiorgan der »Berliner«: Gleim und Kleist
werden gelobt, die Gegner getadelt.[20] Fragt man nach Lessings Motiven für
seine satirischen Feldzüge bzw. danach, wie sich die drei Satire-konstituieren-
den Elemente manifestieren – also subjektive Entrüstung, destruktive Tendenz

---

[18] Im *81. Literaturbrief* zitiert Lessing Duschs Sätze, allerdings in anderem Kontext, anläßlich der
Anzeige des Trauerspiels *Eduard der Dritte* von Christian Felix Weiße, einem Autor, der – wie
Lessing – durch anakreontische Lieder bekannt geworden war. Lessing bedient sich des Dusch-
Zitats, um einen Vorwurf gegen das Nebeneinander von anakreontischen Liedern und Tragödien bei Weiße zu konstruieren. Daß Dusch sich gegen ihn selbst gerichtet hat, verschweigt er.
Auch hier arbeitet er also mit einer Fiktion. Der Autor Weiße dient ihm nur als Alibi, um die
eigene Position zu legitimieren und Dusch abermals eins auszuwischen. Vgl. Baumann (Anm.
12), S. 38f.
[19] *Literaturbriefe* ed. Albrecht (Anm. 12), S. 440.
[20] Zur Parteilichkeit der *Allgemeinen Bibliothek* vgl. Duschs Vorrede zu den *Vermischten Kritischen
und Satyrischen Schriften.* Leipzig 1758. Lessings Replik findet sich im *16. Literaturbrief* (LM 8,
S. 39f).

und ästhetische Instrumentalisierung –, so wird man abermals auf das satirische Werk Liscows verwiesen. Dieser hat sich mehrfach um die Legitimation der Satire bemüht – in einer Zeit, in der es noch keine strikte Trennung zwischen moralischer und juristischer Dimension gab. Wo war die Grenze zu ziehen zwischen gesellschaftlich zulässiger und rechtlich einklagbarer Kritik? Der Ruf nach dem Büttel, nach der Obrigkeit, mit dem Liscow fortwährend konfrontiert wurde, war noch zu Lessings Zeit durchaus üblich, wie sein Streit mit Goeze zur Genüge belegt. Die Argumente Liscows behalten deshalb auch eine Generation später noch ihre Gültigkeit.

Zwar betont Liscow ständig die moralische Besserungsaufgabe des zum Arzt verklärten Satirikers. Daneben kennt er freilich noch ein anderes Motiv: die Bestrafung der hoffnungslosen Toren wenigstens zur Abschreckung der anderen. Hier enthüllt sich der eigentliche Zweck der Satire: die Denunzierung des Gegners. Indem Liscow die Satire von moralischen Zwängen (wie sie Gottsched noch anerkannte) befreit und sie scheinbar ganz in den Dienst der Wahrheitsverbreitung stellt, erhöht er die Vernichtung des Gegners zum »göttlichen Strafgericht«, in dessen Vollzug sich die gestörte Vernunftordnung wiederherstellt.[21] Bemerkenswert auch, daß die Praxis des Satirenschreibers von den humanen Maximen erheblich abweicht, daß die Trennung zwischen Privat-Menschlichem und Öffentlich-Schriftstellerischem nicht gewahrt wird! Unverkennbar rückt das *psychologische Motiv*, die Befriedigung der persönlichen Interessen, an die erste Stelle und relativiert damit die *soziale Absicht*, den satirisierten Gegner zu bessern. Besserung kann letzten Endes nur in Form einer Unterwerfung unter die Normen des Satirikers erfolgen. Mithin ist die Prämisse des Satirikers, er vertrete die Vernunft, eine Behauptung so anfechtbar wie das daraus abgeleitete Richteramt. Bleibt als letzter Punkt die *ästhetische Form*, die ja das Strafverfahren zwar nicht legitimiert, aber doch für Mitwelt und Nachwelt interessant macht.

Im Unterschied zu Liscows Opfern sind Lessings Gegner angesehene Persönlichkeiten, zum Teil berühmte und gefürchtete Autoritäten. Um sie satirisch bekämpfen zu können, bedarf es erst ihrer überzeugenden Deformierung. Am Schluß des inszenierten Verlachspiels steht die Verjagung des entlarvten Delinquenten aus dem Reich der schönen Kunst.[22] Vom Verhältnis Realität – Erfindung her betrachtet, ist Lessings fiktionale Leistung erheblich größer als die Liscows.

---

[21] Liscow (Anm. 10), Teil 2, S. 194 und 174f.

[22] Während zur Gottsched-Zeit der Kunstrichter als Experte der Kunstgesetze tatsächlich noch oberste Instanz darstellte und die Kunstwerke auf ihre Regelgemäßheit überprüfte, hat sich das Verhältnis Dichter – Rezensent – Publikum zur Lessingzeit dahingegend modifiziert: der Kri-

Im Rahmen des Zivilisationsprozesses hat Lessings Koppelung von Satire und Literaturkritik ihren symptomatischen Stellenwert. Er demonstriert seine Affekte nicht mehr unverhüllt. Die Öffentlichkeit fordert das Sublimieren von Vernichtungsstrategien, und Lessing zieht daraus die Konsequenz, daß er sie in literarische, gesellschaftlich sanktionierte Formen einbindet. Die als Literaturkritik getarnte Satire kann er unwidersprochen als »Streiten für die Wahrheit« ausgeben.

Was also die Nachwelt an Lessings Literaturkritik als so lesenswert empfindet, ist letzten Endes formale Kunst, in der ein Autor die literarischen Techniken souverän einsetzt, um seine persönlichen Zwecke zu erreichen. Lessings theoretische Maximen formulieren die Alibistruktur, die Kritiken selbst sind nicht unbedingt ihre Verwirklichung. Selbstverständlich schließt diese Motivation nicht das Vorliegen objektivierbarer, sachbezogener Argumente aus. Es geht hier lediglich um das Aufdecken verborgener Strukturen.

Lessing ein Satiriker? Es war nicht meine Absicht, der deutschen Literatur einen neuen Satiriker zuzuführen. Lessing hat keine Satiren geschrieben. Wohl aber hat er das satirische Verfahren in eine expositorische Gattung eingeführt und die Fiktion als literaturkritisches Instrument eingesetzt. Seine nicht geschriebenen Romane und Novellen finden sich in der Polemik, und ihr Fiktionsgrad übersteigt manches, was in fiktionalen Werken sui generis anzutreffen ist.

Da Lessings Urteil häufig unbesehen übernommen wurde, wäre eine »Rettung« mancher satirisierter Verfasser ganz im Sinne von Lessings »Rettungen«, aber *gegen* seine eigene Intention, durchaus angebracht. An Gottsched hat die neuere Literaturgeschichtsschreibung bereits einiges wieder gutgemacht. Im Falle des Dichters Johann Jakob Dusch scheint sich Heines Wort vom Insekt im Bernstein des Lessingschen Stils bewahrheitet zu haben.

Postscriptum: Mit diesen Bemerkungen zur persönlichen Motivation Lessingscher Verrisse soll nicht ihr gleichzeitiger sachlicher Wahrheitskern geleugnet werden. Die Verurteilung von Schoenaichs ledernen Epen, Gottscheds zusammengeflickter Poesie, Duschs harmlosen Idyllen, Klopstocks und Wielands Schwärmereien dokumentiert einen historischen Prozeß: die Überwindung der Empfindsamkeit, und zugleich die aufklärerische Skepsis (und Beschränktheit) gegenüber komplexen Gefühlen und enthemmten Leiden-

---

tiker tritt nun eher als Anwalt vor dem ästhetischen Gerichtshof auf, dem Publikum kommt die Rolle des Richters zu. Auffallend ist immerhin, daß Lessing dem zeitgenössischen Publikum keine definitive Autorität zubilligte; dies erklärt seine Appelle an die »Nachwelt« als das Publikum der Zukunft.

schaften. Beide Komponenten, die persönliche und die sachliche, wirken in Lessings Urteilen; der Essay will nur auf diesen Tatbestand hinweisen. Lessing ist sicherlich ein »Kämpfer für die Wahrheit« – »seine« Wahrheit, wie einschränkend hinzugefügt werden muß. Daß die historische Entwicklung ihm dabei weitgehend recht gab, macht die (historische) Bedeutung seiner Urteile aus.

Ortrud Gutjahr

Rhetorik des Tabus in Lessings *Nathan der Weise*

Die Sprache in Lessings *Nathan* wird von der Forschung weitgehend unter dem Aspekt einer glänzenden Überzeugungsrede in Fortsetzung des *Anti-Goeze* gelesen.[1] Die kunstvolle Rhetorik aber, mit der sich Lessing in diesem analytischen Drama seine »alte Kanzel«[2] wieder erobert und in kalkuliert inszenierten Überzeugungsdialogen und der Ringparabel eine bilderreich verschlüsselte Antwort auf die Frage nach der rechten Religion findet, gewinnt ihre Dramatik erst vor dem Hintergrund einer doppelten Entschlüsselung. Der Idee eines toleranten Miteinander über die Religionsgrenzen hinweg korrespondiert ein Familiendrama, in welchem entschlüsselt wird, daß einerseits in einer Vater-Tochter-Beziehung aufgrund unterschiedlicher Religionszugehörigkeit eine durch die Kirche tabuisierte religiöse Mischung stattgefunden hat und andererseits eine angestrebte Liebesverbindung zwischen der Tochter und ihrem Retter aufgrund des Inzesttabus nicht möglich sein kann. Der Entwicklung des Religionsdramas ist ein familiäres Liebesdrama bis an die Grenze des Tabus so eingeschrieben, daß sich die Frage nach der rechten Liebe zugleich als die Frage nach der Religion ohne Tabu erweist.

Zielt die schrittweise Entschlüsselung darauf ab, die familiäre Katastrophe zu vermeiden, so liegt die Dynamik des Rededramas zunächst darin, daß sich das Sprechen um die Übermittlung von Katastrophen zentriert. Gleich zu Beginn muß Nathan von seiner Bedienten Daja erfahren, daß die Tochter Recha beim Brand seines Hauses beinahe ums Leben gekommen wäre. Ihr Retter ist ein junger Tempelherr, dessen einziger Beruf es sei, »mit dem Schwerte drein zu schlagen« (656),[3] und der gerade erst selbst mit knapper Not dem Tod entgangen ist. Wir dürfen nicht vergessen, Ort der Handlung ist Jerusalem zur Zeit der Kreuzzüge. Die drei großen Religionen stehen in unerbittlicher

---

[1] Dies seit Schlegels Rede vom *Anti-Goeze Numero Zwölf.* Friedrich Schlegel: Kritische Schriften. Hg. von Wolfdietrich Rasch. München 1964, S. 366.
[2] Brief an Elise Reimarus vom 6.9.1778.
[3] Zahlen ohne weitere Angaben beziehen sich auf G. E. Lessing: *Nathan der Weise*, LM 3, S. 1–177. Zitiert werden die Verse.

Feindschaft und bis zu den Zähnen bewaffnet einander gegenüber. Leidtragender dieser Glaubenskriege war zunächst Nathan, dessen Frau mit den sieben Söhnen bei einem Judenpogrom im Hause seines Bruders verbrannte. Vom Feuertod bedroht ist Nathan selbst, wie es die stereotype, refrainartige Antwort des Patriarchen später deutlich macht,[4] seitdem er drei Tage nach der Vernichtung seiner Familie ein verwaistes Christenmädchen bei sich aufnahm und es an Kindes Statt aufzog.

Die Struktur jener Geschehnisse, die zur Vorgeschichte gehören, setzt sich in der Dramenhandlung selbst durch: Dem Greuel folgt unmittelbar eine gute Tat. Eine Tat allerdings, die selbst wiederum eine Gefahr nach sich zieht, die nicht durch eine erneute Tat, sondern nur durch das aufklärende Wort gebannt werden kann. Gerät Nathan in einer Zeit der Religionsfehde in Gefahr, durch die Sanktionsmacht der Kirche bestraft zu werden, wenn die Herkunft und damit Religionszugehörigkeit seiner Tochter bekannt wird, so geraten Tempelherr und Recha nach ihrem Zusammentreffen gerade dann in Gefahr, wenn sie nicht über ihre Herkunft aufgeklärt werden. Erzwingt die Rettung Rechas durch Nathan Verschwiegenheit, so fordert die zweite Rettung Rechas durch den Tempelherrn Aufklärung. Gerade die guten Taten sind es also, die neues Unheil nach sich ziehen können, wenn nicht zur rechten Zeit geschwiegen und zur rechten Zeit gesprochen wird.

Die dem Drama vorgelagerte Erfahrung Nathans von der Verzweiflung, die in Mitmenschlichkeit umzuschlagen vermag, vom Verlust, der einen Gewinn aus sich hervorbringt, konturiert auch den Verlauf der Liebesgeschichte zwischen Recha und Tempelherr. Vom Szenarium und der Anlage der Figuren her gewinnen wir zunächst den Eindruck, als erwarte uns ein Liebesdrama nach altbekanntem Muster. Ein junger Mann und eine junge Frau, die sich aufgrund äußerer Umstände eigentlich gar nicht begegnen können und schon gar nicht verbinden dürfen, treffen in einer unvorhersehbaren, außergewöhnlichen Situation aufeinander, fassen Zuneigung füreinander und versuchen, gegen alle Widerstände zueinanderzufinden. Unentschieden scheint uns bei dieser Eröffnung lediglich noch, ob die Probleme überwunden werden können und die Liebenden sich glücklich in die Arme sinken werden oder ob der Weg ins Unglück führt; ob also das Liebesdrama sich zur Komödie oder Tragödie entwickelt. In Lessings *Nathan* löst sich beides ein – und doch nicht unsere Erwartungshaltung. Die Schranken der Religion, die einer Verbindung hier im Wege zu stehen scheinen, werden durch die Familienzugehörigkeit aufgehoben, aber gerade diese macht aufgrund des Inzesttabus eine Verbindung völlig

---

[4] »Thut nichts! Der Jude wird verbrannt.« (169 u. w.).

unmöglich. Endet das Schlußtableau des *Nathan* mit der Regieanweisung: »(Unter stummer Wiederholung allseitiger Umarmungen fällt der Vorhang)«, so beginnt doch nun erst eigentlich jenes Drama von der Trauer um eine vereitelte Verbindung, die sich bereits bis zum Liebesgeständnis und Heiratswunsch artikuliert hatte. Das gute Ende ist so mit einer bitteren Erfahrung verbunden, der Gewinn mit einem tiefgreifenden Verlust.

Warum aber läßt Lessing seinen *Nathan* in dieser Ambivalenz, in einer solch schmerzlichen Versöhnungsszene enden? Das Bild einer Menschheitsfamilie, wie es sich im Schlußtableau darstellt, würde wohl kaum in sich zusammenstürzen, hätten sich in Recha und Tempelherr etwa Cousin und Cousine erkannt, die ihre Liebe zueinander in eine eheliche Gemeinschaft überführen könnten.[5] Warum also gestaltet Lessing in Spannung zur Religionsthematik eine Liebesthematik, die aufgrund des Inzesttabus mit dem Verzicht der leidenschaftlichen Liebe belegt ist. Folgt man bisherigen Interpretationen zum *Nathan*, so ruft dieses Ende zwar Befremden hervor, jedoch scheint die Vorstellung, daß damit eine versöhnliche Religions-Utopie entworfen wird, nicht tangiert zu werden.[6] Ich meine, daß Lessing die beiden Handlungsstränge seines Dramas so zueinander in Spannung gesetzt hat, daß sich die Religionsthematik wesentlich aus der Liebesthematik erklärt, mithin der Schluß des *Nathan* seine Qualität aus eben dieser Ambivalenz von Versöhnung und Verlust gewinnt.

Daß dieses Drama ambivalente existentielle Erfahrungen problematisiert, wird nicht nur aus der Aufeinanderfolge von lebensbedrohenden oder -vernichtenden Gefahrensituationen und Rettungstaten deutlich, sondern noch viel mehr durch die Bedeutung, welche der Sprache in einer solchermaßen bedrohlichen Umwelt, die sich des einzelnen auch von innen zu bemächtigen sucht, zukommt. Die physische Gewalt, die strukturell durch die historische Handlungssituation und individuell durch die erzählten Erlebnisse der Figuren präsent ist, manifestiert sich in der Gewalt der Rede. Die rhetorische Funktion der Metaphern, durch welche die Reaktion auf beunruhigende Nachrichten plastisch wird, macht deutlich: Die Wirkung, die von Gesprochenem ausgeht, kann so vernichtend sein wie Taten. Nathan reagiert auf die Nachricht, daß

---

[5] Helga Slessarev sieht in der Auflösung des Liebesverhältnisses zugunsten eines Schwester-Bruder-Verhältnisses die Idee eines gleichberechtigten Miteinander nach dem Modell Sittah-Saladin verwirklicht. Helga Slessarev: »Doppelte Moral« in der Sozialisation der Töchter bei Joachim Heinrich Campe und Gotthold Ephraim Lessing. In: Peter Freimark u. a. (Hg.): Lessing und die Toleranz. München 1986, S. 347–356, hier S. 355.

[6] Vgl. hierzu bspw. Jürgen Schröder: Gotthold Ephraim Lessing. Sprache und Drama. München 1972, S. 247, oder Cesare Cases: Lessings *Nathan der Weise*. In: Klaus Bohnen (Hg.): Lessings *Nathan der Weise*. Darmstadt 1984, S. 331–340, hier S. 337.

Recha beinahe verbrannt sei, mit der Furcht, daß es tatsächlich geschehen ist, und er bittet seine Bediente Daja: »Tödte mich: und martre mich / Nicht länger« (25–26). Auch Recha, die nach ihrer Rettung »Wie todt« (72) lag, wird im Gespräch mit Nathan noch einmal mit solch schmerzlichen Vorstellungen konfrontiert, daß Daja nun Nathan in höchster Besorgnis warnt: »Ihr tödtet sie!« (353). Im Versuch, Recha von der verklärten Vorstellung ihres Retters zu befreien, konfrontiert Nathan sie mit dem ungeheuren Vorwurf: »Und du hast ihn getödtet! -« (353), um nach der Schockwirkung die befreiende Variation der Aussage anzuschließen: »Hättst so ihn tödten können.« (354) Auch Daja sagt von sich »Ich wär' des Todes!« (853), als sie dem Tempelherrn das Geheimnis um Rechas Religionszugehörigkeit preisgibt.

Die drastischen Reaktionen machen nicht nur deutlich, daß hier Worte gesprochen werden, auf die es ankommt, Worte, die den Einzelnen foltern und in seiner Existenz bedrohen können, sondern sie intonieren auch immer über die jeweilige Gefahrensituation hinaus das tabuisierte Thema. So beklagt sich Nathan zunächst bei seiner Bedienten, daß sie ihn durch Worte in Furcht versetzt habe, um daran anschließend in rhetorischer Emphase auf jenen neuralgischen Punkt seines Lebens hinzuweisen, über den nicht gesprochen werden darf: »Warum erschreckest du mich denn? – O Recha! O meine Recha!« (28–29). Während Nathan in seiner Rede den Namen doppelt, entgegnet Daja mit der Doppelung des besitzanzeigenden Fürwortes: »Eure? Eure Recha?« (29) und greift damit ebenso emphatisch das Tabu seiner Vaterschaft an. Für Nathan ist das Bild, das Daja von der ja glücklich überstandenen Gefahrensituation Rechas entwirft, deshalb ein so hochgradig angstbesetztes Schreckensbild, weil es die Möglichkeit eines ganz anderen Verlustes mitthematisiert: Den Verlust seiner Vaterstellung. »Dies Eigenthum allein / Dank' ich der Tugend« (35–36) insistiert Nathan auf Vaterschaft und Besitzanspruch und lenkt in seiner Rede zugleich mit einer metonymischen Verschiebung auf die Besitztümer ab, die er durch kaufmännisches Geschick erworben hat und von denen er bereitwillig verschenkt.

Auch wenn Nathan zunächst noch auf einer geistigen Besitzstandswahrung gegenüber der Tochter beharrt, so zwingt ihn doch die Dramatik der Ereignisse zu einer Entschlüsselung des tabuisierten Bereichs und der Loslösung von seiner Eigentumsvorstellung, denn nachdem er vom Klosterbruder die wahre Herkunft Rechas erfahren hat, ist sie nur noch sein Pfand, und am Ende, als die verwandtschaftlichen Verhältnisse offenbar sind, ist sie niemandes Besitz mehr.[7] Im dramatischen Aufbau der Handlung nimmt die Figur der Recha eine

---

[7] Nathan, der durch persuasive und mäeutische Rhetorik die Lehrerfunktion in je asymmetrischen

Scharnierstellung zwischen Geistes- und Blutsverwandtschaft ein. Die neue verwandschaftliche Ordnung, in der die Stimme des Herzens, des Verstandes und der Natur zusammengeführt werden, stellt sich im Drama jedoch nicht durch bloßen Zufall, sondern vielmehr durch die notwendige Einübung in tolerante Mitmenschlichkeit her. Die Erziehung, die Nathan in den Gesprächen mit Recha und Tempelherr in diesem Sinne leistet, zielt auf eine schrittweise Annäherung an die Tabus mittels einer sprachlichen Reinigung von und durch Affekte. Aufklärung bedeutet hier also die Befreiung aus einer affektbedingten Unmündigkeit. Daß mit dem Sprechen über affektive Erlebnisse auch immer der Bereich mitthematisiert wird, über den eigentlich nicht gesprochen werden darf, und daß es dabei um Bedrohliches geht, von dem der Einzelne befreit werden muß, macht die Metaphorik der Überzeugungsszenen deutlich. So wird das Sprechen über das Feuer, das an die tödliche Erfahrung Nathans und die lebensbedrohende Rechas anknüpft, eingesetzt, um eine innere Gefahr zu verdeutlichen.[8]

Als Nathan über »Euphrat, Tygris und Jordan; über – wer / Weiß für Wasser all?« (179–180) reiste, war seine Tochter ohne väterlichen Schutz, ja sogar das dingliche Symbol seines Schutzes, sein Haus brannte nieder, und die Tochter geriet an Leib und Seele in Gefahr. Indem der Tempelherr sie aus den Flammen des Hauses rettete, stürzte er Recha in die Flammen ihres Gefühls, und sie gesteht dem Vater bei seiner Heimkehr: »Denn seit das Feuer mir / So nahe kam: dünkt mich im Wasser sterben / Erquickung, Labsal, Rettung.« (182–184) Rechas kontrastierendes Sprechen über Feuer und Wasser nimmt metaphorisch bereits ihre Veränderung vorweg, denn sie wird anders als der Tempelherr durch die Vernunft ihres Vaters von ihren Affekten gereinigt und so bereits im Vorfeld vor einer möglichen Tabuverletzung geschützt.

Nathan heilt Recha von ihrer Schwärmerei für den Tempelherrn wie von einer Krankheit durch eine Überzeugungsstrategie, die einer Redekur gleicht, insofern er sie durch sprachliche Bilder in ein Wechselbad der Gefühle taucht. Er führt Recha, die in ihrem Retter einen Engel sieht, durch Beispiele vor, daß die Tätigkeiten eines Schwärmers nur ihm selbst, nicht aber dem Angebeteten zu Nutzen gereichen: »Er wird / Nicht fett durch euer Fasten; wird nicht reich / Durch eure Spenden; wird nicht herrlicher / Durch eur Entzücken; wird nicht mächtiger / Durch eur Vertrauen. / Nicht wahr? Allein ein Mensch!« (313–317)

Dialogen einnimmt, gibt am Ende sogar seinen eigensten Besitz, nämlich seine Redemacht, auf und gesellt sich als Gleicher unter Gleichen in das stumme Schlußtableau.

[8] Die Bildlichkeit im *Nathan* hat bereits Helmut Göbel untersucht und herausgestellt, daß die Metaphern die psychische Situation der Sprechenden verdeutlichen. Vgl. Helmut Göbel: Bild und Sprache bei Lessing. München 1971, insbes. S. 154–195.

Durch die Anaphernbildungen »wird nicht« und »durch euer (eure/eur)« wird der Gegensatz zwischen der Tat und dem Gewinn für den anderen deutlich hervorgehoben. Der rhetorischen Frage schließt Nathan gleich selbst eine schlußfolgernde Antwort an, die er im Verlauf seiner Überzeugungsrede verstärkend wieder aufgreift. Dem schwärmerischen Dienst setzt er die Vorstellung vom kranken, hilfsbedürftigen Tempelherrn entgegen, um die Engelsvorstellung zu säkularisieren. Mit der über den Verlauf der Überzeugungsrede verteilten Steigerung »Allein ein Mensch!« (317), »genug es war ein Mensch« (343) und schließlich »Denn g'nug, es ist ein Mensch« (349) wird die Wirkungsabsicht der Überzeugungsrede geradezu modellhaft thematisiert: Der Tempelherr durchlebt in Rechas Vorstellung eine Metamorphose vom Engel zum Menschen über die Erzeugung von Furcht und Mitleid. Die kathartische Wirkung des Erziehungsgesprächs setzt sofort ein und kommt wiederum metaphorisch zur Sprache. Nathan löscht Rechas inneres Feuer, es befällt sie ein »kalter Schauer« (331), und ihre warme Stirn »ist auf einmahl Eis« (333). Daß die Affekte nun nicht mehr ihren Blick verstellen, wird Recha nach dem Gespräch mit dem Tempelherrn erlebte Gewißheit, wie sie Daja gegenüber äußert: »Nun werd ich auch die Palmen wieder sehn: / Nicht ihn blos untern Palmen.« (211–212)

Lessing beschreibt in der Überzeugungsszene zwischen Vater und Tochter nicht nur die Reinigung von Affekten durch die Evozierung von Gegenaffekten, sondern er thematisiert die kathartische Wirkung von Metaphern überhaupt. Bereits im _Anti-Goeze_ hatte Lessing mit der Wassermetaphorik den Bilderreichtum seines Stils reflektiert. Er spricht davon, »daß er gerade dann die ungewöhnlichsten Cascaden zu machen geneigt ist«, wenn er die Sache besonders durchdrungen habe und er »durch kaltes Nachdenken derselben mächtig zu werden gesucht habe.«[9] Die Bedeutung der Metapher liege nun gerade darin, daß sie »etwas von der Wärme und dem Leben natürlicher Zeichen«[10] zurückgebe. Auf die Gesprächsszene zwischen Nathan und Recha bezogen bedeutet dies, daß die Vernunfthaltung des Vaters, seine Lehrbestrebung, die Metaphorik braucht, um »der Wärme«, nämlich der Affekthaltung der Tochter, gerecht werden zu können und so allererst auch auf sie einwirken zu können.

Konnte der Tempelherr Recha aus den Flammen des Hauses erretten, so ist Nathan der Retter aus ihrem inneren Feuer, das sich nur mit Worten löschen läßt. Bereits im ersten Gespräch zwischen Nathan und Recha ist strukturell so die Dynamik des Liebesdramas aufgenommen. Nathan befreit Recha von ihrer,

---

[9] LM 13, S. 149.
[10] Ebd.

wie er es nennt »grausamen« Schwärmerei durch eine ebenso grausame Überzeugungsstrategie, mit der er über Furcht, ja sogar Todesfurcht Mitleid erzeugt
und so die Veränderung ihrer Empfindung einleitet: der Tempelherr wird vom
Engel zum Menschen, vom Geliebten zum Bruder.[11] Die Überzeugungsgewalt
des Vaters sublimiert die Sinnlichkeit der Tochter zur Caritas.

Diese Läuterung Rechas, die der Entschlüsselung des Tabus gleichsam als
Bedingung des guten Endes vorausgeht, ist unmittelbar mit der Religionsidee
verknüpft, wie sie in der Ringparabel ihren bildlich stärksten Ausdruck findet.
Am Ende des Gesprächs, als Recha den Vater fragt, ob der Tempelherr gewiß
nicht tot sei, und Nathan sein Täuschungsmanöver um der pädagogischen
Absicht willen enthüllt, kennzeichnet er Gott als einen diesseits tätigen Gott:
»Gewiß, nicht todt! – Denn Gott lohnt Gutes, hier / Gethan, auch hier noch.
– Geh! – Begreifst du aber, / Wieviel andächtig schwärmen leichter, als / Gut
handeln ist?« (358–361) Nathans Rede ist hier so geschickt ineinandergesetzt,
daß sich das Schwärmen sowohl auf den Tempelherrn als auch auf Gott beziehen läßt. Bereits im ersten Gespräch zwischen Vater und Tochter wird
formuliert, daß Religion und Liebe in Abgrenzung zur Schwärmerei sich allein
in Mitmenschlichkeit beweisen. Wie sehr sich Recha durch das Überzeu-
gungsgespräch mit Nathan verändert hat, zeigt sich im Dialog mit Sittah, in
dem sie nun selbst die Schwärmerei der Christin Daja kritisiert: »Ach! die arme
Frau, – ich sag' dirs ja – / Ist eine Christinn; – muß aus Liebe quälen; – Ist eine
von den Schwärmerinnen, die / Den allgemeinen, einzig wahren Weg / Nach
Gott, zu wissen wähnen!« (434–438). Recha hat ihre Lektion bei Nathan gelernt
und überträgt nun das Übel der Schwärmerei auf eine fixierte Gottesvorstel-
lung. Schwärmer sind diejenigen, die vorurteilsbelastet sind, so weiß auch
Saladin, nachdem ihm von Nathan die Ringparabel erzählt wurde. Als ihm das
wahre Verhältnis zwischen Nathan und Recha bekannt wird, warnt er den
Tempelherrn vor den Dogmatikern seiner Kirche: »Gieb ihn nicht / Sofort den
Schwärmern deines Pöbels Preis!« (420–421). Und als der Tempelherr bereut,
dem Patriarchen von einem Juden, der ein Christenmädchen bei sich aufzog,
berichtet zu haben, bezeichnet er sich selbst als »ein junger Laffe, / Der immer
nur an beyden Enden schwärmt« (250–251).

Auch wenn der Tempelherr, wie Recha, durch eine subtile Gesprächspäda-
gogik von seinem Schwärmen geheilt werden soll, so muß Nathan doch eine
andere Überzeugungsstrategie einsetzen, da das Erlebnis der Rettung für ihn

---

[11] Vgl. zur Bedeutung der Angst für die Aufklärung insgesamt: Christian Bergemann: Furcht und
Angst im Prozeß der Aufklärung. Zu Literatur und Bewußtseinsgeschichte des 18. Jahrhunderts.
Frankfurt a. M. 1987.

mit anderen Affekten besetzt ist. Er ist in doppelter Hinsicht verwirrt. Zum einen durch die Tat selbst, nämlich daß er als Christ ein Judenmädchen gerettet hat, und zum andern durch die Affekte, die durch die Rettungs-Begegnung mit Recha in ihm ausgelöst wurden. Wiederum steht die Feuermetapher für die Empfindung: »Ich brenne vor Verlangen« (536), gesteht er Nathan, und hat doch Angst in dessen Haus Recha zu besuchen, denn »Da brennts!« (708) nach seinem Empfinden noch immer, so wie er auch meint: »ich sprang zum zweytenmal ins Feuer« (362), als seine Werbung um Recha nicht umgehend positiv beschieden wird. Nathans Überzeugungsstrategie setzt beim Tempel-herrn bei seiner ursprünglichen Empfindung, der Verwirrung an, indem er ihn erneut verwirrt. So spricht der Tempelherr zunächst zu sich: »(Bald aber fängt / Mich dieser Jud' an zu verwirren.)« (465–466), dann bemerkt er, wie Nathan sich in ihn hineinversetzen kann, und bekennt: »Ich schäme mich / Euch einen Augenblick verkannt zu haben« (527–528), um schließlich zu fordern: »Wir müssen, müssen Freunde werden.« (531) Während Recha bereits beim ersten Gespräch mit Nathan von Affekten gereinigt werden kann und ihre innere Ruhe wiederfindet, »kocht« (181) es im Tempelherrn noch lange innerlich weiter. So kann er im Gespräch mit Recha auch nicht ruhig bleiben, sondern flieht vor ihr mit den Worten: »Gefahr für mich, für Euch, für ihn: wenn ich nicht schleunig, schleunig geh.« (176–177)

Die Äußerung des Tempelherrn wird von Daja als Ausdruck seiner Lie-besleidenschaft interpretiert. Die Gefahr, die jedoch mit dieser Leidenschaft verbunden ist, bezieht sich wiederum auf das Tabu dieser Liebe. Den Tem-pelherrn trifft die Enthüllung der Verwandtschaftsverhältnisse affektiv viel stärker, und er weicht zunächst vor Recha zurück, während Recha auf den Bruder zugeht, da sie durch die Überzeugungsstrategie Nathans bereits auf die Schlußsituation des Dramas eingestimmt wurde. Dabei ist gerade Recha durch die doppelte Entschlüsselung in besonderem Ausmaß von Veränderungen betroffen. Die Identitätsmerkmale, die ihr bisher zukamen, verschieben sich metonymisch, denn sie muß erfahren, daß Nathan nicht ihr leiblicher Vater ist, daß sie auf den Namen Blanda von Filneck getauft ist, daß der Tempelherr ihr Bruder ist und das Geschwisterpaar Saladin und Sittah Onkel und Tante. Durch den Brand des Hauses und die damit einhergehende Zerstörung bis-heriger väterlicher Ordnung wird ein Sprechen über die Tabus des Blutes und der Religion notwendig, mit dem für Recha die Identitätsmerkmale Herkunft, Name, Familienzugehörigkeit, Nationalität und Religionszugehörigkeit in eine neue Ordnung überführt werden. Sie ist nun allen Mitgliedern des Schluß-tableaus und damit auch dem jüdischen, christlichen und moslemischen Glauben verbunden.

Geprägt durch die Erziehungsstrategie Nathans verkörpert Recha Toleranz und Mitmenschlichkeit, die sich über das Gespräch und nicht über den Buchstaben herausgebildet hat. Im Gespräch mit Sittah stellt Recha ihre eigene Erziehung vor. Sie gesteht, daß sie kaum lesen kann, denn der Vater liebe nicht »Die kalte Buchgelehrsamkeit, die sich / Mit todten Zeichen ins Gehirn nur drückt« (384–385). Nur die Unterrichtung im gesprochenen Wort ergreife »Mit eins die ganze Seele« (391) entgegnet Sittah, und Recha weiß durch den Vater, daß die Bücher den Menschen nicht in seiner natürlichen Anlage belassen, »so unverkünstelt; / So ganz sich selbst nur ähnlich.« (396) Die Erziehung Nathans setzt sich in zweierlei Hinsicht vom Buch ab. Zum einen ist seine Vaterschaft nicht durch den Buchstaben legitimiert. Das einzige Vermächtnis, das Recha von ihrem leiblichen Vater erhält, ist ein Brevier, in dem ihre Herkunft niedergelegt wurde, und ist »Der Tochter ganzes väterliches Erbe.« (144) Es ist also ein Buch, das Nathan zwingt, das Tabu seiner Vaterschaft zu brechen und sich innerhalb der Familie zu offenbaren. Zum andern ist Recha nach keiner heiligen Schrift erzogen worden, sondern sie erscheint selbst als Buch des Lebens, als Inbegriff natürlicher Religion. In diesem Sinne aber ist Recha als Erbin der Weisheit Nathans eingesetzt, denn wie es Lessing an anderer Stelle formulierte: »Der aus Büchern erworbne Reichthum fremder Erfahrung heißt Gelehrsamkeit. Eigne Erfahrung ist Weisheit. Das kleinste Kapital von dieser, ist mehr werth, als Millionen von jener.«[12]

Die Weisheit, die Nathan als sein Vermächtnis qua Erziehung gleichsam in Fleisch und Blut Rechas übermittelt hat, ist, wenn man seine Überzeugungsstrategien betrachtet, allerdings der Buchgelehrsamkeit überlegen, insofern sie von der Festlegung des geschriebenen Wortes, das auf Allgemeines zielt, frei ist und situativ eine Metaphorik einsetzt, die Einsicht vermittelt und zugleich verschweigt, worauf keine Antwort gegeben werden kann. Für Nathan stellte sich dieses Problem nicht nur bei der Frage des Sultans nach der rechten Religion, sondern auch seiner Tochter gegenüber nach ihrer wahren Herkunft. »Der Weise kann nicht sagen, was er besser verschweigt«,[13] läßt Lessing seinen Falk gegenüber Ernst formulieren. Aber sein Nathan ist gerade deshalb weise, weil er das, was unaussprechlich ist, in Bildern aufscheinen läßt.

Mit einem Bild endet auch das Drama. Die gesprochenen Worte finden in der allseitigen Umarmungsgeste ihr versöhnendes Ende. Ist dies das Ende eines Märchens aus dem 18. Jahrhundert: Und wenn sie nicht gestorben sind, so umarmen sie sich noch immer!? Oder formuliert sich in dieser Inszenierung des

---

[12] LM 16, S. 535.
[13] LM 13, S. 353.

Verstummens, daß sich der Vorhang schließt, weil nicht gesagt werden kann, was besser verschwiegen wird? Recha und Tempelherr finden am Ende im verwandtschaftlichen Verbund zueinander, nicht in der Liebesumarmung. Die steigende Spannung des Handlungsverlaufs baute eine Erwartungshaltung auf, die durch die rhetorische Funktion der metaphorischen Sprache zugleich auch unterlaufen wurde. Gestaltet Lessing auf der Textebene in verschiedenen Überzeugungsszenen, wie ich dies an nur wenigen ausgewählten Beispielen zu zeigen versuchte, daß eine Befreiung von fixierten Vorstellungen durch die schockartige Konfrontation mit dem Unvorhersehbaren, Unerwarteten möglich werden kann, so verfährt er in seiner dramaturgischen Strategie mit den Lesern/Zuschauern in analoger Weise. Als sei dies der Weisheit letzter Schluß, müssen auch wir uns bei diesem Drama von Erwartungsvorstellungen lösen. Zwischen Tragödie und Komödie, zwischen Sterben und Heiraten gibt es ein Drittes. Das nämlich, was Lessing verschweigt, zu dem er aber einen Weg aufzeigt.[14] Er, der Begründer des bürgerlichen Trauerspiels, transformiert in diesem Alterswerk die Probleme seines Jahrhunderts. Zwar sind auch die Figuren im *Nathan* durch eine harte Schule gegangen, sind auch sie von den Zurichtungen der Diskurse gezeichnet, aber es gibt keine tödliche Umklammerung von Figuren mehr, die an den historischen Antinomien zerrieben werden. Es gibt aber auch keine Liebesumarmung, die in den intimen, von der Öffentlichkeit verschlossenen Bereich drängt, sondern eine neue familiäre Öffentlichkeit, in der sich Beziehungsmuster über Standes- und Religionsgrenzen hinweg neu formieren. Möglich wird dies in der radikalen Durchbrechung der gattungsspezifischen Beziehungsmuster, durch das im doppelten Sinne dramatische Spiel mit dem Tabu. Erst diese Form einer unüberwindlichen Beziehungsgrenze innerhalb einer offenen Beziehungskonstellation läßt im stillgestellten Augenblick des Schlußtableaus gerade in Anbetracht des großen Verlustes die Möglichkeit des Gewinns einer neuen Form von Kommunikationsgemeinschaft aufscheinen. Dies weiterzudenken, vielleicht auch zu erstreiten, wenn der Vorhang fällt, mag Lessing jedem einzelnen, vielleicht sogar seiner Weisheit überlassen haben.

---

[14] Ich sehe es im Gegensatz zu Peter Demetz gerade als besondere gattungs- und theatergeschichtliche Leistung, daß Lessing diesen offen utopischen Schluß wählt. Peter Demetz: Lessings *Nathan der Weise*: Wirklichkeiten und Wirklichkeit. In: Gotthold Ephraim Lessing: *Nathan der Weise*. Reihe Dichtung und Wirklichkeit. Hg. von Hans Schwab-Felisch und Wolf Jobst Siedler. Frankfurt a. M. 1966, S. 121–158, hier S. 156.

Konrad Kärn

G. E. Lessing:
Strategien des Nicht-Mehr-Versöhnlichen

1. Segmente aus Lessings *Anti-Goeze* und *Emilia Galotti* als konversationsanalytisch zu bearbeitende »Quasitranskripte«

Daß wir uns um G. E. Lessing erst heute im Sinn erhellender konversations-
analytischer Analysen kümmern, ist eigentlich erstaunlich, denn in fast jeder
Lessing-Biographie wird auf die besondere kommunikative Qualität seiner
Texte hingewiesen, so z. B. von Wolfgang Drews:

> Lessings Prosa […] nutzt die Mundart und scheut nicht die Manier […] Blitze des
> Hohns zucken am Horizont, und der Donner der Entrüstung hallt über das sorgfältig
> bestellte Feld. Die Schläge, die Lessing austeilt, sind derb, und drastisch die Worte,
> die sie begleiten. Er läßt Schimpf und Schande auf seine Gegner niederprasseln und
> verspottet diese Unglücklichen mit tödlich teuflischer Ironie. In seinem Schulranzen
> stak die klassische Antike, und auf seiner Stirn leuchtete Frankreichs freier Geist.[1]

Grundsätzlich leidet eine konversationsanalytische Behandlung sowohl der
Dramen Lessings als auch der Streitschriften an einer prinzipiellen Schwäche
der Konversationsanalyse literarischer Texte: Wir müssen, gehen wir mit den
Kategorien Watzlawicks, Kallmeyers bzw. Schanks u. a.[2] an literarische Texte
heran, diese als »Quasitranskripte«[3] behandeln, d. h. so, als handle es sich hier
um ›echte‹ gesprochene Dialoge. Da sie dies nicht sind, ist der Ertrag konversationsanalytischer Untersuchungen von vornherein auf eine nicht genau be-

---

[1] Wolfgang Drews: G. E. Lessing in Selbstzeugnissen und Bilddokumenten. Reinbek 1980, S. 7f.
[2] Siehe dazu die Rezeption der wesentlichen konversationsanalytischen Literatur in: Gerd Schank:
Linguistische Konfliktanalyse. Ein Beitrag der Gesprächsanalyse. In: Gerd Schank und Johannes
Schwitalla (Hg.): Konflikte in Gesprächen. Tübingen 1987, S. 18-98.
[3] Siehe dazu Fritz Schütze: Interaktionspostulate – am Beispiel literarischer Texte (Dostojewski,
Kafka, Handke u. a.): »Quasitranskripte setzen nicht nur Teile, sondern den Gesamtablauf von
Interaktionsepisoden durch ›Zitation‹ aller sequenziellen Interaktionsfaktizitäten […] in Dia-
logform um.« In: Ernest W. B. Hess-Lüttich: Literatur und Konversation. Wiesbaden 1980,
S. 89.

stimmbare heuristische Größe einzuschränken. Wie nah steht Lessings Sprache im *Anti-Goeze* oder der *Emilia Galotti* bei der damals tatsächlich gesprochenen Sprache? Vergleiche mit anderen Dramendialogen sowie mit Briefen Lessings erlauben gewisse Rückschlüsse, wenngleich die Schreibkonstellation ›Brief‹[4] sich wiederum in einigen Parametern vom gesprochensprachlichen Dialog unterscheidet.

Dennoch: Wer einmal damit beginnt, Texte von Lessing konversationsanalytisch ›abzuklopfen‹, gelangt zu überraschenden Ergebnissen. Ich will mich in diesem Zusammenhang auf zwei herausragende Textexemplare Lessings beschränken, nämlich auf *Emilia Galotti* und Lessings *Anti-Goeze*. Nicht, weil diese Texte konversationsanalytisch besonders viel ›hergeben‹, sondern weil sie Kommunikationsstrategien verschiedener Typen dessen zeigen, was ich ›Strategien des Nicht-Mehr-Versöhnlichen‹ nennen möchte, Texte, in denen sich auf unterschiedliche Weise ein Streiten jenseits möglicher kommunikativer Kooperation zeigt.[5]

Im *Anti-Goeze* wie auch in der Schlußszene von *Emilia Galotti* kann der Kommunikationswissenschaftler die maximale Verwendung »unkooperativer Strategien«[6] feststellen.

Gerd Schank gibt die intentionale Verfaßtheit »unkooperativer Strategien« an: Sie sind auf den Ruin, die Zerstörung definierter Beziehungsgefüge abgestellt. Ich habe solche Strategien wie auch die jeweils darin vorkommenden Sprechhandlungen 1985 als »Destroyer« bezeichnet.[7] Holly (1979) würde das kommunikative Gesamtspiel[8] des *Anti-Goeze* wie auch z. B. den achten Auftritt in *Emilia Galotti* als »Inszenierungen«, als wechselseitige »Einbahnhiebe« kennzeichnen.[9] Nun handelt es sich hier um unterschiedliche Textsorten und Kommunikationssituationen, das »Spiel« des *Anti-Goeze* wäre als ›sich wechselseitig steigernde Imageverletzungen vor theologischem Publikum‹, der achte Auftritt in *Emilia Galotti* vorab als ›finaler Einbahnhieb-Destroyerwechsel‹ zu kennzeichnen. Heuristisch fruchtbar werden solche Einordnungen jedoch nur dann, wenn gefragt wird,

---

4 In Anlehnung an Stegers et al. 1974 begründete Forschungshypothese zu Redekonstellationen gibt es inzwischen auch Versuche, »Schreibkonstellationen« festzulegen. Siehe dazu auch Karl Otto Frank: Sprachförderung durch Unterricht. Freiburg 1977, S. 29.

5 Zum Begriff »Strategie« siehe Schank (Anm. 2), S. 68.

6 Ebd., S. 69–73.

7 Konrad Kärn: ›Destroyer‹ als Imageangriffe. Zur Pragmatik, Poetik und kommunikativen Ethik der Sprache menschlicher Aggression. Pfaffenweiler 1986.

8 Werner Holly: Imagearbeit in Gesprächen. Tübingen 1979.

9 Zum Begriff »Einbahnhiebe« siehe Erving Goffman: Das Individuum im öffentlichen Austausch. Frankfurt 1971/74, S. 242f.

mit welcher tieferen Intention Lessing ein solches *Spiel* wie das des *Anti-Goeze* tatsächlich mitspielt, und was er mit der Errichtung eines unkooperativen Finalspiels im achten Auftritt bezweckt. Hier ist die Rückbindung zu eigentlich literaturwissenschaftlichen Zusatzinformationen notwendig. Beide ›Textereignisse‹ stehen im Endeffekt unter dem Verdikt der Zensur, wie wir heute wissen.[10] In Lessings ›Goeze-Spiel‹, das ihm die letzten Jahre seines Lebens verbitterte, geht es um doppelt Existentielles: einmal um das Verbot oder die Erlaubnis, überhaupt Theologisch-Kritisches schreiben zu dürfen, zum andern um die Verteidigung einer theologischen und menschlichen Konzeption, die Lessing gewonnen hatte und die er nicht mehr aufgeben konnte. In übertragenem Sinn gilt das auch für *Emilia Galotti*. Nur für die im folgenden genauer untersuchten Segmente aus beiden ›Textereignissen‹ kann deshalb die Forschungshypothese gelten, daß Lessing immer dann zu den äußersten Formen der Kooperationsverweigerung, des äußersten Imageangriffes, den absoluten Strategien des ›Nicht-Mehr-Versöhnlichen‹ greift, wenn es menschlich-philosophisch Grundständiges zu behaupten und zu verteidigen gilt. Das Auffinden ähnlicher Strategien in unterschiedlichen ›Textereignissen‹ zeigt, wie nützlich es ist, Literatur vor der ›Folie‹ tatsächlicher gesprochensprachlicher Kommunikation zu analysieren. Dennoch sollte eine Interpretation mit Hilfe konversationsanalytischer Kriterien niemals ›quasitranskriptionelle‹ Sprache mit tatsächlich gesprochener Sprache verwechseln.[11]

---

[10] Zu den Auseinandersetzungen mit Goeze siehe den sehr gründlichen Kommentar in G 8. Zu *Emilia Galotti* siehe aus der neuesten Literatur besonders John Stickler: Lessing and Aura of Censorship: Implications for *Emilia Galotti*. In: Lessing Yearbook XIX (1987); außerdem: Frank G. Ryder: *Emilia Galotti*. In: The German Quarterly 45 (1972).

[11] Die hochgradige Poetizität, Rhetorisierung und eigentlich in sich stimmige Konventionalisierung dieses ›Spiels‹ kann im Rahmen dieses Kurzbeitrags nur in seinen wesentlichen Zügen wiedergegeben werden.

2.   Die Elemente im ›unkooperativen Spiel‹ Lessing-Goeze

2.1.   Ein ›externer Beziehungskonflikt‹, der bislang weitgehend unberücksichtigt geblieben ist, als ›Wurzelkonflikt‹ und aggravierendes Element des Streites Goeze – Lessing?[12]

»Auf jede Definition der Beziehung reagiert der andere mit seiner eigenen und bestätigt, verwirft oder entwertet damit die des Partners.«[13] Goeze hat Lessing angegriffen. Damit ist die Beziehungskonstellation klar, die Beziehung beider ist von Beginn des Streites an durch die Art des Streites ruiniert. Es gibt zwar schattierende Abgleichungen, kurze Zwischenspiele von Kooperationsannäherung, die aber oft wieder als destroyerhafte Spiele eingesetzt werden. Erstaunlich ist allerdings die Stabilität dieser zerrütteten Beziehung, die sich jedoch aus den Selbst- und Fremdrollenzuweisungen der beiden Kontrahenten ergibt. Lessing ist der Anwalt der Metakritik: »Die Wahrheitsansprüche der geistigen Strömungen der Zeit müssen den Orkan seiner Kritik über sich ergehen lassen, denn in seinen Augen kann die Erkenntnis der Wahrheit dabei nur gewinnen.«[14] Goeze seinerseits ist der Gralshüter der Konservativen, die wissen, daß zugelassene Zweifel am geoffenbarten Wort den Anfang vom Ende ihres Glaubensmodells bedeuten. Es ist nicht sein erster Streit. Im Grunde genommen *muß* Goeze angreifen, seine gesamte Eigen- und Fremdimagezuweisung läßt ihm eigentlich keine andere Wahl. Die beiden Kontrahenten kennen sich übrigens, die Definition ihrer tatsächlichen persönlichen Beziehung vollzieht sich in diffusen Schattierungen. Lessing kann das »allzu Dezisive« »nicht leiden«.[15] Er hat Goeze sogar im Streit mit Alberti einmal verteidigt.

Goeze weist ebenfalls in seinen Schriften auf diesen Beziehungszusammenhang hin. Beim Studium von Goezes Schriften ist jedoch ein Ereignis zu entdecken, welches das Beziehungsgefüge Goeze-Lessing zumindest von seiten Goezes nachhaltig beeinträchtigt, wenn nicht gar zerstört haben muß. Goeze

---

[12]   Zur Problematik und Vielschichtigkeit eines Beziehungsbegriffs, der über die Untersuchungen Watzlawicks weit hinausgeht, siehe auch Šven Frederik Sager: Sprache und Beziehung. Linguistische Untersuchungen zum Zusammenhang von sprachlicher Kommunikation und zwischenmenschlicher Beziehung. Tübingen 1981.

[13]   Paul Watzlawick et al.: Menschliche Kommunikation. Formen, Störungen, Paradoxien. Bern u. a. 1974, S. 127.

[14]   Johannes Schneider: Lessings Stellung zur Theologie. In: Gerhard und Sibylle Bauer (Hg.): Gotthold Ephraim Lessing. Darmstadt 1968, S. 297.

[15]   Ebd., S. 295.

hatte sich zur Verifikation eines Bibelexemplars an Lessing gewandt, Lessing begegnete ihm jedoch mit totaler Nonresponsivität:

> [...] Allein meine Hoffnung war verlohren. Es erfolgte keine Antwort. Durch die dritte Hand wurde ich benachrichtigt, daß ich, wenn ich auch meine Bitte an Herrn L. zehnmal wiederholen wolte, doch nichts erhalten würde, weil er sich ein vor allemal vest vorgesetzet hätte, keinem auswärtigen Gelehrten auf solche Art zu dienen [...].[16]

Es ist nicht abzuschätzen, inwieweit dieses Ereignis schon vor Beginn der theologischen Auseinandersetzungen um den »Ungenannten« das Beziehungsverhältnis Goeze-Lessing ruiniert hat. Lessings Verhalten muß aus konversationsanalytischer Sicht als schwere »Basisregelverletzung«[17] gewertet werden. Daß Lessing gewußt hat, wie sehr sich Goeze durch seine, Lessings Nonresponsivität getroffen gefühlt haben muß, geht einerseits aus einem Seitenhieb aus dem ersten *Anti-Goeze*, andererseits aus einer ausführlichen Passage aus der Schrift *Noch nähere Berichtigung des Märchens von 1000 Dukaten oder Judas Ischarioth, dem Zweiten*, hervor.[18]

Noch deutlicher wird der Zusammenhang dieses Beziehungskonflikts mit der ganzen Auseinandersetzung aus einer Stelle in der *Berichtigung*:

> Hr. Lessing hatte das Unglück gehabt, den Hrn. Hauptpastor Goeze in Hamburg, in einem kleinen Auftrage die Bibliothek betreffend, nicht so prompt zu bedienen, als allerdings wohl schicklich gewesen wäre: und Hr. Goeze hatte die Gerechtigkeit ihn dieses Unglück fühlen zu lassen. Er stichelte bei aller Gelegenheit auf ihn, als auf den undienstfertigsten Bibliothekar, der zwischen Himmel und Erde zu finden: und da auch ihm endlich die Fragmente bekannt wurden, welche Freude mußte es ihm sein, den undienstfertigen Bibliothekar der Lutherschen Christenheit zugleich als den ruchlosesten, und dem Herzoglichen Hause, dem er dient, zugleich als den gefährlichsten zu schildern. (G 8, S. 343)

Ob es sich an dieser Stelle schon wieder um ein entlastendes Konstrukt Lessings handelt, kann nicht entschieden werden, ebenfalls ist unklar, ob Lessings Nonresponsivität wirklich hundertprozentig intendiert war, so »muß auch die mehrmals in der Lit. für L. angeführte Entschuldigung der Belastung durch

---

[16] Johann Melchior Goeze: Etwas Vorläufiges gegen des Herrn Hofraths Leßings mittelbare und unmittelbare feindselige Angriffe auf unsre allerheiligste Religion und auf den einigen Lehrgrund derselben, die heilige Schrift. In: Goezes Streitschriften gegen Lessing. Hg. von Erich Schmidt. Stuttgart 1893.

[17] Siehe dazu Schank (Anm. 2), S. 26.

[18] G 8, erster *Anti-Goeze*, S. 161. Siehe dazu auch Lessings *Noch nähere Berichtigung des Märchens von 1000 Dukaten oder Judas Ischarioth, dem Zweiten*. In: G 8, S. 342.

den Tod des Sohnes und der Frau an der Jahreswende 1777/78 offen bleiben.«[19]
Die Kontrahenten haben sich jedenfalls gut gekannt, das Beziehungsgefüge ist
vorab belastet, es gibt jedoch auch wechselseitige Sympathien in Teilbereichen,
so hat Lessing Goezes Bibelsammlung durchaus wohlwollend betrachtet. Von
der sozialen Rollenzuweisung her ist Goeze derjenige, der die Unfehlbarkeit des
Bibelwortes verteidigen muß, damit verteidigt er auch die Ansprüche des
Protestantismus gegenüber der »Unfehlbarkeit der päpstlichen Kirche.«[20]
Lessing seinerseits will die Neologen »zur öffentlichen Diskussion provozieren.«[21]

2.2. Der Schlagabtausch Lessing-Goeze: Wechselseitige und sich
steigernde Strategien des ›Nicht-Mehr-Versöhnlichen‹

Wenn zwei Teilnehmer an einer Kommunikation, die Strategien des Nicht-
Mehr-Versöhnlichen verwenden, sich einen Kampf bis aufs Messer liefern, ist
noch nichts über die ethische Berechtigung ausgesagt, mit der sie zu solchen
Mitteln greifen. Lessing muß konzediert werden, daß er mit seiner Häufung
von Imageangriffen auf Goeze *antwortet*, und zwar auf eine Serie Goezescher
Imageangriffe, die ins Zentrum der Lessingschen Persönlichkeit, seiner Existenz, zielen. *Strategie* und *Image* bzw. *Imagedestruktion* werden hier in dynamischer Verknüpftheit im Sinne Goffmans gebraucht:

> Der Terminus *Image* kann als der positive soziale Wert definiert werden, den man für
> sich durch die Verhaltensstrategie erwirbt, von der die anderen annehmen, man
> verfolge sie in einer bestimmten Interaktion. Image ist ein in Termini sozial aner-
> kannter Eigenschaften umschriebenes Selbstbild, – ein Bild, das die anderen über-
> nehmen können.[22]

Der moderne Imagebegriff ist ein dynamischer, man spricht von »Imagearbeit«,
vom Prozeß der Konstituierung und Zerstörung von Images im Gespräch.[23]
Bewertet man die Auseinandersetzung im Kontext sonstiger Streitschriften der
Zeit, so sind die verwendeten rhetorischen und imageangreifenden Mittel
nichts Außergewöhnliches, lediglich die Dauer der Auseinandersetzung und

---

[19] G 8, S. 644.
[20] G 8, S. 595, Vorbemerkungen zu *Theologiekritische Schriften III*, fortan im Haupttext abgekürzt
in Klammern.
[21] Ebd., S. 596, »Lessing und Goeze«.
[22] Erving Goffman: Interaktionsrituale. Über Verhalten in direkter Kommunikation. Frankfurt
a. M. 1978.
[23] Siehe die ebenso komplexe wie dynamische Ausarbeitung dieses Begriffs bei Holly (Anm. 8),
S. 43.

die damit rein vom Umfang herausgreifende Menge des Materials fallen aus dem Rahmen. Beide Kontrahenten sind starken Tobak gewöhnt, Imageangriffe ins Zentrum der Person gehören ganz allgemein zum Spiel. So wird Goeze wegen seiner Polemik gegen Goethes *Werther* und *Stella* von Thomas Abbt mit einer satirischen Streitschrift bedacht, in der Goeze das Image eines (katholischen!) Inquisitors zugeschrieben wird, ein zentraler Imageangriff für einen führenden protestantischen Pastor. Goeze seinerseits greift schon in den ersten Schriften zu den stärksten Mitteln. Er wirft Lessing vor, er sei der Religion feindselig gesinnt und lästere Gott: »[...] die Fragmente des gegen unsre allerheiligste Religion so feindselig-gesinnten und so frech und grob lästernden Verfassers.« Der Vorwurf der bewußt intendierten Feindseligkeit und der Lästerung wird immer wieder wiederholt, im folgenden unterscheidet Goeze dann »mittelbare« und »unmittelbare« Angriffe Lessings auf die Religion. (G 8, S. 167f.) In Goezes Denkweise muß dieser Imageangriff nur allzu berechtigt sein, denn Lessing versucht eine geistig-theologische Öffnung bisher nicht gekannten Ausmaßes: »Klar erkennt Goeze, welche brisanten Probleme Lessing angriff, wenn er den ›Geist‹ und die ›innere Wahrheit‹ der Religion nicht mehr auf den ›Buchstaben‹ des Bibeltextes gründen wollte.« (G 8, S. 598, Vorbem.) Goeze muß also vernichtend angreifen, und auch seine Forderung, der Reichshofrat möge Lessings Schriften ähnlich der Bahrdts (G 8, S. 601, Vorbem.) verbieten, ist aus seiner Sicht nur folgerichtig. Im Endeffekt erreicht ja Goeze auch durchaus die Durchsetzung seiner Verbotsintention, der Landesherr bzw. seine Verwaltung entziehen Lessing 1778 die Zensurfreiheit. Goeze verwendet also gegen Lessing Imageangriffe, die auf zentrale Persönlichkeitsbereiche gerichtet sind. Ich habe solche Angriffe ›Destroyer‹ genannt, weil sie »darauf angelegt sind, Images von Personen so nachhaltig anzugreifen, daß diese in ihrer momentanen sozialen Konstituiertheit vernichtet werden.«[24]

Goezes Angriffe vernichten zunächst wohl Bereiche des Beziehungsgefüges Goeze-Lessing selbst. Sie richten sich auf das Image Lessings als Theologe und Christ und somit – im Kontext der Zeit gesehen – auch auf das Image als Mensch. Intendiert ist die Unterdrückung Lessings als Publizist, damit auch seine soziale Vernichtung. Von daher sind auch die Mittel zu bestimmen, mit denen Lessing zurückschlägt; auch die Entschlossenheit, Goeze kein Wort schuldig zu bleiben, gehört dazu. Dennoch, so vernichtend und destruierend Lessings Gegenangriff ist, er erreicht das Zentrum des Imagesets von Goeze als Mensch und Theologe nicht in der Totalität, mit der Goeze vorgegangen ist.

---

[24] Kärn (Anm. 7), S. 15.

Ansonsten ziehen beide, besonders auf dem Höhepunkt der Konfrontation, alle Register der Imagedestruktion. Die Analyse der verwendeten Angriffe und der rhetorischen Mittel muß aus Platzgründen bruchstückhaft bleiben, sie zeigt aber die Richtung des aus unterschiedlichen Gründen unkooperativ geführten Dialogs, wenngleich hier Lessing Reste von Kooperativität insofern zugestanden werden müssen, als daß auch immer wieder auch inhaltlich respondierende Ansätze deutlich werden. Lessings metakommunikative Selbsteinschätzung, versteckt in einer fiktiven »Berichtigung des Märchens« unter dem Namen seines Stiefsohns, spricht im übrigen selbst von nicht immer »mäßig« gebrauchten Kampfmitteln. (G 8, S. 346)

Im Verlauf des Schlagabtauschs wird insbesondere von Goeze das Mittel der Metakommunikation selbst als Mittel des Streits eingesetzt. Lessing selbst rügt schon im ersten *Anti-Goeze* den Kommunikationsstil Goezes, wobei hier die Nuancen auf der Beziehungsebene[25] nicht klar zu trennen sind, d. h. es ist nicht klar, ob Lessing mit »poltern« den eigentlichen Kommunikationsstil auf der verbalen Ebene oder die breit angelegte Destroyerverwendung Goezes rügt, gemeint ist wohl beides: »Lieber Herr Pastor, poltern Sie doch nicht so in den Tag hinein: ich bitte Sie.« (G 8, S. 160) Die hier durch das Stilmittel der Interpunktion markierte Sequenz gemahnt in ihrer unterkühlten Form fast an eine eröffnende und zugleich angreifende gesprochensprachliche Imagedestruktion.[26] Goeze wirft Lessing metakommunikativ den Einsatz der »poetischen Funktion der Sprache«[27], den Gebrauch literarischer Ausdrucksmittel in einer dafür unpassenden Schreibkonstellation vor:

> Denn Sophismen, Equivocen, Fallacien, falsche und schwache Leser blendende Bilder, statt der Gründe, Schlüsse und Axiomen, aus vieldeutigen, und von ihm nicht bestimmten Worten, Hohn und Naserümpfen über die Gegner, haben in der gelehrten Welt eben den Wert, den falsche Würfel in der bürgerlichen haben. (G 8, S. 446)

Goeze beschwert sich schließlich außerdem über die Verkehrung der Rollen, nicht er sei der Opponent, sondern der Vertreter einer gesicherten und allgemein anerkannten Lehrmeinung. Der eigentliche Schlagabtausch vollzieht sich

---

[25] Watzlawick (Anm. 13), S. 79–85.
[26] Der quasitranskriptionelle Gehalt des von Lessing stark didalogisch akzentuierten Stils, die Ähnlichkeiten und Unterschiede in bezug auf tatsächlich gesprochene Sprache unserer Zeit können hier nicht hinreichend dargestellt werden. Vgl. dazu auch A. Betten: Erforschung gesprochener deutscher Standardsprache (II). In: Deutsche Sprache 1 (1978).
[27] Vgl. dazu Roman Jakobson: Linguistics and Poetica. In: Thomas Albert Sebeok (Hg.): Style in Language. 2. Aufl. Cambridge/Mass. 1964, S. 350–377.

jedoch in ganzen Sequenzen unterschiedlicher Imageangriffe. Dies zeigt schon eine Analyse des ersten *Anti-Goeze*:

1. Imageangriff durch herabsetzendes Zitat: »Multa sunt sic digna revinci, ne gravitate adorentur.« (Tertullianus: Vieles ist deshalb wert, widerlegt zu werden, damit es nicht ernsthaft verehrt wird.) (G 8, S. 161) In den Anmerkungen der von Göbel herausgegebenen theologiekritischen Schriften wird angedeutet, wie das Zitat bei Tertullian für den Eingeweihten, d. h. für den damaligen klassisch-antik Gebildeten – und das ist die Mehrzahl des (kleinen) Lesepublikums – weitergeht, nur daraus läßt sich der volle Destroyergehalt dieses Zitats ersehen. Es heißt dort weiter:

> Vor nichtigem Treiben entweicht der feierliche Ernst. Auch der Wahrheit steht das Gelächter an, weil über ihre Feinde lachend zu spotten ihre Sicherheit ausmacht. Man achte nur darauf, daß das Gelächter nicht selbst zum Gespött werde, wenn es ein unwürdiges ist. Indessen wo immer es ein würdiges Gelächter ist, da ist es am Platze. In diesem Sinne also will ich beginnen.

Im Grunde genommen ist die Intention dieses Zitats darin zu sehen, daß Lessing verdeutlichen will, auch etwas so Lächerliches wie die Vorhaltungen Goezes müßten ernsthaft, aber auch mit würdigem Gelächter angegriffen werden. Die Zitatverwendung erfüllt hier die Bedingung einer Watzlawickschen »Verwerfung«[28], die implizite Selbstdefinition Goezes als ernsthafter Kritiker wird verworfen.

2. Die Titel der Abhandlungen selbst sind schon Imageangriffe, sowohl Goezes Formulierungen als auch Lessings Konstruktionen. Lessing empfindet dies auch sehr deutlich:

> [...] mit welcher blinden Wut der Hauptpastor sofort auf den Bibliothekar los ging, darf ich nur den Titel seiner ersten Schrift anführen: Goezens *Etwas Vorläufiges gegen des Hofrat Lessings mittelbare und unmittelbare feindselige Angriffe auf unsere allerheiligste Religion, und auf den einigen Lehrgrund derselben, die heilige Schrift.*

Auch Lessings Untertitel zum ersten *Anti-Goeze* ist Programm: »D. i. Notgedrungene Beiträge zu den freiwilligen Beiträgen des Hrn. Past. Goeze Erster (Gott gebe, letzter!).«[29] Herabsetzung durch Postulierung einer ironisch zu sehenden Zwangskommunikation, antithetisch formuliert, in der Entgegensetzung von »notgedrungen« zu »freiwillig«, d. h. eigentlich ›überflüssig‹, liegt die eigentliche Herabsetzung.

---

[28] Watzlawick (Anm. 13), S. 85.
[29] G 8, S. 346 (Goeze-Zitat Lessings), Lessings Untertitel: »Anti-Goeze-I«, S. 160.

3. Ein weiterer – durchaus äußerlich getarnter – Destroyer liegt in der Anrede »Lieber Herr Pastor«. Lessing überschreitet hierbei eindeutig den geltenden »Beziehungslimes«[30]. Das zwischen Goeze und ihm bestehende Beziehungsgefüge verträgt eine solche Anrede nicht, besonders wenn man die oben dargelegte Vorgeschichte kennt. Diese Anrede und die Sequenz unter 4. steht im Dienste einer übergreifenden Strategie Lessings, Goeze als unernsten, ja fast entmündigten Gegner darzustellen. Jede spätere Korrektur der Anrede muß im übrigen eine weitere Destroyerwirkung freisetzen.

4. In der nächsten Sequenz erfolgt der bislang schärfste Imageangriff in Form einer Herabsetzung durch eine metakommunikative Partnerkritik, einer Kritik des Goezeschen Angriffsstiles, ein Beispiel von Lessings verbundenem Angriff: »*Überschreien* können Sie mich alle acht Tage: Sie wissen, *wo*. *Überschreiben* sollen Sie mich gewiß nicht.« Mit »überschreien« kann durchaus die Predigertätigkeit Goezes gemeint sein. Im Terminus »überschreien« liegt jedoch auch eine ernste Watzlawicksche »Verwerfung«, vielleicht sogar eine »Entwertung«, denn die Existenz von Goeze als einem Lebewesen, das auffaßbare Inhalte äußert, wird darin negiert, es wird auf seine bloße ›Lautstärke‹ abgehoben. Auch dieser tiefer gezielte Imageangriff ist in seiner antithetischen Konstruktion vernichtend.

5. In der nächsten Sequenz ist eine Herabsetzung durch eine gewisse Verallgemeinerung enthalten: »[...] daß Sie und alle Schulrectores in Niedersachsen gegen meinen Ungenannten zu Felde ziehen.«

6. Ein wesentlicher Imageangriff im ersten *Anti-Goeze* stellt auch Lessings Bemerkung dar, daß er mit der Veröffentlichung der *Fragmente des Ungenannten* wirklich der christlichen Religion durch seine Bekanntmachung einen größern Dienst erwiesen habe, »als Sie, mit allen Ihren Postillen und Zeitungen.« Hier liegt ein Angriff auf Goezes Image als Theologe bei gleichzeitiger Wahrung des gleichen Image von seiten Lessings vor. Es handelt sich hier um einen sehr zentralen Versuch der Lessingschen Imagewahrung und Goezeschen Imagedestruktion. Aus Platzgründen wende ich mich im folgenden von der intensiven segmentalen Analyse ab, man kann jedoch zusammenfassend sagen, daß das Geflecht der Imageangriffe von seiten Lessings auf kleinem Raum ungeheuer dicht ist. Gleichzeitig wird klar, wie auch hinter der theologischen Argumentation immer wieder die Beziehungsebene durchscheint. Anhand besonders eindringlicher Beispiele konnte die Steigerung der Imageangriffe gezeigt werden. Beide Kontrahenten bleiben sich nichts schuldig. Lessing ver-

---

[30] Sager (Anm. 12), S. 210f.

feinert seine Vernichtungsstrategie mit Hilfe gebündelter Einzelimageangriffe; antithetische Konstruktionen, Vergleiche, bildhafte Verdeutlichungen, ganze Bildsequenzen werden eingesetzt. Goeze stehen diese literarisch orientierten Mittel nicht zur Verfügung, er beklagt sich über die in dieser Hinsicht angeblich erfolgte ›Kommunikationsverzerrung‹ durch Lessing, aber auch er kennt die Möglichkeiten des finalen Destroyergebrauchs. Die gegenseitigen Imageangriffe, die Lessing immer kunstvoller gestaltet, potenzieren sich, Goeze ist gezwungen, auf einer immer radikaleren und Ausschließlichkeit fordernden Ebene zu antworten. In *Etwas Vorläufiges IV* wird der Vorwurf »gotteslästerlich«[31] wiederholt, im Abschnitt *V* wird Lessing vorgeworfen, er verschweige dem Leser bewußt den Verfasser der Fragmente; implizit wird der Vorwurf gemacht, Lessing täusche den Leser. Metakommunikativ wird von Goeze explizit die übergeordnete Absicht genannt, nämlich Lessing zu reizen, den Verfassernamen »zu nennen, um mich lächerlich zu machen« (G 8, S. 183), wobei »lächerlich« sicher ein Bedeutungsgehalt mit mehr Nuancen als der heute gemeinte zukommt. Im Abschnitt *VII* nennt Goeze Lessing klar einen »Lügner«, wenngleich abgetönt im Rahmen eines Vergleichs mit Abbt, Basedow und Semler: »[...] So arg wird er wenigstens nicht lügen, als diese sehr gelogen haben.« (G 8, S. 187) Sowohl im zweiten als auch im dritten *Anti-Goeze*, in denen Lessing zur Verdeutlichung des Destroyercharakters am Anfang den Titel von Goezes Schrift noch einmal zitiert, verschärft sich der Ton. Erneut wird durch ein antikes Zitat eröffnet, das metakommunikativ die Überflüssigkeit des Streitgehalts andeutet, um den Gegner dadurch herabzusetzen. Sicher ist Goeze für diese Verschärfung verantwortlich zu machen; auf den ungenannten Verfasser und damit indirekt auf Lessing zielt eine besonders häßliche Invektive, Goeze spricht vom »mehr als jüdisch giftigen Verleumder« (G 8, S. 183), eine schwerwiegende Koppelung eines Angriffes auf das Image als Mensch und dessen implizite Rechtschaffenheit mit antisemitisch-theologischen Randimagebereichen, beides noch gesteigert durch »mehr als« und in seiner Bedeutung als Destroyer im Kontext der Zeit gar nicht bis in alle Tiefen auszuloten. So werden auch Lessings Kampfmittel schärfer; die ironische Änderung der Anrede (»Mein Herr Hauptpastor«, G 8, S. 193) wird gekoppelt mit einer Destroyerrückgabe, Goeze wird ebenfalls als Lügner bezeichnet, was Goezes Bezeichnung »feindselige Angriffe auf unsre allerheiligste Religion [...]« betrifft. Goezes Kommunikationsstil wird ebenfalls in einer Destroyer-

---

[31] G 8, S. 346 (hier und in den folgenden Nachweisen im Haupttext Goeze-Zitat Lessings), Lessings Untertitel »Anti-Goeze-I«, S. 160.

rückgabe angegriffen: »Sie schwatzen, verleumden, poltern« (G 8, S. 196), sein
Image als Theologe wird fokussiert: »Ist es von einem rechtschaffenen Gelehrten – ich will nicht sagen, Theologen […]«. (G 8, S. 196) Goeze seinerseits
fordert Lessing ultimativ auf, zu bekennen, ob er der »Verfasser des Bogens
›Über den Beweis des Geistes und der Kraft‹« (G 8, S. 203) sei, außerdem soll
er den Verfasser der *Fragmente* nennen. Im fünften *Anti-Goeze* kommt es zu
einer erneuten Destroyerrückgabe Lessings: »Er, er mußte, im Namen des
Ungenannten, die Apostel lästern, damit er den Ungenannten lästern konnte.«
(G 8, S. 232) Goeze leidet ohne Zweifel unter Lessings Kampfmittel, ihn immer
wieder ›lächerlich‹ zu machen, Lessing prangert z. B. seine vorgeblich
schlechten Lateinkenntnisse an und verwendet einen Fehler Goezes, um ein
metaphorisches »Pferde«-Bild zu installieren, wodurch Goeze doppelt bloßgestellt wird. Dennoch gibt es bei Goeze noch im späten Stadium des Streits
Anklänge zu einem ›Beziehungs-repairing‹; im Rahmen einer Teilstrategie, die
man vielleicht als ›einwickeln‹ bezeichnen könnte, gebraucht Goeze die Anrede
»Lieber Herr Hofrat« und behauptet, »Liebe und Achtung« für Lessing zu
empfinden, entwertet aber diesen Beziehungs-Reparaturversuch gleichzeitig,
indem er einen Imageangriff auf Lessing startet, der eine Drohung mit dessen
Todesstunde enthält und der Lessing eigentlich als Sünder hinstellt, ein
schwerer Imageangriff auf das Image als Christ und in der damaligen Zeit auch
als Mensch. Im achten *Anti-Goeze* stellt Lessing einen Destroyergebrauch
Goezes heraus, um die destruktive Orientiertheit Goezes klar zu zeigen: »Advokat heißt bei seines gleichen weiter nichts als Zungendrescher; und das, das
bin ich ihm. Ein feiler Zungendrescher in Sachen des Ungenannten bin ich ihm
[…]«. (G 8, S. 250) Lessings »Mustersatire« (G 8, S. 604, Vorbem.) über Goeze
und den »Reichspostreiter« im gleichen *Anti-Goeze* trifft Goeze sehr, in einer
Anmerkung reagiert er unwillig. (G 8, S. 261) Die weitere, immer destruktivere
Orientierung des Zweikampfs geht eindeutig zu Lasten Goezes; der nicht nur
aus theologischen Gründen den Streit eskalieren und immer mehr in Richtung
eines Verbots lenken muß. (G 8, S. 604, Vorbem.) Die schließlich wirksame
Zensur zwingt Lessing letztendlich, nur noch auf der literarischen Ebene zu
agieren, um auch den in der ›alten Konstellation‹ unmöglich gewordenen
›Dialog‹ fortzuführen: »›Nathan ist ein Sohn eines eintretenden Alters, den die
Polemik entbinden helfen‹, schrieb Lessing am 18. Mai 1779 an Friedrich
Heinrich Jacobi.« (G 8, S. 606, Vorbem.) Eine kommunikationsanalytische
Wertung der Zusammenhänge zwischen *Nathan* und der Goeze-Auseinandersetzung steht noch aus.

3. Nicht-kooperative Orientierung im Schlußdialog von
Emilia Galotti: Ein wichtiges Kriterium für eine literarische und
kommunikationssoziologische Wertung des Stücks

Während es sich beim Streit Lessing-Goeze um ›Strategien‹ im Sinne eines eine
längerdauernde Streitkommunikation überdauernden Verhaltens handelt, geht
es im achten Auftritt von *Emilia Galotti* um einen relativ kurzen kommunikativen Kontakt, der allerdings ohne die vorherigen kommunikativen Ereignisse
nicht vollständig zu analysieren ist. Die Tötung Emilias und die Destroyer-
Situation des achten Auftritts wird durch mehrere destroyerhafte Ereignisse herbeigeführt. Das Image des durch den immer wieder ›vorauseilend‹ denkenden,
handelnden und die Katastrophe dadurch herbeiführenden Marinelli wird
durch Lessing nur vordergründig fokussiert, der letzte Imageangriff des Stücks,
der Marinelli gilt und ihm den Dolch entwindet, bleibt ohne Wirkung, weil
die Zuschauer längst wissen, daß der Prinz der Schuldige ist. Dessen Image
wird, obwohl sich Marinelli immer wieder als notwendige ›Pufferinstanz‹ da-
zwischenschiebt, mehrfach, versteckt oder offen, in Destroyer-Haupt- und
Nebenzielrichtungen, destruiert. Der Prinz überschreitet den gesetzten Beziehungslimes schon bei seinen Annäherungsversuchen in der Kirche, im
achten Auftritt des ersten Aufzugs bestätigt er ein Todesurteil »recht gern«. Er
äußert sich zynisch über die Umstände des Todes Appianis (»Wahrlich, er hätte
sollen Spaß verstehen«, I/8; G 8, S. 142), zwar initiiert er den Mord nicht selbst,
billigt ihn aber durchaus, er läßt sich auf die Ereignisschleifen, die Appiani
vorzeichnet, auch kommunikativ-akklamierend, ein. (IV/1; G 2, S. 175)

Jenseits aller Entwicklungen in den folgenden Auftritten, die auch den Versuch der fortdauernden Entfernung Emilias vom Vater einschließlich eines
nicht durchhaltbaren Kommunikationsverbots einschließen, ist das Image des
Prinzen für einen schlußendlichen Hauptdestroyereinsatz hinreichend vorbereitet, d. h. nachhaltig destruiert. Vom Autor durch das gegenseitige Hinein-
steigern der Interaktanten kommunikativ geschickt angelegt, verabreden sich
Vater und Tochter zur eigentlichen gemeinschaftlichen Tötungshandlung an
Emilia; im Spiel von trotzig-koketter Aufforderung zur Tötung (von Emilia
wirklich mit letzter Ernsthaftigkeitsbedingung so gemeint?) und dem schon
lange zur Handlung und damit weg von der verbalen Ebene treibenden
Odoardo schaukeln sich beide in das Einverständnis zum maximal möglichen
Imageangriff auf den Prinzen, die Tötungshandlung selbst, hinein. Auf diesen
Vorgang auf der Handlungsebene folgt der eigentlich nicht-kooperative Zug
auf der verbalen Ebene, auch hier der maximal mögliche Imageangriff auf den
›Prinzen‹. Er besteht eigentlich darin, in einer mehrteiligen Sequenz dem

Prinzen Fragen zu stellen, die dieser auf keinen Fall beantworten kann: »Zieh hin! – Nun da, Prinz! Gefällt sie Ihnen noch? Reizt sie noch Ihre Lüste? Noch, in diesem Blute, das wider Sie um Rache schreiet?« (IV/1; G 2, S. 177) (Angriff auf das Image als Prinz, Staatsmann, aber auch als Mensch, der als von bloßen Trieben beherrscht dargestellt wird.) »(Nach einer Pause) Aber Sie erwarten, wo das alles hinaus soll? Sie erwarten vielleicht, daß ich den Stahl wider mich selbst kehren werde, um meine Tat wie eine schale Tragödie zu beschließen? Sie irren sich. Hier! (Indem er ihm den Dolch vor die Füße wirft.) Hier liegt er, der blutige Zeuge meines Verbrechens. Ich gehe und liefere mich selbst in das Gefängnis. Ich gehe und erwarte Sie, als Richter. – Und dann dort – erwarte ich Sie vor dem Richter unser aller!« (Wiederum Angriff auf das Image als Mensch, aber auch als Staatsmann in der Richterfunktion. Verbaldestroyer kombiniert mit nonverbaler Destroyerhandlung. Intention ›Demütigung, Herausforderung‹. Das Eingehen auf den Destroyer würde sein ›Image als Prinz‹ nicht weiterhin aufrechterhalten können!)

Der Prinz reagiert nur folgerichtig mit einer nonkooperativen Strategie, einer ›Destroyerweiterreichung‹ an Marinelli. Weshalb der Autor hier eine Destroyerwirkung nicht eintreten lassen konnte, weshalb das gegenseitig rituell-nonresponsive Spiel so stattfinden mußte und ein darüber hinausgehender Imageangriff nicht möglich war, hat John Stickler in seinem Artikel *Lessing and Aura of Censorship: Implications for Emilia Galotti* [32] dargestellt.

Der am Image des Prinzen als treffend vorbeizielend angelegte Imageangriff, den die Tötung Emilias in Verbindung mit den anschließenden Verbalsequenzen Odoardos auch darstellt, ist letztendlich ein Ergebnis der Lessingschen Selbstzensur. Lessing wußte doch, was es bedeutete,

> dem vornehmen Hofpöbel […] die Wahrheit zu sagen […]; lassen Sie einen in Berlin auftreten, der für die Rechte der Untertanen, der gegen Aussaugung und Despotismus seine Stimme erheben wollte […]: und Sie werden bald die Erfahrung machen, welches Land bis auf den heutigen Tag das sklavischste Land von Europa ist.[33]

Im Angesicht dieser Situation, ständig von Publikationsverbot bedroht, findet Lessing im literarischen Dialog wie in der polemischen Streitschrift, in unterschiedlichen Konstellationen und Intentionslagen zur Anwendung von nicht-kooperativen Strategien, die sorgfältig gezielte Imageangriffe beinhalten, um zu jenem Sich-Ausdrücken in der existentiellen Dimension des Nicht-Mehr-Versöhnlichen zu gelangen, das allein geeignet ist, sich im Un-Mensch-

---

[32] Stickler (Anm. 10).
[33] Brief Nr. 501 an Nicolai, 1769. B 11/1, S. 622f.

lichen als Mensch zu behaupten, zu verteidigen und die gesellschaftliche und kommunikative Entwicklung des Menschen auf ein Besseres und Anderes hin voranzutreiben.

Hans-Georg Kemper

»Ihr habt allebeide, allebeide habt ihr Recht.«

Lessing und die Überzeugungskraft des Eklektizismus

Die größten Streitigkeiten wurden im 18. Jahrhundert – auch und gerade in Deutschland – um die Religion ausgetragen, und Lessing hat sich hierbei bekanntlich besonders nachdrücklich engagiert. Aber wofür? Darüber streitet man, gewiß auch hier und heute. Ich möchte zeigen, daß Lessing von seinem Frühwerk an für die Überzeugung stritt, daß man über die Religion – recht verstanden – gar nicht zu streiten brauche, ja im Grunde nicht streiten könne.

Die erste Hälfte des 18. Jahrhunderts hallte wider von den Streitigkeiten der protestantischen Kirche: nach innen gegen die Pietisten, nach außen gegen den Deismus als »die Religionsphilosophie der Aufklärung«.[1] Gegenüber beiden Kampf-Fronten bezieht schon der junge Lessing Stellung. In seinen Fragment gebliebenen *Gedanken über die Herrnhuter* (1750) verrät bereits der Eingangssatz die Parteinahme für die von den Theologen und Philosophen mit schwerem Gelehrten-Geschütz bekämpften und als aus »dem Tollhause entlaufenen Narren« verhöhnten »Schwärmer« (B 1, S. 944): »Die Siege geben dem Kriege den Ausschlag: sie sind aber sehr zweideutige Beweise der gerechten Sache: oder vielmehr sie sind gar keine.« (B 1, S. 935) »Tausend kleine Umstände«, so führt er zur Begründung aus, können »den Sieg bald auf diese, bald auf jene Seite lenken«, die Sieger müssen das »Glück« auf ihrer Seite haben, aber eben die Kontingenz, die bei der historischen Wahrheit in den mit »Blut oder Dinte« geführten Kriegen im »Spiele« ist und oft den Ausschlag gibt, liefert bestenfalls »zufällige Geschichtswahrheiten«, die – wie der späte Lessing im *Beweis des Geistes und der Kraft* formulieren wird – »der Beweis von notwendigen Vernunftswahrheiten nie werden« können.[2] Deshalb stellt Lessing im *Herrnhuter*-Fragment zur Bewertung der Streitigkeiten um diese Sektierer

---

[1] Ernst Troeltsch: Aufsätze zur Geistesgeschichte und Religionssoziologie. Hg. von Hans Baron. 1925, S. 429.
[2] R 8, S. 9–16, hier S. 12.

ohne weitere geschichtliche Begründung im »modus ponens«[3] eine »Vernunftswahrheit« auf, die paradoxerweise die »ratio« – zumindest in Religionsangelegenheiten – radikal infragestellt: »Der Mensch ward zum Tun und nicht zum Vernünfteln erschaffen.« (B 1, S. 936) Daran bemißt Lessing nun die streitsüchtigen Gelehrten, die sich die Herrnhuter zur leichten Beute machen: »Nun, schreit der eine, ihr glaubt doch wohl Monaden? Ja. Ihr verwerft doch wohl die Monaden, ruft der andre? Ja. Was? Ihr glaubt sie und glaubt sie auch nicht? Vortrefflich!« (B 1, S. 944) Als Kriegs-Verweigerer sind die Herrnhuter die eigentlichen Sieger, weil sie vernünftigerweise das »Vernünfteln« in Glaubensangelegenheiten unterlassen und ihren Glauben stattdessen leben.

In – wie es scheint – diametralem Gegensatz zu dieser Einstellung und Wertung entwirft Lessing etwa zur selben Zeit in mehreren Paragraphen ein – so der keineswegs ironisch gemeinte Titel des Fragments – *Christentum der Vernunft*, in dem er den Trinitätsbegriff zu erweisen sucht und aus der Vollkommenheit Gottes auf die relative Vollkommenheit der in abgestuften Graden mit ihm zusammenhängenden Schöpfung schließt. Auch die Menschen sind »eingeschränkte Götter«, deren »Vollkommenheiten den Vollkommenheiten Gottes ähnlich« sind, und daraus deduziert Lessing nun das Wesen des Menschen:

> Wesen, welche Vollkommenheiten haben, sich ihrer Vollkommenheiten bewußt sind, und das Vermögen besitzen, ihnen gemäß zu handeln, heißen *moralische Wesen*, das ist solche, welche einem Gesetze folgen können. Dieses Gesetz ist aus ihrer eigenen Natur genommen, und kann kein anders sein, als: *handle deinen individualischen Vollkommenheiten gemäß*. (R 7, S. 200)

Was Lessing in den *Gedanken über die Herrnhuter* kritisiert, nämlich die Kooperation von Theologie und Weltweisheit, um »den Glauben durch Beweise erzwingen« zu wollen (B 1, S. 941f.), das erprobt er hier selbst in deutlichem Rückgriff auf die Leibniz-Wolffsche Schulphilosophie und deren Monadenbegriff. Daß er damit ausgerechnet die Trinität zu erweisen versucht, setzt ihn in einen weiteren Widerspruch zu seinem *Herrnhuter*-Fragment. Dort zeichnet er eine Verfallsgeschichte der Religion und des Christentums seit der ersten, ältesten Religiosität: »Wie einfach, leicht und lebendig war die Religion Adams?« (B 1, S. 938) Einfach u. a. deshalb, weil die adamitische Religiosität noch keinen trinitarischen Gottesbegriff kannte. Das »Wesentliche« seiner Religion wurde dann von Generation zu Generation »in einer Sündflut von willkürlichen Sätzen versenkt.« (B 1, S. 938f.) So kam Christus als ein Mensch, nämlich als

---

[3] Vgl. dazu den Beitrag von Karl Eibl in diesem Band.

»ein von Gott erleuchteter Lehrer«, um die adamitische »Religion in ihrer Lauterkeit wieder herzustellen« (B 1, S. 939). Dies wiederum ist – wohlgemerkt zur Verteidigung der dem Pietismus zurechenbaren Anhänger Zinzendorfs – eine Generalthese des Deismus, wie sie vor allem Matthew Tindal in seinem berühmt-berüchtigten »Hauptbuch des Deismus«[4] mit dem Titel *Christianity as old as creation* vertrat.[5]

Eine solch widersprüchlich anmutende Adaptation unterschiedlicher, ja gegensätzlicher philosophischer und theologischer Richtungen erklärt Lessing im Grunde selbst durch seinen Abriß der Religions- und Philosophie-Geschichte im *Herrnhuter*-Fragment: Im Laufe der Geschichte tauchen immer neue Wahrheiten auf. Gegen die Macht der scholastischen »Tyrannen« Plato und Aristoteles stand »Cartesius« auf, doch auch er, so Lessing, verkündete nur eine »betrügliche« neue Wahrheit, und nachdem Leibniz und Newton die Weltweisheit der »Meßkunst« unterworfen hätten, sei die geometrisierende Wissenschaft »unerschöpflich in Entdeckung neuer Wahrheiten« (B 1, S. 940). Analoges konstatiert er für die Theologie, wo die Reformatoren zwar lehrten, die Wahrheit wieder »mit eigenen Augen« zu sehen, darüber aber die christliche Ethik sträflich vernachlässigten (B 1, S. 940). Kurzum: Der junge Lessing und seine Zeitgenossen sehen sich nach dem Auseinanderbrechen der einen christlichen Wahrheit mit einer Vielzahl heterogener und miteinander konkurrierender alter und neuer weltanschaulicher Systeme und Weltbilder konfrontiert, deren keines mehr unbezweifelte Autorität und Plausibilität als »Leitweltbild« für sich beanspruchen kann. Und diese Situation macht begreiflich, warum in der deutschen Frühaufklärung der *Eklektizismus* zur herrschenden Denkform vor und neben Wolff avancierte, und zwar von Thomasius, der sich selbst als jemanden charakterisierte, der »in allen Dingen alles prüfet und das Gute behält«[6], bis zum Leipziger »Wolffianer« Gottsched, der

---

[4] Troeltsch (Anm. 1), S. 455.

[5] Matthew Tindal: Beweis, daß das Christenthum so alt als die Welt sey, nebst Herrn Jacob Fosters Widerlegung desselben. Beydes aus dem Englischen übersetzt. Frankfurt und Leipzig 1741. Vgl. dazu Hans-Georg Kemper: Deutsche Lyrik der frühen Neuzeit. Bd. V/2: Frühaufklärung. Tübingen 1991, S. 66ff.

[6] Christian Thomasius: Versuch von Wesen des Geistes Oder Grund=Lehren / So wohl zur natürlichen Wissenschafft als der Sitten=Lehre. [...] Halle 1699, S. 127f. – In seiner ›Einleitung zur Hof-Philosophie‹ von 1710 definiert Thomasius die eklektische Philosophie folgendermaßen: Sie ist »um der unendlichen mancherley Sachen willen / die man wissen muß / sehr nothwendig / und zu Untersuchung der Wahrheit sehr nützlich / darbei mit Billigkeit überein kommend / weilen sie nicht partheyisch / sondern mit gleicher Liebe allen zugethan ist / und alle und jede wegen ihrer Irrthümer bescheidentlich ermahnet / in so weit dieselbe der Wahrheit nachtheilig seyn / sie kann auch der anderen ihre Erinnerungen mit Bescheidenheit wohl vertragen / das alte

nicht nur dem Weltweisen, sondern auch dem Poeten das Verfahren prüfender Auswahl empfiehlt:

> So thun Eclectici! Man wählt aus alt und neu, / Das Gute nimmt man an, und bleibt in allem frey, / So steigen Witz und Kunst.[7]

Die lange als Synonym für unselbständiges Denken diskreditierte Eklektik erfährt deshalb im Blick auf die Aufklärung gegenwärtig vor allem in der Philosophiegeschichtsschreibung eine Rehabilitierung.[8] Im Rückgriff auf analoge Bestrebungen in Antike und Renaissance betonte die Eklektik als Möglichkeit bedachtsamer Auswahl das Recht auf autoritäts- und vorurteilskritische, damit selbständig prüfende, empirisch und historisch verfahrende Auswahl aus dem »logos spermatikos« der Systeme und Schulmeinungen mit der Intention oder dem Effekt einer »Überwindung von Gegensätzen«.[9] So etwa zwischen Plato und Aristoteles, Cartesianismus und Hermetismus, Pietismus und Aufklärung, Philosophie und Religion, Antike und Moderne. Vor den Gefahren der Prinzipienlosigkeit und der synkretistischen Systembildung suchten sich die Eklektiker in der Einsicht zu bewahren, daß ein einzelnes System nicht die *ganze* Wahrheit enthalten könne und ein synkretistisches Verfahren wiederum nur zu einem Einzel-System führe.[10] Die Eklektik der deutschen Frühaufklärung ist seit Thomasius historisch und praktisch orientiert; Lessing führt in seinen *Gedanken über die Herrnhuter* geradezu paradigmatisch den nivellierenden Effekt einer historischen Betrachtung der Systeme vor Augen[11] und formuliert mit dem schon zitierten Satz: »Der Mensch ward zum Tun und nicht zum Vernünfteln erschaffen«, zugleich das Credo dieser systemfeindlichen und praxisbezogenen Denkrichtung, und hierin liegt in der Tat eine epochale Übereinstimmung mit den vernunftkritischen und lebenspraktischen Tendenzen des Pietismus.

---

ist bey derselben nicht unbeliebt / noch das Neue verächtlich.« Zit. in: Wilhelm Schmidt-Biggemann: Theodizee und Tatsachen. Das philosophische Profil der deutschen Aufklärung. Frankfurt a. M. 1988, S. 35.

7 Johann Christoph Gottsched: Ausgewählte Werke. Hg. von Joachim Birke. Berlin 1968. Bd. I, S. 399.

8 Vgl. dazu Schmidt-Biggemann (Anm. 6), S. 31ff. und 203ff. – Walter Sparn: Auf dem Wege zur theologischen Aufklärung in Halle: Von Johann Franz Budde zu Siegmund Jakob Baumgarten. In: Norbert Hinske (Hg.): Zentren der Aufklärung I. Halle. Aufklärung und Pietismus. Heidelberg 1989, S. 71–89. – Werner Schneiders: Vernünftiger Zweifel und wahre Eklektik. Zur Entstehung des modernen Kritikbegriffes. In: Studia Leibnitiana 17 (1985), S. 143–161. – Ders. (Hg.): Christian Thomasius 1655–1728. Interpretationen zu Werk und Wirkung. Mit einer Bibl. der neueren Thomasius-Literatur. Hamburg 1989.

9 Vgl. Schneiders (Anm. 8) 1985, S. 151.

10 Ebd.

11 Vgl. dazu Schmidt-Biggemann (Anm. 6), S. 35ff.

Auch Lessing dem Eklektizismus zuzuordnen, bedeutet nicht nur, ihn stärker aus dem problemgeschichtlichen Kontext der Frühaufklärung heraus und
damit als deren Repräsentanten zu verstehen, sondern ermöglicht auch, einige
Aspekte seines Denkens und Dichtens, seines Streitens und Nicht-Streitens
besser zu begreifen. So hielt er es zeitlebens für seine Verpflichtung, »bei den
Alten in die Schule zu gehen«.[12] Die antike Literatur und Kultur war ihm nicht
museales Bildungsgut, sondern vorbildlicher Ansporn und Herausforderung.
(B 5/1, S. 533f.) Den berühmten Streit, *Ob* – so der Titel eines seiner Lehrgedichte – *die Neuern oder die Alten höher zu schätzen sind*, beantwortete er in der
Vorrede typisch eklektisch vermittelnd dahingehend, »daß die Alten uns in den
schönen, wir aber sie in den höhern Wissenschaften, besonders in der Natur-
lehre, übertreffen« (B 1, S. 115). Infolgedessen umfaßt sein sammelndes und
auswählendes Verfahren antikes und modernes Denken gleichermaßen, es
strukturiert seinen häufig fragmentarischen Zugriff und sein aller Systematik
abholdes, zwischen Induktion und Deduktion schwankendes Argumentieren,
und es bestimmt zugleich auch seine Poetologie und den Inhalt seiner Dichtung. In der Schrift *Pope ein Metaphysiker!* (1755) lehnen Lessing und Mendelssohn in Abgrenzung zur Philosophie die Begriffe System und Ordnung für
die Poesie ab (»Nichts ist der Begeisterung eines wahren Dichters mehr zuwider«, und es sei auch keineswegs seine Pflicht, »alles zu erschöpfen«; R 7,
S. 234 und 236) und fordern den Eklektizismus als spezifisch dichterisches Verfahren: Um »gleich überzeugend rühren« zu können, habe der Poet »kein ander
Mittel, als diese Wahrheit nach diesem System, und jene nach einem andern
auszudrücken. – Er spricht mit dem Epikur, wo er die Wollust erheben will,
und mit der Stoa, wo er die Tugend preisen soll.« (R 7, S. 235f.) Deshalb mußte
Pope »als ein wahrer Dichter« »mehr darauf bedacht gewesen sein, das sinnlich
Schöne aus allen Systemen zusammenzusuchen, und sein Gedicht damit aus-
zuschmücken, als sich selbst ein eignes System zu machen, oder auch an ein
schon gemachtes einzig und allein zu halten.« (R 7, S. 255)
     Von diesem eklektischen Verfahren her lassen sich Fortschritt und Grenze
des Lessingschen Dichtens bestimmen. Einerseits wird hier der Autor zur die
Auswahl autoritäts- und vorurteilskritisch verantwortenden, daher auch vernünftig räsonierenden und dialogisch argumentierenden, individuellen und
unhintergehbaren Sinngebungsinstanz seines Werkes, er verbürgt mit seinem
»Witz« dessen Authentizität und damit seine – die Lessingsche – Wahrheit.
Und auf Grund dieser aus dem Selberdenken zustande gekommenen und

---

[12] So 1756 in einem Brief an Mendelssohn. Zit. in: Wilfried Barner: Kommentar. B 5/1, S. 503–909,
      hier S. 533.

wirkenden Wahrheit avanciert die Dichtung zu einem eigenständigen Organ der Wahrheitsfindung und -vermittlung neben Philosophie und Theologie. Und so wie sich einerseits die Grenzen zwischen poetisch-fiktionalem und expositorischem Schreiben erkennbar verwischen, so emanzipiert Lessing andererseits die Dichtung – auch in Abgrenzung zur bisherigen Leitkunst, der Malerei – zu einem eigenständigen Medium von Welt- und Wahrheitsvermittlung. Indessen, mit diesem eklektisch-heteronomen Bezug auf den Problemhorizont der Epoche und der Bezugswissenschaften verhinderte der Eklektizismus zugleich den Schritt zur gänzlich in der unverwechselbaren Kreativität und Inspiration des Dichters gründenden autonomen und selbstgesetzlichen poetischen Welt. Stellte so das Genie-Verständnis seit dem Sturm und Drang den poetischen Eklektizismus ins historische Abseits, so verabreichte analog die Fichtesche Transzendentalphilosophie mit der Einheit des sich selbst setzenden Bewußtseins dem *philosophischen* Eklektizismus den Todesstoß.[13] – Dafür aber blieb Lessing – auch mit seiner Ringparabel im *Nathan* – ein ernstzunehmender Gesprächspartner für Philosophie und Theologie – bis heute.

Aber was gibt seinem Eklektizismus eigentlich innere Kohärenz, was ist leitendes Auswahlkriterium des »Selbstdenkers« Lessing? Es ist eben das, was er für sich selbst beansprucht, das Recht auf selbstverantwortliches Denken und Handeln, und die Probe aufs Exempel liefert sein streitbares Plädoyer für die Unstrittigkeit der je eigenen Religiosität. Dies lenkt sein Interesse bei der Adaptation und Kritik der verschiedenen religionsphilosophischen und theologischen Systeme; denn dies schien ihm die undogmatische Religiosität der Herrnhuter ebenso zu verbürgen wie die adamitisch-natürliche Religion des Deismus oder auch das vernünftige monadologisch inspirierte Moralgesetz: »handle deinen *individualischen* Vollkommenheiten gemäß«. Diese These sei hier an einigen Beispielen aus Früh- und Spätwerk noch kurz illustriert. –

Ein in ganz Europa so heiß diskutiertes Thema wie den Deismus in einem Lustspiel mit dem provozierenden Titel *Der Freigeist* zu traktieren, war vor allem in Deutschland ein kühnes Unterfangen. Gerade deshalb irritiert – um nicht zu sagen: enttäuscht – die Behandlung des Sujets die Interpreten bis heute. Denn die weltanschauliche Konfrontation zwischen dem Deisten Adrast und dem protestantischen Geistlichen Theophan »bleibt nahezu völlig außerhalb des Stücks.«[14] »Es ist fast merkwürdig«, urteilt Jürgen Stenzel, der

---

[13] Vgl. Schmidt-Biggemann (Anm. 6), S. 215ff.
[14] So Gerhard Fricke: Bemerkungen zu Lessings *Freigeist* und *Miss Sara Sampson*. In: Festschrift für Josef Quint. Bonn 1964, S. 83–120, hier S. 94.

neueste Herausgeber von Lessings Jugendwerk, »daß Lessings Rationalismus
an dieser Stelle nicht tiefer bohren wollte.«[15] Doch Lessings Stück will die
Streitigkeiten um den Deismus nicht spiegeln und fortführen, sondern exemplarisch überwinden und beenden, und dies – komisch und rührend zugleich – am Beispiel des Familien-Modells durch soziale Reintegration des
wegen seiner abweichenden religiösen Überzeugungen gesellschaftlich geäch-
teten und gedemütigten Adrast. Da dieser selbst zunächst unter Freundschaft
– analog übrigens zum Pietismus[16] – eine »Übereinstimmung der Gemüter«
versteht, »die zwei einerlei denkende, einerlei wollende Seelen verknüpfet« (B 1,
S. 367), ist für ihn eine Freundschaft mit Theophan undenkbar, zumal er – das
wäre sein zu korrigierender »Fehler« im Sinne der Gottschedschen Komödientheorie[17] – »Vorurteile wider den geistlichen Stand« hat (B 1, S. 349). Die
borniert Hartnäckigkeit, mit der er sie gegenüber dem liebenswürdigen
Theophan aufrecht erhält, spiegelt freilich zugleich auch jene aggressive Arroganz, mit der die Theologen jener Zeit den Andersdenkenden gegenüber-
traten. Die schließliche »Heilung« des Vorurteils durch die Anerkennung des
freundschaftlichen Handelns Theophans impliziert auch den umgekehrten
Appell zur Akzeptanz des Freigeistes, der – so charakterisiert ihn Lessing in
einem Entwurf selbst – »ohne Religion, aber voller tugendhafter Gesinnungen«
ist (B 1, S. 348). Und eben dies macht ihn zum tauglichen Mitglied der bürgerlichen Gesellschaft. So sieht es auch der Familienvater Lisidor, der Adrast
und Theophan ihrer weltanschaulichen Gegensätze unerachtet zu Schwieger-
söhnen haben und deshalb auch miteinander versöhnen möchte. Er versucht
dies gleich im ersten Akt als Eklektizist: »Ich habe euch [...] ja oft genug
darüber zanken hören. Ich behalte mir das Beste. [...] Das nehme ich von dir,
mein lieber Adrast; und das vom Theophan; und aus allen dem mache ich mir
hernach ein Ganzes« (B 1, S. 370). Und später beschwört er sie erneut: »glaubt
mir doch nur, aus dem Streiten kömmt nichts. Ihr habt allebeide, allebeide habt
ihr Recht.« (B 1, S. 438) Der jeweils komisch ausgemalte Dialog hat gleichwohl
einen ernsthaften Kern, nämlich die Überzeugung Lisidors, »daß alle ehrliche
Leute einerlei glauben«, worauf Adrast erwidert: »Sollten! Sollten! Das ist
wahr.« (B 1, S. 370) Diese Wahrheit zielt wiederum auf das deistische Konstrukt
einer natürlichen (adamitischen) Religion, die auch alle positiven bzw. geof-

---

[15] Jürgen Stenzel: Kommentar. B 1, S. 951–1424, hier S. 1141.
[16] Vgl. Hans-Georg Kemper: Deutsche Lyrik der frühen Neuzeit. Bd. V/1: Aufklärung und Pietismus. Tübingen 1991, S. 60ff.
[17] Vgl. Johann Christoph Gottsched: Versuch einer Critischen Dichtkunst. Darmstadt 1962 (unveränd. photomech. Nachdruck der 4., vermehrten Aufl. Leipzig 1751), S. 643ff.

fenbarten Religionen fundiert. Lessing hat diese ›Religion der Natur‹ in dem Fragment *Über die Entstehung der geoffenbarten Religion* so definiert:

> Einen Gott erkennen, sich die würdigsten Begriffe von ihm zu machen suchen, auf diese würdigsten Begriffe bei allen unsern Handlungen und Gedanken Rücksicht nehmen: ist der vollständigste Inbegriff aller natürlichen Religion. Zu dieser natürlichen Religion ist ein jeder Mensch, nach dem Maße seiner Kräfte, aufgelegt und verbunden. (B 5/1, S. 423)

Diese von einigen Herausgebern in Lessings Breslauer Zeit (1763–1764) datierte Fragment zeigt eine große Nähe zum *Freigeist*, denn die empfindsam-schüchterne, vom Vater eigentlich dem Theophan zugedachte Juliane formuliert am Ende eines Gesprächs mit Adrast (dem Höhepunkt des Stücks, IV/3) fast genau mit den zitierten Worten Lessings das Wesen der natürlichen Religion: »Was kann unsre Seele mit erhabenern Begriffen füllen, als die Religion? Und worinne kann die Schönheit der Seelen anders bestehen, als in solchen Begriffen? in würdigen Begriffen von Gott, von uns, von unsern Pflichten, von unserer Bestimmung?« (B 1, S. 416f.) Hierin ist sie gleicher Gesinnung wie Adrast und kann deshalb auch ihr Herz für ihn entdecken und umgekehrt die freigeistige Henriette für den frommen Theophan, der von den Dogmen seiner Konfession keinerlei Aufhebens macht und deshalb ad personam demonstriert, was das Lessingsche Fragment abschließend dekretiert: »Die *beste* geoffenbarte Religion ist die, welche die wenigsten conventionellen Zusätze zur natürlichen Religion enthält, die guten Wirkungen der natürlichen Religion am wenigsten einschränkt.« (B 5/1, S. 424f.) So steht am Ende des Stücks denn auch nichts mehr dem Credo eines glücklichen Erdenlebens als Kernstück deistischer Philosophie im Wege: »Wir sollen«, erklärt Adrast, »glücklich in der Welt leben; darzu sind wir erschaffen; darzu sind wir einzig und allein erschaffen« (B 1, S. 416). So bemüht sich Theophan denn auch durch lauter ›gute Werke‹ um die Aussöhnung mit Adrast: Dessen Vorurteile gegenüber den Priestern werden nicht durch Disputieren, sondern durch praktisches Handeln widerlegt. Adrast selbst wird trotz seines – schließlich geheilten – Vorurteils als ein Deist oder ›Naturalist‹ charakterisiert, der – so eine Definition aus der Feder Lessings oder eines seiner Berliner Freunde – wie ein Eklektiker »nach reifer Überlegung, nichts zu glauben und zu behaupten für gut befindet, als was ihn Natur und Vernunft, nach seiner *Einsicht*, lehren«.[18] Hierin liegt wiederum die Rechtfertigung einer individuellen Religiosität, und es ist sehr interessant, daß sich Lessing in seiner Definition der natürlichen Religion im Unterschied zu deren

---

[18] Zit. in B 1, S. 1134. Hervorhebung in der Quelle.

inhaltlich-dogmatischer Fixierung wie etwa durch den einflußreichen Begründer des Deismus, Herbert of Cherbury[19], mit einer formalen Definition begnügt, die auf eine je individuelle Ausübung dieser Religion verweist. Zu ihr, erklärt Lessing ausdrücklich, »ist ein jeder Mensch, nach dem Maße seiner Kräfte, aufgelegt und verbunden.« Ja für ihn wird geradezu die Verschiedenheit der natürlichen Religiosität zum entscheidenden Grund für die Etablierung der geoffenbarten Religion, um durch die Verpflichtung auf ein einheitliches Dogma die ursprüngliche religiöse Freiheit des einzelnen den Zwängen bürgerlicher Sozialität zu opfern:

> Da aber dieses Maß bei jedem Menschen verschieden, und sonach auch eines jeden Menschen natürliche Religion verschieden sein würde: so hat man dem Nachteile, welchen diese Verschiedenheit, nicht in dem Stande der natürlichen Freiheit des Menschen, sondern im Stande seiner bürgerlichen Verbindung mit andern, hervorbringen konnte, vorbauen zu müssen geglaubt. (B 5/1, S. 423)

Adrast aber verficht vehement gegenüber dem nivellierenden Zugriff einer ›staatstragenden‹ positiven Religion das Recht auf Subjektivität und Individualität der religiösen Wahrheit. Gegenüber Juliane, die sich darüber wundert, daß er keine Proselyten mache, erklärt er: »Es ist mir unmöglich zu glauben, daß die Wahrheit gemein sein könne; eben so unmöglich, als zu glauben, daß in der ganzen Welt auf einmal Tag sein könne.« (B 1, S. 415) So darf er denn auch unbehelligt und – von seinem Vorurteil abgesehen, das aber durch eine Person, nicht durch eine Lehre widerlegt wird – unwidersprochen bei seiner deistischen Überzeugung bleiben und wird doch zugleich mit der Sozietät »vermählt«: Darin liegt der humane, auf den *Nathan* vorausweisende Gehalt und Appell des Stücks.

Hat nicht auch noch Nathan, über den Sittah ihrem Bruder Saladin zu berichten weiß, »wie frei von Vorurteilen / Sein Geist; sein Herz wie offen jeder Tugend, / Wie eingestimmt mit jeder Schönheit sei« (R 2, S. 371) und der damit jene »Schönheit der Seele« repräsentiert, die für Juliane – wie zitiert – das Wesen der (natürlichen!) Religion ausmacht[20], hat nicht auch Nathan die Begründung für die beste Religion an die Liebes-Praxis des *einzelnen* gebunden, und ist dies nicht der Maßstab, an dem sich das Urteil des Eklektikers auch gegenüber den etablierten Kirchen und Konfessionen zu orientieren hat, wel-

---

[19] Vgl. Herbert of Cherbury und Edward Lord: De Veritate. Editio Tertia. De causis errorum. De religione laici. Parerga. Faks. – Neudruck der Ausgaben London 1645. Hg. und eingeleitet von Günter Gawlick. Stuttgart-Bad Cannstatt 1966, S. 210ff.

[20] Vgl. dazu Wilfried Barner, Gunter E. Grimm, Helmuth Kiesel, Martin Kramer: Lessing. Epoche – Werk – Wirkung. 5. Aufl. München 1987, S. 327.

ches Saladin von Nathan fordert (»[...] Ein Mann, wie du, bleibt da / Nicht stehen, wo der Zufall der Geburt / Ihn hingeworfen: oder wenn er bleibt, / Bleibt er aus Einsicht, Gründen, Wahl des Bessern«; R 2, S. 401). Jeder der Brüder soll in der Ring-Parabel seinen Ring für den echten halten: »Möglich, daß der Vater nun / Die Tyrannei des *einen* Rings nicht länger / In seinem Hause dulden wollen!«, erklärt Nathan. Deshalb hat der Vater die Wahrheit des Rings pluralisiert und damit individualisiert, und deshalb »eifre jeder seiner unbestochnen / Von Vorurteilen freien Liebe nach!« (R 2, S. 407) Eine solche Toleranz duldet nicht nur – wie David Hill soeben behauptet – »abweichende Formen des religiösen Glaubens, bis es einer der Formen gelingt, ihre Überlegenheit nachzuweisen«[21] – dies liefe ja auf eine Anerkennung der von Lessing bekämpften Suprematie einer Offenbarungsreligion über alle anderen Formen der Religiosität hinaus –, sondern eine solche Toleranz ermuntert jeden, seine Liebe als seine individuelle Form der Religiosität zu üben.

Die Konzeption der *Erziehung des Menschengeschlechts* bestätigt diese Deutung. Der ›Vorbericht des Herausgebers‹ rückt die nachfolgenden Überlegungen ausdrücklich in die Perspektive individueller Überlegungen eines Ichs, das seine Wahrheit mitteilt, ohne damit – wie Adrast – Proselyten machen zu wollen: »Er verlangt nicht, daß die Aussicht, die ihn entzücket, auch jedes andere Auge entzücken müsse.« (R 8, S. 590) Von Anfang an parallelisiert der Ich-«Erzähler« die Entwicklung der Offenbarungsreligionen mit den Erziehungsphasen des Einzelmenschen, der diese Hilfe nicht mehr braucht, wenn er erwachsen ist. Schon während der christlichen Adoleszenzphase werden die individuellen ketzerischen »Spekulationen«, denen sich das Ich ja auch selbst hingibt, ausdrücklich gegen ihre Unterdrückung in Schutz genommen (§ 78):

> Es ist nicht wahr, daß die Spekulationen über diese Dinge jemals Unheil gestiftet, und der bürgerlichen Gesellschaft nachteilig geworden. – Nicht den Spekulationen: dem Unsinne, der Tyrannei, diesen Spekulationen zu steuern; Menschen, die ihre eigenen hatten, nicht ihre eigenen zu gönnen, ist dieser Vorwurf zu machen. (R 8, S. 611)

Beim Erreichen des menschlichen und menschheitlichen Erwachsenenstadiums wechselt die Betrachtung über in die Perspektive des Individuums, das die fremde Hilfe der Erziehung nicht mehr braucht und das nun – in den letzten fünf Paragraphen – in Ich-Form über seine eigene Erlösung und Zukunft in Gestalt der Palingenesie spekuliert (R 8, S. 614f.). – Das ist nicht mehr ein am Anfang und Ende in Erscheinung tretendes »Ich am Rande«[22], das eine nur

---

[21] David Hill: Lessing: die Sprache der Toleranz. In: DVjs 64 (1990), S. 218–246, hier S. 241.
[22] Vgl. Gerhart von Graevenitz: Das Ich am Rande. Zur Topik der Selbstdarstellung bei Dürer, Montaigne und Goethe. Konstanz 1989.

marginale Totalisierung der »Welt-Erziehung« zuwege bringt, welcher die heterogene Kombinatorik des in Paragraphen »zergliederten« Hauptteils wider-
spräche, sondern dieses Ich markiert sich selbstbewußt als mit jedem Paragraphen aus der Religionsgeschichte verantwortlich wählendes und kombinieren-
des Individuum, das deshalb den ganzen Geschichts-Entwurf als sein eigenes
und seinen Zwecken dienendes Werk ausweisen kann und muß. – Für den
Lessing der *Duplik* ist die »reine Wahrheit« nur für Gott allein (R 8, S. 27).
Deshalb schließt die Mühe des Suchens auch den Irrtum als Mittel der Wahrheitsfindung mit ein. Gerade dies freilich fordert die (selbst-)kritische Haltung
des Eklektikers, der nur »nach seiner Einsicht« zu erkennen vermag, »was ihn
Natur und Vernunft [...] lehren«. Diese Einsicht hat er selbst zu verantworten,
als die seine aber auch niemand anderem aufzudrängen. Mit einer solchen
Position ist die religiöse Autonomie des Individuums erreicht und mit der
Eröffnung des vorurteilsfreien Liebes-Eifers im Prinzip zugleich das Ende jeden
Streits über die Religion. Kein Wunder, daß der »Selbstdenker« Lessing für
diese Wahrheit so heftig streiten mußte und zugleich die Möglichkeit ihrer
streitfreien Verwirklichung so überzeugend vor Augen gestellt hat. – Sollen wir
uns deshalb heute noch im Ernst *darüber* streiten?

Gizela Kurpanik-Malinowska

Der gescheiterte Aufstand Samuel Henzis und die Entwicklung des bürgerlichen Trauerspiels

Wo Neuland betreten wird, fallen Entdeckungen leicht. In bekannten Landschaften gibt es bekannte Standpunkte, von denen aus sich die Gegend überschaubar und zugleich wie sinnvoll gegliedert erweist, so, als wären das Ganze und der Teil klar erkannt. Scheinbar ist hier alles alt und darum altbekannt, buchstäblich und im übertragenen Sinne des Wortes: an den Schuhsohlen abgelaufen. – Der Schein trügt. Versucht man neue, gar wissenschaftlich-objektive Aspekte zu gewinnen, so wächst die Freude an erkundeten Entdeckungen. Neuland im Altland bietet sich dem Blick.

Aus dem theatralischen Nachlaß Lessings und seinen Briefen ist zu entnehmen, wie sehr er das Problem der Heldengestaltung und der Konstruktion der dramatischen Handlung ins Zentrum seiner Interessen rückt. Im Jahre 1767 formuliert Lessing im 14. Stück der *Hamburgischen Dramaturgie* den epochemachenden Bruch mit der Poetik des Martin Opitz, in dessen *Buch von der deutschen Poeterey* (1624) man noch solche Aufzeichnungen finden konnte:

> Die Tragödie ist an der Majestät dem heroischen Gedichte gemäße, ohne daß sie selten leidet, daß man geringen Standes Personen und schlechte Sachen einführe: weil sie nur von königlichem Willen, Todschlägen, Verzweiflungen, Kinder- und Vatermorden, Brande, Blutschanden, Kriege und Aufruhr, Klagen, Heulen und dergleichen handelt. [...] Die Komödie besteht in schlechtem Wesen und Personen: redet von Hochzeiten, Gastgeboten, Spielen, Betrug und Schalkheit der Knechte, ruhmredigen Landsknechten, Buhlersachen, Leichtfertigkeit der Jugend, Geize des Alters, Kupplerei und solchen Sachen, die täglich unter gemeinen Leuten verlaufen.[1]

Lessings Konzeption ist entschieden anders, und er verkündet seinen Bruch mit diesem Modell, indem er zu folgenden Überlegungen kommt:

> Die Namen von Fürsten und Helden können einem Stücke Pomp und Majestät geben; aber zur Rührung tragen sie nichts bey. Das Unglück derjenigen, deren

---

[1] Martin Opitz: Buch von der deutschen Poeterey. In: Olga Dobijanka-Witczakowa: Auswahl von Texten zur Poetik des Dramas. Krakow 1973, S. 9.

Umstände den unsrigen am nächsten kommen, muß natürlicher Weise am tiefsten in unsere Seele dringen; und wenn wir mit Königen Mitleiden haben, so haben wir es mit ihnen als mit Menschen, und nicht als mit Königen. Macht ihr Stand schon öffters ihre Unfälle wichtiger, so macht er sie darum nicht interessanter. Immerhin mögen ganze Völker derein verwickelt werden; unsere Sympathie erfordert einen einzelnen Gegenstand, und ein Staat ist ein viel zu abstrakter Begriff für unsere Empfindungen. (LM 9, S. 239)

Indem sich Lessing auf den Seiten der *Hamburgischen Dramaturgie* mit dem Problem der Tragödie beschäftigt, beruft er sich oft auf die *Poetik* des Aristoteles und auf dessen Vorstellungen von der Tragödie. Aristoteles sah in dem Tragödienhelden weder einen vollkommenen Tugendhaften noch einen Bösewicht, sondern eine Person, die sowohl »gute als auch schlechte Eigenschaften aufweist und dadurch ›uns gleich‹ ist.«[2]

Diese Forderung, die sich eher auf die Sphäre des Sittlichen bezieht, wandelt Lessing um, indem er dieses Problem im Rahmen des sozialen Umfelds behandelt. Er deutet dabei – seiner progressiven Gesinnung gemäß – an, daß der beste Held nur jemand sein kann, der für den überwiegenden Teil des Publikums gerade eine Person ist, die weder die höchste Stufe noch die Randposition in der damaligen Gesellschaft einnimmt, sondern gerade ein Vertreter des aufsteigenden und sich emanzipierenden Bürgertums ist. Lessing wird zugleich klar, daß das aufsteigende Bürgertum Themen, Konflikte, Helden und Dramen braucht, die der Gegenwart entsprechen. Im 30. Stück der *Hamburgischen Dramaturgie* setzt er sich mit dem Kleopatra-Drama von Corneille auseinander. Seine Formulierungen zeigen deutlich den moralischen und psychologischen Gegensatz zwischen dem Dichter des heroischen Pathos und dem bürgerlichen Aufklärer und Realisten. Doch mit seinen Angriffen gegen Corneille und auch Racine stand Lessing durchaus nicht allein. Das Ausspielen Shakespeares gegen die »Klassiker des Feudal-Absolutismus«[3] war durchaus auch die Tendenz der jungen Dichter des Sturm und Drang. Goethe schrieb in *Dichtung und Wahrheit*: »Sie [die Kunst unter Ludwig XIV., d. V.] war nämlich bejahrt und vornehm, und durch beides kann die nach Lebensgenuß und Freiheit umschauende Jugend nicht ersetzt werden.«[4] Bereits 1771 hatte Goethe in seiner Abhandlung *Zum Shakespearestag* gestanden:

---

[2] Zit. nach Olga Dobijanka-Witczakowa: Das Drama der deutschen Aufklärung. In: Olga Dobijanka-Witczakowa, Anna Stroka, Marian Szyrocki: Das deutsche Drama des 18. Jahrhunderts. Warszawa 1986, S. 24.
[3] Kurt Liebmann: Das Beispiel Lessings. Dresden 1977, S. 68.
[4] Zit. nach Liebmann (Anm. 3), S. 68.

Diese erste Seite, die ich in ihm las, machte mich auf Zeitlebens ihm eigen, und wie ich mit dem ersten Stücke fertig war, stand ich wie ein Blindgeborner, dem eine Wunderhand das Gesicht in einem Augenblicke schenkt [...] Ich zweifelte keinen Augenblick, dem regelmäßigen Theater zu entsagen.[5]

J. M. R. Lenz forderte entschieden: »Wir müssen [...] dem Volksgeschmack der Vorzeit und unseres Vaterlandes zu Rate ziehen, der noch heutzutage Volksgeschmack bleibt und bleiben wird.«[6]

Nur das Leben gerade eines bürgerlichen Protagonisten sei – Lessings Auffassung nach – imstande, die Gefühle von Mitleid und Furcht beim überwiegenden Teil des damaligen Publikums zu erwecken. Der Dramatiker unterzieht diese beiden Begriffe einer eingehenden Analyse und kommt zu dem Schluß, daß die Furcht das »auf uns selbst bezogene Mitleid«[7] ist: Indem der bürgerliche Zuschauer das Schicksal eines ihm nahen Helden verfolgt, wird er von der Furcht ergriffen, daß ihm auf Grund der Ähnlichkeit der dargestellten Umstände, dasselbe oder ein ähnliches Leid widerfahren könnte. »Indem Lessing selbstständig die klassischen Regeln des Aristoteles auf diese Weise interpretiert« – so Olga Dobijanka-Witczakowa –, »liefert er eine theoretische Begründung der bürgerlichen Tragödie, deren praktisches Modell bereits seine *Miss Sara Sampson* gewesen ist.«[8]

Doch auf der Suche nach der praktischen Verwirklichung seiner Vorstellungen vom neuen bürgerlichen Helden auf der Bühne diskutiert und breitet Lessing schon früher verschiedene nicht zu Ende geführte Pläne aus. Gerade in Hamburg wurde ihm der Stoff des neapolitanischen Fischeraufstandes von 1647 und die Person seines Führers Tomaso Aniello (Masaniello) durch den Text eines Schuldramas von Christian Weise bekannt. Obwohl sich Lessing für diesen Masaniello-Stoff interessierte, bearbeitete er ihn nicht zu einer vollendeten theatralischen Form. Dasselbe betrifft die nicht zu Ende geführte Faszination mit der Gestalt des römischen Spartacus. Die *Berlinische privilegierte Zeitung*[9] berichtete 1749 mit ablehnender Tendenz über einen gewaltsamen Reformversuch: die Verschwörung des Berner Pfarrerssohnes und Schriftstellers gegen die Patrizierregierung, der im Jahre 1744 sich zum Sprecher einer Bürger-Petition machte, die um Wiederherstellung der alten Verfassung Berns ersuchte. Henzi, der wegen seines entschiedenen republikanischen Kampfes bereits

---

[5] Ebd.
[6] Ebd.
[7] Zit. nach Dobijanka-Witczakowa (Anm. 2), S. 25.
[8] Ebd.
[9] Vgl. dazu Hans-Günther Thalheim (Hg.): Geschichte der deutschen Literatur. Vom Ausgang des 17. Jahrhunderts bis 1789. Berlin 1979, S. 306.

verbannt gewesen war, wurde – nach der gescheiterten Rebellion gegen die
Korruption, Vetternwirtschaft und hemmungslose Machtausübung der Patri-
zierschicht – auf der Flucht ergriffen und mit seinen Freunden hingerichtet.
Die eher warnenden Passagen in der *Berlinischen privilegierten Zeitung* lassen
erkennen, daß man damals mit dieser Information eher Abschrecken hervorzurufen versuchte. Man darf aber nicht vergessen, daß es sich um das Jahr 1749
handelt. Zum Ausbruch der Französischen Revolution fehlen noch 40 Jahre!

Auch die *Vossische Zeitung*[10] hatte in sehr ausführlichen Meldungen über die
Verschwörung in Bern berichtet. Sie umfassen die Zeit vom 8. Juli bis zum 17.
Oktober 1749 und wurden aus Colmar, Basel, Bern, Schaffhausen, Genf und
London geschrieben. »Diese Originalberichte sprechen in ihrer Einfachheit
überzeugender und beredter«, wie Hugo Göring schreibt, »als alle Entgeg-
nungen.«[11] So der

> Auszug eines Schreibens von Bern, vom 19. Julius. Von denen Chefs der allhier
> entdeckten Konspiration ist am Mittwoch der Henzi (welchem ohnlängst Gnade
> erteilt worden, indem er bannisiert war) enthauptet worden. Ein gleiches ist auch
> dem Kaufmann Wernier widerfahren, dem Stadtleutnant Juetter aber, weil er denen
> Uebelgesinnten außerhalb die Thore hat aufmachen wollen, zuerst die rechte Hand
> und sodann der Kopf abgehauen worden. Vor diesen armen Sündern marschierte
> eine Kompanie Dragoner her, darauf auf beiden Seiten die Stadtmacht, hinter ihnen
> aber eine Kompanie Reiter. Es wird bei denen nicht bleiben, sondern bis Montag
> wieder Blutgericht gehalten werden.[12]

Lessing nutzt eben dieses aktuelle Ereignis aus der Geschichte des Bürgertums,
um ein öffentliches, seiner Gesinnung gemäßes Sujet zu gestalten und somit
auf seiner Suche nach dem neuen bürgerlichen Helden einen gewaltigen Schritt
voranzukommen. In dem im *22.* und *23.* der *Briefe* aus dem Jahre 1753 veröffentlichten Trauerspielfragment *Samuel Henzi*[13] versucht der Dramatiker,
endgültig die Abhängigkeit des damaligen Trauerspiels von Themen aus Mythologie und Herrschergeschichte zu überwinden, indem er gerade den Anfüh-
rer der bürgerlichen Rebellion zum Helden seines nur Fragment gebliebenen
Stückes macht. Obwohl Lessing in mehreren Passagen des Fragments unmittelbare Kritik »am absolutistischen Herrscher« formuliert, bedeutet es aber
nicht, daß er die damalige Machtstruktur in Frage stellt, sondern eher die
»moralische Qualifikation« der Souveräne.

---

[10] Diese Angaben sind entnommen aus: Lessings sämtliche Werke in 20 Bänden. Hg. und mit
    Einleitungen versehen von Hugo Göring. Bd. 5. Stuttgart o. J., S. 16–38.
[11] Ebd., S. 16.
[12] Ebd., S. 20.
[13] Vgl. dazu Göring (Anm. 10), Bd. 6, S. 297–300.

Eine totale Kritik an den damaligen politischen Institutionen sollte von Lessing nicht aufgegriffen werden, denn 1749 konnte auf Grund der historischen und gesellschaftlichen Situation des deutschen Bürgertums die Abschaffung des Absolutismus und somit der Entwurf einer bürgerlichen Ordnung von keinem deutschen Schriftsteller formuliert werden.

Lessing schrieb, daß der »Knoten des Stücks«[14] in den Charakteren des Henzi und des Dücret gegründet sei, das bedeutet, daß der Knotenpunkt des Stückes die Auseinandersetzung zwischen einem Tugendhaften und einem Lasterhaften um die Mittel ist, mit denen ein verdorbener und korrumpierter Machtapparat in Ordnung zu bringen sei. Lessings Intention war es, »den Aufrührer im Gegensatze mit dem Patrioten, und den Unterdrücker im Gegensatz mit dem wahren Oberhaupte zu schildern. Henzi ist der Patriot, Dücret der Aufrührer, Steiger das wahre Oberhaupt, und dieser oder jener Ratsherr der Unterdrücker.«[15] In Lessings dramatischem Entwurf wird das Ziel von Henzis Rebellion die Reinigung der patrizischen Machthaber von Eigennutz, Machtmißbrauch und Rechtsbruch, Mißbrauch des Amtes, das die Patrizier der Wahl des Volkes zur Vertretung seiner Interessen verdanken, wie aus dem Gespräch zwischen Henzi und seinem Freunde Wernier deutlich hervorgeht. Der Hauptprotagonist ist als die führende Gestalt der Verschwörung zur Verteidigung der Rechte des Volkes dargestellt.

Die revolutionäre Uneigennützigkeit erweist sich als die hervorstechendste Eigenart Henzis, die es dem Dramatiker ermöglicht, ihn als tragischen Helden zu kreieren.

Der Henzi in Lessings Stück will sein Ziel – gemäß seinen moralischen Prinzipien – »möglichst ohne Anwendung von Gewalt erreichen.«[16] Lessing läßt ihn eine Niederlage erleiden, so wie es historisch geschah. Jedoch »nicht aus objektiver historischer Notwendigkeit« – eben weil er die Unvermeidlichkeit der Gewaltanwendung in der Auseinandersetzung mit dem Berner Gewaltregime nicht greift –, sondern an der subjektiven moralischen Unzulänglichkeit einiger Ratsmitglieder.[17] Schon Franz Mehring hat in seiner *Lessing-Legende* auf die Bedeutung dieses Fragments hingewiesen:

> Ganz gegen ihre sonstige Gewohnheit hatte die *Vossische Zeitung* in jenem Jahr (1749) ausführliche Berichte über die Verschwörung gebracht, die Henzi, ein demokratischer Patriot in Bern gegen ein verrottetes Oligarchenregiment angestiftet hatte, um dann,

---

[14] Ebd., S. 299.
[15] Thalheim (Anm. 9), S. 307.
[16] Ebd.
[17] Ebd.

zu früh in seinen Anschlägen entdeckt, auf der Folter und dem Schafotte das Opfer einer nichtswürdigen Klassenjustiz zu werden. Nach diesem Stoffe griff Lessing für ein Trauerspiel, wovon er anderthalb Akte vollendete, und noch spürt man zwischen den steifen Alexandrinern etwas von dem Feuer, mit dem ihn ein solcher Held erfüllte [...].[18]

Mit diesem Versuch Lessings kündigte sich somit ein wichtiges Signal für die weitere Entwicklung des bürgerlichen Dramas an. Vieles von den theoretisch formulierten Voraussetzungen des *17. Literaturbriefs* [19] wird darin zum ersten Mal in der schriftstellerischen Praxis erprobt. Von den Einflüssen Shakespeares zeugen im *Henzi*-Fragment: die Darstellung eines aktuellen Themas, die durchaus gelungene Probe, historische Gestalten mit konkreten und geschichtlich bedeutenden Zielen auszustatten, das Echo der republikanischen Ideale aus dem Stück *Julius Cäsar*.

Die Fortführung der dramatischen Handlung sollte – wie es aus dem Plan des Dramas hervorgeht – zu einer Kulminationsszene ausgebaut werden, in der die Repräsentanten der streitenden Seiten ihre politischen Ansichten offen darstellen. In den bereits ausgeführten Dialogen läßt sich ein bürgerliches Pathos erkennen, welches eindeutig von der Sympathie Lessings für den rebellierenden Protagonisten zeugt. Das Echo der republikanischen Ideale des *Henzi*-Fragments finden wir in seinem erfolgreichen dramatischen Nachfolger: in dem Republikaner Verrina aus Schillers Trauerspiel *Die Verschwörung des Fiesko zu Genua* und in dem Schauspiel *Wilhelm Tell*, wo der siegreiche Schweizer Volksaufstand in die historische Vergangenheit zurückverlegt und mit sagenhaften Elementen durchsetzt wurde.

Lessing konnte »aber nicht einen Rebellen der Gegenwart« (Henzi, 1749) – so Ursula Wertheim –, »für den man Partei nahm, auf die Bühne bringen.«[20] Erst mit *Emilia Galotti* wählte er später die seiner progressiven Dramentheorie entsprechende Lösung: Helden, deren Schicksal dem bürgerlichen Publikum eine Identifizierung ermöglichte, gegensätzliche Interessen in der Feudalgesellschaft, Verlegung des Schauplatzes nach Italien. *Emilia Galotti* kann daher als eine spätere Synthese angesehen werden: aus den Elementen des bürgerlichen Familiendramas (*Miß Sara Sampson*), der Umfunktionierung der historischen Vorlage des Livius und der Gestaltung der gegenwärtigen Rebellion des *Henzi*-Fragments. Und wenn *Emilia Galotti* »die erste deutsche Tragödie« ist,

---

[18] Franz Mehring: Die Lessing-Legende. Berlin 1953, S. 364.
[19] Vgl. dazu Göring (Anm. 10), Bd. 6, S. 285–288.
[20] Ursula Wertheim: Lessings Trauerspiel *Emilia Galotti* und das *Henzi*-Fragment. In: Wissenschaftliche Zeitschrift der Friedrich-Schiller-Universität. H. 1 (Jena 1981), S. 65–78.

»in der ein bürgerlicher Held gegen die Tyrannei und deren Untertanen auf-begehrt«,[21] dann dürfen wir gerade in dem nicht zu Ende geführten *Henzi*-Fragment ein für die Entwicklung des deutschen Trauerspiels wichtiges Vorbild sehen, dessen Stellenwert nicht zu übersehen ist.

---

[21] Marian Szyrocki: Die deutschsprachige Literatur von ihren Anfängen bis zum Ausgang des 19. Jahrhunderts. Warszawa 1986, S. 289.

Robert Leventhal

Körper – Tod – Schrift:
Zur rhetorischen Umschreibung bei Lessing

»Der eigentlichere Sinn ist nicht immer der wahre.« Mit diesem Satz aus der Schrift *Wie die Alten den Tod gebildet. Eine Untersuchung* (1769) bricht Lessing mit jener Kunst der Interpretation, die den eigentlichen, buchstäblichen, grammatischen Sinn der Rede und der Schrift als die allgemeingültige Basis für die Erfassung sprachlicher Äußerungen setzt. Mit dem steigernden Komparativ »eigentlichere« und der Zufügung des Ausdrucks »nicht immer« läßt der Satz den Status der *uneigentlichen* Rede offen und die Frage, ob der uneigentliche Sinn der wahre sei, unentschieden. Der Zusammenhang zwischen ›eigentlich‹ und ›wahr‹ konstituierte nicht nur die Grundlage der hermeneutischen Theorie der Aufklärung, die die rationalistische Einengung der Rhetorik als unterrichtsfähige Praxis vollzog; sie war auch die dominante philologische Einstellung seit der Antike. Obwohl viele Kritiker den Ort der ›verblümten Rede‹ anerkannten – Gottsched, Eschenburg, Wieland, Lindner – bleibt diese Redensart in dieser Diskursepoche dem eigentlichen, buchstäblichen Sinn der Rede untergeordnet: der eigentliche Sinn *ist* der wahre. Lessing nimmt Abschied von diesem fragwürdigen Axiom. Der metaphorische Sinn dürfte bei ihm mehr Wahrheit enthalten als der ›eigentliche‹.

Ein bedeutender Wandel der Rhetorik in Deutschland wird genau für die Zeit dokumentiert, in der Lessing den Satz schrieb. Von Weithase, Schanze, Hinderer und Jens bis zu den neueren Geschichten der Rhetorik bei Bosse, Kahn und Klaus Weimar ist sich die Forschung ziemlich einig: in der zweiten Hälfte des 18. Jahrhunderts bringt die Verwissenschaftlichung der Rhetorik den Tod.[1] Ich lese Lessing nicht als Gegenbeispiel zu dieser Geschichte, sondern als

---

[1] Siehe Irmgard Weithase: Zur Geschichte der deutschen gesprochenen Sprache. Tübingen 1961, S. 308; Helmut Schanze: Rhetorik und Literaturwissenschaft. In: Heinrich Plett (Hg.): Rhetorik: Kritische Positionen zum Stand der Forschung. München 1977, S. 73; Walter Hinderer: Über deutsche Literatur und Rede. München 1981, S. 232; Heinrich Bosse: Autorschaft ist Werkherrschaft. Paderborn und München 1986, S. 186; Klaus Weimar: Geschichte der deutschen Literaturwissenschaft. München 1989, S. 53.

Drehpunkt, der den Übergang von der Kultur der Rhetorik zu der der Hermeneutik und der Schrift signalisiert.[2] In *Wie die Alten den Tod gebildet* schreibt
Lessing nicht vom Tod der Rhetorik, sondern im Gegenteil von der *Rhetorik
des Todes*, und zwar von der Rhetorik im doppelten Sinne: nicht nur wie der
›Tod‹ geschichtlich erfunden, geordnet und ausgedrückt wird, sondern auch
wie der ›Tod‹ als rhetorischer Gegenstand umschrieben und umgeschrieben
wird, und daher den Gang der Rhetorik selber inszeniert und verschriftlicht.

Kunst/Dichtung

Zunächst macht Lessing eine ganz radikale Unterscheidung zwischen Kunst
und Poesie, ›materiellen‹ und ›poetischen‹ Gemälden. Die Dichtung gewinnt
einen eindeutigen Vorrang, nicht nur indem die ›poetischen‹ Gemälde ein
breiteres Spektrum der Darstellungsmöglichkeiten aufweisen, sondern, und
dies ist viel wichtiger, indem die poetische Sprache die Regeln und Kategorien
bestimmt, unter welchen wir die materiellen Gemälde der Kunst zu ›lesen‹
haben: »Wenn aus dem, was in den poetischen Gemählden sich nicht findet, ein
Schluß auf die materiellen Gemählden der Kunst gilt […].«[3] Methodologisch
hat die schriftliche Überlieferung dem Bild und den bildenden Künsten eine
klare Priorität eingeräumt. Während die bildenden Künste nur das Allgemeine
und Wesentliche eines abstrakten Begriffs darstellen und auf alle Zufälligkeiten
und individuelle Modifikationen, die mit diesem Wesentlichen im Widerspruch stehen würden, verzichten müssen, kann der Dichter den Tod »[…] in
allen den Modifikationen einführen, die ihm irgend ein einzelner Fall giebt
[…].« (LM 11, S. 39) Der Dichter erhebt »seinen personisierten abstrakten
Begriff in die Classe handelnder Wesen« oder, wie es an anderer Stelle heißt,
die Sprache erhebt »die abstrakten Begriffe zu selbständigen Wesen.« (LM 11,
S. 40)

Zuerst scheint es, als ob Lessing den Unterschied zwischen einer Rhetorik
des Bildes und einer Rhetorik der Dichtung/Schrift stiftet. Die Rhetorik des
Bildes wäre: »was dem Tode in allen möglichen Fällen zukömmt,« (LM 11,
S. 40) während die Rhetorik der Schrift doch den einzelnen Fall und alle
Zufälligkeiten des einzelnen Todes erlaubt: »[…] was bloß unter dergleichen

---

[2] Vgl. auch Heinrich Bosse: »Dichter kann man nicht bilden.« Zur Veränderung der Schulrhetorik
um 1770. In: Jahrbuch für internationale Germanistik (1978), S. 81–126.

[3] LM 11, S. 39. Der ganze Satz lautet: »Wenn aus dem, was in den poetischen Gemählden sich nicht
findet, ein Schluß auf die materiellen Gemählden der Kunst ist: wird nicht ein ähnlicher Schluß
auch aus dem gelten, was sich in jenen Gemählden findet? Ich antworte: Nein […].«

Umständen zukömmt.« (LM 11, S. 40) Die bildende Kunst gibt uns den Tod als abstrakten Begriff, ›gereinigt‹ von allen Zufälligkeiten; Dichtung/Schrift erhebt den abstrakten Begriff zu einem ›selbständigen Wesen‹ und kann daher dem Leser die Unordnung der Sache liefern.

Drei Fragen drängen sich auf: Warum ist diese Unterscheidung wichtig für Lessings Argument hinsichtlich der Darstellung des Todes in der bildenden Kunst der Antike? Warum benutzt er die Sprache der Dichter und die schriftliche Überlieferung als endgültigen Maßstab und Prüfstein, ob sich etwas in den bildenden Künsten finden kann? Warum schreibt er: »Falls sie [die (bildende) Kunst, R. L.] nicht ihre Zuflucht zu einem beygesetzten Worte, oder zu sonst einem konventionellen Zeichen, welches nicht besser als ein Wort ist, nehmen und sonach, bildende Kunst zu seyn aufhören will«? (LM 11, S. 40) Meine These lautet: Lessing hält den Unterschied zwischen Kunst und Dichtung, ›materiellen‹ und ›poetischen‹ Gemälden bewußt nicht aufrecht. Tatsächlich ›stört‹ oder löscht er diesen Unterschied sogar, und zwar indem er die materiellen Gemälde ›verschriftlicht‹, als Texte liest, mit Hilfe sprachlicher Unterschiede, Über- und Inschriften die verschiedenen ›Zeichen‹ des Todes in der Antike zu entziffern sucht; indem er in seiner Kritik eben das tut, was er als Allegorie und Allegorese verdächtigt und als »Zuflucht zu einem beygesetzten Wort« bezeichnet. Lessing bringt die Schrift, die schriftliche Überlieferung ins kritisch-historische Spiel, um die Selbständigkeit des Bildes in Frage zu stellen, eben um die Abhängigkeit einer Lektüre des Bildes von der Schrift zu zeigen.

Der Körper

Lessings Argument richtet sich gegen Klotz und die ganze barocke Tradition: die Alten hätten den Tod nicht als Skelett oder Gerippe dargestellt, sondern als Zwillingsbruder des Schlafs »[...] mit über einander geschlagenen Füßen.« (LM 11, S. 8) Die Griechen hätten den Tod *im Bild* nicht direkt dargestellt und den grausamen Prozeß des Sterbens vermieden: »Auch sie werden den Tod nicht unter einem Bild vorgestellt haben, bey welchem einem jeden unvermeidlich alle die ecklen Begriffe von Moder und Verwesung einschließen.« (LM 11, S. 43) Zunächst sind es Zustände des Körpers, deren Abbildung »die ecklen Begriffe« im Zuschauer hervorbrächten, und nicht der Tod selber, was vermieden werden muß.

> Todt seyn hat nichts Schreckliches; und in so fern Sterben nichts als der Schritt zum
> Todtseyn ist, kann auch das Sterben nichts Schreckliches haben. Nur so und so ster-

ben, eben itzt, in dieser Verfassung, nach dieses oder jenes Willen, mit Schimpf und Marter sterben: kann schrecklich werden, und wird schrecklich: Aber ist es sodann das Sterben, ist es der Tod, welcher das Schrecken verursachte? Nichts weniger; der Tod ist von allen diesen Schrecken das erwünschte Ende [...]. (LM ɪɪ, S. 40)

Die Sprache der Griechen, die dichterische Sprache Homers unterscheidet zwischen dem Prozeß des Sterbens und dem Tod selber: κηρ bezeichnet die Notwendigkeit, einen frühzeitigen, schmäligen, gewaltsamen Tod zu sterben, während ϑανατος der ›natürliche‹ Tod und der Zustand des Totseins selbst ist. So einfach ist es aber nicht. Nach Lessing hat der Tod selbst nichts Schreckliches, und er schreibt » [...] ist nicht der Tod, und es ist bloße Armuth derjenigen Sprache, die es durch eine *Umschreibung*, mit Zuziehung des Wortes Tod, geben muß [...]« (LM ɪɪ, S. 43) und auch: »Die Arten des Sterbens sind unendliche; aber es ist nur Ein Tod.« (LM ɪɪ, S. 41) Warum würde dann Lessing in seiner Diskussion über die größere Freiheit des schriftlichen Mediums behaupten, daß der Dichter *den Tod* [Hervorhebung von mir, R. L.] noch so schmerzlich, noch so fürchterlich und grausam schildern könne [...]?« (LM ɪɪ, S. 40) Warum verwendet er hier das Bezeichnende *Tod*?

Die Unterscheidung zwischen den Arten des Sterbens und dem Tod, genau wie die zwischen der ›Kunst‹ als Darstellung des Allgemeinen und der Dichtung als Ort des Besonderen und Zufälligen, ist selbst rhetorischer Natur. Die Arten des Sterbens, die besonderen Zufälligkeiten und Modifikationen des einzelnen Todes konstituieren eine heterogene Multiplizität, die nur der Dichter im Medium der Schrift darstellen darf. Sie stehen dem einen ›natürlichen‹ Tod und dem Zustand des Totseins gegenüber. Die Zuziehung des Wortes *Tod* als Signifikant ist absolut entscheidend für die Unterscheidung, die Lessing gegen Klotz geltend machen will. Der *Tod* ist zugleich der Oberbegriff für die Arten des Sterbens *und* den Zustand des Todes. Die rhetorische Umschreibung ist nicht allein der Armut der Sprache zuzurechnen: der Tod selbst entzieht sich der symbolischen Ordnung.

Um dies zu präzisieren, ziehe ich Lacans Kategorie des ›Realen‹ heran. In der Sprache Lacans geht das ›Reale‹ der symbolischen Ordnung voran *und* wird danach von dieser Ordnung gefangen und strukturiert. Das ›Reale‹ ist das, was übrig bleibt, sich der Symbolisierung entzieht, ein Schock der Kontingenz, ein traumatischer und unvorhersehbarer Einbruch des Zufalls in die symbolische Ordnung. Genau deswegen wird das ›Reale‹ nirgends in seiner Positivität gegeben.[4] Bei Lessing weist der Tod genau diese Struktur auf: die Notwendigkeit

---

[4] Für die bis jetzt beste Analyse des Lacanischen ›Realen‹ siehe Slavoj Žižek: The Sublime Object of Ideology. London 1989, S. 169–171. Ich stütze mich in meiner Analyse auf Žižeks Deutung des ›Realen‹.

der Zuziehung des Wortes *Tod*, die Notwendigkeit einer *Umschreibung* macht deutlich, daß es sich hier nicht um etwas handelt, was nur wegen einer bestimmten historischen Sprache nicht adäquat ausgedrückt werden kann, sondern um etwas, was sich *prinzipiell* der sprachlichen Darstellung entzieht. Die griechische Figur des Schlafs ist nur ein Beispiel dieses Entzugs; das moderne christliche Gerippe ist ein anderes, schwächeres Beispiel. Lessings Deutung des Schlafs als umschreibende Bezeichnung des Todes indiziert den *Tod* als das ›Reale‹ im Sinne Lacans: der *Tod* bleibt nicht von der sprachlichen Inszenierung unangetastet, und die sprachliche Unterscheidung zwischen κηρ und ϑανατος verwirrt sich in Lessings (moderner) Anwendung des Signifikanten *Tod* in seiner Schrift: denn buchstäblich haben die Alten in der bildenden Kunst nicht den ›Tod‹ gebildet; der *Tod* ist schon eine massive Übersetzung oder Umschrift. Genau wo die Sprache der Alten die zwei Aspekte auseinanderzuhalten versucht, droht der Tod selber als Instanz der Endlichkeit jene Differenzierung zu erlöschen, auf die es hier ankommt. Lessing wünscht »[…] ein so verschiedener Begriff« – nämlich – »solle in allen Sprachen ein eigenes Wort haben.« Und hier an dieser Stelle grenzt Lessing an Herders Kritik seiner Schrift: die Verschiedenheit existiere nicht nur auf der Ebene des *Ausdrucks*, sondern in der Begrifflichkeit selber. Wie Lessing es in seiner Abhandlung *Vom Wesen der Fabel* formuliert: »Das Allgemeine existiret nur in dem Besonderen.« (LM 7, S. 443) Wie dort die allgemeinen symbolischen Schlüsse durch Exempel erläutert werden müssen und daher die Notwendigkeit der Umschreibung und der Zuziehung des Beispiels beweisen, so hat in *Wie die Alten den Tod gebildet* am Ende die symbolische Ordnung – der Ort der Verstellung und der Wiederholung – den Tod selbst ›eingeholt‹. Es gibt aber immerhin noch ein Überbleibsel: der Tod selber als das Reale, das der sprachlichen Erfassung und Befestigung entkommt. Die Bewegung der Semiosis ist also bei Lessing hier eine doppelte: der Tod wird in die symbolische Ordnung eingeweiht und zugleich transzendentalisiert, insofern er als das ›Reale‹ die abwesende Bedingung der Möglichkeit der sprachlichen Ausdrücke ist. Sonst hätte Lessing nicht geschrieben: »Er [der Dichter, R. L.] kann *den Tod* noch so schmerzlich, noch so fürchterlich und grausam schildern,« wenn er zugleich wirklich meinte, der Tod selbst sei nicht schrecklich, nur der grausame Prozeß des Sterbens, und er an dieser Stelle ebensogut – wie er sich mehrmals ausdrückt – *die Arten des Sterbens* hätte schreiben können.

Ein Grund für die euphemistische Umschreibung ist, daß sie den Unterschied zwischen Bezeichnendem und Bezeichnetem, zwischen den Ausdrücken und dem Tod selbst nicht nur bewahrt, sondern ihn gerade in den Vordergrund rückt. Das ist die Stärke der Dichtung dem Bild gegenüber. Lessing zieht diese

Information aus dem Bereich der schriftlichen Überlieferung. Um seinen Satz zu beweisen, braucht Lessing nur die Sprache der Dichter, insbesondere die dichterische Sprache Homers heranzuziehen, weil die Dichtung die Grenzen und Möglichkeiten der künstlerischen Darstellung überhaupt bestimmt. Er braucht die Dichtung und die Schrift, weil nur im Medium der Schrift der entscheidende Unterschied zwischen den Arten des Sterbens und dem Tod selbst zum Vorschein kommt. Der Zwillingsbruder des Schlafs ist als Bild dem Bild des Skeletts semiotisch und rhetorisch überlegen, weil das Gerippe eben nicht die erforderliche umschreibende Macht besitzt, sondern sich zu direkt zu dem Tod selbst verhält, und daher als Bezeichnung mit dem Bezeichneten fast zusammenfällt. Das Gerippe – so können wir mit Lessing behaupten – ist rhetorisch *schwach*.

Der Tod

Nicht nur im Bild, sondern auch in der Schrift mußte bei den Griechen der grausame Tod vermieden werden. Sie zielten auf eine »Vermeidung des Ominösen.« Die Frage bleibt: Warum gibt es die Notwendigkeit einer euphemistischen Umschreibung in der *Schrift*? Der ästhetischen Analyse des *Laokoon* von David Wellbery[5] zufolge müßte man sagen, daß die Umschreibung eine *Ästhetisierung* des Todes, eine *Idealisierung* des Gegenstands, die Erhebung einer Materialität zur Idealität der Sprache bedeutete. Nach einer solchen Analyse zielt die Dichtung auf »[...] eine Dissolution des materiellen-räumlichen Nexus der natürlichen Zeichen in eine Serie absondernder Ausdruckseinheiten.«[6] Als Evidenz für dieses Argument zitiere man die zwei Stellen aus Lessings Schrift, wo Lessing von der ›Erhebung‹ schreibt: »der Dichter erhebe seinen personisierten abstrakten Begriff in die Classe handelnder Wesen, und die Sprache erhebe die abstrakten Begriffe zu selbständigen Wesen.« (LM II, S. 39–40) Interessant ist, daß die Fortsetzung des Satzes oft vermieden wird: »[...] und das nehmliche Wort [›Tod‹, R. L.] *hört nie auf, die nehmliche Idee* [›Ruhe‹ und ›Unempfindlichkeit‹, R. L.] *zu erwecken*.« (LM II, S. 40) Ich argumentiere, daß es sich hier nicht um Ästhetisierung bzw. Idealisierung handelt, sondern um das, was ich *Verschriftlichung* nenne: die schriftliche Verkörperung in der

---

5 David Wellbery: Laokoon. Aesthetics and Semiotics in the Age of Reason. Cambridge und New York 1984, S. 131.
6 Ebd., S. 131.

symbolischen Ordnung.[7] In der Sprache Lacans: der Tod des Dinges in der Sprache. An dieser Stelle erreicht die Setzung des körperlichen Gegenstandes – in diesem Fall der Tod selber – eine Eigenmacht in der Schrift, wo der Gegenstand *simultan* hervorgerufen *und* verdrängt wird. Wenn das Wort oder Signifikant – die euphemistische Umschreibung – nie aufhört, die Idee zu erwecken, dann bringt diese Umschreibung den Tod in dem Augenblick hervor, wo der Tod selbst aufgeschoben, verzögert und in Schach gehalten wird. Die dichterische Schrift – der Ort des Widersprüchlichen, des Zufalls und der ›Zufälligkeiten‹ – dürfte den fürchterlichen, entsetzlichen Tod deswegen darstellen, weil die Schrift den Tod dem Leser zugleich mitteilt *und* entrückt.

Lessings Schrift zeigt, daß der Tod sich selber entgegengesetzt ist: als das ›Reale‹ existiert er nur in seinen ›Symptomen‹, d. h. in den sprachlichen Ausdrücken der symbolischen Ordnung. Zugleich bleibt der Tod dieser Ordnung immer fremd und unerreichbar. Der umschreibende Euphemismus ist nach dieser Ansicht keine Tilgung der Materialität, keine Ästhetisierung, sondern eben eine historisierende *Verschriftlichung des Bezeichneten*. Die Griechen besaßen nicht *einen* Begriff vom Tode, sondern der Reichtum ihrer Sprache erlaubte ihnen die Erfassung verschiedener Aspekte des Todes; sie haben den Tod einer Artikulation unterzogen, die sich in der Sprache der Dichter, und d. h. in der Schrift vollzieht. Das Wort *Umschreibung* besagt diese Verschriftlichung schon. Diese Umschreibung ist nicht ästhetisierend, idealisierend, sondern schneidend, kritisierend, historisierend; sie ist zugleich Anerkennung *und* Störung des Bezeichneten.

Die Schrift

»Dieser Mann war Redner, nicht Schreiber.«[8] So läßt sich Walter Jens in seinem Artikel *Feldzüge eines Redners* verstehen, der den heterogenen Strategien von Lessings *Schriften* nachzugehen sucht. Um dem *Schreiber* Lessing gerecht zu werden, kehre ich zu seinen *Abhandlungen über das Wesen der Fabel* zurück, besonders zu der Vorrede. Dort schreibt Lessing, er habe einen kritischen Blick auf seine Schriften geworfen und habe beschlossen: »sie ganz zu verwerfen.« (LM 7, S. 415) Er habe seine Schriften nie der Mühe wert geachtet, sie »[...]

---

[7] Jacques Lacan: Function and Field of Speech and Language in Psychoanalysis. In: Ecrits. New York 1980, S. 104: »Thus the symbol manifests itself first of all as the murder of the thing.«
[8] Walter Jens: Feldzüge eines Redners. In: Von deutscher Rede. München und Zürich 1983, S. 69–70.

gegen jemand[en] zu verteidigen.« Dann aber seien ihm so viele freundschaft-
liche Leser »eingefallen«. Er habe dann vorgenommen, »[…] lieber so viel als
möglich *alles zu verbessern.*« Er habe es schwieriger gefunden als er dachte:
»Anmerkungen,« schreibt er, »die man während dem Studieren macht, und nur
aus Mißtrauen in sein Gedächtnis aufs Papier wirft; Gedanken, die man sich
nur zu haben begnügt, ohne ihnen durch den *Ausdruck* [R. L.] die nöthige
Präzision zu geben.« (LM 7, S. 416) ›Anmerkungen‹ weisen schon auf die
Schrift hin. Es geht hier weniger um die Schrift als mangelhaftes aber notwendiges Medium des Gedächtnisses im Sinne der platonischen Tradition bis
Gadamer, sondern um die Präzision des Ausdrucks, die nur mittelst der Schrift
zu erreichen ist. ›Ausdruck‹ meint hier eben *nicht* die rhetorische *elocutio*,
sondern genau *Niederschrift*. Wir dürfen dies nicht verkennen: Bei Lessing
entscheidet buchstäblich der Punkt des tatsächlichen Auf- oder Niederschrei-
bens:

> So lange der Virtuose Anschläge fasset, Ideen sammelt, wählet, ordnet, in Plane
> vertheilet; so lange genießt er die sich selbst belohnenden Wollüste der Empfängniß.
> Aber so bald er einen Schritt weiter geht, und Hand anleget, *seine Schöpfung auch*
> *außer sich darzustellen; sogleich fangen die Schmerzen der Geburt an*, welchen er sich
> selten ohne alle Aufmunterung unterziehet. (LM 7, S. 417)

Es ist nicht zu gewagt, hier die Verschriftlichung der Rhetorik selber zu lesen.
Es ist hier von einer Überschreitung einer Grenze, von einer Verletzung des
Gesetzes die Rede. Der schmerzhafte Prozeß des Schreibens gleicht den
Schmerzen einer Geburt, die zugleich ein Tod ist: der Tod nämlich der »[…]
sich selbst belohnenden Wollüste der Empfängniß.« Daß hier am Anfang des
Zitats die rhetorische Strukturordnung der *inventio, dispositio* und *elocutio* am
Werke ist – ›sammelt‹, ›wählet‹, ›ordnet‹, ›in Plane vertheilet‹ – ist außer Zweifel. Wollüste der Konzeption, die der rhetorischen *inventio* entspricht, werden
in dem Augenblick der Niederschrift eingestellt. Die Schrift, so können wir
sagen, punktiert den mütterlichen Schoß; sie verdirbt und beschädigt eine
sonst pure und originäre Empfängnis. Der Schriftsteller ›legt die Hand an‹ –
eine Tat, die der sonst unverfälschten und reinen Empfängnis der alten Rhetorik ein Ende macht. Es geht hier also bei Lessing um jene Entstellung des
Textes und der Schrift, die die alte Rhetorik – *ars bene dicendi* – in eine Rhetorik
der Schrift verwandelt. Die Entstellung des diskursiven Gegenstands, seine
Umschreibung in Schrift, ist eine *Umschrift* – ein *transcriptio* der alten Rhetorik
und die Entstehung einer neuen. Dieser Wandel hat einen guten politischen
Grund; statt als bloßes Medium für die [rhetorische] Einrichtung der Rede zu
fungieren, wird der Schriftsteller installiert als moral-politischer Agent des
Schreibens und der Schrift.

Diese euphemistische Schriftgestik hat sicherlich Präzedenzfälle in der Literatur- und Rhetorikgeschichte. Die umschreibende Ausdrucksweise, die Lessing in *Wie die Alten den Tod gebildet* diskutiert und anderswo als rhetorische Strategie verwendet,[9] ist keineswegs neu: sie ist besonders bei Quintilian, Cicero und im deutschen Sprachbereich bei Meyfart von erheblicher Bedeutung.[10] Es kam mir hier nicht darauf an, eine Kontinuität zwischen Lessing und diesen Vorgängern zu belegen. Im Gegenteil: Ich wollte zeigen, daß Lessing in seiner schriftstellerischen Praxis die alte Rhetorik buchstäblich umschreibt, d. h. in die Schrift verlegt, und damit einen Bruch an jener Epochenschwelle markiert, die oft als Ende der Rhetorik und Anfang der Hermeneutik verstanden wird.

In den Falten von Foucaults Beschreibung der Institution ›Literatur‹ hat der Diskurs aufgehört, als durchsichtiges Medium für die semiotische Ordnung der Dinge zu funktionieren. Statt »[...] intersecting with representations and providing a spontaneous grid for the knowledge of things [...]«[11] wird Diskurs zu einer *politischen* Handlung: »As soon as it functions, it offends or reconciles, attracts or repels, breaks, dissociates, unites or reunites; it cannot help but liberate and enslave.« Foucault zählte Sade, Nietzsche, Artaud und Bataille zu dieser Geschichte des Diskurses. Bei Lessing war die Unterschrift im doppelten Sinne nicht nur eine rhetorische Technik der Alten, sondern ein diskursives Instrument, das er als Handlung eingesetzt hat, um schriftlich, körperlich, materiell in der Welt zu wirken, um – so würde ich gegen die ästhetische Analyse behaupten – *sich und seine Gegner in ein anderes Medium zu versetzen*: das Medium *der Schrift*.

Lessing trug durchaus zu dieser Verschriftlichung der Rede bei, zur Entstehung vom Diskurs als politische Handlung. Bei ihm bedeutet der Verlust des unmittelbaren Bezugs zur Lebenspraxis im Bereich der Rhetorik nicht ihre tödliche Verwissenschaftlichung, sondern ihre Umsetzung in Schrift. Lessing war Schreiber, Schriftsteller im wortwörtlichen Sinne. Die von ihm angewandte Umschreibung ist eine Stellungnahme zur schweigenden Materialität und Unbestimmbarkeit der Schrift, indem sie das Objekt hervorbringt und verdrängt, benennt und umschreibt, lesbar macht und distanziert; indem sie die

---

[9] Siehe den Artikel von Robert Leventhal: The Parable as Performance: Interpretation, Cultural Transmission and Political Strategy in Lessing's *Nathan der Weise*. In: German Quarterly 61 (1988), S. 502–527.

[10] Für die Geschichte der rhetorischen Umschreibung siehe Gert Ueding und Bernd Steinbrink: Grundriß der Rhetorik: Geschichte, Technik, Methode. Stuttgart 1986, S. 266–268.

[11] Michel Foucault: The Order of Things. An Archeology of the Human Sciences. New York 1966, S. 11–304.

Frage nach der ›Wahrheit‹ des metaphorischen Ausdrucks offen läßt und eine eindeutige Antwort auf die Frage nach dem endgültigen Sinn des sprachlichen Ausdrucks verweigert: »Der eigentlichere Sinn ist nicht immer der wahre.«

Matthias Luserke

»Wir führen Kriege, lieber Lessing«

Die Form des Streitens um die richtige Katharsisdeutung zwischen Lessing, Mendelssohn und Nicolai im Briefwechsel über das Trauerspiel. – Ein diskursanalytischer Versuch

> Man muß also die Ausführungen Lessings gleichsam wider den Strich lesen.[1]

Der Katharsisdiskurs indiziert in der Mitte des 18. Jahrhunderts eine neue Debatte über Funktion und Wirkung von Literatur. Das bedeutet, daß sich das ursprüngliche Aristotelische Katharsistheorem von einer gattungsspezifischen Definition zu einem allgemein ästhetischen Theorem zu wandeln beginnt. Der im Katharsisdiskurs indizierte Diskurs über die Emanzipation der Leidenschaften, also nicht deren faktischer Vollzug, ist somit – dies sei einmal vorweg thesenhaft formuliert – das psychohistorische Äquivalent zur soziohistorischen Emanzipation des Bürgertums im 18. Jahrhundert. Der Emanzipation der Leidenschaften nimmt sich ein eigener Diskurs an, der nicht nur ihrer Produktion, sondern auch Selektion, Kontrolle und Kanalisierung dient. Das Medium, das die Emanzipation des Bürgertums begleitet und vorantreibt, ist zugleich auch das Medium ihrer selbstgeschaffenen Kontrolle: die Literatur. Dem »Diskursensemble«[2], um einen Begriff Michel Foucaults aufzunehmen, wie es sich im Briefwechsel über das Trauerspiel zwischen Lessing, Mendelssohn und Nicolai konstituiert, kommt vor diesem Hintergrund eine besondere Bedeutung zu. Hier findet man gleichsam den Probelauf dreier unterschiedlicher Katharsiskonzepte, die im nicht immer sanft geführten Wettstreit miteinander konkurrieren und dabei drei gänzlich verschiedene Diskurstypen über Funktion und Wirkung von Literatur repräsentieren. Die Verschiedenheit dieser

---

[1] Peter Szondi: Schriften II. Essays: Satz und Gegensatz, Lektüren und Lektionen, Celan-Studien. Anhang: Frühe Aufsätze. Frankfurt a. M. 1978, S. 229.
[2] Michel Foucault: Die Ordnung des Diskurses. Aus dem Französischen von Walter Seitter. Mit einem Essay von Ralf Konersmann. Frankfurt a. M. 1991 (1. Aufl. 1972), S. 28.

Konzeptionen hält ein aufklärerisch ideologisierter Überbau – nach Foucault
die »Doktrin«[3] – zusammen, alle drei Diskurstypen liefern Beispiele logozentrierter Diskurse. Im Trauerspielbriefwechsel treffen drei unterschiedliche
Diskursbewegungen aufeinander: eine residuale (Lessings Diskurs), eine dominante (Mendelssohns Diskurs) und eine progredierende (Nicolais Diskurs)
Bewegung.[4]

Nicolai

Nicolai verleiht in seiner *Abhandlung vom Trauerspiele* (1757), die zum Zeitpunkt des Briefwechsels bereits im Druck ist, dem Katharsisdiskurs einen
progredierenden Schub, wenn er schreibt:

> Das Trauerspiel ist die Nachahmung einer einzigen, ernsthaften, wichtigen und
> ganzen Handlung durch die dramatische Vorstellung derselben: um dadurch
> heftige Leidenschaften in uns zu erregen.[5]

Nicht die »Dämpfung der Leidenschaften« (S. 6), wie es sowohl bei Gottsched
als auch noch im Calepio-Bodmer-Briefwechsel geheißen hatte, ist bei Nicolai
das Definitionsmerkmal, sondern allein die *Erregung* der Leidenschaften, die
Pathokinetik ist »der wahre und einzige Zweck des Trauerspiels« (S. 10). Nicolai
klammert also zunächst das Aristotelische Katharsistheorem aus seiner Definition aus, denn manche »merkwürdigen Stellen« in der Aristotelischen Poetik
würden zeigen, »daß er [sc. Aristoteles] bey seiner Erklärung des Trauerspiels
nur zu geschwinde von der Erregung der Leidenschaften auf die Reinigung der
Leidenschaften geschlossen habe« (S. 9).

Nicolai ist, so scheint es, radikal, er versucht nicht, die Katharsis aufgeklärt-
humanistisch umzudeuten, sondern stellt sich, wie er im Brief an Lessing vom
31.8.1756 darlegt, in Opposition zu Aristoteles und seinen Exegeten. Er habe
hauptsächlich »den Satz zu widerlegen gesucht, den man dem Aristoteles so oft
nachgesprochen hat, es sey der Zweck des Trauerspiels, die Leidenschaften zu

---

[3] Ebd.
[4] Zu den drei genannten Kategorien der Residualität, Dominanz und Progredienz als Träger
zivilisatorischer Prozesse vgl. den wichtigen, Norbert Elias' Zivilationstheorie und Raymond
Williams' Kulturtheorie fusionierenden Theorieaufriß von Reiner Wild: Literatur im Prozeß der
Zivilisation. Zur theoretischen Grundlegung der Literaturwissenschaft. Stuttgart 1982.
[5] Ich zitiere den Briefwechsel nach der Ausgabe von Robert Petsch: Lessings Briefwechsel mit
Mendelssohn und Nicolai über das Trauerspiel. Nebst verwandten Schriften Nicolais und
Mendelssohns. Hg. und erläutert von R. Petsch. Leipzig 1910, hier S. 5. Zitatnachweise im fol-
genden in Klammern im Haupttext.

reinigen oder die Sitten zu bilden« (S. 47). Einen Satz zu widerlegen hieße aber, sich auf vernünftige Argumente und Gegenargumente einzulassen. Diesem Diskurs verweigert sich Nicolai, weil seine Gesprächs- resp. Briefpartner, insbesondere Lessing, die Tragweite von Nicolais Katharsiseliminierung nicht erkennen. Der kühne Griff des Aufklärers ist ihnen, den Aufklärern, zu unaufgeklärt, und eher versöhnlich als überzeugt gibt Nicolai am Ende unter dem Druck vernünftiger Argumente nach. Sittlichkeit und Mitleiden, das sind die beiden Begriffe, um die der Streit lange Zeit kreist, könnten möglicherweise durch die Tragödie im Zuschauer vermehrt werden, dies könnte »ein Schritt zu der Reinigung der Leidenschaften seyn« (S. 122), doch wie soll, so fragt Nicolai in der zweiten Beilage zum Brief vom 14.5.1757, daraus folgern, »daß die Reinigung die Absicht des Trauerspiels [sei]?« (S. 123). Und dann weist Nicolai Lessing auf etwas hin, das im neuzeitlichen Katharsisdiskurs seinesgleichen sucht: »Sie wissen, daß es Mittel zur Reinigung der Leidenschaften giebt, die ganz und gar nicht tragisch sind« (S. 123). Damit erinnert Nicolai die Diskutanten daran, daß das »Rauschen des Diskurses«[6] jenseits gattungstheoretischer Solipsismen weiterhin zu hören ist. Mendelssohn wird diesen Einwand, aufgeklärt anverwandelt, wieder aufnehmen. Doch dazwischen liegt eine heftige Attacke Lessings:

> Wer Geyer heißt Ihnen ein falsches System haben! [...] wer Geyer heißt Ihrem Verstande sich ein System nach seiner Grille machen, ohne Ihre Empfindung zu Rathe zu ziehen? Diese hat, Ihnen unbewußt [!] das richtige System, das man nur haben kann; denn [!] sie hat meines. (S. 69, Brief vom 29.11.1756)

Das sind keine Vernunftargumente mehr, die Lessing anführt, er zeigt sich als Apologet eines residual-aufgeklärten Diskurses. Deshalb muß er, weil Nicolai nicht dem Zwang seines bis dahin logozentrierten Diskurses erliegt, an jene Autorität sich wenden, die für beide, Nicolai wie Lessing, den Typus des vernünftigen Aufklärers repräsentiert, Mendelssohn. In diesem Sinne schreibt Lessing an Nicolai am 2.4.1757: »Wer sonst als er [sc. Mendelssohn], wird zwischen uns beyden Schiedsrichter seyn können?« (S. 108). Der angerufene Schlichter stellt, wohl nicht nur rhetorisch gemeint, die Gegenfrage: »Werden Sie nicht bald um Ihren Aristoteles verlegen seyn?« (S. 114), er rügt Lessing förmlich, daß er »ohne die Erlaubniß des Stagiriten« (S. 117) seinen Katharsisdiskurs führe, und Nicolai beendet seine Verteidigung gegenüber Lessing leicht süffisant im Bewußtsein der Überlegenheit mit der Demutsformel: »mit Ihrer Erlaubniß« (S. 123).

---

[6] Foucault (Anm. 2), S. 33.

Die Argumente Lessings überzeugen Nicolai also nicht, doch hat der Versuch, die Katharsis aus der Tragödiendefinition zu eliminieren, zu guter Letzt wieder einen aufgeklärten Grund: Es entstünden »viel unschickliche Folgen« (S. 123), meint Nicolai, wenn die Funktion des Trauerspiels in der Katharsis bestünde. Durch eine einfache definitorische Ausschließung wird das diskursiv gebannt, was gesellschaftlich verdrängt ist. Der Katharsisdiskurs verschafft sich bei Nicolai das Begehren nach Emanzipation der Leidenschaften und mit ihm zugleich die Kontrolle der aufgeklärten Macht über das Begehren.

Mendelssohn

»Die Art und Weise, wie Sie [...] reduciren wollen, ist allzu spitzfindig« (S. 61), schreibt Mendelssohn im Brief vom 23.11.1756 an Lessing. Dessen Brief hatte »so viel Merkwürdiges« (S. 59) enthalten, daß der aufgeklärte Philosoph um Aufschub einer Antwort bittet, Zeit zum Überlegen, zum Nachdenken bedingt er sich aus. Denn der Aufklärer steht vor einem elementaren hermeneutischen Dilemma: Er versteht nicht; ja, er kann nicht verstehen, der sensus spiritualis bleibt ihm, so scheint es, verschlossen, da ihm der sensus litteralis unzugänglich ist: »Ich verstehe, wie Sie wissen, kein Griechisch. Ich muß also glauben, was Curtius sagt« (S. 96), schreibt er Lessing im Januar 1757. Anders als Nicolai setzt er sich also nicht einfach über die Lehrautorität des Aristoteles hinweg und ermöglicht dadurch innerhalb des Katharsisdiskursensembles einen neuen Diskurs. Nicht nach der philologischen Exaktheit der Übersetzung bemessen sich Richtigkeit und Wahrheit des Übersetzten, sondern allein die Person des Briefpartners, die Autorität Lessings, ersetzt die Autorität des Aristoteles. Die Macht der väterlichen Autorität bemächtigt sich des Diskurses und sichert so (noch) die Einheit des auseinanderfallenden Diskurses: »Die Curtiussche Übersetzung verträgt sich noch so ziemlich mit Ihrer Auslegung. Aber wie wenig hat Curtius selbst die Stelle verstanden, die er doch so gut übersetzt hat! [...] Jedoch lieber mag ihn [sc. Aristoteles] Curtius nicht verstanden haben« (S. 96). Lessing pariert diese Verschiebung des Vaterbildes mit der gewohnten Schlagfertigkeit; hielt er Nicolai noch entgegen: »Ich weiß nicht, ob Sie mich verstehen« (S. 70), so wirft er genau das Gegenteile, Redundanz an Vernunft, Mendelssohn vor: »Sie irren hier aus zu großer Scharfsinnigkeit« (S. 66). Die situative Analyse Lessings ist exakt: Nicolai – der Vernunftlose, Mendelssohn – der Übervernünftige. Nicolai konnte die Katharsis aus der Tragödiendefinition nur eliminieren, weil er die Vernunft suspendierte, die Leidenschaft emanzipiert sich in seinem Diskurs vom Primat der Vernunft, scheinbar, denn

die Selbstkontrollprozeduren der mächtigen Aufklärung und der aufgeklärten
Macht sorgen dafür, daß diese Emanzipation rein diskursiv bleibt, sich nur im
Rahmen einer vernünftigen Nominaldefinition vollzieht. Und Mendelssohn,
der Übervernünftige, er kann den Vatermord nicht begehen, aus Vernunftgrün-
den deutet er aber die Katharsis um. Anstelle vorgängiger hermeneutischer
Arbeit, der philologischen Rekonstruktion des Textes, setzt er die Autorität
Lessings, die wiederum nur die Autorität des Vaters Aristoteles verdeckt vertritt. Die Unterordnung unter die Macht des Vaterbildes hat ihre diskursive
Entsprechung: Dem Verzicht auf den Ur-Text entspricht der Verzicht auf den
Ur-Vater, jedoch nur so lange, wie Mendelssohn Zeit braucht zum Denken; der
logozentrische Diskurs verschafft sich in der Zeit (und keinesfalls im impulsi-
ven leidenschaftlichen Emanzipationsbegehren) die Macht über seine Subversion, und im Bewußtsein, daß der Verzicht auf Ur-Text und Ur-Vater, auf
griechisches Original und Aristoteles, die Macht des eigenen Diskurses sichert.
In der ersten Beilage zum Brief vom 14.5.1757 kann Mendelssohn dann einen
ersten Versuch der Destruktion der übermächtigen Vaterfigur wagen: »Werden
Sie [sc. Lessing] nicht bald um Ihren Aristoteles verlegen seyn?« (S. 114). Die
Entmachtung der Aristoteles-Lessing-Autorität – was Nicolai etwas spöttisch
»eine Art Capitulation« (S. 109) nannte, es war ja gerade das Gegenteil – sichert
Mendelssohn die Macht seines eigenen Diskurses, der vernünftig-definitorisch
unterfüttert wird: »Allein eine Leidenschaft reinigen heißt, die heftige Begierde,
die damit verknüpft ist, von Scheingütern ablenken, und ihr das Überflüssige
benehmen, das mit dem Gesetz der Natur streitet« (S. 117), und mit kritischem
Seitenblick auf Nicolai: »Allein er [sc. Nicolai] ist von der Reinigung der
Leidenschaften sehr weit entfernt, und zwar um so viel mehr, da das Mitleiden
selbst wiederum von der Vernunft regiert werden muß« (S. 177). In Mendelssohns Katharsisdiskurs bemächtigt – dies zeigen Begriffe wie ›Scheingüter‹,
das ›Überflüssige‹ des Begehrens oder ›Gesetz der Natur‹, die nicht vernünftiges
Begreifen sondern die Tätigkeit setzender Vernunft bedeuten – der Diskurs
über das Begehren sich des Begehrens selbst, der Diskurs wird zum logokra-
tischen Instrument und spiegelt so die instrumentelle Vernunft einer aufge-
klärt-absolutistischen Gesellschaft. Der Diskurs, der ursprünglich die Leidenschaften sollte emanzipieren helfen, wird selbst zum Medium des Triebver-
zichts, er appelliert nicht nur an die Vernunft, sondern führt ihn auch selbst
durch. Die Herrschaft der Vernunft, die eine apriorische Notwendigkeit ist und
ihren Sitz in der Ordnung der Dinge hat, sichert so die vernünftigen Herrschenden. Mendelssohns Diskurs leistet den Verzicht, dessen Verweigerung er
begehrte. Anders als Lessing bleibt Mendelssohn nicht die Möglichkeit, diesen
Diskurs in die Psycho- und Logomachie eines fiktionalen Textes zu überführen;

der Katharsisdiskurs stößt bei Mendelssohn an die Grenzen der Vernunft, er kann nicht fiktional maskiert zu Ende geführt werden. Der Katharsisdiskurs *ist* die Macht des Bürgertums, das selbst nicht an politischer Macht partizipiert. So wird das in den Diskurs gedrängt, was dort sich als neue Form von Macht und Begehren artikuliert. Das Bürgertum verklärt im vernünftigen Katharsisdiskurs sein Begehren als machtvolles Unvernünftiges, dessen sich die Vernunft begehrlich bemächtigen muß.

Mendelssohn ist nicht als Lyriker hervorgetreten, gerade deshalb verlohnt es sich, bei dem als »N.[eben]S.[ache]« zum Brief vom 29.4.1757 diminuierten Gedicht einen Augenblick dem anderen des Katharsisdiskurses nachzuhören. Dieses Gedicht ist, der poetische Diskurs erlaubt es, eine kleine Palinodie, ein Widerruf der Vernunft. Die Last der Vernunft wird beklagt, »wer immer denkt, der leidet«, »die steinerne Vernunft« (B 11/1, S. 187), tötet »das Tierische« (B 11/1, S. 186) ab, wirkt als Sedativum auf Empfindung, Trieb und Fühlen, die Vernunft wird »der Freuden Grab« (B 11/1, S. 187). Im Schutzraum des poetischen Diskurses gewinnt das Begehren die Sprache zurück, es wird nicht mehr über es geredet, sondern *es*/Es redet, die Plazierung des Gedichts innerhalb des Briefwechsels erhöht noch den Authentizitätsgrad dieser Selbstanklage der Vernunft.

In der 1757 erschienenen Schrift *Ueber die Hauptgrundsätze der schönen Künste und Wissenschaften* schreibt Mendelssohn: »Der Dichter kann alles ausdrücken, [...] alle Neigungen und Leidenschaften unserer Seele: unsere subtilsten Gedanken, Empfindungen und Entschließungen, können der poetischen Begeisterung zum Stoffe dienen«[7]. Diese Omnipotenz des Dichters korreliert mit der Ohnmacht des Aufklärers im vernünftigen Diskurs, der Dichter allein sichert den Zugriff auf das Begehren. Mendelssohn weist aber auf ein Phänomen ästhetischer Erfahrung hin, das nur zu leicht im Katharsisdiskurs übersehen wird: Nicht nur die Dichtkunst, auch andere Künste haben eine kathartische Wirkung. Dichtkunst und Redekunst »können unsere Leidenschaften erregen und wiederum besänftigen«[8], aber »man kann der Baukunst selbst die Erregung der Leidenschaften nicht ganz absprechen«[9], ebenso nicht der Tanzkunst[10]. Dies ist eine wichtige, aber in der Mitte des 18. Jahrhunderts folgenlos gebliebene Erweiterung des Katharsisdiskurses; Nicolais Andeutung, daß es auch andere als nur tragische Formen der Pathokinetik gebe, führt

---

7   Moses Mendelssohn: Ästhetische Schriften in Auswahl. Hg. von Otto F. Best. 2., unver. Aufl. Darmstadt 1986, S. 183.
8   Ebd., S. 174.
9   Ebd., Anm.
10 Vgl. ebd., S. 193.

Mendelssohn, allerdings jene, von Nicolai so bezeichneten »unschicklichen« Formen nicht nennend, aus. Der dominant-vernünftige Diskurs holt das nach und entschärft, was der progredierende Katharsisdiskurs Nicolais nur andeutete und dadurch die Gefahr eines emanzipativen Ansatzes heraufbeschwor.

Lessing

Lessings Katharsisdiskurs repräsentiert einen residualen Diskurstypus. Er eliminiert nicht, wie Nicolai, das Katharsistheorem schlechterdings aus der Tragödiendefinition, er transformiert es auch nicht so, wie Mendelssohn, daß es letztendlich zu einer vernachlässigbaren Größe wird, vielmehr verwaltet Lessing vermeintlich das Erbe des Aristoteles, er insistiert auf der apriorischen Richtigkeit des Katharsistheorems und versucht, scheinbar Aristoteles legitimierend, tatsächlich aber sich selbst explizierend, im vernünftigen Diskurs die Bedeutung des Katharsisdiskurses zu potenzieren. »Bitten Sie es dem Aristoteles ab, oder widerlegen Sie mich« (S. 54) mahnt er gleich zu Beginn des Briefwechsels Nicolai, dessen Trauerspieldefinition er rundweg ablehnt. Lessing ist sich dabei bewußt, daß er sich in der zentralen Frage nach Bedeutung und Funktion des Mitleids »wider Aristoteles« (S. 87) stellen muß, dessen falschen Begriff vom Mitleiden er verwirft (vgl. S. 105). Die Katharsis selbst ist für Lessing aber unbestritten, »das Mitleiden reinige unsre Leidenschaften« (S. 105). In Lessings Katharsisdiskurs dominieren zunächst die Ausführungen zum Begriff des Mitleids, sie verdecken Lessings von Beginn an moralistische Katharsisdeutung. Die Katharsis wird dem aufgeklärten Auftrag untergeordnet, dadurch fallen Funktion und Wirkung in eins. Während bei Nicolai das Schöne, dieses untastbare Eine des ästhetischen Diskurses, als Mittel zur Pathokinetik, zur Erregung der Leidenschaften, instrumentalisiert wird (vgl. S. 47), bestimmt Lessing die Pathokinetik als Mittel der übergeordneten Funktion: Das Trauerspiel soll bessern, und es kann durch die Erregung der Leidenschaften bessern (S. 52), da es Mitleid freisetzt und mehr Mitleid einen Menschen besser macht. Genauer gesagt ist es eine einzige Leidenschaft, die Lessing durch das Trauerspiel erregt sieht, das Mitleiden (vgl. S. 52). Das Trauerspiel evoziert Mitleid, das wiederum den Menschen bessert, sozialverträglicher macht, der mitleidigste Mensch ist der »zu allen gesellschaftlichen Tugenden [...] aufgelegteste« (S. 54). Der moralistische Aspekt wird hier an einen gesellschaftssaturierenden gekoppelt, Lessings Katharsisdiskurs erfüllt eine gesellschaftlich affirmative Funktion, die Macht hat sich des Begehrens bemächtigt. Das Mitleid als die einzige durch die Tragödie evozierte Primärleidenschaft

reinigt die anderen menschlichen Leidenschaften (vgl. S. 105) – aber worin
besteht diese Reinigung? Lessing hält an dem aristotelischen Katharsistheorem
fest, erklärt aber nicht, worin diese Katharsis besteht. Lessings logozentrierter
Katharsisdiskurs verschweigt das, was er begehrt. Die »Weitläufigkeit, die sich
wirklich eben so gut zum Vortrage wahrer, wie zur Anschauung vielleicht
falscher Sätze schickt« (S. 88), und die Lessing Mendelssohn empfohlen hatte,
verhilft auch hier nicht dem Verschwiegenen zur Sprache. Lessings Katharsisdiskurs bleibt seltsam verschlossen, er läßt das nicht zu Bewußtsein kommen,
was sich im Begriff der Leidenschaft bündelt, das Begehren; er spricht nicht von
der Macht über das Begehren, er *ist* sie. Hier muß sich die Analyse von Lessings
Katharsisdiskurs einer Briefstelle erinnnern, die bis heute leichtfertig überlesen
wurde. Im Brief vom 18.12.1756 schreibt Lessing, auf die bisherige Kritik
Mendelssohns eingehend: »Ich lösche die ganze Tafel aus, [...]. Von Vorne!«
(S. 79). Diese Formulierung bedient sich eines Bildes, das Sigmund Freud
wiederum zur Veranschaulichung seines topologischen Modells des psychi-
schen Wahrnehmungsapparates herangezogen hat, es geht um die doppelte
Skriptur, die eine Erregung hinterläßt, einerseits um das »System
W[ahrnehmungs]-*B*[e]*w*[ußtsein], welches die Wahrnehmungen aufnimmt,
aber keine Dauerspur von ihnen bewahrt«[11], andererseits um eben diese
»Dauerspuren der aufgenommenen Erregungen«, die »in dahinter gelegenen
›Erinnerungssystemen‹ zustande [kommen]«[12]. Der Begriff des *Wunderblocks*
liefert die Gleichzeitigkeit von Dauerspur und flüchtiger Fährte, unsichtbarer
Binnen- und sichtbarer Außenskriptur. Dem Deckblatt des Wunderblocks
entspricht das »System *W-Bw*«[13], der Wachstafel das Unbewußte, das »Sicht-
barwerden der Schrift und ihr Verschwinden« entspricht dem »Aufleuchten und
Vergehen des Bewußtseins bei der Wahrnehmung«[14]. Ohne dieses Bild über-
strapazieren zu wollen, läßt sich für Lessings Katharsisdiskurs folgendes sagen:
Der Versuch Lessings, die bisherigen Ausführungen zum Streit um die richtige
Trauerspieldefinition auszulöschen, muß mißlingen, denn in der Tiefe des
Diskurses wurden die Zeichen nicht getilgt, sondern mumifiziert und reli-
quienähnlich oder sarkophagisch weitertransportiert, bis sie aus der Tiefe
heraufgeholt und im Gegenstand des Schreibens wieder erkannt werden. Kritische Analyse des Katharsisdiskurses ist kritische Analyse der Tiefenskriptur
eines Diskurses. Der Versuch also eines Neubeginns erweist sich in Wahrheit

---

[11] Sigmund Freud: Notiz über den ›Wunderblock‹ [1925]. In: Studienausgabe Bd. 3: Psychologie
des Unbewußten. Frankfurt a. M. 1982, S. 366.
[12] Ebd.
[13] Ebd., S. 368.
[14] Ebd.

als ein Fortspinnen des Diskurses. In der *Hamburgischen Dramaturgie* zeigt sich
Lessings Katharsisdiskurs endgültig als residual. Wiederum eng gekoppelt mit
dem Rückgriff auf die Macht der Autorität des Aristoteles entfaltet Lessing
programmatisch sein Katharsistheorem, der Diskurs zeigt, daß die Macht die
Kontrolle über das Begehren gewonnen hat, der Sieg der Vernunft über die
Leidenschaft bezeichnet die Angst vor dem Verlust der Macht, die Leidenschaft,
das Begehren, ist das andere der Vernunft, das stets Bedrohliche und doch
Begehrte.

Die Rückkopplung des Katharsisdiskurses an die patriarchale Autorität innerhalb einer paternalistischen Gesellschaft beschreibt also das Bemühen der
vernünftigen Kontrollinstanz ›W-Bw‹, die Macht der Erregungsreize zu filtern,
an der Tiefenskriptur der Erinnerungsspur mitzuschreiben; diese diskursive
Selbstsicherung erfüllt in zensorischer Funktion der Rekurs auf Aristoteles[15]:
»Eines offenbaren Widerspruchs macht sich ein Aristoteles nicht leicht schuldig. Wo ich dergleichen bey so einem Manne zu finden glaube, setze ich das
größte Mißtrauen lieber in meinen, als in seinen Verstand« (LM 9, S. 342) und:

> Ich [...] sage mir immer: Aristoteles kann irren, und hat oft geirrt; aber daß er hier
> etwas behaupten sollte, wovon er auf der nächsten Seite gerade das Gegenteil be-
> hauptet, das kann Aristoteles nicht. (LM 9, S. 343)

Dies ist das Bemühen, die Vaterfigur als Inbegriff einer unverletzlichen (und
das heißt: nicht falsch denkenden) Vernunft auszuweisen, das nun in stellver-
tretendes Sprechen für die Autorität vorangetrieben wird: »Aristoteles [...] will
überall aus sich selbst erklärt werden« (LM 10, S. 102), und wenig später, im
77. Stück: »Aristoteles [...] wollte uns [...] lehren, welche Leidenschaften, durch
die in der Tragödie erregten, in uns gereinigt werden sollten« (LM 10, S. 110),
schließlich gipfelnd in der katechetischen Formulierung: »Ich werde nichts
gethan haben, als was jeder thun kann, – der so fest an den Aristoteles glaubet,
wie ich« (LM 10, S. 216); die Aristotelische Poetik nennt er gar ein »unfehlbares
Werk« (LM 10, S. 214). Der richtige und vollständige Begriff von der Aristotelischen Reinigung der Leidenschaften (LM 10, S. 117) ist – man kennt die Definition zu Genüge – die »Verwandlung der Leidenschaften in tugendhafte
Fertigkeiten« (LM 10, S. 117). Mitleid und Furcht sind die beiden Primärlei-
denschaften, die die Tragödie evoziert *und* reinigt, die »wahrscheinliche Furcht
[...] für uns selbst« (LM 10, S. 110) ist, genau besehen, die einzige Leidenschaft,

---

[15] Bei allen Einwänden gegen Max Kommerells Buch *Lessing und Aristoteles. Untersuchung über die
Theorie der Tragödie* (5. Aufl. mit Berichtigungen und Nachweisen. Frankfurt a. M. 1984; 1. Aufl.
1940) ist dem Autor darin zuzustimmen, daß dieser Rekurs eher dem »Befehl eines Diktators
entspricht, um einer fehlgeleiteten Tradition die wahre Bahn zu weisen« (S. 100).

die übrigbleibt, sie reinigt das Mitleid und sich selbst. Die Frage aber, worauf diese Leidenschaften beruhen, woher sie kommen, wird im vernünftigen Katharsisdiskurs nicht berührt. Und so, wie Lessing zur wahren Katharsis nur »bessere Menschen, Menschen von Empfindung und Einsicht« (S. 64) im Gegensatz zum nicht kathartisierbaren »Pöbel« befähigt hielt, wird in der *Hamburgischen Dramaturgie* das Drama resp. das bürgerliche Trauerspiel als einzige katharsisfähige Gattung axiomatisiert. Lessing verschafft der Katharsis auf diese Weise eine gesellschaftliche Exklusivität, die sie bei der beschworenen Autorität Aristoteles nicht hatte: »Die dramatische Form ist die einzige, in welcher sich Mitleid und Furcht erregen läßt«. (LM 10, S. 123) An diese Erregung ist die Katharsis, die Verwandlung in sozialdienliche und -gefällige Fertigkeiten, das Auslöschen der Außenskriptur des Wunderblocks, gekoppelt. Dieses ›Dogma‹ wird aber im Katharsisdiskurs des 18. Jahrhunderts gekippt. Der Diskurs, der den Prozeß der Zivilisation nachzeichnet, ihn steuert und hemmt, fördert und kommentiert und verschweigt ihn. Die Literatur ermöglicht die Emanzipation des Diskurses von den Herrschaftsansprüchen seiner Träger, hier kann der Diskurs sich von seiner eigenen Repression befreien ebenso, wie er neue repressive Strukturen erproben kann. Die Bewegung des Diskurses vollzieht die Bewegung des zivilisatorischen Prozesses nach; der literarische Diskurs ist jener Ort, der zuallererst über die Geschichtlichkeit der Vernunft und das andere der Vernunft, über Macht und Begehren, über Repression und Emanzipation Auskunft gibt. Eine Analyse des Diskurses ist zugleich eine Analyse des Prozesses der Zivilisation, die Literatur ist der Wunderblock der Geschichte.

(Erheblich gekürzte Vortragsfassung).

Eva Marešová

Die Wirkungsstrategie in Lessings
Gespräch über die Soldaten und Mönche

Gespräch über die Soldaten und Mönche [1]

1. A. Muß man nicht erschrecken, wenn man bedenkt, daß wir mehr Mönche haben als Soldaten?
2. B. Erschrecken? Warum nicht ebensowohl erschrecken, daß es weit mehr Soldaten gibt als Mönche; Denn eins gilt nur von dem und jenem Lande in Europa; und nie von Europa überhaupt. Was sind Mönche? und was sind denn Soldaten?
3. A. Soldaten sind Beschützer des Staats zc.!
4. B. Mönche sind Stützen der Kirche!
5. A. Mit eurer Kirche!
6. B. Mit eurem Staate!

———————

7. A. ———
8. B. Du willst sagen: daß es weit mehr Soldaten gibt als Mönche.
9. A. Nein, nein, mehr Mönche als Soldaten.
10. B. In dem und jenem Lande von Europa magst du recht haben. Aber in Europa überhaupt? Wenn der Landmann seine Saat von Schnecken und Mäusen vernichtet sieht: was ist ihm dabei das Schreckliche? daß der Schnecken mehr sind als der Mäuse? Oder daß es der Schnecken oder der Mäuse so viel gibt?
11. A. Das versteh' ich nicht.
12. B. Weil du nicht willst. – Was sind denn Soldaten?
13. A. Beschützer des Staats.
14. B. Und Mönche sind Stützen der Kirche.
15. A. Mit eurer Kirche!
16. B. Mit eurem Staate!

---

[1] Ich stütze mich auf PO 24, S. 159.

17. A. Träumst du? der Staat! der Staat! das Glück, welches
    der Staat jedem einzelnen Gliede in diesem Leben gewährt.
18. B. Die Seligkeit, welche die Kirche jedem Menschen nach
    diesem Leben verheißt!
19. A. Verheißt!
20. B. Gimpel!

Obwohl die Lessing-Literatur bereits fast uferlos ist, findet man immer neue Gesichtspunkte, unter denen man Lessings Werke analysieren und interpretieren kann, weil man auch immer neue Kontexte findet, die neue Sehweisen ermöglichen. Der Kontext, der mein Herangehen an ein Werk von Lessing angeregt hat, ist die Problematik einer Ideologie, die das Denken des Menschen in dem Maße einschränkt, daß er für jedes andere Argument taub und blind ist.

Meine Aufmerksamkeit hat in diesem Zusammenhang ein bei weitem nicht umfangreiches Werk aus Lessings Nachlaß erweckt: *Gespräch über die Soldaten und Mönche*. Ich halte es für einen bedeutsamen Beleg eines spezifischen literarischen Genres und einer bestimmten geistigen Haltung der deutschen Aufklärung. Zum Glück ist es meines Wissens von der Sekundärliteratur verschont geblieben, so daß ich das stolze Gefühl haben kann, zu der Lessing-Diskussion doch etwas beitragen zu können.

Das *Gespräch über die Soldaten und Mönche* stellt keinen Ausschnitt aus einem übergeordneten Ganzen dar, es wurde absichtlich als abgeschlossenes selbständiges Ganzes konzipiert und knüpft so an die Tradition des literarisch-philosophischen Gesprächs an. Die Repliken zweier am Gespräch beteiligter Personen werden in keinen zeitlich-gesellschaftlichen Rahmen gesetzt, der es dem zeitgenössischen Leser ermöglichen würde, sich bei der Sinnkonstituierung auf eine Ausgangssituation stützen zu können. Der Literaturwissenschaftler muß natürlich nicht ganz hilflos dastehen. Der kritische Apparat der Lessingausgaben stellte schon die möglichen inner- sowie außerliterarischen Zusammenhänge zusammen, die natürlich die Art und Weise der Interpretation mitbestimmen.

Auch die auftretenden Gesprächspartner werden nicht näher charakterisiert. Sie werden im Text bloß als A und B bezeichnet, werden also nicht als psychosoziale Individuen aufgefaßt, weil ihre individuellen Charaktereigenschaften für das Gespräch nicht entscheidend sind. Von Bedeutung sind lediglich die von ihnen vertretenen Ansichten und die Art, wie diese Ansichten durchgesetzt bzw. befürwortet werden. Das Fehlen der individuellen psychosozialen Charakteristik ermöglicht weiter, die Aussagen und die eingenommenen Positionen als stellvertretende Meinungen einer größeren geistig verwandten oder gleichgesinnten Gruppe von Menschen aufzufassen. – Diese These wird im Gespräch selbst formal bestätigt durch das in den Repliken 5 und 6 plötzlich auftretende Possessivpronomen *euer*.

Obwohl eine nähere Charakteristik der Gesprächspartner fehlt, läßt sich aufgrund ihrer Aussagen doch auf den Charakter ihrer Beziehung schließen: 1. Die Du-Form verrät ein freundschaftliches Verhältnis. 2. Die Tatsache, daß das Thema des Gesprächs direkt, ohne irgendwelche Einleitung angesprochen wird, läßt ahnen, daß die Gesprächspartner gewöhnt sind, Diskussionen miteinander zu führen. 3. Das Schimpfwort am Ende des Gesprächs weist auf eine Art Vertraulichkeit hin.

Da es sich um ein fiktives abgeschlossenes Gespräch zweier nicht konkret bestimmter Personen handelt, tritt die dritte Dimension eines solchen Genres besonders klar in den Vordergrund – die Dimension des Zuhörers bzw. des Lesers. Das Gespräch ist natürlich seinetwillen konzipiert, auf sein Interesse oder sein Urteil bezogen[2], wiewohl es den Schein vortäuschen will, es handele sich ausschließlich um die Beeinflussung der geistigen Position des jeweiligen Gesprächspartners.

Weiterhin will ich versuchen, zu erforschen, wie der Dialog zwischen A und B (nicht) verläuft[3], welche Positionen die Sprecher dabei einnehmen, zu welchem Schluß sie hinsichtlich des Gesprächsthemas kommen und welche Schlußfolgerungen der Leser zu ziehen hat. Im Grunde genommen analysiere ich also den Inhalt des Gesprächs erstens aus der Sicht der Sprechers und zweitens interpretiere ich das Gespräch aus der Position des Lesers, der den Sinn des Gesprächs zu konstituieren hat.

Das Gespräch wird über die Nützlichkeit der Soldaten und der Mönche geführt, die die Verkörperung der Stützen zweier Machtinstitutionen – des Staates und der Kirche darstellen, wobei beide den Menschen des 18. Jahrhunderts im Auge haben. Ich beziehe also den Text historisch-zeitlich auf die Lebenswelt Lessings. Der Sinn des Gesprächs überschreitet jedoch diese zeitliche Verankerung und gewinnt an allgemeiner Gültigkeit.

Die inhaltliche Analyse des Gesprächs zeigt, daß der Text aus drei Teilen besteht, wobei der erste Teil die Repliken 1 bis 7, der zweite Teil die Repliken 8 bis 12 und der dritte die Repliken 12 bis 20 umfaßt.

---

[2] Vergleiche dazu Gerhard Bauer: Zur Poetik des Dialogs. Leistung und Formen der Gesprächsführung in der neueren deutschen Literatur. Darmstadt 1969, S. 24.

[3] Den Begriff ›Dialog‹ gebrauche ich im Sinne eines zu einer Annäherung der Denkpositionen oder mindestens zur Akzeptanz des Rechtes auf eine unterschiedliche Meinung führenden Gesprächs.

Die Replik 1 stellt die These auf, daß es besser wäre, wenn Soldaten, d. h. der Staat, im Lande eine größere Macht als Mönche, d. h. als die Kirche hätten. Der weitere Verlauf des Gesprächs zeigt dann, daß der Sprecher A diese Ansicht auch tatsächlich konsequent vertritt.

B scheint in der Replik 2 auf diese Art Thesenstellung nicht eingehen zu wollen. Er weicht aus und versucht, indem er die These umkehrt, auf eine andere mögliche Behandlung des Problems hinzuweisen. Um den Kern der Fragestellung Soldaten – Mönche zu erfassen, stellt er die Frage nach dem Wesen beider Erscheinungen.

A reagiert in der Replik 3 in den Intentionen seiner These: Soldaten sind Beschützer des Staates. Eindeutig wird von A für den Staat Partei genommen.

B läßt sich in der Replik 4 scheinbar auf die polare Gegenüberstellung der Thesen im Sinne von A ein, indem er erstaunlicherweise fast die gleichen Worte wie er, nun aber zugunsten der Mönche, benützt. Mindestens von A wird B so verstanden: Er lehnt kategorisch die Position von B ab und in dem Ausrufesatz der Replik 5 auch die der ganzen Gemeinschaft eventueller Gleichgesinnter. B äfft spöttisch die Ausdrucksweise von A nach. Das Gespräch gewinnt durch den Wechsel von kurzen Repliken an Dynamik und durch die Ausrufezeichen auch an Heftigkeit. Der Dialog wird aber verhindert, man kommt zu keiner gemeinsamen Lösung. Weil jeder offensichtlich auf seiner eigenen Position beharrt, wird das Gespräch unterbrochen, A verstummt.

Mit der Replik 8 macht B einen erneuten Versuch, das Gespräch wieder anzuknüpfen. Als hätte er inzwischen vergessen, was A am Anfang des Gesprächs behauptet hatte, verkehrt B, die Replik 2 variierend, die Aussage von A. Dieser verteidigt seine Position aber heftig und besteht auf seiner ursprünglichen Behauptung.

In diesem Moment muß die Frage gestellt werden: Was passiert mit B? Ist er etwa vergeßlich? Vertrat B tatsächlich die Gegenthese – Mönche sind besser als Soldaten, wie es die Repliken 3 bis 6 vielleicht angedeutet hatten? Und wenn nicht, welches ist seine eigene Position? Welches Ziel verfolgte B eigentlich, indem er sich auf die thesenhafte Fragestellung von A einließ? Auf die vorletzte Frage gibt die zentrale Passage des Gesprächs eine ziemlich eindeutige Antwort – das in der Replik 10 erhaltene Gleichnis von Schnecken und Mäusen, die die Saat vernichten und für den Menschen das gleiche Übel darstellen. Von diesem Moment an verstehen wir rückblickend die Repliken 4, 6 und vor allem die Replik 8 vollständig. B ging es darin nicht darum, den Gegensatz der Ansichten von A zu behaupten (d. h. die Mönche wären wichtiger als Soldaten), sondern er beabsichtigte, auf die Unzulänglichkeit einer solchen thesenhaften Gegenüberstellung überhaupt hinzuweisen, die das Wesen der Problematik nicht zu erfassen vermag. Sein Ziel war also, seinen Gesprächspartner durch die parodistische Nachahmung dessen Denkposition zur Einsicht zu bringen. Dies gelang ihm jedoch auf die vernünftig-argumentative Weise im ersten Teil des Gesprächs nicht, weil A seine raffinierte Art der Argumentation gar nicht begriff.

Im danach kommenden Gleichnis versucht B also, die Denkweise von A anders, durch die Bildhaftigkeit und Anschaulichkeit der poetischen Sprache zu beeinflussen. Auch dieser Versuch scheitert jedoch, A bleibt weiterhin unbetroffen. Das Gespräch kann wieder von Anfang an geführt werden. Um A das Verständnis des Gleichnisses zu erleichtern, nimmt B im dritten Teil des Gesprächs wieder dieselbe Argumentation wie im ersten Teil auf: Die Repliken 14–16 wiederholen fast wörtlich das in den Repliken 3–6 bereits Gesagte. Wiederum stößt B dabei auf Beschränktheit und Unwilligkeit. Er bringt A höchstens zu einer ekstatischen Verteidigung des Staates und damit dessen eigener Ausgangsposition. Auch diesmal erspart es sich B nicht, die Voreingenommenheit von A zu parodieren. Die Replik 18 bleibt jedoch völlig mißverstanden. A erbost sich über die Aussage von B, ohne den Sinn dessen Argumentationsweise zu begreifen. Die Replik 19 bezeugt, daß A nicht imstande ist, seine thesenhafte Fragestellung aufzugeben und zu begreifen, daß es im ganzen Gespräch zwar um Soldaten und Mönche und deren Auswirkung auf den Menschen gehe, aber zugleich auch darum, wie man an ein Problem überhaupt herangehen kann.

Auch der dritte Teil des Gesprächs zeigt, daß es zu keinem Dialog kommen konnte. Wurde das Gespräch nach dem ersten Teil durch das Verstummen unterbrochen, endet es jetzt mit einem Schimpfwort, das einerseits die Empörung von B, andererseits seine totale Hilflosigkeit und Verzweiflung verrät. Sein ganzer geistiger Überzeugungseinsatz versagte: Weder seine rationale Scharfsinnigkeit noch seine poetische Veranlagung vermochten es, den Gesprächspartner von der Falschheit dessen Ausgangsposition zu überzeugen und ihn zur Einsicht der Möglichkeit einer anderen Fragestellung und Argumentationsweise zu bringen.

Die Unfähigkeit von B, den anderen in dessen Ansichten zu beeinflussen, bedeutet mehr als sein persönliches Versagen im Einzelfall. Die ganze Ideenströmung der deutschen Aufklärung, die durch einen Optimismus hinsichtlich der Erziehungs- bzw. Formierungsmöglichkeiten des Menschen gekennzeichnet war und die geglaubt hatte, ihre Ziele sowohl mit den Mitteln der rationalen Argumentation als auch denen der literarischen Anschaulichkeit erreichen zu können, wird mit dem Ausgang des Gesprächs meiner Ansicht nach in Frage gestellt.

Gesetzmäßig muß man nach den Ursachen des Versagens von B fragen. Hat er tatsächlich sein Bestes getan? Hätte er doch erfolgreich sein können, wenn er A gegenüber anders argumentiert hätte? Meiner Meinung nach hätte das Gespräch nicht anders enden können. Die Ursache für das Scheitern von B sehe ich aber auch nicht in dem eingeschränkten geistigen Potential von A. Das wird nicht einmal von B in Frage gestellt, wenn er selbst die Ursache im Gespräch erkennt und formuliert: Nach dem Gleichnis sagt A in der Replik 11 »Das verstehe ich nicht«, worauf B erwidert »Weil du nicht willst«. Er sagt ihm nicht »weil du nicht kannst« oder »weil du nicht imstande bist«. Nicht die Intelligenz, nicht geistige Fähigkeiten an sich, der Wille fehlt A, um die Argumentationsweise von B anzuerkennen. Das Gleichnis ist ja so anschaulich, daß es tatsächlich jeder verstehen müßte und begreifen müßte, worauf B hinzielt. Stärker als die intellektuellen Voraussetzungen von A für die Einsicht in die ganze Problematik ist seine Ideologie. Die hindert ihn daran, einen anderen Gesichtspunkt auch nur probeweise zu akzeptieren. Er will und kann die Grenzen seiner Ideologie nicht überschreiten, die auf dem festen Glauben beruht, daß der Staat die einzige, jedem Bürger Glück bringende Institution sei und daher auch jedes ihn unterstützende Mittel gut ist. Die Ideologie macht A für jeden wahren Dialog unzugänglich und jeder beliebige Versuch, ihn für eine andere Weltsicht zu gewinnen, sei er rationaler oder poetischer Art, muß scheitern.

Meiner Ansicht nach verschlüsselte Lessing in diesem Gespräch mindestens drei Problemkreise, mit denen sich nicht so sehr A als der potentielle Leser auseinanderzusetzen hat:

1. Weder der Staat noch die Kirche stellen für das Wohlergehen des Menschen etwas eindeutig und ausschließlich Positives dar.[4]
2. Jede einseitig auf dem Glauben beruhende Ideologie ist gefährlich, weil sie den die Wahrheit suchenden Dialog verhindert.
3. Der sich auf die Macht und Kraft der rationalen Argumentation sowie der poetischen bildhaften Anschaulichkeit der Literatur berufende aufklärerische Optimismus ist nicht angebracht.

---

[4] In dieser Hinsicht kann ich Günter Hartungs Gedanken bestätigen, »daß Lessing [...] sich als Schriftsteller niemals appellativ an eine absolutistische Macht gewendet hat: Er lehnte es offenbar ab, um der Durchsetzung von Teilforderungen willen überhaupt ein staatliches oder kirchliches Recht in Glaubensfragen anzuerkennen. Die Trennung weniger des Staates von der Kirche als vielmehr jedes Denkens von Staat *und* Kirche hat wohl kein Zeitgenosse mit solcher Konsequenz vertreten wie er.« Vgl. Günther Hartung: *Nathan der Weise* und die Toleranz. In: Lessing-Konferenz. Halle 1980, S. 178-179.

Für die Entschlüsselung des ersten Problemkreises, der für den Leser am vordergründigsten auftritt, ist das Gleichnis über Schnecken und Mäuse von zentraler und entscheidender Bedeutung.

Zur Erkenntnis des zweiten Problemkreises verhilft die inhaltliche Dreiteilung des Gesprächs, wobei das Verstummen in der Replik 7, die Repliken 11 und 12 und das Schimpfwort in der letzten Replik, von allergrößter Bedeutung sind. Sind die ersten zwei Problemkreise aufgrund einer textbezogenen Analyse des Gesprächs herauszuinterpretieren, kann man meiner Ansicht nach den dritten Problemkreis nur aufgrund der Kenntnis außertextlicher literarhistorischer und gesellschaftlicher Zusammenhänge erfassen.

Die Wirkungsstrategie Lessings in diesem schlichten Gespräch ist also sehr raffiniert. Er bemächtigt sich des Lesers sowohl auf die rationale als auch auf die anschaulich-poetische Art, zwingt ihn durch den formal-inhaltlichen Aufbau des Gesprächs zum Mit- und Weiterdenken und ermöglicht schließlich Lesern von unterschiedlichem Niveau, auf verschiedenen Ebenen zu sinnvollen und dem Gespräch adäquaten Schlußfolgerungen zu kommen.

Gert Mattenklott

Lessing, Heine, Nietzsche

Die Ablösung des Streits vom Umstrittenen

Deutsche Bildung vollzieht sich seit ihren wesentlichen Anfängen nicht unter dem *Einfluß* Dantes, Shakespeares, Poes und Baudelaires, sondern *an* und *mit* den Werken aus zeitlicher und räumlicher Ferne, oft genug auch gegen diese. Gewinnt irgendeine andere Literatur ihre Eigenart so stark wie die deutsche als work in progress, d. h. als ein nicht abschließbarer Prozeß der Einbildung und Anverwandlung von Fremdem? Es teilt sich dem Charakter der Werke mit. Sie sind Knoten in einem universalen Bildungsgeflecht.

Der Einwand liegt nahe, das könne man von jedem Kunstwerk sagen, und wovon anders hätten Šklovskij und Wellek gesprochen, würden deren aktuelle Erben der Rezeptionsgeschichte oder anderer Erforscher selbstreferentieller Strukturen in der Literatur sprechen? Gewiß, aber würde es über den Kunstcharakter der *Divina Commedia* etwas Wesentliches sagen, wenn wir uns vergegenwärtigen, welcher Weg aus der Verskunst der mittelalterlichen Epik zu Dantes Terzinen führt? Schwerlich. Es ist nur von historisch-philologischem Interesse, weil der Anspruch dieses Werks auf Klassizität gerade in der Schärfe des Schnitts begründet liegt, der seine Konturen aus der genealogischen Reihe ausgrenzt. Lessings bürgerliche Dramen sind von den klassischen Tragödien Frankreichs zwar auch durch einen derartigen Schnitt getrennt, aber dieser ist in Lessings Dramaturgie praktisch und theoretisch aufs deutlichste reflektiert und seinen Formen als Polemik inwendig geworden.

Die großen klassischen Werke der Weltliteratur prätendieren Gleichgültigkeit gegenüber ihren Entstehungsbedingungen, indem sie Ursprünglichkeit für sich in Anspruch nehmen. Von der deutschen Literaturgeschichte dagegen ist die Idee der Bildung nicht zu trennen, die im Werk auch stets den Weg zum Werk, im Produkt das Produzieren abgebildet sehen will und dergestalt den Ursprung in die Entstehung verlegt. Was die Kritik an der deutschen Literaturentwicklung allezeit als einen Mangel an Formbewußtsein und Gestaltungskraft wahrnehmen zu müssen meint, dürfte in dieser Bindung an die Idee dynamischer Bildung seinen Grund haben. Die einzelnen Werke beziehen in ihrem Fluß nicht die heroisch monarchische Position, wie Valéry sie für jedes einzelne noch im 20. Jahrhundert einklagen wollte. Sie sind stattdessen Durchgangspunkte eines Prozesses, der in ihnen eine nur transitär verbindliche Anschauung gewinnt.

In der Entwicklungsgeschichte der deutschen Kultur ist die Dynamik dieser Bildung auf sehr unterschiedliche Weise begriffen worden. Ein Modell ist das biomorph naturgesetzliche, in der Formulierung von Goethes Morphologie gültig bis zu den vielfältigen Renaissancen zwischen Hofmannsthal, Rudolf Steiner und Beuys in unserem Jahrhundert. Ein anderes scheint mir das agonale zu sein, dem ich mich nach dieser Vorbemerkung mit einigen Beobachtungen zu Lessing, Heine und Nietzsche zuwenden möchte, die das Thema dieses Symposions in den Kontext der Modernediskussion rücken. Ihr Anlaß ist die Ablösung des Streits vom Umstrittenen im Sinne einer den Inhalten vorgeordneten symbolischen Form. Indem ich aber hier vom agonalen Bildungsprinzip spreche, möchte ich unser Thema des Streits als Form publizistischer Kultur wenigstens andeutungsweise in einen größeren Zusammenhang stellen: das Selbstverständnis der Aufklärung als einer kämpferischen und in Widersprüchen progressierenden Bewegung, wie Lessing es exemplarisch vertreten hat.[1] Spätestens mit dem Auftreten der Philosophie Schopenhauers, wenn nicht bereits mit Goethes erhabener Resignation verfiel die Kampf- und Streitrhetorik der bürgerlichen Aufstiegszeit.

Tatsächlich hatte Goethe bereits auch die Tendenz zur Verselbständigung der Auseinandersetzung als Form für sich bei Lessing bemerkt und beschrieben und sich selbst zu ihr im Gegensatz gesehen. Eckermann gibt ein Gespräch vom 11. April 1827 wieder, dessen Ausgangspunkt die philosophische Erziehung in der moslemischen und griechisch antiken Kultur ist: »daß nichts existiere, wovon sich nicht das Gegenteil sagen lasse«[2] sei ihr Grundsatz. In den Tragödien der Alten präge diese Überzeugung die Verlaufsform der Handlung,

---

[1] In den germanistischen Arbeiten über Lessings kämpferischen Stil wird dieser Kontext selten hergestellt; vgl. etwa Bernhard Schulz: Die Sprache als Kampfmittel. Zur Sprachform von Kampfschriften Luthers, Lessings und Nietzsches. In: DVjs 18 (1940), S. 431–466; Otto Immisch: Beiträge zur Beurteilung der stilistischen Kunst in Lessings Prosa, insonderheit der Streitschriften. In: Lessing contra Goeze. Ed. Text + Kritik 26/27. München 2. Aufl. 1975, S. 26–38; Wolfram Mauser: Toleranz und Frechheit. Zur Strategie von Lessings Streitschriften. In: Peter Freimark u. a. (Hg.): Lessing und die Toleranz. München 1986, S. 277–290; Hans-Georg Werner: Lessing über Streit und Toleranz als Faktoren des Vernunftfortschritts. In: Zeitschrift für Germanistik 8 (1987), S. 668–676.

[2] Johann Wolfgang Goethe: Sämtliche Werke nach Epochen seines Schaffens (Münchner Ausgabe). Hg. von Karl Richter u. a. München 1985ff. Bd. 19, S. 222.

»indem niemand der redenden Personen etwas behaupten kann, wovon der Andere nicht eben so klug das Gegenteil zu sagen wüßte/.«[3] Eckermann bringt an dieser Stelle das Gespräch auf Lessing, der »nie geradezu auf Resultate losgeh[e], sondern uns immer erst jenen philosophischen Weg durch Meinung, Gegenmeinung und Zweifel herumführ[e], ehe er uns endlich zu einer Art von Gewißheit gelangen läßt. Wir sehen mehr die Operationen des Denkens und Findens, als daß wir große Ansichten und große Wahrheiten erhielten, die unser eigenes Denken anzuregen und uns selbst produktiv zu machen geeignet wären/.«[4] Goethe bestätigt Eckermanns Beobachtung und ergänzt sie mit einer Selbstreflexion:

> Lessing hält sich, seiner polemischen Natur nach, am liebsten in der Region der Widersprüche und Zweifel auf; das Unterscheiden ist seine Sache, und dabei kam ihm sein großer Verstand auf das Herrlichste zu Statten. Mich selbst werden Sie dagegen ganz anders finden; ich habe mich nie auf Widersprüche eingelassen, die Zweifel habe ich in meinem Innern auszugleichen gesucht und nur die gefundenen Resultate habe ich ausgesprochen.[5]

Der Gegenstand dieser Unterhaltung – Lessings Neigung, das Fortschreiten des Denkens in Gegensätzen als Form gegenüber den umstrittenen Inhalten zu verselbständigen – ist eines der beständigsten Themen in den Äußerungen über diesen Dichter, wenn auch mit wechselnden Pointierungen. Sie betreffen das Gewicht, das jeweils auf das Ziel oder den Weg, die Wahrheit oder die Methode gelegt wird. Diese Alternativen sind in der Lessing-Philologie stets schon nicht bloß im Sinne einer hermeneutischen Reflexion diskutiert worden, sondern auch als geistespolitische Frage. Wo immer Lessings Selbstverhaltung vor eindeutigen Folgerungen und seine Nonchalance im Umgang mit religiösen oder philosophischen Lehrsätzen, sein quasi gymnastisches Verhältnis zur Dialektik und seine Geringschätzung vermeintlich zeitloser Wahrheiten zur Sprache kommt, entwirft die liberale Intelligenz ihr liebstes Selbstportrait. Lessings unterstellte Streitbarkeit um ihrer selbst willen gilt in diesem Zusammenhang als ein habitueller Immunschutz gegen die Gewalt der Ideologien. Selten erlaubt es die Lessing aus vielen guten Gründen entgegengebrachte Verehrung, den ideologischen Gehalt auch wiederum dieser Kampfkultur zur Sprache zu bringen.

Neben die politische Bewertung des Gegenstandes und die erwähnte methodisch-hermeneutische tritt noch eine andere, wenn man die Tradition jener

---

[3] Ebd., hier S. 223.
[4] Ebd.
[5] Ebd.

Lessing-Lektüre ins Auge faßt, für die hier Heine und Nietzsche stehen. Ich möchte sie provisorisch die modernetheoretische nennen, weil sie Lessings Zeitgenossenschaft für das Verständnis der Gegenwart als einer Zeit unverwechselbarer Neuheit und dezidierter Andersheit gegenüber den vorangegangenen historischen Epochen reklamiert. Das wichtigste Argument dafür wird Nietzsche formulieren, indem er auf die Theatralisierung von Lessings Verhältnis zur Wahrheit hinweist und den Dramatiker und Kritizisten der Aufklärung zum Gewährsmann des Prozesses der Fiktionalisierung und Mediatisierung der Wahrheit macht, an dessen Ende sich Nietzsche selbst sieht. Wovon damit die Rede ist, mag die Erinnerung an einige häufig in diesem Zusammenhang herangezogene Äußerungen Lessings verdeutlichen.

Hier kommen zuallererst die Selbstdeutungen seines polemischen Stils in Betracht, die der II. und VIII. *Anti-Goeze* enthalten. Ihr Sinn ist scheinbar klar und eindeutig. Gegen den von Goeze immer wieder erhobenen Vorwurf, Lessing ästhetisiere den theologischen Streit und bringe ihn zugunsten darstellerischer Effekte um sein sachliches Gewicht, repliziert der Angegriffene mit Entschiedenheit und Pathos:

> Wie lächerlich, die Tiefe einer Wunde nicht dem *scharfen*, sondern dem *blanken* Schwerte zuschreiben! Wie lächerlich also auch, die Überlegenheit welche die Wahrheit einem Gegner über uns gibt, einem blendenden Stile desselben zuschreiben! Ich kenne keinen blendenden Stil, der seinen Glanz nicht von der Wahrheit mehr oder weniger entlehnt. Wahrheit allein gibt echten Glanz; und muß auch bei Spötterei und Posse, wenigstens als Folie, unterliegen. Also von *der*, von der Wahrheit lassen Sie uns sprechen, und nicht vom Stil. (G 8, S. 194)

Ähnlich besteht Lessing im VIII. Stück darauf, »daß auch da, wo ich mit Worten am meisten spiele, ich dennoch nicht mit leeren Worten spiele; daß überall ein guter triftiger Sinn zum Grunde liegt, auch wenn nichts als lauter Ägyptische Grillen und Chinesische Fratzenhäuserchen daraus empor steigen.« (G 8, S. 254) Allein, diesen Versicherungen stehen bekanntlich immer wieder Formulierungen gegenüber, die Lessings Kritikern Anlaß zum Zweifel an der Seriosität dieses »guten triftigen Sinns« geboten haben. Er kommt auf, wenn der Autor des *Anti-Goeze* die Verderbtheit seines Stils durch das Theater konzediert und seine sprunghafte, bilderreiche Argumentation aus dem dialogischen Prinzip der Bühnendichtung herleitet. Bekommt auf diese Weise nicht die Sprachform des Dramatikers als Form der literarischen Einbildungskraft schlechthin ein Übergewicht tyrannischer Macht? – Die Zweifel verstärken sich gegenüber der Selbststilisierung im Bild der einsamen Mühle aus dem 55. der *Briefe antiquarischen Inhalts*: »Wenn ich meinen Steinen etwas aufzuschütten habe, so mahle ich es ab, es mag sein mit welchem Winde es will«, heißt es dort

(G 6, S. 390), und die Vorrede zu dem Aufsatz *Wie die Alten den Tod gebildet* legt nahe, daß die Wahrheit bei der Arbeit dieser Mühle selbst dann schon gewinnt, wenn diese verhindert, daß sich »die geschminkte Unwahrheit« an der Stelle der Wahrheit festsetzt (G 6, S. 407), wie es sich denn mit der Bedeutung von Wahrheiten fast so wie mit dem Geschmack zu verhalten scheint, über den es sich nicht streiten läßt: »Als Beschaffenheit unserer Erkenntnis, ist dazu eine Wahrheit so wichtig als die andere« (G 6, S. 407), denn Wichtigkeit sei »ein relativer Begriff« – die Wahrheit selbst nicht gleich auch?

Lessing hat der Bewegung der Gedanken als Entfaltung des ihnen eingeschriebenen Potentials von Widersprüchen hohen Kredit eingeräumt. Groß war seine Zuversicht in die Vernünftigkeit der operativen Logik, der er sich anvertrauen wollte, als wäre sie der Fluß des Lebens selbst. Eine Nachlaßnotiz zur Methode der geplanten Abhandlung über die christliche Religion hält den Vorsatz fest:

> Und dieser Untersuchung, sage ich zu mir selbst, unterziehe dich als ein ehrlicher Mann. Sieh überall mit deinen eigenen Augen. Verunstalte nichts: beschönige nichts. Wie die Folgerungen fließen, so laß sie fließen. Hemme ihren Strom nicht; lenke ihn nicht. (G 7, S. 284)

Die Selbstbewegung der Widersprüche schiebt sich dergestalt als eine mediale Struktur zwischen Subjekt und Objekt. Der dramatische Dialog als ihr Vorbild bürgt für die Wahrhaftigkeit durch die Offenlegung der Prozedur. Die restlose Versprachlichung der Gegensätze in ihrem Widerstreit erübrigt die Sorge um die Wahrheit, die nicht verfehlt werden kann, wird der Streit nur ausgetragen.

Es ist diese Gewißheit, in die Lessing sich in seinen Polemiken und Kontroversen zurücklehnt, unbesorgt um das Niveau seiner Gegner oder das Gewicht von Gegenständen oder Argumenten. Seine Streitkultur ist enthierarchisiert. Über Ränge entscheiden nicht die Streitenden. Wenig erheblich ist auch die jeweils aktuelle Besetzung der Rollen: ob Klotz oder Goeze. Die Akteure exekutieren doch nur mehr oder weniger geschickt eine Partitur, deren Notierungen eine gewisse Sicherheit gegen individuelles oder historisches Versagen bieten. Nichts wäre so irreführend wie literatursoziologische Schlußfolgerungen über das Niveau der aufklärerischen Streitkultur aus den Beiträgen Lessings.[6] Seine Gefechte auf dieser Bühne sind zu gutem Teil Spiegelfechtereien, die er

---

6 Wolfram Mauser deutet das an, wenn er – Wilfried Barners Feststellung von Öffentlichkeit als »Prinzip« modifizierend – schreibt: »Die Öffentlichkeit ist dabei nicht nur ›Prinzip‹, sondern auch Instanz; zunächst eine Instanz, die dadurch zustande kommt, daß Lessing sie mit Konsequenz als solche imaginiert, und zum andern aufgrund der Tatsache, daß die Widersacher sie als solche fürchten.« (Anm. 1, S. 282).

sich selbst in Rede und Antwort liefert, ein Theater von nicht viel größerer Gediegenheit als das Hamburger, dem seine Dramaturgie gewidmet ist.

Heines hymnische Eloge auf Lessing in seinen Erläuterungen *Zur Geschichte der Religion und Philosophie in Deutschland* stellt den Streiter Lessing in den Mittelpunkt: »Er war die lebendige Critik seiner Zeit und sein ganzes Leben war Polemik.«[7] Das gilt hier ausdrücklich nicht bloß für die entsprechend spezialisierten genres, sondern für Gefühle und Gedanken, für Religion, Kunst und Wissenschaft. Tatsächlich dürfte mit dieser Universalisierung von Lessings streitbarem Kritizismus auch der Unterschied zu Autoren der klassisch-romantischen Generation zur Sprache kommen, die Streitschriften geschrieben haben mögen, doch ohne daß das agonale Prinzip das Gesamtwerk überformt hätte; Clemens Brentano etwa. – Vor Nietzsche betont Heine schon die Avantgarde-Position Lessings, der seine Stimme erhoben habe, als es in Deutschland noch weithin still war. Daß es für Lessing »des Kampfes zu der eignen Geistesentwicklung« bedurft habe[8], steht für Heine im Kontext dieser Einsamkeit. Die Attacke auf den wirklichen oder eingebildeten Gegner folgt einer Strategie der Selbstermächtigung, derzufolge der Angreifer nach jeder Attacke und nach jedem Sieg erstarkt, als würden ihm die Kräfte des Besiegten zuwachsen. Dergestalt erfüllt die agonale Attitüde ihre Funktion unabhängig vom Wirklichkeitsgehalt der Auseinandersetzungen, eine symbolische Form der Selbstüberbietung, deren häufige Witzform Heine an dem großen Vorbild rühmt, hier wie in anderen Äußerungen über Lessing erkennbar pro domo. – Noch ehe er über irgendeine der bei Lessing verhandelten Sachen spricht, ist Heine auch bei dem Stil angelangt, dem Medium der Mitteilung, in dem Heine – wie schon Eckermann und Goethe – die Eigenheit seines Autors gänzlich aufgehoben sieht. Solidität und Einfachheit rühmt Heine ihm nach, frei von überflüssigem Ornament, durch innere Logik unsichtbar zusammengehalten.

Heine ist weit davon entfernt, Lessings intellektuelle Kultur mit der literarischen Öffentlichkeit seiner Zeit zu verwechseln:

> Ein Unglück gab es, worüber sich Lessing nie gegen seine Freunde ausgesprochen: dieses war seine schaurige Einsamkeit, sein geistiges Alleinstehen.[9]

Heine spricht nicht aus, was sich aus dieser Feststellung freilich auch deutlich genug von selbst ergibt: daß das dialogische Prinzip bei Lessings Rhetorik das Selbstgespräch eines Mannes ist, der sich imaginativ eine Geselligkeit bereitet,

---

[7] Heinrich Heine: Historisch-kritische Gesamtausgabe der Werke (Düsseldorfer Ausgabe). Hg. von Manfred Windfuhr. Hamburg 1975ff. Bd. 8/1, S. 73.
[8] Ebd.
[9] Ebd., S. 75.

die ihm in der Wirklichkeit sehr weitgehend versagt war. Das Spielen und Fingieren, sich selbst mit Fragen ins Wort fallen und rasche Antworten auf die Selbstprovokation, kurz das Szenische in Lessings Rhetorik, erscheint im Licht von Heines einfühlsamer Charakteristik als das Unterhaltungsspiel eines Solitärs anstelle von Melancholie, die sich einstellen müßte, wenn es nicht das Medium des Sprachspiels zwischen dem Autor und seiner Lebenswelt gäbe. Sein wichtigster Sinn ist die Entlastung und Abwehr von Schwermut.

Heine beschließt seine Würdigung Lessings am zitierten Ort mit einer Pointe, die seinen aufklärerischen Wahlverwandten mindestens so treffsicher charakterisiert wie ihn selbst. Die historische Leistung Lessings sei die Befreiung des Geistes aus der Haft des Buchstabens, darin eine Fortsetzung der Emanzipation des Wortes aus der Herrschaft des Dogmas, mit der Luther das Ende des kirchlichen Absolutismus eingeleitet habe. Der Geist, so läßt Heine keinen Zweifel, sei der des Deismus, der historische Horizont Lessings, über den er nicht hinausgekommen sei. Insofern ist dieser Höhepunkt von Lessings Befreiungswerk zugleich der Ort seiner äußersten geistigen Reichweite. – Die Neutralisierung des Buchstabens ist nun freilich ein Ereignis, das nach Begriff und Bedeutung in der geistigen Welt des Juden Heine ein ungleich dramatischerer Vorgang ist, als er es im Horizont des christlichen Philologen Lessing sein konnte. Für diesen ein Exempel von Hermeneutik, ist es für jenen ein Akt metaphysischer Tragweite. Daß die Sprache nichts als Stil, Medium statt Offenbarung der Wahrheit – in wie immer verwirrter Form – sein soll, bedeutet Revolution im alten Haus jüdischer Sprachphilosophie. So findet das Aufbegehren des Journalisten Heine, der aus der Sprach- und Schriftkultur jüdisch-kabbalistischer Spekulation entlassen sein möchte, in Lessing einen Gewährsmann, jedenfalls bis an die Grenze von Lessings Deismus, den Heine durch das »dritte Evangelium« erlöst, d. h. profan überholt sehen möchte durch einen Materialismus der Tat.

Die Sprache der Moderne ist die operativ neutralisierte einer formalen Logik, die ihre Gegenstände ohne Rücksicht auf Beschaffenheit und Aussehen im Rahmen standardisierter Parameter abbildet. Heine ist zu sehr Romantiker, um darin einwilligen zu können. Doch möchte er andererseits um jeden Preis der Sprachmetaphysik des Judentums entkommen. So lobt er Lessing für die Entzauberung der Schrift; möchte er zum anderen auf den Wahrheitsanspruch alles Geschriebenen nicht verzichten; verlegt er darum die Wahrheitsgewähr in den Geist des Stils.

Nietzsche, der in Heines Grabgeläut auf den Tod Gottes – der Deisten – die epochale Wandlung angekündigt gehört hatte, die er mit dem eigenen Werk besiegeln wollte, hat Lessings Voraussage eines dritten Evangeliums als eine frühe Ahnung der Renaissance eines neuen tragischen Zeitalters gelesen.[10] In unserem Zusammenhang sind einige andere Gründe für Nietzsches Respekt gegenüber Lessing wichtiger. Sie finden sich bereits im Frühwerk Nietzsches an charakteristischer Stelle ausgesprochen, in der *Geburt der Tragödie aus dem Geiste der Musik*, dieser Inkunabel einer philosophischen Pubertät, die wie in einer Nuß die intellektuelle Essenz des gesamten späteren œuvre zu enthalten scheint. Lessing ist darin Nietzsches Gewährsmann für den Typus des theoretischen Menschen im Unterschied zum künstlerischen. Nimmt der Künstler jede Offenbarung einer Wahrheit nur immer wieder als neue ästhetische Gestalt, so charakterisiert den theoretischen Menschen, Nietzsche zufolge, daß der Prozeß der Wahrheitssuche ihm wichtiger sei als die Wahrheit selbst:

> Es gäbe keine Wissenschaft, wenn ihr nur um jene *eine* nackte Göttin und um nichts Anderes zu thun wäre. Denn dann müsste ihren Jüngern zu Muthe sein, wie Solchen, die ein Loch gerade durch die Erde graben wollten: von denen ein Jeder einsieht, dass er, bei grösster und lebenslänglicher Anstrengung, nur ein ganz kleines Stück der ungeheuren Tiefe zu durchgraben im Stande sei, welches vor seinen Augen durch die Arbeit des Nächsten wieder überschüttet wird, so dass ein Dritter wohl daran zu thun scheint, wenn er auf eigne Faust eine neue Stelle für seine Bohrversuche wählt. Wenn jetzt nun Einer zur Ueberzeugung beweist, dass auf diesem directen Wege das Antipodenziel nicht zu erreichen sei, wer wird noch in den alten Tiefen weiterarbeiten wollen, es sei denn, dass er sich nicht inzwischen genügen lasse, edles Gestein zu finden oder Naturgesetze zu entdecken. Darum hat Lessing, der ehrlichste theoretische Mensch, es auszusprechen gewagt, dass ihm mehr am Suchen der Wahrheit als an ihr selbst gelegen sei: womit das Grundgeheimnis der Wissenschaft, zum Erstaunen, ja Aerger der Wissenschaftlichen, aufgedeckt worden ist.[11]

Einen »Exzess der Ehrlichkeit, wenn nicht des Uebermuthes« nennt Nietzsche im nächsten Satz Lessings Gleichmut den Zielen gegenüber, wenn nur die Wege zu befriedigen vermögen. Wo dergestalt das theoretische Verhalten ein solipsistisches Genügen an sich selbst findet, erhöht sich der Anteil des Ästhetischen an der Theorie, ja deren Ästhetisierung.

In *Menschliches, Allzumenschliches* wird Lessing nicht nach dem Gewicht seiner Gedanken gewogen und für bedeutend befunden, sondern nach dem Vermögen seiner »Kunst«, sie darzustellen:

---

[10] Nietzsches Auseinandersetzung mit Lessings Theologie und Geschichtsphilosophie ist das Thema von Diana J. Behler: Nietzsche and Lessing. Kindred Thoughts. In: Nietzsche-Studien. Hg. von Mazzino Montinari u. a. Berlin 1972ff. Bd. 8 (1979), S. 157–181.

[11] Friedrich Nietzsche: Werke. Kritische Gesamtausgabe. Hg. von Giorgio Colli und Mazzino Montinari. Berlin 1967ff. Bd. 3/1, S. 94f.

Ohne diese wirkliche *Kunst* würden seine Gedanken, so wie deren Gegenstände, ziemlich im Dunkel geblieben sein, und ohne dass die allgemeine Einbusse gross wäre. An seiner *Kunst* haben aber viele gelernt (namentlich die letzten Generationen deutscher Gelehrten) und Unzählige sich erfreut.[12]

Daß zu Lessings wirksamer Erbschaft auch »seine unangenehme Ton-Manier, in ihrer Mischung von Zankteufelei und Biederkeit,« gehöre, moniert Nietzsche kritisch. – Welchen Ort Lessing mit dieser Charakterisierung in Nietzsches Moderne-Theorie bezieht, läßt ein Aphorismus in *Jenseits von Gut und Böse* erkennen, der die Ästhetisierung des Theoretischen bei Lessing mit Nietzsches Vorstellung über den Primat des Schauspielerischen in der Moderne verknüpft. Hier ist von Lessings »Schauspieler-Natur« die Rede, mit der er aus der Kultur des Rokoko herausfalle, eine Natur, »die Vieles verstand und sich auf Vieles verstand«[13].

Die Reichweite dieser Indizierung erhellt sich, wenn man gewahr wird, daß eben die Auseinandersetzung mit dem Schauspielerischen im Mittelpunkt von Nietzsches lebenslanger Auseinandersetzung mit Richard Wagner steht. Im siebten Abschnitt des Pamphlets *Der Fall Wagner* gilt »diese Gesammtverwandlung der Kunst in's Schauspielerische«[14], als Indiz »physiologischer Degenerescenz (genauer, eine Form des Hysterismus)« und Wagner als ihr moderner Repräsentant. Nietzsches eigene ästhetische Verkörperung ist dazu kontradiktorisch konzipiert. Der selbst Übermensch, ja Dionysos zu werden strebt, kündigt der Ästhetik symbolischer Stellvertretung, damit aber auch der modernen Mediatisierung der Kunst auf. Kein Schauspiel als ob, sondern Entgrenzung der tragischen Ästhetik in die Auffassung des Lebens als ein tragisches Geschehen ist Nietzsches Gegenentwurf, mit dem das Leben wieder wesentlich werden soll nach dem Muster der Alten.

Lessing und Heine erscheinen in dieser Perspektive als journalistische Darsteller auf einer Bühne, die sich auf das Wiedererscheinen des Dionysos vorbereitet: nicht schon dessen Propheten, aber ehrliche Menschen, die nicht bloß Schauspieler waren, sondern darüber hinaus das Schauspielerische als das Wesen der Gegenwart erkannt haben; darin von Wagner positiv unterschieden. Denn in dieser Selbstreflexion löst sich das Philosophieren von den partiellen Gegenständen, denen es zu verfallen droht: einer »Anarchie der Atome«[15], löst sich das intellektuelle Streiten vom jeweils Umstrittenen, in dem es nicht ernst-

---

[12] Nietzsche (Anm. 11), Bd. 4/3, S. 236.
[13] Nietzsche (Anm. 11), Bd. 6/2, S. 42.
[14] Nietzsche (Anm. 11), Bd. 6/3, S. 20f.
[15] Nietzsche (Anm. 11), Bd. 6/3 , S. 21.

haft seinen Gegenstand finden kann. Lessings Stil ist der ideale Begriff dieser Selbstreflexion. In der Form seiner Rhetorik ist die Idee der Einheit des Lebens abstrakt bewahrt, die in den theatralischen Fiktionen sachlicher Auseinandersetzungen an die beliebigsten Gegenstände verlorengeht.

Lassen Sie mich den Bogen zurück zu meinen Bemerkungen am Anfang schlagen: deutsche Kultur als Bildungskultur, stets angewiesen auf das Ferne und Fremde. Heine beschwört Lessing, den Einsamen, um Gesellschaft in der eigenen Isolation zu haben. Nietzsche erinnert sich an Heine und Lessing, selbst in trostloser Vereinsamung. Er ist es auch gewesen, der schon früh, in seinen Vorträgen *Ueber die Zukunft unserer Bildungsanstalten*, die Paradoxie beschrieben hat, daß deutsche Kultur, wie keine andere auf die Verdichtung von Bildung angewiesen, tatsächlich allenfalls als ein Dialog von Solitären über kulturelle Steppen hinweg zustande kommt. Heine mag Lessing, Nietzsche, diese beiden in ihren historischen Bedingungen mißverstanden haben; in der Wahrnehmung ihrer wesentlichen Einsamkeit irrte keiner von ihnen. – Vielleicht ließ sich dieses gar nicht anders als theatralisch ertragen.

John A. McCarthy

»So viel Worte, so viel Lügen«

Überzeugungsstrategien in *Emilia Galotti* und *Nathan der Weise*

»Es ist nicht wahr«, meint Lessing in der *Erziehung des Menschengeschlechts*, »daß die kürzeste Linie immer die gerade ist«. (LM 13, S. 434, Aphor. 91) Ihm schien die Vorsehung in ihrem Gang durch die Geschichte gelegentlich zurückzugehen, dennoch glaubte er fest an den schließlichen Fortschritt. So wie der Weg der Vorsehung durch »so viel Seitenschritte« (LM 13, S. 434) markiert wird, so umwegig scheint Lessings schöpferische Denkmethode manchmal zu sein. Im folgenden halte ich mich an Lessings Definition der Kürze in meiner eigenen mäandrischen Beweisführung.

Freilich dürfte meine etwas lapidare Argumentation unter den strengen Denkern den Verdacht erregen, daß hier die differenzierte Begrifflichkeit fehlt. Die Unterscheidung zwischen strategischer und kommunikativer (Gesprächs-) Handlung dürfte man jedenfalls erwarten und das Dreierschema Wissen-Erfahrung-Institution möchte man nicht vermissen. Dennoch in der Praxis sieht es manchmal anders als in der Theorie aus, denn im unmittelbaren Lebenszusammenhang agiert man nicht immer mit der nötigen reflexiven Überlegenheit wie im Hörsaal unter optimalen Bedingungen der Verständigung. Direkt, kategoriengerecht und klar geordnet ist das nachstehende Argument nicht in jenem Sinne der strengen Begrifflichkeit.

Im wirklichen Leben, und die Bühne will letztendlich das Leben darstellen, reagiert man oft wie Wielands Agathon, der nur noch auf die kräftige Beweisführung des Philosophen Hippias zu antworten weiß: aber ich empfinde, daß es anders ist, als du es rational beweist. Kurzum verfahre ich methodologisch unphilosophisch, dafür aber realistisch menschlich, die Gründe des Herzens gleichwertend mit denjenigen des Kopfes, denn das Herz hat seine Gründe, wie uns Pascal sagt, genauso wie der Kopf. Doch sind jene nicht allemal durch Vernunftkategorien zugänglich. Vorausgesetzt sei ein fundamental dialektisches Verhältnis zwischen emotio und ratio.

*

Die Lessing-Forschung ist so erfinderisch im Gebrauch von Worten wie Lessing
selbst. Einschlägige Untersuchungen zu seinem Werk lauten beispielsweise:
Geist und Buchstabe[1] und *Die List der Kritik*[2]. Was latent in solchen Formulierungen enthalten ist, wird explizit in anderen Buchtiteln, die das ernsthafte
Hauptanliegen Lessings in seinen essayistischen und dramatischen Streitschriften erläutern: *Denken als Widerspruch*[3], ›*Negative Philosophie*‹ *und dialogische Kritik*[4] oder gar *Kommunikative Wahrheitsfindung*[5].

Mittlerweile wissen wir Bescheid: Geist zählte für Lessing mehr als Worte.
Worte als Instrumente der Beherrschung waren für ihn Schall und Rauch. Am
Anfang war nicht das Wort sondern die Tat, sagt uns auch Goethe. Dennoch
besitzt das Wort im Munde des geübten Rhetorikers Macht und Wirkung. Es
ist die Macht, Handlung anzuregen; es ist die Wirkung, Leidenschaften zu
veranlassen. Beide lassen sich auf die Hoffnung der Vernunft zurückführen,
verändernd in die Dinge einzugreifen.

Als Kenner der Rhetorik in einem Jahrhundert der Rhetorik kannte Lessing
die Tragweite des Wortes. Durch seine (und Klopstocks) Umdeutung von
»Sitten und Leidenschaften« wurde ja der Anfang der neuen deutschen
Dichtung markiert.[6] Durch die neue Konfrontation von »Kopf« und »Herz«
löste er das Denken aus den Geleisen präformierter Denkstrukturen. Man
findet in seinen Texten (und nicht nur in den theoretischen Texten wie *Laokoon, Hamburgische Dramaturgie* oder *Abhandlung über die Fabel*) »einen
esoterischen Untertext« im Diskurs, der mit dem Prinzip der Identität statt des
différend arbeitet. Auf dieser Ebene sagt der Text etwas anderes aus, als er zu
sagen scheint.[7] »Du mußt mich nur recht verstehen«, erklärt der Vater
Chrysander seinem Sohn Damis in Lessings Erstlingswerk *Der junge Gelehrte*
(1747), »ich meine es nicht nach den Worten« (III/4). Die Verknüpfung von
Wort, Tat, Sitten und Leidenschaften in einem »esoterischen Untertext« führt
in den Kern meiner Überlegungen.

---

[1] Klaus Bohnen: Geist und Buchstabe. Zum Prinzip des kritischen Verfahrens in Lessings literarästhetischen und theologischen Schriften. Köln und Wien 1974.

[2] Marion Gräfin Hoensbroech: Die List der Kritik. Lessings kritische Schriften und Dramen.
München 1976.

[3] Volker F. W. Hasenclever (Hg.): Reden zum Lessing-Preis. Denken als Widerspruch. Frankfurt
a. M. 1982.

[4] Eva Knodt: ›Negative Philosophie‹ und dialogische Kritik. Zur Struktur poetischer Theorie bei
Lessing und Herder. Tübingen 1988.

[5] Beatrice Wehrli: Kommunikative Wahrheitsfindung. Zur Funktion der Sprache in Lessings
Dramen. Tübingen 1983.

[6] Klaus Dockhorn: Macht und Wirkung der Rhetorik. Vier Aufsätze zur Ideengeschichte der
Vormoderne. Berlin 1968, S. 24.

[7] Vgl. Knodt (Anm. 4), S. III.

Ein zweiter Strang meiner Argumentation betrifft die gegensätzlichen Auslegungen des Diskurses zum einen als strategische zielgerechte Manipulation
des Schwächeren, zum anderen als kommunikativen Verständigungsversuch
zwischen Gleichberechtigten. In ihrer wirkungsvollen *Dialektik der Aufklärung*
(1947) verstanden Max Horkheimer und Theodor W. Adorno den Diskurs
strategisch, d. h. als Ausdruck des Machtwillens bzw. des Aufeinanderprallens
von Machtsystemen. Es sei das Ziel argumentativer Mittel, den minderwerti-
gen Gesprächspartner der eigenen Meinung zu überführen. Die Machtdeutung
des Wissens (Bacon) erzeuge eine Dialektik der Gesprächsführung in der
Aufklärung allein auf der Basis der Machtausübung, so daß ein echter Mei-
nungsaustausch und wahre Verständigung nicht stattfinden könnten.

Im Gegensatz zu einer strategischen Dialektik, die zu übertönen versucht,
stehe der konsenssuchende Diskurs. Der gewaltfreie Diskurs lasse alle Dissens-
formen aufkommen, denn er bewege sich auf der Basis der Gleichberechtigung
aller Beteiligten zu glauben und denken, was ihnen beliebe. In diesem Fall
werden die Gesprächspartner als selbststeuernde Subjekte und nicht bloß als
der Gewalt ausgelieferte Objekte begriffen. Ziel des Dialogs als Denkmethode
sei die Bildung einer »Kommunikationsgemeinschaft«, aufgrund derer, eine
»hermeneutische Aufklärung« möglich sei, »die nicht *alles läßt, wie es ist*«,
sondern verändernd in die Dinge eingreifen möchte.[8] Mir geht es um diesen
Gegensatz zwischen dem Machtmodell der Wortführung und dem Paradigma
der Konsensbildung, speziell um dessen Aufspaltung in den offenen und
unterschwelligen Text eines Werkes.

In beiden Modellen implizieren Wahrheit und Richtigkeit Geltungsan-
sprüche, die sich auf Sachverhalte bzw. Tatsachen beziehen. Im Gegensatz
sowohl zum Machtmodell des Diskurses, der zu übertönen versucht, wie auch
zur Konsenstheorie der Wahrheit, die »nur Konsequenzen aus dem Haltlos-
werden des radikal undialogischen [...] Universalismus-Konzepts der Aufklärung«[9] zieht, will ich von Geltungsansprüchen bei Lessing sprechen, die
nicht auf offenen Tatsachen beruhen, sondern latente Sachverhalte vorausset-
zen. Dies möchte ich anhand des Aufeinanderprallens von Wort und Gefühl in
Lessings Dramatik unter besonderer Berücksichtigung von *Emilia Galotti* und
Nathan der Weise zeigen. Der im Titel zitierte Satz der Gräfin Orsina – »So viel
Worte, so viel Lügen« – wirkt wie ein Fingerzeig auf das Trügerische des

---

8 Karl-Otto Apel: Die Kommunikationsgemeinschaft als transzendentale Voraussetzung der So-
   zialwissenschaften. In: Dialog als Methode. Göttingen 1972, S. 40.
9 Manfred Frank: Grenzen der Verständigung. Ein Geistergespräch zwischen Lyotard und Habermas. Frankfurt a. M. 1988, S. 65f.

Wortes. »Es ist das Phänomen der Ideologie«, schreibt Beatrice Wehrli in *Kommunikative Wahrheitsfindung*, »als jener Form von Betrug, die in einem Pakt mit der Sprache den Sprachbenützer zum Betrüger und Betrogenen macht, die es immer und überall zu bekämpfen gilt«[10]. Worten kann man letzlich nicht trauen, denn im strategischen Diskurs sind sie nur argumentative Waffen in den Händen Sprachgewandter.

Lessing schlägt eine zweite »higher-order«, »many-valued« und »intuition-istic« Argumentationsweise vor,[11] die mit Metaphern (Rose, Perlen, Gemälde, Haarnadel; Ring, Mantel) und elementaren Gefühlen (Vater- und Tochter-liebe, Ehr- und Tugendstolz) arbeitet, die Toleranz zum Ziel setzt und über die Tat erreichbar ist. In diesem alternativen System gelten letztendlich nur Taten als »tatsächlich«, während sich Worte auf erdachte Zusammenhänge (etwa Geschichte, Fabel), erklügelte Systeme (Gesellschaftsstrukturen) oder gar Er-logenes beziehen.

Zeichen dieser »higher order«, das die »deep structures« menschlicher Moral bestimmen,[12] ist die tätige Liebe. Im Gegensatz zu einer höheren sozial oder kirchlich autorisierten Instanz, beglaubigt durch den strategischen Gebrauch des Wortes, erheben z. B. Odoardo und Nathan Anspruch auf eine noch höhere Autoritätsinstanz, d. i. ihre Vaterschaft, die sie durch die tätige Sorge um die Töchter beweisen. Jedoch nicht die Blutsverwandtschaft bzw. Blutliebe macht einen zum Vater, sondern einzig die Tat. Auf dieser Liebe basiert der neue Diskurs, den nicht die Gewalt der Väter über die Töchter, sondern das auf-keimende Selbstbestimmungsrecht der Töchter gegenüber den Vätern kenn-zeichnet. Auch die damaligen Rechtssysteme basierten auf dem Machtanspruch des herrschaftlichen Wortes, im Gesetz verkörpert, während die Gerechtigkeit, d. h. der humane »Geist«, wodurch die Gesetzgebung inspiriert sein sollte, erst erkämpft werden mußte. Aus diesem Sachverhalt ergibt sich ein »latenter Text«, der zwischen und hinter den Zeilen gelesen werden muß.[13] Dieser latente, dialektisch verlaufende Text verdient unsere Aufmerksamkeit.

*

[10] Wehrli (Anm. 5), S. 162.
[11] Richard M. Martin: Truth and its Illicit Surrogates. In: Apel (Anm. 8), S. 109 et passim.
[12] Thomas Nagel: The Possibility of Altruism. Princeton 1970, S. 22.
[13] Siehe Iris Denneler: ›Das einzige Wort!‹ – ›Buchstabieren Sie es zusammen!‹: Ein Versuch, *Emilia Galotti* neu zu lesen. In: GRM 37 (1987) 1, S. 49.

Das Signal für seine lebenslange Begeisterung für Überzeugungsstrategien gab Lessing bereits in seinem Erstlingsdrama *Der junge Gelehrte*. In diesem frühen Betrugsspiel finden wir ein Beispiel für den strategischen Gebrauch der Rhetorik im Streit zwischen Chrysander und seinem gelehrten Sohn, Damis. Außerdem prallen kühle Überlegung (Vater, Sohn) und empfindsame Liebe (Damis, Juliane) aufeinander. Chrysander setzt seine Beredsamkeit ein, um zu Geld zu kommen, d. h. zur Erbschaft seiner Pflegetochter. Er meint es ja nicht nach den Worten der väterlichen Fürsorge, sondern nach dem Geldwert der Pflegetochter. Damis' Freund, Valer, dessen Name stark ans französische *valeur* anklingt, wird schließlich mit der Hand von Juliane für seine zärtliche Liebe belohnt. Er spricht den Wertgehalt des Lustspiels aus, wenn er resümiert: »Ich liebe [Juliane] auch noch, ohne geringste eigennützige Absicht« (III/18). Was eigentlich Wert hat, ist somit die selbstlose Liebe. Worte erweisen sich dagegen als leer und wertlos.[14]

Exemplarisch für den Altruismus, der zum Fundament der intersubjektiven Willensbildung gemacht wird, ist das bürgerliche Drama *Emilia Galotti* (1772). Nicht erst Nathan erscheint als »der ideale Rhetor«[15], sondern schon die Frauen Orsina und Emilia. Beide sind äußerst sprachgewandt. Von besonderem Interesse in dieser Hinsicht ist der 4. Akt, in dem Odoardo durch bloße Worte zur Tat bewegt wird.

Im Gespräch mit Odoardo erwähnt Orsina »ein Wort«, das ihn den Verstand kosten würde. Neugierig gemacht, fragt er wiederholt nach diesem einen Wort (IV/7). Das Wort? Emilia sei mitschuldig an der Ermordung des Grafen Appiani und der eigenen Entführung, ein Schluß, den sie aus ihren Beobachtungen »zusammenbuchstabiert« habe. Wichtiger jedoch als die Worte selbst, die nur »so viel Lügen« bzw. bloße Vermutungen sind, ist ihre Wirkung aufs Herz. Handlungen erfolgen nicht aus Vernunftschlüssen, sondern aus einer Aufwallung des Gefühls. Daher ist die produktive Rezeption des Wortes ausschlaggebend. »Wirkt es, Alter! wirkt es?« (IV/7), fragt Orsina, nachdem sie ihm das einzige Wort gesagt hat. Ob ihre Aussage eine nackte Lüge sei, ist egal, denn Worte benutzt sie strategisch, um eigene Ziele zu erreichen. Die Vielwertigkeit des Wortes wird offenkundig.

---

[14] Übrigens wird Damis nicht umsonst als »Buchstabenkrämer« beschimpft (I/2), dessen Grillen alle aus Büchern stammen. Bei ihm, so urteilt der gewitzte Diener Anton, »ist alles nur Übergang«; er habe »gar keine Gemütsart, weil er sich stets nach [neuen] Büchern stellt« (I/6). Auch den modernen Gelehrten haftet noch der Buchstabenkrämergeist an, wenn sie z. B. die »toten Bücher« reizvoller als das lebendige Buch der Natur finden (vgl. I/2). Die »neuen« Werte des Altruismus treten an die Stelle der einseitigen ratio. Diesbezüglich im allgemeinen siehe Nagel (Anm. 12), S. 79f.

[15] Wehrli (Anm. 5), S. 147.

Vorbereitet durch Orsinas Überredungskunst, die seinen Befürchtungen mehr Nahrung liefern, ist Odoardo zu Anfang des 5. Aktes entschlossen, zu handeln, wenn er auch noch nicht weiß, was er tun wird: »Erwägen! erwägen! Ich erwäge, daß hier nichts zu erwägen ist«, erwidert er Marinelli (V/3). Dieser gebraucht Lügen und Halbwahrheiten, um Odoardo zu überreden, es sei am besten, wenn Emilia in das Haus der Familie Grimaldi komme. Gleichzeitig tut der Prinz, als ob ihn das Argument auch überzeugt habe (das er ja mit Marinelli vereinbart hatte), meint jedoch, es wäre »lächerlich«, dem Vater vorzuschreiben, durch welches »vertrauliche« Wort er den Vater für seinen Plan zu gewinnen sucht. Von dem eigenen »Schauspiel« eingenommen, begeistert sich der Prinz für den Gedanken, Odoardo könne vielleicht sein »Freund«, »Führer« oder gar »Vater« werden.

Latent in diesem Dialog ist die Spannung zwischen der »Strenge des Gesetzes« (V/5; LM 2, S. 445), d. i. der Autorität des Staates bzw. des Vaters und dem Gerechtigkeitssinn des liebenden Menschen. Gerechtigkeit vertritt Odoardo mit der Paarung von Macht und Güte, doch wird das kalte juristische Urteil zwischen Machtanspruch und nachsichtiger Milde eingezwängt, indem Emilia dem Schoße ihrer liebenden Familie zur »Verwahrung« in einer fremden Familie entrissen werden soll. Diese Situation nimmt die Vaterschaftsdiskussion in *Nathan* vorweg. Als Vater führt Odoardo jedoch nur den Willen des himmlischen Vaters aus (V/6). Bevor er fliehen kann, erscheint seine Tochter, worauf er in die Vorsehung einwilligt: »Zu spät! Ah! er will meine Hand; er will sie!« (V/6). Nun muß Odoardo handeln.

Handelte er nicht, verlöre Emilia den Vater, denn die Blutliebe macht ihn nicht zum Vater, sie nicht zur Tochter: »Ich allein in seinen Händen? Nimmermehr, mein Vater. – – Oder Sie sind nicht mein Vater« (V/7; LM 2, S. 448). Analog gedacht, könnte Odoardo ebenso leicht der Orsina und dem Prinzen den Vater abgeben, wenn er *aus Liebe* zu ihnen handeln würde, aber nicht als Rächer der gekränkten Tugend oder als Schützer der Zügellosigkeit.

In der kritischen 7. Szene des Schlußaktes ist »Handeln« nun das Schlüsselwort. Emilia fragt ihren Vater: »Was nennen Sie ruhig sein? Die Hände in den Schoß legen?« (V/7) Diese Zurückweisung der Ruhe ist bereits die Entschlossenheit zur Tat, die man in die Nähe des Begriffs der »plastischen Natur« (I/4) rücken kann, die Conti in dem Porträt von Emilia abgebildet hatte. Die Strategien des Überzeugens zielen auf eine Entmündigung des Menschen. Jedoch wirkt ein »esoterischer Untertext«[16], d. i. eine Tiefenstruktur der Emp-

---

[16] Knodt (Anm. 4), S. 23f.

findung [17] der Wortkunst entgegen. Tief im Menschen verwurzelt ist der Wille
zur Selbstbestimmung und Selbstachtung. Emilia verkörpert dieses Prinzip
und gewinnt den Vater völlig für sich durch das eigene Selbstbewußtsein: »Ich
will doch sehen, wer mich hält, – wer mich zwingt, – wer der Mensch ist, der
einen Menschen zwingen kann« (V/7). So spricht Emilia diesen Gedanken aus.
Doch in diesen Worten liegt mehr Gefühl als abstrakte Logik. Sie ist keineswegs zur Konsumware herabgesunken wie ihr Porträt (vgl. I/1).

Ihre plastische Natur, d. i. der innere Kampf zwischen zügelloser Leidenschaft und Selbstbeherrschung, drückt sich hier metaphorisch als aufkeimende
Rose aus.[18] Lange schon gilt die Selbstbeherrschung als erstrebenswertes Ideal
der Menschheit. Hier gilt sie als ein Hauptcharakteristikum bürgerlicher
Mentalität. Sie zu schützen, ist die erste Pflicht von Tochter und Vater. Emilias
Entschlossenheit zur Tat wie zur Tugend wiegelt den Vater zur rettenden Tat
auf. Das Zusammenwirken ihrer »lügnerischen« Worte – – »Solche Väter gibt
es keinen mehr!« (V/7) – – und des »trügerischen Scheins« – – die Rose als
Metapher der gefährdeten Tugend – – bewegt den Vater, »die Rose« zu brechen,
»ehe der Sturm sie entblättert«. Im Sterben küßt sie aus Dankbarkeit die tätige
Hand des liebenden Vaters. Er läßt seine Tochter auch nicht mit der Lüge des
Selbstmords aus der Welt scheiden, womit sie ihre Gegenliebe zeigen will,
sondern er bekennt seine Schuld (V/8). Ihr letztes Wort vernimmt man deutlich: »Ah – – mein Vater«.

Das Stück endet nicht »wie eine schale Tragödie«, d. i. mit dem Selbstmord
Odoardos. Stattdessen übergibt er sich selbst der Justiz, das Rechtsurteil ab-
zuwarten. Der Prinz, m. a. W., muß entscheiden, ob die väterliche Tat unter
den gegebenen Umständen gerecht oder ungerecht sei. Es kann sich nicht
darum handeln, daß sein Tochtermord kein Verstoß gegen das Gesetz war,
denn der Mord ist ein klarer krimineller Fall. In unserem Zusammenhang ist
erwähnenswert, daß Odoardo ein »unglücklicher Vater« (V/8) ist, weil die
Vaterliebe zu einer juristisch verbrecherischen Handlung zwingt. Wenn er jedoch streng nach dem Wort des Gesetzes gehandelt hätte, wäre er kein wahrer
Vater mehr. Somit liegt ein tragischer Kern in der Spaltung des Vaterseins in
1) gültige Normen (Gesetze) und 2) flexible Handlung aus Liebe (Herz, Gerechtigkeit). Der Konflikt zwischen Recht und Gerechtigkeit, zwischen »Vater-
Sein« und »Vater-Werden«, worum es in diesem Drama eigentlich geht, kann
zu keiner »schalen Tragödie« führen.

---

[17] Vgl. Nagel (Anm. 12), S. 22
[18] Siehe Gloria Flaherty: Emilia Galotti's Italian Heritage. In: MLN 97 (1982) 4, S. 497–514. Ferner: Bernhard Spies: Der ›empfindsame‹ Lessing. In: Deutsche Vierteljahrsschrift für Geistesgeschichte und Literaturwissenschaft 58 (1984) 3, S. 369–390, bes. S. 385.

Nathan, den ich gleichfalls als »Vaterschaftsdrama« deuten möchte, weist die Charakteristiken der vielwertigen Überredungsstrategien auf. Hatte Nathan dem Derwisch Al Hafi zu Anfang des Dramas gesagt, kein Mensch muß müssen, so wird dieser Gedanke im Munde der Daja leicht abgewandelt, als sie dem Tempelherrn erklärt, daß Nathan ihm doch seine Pflegetochter zur Frau geben wird, wenn auch widerwillig. Der Vater soll schon müssen und gern müssen:

> *Daja.*   Der Vater soll schon müssen.
> *Tempelherr.* Müssen, Daja? -
>   Noch ist er [Nathan] unter Räuber nicht gefallen -
>   Er muß nicht müssen.
> *Daja.*   Nun, so muß er wollen;
>   Muß gern am Ende wollen.
> *Tempelherr.* Muß und gern! (III/10; Verse 2302–06)

Hinter diesem Paradox von »muß« und »gern« liegt die Willenslehre Wolffischer Prägung. In I/5 (Verse 539–40) hatte der Klosterbruder seinerseits dem Tempelherrn gesagt: »Denn der Wille / Und nicht die Gabe macht den Geber«.[19] Ähnlich wie der Klosterbruder hatte Nathan den Willen Gottes anerkannt mit seinem »Ich will«, wenn du willst (IV/8, Verse 3058–60).

Noch stärker als in *Emilia* ist die Argumentationsführung in *Nathan* ›intuitionistisch‹ geprägt. Recha erkennt z. B. in Curd von Stauffen den Bruder, weil es ihr Herz sagt (III/4, Verse 1719–30); Saladin schont den Tempelherrn, weil er einen bekannten Zug seines verstorbenen Bruders in ihm erkennt (I/5, Verse 585–90); und der Tempelherr bekommt im heiligen Lande »einen neuen Kopf« (III/8, Verse 2135–49), der besser denkt als der alte. Der Wahrheitsgehalt seines neuen Denkens trifft sich mit seinen Kindheitsträumen, ist ja von ihnen vorgeprägt, so daß sie die Präsenz einer wesentlicheren Tiefenstruktur verraten (V/7). In der theoretischen Schrift *Erziehung des Menschengeschlechts* (1780) liefert Lessing eine Erklärung für das Primat des Herzens über die Vernunft. Dort lesen wir:

> [Der Verstand] will schlechterdings an geistigen Gegenständen geübt sein, wenn er zu seiner völligen Aufklärung gelangen, und diejenige Reinheit des Herzens hervorbringen soll, die uns, die Tugend um ihrer selbst willen zu lieben, fähig macht. (Aphor. 80)

Intuition und Vernunftlogik müssen zusammenwirken, um die Bestimmung des Menschen als selbstgesteuertes Wesen zu realisieren. Dieses Ziel erreicht

---

[19] Deshalb übrigens Emilias Angst: »Sündigen wollen, ist auch sündigen!«

man anhand selbstloser Handlungen. Das Ziel ist die Tugendübung um ihret-
willen.[20]

Nathan ist das Muster solcher Selbstlosigkeit. Sie ist es, die ihn nach dem
Verlust seiner Familie wieder zum Vater macht. Er nimmt das Christenkind zu
sich und erzieht es als die eigene Tochter, allerdings ohne das Dogmatische einer
Glaubensrichtung, so daß ihr Kopf von keinen eingeplauderten Vorurteilen
gereinigt werden muß wie im Falle ihres christlich erzogenen Bruders. Die
dominante Frage in diesem Entdeckungsspiel ist diejenige nach der Tiefendimension des Vater-Seins. Es ist zum einen eine Frage nach der Bestimmung
des Verhältnisses zwischen Nathan und Recha, zum anderen auch nach der
Beziehung zwischen Nathan und Curd von Stauffen, der den Juden Nathan
gerne zum Vater hätte. Ferner wird die Frage nach dem richtigen Verhältnis
zwischen dem Vater und seinen drei Söhnen in der erzählten Fabel gestellt.
Schließlich wird auf die analoge Frage nach der Beziehung zwischen dem Gott-
Vater und der Menschheit im allgemeinen verwiesen. Es stellt sich eine gewisse
»Metaphysik der menschlichen Handlung« heraus, in der die »Metaphysik der
Person« wurzelt[21].

Würde Nathan als »unrechtmäßiger« *Pflege*vater entlarvt werden, verlöre er
alle Vaterrechte, wie dies der Patriarch richtig erkennt. Recha spricht wohl für
Lessing, wenn sie meint, Liebe, nicht Blut mache den Vater: »Noch weiß ich
nicht, wer sonst mein Vater / Zu sein verlangt; – – *verlangen kann*. Will's auch /
Nicht wissen. Aber macht denn nur das Blut den Vater? nur das Blut?« (V/7,
Verse 3650–55; meine Hervorhebung). Ohne Nathans selbstlose Liebesbezeu-
gungen wäre sie ja vaterlos, d. h. ohne Halt, ohne Richtung, ohne Ziel, weshalb
sie Sittah um Beistand anfleht (V/6, Verse 3635–38). Wenn Nathan im letzten
Auftritt erscheint, Recha in Tränen vorfindend, fragt er als erstes, ob sie noch
seine Tochter sei, worauf sie antwortet (wie Emilia!): »Mein Vater!« (Vers 3703).

Eine Art Symbiose findet intuitiv zwischen Pflegetochter und Pflegevater
statt wie ehedem zwischen Emilia und Odoardo. Odoardo bringt seine Tochter
um, damit ihr Herz, d. i. ihre »plastische Natur«, keinen äußeren Zwang erlei-
det. Ähnlich sagt Nathan zu Recha: »Wir verstehen uns. Genug! / Sei heiter!
Sei gefaßt! Wenn sonst dein Herz / Nur dein noch ist! Wenn deinem Herzen
sonst / Nur kein Verlust nicht droht! – – Dein Vater ist / Dir unverloren!«. Im
Klartext heißt dies: wenn Recha die Selbstbeherrschung behalten hat, die er sie

---

[20] Die Forderung nach der Harmonisierung interner wie externer »Zwänge« läßt sich als die
    Zusammenwirkung ethischer Vorstellungen sowohl von Hume wie auch von Hobbes und John
    Stuart Mill einordnen, vgl. Nagel (Anm. 12).

[21] Ebd., S. 18f.

seit der Kindheit gelehrt hat, so ist sie noch sein »Geistesprodukt«, wenn auch nicht mit ihm blutsverwandt. Dieses »Geisteseigentum« verdankt er allein der Tugendübung (vgl. I/1, Verse 35–36). Kein Rechtsspruch spielt dabei eine Rolle.

Recha wie Emilia erweisen sich durch ihre Einigkeit mit sich selber wie durch ihre Entschlossenheit als die Söhne, die die beiden Väter nicht hatten.[22] Nicht daß sie in den Augen ihrer Väter irgendwelche zusätzlichen Vorteile hätten, wenn sie männliche Wesen wären. Nathan läßt sie frei entscheiden, sobald er sie frei von den Ketten der Schwärmerei weiß. »Es ist Arznei, nicht Gift, was ich dir reiche«, hatte er erklärt, als er ihre süße Illusion, von einem Engel aus dem brennenden Haus gerettet worden zu sein, durch seine kühle Überredungsstrategie zerstörte: der Tempelherr nämlich sei ein normaler Mensch, der womöglich Not leide (I/2, Vers 350). Durch eine ähnliche Strategie klärt er am Schluß des Dramas die Blutsverwandtschaft der Hauptfiguren auf. Doch als einziger nicht Blutsverwandter zeigt er durch seine Selbstlosigkeit den Weg zur echten Vaterschaft. Dies hat nichts mit Worten, List oder Gesetz zu tun.

Auch sein »Zögling«, Saladin, lehnt jegliche Gleißnerei als seinem Wesen fremd ab; er will sich nicht verstellen, will nicht auf Glatteis führen, sondern offen und direkt handeln (III/4, Verse 1736–41). Das Kontrastbild gibt der Patriarch ab, der eindimensional denkt, Gewicht auf Worte legt und keine Sensitivität für die feineren Gefühle zeigt. Am Ende des Dramas kann Saladin, dem Nathan die letzte Wahrheitsenthüllung überläßt, nämlich daß Recha (Blanda) und Curd (Leu) seine Nichte und sein Neffe sind (Verse 3833–34), an die Vaterstelle seines verstorbenen Bruders Wolf von Filnek treten, während der Patriarch weiterhin kinderlos bleibt.

*

Den geheuchelten Worten und täuschenden Perspektiven der öffentlichen Welt stellt Lessing die Echtheit privater elementarer Gefühle entgegen. Letztere fungieren als eine wichtige Korrektur zur Lebensdialektik, die von Worten abhängt. Die handlungsträchtigen Vaterrollen verweisen auf einen inneren Diskurs, der ihren Sinn durch aktives Handeln erst gewinnt. Sie kontrastieren mit den Vertretern der wortbeherrschten Bereiche von Staatskunst (Marinelli) und Dogma (Patriarch). »Randfiguren,« d. h. die durch ihren Zweifel am Wort-

---

[22] Die Parallele zwischen Recha und Emilia wird ferner hervorgehoben, wenn ihre leidenschaftliche Natur angesprochen wird. Z. B. erwidert Recha Daja bezüglich ihrer Empfindung für den Tempelherrn: »Was Kält'? Ich bin nicht kalt. Ich sehe wahrlich / Nicht minder gern, was ich mit Ruhe sehe« (III/3, Verse 1730–31).

spiel an den Rand der Gesellschaft Gedrängten (Orsina, Odoardo, Tempelherr), fungieren in diesem Modell als gespaltene Figuren. Sie weisen z. T. vor-
übergehend sogar Wahnsinnssymptome auf, die durch das Auseinanderklaffen
von Vernunft (Logik des Wortes) und Vermutung (gefühlsbedingte Logik) verursacht werden.

Exemplarisch wegen ihrer kontrapunktischen Dialogführung sind z. B. das
Gespräch zwischen Emilia und ihrer Mutter in II/6, dasjenige zwischen Orsina
und Marinelli (IV/3, 4), die Unterredung zwischen Orsina und Ordoardo (IV/
7) und das Gespräch zwischen Nathan und Saladin über die Bedeutung der
Ringparabel (III/7). Alle veranschaulichen, was Chrysander in *Der junge Gelehrte* meint, wenn er seinen Sohn mit dem Verweis auf einen latenten Text zu
überreden versucht: »Du mußt mich nur recht verstehen: ich meine es nicht
nach den Worten« (III/4). Auch der Maler Conti meinte es nicht nach dem
Porträt, d. i. nach der Zeichnung von Emilia, das ihm nur halb gelungen ist.
Ähnlich wie die Tat auf das Wort/Zeichen am Ende von *Emilia Galotti* folgt,
fordert die juristische Auseinandersetzung im Streit um das Christenkind
entschlossene Handlung im späten Drama. In Nathans Worten zum Klosterbruder, der ihm eben von dem Haß und der Gleißnerei erzählt hat, die sich
gegen Nathan wegen seiner früheren Liebestat zu erheben drohen: »Aber laßt
uns länger nicht / Einander nur erweichen. Hier braucht's Tat!« (IV/7).

Der Übergang von einem manipulativ-rhetorischen Diskurs der Worte zu
einem tätigen gewaltfreien Diskurs auf der Basis elementarer Gefühle antizipiert zentrale Aspekte der modernen Konsensustheorie. Es ist eine Absage an
die Überzeugungstheorien einer einseitig verstandenen Kunst der Rhetorik
und eine Hinwendung an die autonome Humanität aller Menschen. Diese
Strategie des Überzeugens mag man als Machtmittel bezeichnen, aber sie ist in
der Tat ein Medium zur Verständigung, d. i. zur Überbrückung der Bewußt-
seinsdiskrepanz der Gesprächspartner. Augenfällig sind die Züge der Fabel-
gattung in den hier untersuchten Gesprächsszenen. Die metaphernreiche Dialogführung fungiert wie die Fabel überhaupt, die einer »Internalisierung des
Handlungskonzepts« gleichkommt, welche zu »einem Akt *performativer Mi-
mesis*« führt, was ihrerseits die Handlung unsichtbar macht, »weil [sie] identisch
mit jenem interpretativen Akt [wird], der den Sinn der Fabel *im Prozeß des
Verstehens generiert*«[23]. So gesehen, »präsentiert Lessings Theorie *der* Fabel
Theorie *als* Fabel: ›Wahrheit‹ erscheint durch die Hintertür«[24].

---

[23] Knodt (Anm. 4), S. 113.
[24] Ebd., S. 112.

Die Anwendung dieser Interpretation auf die Diskussion von Überzeugungsstrategien liegt auf der Hand. Nicht der Besitz der Wahrheit, nicht der Wahrheitsgehalt der Worte im Drama, sondern die Erkenntnis des unterschwelligen Urtexts zählt. Worte sind »so viel Lügen«. So wie Jehova nicht mit Namen genannt werden kann, so äußert sich die »plastische Natur«, d. i. die in den Körpern wirkende Formidee, nur durch unvollständige, also trügerische Zeichen. Dabei spielt die Phantasie eine produktive Rolle. »Ich suche allerdings durch die Phantasie mit auf den Verstand meiner Leser zu wirken«, bekennt Lessing. »Ich halte es nicht allein für nützlich, sondern für notwendig, Gründe in Bilder zu kleiden; und alle Nebenbegriffe, welche die einen oder die anderen erwecken, durch Anspielungen zu bezeichnen. Wer hiervon nichts weiß und versteht, müßte schlechterdings kein Schriftsteller werden wollen«[25]. Doch »wie viel geht da verloren«, lamentiert Conti, »auf dem langen Wege, aus dem Auge durch den Arm in den Pinsel«! [bzw. in die Schreibfeder][26].

Die Veräußerlichung des Empfundenen repräsentiert einen Verlust. Worte wie Gemälde sind nicht mehr das Ding (bzw. die Person) selbst. Der wahre Text ist nicht das, was man liest, sieht oder hört; den wahren Text erkennt man nur im Akt der kommunikativen Handlung, nur in der Reproduktion des ursprünglichen Impulses. Was objektiviert wird, wird als Objekt mißbraucht, so z. B. das Porträt von Emilia Galotti, worüber verhandelt werden kann. Es ist ein kleiner Schritt zur Mißhandlung der Person selbst. »Soviel Worte«, beklagt Orsina, »so viel Lügen! [...] O des weisen Mannes, den man sagen lassen kann, was man will!« (IV/3). Ein solcher Weiser ist Nathan.

Entscheidend sind also nicht Worte, sondern Empfindungen, die von Worten ausgelöst werden. »Gleichgültigkeit«, resümiert Orsina, ist »ein leeres Wort, ein bloßer Schall [...]. Gleichgültig ist die Seele nur gegen das, woran sie nicht denkt; nur gegen ein Ding, das für sie kein Ding ist« (IV/3). Also können nur Gefühle überzeugen. Und jeder hat ein Recht auf die eigenen Gefühle wie auf den eigenen Glauben. Gefühl wie Glaube ist instinktiv, spontan; sie lassen sich nicht durch andere bestimmen oder verhindern. Die Gefühlsbasis bildet m. E. den Untertext bzw. die »deep structure« zum rationalen Diskurs der Aufklärung bei Lessing und analog auch in der modernen Konsenstheorie.

Primär schon bei Lessing ist z. B. der intersubjektive Charakter des praktischen Diskurses, nicht das kalte Denken. Lessing meint es oft nicht nach den

---

[25] *Anti-Goeze. Neunter*, LM 13, S. 189.
[26] *Emilia Galotti* I/4.

Worten.[27] Deshalb spricht er häufig eine metaphorische Sprache, so in *Ernst und Falk*, wo es um die wahre Bedeutung der Freimaurerei als Gegenbewegung zur Tyrannei der Mächtigen geht oder in *Nathan*, wenn Nathan die Ringparabel als Plädoyer des Glaubenspluralismus ausdenkt oder in *Emilia Galotti*, wenn Emilia das Gleichnis der Rose als Überzeugungsstrategie einsetzt, den Vater *ihren* Willen wirken zu lassen. Die Metaphern und Parabeln beinhalten einen latenten Text, der für die Interessen des Individuums eintritt. Auf diese Weise zeigt Lessing die diskursive Grundlage seiner Schreib- und Denkweise, d. i. seiner »List der Kritik«[28]. Im gesellschaftlichen Kommunikationsprozeß handelt es sich jedoch um keine unbedingt objektive Unparteilichkeit.

Auch für Jürgen Habermas verbirgt sich hinter der Analogie zur Wahrheit von Propositionen etwas anderes. Dieses andere bezeichnet er als »die Vorstellung einer Unparteilichkeit, die sich eher auf die Willens- als auf die Urteilsbildung bezieht«[29]. Der (praktische) Diskurs ist eine »*wesentlich* kommunikative Angelegenheit«[30], der auf Partizipation und Machtausgleich ausgerichtet ist. Unparteilichkeit ist im pragmatischen Diskurs nicht eine Frage des Urteils, sondern der Diskursregeln selbst:

> Die Form der Argumentation soll [...] die *Unbeeinflußbarkeit* oder Autonomie *der Willensbildung* ermöglichen. Insofern haben die Diskursregeln selbst einen normativen Gehalt; sie neutralisieren Machtungsgleichgewichte und sorgen für eine chancengleiche Durchsetzung jeweils eigener Interessen.[31]

Im neuen Diskurs hat jeder Betroffene die Chance, aus freien Stücken zu entscheiden und zu handeln. Wer die Töchter und gewisse Randfiguren in Lessings Dramen ernst nimmt, erkennt die vielschichtige (»many-value«) Argumentationsstrategie Lessings und gewinnt die Chance, durch entschlossene Selbstbestimmung, eine »höhere Ordnung« bzw. eine »deep structure« im Leben wahrzunehmen, für die der »neue Kopf« steht. Wie sich für die beiden Bühnencharaktere Emilia und Tempelherr der Weg zur Selbstrealisierung

---

[27] Vgl. Hoensbroech (Anm. 2), S. 215.
[28] Ebd., S. 217.
[29] Jürgen Habermas: Diskursethik – Notizen zu einem Begründungsprogramm. In: Moralbewußtsein und kommunikatives Handeln. Frankfurt a. M. 1988, S. 80.
[30] Ebd., S. 79.
[31] Ebd., S. 81f. Ähnlich argumentiert Frank: »Dieser im Unternehmen diskursiver Argumentation implizierte Hinblick auf eine Idee gewaltfreier Gesprächsführung enthält normative Elemente, die in einer Ethik intersubjektiver Kooperation zu entfalten wären [...]« (Anm. 9, S. 101). Vgl. ferner Nagel: »Recognition of the other person's reality, and the possibility of putting yourself in his place, is essential«. (Anm. 12, S. 83).

auftut, öffnet sich der Weg für den realen Zuschauer in die Mündigkeit, sobald auf den latenten Text geachtet wird.

Allerdings ist der sicherste Weg zur Mündigkeit nicht der direkteste. Im Prozeß »einer hermeneutischen Aufklärung« gilt es, fest geankert im Gefühl des eigenen Wertes, zwischen der Skylla eines »Pluralismus der Sprachspielmonaden« und der Charybdis »einer dogmatisch-objektivistischen Kritik der anderen«[32] hindurchzusegeln. Die Grenzen der Verständigung zeigen sich vornehmlich dort, wo der explizite Worttext als einziger Text verstanden wird, wo an keine gemeinsame Tiefendimension geglaubt wird, und wo die Möglichkeit einer Kommunikationsgesellschaft geleugnet wird. Denn »so viel Worte« sind nur »so viel Lügen«.

---

[32] Apel (Anm. 8), S. 40.

Albert Meier

Die Interessantheit der Könige

Der Streit um *Emilia Galotti*
zwischen Anton von Klein, Johann Friedrich Schink
und Cornelius Hermann von Ayrenhoff

Folgt man den Untersuchungen und Dokumentationen zur deutschen Shakespeare-Rezeption im 18. Jahrhundert, so präsentiert sich die Durchsetzung des nicht-klassizistischen (bzw. antifranzösischen) Dramenparadigmas als geradliniger Siegeszug: Nachdem Gottscheds bornierte Ablehnung der englischen Formlosigkeit durch Lessings Machtwort im *17. Literaturbrief* überwunden worden sei, habe sich der Geschmack am freien, sinnlich intensiven und hochpoetischen Theater schnell und unangefochten als einzig angemessener etabliert und den frostigen Regel-Klassizismus von der Bühne verdrängt. Ganz falsch ist diese Darstellung nicht. Sie vereinfacht aber in unzulässiger Weise, indem sie aus der Retrospektive eine Zwangsläufigkeit der Entwicklung behauptet, die für die Zeitgenossen zumindest noch nicht außer Frage stand. Daß die Tendenz zur Loslösung des deutschen Dramas von der *doctrine classique* historisch erfolgreich war, befreit deshalb nicht von der Notwendigkeit, in die dramengeschichtliche Reflexion auch die Widerstände gegen diesen Geschmackswandel einzubeziehen. Gerade im Zusammenhang mit der Person und dem Werk Lessings (speziell mit *Emilia Galotti*) gilt es vielmehr, das konservative Minderheitsvotum ernster zu nehmen, als bislang geschehen.

Daß Lessing nach 1750 – in Parallele zu Denis Diderot und wesentlich durch diesen angeregt – als Kronzeuge für die Überlegenheit Shakespeares über Corneille angesehen wurde, macht ihn zur Schlüsselgestalt bei der Verabschiedung des *heroischen* Tragödien-Paradigmas zugunsten des bürgerlichen Trauerspiels und aller anderen nichtklassizistischen Dramenformen gegen Ende des 18. Jahrhunderts. Zur Hegemonie gelangte diese sensualistische Poetik aber nur im norddeutsch-protestantischen Bereich, während sich in den katholischen Gebieten Süddeutschlands und vor allem Österreichs das frühaufklärerisch-rationalistische Modell der Gottsched-Tradition bis ins

19. Jahrhundert hinein wesentlich besser behaupten konnte. Bei diesen von den Literaturhistorikern in der Regel mißachteten Autoren, die mehr oder weniger ausnahmslos dem jesuitischen Ambiente entstammten, bildete sich eine Fronde gegen die emotionalistische Wende unter der Ägide Lessings und seiner beiden Musterdramen *Miß Sara Sampson* und *Emilia Galotti*. Dramaturgisch kondensierte sich der Gegensatz in der Konkurrenz von *Heroismus* und *Interesse*: im Kontrast zwischen einer Wirkungsstrategie, die auf der Distanz zwischen Publikum und Bühnenfiguren aufbaut, und der alternativen Auffassung, die auf Empathie abzielt.

Aus diesem Grund entzündete sich die Debatte zwischen den süddeutschen Aufklärern Anton von Klein sowie Cornelius Hermann von Ayrenhoff einerseits und dem enragierten Lessingianer Johann Friedrich Schink andererseits gerade an *Emilia Galotti*, das einen genuin heroischen Stoff in ein bürgerliches Trauerspiel transportiert und damit die theatergeschichtliche Wende geradezu idealtypisch resümiert. Hatten sich Klein und Schink allein auf Lessing und seine Invektive gegen das Heroische bezogen, so sollte Ayrenhoff den Streit schließlich auf Shakespeare als den Gründervater des falschen Theatergeschmacks ausweiten. Den ungewöhnlich rüden Ton, den die Debatte annahm, hat in erster Linie Schink zu verantworten, dessen Polemik das Vorbild seines Lehrmeisters Lessing[1] offenbar noch übertrumpfen wollte.

Im Mittelpunkt des Streits stand die Fundamentalkritik am pathetischen Wert des Fallhöhen-Prinzips, die Lessing im 14. Stück der *Hamburgischen Dramaturgie* formuliert hatte:

> Die Namen von Fürsten und Helden können einem Stücke Pomp und Majestät geben; aber zur Rührung tragen sie nichts bei. Das Unglück derjenigen, deren Umstände den unsrigen am nächsten kommen, muß natürlicher Weise am tiefsten in unsere Seele dringen; und wenn wir mit Königen Mitleiden haben, so haben wir es mit ihnen als mit Menschen, und nicht als mit Königen. Macht ihr Stand schon öfters ihre Unfälle wichtiger, so macht er sie darum nicht interessanter. Immerhin mögen ganze Völker darein verwickelt werden; unsere Sympathie erfodert einen einzeln Gegenstand, und ein Staat ist ein viel zu abstrakter Begriff für unsere Empfindungen.[2]

Der herkömmlichen klassizistischen Tragödie und ihren der antiken Geschichte oder Mythologie entstammenden Heroen war durch dieses wirkungsästheti-

---

[1] Schink hat betont, nicht nur ein »Verehrer« Lessings zu sein, sondern auch dessen »Schüler und Lerling«. Dramaturgische Fragmente. Vierter Band. Dem Hrn. Münzdirektor Lessing in Breslau gewidmet von Johann Friederich Schink. Graz 1782, S. 990.

[2] G. E. Lessing: *Hamburgische Dramaturgie*. In: B 6, S. 181–694, hier S. 251.

sche Argument[3] der Boden entzogen. Da Lessing die tragische *Rührung* durch Empathie erklärt, kommt dem gesellschaftlichen Stand eines Bühnenhelden zwangsläufig weniger Bedeutung zu als seinem kreatürlichen Leiden. An die Stelle des größtmöglichen Abstandes zwischen Protagonisten und Publikum tritt folglich die einfühlende Identifikation, deren Voraussetzung in der maximalen Affinität zwischen Dramenfiguren und Zuschauern besteht. Diese veränderte Rezeptionsstrategie, die das Erschrecken über den Absturz aus einem überragenden Glück zugunsten der emotionalen Teilhabe am inszenierten Schicksal eliminiert, liegt der Metamorphose des *Verginia*-Stoffes zu *Emilia Galotti* zugrunde.[4]

Der Paradigmenwechsel von der distanziert-rationalen zur identifikatorisch-emotionalen Dramaturgie (um die Mitte des 18. Jahrhunderts ein gesamteuropäisches Phänomen) ist vor allem mit dem Namen Diderot verbunden. Diderot hatte 1757 in *Dorval et moi* die grundsätzliche Unabhängigkeit des tragischen Pathos vom sozialen Rang des Protagonisten behauptet:

> Große Anliegen: große Leidenschaften. Das ist die Quelle aller großen und aller wahren Reden. Fast alle Menschen reden, wenn sie nun sterben sollen, gut.[5]

Möglicherweise ist Diderot auch der Autor jener Rezension von Lessings *Miß Sara Sampson*, die im Dezember 1761 im *Journal étranger* erschienen war und die antiheroische Invektive der *Hamburgischen Dramaturgie* beinahe wörtlich vorweggenommen hatte:

---

[3] Christian Garve sekundiert Lessing in seiner Abhandlung *Einige Gedanken über das Interessirende*: »Auch die Könige müssen erst wieder Menschen werden, wie wir, wenn sie uns durch ihre Schicksale rühren sollen.« Christian Garve: Popularphilosophische Schriften über literarische, ästhetische und gesellschaftliche Gegenstände. Im Faksimiledruck hg. von Kurt Wölfel. Bd. 1. Stuttgart 1974, S. 201.

[4] Vgl. Lessings erste Idee zu *Emilia Galotti*: »Sein jetziges Sujet ist eine bürgerliche Virginia, der er den Titel *Emilia Galotti* gegeben. Er hat nemlich die Geschichte der römischen Virginia von allem dem abgesondert, was sie für den ganzen Staat interessant machte; er hat geglaubt, daß das Schicksal einer Tochter, die von ihrem Vater umgebracht wird, dem ihre Tugend werter ist, als ihr Leben, für sich schon tragisch genug, und fähig genug sei, die ganze Seele zu erschüttern, wenn auch gleich kein Umsturz der ganzen Staatsverfassung darauf folgte« (an Friedrich Nicolai, »Leipzig, d. 21. Januar 1758«). In: B 11/1, S. 267.

[5] Denis Diderot: Unterredungen über den *Natürlichen Sohn*. In: Das Theater des Herrn Diderot. Aus dem Französischen übersetzt von Gotthold Ephraim Lessing. Anmerkungen und Nachwort von Klaus-Detlef Müller. Stuttgart 1986, S. 81–179, hier S. 107. Vgl. auch: »Eine gänzliche Glücksveränderung, die Furcht vor der Schande, die Folgen des Elends, eine Leidenschaft, die den Menschen ins Verderben, von dem Verderben zur Verzweiflung, von der Verzweiflung zu einem gewaltsamen Tode bringt, sind keine seltene Begebenheiten: und doch glauben Sie, daß Sie weniger dabei fühlen würden, als bei dem fabelhaften Tode eines Tyrannen, bei der Opferung eines Kindes?« (S. 154).

Les noms des Rois & des Héros sont imposans sur le théâtre; mais tout ce qui impose n'intéresse pas. [...] en général, plus les personnages sont près de nous, plus leur situation nous intéresse. Il est dans l'homme de ne s'affecter que de ce qui arrive à ses semblables: or les Rois ne sont nos semblables que par les sentimens de la nature & par ce mélange de biens & de maux qui confondent toutes les conditions en une seule, qui est celle de l'homme. Que ceux qui méprisent la Tragédie bourgeoise pensent donc que dans les sujets les plus héroïques il n'y a que les affections communes qui nous émeuvent fortement.[6]

Für die Gegenposition stand – mit europäischer Breitenwirkung – der englische Bischof Richard Hurd, der 1753 in seiner *Abhandlung über die verschiednen Gebiete der dramatischen Poesie* an der überlegenen Wirkkraft der heroischen Charaktere von staatspolitischer Bedeutung festhielt:[7]

Könige, Helden, Staatsmänner, und andre Personen von grossem und allgemeinem Ansehen, haben mit ihrem Unglücke auf den ganzen Staat Einfluß, zu welchem sie gehören. Die Besorgniß eines so ausgebreiteten und wichtigen Elendes reißt unsre Aufmerksamkeit aus dem Schlummer, und setzt alle unsre Seelenkräfte in Aufruhr. [...] Jene Begriffe von Scheu und Ehrfurcht, welche die gewöhnliche Denkungsart der Leute um die Personen der Fürsten her verbreitet, machen, daß wir eben denselben Vorfall in ihren Glücksumständen für erheblicher und bedeutender ansehen, als bey den Glücksumständen der Privatpersonen.[8]

Hurd läßt sich auf die emotionalistische Argumentation ein, versucht aber unter Hinweis auf die überpersönliche Relevanz eines Fürstenschicksals nachzuweisen, daß dieses auch für durchschnittliche Untertanen hohe Bedeutung und folglich hohen Affektgehalt besitzt.

In ähnlicher Weise wendet sich Anton von Klein, der renommierteste Vertreter der pfälzischen Aufklärung,[9] 1780 anläßlich einer Mannheimer Aufführung von *Emilia Galotti* gegen Lessings These, der Staat sei ein zu abstrakter Begriff, um auf der Bühne Interesse hervorrufen zu können. Dem bürgerlichen Trauerspiel hält er den sophokleischen *Ödipus* entgegen:

---

[6] Anonym: *Miss Sara Sampson*, Tragédie bourgeoise de M. Lessing. In: Journal étranger (Decembre 1761), S. 5–41, hier S. 5f.

[7] Vgl. hierzu Garves Kritik an Hurd in Garve (Anm. 3), S. 198–201.

[8] Richard Hurd: Zweyte Abhandlung über die verschiednen Gebiete der dramatischen Poesie. In: Horazens Episteln an die Pisonen und an den Augustus mit Kommentar und Anmerkungen nebst einigen kritischen Abhandlungen von R. Hurd. Aus dem Englischen übersetzt und mit eigenen Anmerkungen begleitet von Johann Joachim Eschenburg. Zweyter Band. Leipzig 1772, S. 25–94, hier S. 31f.

[9] Vgl. hierzu Jean-Marie Valentin: Aufklärung catholique – Aufklärung restreinte: Anton von Klein (1746–1810) et la diffusion des lumières dans le Palatinat. In: Études allemandes et autrichiennes. Hommage à Richard Thieberger. O. O. 1989. (Publications de la Faculté des Lettres et Sciences Humaines de Nice), S. 401–418.

[...] kann der Karakter eines Privatmenschen uns so intereßiren, wie uns der Karakter dieses Königs intereßirt? [...] Der Stand der Könige, sagt Leßing, macht schon öfters ihre Unfälle wichtiger, aber darum nicht interessanter. Hier ist nicht die Rede von Stand als Stand, von Namen und Titeln; die Sache an sich selbst ist äuserst wichtig, und was wichtig ist, das ist interessant. Nicht der Titel König, sondern das, was dieser Mensch als König ist, und kann und darf, das was er thut, und was über ihn verhängt ist, und was mit ihm dahin fällt, oder was er mit sich dahin reist, das kann und muß den Geist von Millionen beschäftigen, das regt die Erwartung aller und trifft jedes Herz, das fühlt.[10]

Lessings qualitativ verstandener Begriff des *Interesses* (aufgrund der apriorischen Gleichheit des menschlichen Fühlens und der Grundkraft zur Sympathie) findet hier seine Umdeutung ins Quantitative: »was wichtig ist, das ist interessant«. Nicht die anthropologisch motivierte Harmonie zwischen den Individuen bedingt die emotionale Beteiligung des Publikums an der Bühnenhandlung, sondern deren sachliches Gewicht. Insofern versteht es sich zwar in der Tat von selbst, daß das Schicksal eines Fürsten mehr Eindruck macht als das Schicksal einer zufälligen Privatperson, weil es für eine unvergleichlich größere Zahl von Menschen Folgen hat – Klein unterschlägt jedoch die logische Konsequenz, daß dieses Interesse nur bei den unmittelbar betroffenen Staatsbürgern auftreten wird, bei allen anderen jedoch gegenstandslos bleiben muß (aus welchem Grund sollte das Schicksal eines griechischen Königs aus mythischer Vorzeit im späten 18. Jahrhundert ein deutsches Publikum rühren?). Lessings emotionalistisches Argument, daß der individuelle Unglücksfall eines Durchschnittsmenschen eine weit größere Zahl von Mitmenschen affizieren kann,[11] wird von Klein daher ins Gegenteil verkehrt:

Die Umstände eines Privatmenschen stimmen nur mit den Umständen von sehr wenigen andern überein. Der Roman, den Mis Sara spielt, kann nur eine Gattung Menschen sehr intereßiren. Die Umstände der Grosen, so wie sie zum heroischen Trauerspiele erfordert werden, intereßiren alle.[12]

In Opposition zur dezidiert anti-rationalistischen Dramaturgie des bürgerlichen Trauerspiels insistiert Klein auf der Notwendigkeit einer nicht nur die

---

[10] Anton von Klein: Tagebuch der Schaubühne. *Emilia Galotti.* In: Rheinische Beiträge zur Gelehrsamkeit, Bd. 2, H. 12, Mannheim 1780, S. 528–541, hier S. 534f. – Anton von Klein hat seine Verteidigung des heroischen Trauerspiels gegen das bürgerliche gemeinsam mit seiner ausführlichen Kritik an *Emilia Galotti* (Rheinische Beiträge zur Gelehrsamkeit, Bd. 1, H. 2, 1781, Nr. 7, S. 163–181) auch selbständig publiziert: Anton von Klein: Ueber Lessings Meinung vom heroischen Trauerspiel und über *Emilia Galotti.* Frankfurt und Leipzig 1781.
[11] »Das Individuelle, das Besondre, ist an und für sich, wenn das Uebrige gleich ist, allemal interessanter als das Allgemeine«. Garve (Anm. 3), S. 211.
[12] Klein (Anm. 10), S. 537f.

Gefühle, sondern auch den Geist beschäftigenden Handlung: »Wo nichts für den Geist ist, da ist auch wenig für das Herz.«[13] Indem er gleichzeitig Lessings Begriff des *Staates* durch das affektiv gehaltvollere *Vaterland* ersetzt, versucht er den emotionalistischen Einwand gegen die Ständeklausel zu unterlaufen:

> Ist das Vatterland ein zu abstrakter Begriff dem Manne? dem edeln Jünglinge? selbst dem Weibe, das Ehre fühlt? [...] Der Name Vatterland weckt die lezte Kraft eines Volkes auf. Nazionalinteresse ist das Interesse eines jeden.[14]

Daß sich Klein hier gegen die Anthropologie und die Ethik des Sensualismus bzw. der *sympathy* sperrt und demgegenüber am barocken Erbe der Ständeklausel und des Fallhöhen-Axioms festhält (ähnlich wie es noch die frühaufklärerischen Autoren um Gottsched taten), hat nichts mit persönlicher Rückständigkeit oder Borniertheit zu tun. Die Zurückweisung des bürgerlichen Trauerspiels signalisiert vielmehr ein wesentliches ideen- und mentalitätsgeschichtliches Faktum: die Differenz zwischen dem optimistischen Sensualismus der norddeutschen Aufklärer der Lessing-Generation und dem Fortleben der rationalistischen Leibniz/Wolff-Tradition im Süden. Eine wesentliche Ursache hierfür ist zweifellos im jesuitischen Erziehungswesen zu sehen, das in den katholischen Gebieten einschließlich Österreichs bis zur Aufhebung des Ordens 1773 das Monopol besaß und die intellektuelle Elite grundlegend prägte (vgl. insbesondere die sog. *Josephinisten*). Bei Anton von Klein ist dies auf mustergültige Weise der Fall, obwohl man seinen literarischen Geschmack weniger auf das Jesuitendrama als auf die intensive Beschäftigung mit der *tragédie classique* während der Schulzeit zurückführen muß. Der weitere Verlauf der Polemik um *Emilia Galotti* und das Heroische läßt sich jedenfalls nur vom paradigmatischen Gegensatz zwischen der protestantisch geprägten, wenngleich deistisch gewendeten, und der katholischen Aufklärung her verstehen.

Offensichtlich wird dies in der an Verbalinjurien grenzenden Antwort, die der zwar in Österreich lebende, aber aus Preußen stammende, protestantische Schriftsteller Johann Friedrich Schink seinem Antipoden Klein erteilt:

> so weis man nicht, was man sagen soll, daß solche Embrionen von Kunstrichtern die Bildsäulen grosser Männer [d. i. Lessing] mit Kot besprizzen, und Meistern ihrer Kunst, Schulhefte, die sie nicht einmal zur Helfte verdaut haben, vordeklamiren, und sie nach diesen Schulheften beurtheilen dürfen.[15]

---

[13] Ebd., S. 539.
[14] Ebd., S. 535.
[15] Johann Friedrich Schink: *Emilia Galotti*. Trauerspiel in fünf Aufzügen von Lessing. In: Dramaturgische Fragmente. Zweiter Band. Dem Hrn. Legationssekretair Gotter zu Gotha gewidmet von Johann Friedrich Schink. Graz 1781, S. 358–384 und 403–431, hier S. 374.

Schink verteidigt *Emilia Galotti* gegen die Einwände, die zum einen Klein, zum anderen Johann Jakob Engel in *Der Philosoph für die Welt* (1775) vorgetragen hatten, indem er eine ausführliche und stark psychologisch argumentierende Interpretation von Lessings zweitem bürgerlichen Trauerspiel entwickelt. Auf dieser Grundlage kann er den von den Vertretern des heroisch-klassizistischen Paradigmas in den Vordergrund geschobenen Vergleich mit dem *Verginia*-Stoff zurückweisen und die Autonomie der modernen Bearbeitung behaupten:

> wozu denn also diese Parallel [...] zwischen Virginius und Odoardo? warum den Odoardo nach Virginius, und Lessing nach Livius richten? Ich möchte lieber den Livius gar nicht gelesen haben, eh mich meine unglükliche Belesenheit verleiten sollte, Odoardo mit Virginius, und Lessing mit Livius zu verwechseln.[16]

Eine neue, noch grundsätzlichere Dimension im Streit um *Emilia Galotti* eröffnet daraufhin der josephinistische Dramatiker Cornelius Hermann von Ayrenhoff. In seinem auf Schink antwortenden *Schreiben über Deutschlands Theaterwesen und Theater-Kunstrichterey* (1782) weitet er die Auseinandersetzung zu einem Generalangriff auf Shakespeare aus (als Verehrer Voltaires dürfte er dabei entscheidend von dessen Kritik in den *Lettres philosophiques* beeinflußt sein). Das bedeutet nicht mehr und nicht weniger als den Versuch, den *17. Literaturbrief* zu revidieren und Lessing – bei aller Achtung vor seinem poetischen Rang – die Hauptverantwortung für die »leidige Shakespearomanie«, dieser »ansteckenden litterarischen Seuche«[17], zuzuschreiben.

Vor der Negativfolie Shakespeares, den Ayrenhoff nur als »vortrefflichsten dramatischen Karikaturen-Schilderer« à la Breughel gelten läßt[18], propagiert der Wiener Klassizist die Rückkehr zur *schönen Natur*, d. h. zu den aristotelischen Einheiten und heroischen Stoffen. An Schink gewendet, ergreift Ayrenhoff mit Nachdruck Partei für Kleins Plädoyer gegen das bürgerliche Trauerspiel[19] und weicht nur darin von seinem Mannheimer Kollegen ab, daß er

---

[16] Ebd., S. 368.

[17] »Doch genug! genug von dem traurigen Beweise, welchen schädlichen Einfluß die leidige Shakespearomanie auf Geschmack und Vernunft haben könne; und wie nothwendig es sey, dieser ansteckenden litterarischen Seuche alle mögliche Präservativmittel entgegen zu setzen.« Cornelius Hermann von Ayrenhoff: Schreiben über Deutschlands Theaterwesen und Theater-Kunstrichterey. In: Des Herrn Cornelius von Ayrenhoff, kais. königl. Feldmarschall-Lieuteants, sämmtliche Werke. Neu verbesserte und vermehrte Auflage in sechs Bänden. Zweyter Band. Wien 1803, S. 81–126, hier S. 110f.

[18] Vgl. ebd., S. 102f.

[19] »[...] getraue ich mir, zu Beleuchtung der Emilia Galotti, auch den Manheimer Dramaturgen in den *rheinischen Beyträgen* anzuführen, dem Sie auf eine so unanständige Art mitgefahren sind. Seine Diatribe ist keinerdings so schlecht, als Sie, mein Herr, sie zu beschreiben beliebten. Sie ist, nach meinem Urtheil, eine weit bessere und gründlichere Kritik, als ich noch Eine von ihrer Hand zu lesen bekommen habe.« Ebd., S. 114.

Lessings anti-heroisches Credo nicht durch poetisches Unvermögen, sondern durch Fehlschlüsse (mutmaßlich unter dem Einfluß Diderots) erklärt. In der Sache aber schließt er sich der rationalistischen Wirkungstheorie Kleins an:

> Wenn Lessing schreibt: »die Nahmen von Fürsten und Helden können einem Stücke Pomp und Majestät geben; aber zur Rührung tragen sie nichts bey:« so kann man ihm nicht Unrecht geben; denn die Nahmen machen wohl wenig zur Sache. Wenn er aber weiter behauptet: »macht ihr Stand« (der Könige und Helden) »schon öfters ihre Unfälle wichtiger, so macht er sie darum nicht interessanter:« so sagt er einen offenbaren Widerspruch. Das *Wichtigere*, das, was ich selbst für wichtiger erkenne, wird und muß mich mehr interessiren, als das, was ich für *minder wichtig* erkenne.[20]

Wie man im Alltagsleben am Tod eines Königs oder Helden mehr Anteil nimmt als am Tod eines »unbedeutenden Menschen«, so sei es auch auf der Schaubühne die »Wichtigkeit der Person«, die dem Publikum die »stärkere Antheilnehmung abzwinget«.[21] Lessings Umwandlung des *Verginia*-Stoffes in ein bürgerliches Trauerspiel erscheint folglich als ein Verschenken des pathetischen Potentials, das der Historie innewohnt.[22] Wie Klein definiert auch Ayrenhoff das *Interesse* nicht sensualistisch durch Empathie, sondern rationalistisch durch faktische, staatspolitische Relevanz:

> Nicht weil der eine *Cato*, der andre – vielleicht *Kunz* heißet, sondern weil die Umstände, die Catos Handlung begleiten, wichtiger sind, wird uns auch sein Tod interessanter.[23]

Das letzte Wort war damit noch nicht gesprochen, da Schink die Mahnung Ayrenhoffs zu besonnenerem Urteilen[24] nicht befolgte, sondern postwendend – im vierten Band der *Dramaturgischen Fragmente* – sarkastisch replizierte. An seiner Abwertung des französischen Klassizismus gegenüber dem nichtklassizistischen Drama Shakespearescher Provenienz ändert sich nichts:

> Ob Lessing übrigens nicht noch was vortreflichers gemacht hätte, wenn er statt der modernen Virginia, die antike Virginia zum Stof seines Trauerspiels gemacht hätte:

---

[20] Ebd., S. 115f.
[21] Vgl. ebd., S. 116.
[22] Ayrenhoff hat seine Kritik an Lessings *Emilia Galotti* 1790 praktisch umgesetzt in *Virginia oder das abgeschaffte Dezemvirat*.
[23] Ayrenhoff (Anm. 17), S. 117.
[24] »Tadeln Sie freymüthig, aber ohne Bitterkeit und Spott. Was Verachtung verdienet, ist ohnehin unter der Kritik. Nur tadeln und loben Sie immer mit Maaß. Ein Kunstrichter muß sich nie als Enthusiast, er muß sich immer als gelassener, kaltblütiger Richter zeigen. Je mehr seine Phantasie, beym Durchlesen eines schönen oder schimmernden Werks in Brand geräth, desto länger lasse er sie auskühlen! eh er ein Urtheil niederschreibt. Selbst der enthusiastische Ton oder convulsivische Styl einer Kritik ist ein untrügliches Merkmaal ihres Unwerths.« Ebd., S. 121f.

das kann ich nicht entscheiden; daß er aber was interessanteres gemacht hätte, das läugn' ich. Es ist nichts als eine Grille, daß der alte Virginius mehr unsere Aufmerksamkeit an sich ziehe, als ein Odoardo; es ist eine Grille, daß Römische Bürger tragischere Personen sind, als unsere Bürger. [...] Nicht der Römer, sondern die Würde des Karakters, der vorgestellt wird, macht das dramatische Interesse aus.[25]

Die Fronten haben sich verhärtet, und ein ernsthafter Diskurs kommt nicht zustande. Der Geschmacksantagonismus zwischen Bienséance und Natürlichkeit, Vernünftigkeit und Gefühlsintensität, Corneille und Shakespeare erweist sich als unversöhnbar. Im Zentrum dieser Mentalitätsdifferenz steht die unterschiedliche Einschätzung des Verhältnisses zwischen Sinnlichkeit und Geist. Unter dem Einfluß der englischen *moral sense*-Lehre haben Lessing und die zahlreichen anderen Sensualismus-Theoretiker in Norddeutschland eine tendenziell monistische Antwort gegeben: Das Physische und das Moralische gelten ihnen nicht als Gegenspieler; Sinnlichkeit und Sittlichkeit stehen vielmehr in prästabilierter Harmonie. Dieser optimistischen Anthropologie halten die katholischen Aufklärer ihren Pessimismus entgegen. Deren moralische Grundannahme konkretisiert sich im cartesianischen Erbe des Substanzen-Dualismus, das die frühaufklärerische Wolff-Schule in Deutschland popularisiert hatte und im jesuitischen Ambiente bis tief ins 19. Jahrhundert hinein wirksam blieb. Die süddeutschen Aufklärer vertrauen nicht auf die Sympathie (d. h. auf die moralischen Leistungen der Sinnlichkeit), sondern wahren die Skepsis gegenüber den Emotionen – für sie dominiert die moralische Leistung des Erkennens. In ethischer Hinsicht bedeutet das die Option für den Neustoizismus gerade auch in seinen politischen Dimensionen: Während die Theoretiker des bürgerlichen Trauerspiels die Menschlichkeit primär im privaten Bereich verwirklicht sehen, stellen die Parteigänger des heroischen Trauerspiels den Menschen als Staatsbürger in den Vordergrund. Der stofflichen *Wichtigkeit* eines heroischen Dramas wird daher höherer Wert beigemessen als den Mitleids-Appellen der bürgerlichen Trauerspiele, zumal die Geordnetheit der klassizistischen Tragödie in Kleins und Ayrenhoffs Augen nicht nur der Vernunft entspricht, sondern aufgrund der staatspolitischen Inhalte auch als didaktisch fruchtbarer erscheint. Diese Bevorzugung des Rationalen erfordert in dramaturgischer Hinsicht die Vermeidung einer unmittelbaren Identifikation des Zuschauers mit einer Bühnenfigur, d. h. die Ständeklausel im Zusammenhang mit dem Fallhöhe-Axiom. Umgekehrt legt es das sensualistische bürgerliche Trauerspiel gerade auf die Überwindung dieser Distanz durch Ein-

---

[25] Schink (Anm. 15), S. 991f.

fühlung an: Nur diese emotionale Affinität führt zu dem intendierten humanen Interesse, das allerdings staatspolitisch neutral bleibt und – dramaturgisch – den Primat des Charakters über die Handlung bedingt. Dramengeschichtlich hatte das emotionalistische Paradigma um 1780 längst auf Dauer die Oberhand gewonnen – dies allerdings nur mit der Ausnahme Österreichs, wo sich das bürgerliche Trauerspiel weit weniger durchsetzen konnte als im Norden, wofür im 19. Jahrhundert noch Franz Grillparzer bürgt.

Alexander Michailow

»Er hat sterben *wollen*«: Vorüberlegungen zu *Philotas*

Während die moderne Forschung längst von der in den früheren Zeiten fest-
stehenden Überzeugung abgegangen ist, Lessings *Philotas* wäre ein patriotisches Drama, die Verherrlichung einer Heldentat, – in dieser Form ist eine
solche Ansicht wohl auch unhaltbar, – war die moderne Literaturwissenschaft
bisher außerstande, diese Tragödie als ein nach seiner inneren Genese kompliziertes Gebilde zu erfassen, eine solche innere Genese auch nur vorauszusetzen.
Wir müßten nun einmal bedenken, daß es auch so sein kann: Der Dichter hört
auf ein fremdes Wort; mag sein, es kommt ihm von außen zu und bleibt ihm
im Grunde genommen fremd, aber er nimmt es in seiner für ihn unbezwei-
felbaren Bedeutsamkeit wahr, er hört darin soviel wie eine gewichtige Stimme
der Zeit und ist weit davon entfernt, *die* Stimme überhören und ironisieren zu
wollen. Es sind nun zwar aus dem 18. Jahrhundert Fälle einer ernsten Ironie
bekannt, die nicht immer gleich als eine solche erkennbar ist, und *Philotas* ist,
das zugegeben, ein Experiment, hauptsächlich von seiner Gattung her, so daß
man hier mit einem extremen Fall der Verschlüsselung des Gemeinten rechnen
darf (auch das zugegeben), doch muß jeder, der seine Meinungen und seinen
Standpunkt so verschlüsselt, daß sie nicht mehr als solche herauszuhören sind,
immerhin darauf gefaßt sein, daß er für immer falsch verstanden, mißverstanden wird. Nun, wir sind von der Hermeneutik längst darüber belehrt worden,
daß das Verstehen *Miß*verstehen ist, daß es notwendigerweise durch das
Mißverstehen hindurch vollzogen wird; falls wir überhaupt zu dem gemeinten
Sinn durchdringen, kann das kaum auf dem direkten Wege der reinen Sinn-
erfassung geschehen.

Eben deshalb weigere ich mich zu glauben, daß Lessings *Philotas* fast zwei
Jahrhunderte lang nur falsch verstanden wurde und daß erst mit dem Jahre
1965 – das genaue Datum steht bei Marion Gräfin Hoensbroech und soll
stimmen[1] – uns die klare Erkenntnis der wahren Lage der Dinge überkommen

---

[1] Marion Gräfin Hoensbroech: Die List der Kritik: Lessings kritische Schriften und Dramen.
München 1976, S. 144; der Aufsatz von Conrad Wiedemann, der hier bahnbrechend wirkte,
erschien erst 1967; Conrad Wiedemann: Ein schönes Ungeheuer. Zur Deutung von Lessings
Einakter *Philotas*. In: Germanisch-Romanische Monatsschrift 17 (1967), S. 381–397.

hat, die jetzt Klaus Bohnen in dem neulich erschienenen Band der Geschichte
der deutschen Literatur im Verlag Beck ganz ausgewogen zusammenfaßt:

> [...] auch dies Stück [ist] *nicht* als bewundernde Verherrlichung des kriegerischen
> Heldentums, sondern – bei aller Sympathie mit dem sich tragisch verirrenden und
> dabei schuldlos-unschuldigen Protagonisten – als Abrechnung mit ihm zu lesen [...]
> Heldentum ohne »Menschenliebe« – so greift Lessing auf seinen *Nathan* voraus – ist
> eine Verkennung, die der Zuschauer im Mitleiden durchschauen solle.[2]

Diese zusammenfassende Ansicht wird der neueren Forschung durchaus ge-
recht; man ist bestrebt, in Lessings Text möglichst viele kritische Bedenken,
Einwände und Einwürfe der Hauptperson gegenüber zu finden. Man neigt
darüber hinaus dazu, Philotas' Opponenten, dem König Aridäus, der über das
Leben viel ›normaler‹ denkt, Glauben zu schenken. Wir brauchen nicht weit zu
gehen, um das Letztere festzustellen, es steht ja bereits bei Klaus Bohnen: das
Wort ›Menschenliebe‹ ist ein Zitat aus dem Stück *Philotas*, eben aus König
Aridäus' Munde, und wenn wir sagen ›Heldentum ohne Menschenliebe‹, Menschenliebe in Anführungszeichen, so sehen wir Philotas mit den Augen des
Königs Aridäus, ohne uns vorerst zu fragen, woher wir denn wissen, daß Philotas ein Held ohne Menschenliebe ist, außer aus des Königs Aridäus Worten.
Wir hören also auf König Aridäus sehr gerne und können das ruhig hinnehmen; das Heroische ist in unseren Augen im voraus suspekt, deshalb können
wir auch einem König Gehör schenken, der uns sonst sehr unsympathisch vorkommen sollte: Eine kriegsführende Macht, scheint er sich über den Krieg viel
weniger Gedanken, zumindest aus eigenem Antrieb, zu machen, als der anscheinend so dubiose jugendliche Held, der zu seinem eigenen Unglück in den
wenigen Stunden seiner Gefangenschaft (oder sollten wir sagen: auf wenig
Seiten?) so viel Energie der Besinnung und der Selbstbesinnung aufzubringen
versteht, daß sie uns, um darüber nachzudenken, für mehr als zwei Jahrhunderte ausreicht.

Es folgt aus dem bereits Gesagten, daß die *Philotas*-Forschung – man darf
von einer solchen innerhalb der Lessing-Literatur sprechen – auf dem besten
Wege ist, *Philotas* von neuem recht gründlich zu mißverstehen, nur weiß ich
nicht, ob es nicht z. T. ein Lob für sie ist. Man mißversteht *Philotas* so lange,
wie man an ihn unsere kritiklos befolgten psychologischen Vorurteile heran-
bringt; etwas wird als natürlich genommen, ohne daß man fragt, ob es auch für
Lessing ebenso natürlich wäre. Mit geänderten Vorzeichen setzt man dasselbe

---

[2] Sven Aage Jørgensen, Klaus Bohnen, Per Øhrgaard: Aufklärung, Sturm und Drang, Frühe
Klassik. München 1990 (Geschichte der deutschen Literatur 6), S. 264.

fort, was man vor hundert Jahren gemacht hat, da man in Philotas, ohne viel nachzugrübeln, einen sehr patriotisch gesinnten Kriegshelden sah, auf die eigene patriotische Gesinnung ebenso fest bauend, wie wir uns heutzutage auf unsere für uns normalere und friedlichere Lebensansicht zu berufen pflegen. So schenken wir auch König Aridäus ohne weiteres Glauben, wenn er sagt, Philotas sei ein Held ohne Menschenliebe. Aber es wäre sehr vernünftig, hätten wir uns zuerst gefragt, und zwar mit dem ganzen Nachdruck: Ist dem Prinzen Philotas Menschenliebe eigen oder nicht? Hätten wir uns so gefragt – und das haben wir unterlassen, das schon ganz sicher – so würden wir voraussichtlich zu einer anderen, dieser vorausgehenden Frage gezwungen: Was ist das Psychologische in Lessings Tragödie, wie versteht es der Verfasser selbst, und wie ist es von uns zu verstehen, wie müssen wir das auffassen und ob es bei ihm das Psychologische überhaupt gebe und ob nicht die Frage nach dem Psychologischen da am Ende völlig unstatthaft wäre? Daß die Frage, die Menschenliebe betreffend, in diesem Fall auf das Psychologische zurückgreifen soll, ist zwar eine unbewiesene Annahme von mir, doch es wird sich im weiteren ergeben, welchen Nachdruck Lessing auf das Psychologische, und zwar auf das Psychologisch-Undurchschaubare an einer Zentralstelle seines Dramas legt. Die Frage würde uns eben auf ein Rätsel führen, das für die *Philotas*-Forschung im ganzen eine echte Aufgabe darstellt; die Aufgabe nenne ich näher am Ende, wo sie am natürlichsten (wenn ich das Wort noch gebrauchen darf) wieder auftaucht, nachdem ich einen Versuch mache, einige der Lebens- und Kulturbezüge anzuführen, in denen der *Philotas*-Text als ein in seinem inneren Aufbau kompliziertes Gebilde steht.

Ich kann für diesmal diese Bezüge, soweit ich sie übersehe, nur noch nennen und brauche wohl nicht auf Details einzugehen.

Erstens. Es ist das Kriegsthema im Stück da und das Problem der Überwindung des Krieges. Damit steht das Stück im unmittelbaren Lebensbezug zu dem Geschehen der Zeit.

Zweitens. Es ist das Problem des Todes und der Todesbereitschaft da, die letztere in ihrer äußersten Spannung, wo ein Mensch den Tod auf sich nimmt, sich dem Staate und gewissen Überlegungen strategischer Art hinopfert und, wie es sich später erweist, sich der Sache der Kriegsüberwindung und damit in eins der Menschenwürde in der ihr zukommenden – so nach Philotas und nach Lessing – Freiheit stellt, auch der Freiheit, über sich selbst, über sein Leben souverän zu verfügen.

Drittens. Es ist ein Problem des Todestriebes, des Dranges zum Tode da – etwas in der jugendlichen Psyche, das von Lessing für die Literatur entdeckt bzw. neuentdeckt wird. Wie bekannt, war Lessing selbst diese Idee der Selbst-

tötung in Verbindung mit seiner Auffassung der menschlichen Existenz durchaus geläufig.[3] Es wird darin auch die Erfahrung von Lessings Freunden, wie
z. B. von Christian Ewald von Kleist mitreflektiert, und eben seine Einstellung
dem Tode gegenüber wird von Lessing sehr ernstgenommen, wenn auch nicht
ganz zu eigen gemacht. Darüber hinaus dürfte Lessings Text, anstatt eine gegen
Gottsched gerichtete ›Neuschöpfung‹ der angeblich verunglückten Tragödie
Alexandre le Grand von Jean Racine zu sein oder Lessing selbst zum Beweis zu
dienen, »daß Gottsched, was die Regeln der Tragödie anbetraf, nur mechanisch
Brauchbares, aber im wesentlichen Unbedeutendes hervorgebracht hatte«,[4]
eine sehr verständliche und von einem Mitgefühl begleitete Reaktion etwa auf
das Werk des im Jahre 1757 verstorbenen jungen Dichters J. F. von Cronegk
sein. Dieser zeichnete sich in seiner grundsätzlichen rhetorisch-didaktischen
Haltung durch zwei Eigentümlichkeiten aus: erstens dadurch, daß er in seinen
Gedichten sich immer an sich selbst als einen »Jüngling« wendet und diesen
Jüngling als einen idealen Leser seiner Didaktik vor sich selbst hinstellt, dann
aber dadurch, daß er seine von den äußeren Umständen her überhaupt nicht
zu verstehende Todeserwartung zutage bringt, die sich auch leider bewahrhei-
tete. Das gehört auch zum Sterben *wollen*, das Lessing bei Christian Ewald von
Kleist vermutet und hervorhebt.

Es besteht also Lessings Entdeckung darin, daß man kann sterben *wollen*;
bezeichnenderweise findet dies Fortsetzung in der deutschen Literatur: Es
genügt, wenn wir uns fragen, warum und woran Penthesilea bei Heinrich von
Kleist stirbt? Sie stirbt am Sterbenwollen, indem sie sich dem Tode weiht, in
diesem Sinn ebenso wie Richard Wagners Isolde. Wenn es darüber hinaus im
Philotas heißt: »[...] ein Held sey ein Mann, der höhere Güter kennt als das
Leben« (LM 2, S. 362), so weist das bereits auf Schillers *Braut von Messina* als
eine klassisch vollendete Frucht des langen Nachdenkens über den vermeintlichen relativen Unwert des Lebens hin. Das Sterbenwollen hat sich aber inzwischen sehr ins Erhabene sublimiert.

Viertens. Im ganzen steht Lessings *Philotas* in der Tradition des deutschen
Dramas, in dem der Kampf bis aufs letzte, bis auf den Tod zum Thema wird,
und dementsprechend das Leben auf den Tod hin, das Leben, das dem Allgemeinen zum Opfer gebracht wird. Allein das rechtfertigt die jahrzehntelang

---

[3] »Mich anbieten? Ich würde mit mehrerer Freudigkeit in den Tod gehen« (Lessing an Eva König,
    April 1774, im Zusammenhang mit den Plänen seiner Anstellung in Heidelberg und Mann-
    heim. Vgl. R 9, S. 197).
[4] J. Gädeke Schmidt: *Philotas*: Ästhetisches Experiment mit satirischer Wirkungsabsicht. Ein
    Beitrag zur Quellenforschung, Text- und Wirkungsgeschichte. New York u. a. 1988 (New York
    Ottendorfer Series, NF 27), S. 20 und 95.

andauernde Lektüre des *Philotas* als eines patriotischen Dramas vollauf. Die verzweiflungsvolle Heldentat, das Heldenhafte auch durch die ganze menschliche Schwäche und Unzuverlässigkeit hindurch ist das Thema der Tragödie *Prinz Friedrich von Homburg,* sowie des leider kaum gelesenen Trauerspiels *Der letzte Held von Marienburg* von Joseph Freiherr von Eichendorff.

Fünftens. Die Entdeckung der Möglichkeit des Sterben*wollens* eröffnet im Rahmen eines Dramentextes, wo es so hochrhetorisch zugeht, soviel wie einen Zugang zu der Unmittelbarkeit des Menschlichen. Auch dieses ins Auge gefaßte Unmittelbare wird rhetorisch aufgefangen, aber bleibt dennoch wie eine versteckte Bedrohung der Rhetorik im Text: als eine neue, jede Ordnung und Unterordnung mißachtende irrationale Macht. Es ist also der innerlich gefährdete Bezug zur Rhetorik, zu ihrer Selbstverständlichkeit, in dem Lessings Text steht; es ist das psychologisch Unmittelbare, das sich hier, mitten im Rhetorischen, abzeichnet.

Sechstens. Nun endlich kommen wir zum Psychologischen in diesem Text und der in dieser Hinsicht Zentralszene, in der Philotas gegen sich selbst wütet und sich tötet. Wie ist diese Szene zu deuten? Ist es seitens des Prinzen eine übermenschliche Verstellung, in der er eine Kampfszene vorspielt? Ist es eine Verzweiflungsszene, in der den Prinzen eine Kampfesvision gegen seinen Willen und unabhängig davon überkommt? Oder ist es eine Vision, die durch seine Willensentscheidung ausgelöst und folglich von ihm willentlich herbeigeführt wird? Oder doch ein Viertes? Ich weiß hier keine Antwort, obwohl ich von einer Seite überzeugt bin, daß diese Szene in der weiten Perspektive auf die nachtwandlerischen Szenen im Drama *Prinz Friedrich von Homburg* zu interpretieren wäre (dazu hat Philotas und hat Lessing noch eine für sich selbst sprechende Philosophie des Einfalls, die an Heinrich von Kleists Gedankengänge erinnert), andererseits aber sehr wohl verstehe, daß die ganze Interpretation des Dramas davon abhängt, wie wir diese regelmäßig übersehene oder obenhin interpretierte Szene deuten.

Meine These, die ich jetzt nicht entwickeln kann, daß handelnde Personen im *Philotas* kein eigentliches *Inneres* haben, keines, das nicht im Klaren und Offenen daläge, und daß Lessing selbst bei ihnen kein Inneres voraussetzt, wird mit dieser Szene und ihrem Rätsel nicht im Widerspruch stehen. Ich nehme sogar an, wir wären berechtigt, unsere Frage so zu stellen: Was ist das, was in dieser Szene der Selbsttötung für Lessing selbst offen daliegt, für uns aber offenbar ein Rätsel ist? Wie dürfte Lessing selbst diese Szene sich denken und verstehen?

Siebtens. Es bleibt mir am Ende nur übrig, einen weiteren Bezug, in dem Lessings Text steht, noch zu erwähnen: Es ist der gattungsmäßige Bezug des

Textes zu der Literatur seiner Zeit. Ich nehme an, wir sollten uns nicht damit begnügen, den Text nur als das zu nehmen, als was er sich gibt: als ein Trauerspiel, – sondern uns im weiteren danach fragen, in welchem Verhältnis dieses Trauerspiel vor allem zum Dialog und zu den anderen prosaischen Gattungen der Zeit steht, dann aber zum Drama in gebundener Rede. Aber das würde uns jetzt zu weit führen.

Es ist kaum zu bezweifeln, daß *Philotas* für uns erst noch zu entdecken ist. Dabei glaube ich, daß alle Mißverständnisse um dieses Stück ihren Sinn hatten: Es gilt nun, das Werk durch diesen Prozeß seiner Deutung hindurch für uns neu zu gewinnen.

Peter Michelsen

Lessing, mit den Augen Goezes gesehen[1]

> Ist es genug, wenn man nur den Namen
> beibehält, ob man schon die Sache verwirft?
> Und sind das allein die Ungläubigen, wel-
> che den Namen mit der Sache aufgeben?
>
> (Lessing, PO 22, S. 190)

Wie man den Hauptpastor Johann Melchior Goeze aus dem Blickwinkel Lessings einzuschätzen habe, glauben wir aus den Streitschriften Lessings und aus
der Lessing-Literatur zu wissen: als einen »bulligen, Blitz und Donner
schleudernden Verteidiger der orthodoxen Festung«[2] oder als einen ›krampf-
haften Apologeten‹ des »historischen Buchstabens«.[3] Wie umgekehrt Lessing
sich den Augen Goezes darbietet, ist uns weniger geläufig. Nicht etwa, daß die
Lessing-Forscher das *audiatur et altera pars* völlig vernachlässigt hätten; angehört wurde Goeze schon, aber doch meist aus historischer Distanz, wie aus
großer Ferne. So sah oder sieht man ihn als verhärteten oder verspäteten orthodoxen Lutheraner, der mit seinem engen, auf Verbalinspiration beharrenden
Offenbarungsglauben hoffnungslos in einem Winkel der Vergangenheit sitzen
geblieben sei. Demgegenüber holte man sich Lessing in die Nähe der jeweils
eigenen Gegenwart; mit Hilfe von mancherlei, hier und dort zu findenden
Einfällen des Einfallsreichen entwarf man Bilder etwa eines existentiellen
Denkers im Geiste Kierkegaards oder eines die Offenbarung aus der Einma-
ligkeit eines historischen Ereignisses in die Geschichte überhaupt verlagernden
Religionsphilosophen.

Meine Absicht ist nicht, diese – oder andere – Thesen der geistes- und re-
ligionsgeschichtlich oder auch theologisch argumentierenden Lessing-Forscher
zu bestätigen oder in Frage zu stellen; sie mögen alle dahingestellt bleiben.

---

[1] Im folgenden wird das am 23.5.1991 in Freiburg aus einem umfänglicheren Manuskript gekürzt
Vorgetragene zum Abdruck gebracht. Der vollständige Text wird an anderer Stelle veröffentlicht.
[2] Albrecht Schöne: In Sachen des Ungenannten: Lessing contra Goeze. In: Text + Kritik. Zeitschrift für Literatur. Heft 26/27. 2. Aufl. Göttingen 1975, S. 3.
[3] Helmut Thielicke: Lessing und Goeze. In: Text + Kritik. Zeitschrift für Literatur. Heft 26/27.
2. Aufl. Göttingen 1975, S. 45.

Mein Vorhaben ist viel begrenzter und läßt sich in die Frage kleiden: Wie sah Goeze Lessing? Oder (und damit verknüpft sich die Frage freilich schon mit einer Behauptung, die zu erhärten sein wird): Wie allein konnte er ihn sehen?[4]

Es geht bei dieser Frage nicht um das Gesamtbild Lessings – Goeze hat, auch noch in der äußersten Hitze des Disputs, Lessing als Dichter und Schriftsteller mehrfach seiner Hochschätzung versichert (S, S. 19, 98, 116f.)[5] –, sondern allein um Lessings Verhältnis zum Christentum. Lessing hat diese Frage bekanntlich provoziert durch seine Herausgabe der *Fragmente eines Ungenannten*. Unberücksichtigt bleibt im folgenden fast alles, was in den Pamphleten einen unverhältnismäßig breiten Raum einnimmt: Lessings – von ihm selbst so genannter – »ungesitteter« Ton (PO 23, S. 202) und seine häufig auf die Person, nicht die Sache zielende Argumentationsweise; seine breit auswalzende Behandlung aller möglichen Adiaphora; sein Stil, insbesondere seine Vorliebe für Bilder und Vergleiche, die, oder besser: deren Unangemessenheit Goeze beklagt. Auf all das – so wichtig es in mancher Hinsicht auch sein mag – kommt es entscheidend nicht an. Um mit Lessing zu reden: »Es kömmt wenig darauf an, wie wir schreiben, aber viel, wie wir denken.« »Also von *der*, von der Wahrheit lassen Sie uns sprechen, und nicht vom Stil!« (PO 23, S. 199).

Wahrheit: das hieß für Goeze einzig und allein die christliche Wahrheit, der die Wahrheiten der Vernunft untergeordnet waren (obgleich er – so modern war er schon – eine Übereinstimmung der christlichen Wahrheit mit denen der Vernunft annahm; und diese für manche Theologen des 18. Jahrhunderts typische Vermittlungshaltung war letztlich, Lessing gegenüber, seine Schwäche). Unter dieser Voraussetzung war der Hauptpastor – auch im Bewußtsein seiner Rolle als verantwortlicher Hirte seiner Gemeinde, einer Rolle, deren Berechtigung Lessing in seinem »Schäfer«-Vergleich in der *Parabel* noch ausdrücklich anerkannt hatte (PO 23, S. 155f.) – bis ins Tiefste davon durchdrungen, daß die Herausgabe von Schriften, die die christliche Religion in ihrem Kern in Frage stellten, verwerflich sei. Es bedurfte für ihn gar keiner Diskussion, daß das für die von Lessing vorgenommene Veröffentlichung der *Fragmente eines Ungenannten* zutraf, in denen die Auferstehung Christi als eine von den Jüngern durch das Wegschaffen des Leichnams Jesu manipulierte Vorspiegelung, als Betrug also, hingestellt wurde.

---

[4] Um Mißverständnissen vorzubeugen: Ich nehme im folgenden den Standort des Hauptpastors Goeze ein: *nicht*, weil er der meine ist, sondern weil er als ein ernst zu nehmender respektiert werden muß.

[5] Ich zitiere Johann Melchior Goeze nach: Goezes Streitschriften gegen Lessing. Hg. von Erich Schmidt. Deutsche Litteraturdenkmale des 18. und 19. Jahrhunderts 43/45. Stuttgart 1893 (Sigel: S).

Aber viel ärgerlicher noch als die *Fragmente* selbst erscheinen ihm Lessings *Gegensätze* (S, S. 41f.). Der Grund dafür ist klar: Lessing trete, meinte Goeze, den *Fragmenten* nur mit Schein-Argumenten entgegen, Argumenten, die keineswegs das Christentum, sondern nur die ›natürliche Religion‹ zu stützen vermöchten (vgl. S, S. 133). Lessing beteuert heftig das Gegenteil, nennt einen solchen Verdacht geradezu »Meuchelmord« (PO 23, S. 164) – im Hinblick auf dadurch zu gewärtigende Folgen von obrigkeitlicher Seite – und rechtfertigt mit diesem Angriff auf ihn und mit Goezes angeblich »unmoralischer Art zu disputieren« (PO 23, S. 202) seine persönlichen Anschuldigungen (PO 23, S. 253f.). Aber Goeze hatte seinen Vorwurf nicht aus der Luft gegriffen; er glaubte, triftige Anzeichen für seine Vermutung zu haben. Vor allem fand er sie in der am Beginn der *Gegensätze* stehenden, auf mehrere Sätze verteilten Konditionalformulierung (die er übrigens durchaus nicht als schlicht affirmativen Satz mißverstanden hat, wie Lessing es ihm in der »Bitte« seiner *Parabel* unterstellte [PO 23, S. 157]):

> Und wenn sich auch schlechterdings nichts darauf [auf die *Fragmente*] antworten ließ, was dann? Der gelehrte Theolog könnte am Ende darüber verlegen sein, aber auch der Christ? Der gewiß nicht! [...] Ihm ist es doch einmal da, das Christentum, welches er so wahr, in welchem er sich so selig *fühlet*. (PO 22, S. 186)

Dieser obwohl nur unter einer bestimmten Bedingung getroffenen Behauptung vermag Goeze nicht zuzustimmen. Die Anerkennung des Christentums, weil es »doch einmal da« sei – die Akzeptanz also des »positiv-faktischen Gegebenseins« des historisch gewordenen Religionsgebäudes[6] –, reichte für ihn als Glaubensgrundlage nicht aus; darauf, daß der »große Prozeß, welcher von der glaubwürdigen Aussage« der Zeugen abhing, gewonnen sei, daß die eigene Religion »über die heidnische und jüdische Religion gesiegt« habe (PO 22, S. 204), könne sich schließlich auch ein Mohammedaner berufen (S, S. 43f.). Und die Annahme gar, die Wahrheit einer Religion sei auf das Gefühl zu gründen, und die Gewähr für die Richtigkeit des Geglaubten liege im Glücksgefühl, das ein fester Glaube zu stiften vermag, hieße einem schrankenlosen Subjektivismus Tür und Tor öffnen. Angesichts der Formulierungen Lessings mußte dem Hauptpastor diese Gefahr außerordentlich groß erscheinen; ja, er mußte denjenigen schon als ihr erlegen betrachten, der an einer Religion auch dann

---

[6] Arno Schilson: Offenbarung und Geschichte bei J. M. Goeze und G. E. Lessing. Hinweise zu einer offenbarungstheologischen Neuorientierung. In: Verspätete Orthodoxie. Über D. Johann Melchior Goeze (1717–1786). Hg. von Heimo Reinitzer und Walter Sparn. Wiesbaden 1989, S. 116.

noch festzuhalten vorgab, wenn deren Fundamente als brüchig oder zerstört anzusehen waren. Dasjenige, was in Lessings Worten von einem Christentum, dem man die christologische Grundlage entzogen hat, dem Christen als noch bleibend erklärt wurde, wäre in Goezes Augen ein seines Glaubensgegenstandes – des den Tod besiegenden Christus – beraubter Glaube, ein ungegenständliches Gefühl, das sich im schlecht oder recht Bestehenden einrichtet. Wäre es dem Hirten einer christlichen Gemeinde möglich gewesen, *nicht* zu bestreiten, daß man so etwas noch als christlichen Glauben würde bezeichnen können? Kann man, wenn man die Sache verwirft, den Namen beibehalten?[7]

Was konnte nach dieser Prämisse Lessings die gleich darauf folgende Entgegensetzung von Buchstabe und Geist, der Satz: »der Buchstabe ist nicht der Geist, und die Bibel ist nicht die Religion« (PO 22, S. 186), noch bedeuten? Lessing hat in den sogenannten *Axiomata* den unmittelbaren Bezug dieses Satzes zu den *Fragmenten* verschleiert, indem er ihn in einen neuen Kontext bringt. Er stellt ihn zu den in den *Gegensätzen* ihm folgenden Sätzen in eine andere Ordnung, so daß er ihn als logische Konsequenz aus den jetzt vorhergestellten Sätzen (»Die Bibel enthält offenbar mehr, als zur Religion gehöret« und »Es ist bloße Hypothese, daß die Bibel in diesem Mehrern gleich unfehlbar sei«) erscheinen läßt, und erklärt ihn nunmehr so: die Bibel als »bloßes Buch« habe er den Buchstaben, den »bessern Teil derselben« aber, der Religion sei oder sich auf Religion beziehe, den Geist genannt (PO 23, S. 169). Dem entspricht jedoch nicht der Sinn des Satzes, wie er sich aus dessen Stellung zu Beginn der *Gegensätze* ergibt. Wenn Lessing dort von »Einwürfen gegen den Buchstaben und gegen die Bibel« sprach (PO 22, S. 186f.), dann waren mit diesen Einwürfen – sicherlich nicht nur, aber doch primär und zweifellos gleichfalls – die eben gerade in den *Fragmenten* dem Leser präsentierten gemeint. Diese aber waren Einwürfe, die gegen den wesentlichen Inhalt der durch das Alte und Neue Testament vermittelten christlichen Lehre erhoben wurden. Wenn im Anschluß an sie, und nicht zuletzt im Hinblick auf sie, die Bibel als »Buchstabe« bezeichnet wurde, dann zielte das nicht allein auf die bloße Wortwörtlichkeit des biblischen Textes; in Beziehung auf das, was vorher der Ungenannte ausgeführt hatte, war unter dem »Buchstaben« die Bibel auch durchaus in den Teilen zu begreifen, in denen sie sich auf die Religion bezieht (z. B. auf die Auferstehung Christi). So hatte auch Goeze den Lessingschen Satz aufgefaßt:

---

[7] Lessing selbst bestritt das in seinen *Gegensätzen* (PO 22, S. 190).

Natürlicher Weise kan der H. H. durch den Buchstaben und durch die Bibel nichts anders verstehen, als was die Gottesgelehrten die *innere Form* der heil. Schrift nennen, nemlich den Sin und Verstand der, mit Worten ausgedrückten Sätze, und den daraus entspringenden Zusammenhang der Gedanken und Vorstellungen, welche durch die heil. Schrift, ihrem Endzwecke gemäs, bey den Menschen hervorgebracht werden sollen. (S, S. 15)

Liest man den Satz so – in dem Sinne, wie Lessing ihn in den *Gegensätzen* ganz offensichtlich noch verstanden hatte –, dann fragt man sich in der Tat, was er denn mit der von der Bibel unterschiedenen Religion gemeint habe. Goezes Folgerung – »gewiß nicht die christliche« (S, S. 22) – ist schwer von der Hand zu weisen.

Es ist zu bedauern, daß Goeze die geschickte Verlagerung der Diskussionsebene durch Lessing nicht bemerkt hat. Indem Lessing den Streit auf die Frage konzentriert, ob die Schriftlichkeit der Überlieferung notwendige Voraussetzung für das lebendige Fortbestehen christlicher Verkündigung sei,[8] hat er Goeze aufs Glatteis gelockt und in eine ganz lächerliche Verbalinspirationsdebatte verwickelt, in deren Verlauf er fragen konnte, ob denn auch noch die Mitteilung, daß Paulus in Troas seinen Mantel vergessen hatte, als Wort Gottes gelten sollte (PO 23, S. 166). Aus dieser unhaltbaren Position gerät Goezes Verteidigung reichlich hilflos, hätte es aber nicht sein müssen, wenn er sich auf

---

[8] Es ist übrigens höchst eigenartig, daß die Lessing sonst bis in die kleinsten Verästelungen seines Denkens folgenden – theologischen und nicht-theologischen – Kommentatoren und Interpreten den eklatanten Widerspruch gar nicht bemerkt haben, in welchem sich ihr Autor befand (und von welchem Goeze selbst freilich nichts wissen konnte). Denn wenn Lessing sich in den Pamphleten des Fragmenten-Streits eindeutig gegen die Notwendigkeit einer schriftlichen Überlieferung der christlichen Lehre ausgesprochen hat, so hat ihn das nicht gehindert, für sich selbst – und zur gleichen Zeit, als er mit Goeze ins Gericht zu gehen für gut befand! – eine schriftliche Überlieferung für das Fortbestehen der christlichen Lehre für notwendig zu halten. In seiner 1778 geschriebenen, unvollendet gebliebenen, aber von ihm selbst als besonders »gründlich« geschätzten (Brief an seinen Bruder vom 25.2.1778) *Neuen Hypothese über die Evangelisten als bloß menschliche Geschichtschreiber betrachtet* gibt er in den Paragraphen 62 und 63 klipp und klar zu Protokoll:
§ 62: »Sollte also das Christentum unter den Juden nicht als eine bloße jüdische Sekte wieder einschlafen und verschwinden, sollte es unter den Heiden als eine besondere, unabhängige Religion bekleiben, so mußte Johannes ins Mittel treten und sein Evangelium schreiben.«
§ 63: »Nur sein Evangelium gab der christlichen Religion ihre wahre Konsistenz; nur seinem Evangelio haben wir es zu danken, wenn die christliche Religion in dieser Konsistenz allen Anfällen ungeachtet noch fortdauert« (PO 23, S. 138).
Nur der schriftlichen Fixierung des Johannes-Evangeliums haben wir es also zu danken, daß die christliche Religion »noch fortdauert!« Was soll man davon halten, daß Lessing diese Worte als seine Überzeugung niederschreiben konnte, während er gleichzeitig Goezes entsprechende Überzeugung als Ausfluß eines pedantischen, buchstabengläubigen Banausentums lächerlich zu machen nicht müde wurde?

die Ausgangssituation und den Kern der Kontroverse besonnen hätte. Wenn man nicht das geschriebene Wort, sondern den religiösen Gehalt der Bibel zum bloßen »Buchstaben« degradiert, dann muß der Geist – substanzlos geworden – in der Luft flattern.

Nun rekurriert Lessing allerdings auf eine »innere Wahrheit«, aus der »die schriftlichen Überlieferungen erklärt werden« müssen (PO 22, S. 187): ein von Goeze grundsätzlich anerkanntes Prinzip. Doch mißtraut er Lessing, da dieser jede inhaltliche Festlegung dessen, was unter der »inneren Wahrheit« zu verstehen sei, vermeidet, und fügt deswegen hinzu: »aber derjenige, der mir die schriftlichen Überlieferungen aus ihrer innern Wahrheit erklären wil, muß mich vorher überzeugen, daß er selbst von der innern Wahrheit derselben, eine richtige und gegründete Vorstellung habe« (S, S. 21). Lessings Antwort auf diesen Einwurf konnte Goeze sachlich kaum befriedigen; sie ist – abgesehen von Wortklaubereien – rein formal: »Indem er [nämlich der Erklärer der inneren Wahrheit] mir die innere Wahrheit eines geoffenbarten Satzes erklärt […], beweiset er ja wohl genugsam, daß er selbst von dieser innern Wahrheit eine richtige Vorstellung habe« (PO 23, S. 181f.). Ja! Nur: Lessing geht hier und auch im folgenden – sehr merkwürdiger Weise – dem ›genugsamen Beweise‹ einer Erklärung aus dem Wege, von dem er sagt, daß ein Erklärer der »inneren Wahrheit« ihn erbringen könne. Warum erbringt er ihn nicht? mußte Goeze sich fragen. Warum gibt Lessing im Fragmentenstreit nirgends eine gehaltliche Erklärung dessen, was er die »innere Wahrheit« der christlichen Lehre nennt?

Dürfte man vielleicht annehmen, Lessing habe sie mit dem von ihm so genannten *Testament Johannis* und dem darin verkündeten allgemeinen Liebesgebot andeuten wollen? Aber warum gibt er keinerlei Fingerzeig in diese Richtung? Freilich wäre auch damit der Frage Goezes noch keineswegs Genüge geschehen. Denn das Liebesgebot ist in der christlichen Lehre gewiß mitenthalten, aber doch an den christlichen Glauben nicht gebunden. Als »innere Wahrheit« der christlichen Religion wäre es eine die christliche Lehre übergreifende, auch anderen Glaubensgemeinschaften und Morallehren nicht fremde sittliche Forderung. Das Auszeichnende, was die christliche Religion als differentia specifica von anderen Religionen unterscheidet, was ihr allein eignet, wäre mit dieser ›inneren Wahrheit‹ gerade nicht genannt. Die Frage also bliebe: wenn einer Religion – wie durch den Ungenannten – ihre Glaubensmitte genommen wird (Auferstehung und Heilsbotschaft Christi), welche »innere Wahrheit« kann sie dann noch haben? Hätte Goeze nicht so beharrlich – aber darin zeigt sich natürlich eine bezeichnende Beschränktheit seines Denkens – auf der Schriftlichkeit der Überlieferungsträger gepocht, dann hätte er sein Bibelprinzip erfolgreicher verteidigen können, als er es tat. Seinen Satz, daß die »Erkenntnis der inneren Wahrheit der christlichen Religion« in der heiligen Schrift zu finden sei (S, S. 21), hätte er aufrechterhalten können, nicht insofern diese in jeder Einzelheit als sakrosankte schriftliche Fixierung göttlicher Eingebung zu gelten hat, aber doch insofern, als in ihr das immer wieder gegenwärtig je zu ergreifende Wort Gottes enthalten ist. Daß Goeze tatsächlich eben darin – in der im Innern gelebten Erfahrung der religiösen Wahrheit – den einzigen Weg eines ›Beweises‹ für die christliche Lehre sieht, hat er deutlich genug zum Ausdruck gebracht in der ›Vorerinnerung‹ seiner ersten Schrift gegen Lessing. Die Beweisführung für die christliche Religion erfolge, indem durch »die Kraft der heil. Schrift« sich das »innere Zeugnis des Heiligen Geistes […] an den Seelen derer offenbart, welche der Wahrheit nicht muthwillig widerstreben« (S, S. 6).

Daß Lessing keine Auskunft über die von ihm herangezogene »innere Wahrheit« gibt, ist übrigens für uns Heutige, die Lessings Werk überblicken können, leicht zu erklären. In einer unvollendet gebliebenen Schrift aus dem Nachlaß, nämlich *Über die Entstehung der geoffenbarten Religion*, hat er genauestens erläutert, was er unter der »inneren Wahrheit« einer positiven Religion versteht. An sich erhalte eine positive Religion – also auch das Christentum! – »ihre Sanktion« lediglich »durch das Ansehen ihres Stifters, welcher vorgab« – vorgab!! –, »daß das Konventionelle derselben ebenso gewiß von Gott komme, nur mittelbar durch ihn, als das Wesentliche derselben unmittelbar durch eines jeden Vernunft«. Und nur infolge der »Verschiedenheit« des Menschen »in dem Stande seiner bürgerlichen Verbindung mit andern« habe »man« – wer ist wohl dieses »man«? –, um »auch die Religion gemeinschaftlich« machen zu können, »diesen konventionellen Dingen und Begriffen eben die Wichtigkeit und Notwendigkeit *beilegen*« (!) müssen, »welche die natürlich erkannten Religionswahrheiten *durch sich selber hatten*«. Dieses sich pragmatisch aus den differenten Gegebenheiten im Geschichtlichen ergebende Erfordernis ist für Lessing die »innere Wahrheit« einer Religion!

> Die Unentbehrlichkeit einer positiven Religion, vermöge welcher die natürliche Religion in jedem Staate nach dessen natürlicher und zufälliger Beschaffenheit modifiziert wird, nenne ich die innere Wahrheit derselben, und diese innere Wahrheit derselben ist bei einer so groß als bei der andern. (PO 20, S. 193f.).

Die »innere Wahrheit« der christlichen Religion ist also für Lessing weit davon entfernt, deren Wesentliches anzuzeigen; im Gegenteil, sie bezeichnet nur die Unumgänglichkeit der ihr als einer positiven Religion beigemischten Unwesentlichkeiten, desjenigen, »worüber man sich verglichen« hat, des »Konventionellen«, wovon Lessing geradezu sagt, daß es »das Wesentliche schwächt und

verdrängt« (PO 20, S. 194). Wäre Lessing mit dieser seiner Auffassung von der
»inneren Wahrheit« des Christentums Goeze gegenüber herausgerückt, dann
hätte er dessen Vermutung in vollem Umfang bestätigt, daß er den Absolutheitsanspruch des Christentums ablehne und nur der natürlichen Religion
huldige. Daher – und aus keinem anderen Grunde – hält Lessing mit der
Erklärung dessen hinterm Berge, was er mit der »inneren Wahrheit« des
Christentums meint. Er wußte sehr genau, was er darunter verstand.

Lessings Eingeständnis, seine Vernunft sträube sich dagegen, zu glauben,
»daß Gott einen Sohn habe, der mit ihm gleiches Wesens sei« (PO 23, S. 48),
empfand Goeze als besonders blasphemisch (S, S. 48). Goeze geht in seinem
Urteil – das ist offensichtlich – von der Vernunftgemäßheit der Gottes-Sohnschaft Christi aus. Dafür trat er zwar keinen rationalen Beweis an, glaubte
diesen aber auch nicht antreten zu müssen, da er nicht Vernunft-Deduktionen,
sondern – wie er ausdrücklich erklärt – historische Fakten, »richtig erwiesene
Thatsachen zum Beweise der Wahrheit der christlichen Religion« ins Feld
führte (S, S. 129). So ist ihm die Gottes-Sohnschaft Christi ein durch Offen-
barwerdung innerhalb der Geschichte begründeter Glaubenssatz, dessen An-
erkenntnis er von jedem Christen erwartet. Daß Lessing sie verweigert, ist die
stringente Folgerung der Aporie, die er als (so mußte Goeze es jedenfalls
auffassen) unumstößliche Grundlage für jede Erkenntnis von Wahrheiten in
der Religion ansah: »*Zufällige Geschichtswahrheiten* [das sind bei Leibniz die
vérités de fait] *können der Beweis von notwendigen Vernunftswahrheiten* [vérités
éternelles] *nie werden*« (PO 23, S. 47). Goeze konnte aus diesem als Kernsatz
(im Sperrdruck) aufgestellten Dilemma Lessings gar nichts anderes folgern, als
daß es von der Offenbarungswahrheit – die, wie immer man sie sich genau
vorstellen will, in jedem Fall als Ereignishaftes, als in der Geschichte sich Zei-
gendes verstanden werden muß – keinen Weg in die andersartige und von
Lessing als zeitlose augenscheinlich auch als höher eingeschätzte Geltungsklasse
der Vernunftwahrheit geben. Lessing hat diese Unmöglichkeit geradezu emphatisch verkündet: »Das, das ist der garstige breite Graben, über den ich nicht
kommen kann, sooft und ernstlich ich auch den Sprung versucht habe.«
(PO 23, S. 49) Wie sollte Goeze solche nachdrückliche Bekräftigung, das Ver-
nunft-Terrain sei vom Boden geschichtlich verbürgter Tatsachen aus unerreichbar, anders verstehen, denn als Eingeständnis, daß die Offenbarung als
historisch vermittelte diesseits des Grabens bleiben müsse? (Noch Nathan betont ebendas, daß alle drei positiven Religionen sich »auf Geschichte« gründen,
»geschrieben oder überliefert«, deren jede man nur, weil von den Vorfahren
überkommen, pragmatisch auf »Treu' und Glauben« anzunehmen am wenigsten Anstand nehme [*Nathan der Weise*, V. 1975ff.; PO 2, S. 234].) In Goezes

Augen hatte Lessing damit klar genug zu erkennen gegeben, daß er die christliche Wahrheit für nicht begründbar halte.

Einen einzigen Wink hatte Goeze bei Lessing allerdings gefunden, daß es für diesen doch so etwas wie einen Glaubensgrund geben könnte. Im Anschluß an die ›Leugnung‹, daß die »Nachrichten« von Christi Wundern ihn »zu dem geringsten Glauben an Christi anderweitige Lehren verbinden« könnten und dürften, beteuert Lessing – so bestimmt wie änigmatisch: »Diese anderweitigen Lehren nehme ich aus anderweitigen Gründen an« (PO 23, S. 48). Goeze greift diese Versicherung auf und fordert Lessing mit den Worten heraus:

> Möchte es doch dem Verfasser gefallen haben, uns diese anderweitige Gründe bekant zu machen. Die Lehre, daß Jesus der Heyland der Welt sey, der sein Leben gegeben zur Erlösung für viele, Matth. 20, 28. ist doch wohl eine von den anderweitigen Lehren Christi. Ich möchte die anderweitigen Gründe sehen, aus welchen der Verfasser dieselbe annähme, da er alle diejenigen verwirft, aus welchen alle Christen solche bisher angenommen haben (S, S. 47f.).

Lessing, der sich, wenn er von »anderweitigen Gründen« sprach, insofern auf dem gleichen Boden der Diskussion befand wie Goeze, als auch ihm für die christliche Lehre Begründbarkeit – wenn auch eine andere als dem Hauptpastor – erforderlich erschien, hatte damit freilich, wie Goeze gleich argwöhnte, zuviel versprochen. Denn hätte er sonst nicht der Bitte Goezes nachkommen können? Welche Fragen und Probleme (und Problemchen) er auch immer in den *Anti-Goeze* vor dem Leser ausbreitet: auf diese einfache Aufforderung Goezes – nur dasjenige mitzuteilen, was er als in seinem Vermögen stehend behauptet hatte – geht er nirgends auch nur mit einem einzigen Wörtchen ein. Auch in der *Nötigen Antwort auf eine sehr unnötige Frage*, in seiner Erklärung dessen, was er unter der christlichen Religion verstehe – nämlich die sogenannte Regula fidei, das in den Symbolis der ersten nachchristlichen Jahrhunderte Niedergelegte (PO 23, S. 259) –, hat Lessing lediglich gegenüber der Heiligen Schrift einen anderen Überlieferungsträger als den die christlichen Lehren wesentlich in sich enthaltenden genannt, aber keineswegs eine Begründung für die Wahrheit der darin zu findenden Glaubenssätze gegeben (noch ganz abgesehen davon, daß er, wie der Hauptpastor hervorhebt[9], tunlichst davon abge-

---

[9] Goeze fragt: »Allein ist denn nun die, in diesen Symbolis enthaltene christliche Religion, auch diejenige Religion, welche Herr L. für die wahre und für die Seinige erkennet? [...] Diese Frage, so deutlich ich sie ihm auch vorgelegt habe, zu beantworten, hat er gar nicht rathsam gefunden« (S, S. 168).

sehen hat, in seine Erklärung des Christentums ein Bekenntnis zu dem Erklärten einzuschließen). Es ist also, aufgrund der Lessingschen Auslassungen, geradezu unabweislich, daß Goeze zu dem Schluß kommen mußte, Lessing
spiegele die Apologetik des Christentums nur vor und huldige im Grunde
seines Herzens einer natürlichen Religion. (S, S. 48)

Oder könnte man Goeze entgegenhalten, er hätte bedenken müssen, Les-
sings »anderweitige Gründe« seien nicht direkt aussagbar und daher von Lessing im Modus von Bildern und Gleichnissen mitgeteilt worden? Doch mußte
Goeze nicht aus Lessings Formulierung mit einigem Recht auf eine unmittelbare Aussagbarkeit der Gründe schließen? Wenn es sich aber anders verhielt:
Warum gab Lessing darüber nicht Auskunft? Und sollten die Bilder und
Gleichnisse tatsächlich zureichende – d. h. nicht mehrdeutig interpretierbare –
Erklärungen dessen enthalten, was Lessing unter der christlichen Religion
verstand: Können diese Erklärungen auch als »Gründe« (Beweise oder Belege
oder Zeugnisse) für die Wahrheit des Erklärten gelten? Und geht aus all diesem
metaphorisch oder parabolisch Verschlüsselten auch nur im entferntesten
hervor, daß Lessing das mit ihnen Erklärte selber ›annehme‹ (wie er doch
behauptet hatte)? Für Goeze war es, selbst bei einer ihm kaum zumutbaren
Hellsichtigkeit im Hinblick auf das – nach modernen Deutungen – in Lessings
Worte Hinein- oder Unterzulegende, schlechterdings unmöglich, aus den ihm
zugänglichen Texten Lessings eine einleuchtende Begründung der christlichen
Lehre oder gar ein Bekenntnis zu derselben herauszulesen.

In diesem Zusammenhang ist darauf hinzuweisen, daß Goeze keineswegs
darauf bestand, Lessing solle unter allen Umständen »Gründe« für die
Wahrheit der christlichen Religion beibringen. Vielmehr wollte er, damit er
wisse, unter welchem Panier sein Gegner streitet, lediglich dessen Standpunkt
offengelegt sehen; er ließ ihm die Wahl, falls Lessing (entgegen seiner eigenen
Angabe) keine Begründungen vorlegen könne, zu erklären, daß »er die christliche Religion ohne alle Beweise annehme« (S, S. 134). Sollte Lessing wirklich
– wie es manche neuere Interpreten gerne wahrhaben möchten – das Christentum als eine in der Selbstbezeugung sich bewahrheitende, Beweisen weder
zugängliche noch bedürftige Religion konzipiert und geglaubt haben: Warum
läßt er kein Wort darüber fallen? Im Fragmentenstreit deutet nichts darauf hin,
daß Lessing eine solche Selbstevidenz des Glaubensaktes für denkbar oder für
vertretbar gehalten habe. Goeze sah sich, im Gegenteil, dem Eindruck ausgesetzt, Lessing wolle nicht Glaubens-Sicherheit, sondern Zweifel säen. Und
hatte er damit so Unrecht? Daß Lessing dies mit seinem *Nathan* tatsächlich im
Sinne hatte, ließ er in einem Privatbrief seinen Bruder unmißverständlich
wissen: »Genug, wenn […] unter tausend Lesern nur *einer* daraus an der Evi-

denz und Allgemeinheit seiner Religion zweifeln lernt«.[10] Nicht ›Selbstevidenz‹: ›Zweifel‹ ist Lessings Devise!

Nun könnte man vielleicht noch weiter einwenden, Goeze hätte doch zu
einem etwas anderen Ergebnis kommen können und sollen, wenn er die in den
Gegensätzen abgedruckten ersten 53 Paragraphen der *Erziehung des Menschengeschlechts* genauer studiert hätte (obgleich Lessing sich selbst gar nicht als deren
Verfasser ausgab). Aber selbst wenn Goeze dieses Werk richtig verstanden hätte
(aber über dessen richtiges Verständnis streiten sich ja heute noch die Gelehrten), nämlich so – um das Plausibelste zu supponieren –, daß Lessing hier
den »breiten Graben« zwischen Vernunft und Geschichte dergestalt hat überbrücken wollen, daß er die Offenbarung als ein Fortschreiten der Vernunft-
erleuchtung Gottes in der gesamten Geschichte postulierte: selbst dann wird
man füglich bezweifeln dürfen, ob Goeze so etwas als Quintessenz der
christlichen Lehre hätte akzeptieren können. Nicht, daß nicht auch er in
menschlichen Geschicken Gottes Hand wirksam gesehen hätte; aber die Er-
kennbarkeit der Wege Gottes in der menschlichen Geschichte vorauszusetzen,
wäre ihm als Hybris der Vernunft erschienen. Zudem wäre damit der Glaube
an eine einmalige, in der Schrift bezeugte Offenbarung als an ein das Heil mit
sich führendes, sozusagen vertikales Eingreifen Gottes in die Geschichte
gleichfalls aufgegeben worden. An die Stelle der demütig und grundsätzlich
hinzunehmenden Unerforschlichkeit göttlicher Ratschlüsse (Röm. 11, 33) träte
die Annahme einer langsamen, durch Irrtümer voranschreitenden Erkennt-
nisprogression des Menschen in der Geschichte selbst, die als ›Offenbarung‹ zu
bezeichnen Goeze wohl recht willkürlich erschienen wäre; zumal das Christentum innerhalb eines solchen, die Wahrheiten der Vernunft nach und nach
zutage fördernden historischen Ablaufs lediglich zu einem – und sei es noch so
wichtigen – Momentum des Prozesses hätte degradiert werden müssen. Und
wie sähe es gar mit der ›Begründbarkeit‹ einer solchen Theorie aus? Ist die
Zumutung an die menschliche Vernunft – ob und wie ein solches permanentes
Offenbarungsgeschehen als erkennbar einzusehen, nachzuvollziehen und zu
erweisen sei – nicht noch viel größer als diejenige, eine singuläre Offenbarung
als eine einmalige Epiphanie der Gottheit zu akzeptieren? Wird der Graben
zwischen dem Historischen und der Vernunft mit einer solchen – wo eigentlich
wenn nicht in subjektiv spekulierender Phantasie zu fixierenden? – Theorie
nicht noch breiter und tiefer aufgerissen?

In den dem Hauptpastor zugänglichen Äußerungen Lessings gibt es nur eine
einzige Stelle, an der zwar nicht das Gleiche wie in der *Erziehung des Men-*

---

[10] Brief an Karl Lessing vom 18.4.1779.

schengeschlechts, aber doch etwas im Keim Ähnliches formuliert wurde, wobei allerdings die skeptische Komponente in der Betonung des kontinuierlichen Irrtumsprozesses stärker zum Ausdruck kommt. Ich meine die berühmten Worte am Anfang der *Duplik*:

> Nicht die Wahrheit, in deren Besitz irgendein Mensch ist oder zu sein vermeinet, sondern die aufrichtige Mühe, die er angewandt hat, hinter die Wahrheit zu kommen, macht den Wert des Menschen. Denn nicht durch den Besitz, sondern durch die Nachforschung der Wahrheit erweitern sich seine Kräfte, worin allein seine immer wachsende Vollkommenheit bestehet. Der Besitz macht ruhig, träge, stolz. – Wenn Gott in seiner Rechten alle Wahrheit und in seiner Linken den einzigen immer regen Trieb nach Wahrheit, obschon mit dem Zusatze, mich immer und ewig zu irren, verschlossen hielte und spräche zu mir: ›Wähle!‹ ich fiele ihm mit Demut in seine Linke und sagte: ›Vater, gib! die reine Wahrheit ist ja doch nur für dich allein!‹ (PO 23, S. 58f.)

Goeze widmet dieser Stelle, am Beginn von *Lessings Schwächen* (S, S. 84ff.), einen Satz nach dem anderen analysierend, eine lange Betrachtung, die Lessing keiner Antwort gewürdigt hat. Dabei tritt hier, sichtbarer als irgendwo sonst, der grundlegende Unterschied in beider Auffassung der Wahrheit zutage. Goeze zufolge gibt es für den Menschen die Wahrheit, eine nicht vollständige (die sei allein Gott vorbehalten), aber hinlängliche und reine Wahrheit, die nicht durch eigenes Verdienst erworben, sondern durch Jesus Christus und die Gnade vermittelt sei. Der Besitz dieser Wahrheit – nicht der vermeintlich natürliche, sondern der wirkliche – sei ein »köstlich Ding«. Demgegenüber könne die bloße »Nachforschung der Wahrheit«, durch die, nach Lessings Meinung, des Menschen Kräfte erweitert werden, in der seine wachsende Vollkommenheit bestehet – »zu welchem Ende«? fragt Goeze –, nur Qualen hervorrufen, die denen des Tantalus gleichen. Ironisch ruft Goeze aus:

> Dieser [Tantalus] erweiterte seine Kräfte durch unaufhörliches Bemühen, die schönen Früchte zu erreichen, die ihm vor dem Munde hingen, und seine lechzende Zunge mit dem hellen Wasser zu erquicken, das ihm bis an die Lippen reichte, aber vergeblich: indessen war er doch glücklich, denn er genos die Volkommenheit, die in einer immer größern Erweiterung unsrer Kräfte bestehet (S, S. 85–88).

Mit dem Tantalus-Vergleich leitet Goeze Lessings Bild des wahrheitsuchenden Menschen ins Eschatologische hinüber. Denn diejenigen, die »nach dem Lessingischen Grundsatze unter den Menschen allein die wahren Glücklichen« seien (Lessing sagt: ›Wertvollen‹), findet er schon bei Paulus beschrieben, und zwar als diejenigen, die in den »greulichen Zeiten« der »letzten Tage« – im Zeichen des Anti-Christ – auftreten (2. Tim. 3, 1): die »immerdar lernen, aber nimmer zur Erkenntnis der Wahrheit kommen können« (S, S. 88).

Was sich aus diesem Widerspruch Goezes zu Lessings Wahrheitsverständnis erkennen läßt, ist, daß sich das Wertzentrum für den Menschen der Aufklärung zu verschieben beginnt. Für Goeze besteht es noch in einem sicheren Wissen, das dem Menschen gegeben ist, und damit einer Heils-Gewißheit. Für Lessing besteht es in einer nie zum Stillstand kommenden Forschungspermanenz, negativ gesprochen: in einem ständigen Nicht-Wissen, da das Forschungsziel entweder nie erreicht werden kann, immer nur vor einem liegt, oder, wenn erreicht, sofort durch ein neues, noch nicht erreichtes ersetzt wird. Das Positive, das diese Werteverschiebung in sich birgt: die Dynamik, die der Mensch als ein stets Bewegter entfaltet (und mit der er das ungeheure Energiepotential der modernen Welt entfesseln sollte), konnte Goeze von seinem Standpunkt aus nicht sehen. Er sah nur den Verlust. Er bemerkte, daß mit der Bestimmung des immerwährenden Irrens dem wissenschaftlichen Geist, den Lessing repräsentiert, das Zweifeln als Grundstimulans menschlicher Erkenntnis eingepflanzt ist, und damit die Einbuße einer Wissens- und Glaubens-Gewißheit, wie sie die Religion den Gläubigen schenkte. In Goezes Sicht bringt das den Menschen um das Heil. Ja, man muß es, im Sinne Goezes, noch krasser sagen: es bringt ihm das Un-Heil, führt ihn »zur Verzweiflung« (S, S. 91). Und Goeze trägt diese Sicht, dem Lessingschen Gleichnis gegenüber, in einem eindrucksvollen Gegen-Gleichnis vor (das in der Literatur, soweit ich sehe, kaum erwähnt und in seiner Bedeutung nicht erkannt wurde):

> Wenn Gott mir in seiner Rechten den einzigen immer regen Trieb nach Wahrheit, aber mit dem Zusatze: mich immer und ewig zu irren, und in der Linken das allerschröcklichste Schicksal, vernichtet zu werden, vorhielte, und sagte: wähle! so würde ich mit Zittern in seine Linke fallen, und sagen: Vater, vernichte mich! (S, S. 90)

Man wird diese Aussage in dem strengen Ernst aufnehmen müssen, den Goeze mit ihr verband. Die Vernichtung als das »allerschröcklichste Schicksal« ist dem Christen, als welchen Goeze sich verstand, minder schrecklich als ein Zustand, in dem »kein Augenblick möglich« wäre, »da ich versichert sein könnte, daß ich nicht irre« (S, S. 90). Daß in Lessings Vorstellung« unendlichen Fortschreitens des Geistes, mit dem Bewußtsein der stetigen Vergeblichkeit menschlichen Erkenntnisstrebens, nicht nur ein eminent Fruchtbares enthalten ist, sondern auch eine (sich im Geschichtsverlauf ja tatsächlich gleichfalls daraus entfaltende) Negativität: der Zweifel und die Verzweiflung, daß darin, tief an der Wurzel, der nagende Wurm des Nihilismus sitzt, das hat Goeze – nicht so gedacht und nicht so formuliert freilich, aber in seinem Gegen-Gleichnis vorgestaltet – zu einer einprägsamen Darstellung gebracht.

Evelyn Moore

Lessings *Rettung des Cardanus*

Zur Entstehung einer epistemologischen Polemik

Lessings Werk wird allgemein als polemisch bezeichnet. Was bedeutet diese Bezeichnung für die Lessingforschung? Die meisten Arbeiten, die sich mit Lessings Polemik beschäftigen, verstricken sich bald in die Fehde an sich, oder sie schieben den Streit beiseite, um die stilistischen Einzelheiten der Polemik zu analysieren. Das bedeutet, daß manche Untersuchungen über reine Fragen der Polemik hinausgehen, indem polemische Elemente als störende Faktoren für eine Interpretation von Lessings Ideen vernachlässigt werden, während andere Studien den intellektuellen Inhalt der Schriften auf eine Auslegung von stilistischen Elementen reduzieren. Dieses Referat will aber die Aufmerksamkeit direkt auf den Fragekreis der Polemik selbst lenken und versuchen, Lessings polemische Methoden im Rahmen einer epistemologischen Rhetorik zu erörtern. In diesem Sinn fragen wir uns: Hat Lessing bewußt eine polemische Theorie entwickelt? Und wenn ja, welche neuen Probleme werden in dieser Theorie aufgeworfen?

Auf dem Weg zur Beantwortung der gestellten Fragen gehen wir davon aus, daß Lessings *Rettung des H. Cardanus* als ein Beispiel für explizit ausgedrückte, polemische Grundsätze dienen kann. Die Analyse dieses Textes soll mit anderen Worten Lessings erkenntnistheoretischen Anspruch für seine Polemik zeigen. Thematisch handelt es sich bei Lessings *Rettung des H. Cardanus* um eine Verteidigung von Cardanus' Dialog in *De Subtilitate* vor dem Angriff der Gottlosigkeit. Cardanus beendet nämlich diesen Dialog, in welchem er sich mit dem Wahrheitsanspruch der verschiedenen Religionen beschäftigt, nicht mit einem endgültigen Urteil, sondern mit dem Hinweis, daß das Schicksal über den Ausgang des Wettstreites entscheiden werde. Mit dieser Zurückweisung des Richterstuhls wurde Cardanus' *De Subtilitate* zum Gegenstand harscher Kritik, die mit Julius Caesar Scaligers *Exercitationum esotericarum libri XV de subtilitate ad H. Cardanum* (Paris, 1554) und der dort veröffentlichten Anklage von Cardanus' angeblichem Atheismus seinen Anfang nahm.

Dem Angriff Scaligers auf Cardanus folgte eine ganze Reihe von Anklagen. Bald stellte sich jedoch eine Gegenbewegung ein: Die Schriften von Pierre Bayle, von Christ und Lessing verwarfen diese Angriffe. Bayle untersucht die Frage nach Cardanus' angeblichem Atheismus in einem ausführlichen Artikel in seinem *Dictionnaire*, d. h. in einem der wichtigsten Unternehmen der frühen Aufklärung überhaupt. Bayles Abhandlung über Cardanus ist eine minutiöse und sachlich gehaltene Bearbeitung von umstrittenen Textstellen, in der sich ein Verhältnis von einer Seite Text zu vier Seiten angemerktem Kommentar durchsetzt und welcher jegliches rhetorisches Ornament abgeht.[1] Dieser Beitrag von Bayle wurde die Vorlage für Christs Verteidigungsschrift.[2] Lessing hingegen, obwohl rein inhaltlich an Bayle sowie an seinen alten Mentor Christ anknüpfend, löst sich vor allem in Stil und Methodik von seinen Vorläufern.[3] Man könnte direkt sagen, daß es Lessing in seiner Schrift nicht mehr um das Thema, sondern vielmehr um die Kunst des Streitens *per se* gehe, womit wir wieder bei unserer anfänglichen Prämisse anlangen.

Gattungsmäßig greift Lessing mit seiner Verteidigung von Cardanus auf das rhetorisch-klassische Encomium zurück, anhand welchem er seine eigene Diskussion über die Rhetorik entwickelt. Den Vergleich der Religionen benutzt Lessing dabei als thematische Veranschaulichung für seine Vorstellung von Rhetorik und deren Rolle bezüglich eines Wahrheitsanspruches.

Als Vorgänger von Lessings Verteidigung von Cardanus können spezifisch Gorgias' *Enkomium von Helena* und Platons *Gorgias* angeführt werden. Lessings *Rettung des H. Cardanus* schließt sich insofern an diese antike Tradition an, als diese Schrift ebenfalls eine spezifische Haltung in bezug auf die Rolle und Funktion der Rhetorik thematisiert. Gorgias, Platon und Lessing setzen sich in ihren Schriften mit Rhetorik als philosophischem und epistemologischem Gedankengebilde auseinander.

Platons *Gorgias* und Gorgias' *Enkomium der Helena* sind miteinander verknüpft, weil sich Platon mit seiner Schrift gegen den bei Gorgias vertretenen rhetorischen Standpunkt stellt. Platon bedient sich dabei des sokratischen

---

[1] Pierre Bayle: The Dictionary Historical and Critical of Mr. Peter Bayle. New York und London 1984. Bd. 2, S. 314–322.

[2] Vgl. die Beschreibung von Bayles Stil, die Erich Schmidt liefert in Lessing: Geschichte seines Lebens und seiner Schriften. Hildesheim u. a. 1983, S. 199.

[3] Christs Verteidigung von Cardanus wird von Lessing überhaupt nicht erwähnt, obwohl er sie bestimmt kannte. Einen Beitrag zu Cardanus, Christ und Bayle bietet Helmut Göbel: Lessing und Cardano: Ein Beitrag zu Lessings Renaissance Rezeption. In: Wolfenbüttler Studien zur Aufklärung 6. Hg. von Richard Toellner. Heidelberg 1980, S. 167–188. Vgl. auch Arno Schilson: Geschichte im Horizont der Vorsehung. Mainz 1974 (Tübinger theologische Studien 3). Den Einfluß Cardanus' auf Lessings Charakter analysiert Karl S. Guthke: Der Glücksspieler als Autor. In: Euphorion 71/4 (1977), S. 353ff.

Gespräches als Methode für die Wahrheitsfindung, indem er sich hinter der Maske von Sokrates auf einen Dialog mit Gorgias als fiktivem Gegenüber auf eine Erörterung der Beziehung zwischen Rhetorik und Philosophie einläßt. Gorgias und Platons Schriften vermitteln philosophische Ansichten und Argumente, die sich für und wider eine Einbeziehung der Rhetorik als Methode für die Wahrheitsfindung aussprechen. Dabei gehen Gorgias und Platons Meinungen konkret in bezug auf die Bedeutung der rhetorischen Überzeugungskraft auseinander. Für Gorgias bleibt die Überzeugungskraft gerade deshalb ein wichtiges Element in der Beweisführung, weil es sich jeglichem Wahrheitsgehalt entzieht. Platon hingegen lehnt den Relativismus der sophistischen Rhetorik ab, indem er darauf besteht, daß die Dialektik selbst verborgene Bedeutungen aufzudecken und im Lichte der Wahrheit darzulegen vermöge. Mit seiner Verteidigung von Cardanus schafft Lessing eine Beziehung zwischen Rhetorik und Wahrheit, welche Aspekte dieser beiden sich widersprechenden philosophischen Ansätze miteinander verbindet.

Lessings Verteidigung von Cardanus beginnt mit einer Zusammenfassung der scholastischen Debatte um die Frage von Cardanus' Atheismus. Gemäß der Formulierung von de la Monnoye besteht das verhängnisvolle Moment bei Cardanus darin, daß nach einem fiktiven Streitgespräch zwischen der jüdischen, der moslemischen, der christlichen und der heidnischen Religion ein endgültiges Urteil, d. h. eine *determinatio* ausbleibt.

Der Vorwurf des Atheismus gegen Cardanus schließt sowohl dessen Überzeugungen als auch das methodische Verfahren ein. Wäre Cardanus beispielsweise zum Schluß gekommen, daß der Islam die wahre Religion vorstellte, so hätte er wenigstens nicht einer methodischen Verletzung der Normen bezichtigt werden können, da er den Regeln der polemischen Beweisführung folgend zumindest nicht auf die erforderte *determinatio* verzichtet hätte. Mit anderen Worten: Cardanus verletzte nicht nur das religiöse Gefühl seiner Umgebung und Zeit, sondern auch die konventionellen Argumentationsweisen seiner gelehrten Gemeinschaft. Daher beschäftigt sich Lessings Verteidigung notwendigerweise mit Methode und Aussage von Cardanus' *De Subtilitate*. So hinterfragt Lessing gleich zu Beginn die Haltbarkeit einer Kritik, die sich in bezug auf die Stelle des Religionsstreites auf die Abwesenheit des Schlußurteils konzentriert:

> Warum verdammt man eigentlich diese Stelle? Ist die Vergleichung der verschiedenen Religionen an und vor sich selbst, strafbar; oder ist es nur die Art, mit welcher sie Cardan unternommen hat? (LM 5, S. 318 und 319)

Lessing läßt in der Folge keinen Zweifel darüber, daß er eine solche Vergleichung der Religionen in der Tat als notwendig und auch nützlich erachte, weil sie der Bestimmung und Vermittlung eines religiösen Wahrheitsgehaltes diene:

> Was ist nöthiger, als sich von seinem Glauben zu überzeugen, und was ist unmöglicher als Überzeugung, ohne vorhergegangene Prüfung? (LM 5, S. 319)

Nach seinem Befund über die äußerst positive Seite einer Überprüfung der religiösen Überzeugung, die er bei Cardanus in einem Vergleich zwischen den verschiedenen Religionen verwirklicht sieht, sucht Lessing nach einem anderen Grund für die Ablehnung von Cardanus' Aufzeichnung des Religionsstreites. Lessing schlägt vor, daß Cardanus entweder den falschen Religionen zuviel oder aber der einzig richtigen, der christlichen Religion, vielleicht zu wenig Unterstützung in seinem Argument beigemessen haben muß. Für Lessing kann die letztere Annahme mit Leichtigkeit verworfen werden, weil man Cardanus' ungebrochenen Glauben an die Widerstandskraft und Fähigkeit der christlichen Gemeinschaft trotz Streitigkeiten und Absonderungen in dessen offener Darlegung dieser Probleme erkennen kann:

> Er [Cardanus] bemerkt den Widerstand der ihnen natürlicher Weise unüberwindlich gewesen wäre, und bemerkt auch etwas, welches ich nur von wenigen bemerkt finde. Dieses nehmlich, daß unsre Religion auch alsdann nicht aufgehört hat, sich die Menschen unterwürfig zu machen, da sie von innerlichen Sekten zerrissen und verwirret war. Ein wichtiger Umstand! Ein Umstand, welcher nothwendig zeigt, dass in ihr etwas seyn müsse, welches unabhängig von allen Streitigkeiten seine Kraft zu allen Zeiten äussert. (LM 5, S. 321)

Was Lessing hier als Streitigkeiten aufführt, dürfen wir als einen Gesamtbegriff für den die christliche Religion charakterisierenden Korpus theologischer Dispute auffassen. In diesem Sinn verteidigt Lessing nicht einzig die Gültigkeit von Cardanus' Konfliktaufzeichnung, sondern greift vor allem auch diejenigen kritischen Köpfe an, die sich generell vor Unstimmigkeiten und Auseinandersetzungen zu fürchten scheinen, d. h. all diejenigen, die Cardanus angegriffen hatten. Lessing benutzt also gerade Cardanus' Aktualisierung von Ansichten für und wider die verschiedenen Religionen als ein ausschlaggebendes Argument für seine Verteidigung der *De Subtilitate*. Der christliche Glaube hat für Lessing gerade deshalb Wahrheitsanspruch, weil dieser den Test aller Streitigkeiten und Zwiste überstanden, d. h. eine polemische Überprüfung bestanden hat. Daher hält sich Lessing seinerseits an polemische Überprüfung als zentrales Element für die Wahrheitsfindung.

Für Platon läuft die Suche nach der Wahrheit mit einer Ablehnung von Gorgias' sophistischem Relativismus einher, d. h. mit einer Ablehnung eines philosophischen Standpunktes, welcher den erfolgreichen Abschluß eines Argumentes per se höher einschätzt als einen in Wahrheit gegründeten Ausgang des Disputes. Während nun aber Platon versucht, der Wahrheit auf einem dialektischen Weg auf die Spur zu kommen, möchte Lessing die Wahrheit via einer Erprobung aller Seiten eines Falles ermitteln, und zwar in einer möglichst intensiven und gründlichen Darstellung der verschiedenen Perspektiven. An einer häufig zitierten Stelle sensibilisiert uns Lessing für die Irrelevanz des Sieges als Zweck einer Streitigkeit, d. h. er favorisiert wie Platon das erhellende über das siegende Moment:

> Dieses [die auschließliche Darstellung der gewinnenden Seite] aber findet sich, bey den Streitigkeiten, welche die Wahrheit zum Vorwurfe haben, nicht. Man streitet zwar um sie; allein es mag sie der eine oder der andere Theil gewinnen, so gewinnt er sie doch nie für sich selbst. Die Parthey, welche verlieret, verlieret nichts als Irrthümer; und kann alle Augenblicke an dem Siege der anderen Theil nehmen. (LM 5, S. 323)

Lessing vermißt nun aber genau dieses erhellende Moment in Cardanus' Schrift. Gemäß Lessing wird Cardanus nämlich nicht allen Perspektiven gleich gerecht, sondern unterstützt in seinem Disput nur gerade die eine Seite, d. h. die christliche Religion, mit durchschlagenden Argumenten:

> Ich behaupte also, er sey mit keiner einzigen Religion aufrichtig verfahren, als mit der christlichen; die übrigen alle hat er mit den allerschlechtesten Gründen unterstützt, und mit noch schlechtern widerlegt. (LM 5, S. 323)

Was aber, so Lessing, wenn Cardanus tatsächlich zu überzeugend für die anderen Religionen argumentiert hätte?

> Wann Cardan die Gründe für die Wahrheit nicht geschwächt hat, so kann er doch der Lügen Farbe und Leben gegeben, und sich dadurch verdächtig gemacht haben. (LM 5, S. 322)

Was heißt denn hier zu überzeugen? Lessing stellt eine weitere Frage? Soll man eine Person an sich für ihre möglichst fundierte und überzeugend gestaltete Redensführung anprangern? Er wundert sich,

> wie man eine ernsthafte Beschuldigung daraus machen könne, wenn ein Philosoph auch die falschen Religionen und die allergefährlichsten Sophistereyen in das vortheilhafteste Licht setzt, um sich die Widerlegung, nicht sowohl leicht, als gewiß zu machen? (LM 5, S. 232)

Lessing fragt weiter, ob sophistische Kunstgriffe Unwahrheit überhaupt wahrer erscheinen lassen können. Bei diesem Punkt handelt es sich um das Herzstück von Lessings essayistischer Darlegung einer philosophisch begründeten Rhetorik. Für Lessing besteht nämlich Cardanus' Scheitern nicht einzig in dessen unverhüllter Vernachlässigung von bedeutenden nichtchristlichen Argumenten, sondern vor allem auch in dessen Unfähigkeit, diese ohnehin schwachen Argumente mit Farbe, d. h. mit rhetorischem Ornament, zu beleben. Mit dem Begriff von Farbe bezieht sich Lessing auf den Gebrauch von rhetorischen Kunstgriffen, von sogenannten Sophistereien, welche den Leser/Zuhörer in die gewünschte Stimmung versetzen sollen.

Das rhetorische Konzept von Farbe und Leben greift auf antike Abhandlungen von *elocutio*, und im speziellen von *ornatus*, zurück, die wir bei Aristoteles, Cicero und Quintilian finden. Dabei entwirft Quintilians *Institutio oratoria* ein besonders detailliertes Bild über die verschiedenen Funktionen von rhetorischen Figuren und Tropen. Gemäß Quintilian werden Ideen und Vorstellungen via Eloquenz auf andere übertragen. Und die Übertragung ist in der Tat das grundsätzliche Problem aller Kommunikation. Wir übermitteln nicht nur nüchterne Gerüste von Argumenten, sondern auch die in unsere Gedanken investierten Gefühle und Emotionen.

Lessing versammelt die einzelnen Repräsentanten der verschiedenen Religionen zu einem erneuten Gespräch durch eine lebendige Umsetzung von Quintilians Redekunst, in welchem sie Cardanus' Argumente und Präsentationsweise des jeweiligen Glaubens angreifen dürfen. Auf diese Weise überprüft Lessing noch einmal Cardanus' Punkte für und wider die einzelnen Religionen. In einer ersten Probe widerlegt Lessing, daß die Juden als Zeichen göttlicher Mißgunst zerstört worden seien. Dabei verläßt sich Lessing nicht nur auf Gegenargumente, sondern vor allem auf einen völlig anderen Diskussionsstil als Cardanus. Anstatt eines Gespräches bediente sich Cardanus einer Art abwechselnden Vortrages der einzelnen Standpunkte, welche ein Erzähler nach gegebenem Bericht zusammenfaßt. So gesehen versteht sich Cardanus' Text als eine Vorlage für Bayles sachlich trockene Wiedergabe der Argumente. Im Unterschied zu Bayle, welcher seinen Haupttext mit einem polemischen Kommentar vervollständigt, verzichtet Cardanus jedoch auf ein ähnlich emotionales Gegengewicht zu seiner ebenfalls nüchternen Aufzeichnung.

Indem nun Lessing die Auseinandersetzung zwischen den Religionen in ein echtes Gespräch voll Farbe und Leben umwandelt, demonstriert er seine Befürwortung von rhetorischem Ornament als wichtigem Bestandteil der Redeführung. Die Umwandlung selbst ist eine rhetorische Figur, da sie einen Kunstgriff zur Aufwertung der verschiedenen Standpunkte mit sich bringt. Die Stimme des Erzählers verzieht sich bei Lessing aus dem Streitgeschehen und läßt die Teilnehmer für sich selbst sprechen: »Irre dich nicht Cardan!« ertönt der Ausruf des Israeliten, »unser Gott hat uns so wenig verlassen, daß er auch in seinen Strafgerichten noch unser Schutz und Schirm bleibt« (LM 5, S. 324).

Dieser erste Ausruf beinhaltet gleich mehrere rhetorische Kunstgriffe. Erstens erlaubt der Ausruf des Israeliten dem Leser/Zuhörer, die Emotion der Warnung mitzuempfinden. *Ecphonesis* (oder *exclamatio*) ist bei Quintilian als eine Figur beschrieben, die in der Simulation von gefühlsmäßigen Reaktionen gründet und so »extreme Emotionen wie Zorn, Trauer oder Bewunderung andeutet« (Quintilian, 9.2.27). An gleicher Stelle benutzt Lessing eine Metapher, einen Kunstgriff, der Emotionen rührt, indem er den israelitischen Gott zum Beschützer (als Schutz und Schirm in den Strafgerichten) des jüdischen Volkes erklärt. Im weiteren Sinne beschirmt Lessing seinerseits das Volk mit dem gewaltigen Wortschwall seiner Rhetorik, welche für das jüdische Anliegen mit einem Abschnitt endet, der voll von Tropen und Figuren ist.

> Da sind die Grenzen eures Tobens; da ist das Ufer, an welchem sich die Wellen eures Stolzes brechen sollen! Bis hierher und nicht weiter! [...] umsonst werden uns unsre eignen Weiber zurufen: haltet ihr noch fest an eurer Frömmigkeit? Ja, segnet Gott und sterbt! Wir wollen ihn nicht segnen; denn endlich wird er doch in einem Wetter herabfahren und unser Gefängnis wenden und uns zweyfältig soviel geben, als wir gehabt haben. (LM 5, S. 324)

Diese Stelle veranschaulicht sehr eindrucksvoll, daß Lessing mit seinen Worten mehr als nur gerade eine Aufzeichnung von Argumenten anstrebt, sondern gleichzeitig die damit verwobenen Emotionen vermitteln möchte. Dieses Unternehmen gelingt Lessing nicht zuletzt durch die Schaffung einer Art inneren Monologs, der auf Quintilians Figur der *impersonatio* basiert. Mit viel Virtuosität bringt Lessing Farbe und Leben ins Argument und demonstriert gleich selbst, was er an Cardanus' Argumentationsweise zu bemängeln scheint – Überzeugungskraft. Diese Kraft erhält das Argument nur, wenn dieses auch die Emotionen anzusprechen vermag, denn für Lessing kann ein Argument nur via Intellekt *und* Gefühl überzeugen.

Lessings Rede des Mohammedaners ist ebenfalls durchzogen von einem persönlichen und streitlustigen Ton, welchen Cardanus so rigoros aus seinem Text zu bannen wußte. Gleich zu Beginn der Rede des Mohammedaners begegnen wir diesem streitlustigen Ton in der Maske einer Anklage:

> Man sieht es wohl, mein guter Cardan, dass du ein guter Christ bist, und dass dein Vorsatz nicht sowohl gewesen ist, die Religionen zu vergleichen, als die christliche, so leicht als möglich, triumphieren zu lassen. (LM 5, S. 325)

Unter Beschuß ist wiederum Cardanus, und zwar konkret wegen seiner ungleichen Behandlung der Religionen. Angeklagt ist Cardanus deshalb, weil ihm angeblich die christliche Religion von Anfang an als die siegreiche vor Augen geschwebt habe. Auch hier erzeugt die direkte Anrede einen adäqua-

ten Beziehungsrahmen für das emotionale Aufgewühlt-Sein des Mohammedaners. Während der Mohammedaner seinen eigenen Glauben mit Argumenten untermauert, untergräbt er die christliche Position mit Ironie und
Sarkasmus: »Schwatze nicht von Wundern, wann du das Christentum über
uns erheben willst! Mohamet hat niemals dergleichen tun wollen; und hat er
es denn auch nötig gehabt?« Oder am Ende seiner Schmährede: »Ich will
nicht weiter in dich dringen; aber lachen muss ich über dich. Du glaubst, dass
wir die sinnlichen Vorstellungen des Paradieses nach den Buchstaben verstehen.« (LM 5, S. 328) Lessing versieht den Mohammedaner mit einem ganzen
Arsenal von rhetorischen Figuren als notwendigem Pulver für seinen angrei-
fenden Argumentationsstil. Die kunstvoll erhöhte Polemik des Mohammedaners erfüllt zumindest zwei Zwecke. Einerseits unterstreicht die ironische
Schärfe des Arguments, wie unglaublich schwach Cardanus' Vorstellung des
moslemischen Glaubens ausfällt; und indem Lessing Cardanus als eifrigen
Verfechter der christlichen Religion entdeckt, rückt er gleichzeitig auch all
diejenigen Kritiker Cardanus' in ein schlechtes Licht, die zuvor auf dessen
unchristlicher Haltung bestanden. Andererseits richtet sich Lessing damit
gezielt an sein Publikum, das er über den emotionalen Effekt der eingesetzten Kunstgriffe für sein Argument zu gewinnen versucht. Denn bereits
Quintilian weiß, daß sich »[Emotionen] heimlich in die Köpfe der Beurteiler
schleichen«. (Quintilian, 9.1.20)

Lessings *Rettung des H. Cardanus* formuliert zunächst die These, daß ar-
gumentatives Streiten (*Eristik*) generell einen Weg für die Wahrheitsfindung
öffnet, weshalb Cardanus' Absicht einer Erprobung der verschiedenen Religionen an sich nicht Gegenstand einer Kritik sein sollte. In der Folge verweist
Lessing darauf, daß Cardanus nur gerade der christlichen Religion durch-
schlagende Argumente in seiner Erprobung gewährt, was soviel bedeutet, als
daß Cardanus die christliche Position durchaus bevorzugt und nicht, wie zuvor
unterschoben wurde, in ihrer Gültigkeit vernachlässigt. Lessing verurteilt anschließend besonders die Art und Weise, in welcher Cardanus die ohnehin
schwachen Argumente der anderen Religionen präsentiert. Lessing scheint sich
nämlich am meisten daran zu stoßen, daß Cardanus den Argumenten der
anderen Religionen jegliche Überzeugungskraft versagt, indem er auf rhetorische Figuren und Tropen als Mittel der Vorstellung verzichtet. Lessings eigene
rhetorische Umsetzung der jüdischen und islamischen Position entwirft jedenfalls ein ganz anderes Ideal erfolgreicher Argumentation: Ein Ideal, welches
das argumentative Moment mit dem Streitlustigen, Dramatischen, Persönlichen und Lebendigen verbindet und einen didaktisch nüchternen Ton zu-
rückweist.

Obwohl sich die ursprüngliche Kritik an Cardanus' *De Subtilitate* aus dem Verzicht auf eine *determinatio* ergab, bemüht sich Lessing nicht weiter um eine Beantwortung dieser Frage. Erkannten Scaliger und andere in der Abwesenheit der *determinatio* einen methodologischen und theologischen Irrtum, so akzeptiert Lessing den offenen Schluß als eine unproblematische Multivalenz und konzentriert sich dafür auf Cardanus' Verzicht auf rhetorischen Schmuck. Diesen Mangel an rhetorischem Rüstzeug bei den verschiedenen Gesprächsteilnehmern bewertet Lessing als Cardanus' Verzicht auf einen Streit um die Wahrheit.

Lessings Auseinandersetzung mit Cardanus dreht sich im wesentlichen um methodische Fragen der Beweisführung. Dabei problematisiert Lessings Werk, wie bereits Gorgias' *Enkomium der Helena* und Platons *Gorgias*, die Beziehung zwischen Rhetorik und philosophischer Untersuchung. Genau wie Platon versteht Lessing Argumentation als einen Ort der Wahrheitsfindung. Im Unterschied zu Platon hingegen, der Rhetorik als ein Wahrheit verhüllendes Moment betrachtet, erachtet Lessing rhetorische Kunstgriffe als Mittel für eine Erprobung der Wahrheit als absolut notwendig. Aber Lessing stellt uns mit seiner eristischen Methode der Wahrheitsfindung vor ein scheinbar unauflösbares Paradox; und zwar handelt es sich dabei um seinen problematischen Wahrheitsbegriff, den wir innerhalb dieser Arbeit nicht näher erörtern können. Spricht sich Lessing mit seinem auf Konfrontation basierenden Rhetorikmodell für einen relativen Wahrheitsbegriff aus? Und würde das nicht dem irrelevanten Wahrheitsbegriff bei Gorgias entsprechen, einem Wahrheitsbegriff, der sich hinter einer rhetorischen Maske ins Nichts verflüchtigt? Worin besteht konkret der epistemologische Anspruch von Lessings rhetorischem Modell, d. h. wie ist die Wahrheit beschaffen, die sich im rhetorischen Streiten zwischen verschiedenen Positionen herausbildet? Lessings Verteidigung von Cardanus versucht die Wahrheit im Streit zwischen den Religionen zu ermitteln.

Das Resultat, die Wahrheit, hängt von einer Beweisführung der Religion ab. Lessing schlägt vor, daß die Wahrheit aus der Überzeugungskraft einer rhetorisch ausgekleideten Polemik entsteht, d. h. diese Polemik ist keine Darlegung der schon absoluten Wahrheit, sondern ein Ringen um eine sich immer weiterentfaltende Wahrheit. Folglich können wir Lessings Rhetorik als ein epistemologisches Konzept auffassen, welches nicht im platonischen, sondern in einem historischen Begriff von Wahrheit gründet.

Die Autorin dankt Marianne Böniger für ihre Arbeit bei der Erstellung des deutschen Textes.

Erwin Neumann

»Meinen F a u s t holt der Teufel, ich aber will Goethe's seinen holen.«[1]

Lessings *17. Literaturbrief* und seine *Faust*-Pläne.
Zur Doppelstrategie seiner Polemik gegen Gottsched und
Goethe in epistularischer und dramatischer Form

Von Heinrich Heine ist überliefert, er habe gesagt, er wolle einen *Faust* schreiben, »nicht um mit Goethe zu rivalisieren, nein, nein, jeder Mensch solle einen Faust schreiben.«[2] Das war im Jahre 1824. Von Lessing weiß man, der habe erklärt, er würde »seinen Doktor sicher herausgeben [...], sobald G.** mit seinem erschiene«, und er habe schließlich hinzugefügt: »meinen Faust holt der Teufel, aber ich will G.** seinen holen!«[3] Das war 50 Jahre davor. Lessing schien also zu wissen, was der Autor des *Götz* und des *Werther* in seinem Weimarer Reisegepäck hatte, und er reagierte darauf sehr allergisch (und im Sinne unserer Konferenzthematik: polemisch).

Das war aber auch zum Tollwerden: Spätestens mit seinem *Jungen Gelehrten* (1748) reflektiert Lessing über einen *Faust*. Da war sein Verhältnis zu Gottsched noch im Lot und Goethe noch nicht einmal geboren. Mindestens seit dem November 1755 – das große Erdbeben von Lissabon hatte gerade stattgefunden – weiß man aus einem Brief des Moses Mendelssohn, daß Lessing an einem »bürgerlichen Trauerspiel« arbeitet, das besser nicht den Namen *Faust* tragen sollte (LM 19, S. 23), und seit dem 12. Dezember desselben Jahres lesen wir's denn aus Lessings eigener Feder, daß er an s e i n e m *D. Faust* arbeitet:

---

[1] Lessing's Werke. Elfter Theil. Kleinere Schriften zur dramatischen Poesie und zur Fabel. Berlin o. J., S. 581. Bei Lachmann/Muncker nicht verzeichnet.

[2] Heinrich Heines sämtliche Werke. Hg. von Ernst Elster. Bd. 6. Leipzig o. J., S. 468.

[3] Im Gegensatz zu Anm. 1 so zitiert in: Gotthold Ephraim Lessing: D. Faust. Die Matrone von Ephesus. Fragmente. Mit einem Nachwort von Karl S. Guthke. Stuttgart 1984, S. 2.

Sie sollten mich in einer mitternächtlichen Stunde darüber sinnen sehen! Ich muß zum Entsetzen aussehen, wenn sich die schrecklichen Bilder, die mir im Kopfe herumschwärmen, nur halb auf meinem Gesicht ausdrücken. [...] Ich verspare die Ausarbeitung der schrecklichsten Scenen auf England. (LM 19, S. 51)

Da stehen Lessing und Gottsched schon quer zueinander[4] und könnte der Knabe Goethe inzwischen die »bedeutende Puppenspielfabel« vom Doktor Faust[5] kennengelernt haben. Also in England, im Dunstkreis Shakespeares – den er kennt – und Christopher Marlowes – von dem er offensichtlich nichts weiß –, soll sein *Faust* voran- und möglicherweise zu Ende gebracht werden. Der Ausbruch des Siebenjährigen Krieges und der daraus resultierende Abbruch der bereits begonnenen Bildungsreise mit dem Leipziger Kaufmann Winkler in Amsterdam lassen ihn nicht dazu kommen. Trotzdem – oder deshalb – schreibt Lessing im Juli 1758, knapp zwei Jahre später, an Gleim, anscheinend aus einer wahren Schaffenswut heraus:

Ich schreibe Tag und Nacht. [...] Ehstens werde ich meinen *Doctor Faust* hier spielen lassen. Kommen Sie doch geschwind wieder nach Berlin, damit Sie ihn sehen können. (LM 17, S. 148f.)

Aber auch in den folgenden Jahren erscheint dort kein Lessingscher *Faust* auf der Bühne, aber dafür dann im Jahre darauf mit dem *17. Literaturbrief* vom Februar 1759, der die Generalabrechnung mit Gottsched bringt, jene »dritte Scene des zweiten Aufzugs« aus einem »alten Entwurf dieses Trauerspiels«, wie ihn »nur ein Shakespearsches Genie zu denken vermögend gewesen.« (LM 8, S. 43) Es ist jene Szene, in der Faust – bereits mit der Hölle im Bunde – sich auf der Suche nach dem schnellsten Höllengeist von insgesamt sieben Teufeln den zu seinem Gehilfen auswählt, der so schnell ist »als der Uebergang vom Guten zum Bösen.« (LM 3, S. 385) In diesem Jahr rücken die Franzosen in Frankfurt am Main ein, nimmt der französische Königsleutnant Thoranc im Hause Goethe am Großen Hirschgraben Quartier und eröffnet er dem Knaben Wolfgang den Zugang zum französischen Theater im Junghof und die Möglichkeit erster Bekanntschaft mit der Welt der Schauspieler. Lessings Arbeit an einem *Faust* wird indes nicht fortgesetzt. In seiner Breslauer Zeit denkt er »zuweilen an seinen Faust«, den er mit Szenen aus Franz Noels *Luzifer* (1717) untersetzen will[6], kommt aber offensichtlich nicht voran. Schließlich beginnt

---

[4] Vgl. Karl S. Guthke: Der junge Lessing als Kritiker Gottscheds und Bodmers. In: Literarisches Leben im achtzehnten Jahrhundert in Deutschland und in der Schweiz. Bern und München 1975, S. 24–71.
[5] Goethes Werke. Hg. von Reinhard Buchwald. Bd. 1. Weimar 1958, S. 442.
[6] Zit. nach Anm. 3, S. 19.

er von einem »zweiten Faust« zu sprechen, noch bevor er auf einen ersten fertigen verweisen kann. (LM 15, S. 21) Im September 1767 heißt es dann noch einmal:

> "Ich bin Willens, meinen D. *Faust* noch diesen Winter hier [in Hamburg; E. N.] spielen zu lassen. Wenigstens arbeite ich aus allen Kräften daran."[7]

Für diese Zeit findet man in der *Chronik von Goethes Leben* von Franz Götting den Satz:

> "Anfänge der Faust.-Dichtung sind vielleicht schon in Leipzig zu suchen."[8]

Auch in Hamburg gelingt Lessing kein Abschluß einer *Faust*-Dichtung. So muß er sich nun Jahr für Jahr immer dringlicher von seinen Freunden und Zeitgenossen befragen lassen: »Wo bleibt denn [...] Dr. F a u s t ?«[9] »Was macht der junge unbesonnene Doktor Faust?«[10] und »Werden wir niemals den D. Faust sehen?«[11] Noch einmal kommt Hoffnung auf: Die *Deutsche Chronik* vom 15. Mai 1775 berichtet, Lessing habe in Wien »an die Schauspieldirektion sein vortreffliches Trauspiel D. *Faust* verhandelt«.[12] Zugleich wird in einer Fußnote mitgeteilt: »Im Gothaischen Theateralmanach steht: Goethe arbeite auch an einem D. Faust.« Ob Lessing nun aus der *Deutschen Chronik* oder aus dem *Gothaischen Theateralmanach* oder aus einer dritten Quelle von dem entstehenden Goetheschen *Faust* erfahren hat, ist mir nicht bekannt. Jedenfalls muß die Nachricht darüber für ihn den Charakter eines »erregenden Moments« gehabt haben, denn Christian Felix Weiße berichtet in seinen Briefen an Johann Peter Uz vom 20. Mai und 7. Oktober 1775 von Lessingscher Aufregung gegen »Goethen, Lavatern, Herdern und andere dieser Partei« und schreibt schließlich unmißverständlich:

> Lessing war über Goethes und Kompanie Haupt- und Staatsaktionen sehr aufgebracht und schwur das deutsche Drama zu rächen. Er hatte gehört, daß Goethe einen Doktor Faust liefern will, und tritt ihm da in den Weg, so müßte ich ihn sehr verkennen, wenn er nicht Wort halten sollte.[13]

---

[7] Lessing an seinen Bruder Karl. Brief vom 21. September 1767 (LM 19, S. 239).
[8] Chronik von Goethes Leben. Zusammengestellt von Franz Götting. Frankfurt a. M. 1957, S. 14.
[9] Johann Arnold Ebert an Lessing. Brief vom 26. Januar 1769 (LM 19, S. 205).
[10] Zit. nach Anm. 3, S. 24.
[11] Samuel Benjamin Klose an Lessing. Brief vom 18. April 1774 (LM 21, S. 21).
[12] Zit. nach Anm. 3, S. 24.
[13] Christian Felix Weiße an Johann Peter Uz. Briefe vom 20. Mai und 7. Oktober 1775. Zit. nach Anm. 3, S. 24f.

Aber Goethe gibt seinen *Faust*, den *Urfaust*, nicht heraus, und vielleicht ist es neben dem wahrscheinlichen Verlust von eigenen *Faust*-Manuskripten im Zusammenhang mit seiner Italienreise 1775 eben diese Vakanz in der Landschaft zeitgenössischer *Faust*-Produktionen, die Lessing erlahmen läßt, nun doch noch einen eigenen *Faust* fertigzustellen. Jedenfalls läßt die Erinnerung Friedrich Müllers an ein Gespräch mit Lessing 1777 in Mannheim über seinen – »Maler Müllers« – *Faust* nichts mehr von der früheren Lessingschen Vehemenz erkennen, doch noch einen eigenen *Faust* auf die Bühne zu bringen. Müller berichtet, Lessing habe von zwei angelegten *Faust*-Schauspielen gesprochen, die er »beide aber wieder liegen gelassen habe, das eine [...] mit Teufeln, das andere ohne solche«.[14] Nun, das Jahr 1777 ist Lessings erstes und einziges Ehejahr und zugleich eine Zeit, in der der Fragmentenstreit bereits schwelt, bevor er dann im Frühjahr 1778 voll ausbricht. Es scheint, daß Lessing zu dieser Zeit seine Bemühungen um einen eigenen *Faust* aufgegeben hat. Anderes ist ihm wichtiger geworden. Und wenn ich Walter Jens richtig verstehe, sein *Totengespräch zwischen Lessing und Heine* (1979), dann deutet er zumindest an, daß Lessings jahrzehntelange Bemühungen um einen eigenen *Faust* ihre Aufhebung in seinem *Nathan* gefunden haben.[15] Der Gedanke, die Lessingschen Energien, die so lange um seine *Faust*-Pläne kreisen, seien in seinem *Nathan* konzentriert und zur Ruhe gekommen, hätten in ihm ihren letztwilligen Ausdruck gefunden, ist zumindest für den Lessing-Freund ein schöner Gedanke.

Es sollte von der Lessingschen Doppelstrategie seiner Polemik gegen Gottsched und den jungen Goethe am Beispiel seiner *Faust*-Bemühungen die Rede sein. Wir erinnern uns, daß der junge Lessing in seiner Vorrede zu den *Beiträgen zur Historie und Aufnahme des Theaters* 1749 dem Herrn Professor Gottsched »Verdienste, die er unwidersprechlich um das deutsche Theater hat«, bescheinigt und sich von ihm noch eine »Historie des Theaters« verspricht, die Gottsched noch bedeutender machen könnte. (LM 4, S. 55) Durch sie würden seine Verdienste erst zu ihrer »vollkommnen Größe anwachsen«. (LM 4, S. 55) Karl S. Guthke, der der Beziehung des jungen Lessing zu Gottsched akribisch nachgegangen ist, hat in der Auseinandersetzung mit Munckerschen Standpunkten resümiert, daß »Lessings Äußerungen in den *Beyträgen* nicht jene schrillen Fanfarenstöße gegen den Leipziger ›Kunstrichter‹ [sind], die wir vom späten Lessing her kennen, sondern eher ein respektvoller Versuch, mit

---

[14] Friedrich Müller (»Maler Müller«) über seine Begegnung mit Lessing in Mannheim 1777. Zit. nach Anm. 3, S. 27.
[15] Walter Jens: In Sachen Lessing. Stuttgart 1983, S. 85.

Gottsched in ein Gespräch zu kommen über eine mögliche Erweiterung der Grundlagen seiner Theorie der Literatur.«[16] Erst seit 1751 ist eine Abwendung des jungen Lessing von Gottsched zu erkennen. Die Ursache findet Guthke in der antifranzösisch intentionierten »Verschlimmbesserung« einer Lessingschen Voltaire-Übersetzung, der *Abhandlung von der Verschönerung der Stadt Paris* (1751) durch Gottsched, die darauf abgezielt haben könnte, Voltaire und Friedrich II. gegen Lessing aufzubringen. Daran war Lessing nun wirklich nicht gelegen. Erst in der Folge davon, vom März 1751 an, datiert die offene Auseinandersetzung Lessings mit Gottsched, die dann im Februar 1759 im *17. Literaturbrief* ihren Höhepunkt und wohl auch ihren eigentlichen Ausgang findet. Wegen der hier interessierenden *Faust*-Szene Lessings am Ende des *17. Literaturbriefes* als einem wichtigen Indiz indirekter Lessingscher Polemik gegen Gottsched braucht hier der Streit zwischen beiden von 1751 bis 1759 nicht noch einmal nachvollzogen zu werden. Er verlief kontinuierlich diskontinuierlich und durchaus nicht in allen Phasen so despektierlich, wie man aus der überspitzten und schließlich auch ungerechten Kritik Lessings im *17. Literaturbrief* meinte schließen zu können. Daß er spätestens seit 1754 auch durch Friedrich Nicolai mitforciert worden ist, beweist ein weniger bekanntes Beispiel, das auch in die Richtung der Doppel-Strategie Lessingscher Polemik verweist.

Friedrich Nicolai berichtet aus der Erinnerung, daß er, etwa um die Mitte der fünfziger Jahre, »mit Lessing zusammen ein burleskes Heldengedicht auf Gottsched und auf die Reimer seiner Schule« machen wollte.[17] Lessing hätte dazu den Plan gemacht. Diesem Plan zufolge sollte Gottsched sehr ergrimmt gezeigt werden, weil durch Klopstocks *Messias* »soviel Seraphe und Engel in die Welt gekommen sind, durch welche er [Gottsched; E. N.] und seine Poesie verfolgt und aus Deutschland vertrieben werden« sollten. Deshalb macht er sich als fahrender Ritter mit einem seiner Jünger auf den Weg, »diese Ungeheuer zu zerstören«. In Langensalza, wo man gerade mit vielen »eng'lisch« verkleideten Kindern das Gregoriusfest feiert, will Gottsched die vermeintlichen Klopstockschen Seraphe niedermachen. Aber Gottsched und sein Knappe werden von den Städtern festgesetzt und als vermeintliche Hexenmeister zum Scheiterhaufen verurteilt. Da erscheint Klopstock zufällig selbst in der Stadt (bei seiner Cousine Fanny), klärt dem Stadtrichter den Irrtum Gottscheds auf, und der Stadtrichter befreit Gottsched und seinen Knappen von der Anklage

---

[16] Zit. nach Anm. 4, S. 48.
[17] *Lessing im Gespräch. Berichte und Urteile von Freunden und Zeitgenossen.* Hg. von Richard Daunicht. München 1971, S. 91f.

der Hexerei. Die beiden – so Klopstock – würden ohnehin auch auf dem größten Scheiterhaufen nicht verbrennen, da sie »aus lauter wässerichten Theilen zusammen gesetzt« seien. Schließlich begnadigt, wird Gottsched am Ende in die Obhut seiner Frau, der Knappe in die seines Vaters überführt. Beide haben von nun an dafür zu sorgen, daß ihre Schutzbefohlenen »künftig weder reiten noch reimen würden«.[18]

Diese dramatische Don-Quichotterie auf Gottsched und seine regelpoetische Phantasiefeindlichkeit blieb offensichtlich Gedankenentwurf Lessings, mündlich nur Nicolai mitgeteilt. Was in ihm noch als dramatische Personalsatire angelegt war, in der der Gegner der Lächerlichkeit preisgegeben werden sollte, klärt sich in den darauffolgenden Jahren zu jener doppelstrategischen und sich objektiver gebenden polemischen Kritik ab, wie sie uns dann im *17. Literaturbrief* einerseits als Brieffiktion und andererseits als dramatische Szene entgegentritt. Bedauerlicherweise hat man in der Vergangenheit beide Teile dieses »Briefes« wiederholt getrennt gedruckt und deshalb auch unabhängig voneinander gelesen.[19] Für das Verständnis der Strategie Lessingscher Polemik gegen Gottsched erwies (und erweist) sich das als unvorteilhaft. Nun bezeichnet Lessing jenen szenischen Teil seines Briefes sehr bestimmt als »dritte Szene des zweiten Aufzugs« eines alten Stück-Entwurfs, eines Trauerspiels vom Doktor *Faust*, wodurch der Eindruck erweckt wird, da habe ein Ganzes zumindest im Plan vorgelegen und werde nun nur noch auszugsweise zur Exemplifizierung des soeben dramenästhetisch Erörterten herangezogen. Man könne es sich auch wegdenken. Ich halte das für einen Irrtum. Erstens sind die zwölf Bogen *Faust*-Manuskript Lessings, wenn sie je existiert haben, noch nicht für 1759 nachweisbar. Gesehen wurden sie ja angeblich erst in seiner Breslauer Zeit, und verlorengegangen seien sie ja erst 1775. Zweitens zielte ja Lessing mit seinem *Faust* nicht eigentlich auf ein Trauerspiel ab, in dem ein wißbegieriger Faust vom Teufel geholt werden sollte, wie im Spiesschen Faustbuch oder noch bei Christopher Marlowe, sondern auf einen, der durch Engel des Herrn erlöst wird, weil aufklärerisches Erkenntnisstreben nicht als widergöttlich, sondern als menschen- und gottgefällig bewertet werden sollte. Lessing, der sich im *Literaturbrief* mit Hinweisen auf einen alten Freund und auf einen alten Entwurf, woraus ihm ein Auftritt mitgeteilt worden sei, gedeckt hält, könnte m. E. diese Szene für diesen Brief sehr wohl »maßgeschneidert« haben. Ich meine auch, daß die Proportionen von epistularem und szenischem Teil, die

---

[18] Ebd.
[19] So in der Ausgabe von LM 3 und 8; in: Lessing. Auswahl in drei Bänden. Hg. von W. Hoyer. Leipzig 1952. Bd. 1, S. 198ff. und 415f.; und in der Ausgabe von R 2 und 4.

etwa ein Verhältnis von 60 zu 40 des Textganzen ausmachen, dafür sprechen. Einem bestimmten (größeren) Quantum direkter Polemik deduktiver Art, die mit einem Paukenschlag beginnt (»Niemand [...] wird leugnen [...] Ich bin dieser Niemand [...]«), eignet schließlich ein weniger großes Quantum indirekter Polemik, mit der dieser Brief ausklingt. Lessing entscheidet sich hier dafür, vom Dramentheoretischen zum Szenisch-Praktischen vorzugehen, von allgemeiner polemischer Reflexion zu besonderer positiver Textdemonstration, somit für ein Verfahren, das er zeitgleich auch mit Gotthold Ephraim Lessings *Fabeln. Drey Bücher. Nebst Abhandlungen mit dieser Dichtungsart verwandten Inhalts* praktiziert hat, und das hier wie da auf die Entwicklung eines bürgerlich-nationalen Charakters deutscher Literatur abzielt:

> Und wie verliebt war Deutschland, und ist es zum Teil noch, in seinen *Doktor Faust*.

Die Verbindung von direkter Gottsched-Polemik mit der indirekt polemischen Demonstration eines Fragments anti-gottschedischer Dramatik ist eine mehrfache, und sie sollte demzufolge nicht aufgelöst werden. Auch der Versuch, diese Szene zwischen das überlieferte Szenar von Vorspiel und erstem Aufzug sowie die v. Blanckenburgschen und Engelsschen Erinnerungen und Rekonstruktionen zu stellen[20], hat unsere Vorstellungen von einem wenigstens halbwegs ausgeführten Lessingschen *Faust*-Drama nicht viel weitergebracht. Was sie in Erinnerung rufen, sind offensichtlich Teile eines Lessingschen *Faust* »mit Teufeln«[21], aber ohne tragischen Ausgang. Wir müssen wohl davon ausgehen, daß Lessings Aussagen von dem zweimal bearbeiteten Sujet[22] bzw. »den zwei Schauspielen vom Faust« weniger auf annähernd fertige Faustdramen verweisen als vielmehr auf eine mehr als zwei Jahrzehnte lange, nie zu Ende konzipierte und profilierte Arbeit am tradierten Faust-Sujet. Nimmt man die von Guthke dankenswerterweise neu zusammengestellten und erweiterten Belege für Lessings Arbeit am *Faust* ernst, so ergeben die vielen Nicht-Übereinstimmungen eigentlich nicht zwei, sondern vier unterschiedliche *Faust*-Pläne Lessings: einen *Faust*-Plan nach tradierter (von Spies und Marlowe herkommender) Fabel mit Teufeln und tragischem Ausgang[23], einen Plan mit Teufeln und untragischem Ausgang[24], ein innoviertes Sujet ohne Teufel mit tragischem

---

[20] Vgl. Anm. 3, S. 28–31 und 32–36.
[21] Zit. nach Anm. 3, S. 27.
[22] Zit. nach Anm. 3, S. 25.
[23] Vgl. Karl S. Guthkes Belege in Anm. 3, Nr. 2, 3, 13, 16 und 20, S. 15ff.
[24] Vgl. ebd., Belege Nr. 22, 23, 24, 25, S. 27–36.

Ausgang[25] und eine innovierte Fabel ohne Teufel mit untragischem Ausgang, die in die Richtung auf *Nathan* weist[26]. Daß wir heute mit den Lessingschen *Faust*-Fragmenten in erster Linie die Vorstellung vom Teufelsspiel mit dem Phantom-Faust und dem letztlich geretteten Faust verbinden, resultiert sicher aus der Übereinstimmung der Erinnerungen v. Blanckenburgs und J. J. Engels an Lessingsche *Faust*-Pläne, ist aber wohl auch mitfixiert durch die dort beschriebene Konfliktlösung, die ja der Goetheschen bekanntlich am nächsten kommt, weil sie dem Helden Faust Rettung durch »eine Erscheinung aus der Oberwelt« (LM 3, S. 386) bringt. Schließlich haben wir uns mehr oder weniger daran gewöhnt, Fauststoff-Bearbeitungen, eigen- und fremdnationale, nach ihrer Goethe-Nähe oder Goethe-Ferne zu beurteilen.

»Meinen F a u s t holt der Teufel, ich aber will G.** seinen holen.« War dieses uns über J. J. Engel und J. H. F. Müller überlieferte Lessing-Wort ernstgemeint? Ungeachtet der Authentizitätsproblematik (ich weiß von einem, der hat Lessing sagen hören ...) wird man dieses Wort ernstnehmen müssen. Er – Lessing – stand »in entschiedener und unaufhebbarer Opposition zu seiner Epoche [...]: in Gegnerschaft zu Gottsched, aber, bei aller Bewunderung, auch in Gegnerschaft zu Goethe.«[27] Der *Sterbende Cato* Gottscheds, mit Kleister und Schere verfertigt, war ihm ein Greuel; was sich ihm aber andererseits von seiten der shakespearesierenden Jungen bot, waren ihm auch nur »Haupt- und Staatsaktionen«[28] anderer Art, die ihn kaum weniger aufregten. Shakespeare sollte studiert und nicht geplündert werden. Genie und Regeln sollten einander nicht ausschließen, sondern bedingen. Da mußte ihm eben auch der Goethesche *Götz* zum Stein des Anstoßes werden:

> Er füllt Därme mit Sand, und verkauft sie für Stricke. Wer? Etwa der Dichter, der den Lebenslauf eines Mannes in Dialogen bringt, und das Ding für Drama ausschreit? (LM 16, S. 535)

Das Diktum ist anonym, aber man darf wohl mit Lachmann/Muncker annehmen, es sei von Lessing auf Goethe und seinen *Götz* gemünzt. Wenn auf den *Götz* gemünzt, so stimmen die Worte Lessings über dieses Drama in ihrer Radikalität mit seinem Willen, den entstehenden Goetheschen *Faust* zu negieren, überein.

---

[25] Vgl. ebd., Belege Nr. 8, 19, 21, S. 21, 25, 26f.
[26] Vgl. ebd., Belege Nr. 19 und 21, S. 25 und 26f. Außerdem Walter Jens: Der Teufel lebt nicht mehr, mein Herr! In: In Sachen Lessing (Anm. 15), S. 62ff.
[27] Walter Jens (Anm. 15), S. 115.
[28] Zit. nach Anm. 3, S. 25.

Wir wissen generell um die Unterschiede, Gegensätze und Widersprüche zwischen Lessing und dem jungen Goethe. Die Neigung, vorrangig immer wieder die Kontinuität des literaturgeschichtlichen Prozesses von der Aufklärung hin zur Klassik zu betonen, läßt sie uns von Zeit zu Zeit ebenso immer wieder einmal vergessen und den Literaturgeschichtsprozeß idealisieren. Es ist gut, daß Konferenzen dieser Art für uns zur Herausforderung werden, die Dialektik solcher Entwicklungen nicht zu ignorieren.

Hugh Barr Nisbet

Polemik und Erkenntnistheorie bei Lessing

Dieser Aufsatz behandelt das Verhältnis zwischen Lessings Polemik und seiner Erkenntnistheorie, d. h. seinen Ansichten über das Wesen und die Erforschung der Wahrheit. Das Verhältnis zwischen Wahrheit und Polemik ist natürlich immer problematisch: Das erste Opfer der Polemik, wie des Krieges, ist oft die Wahrheit selbst, weil der Sieg über den Gegner leicht eine höhere Priorität gewinnt als die unbefangene Förderung der Erkenntnis. Lessings polemische Schriften sind in dieser Hinsicht keine Ausnahme. Aber die Art von Wahrheit, zu der er durch sie zu gelangen sucht, und der Grad, bis zu dem er ihre Ermittlung für möglich hält, ändert sich im Laufe seiner Entwicklung beträchtlich, insbesondere im letzten Jahrzehnt seines Lebens. Dieser Aufsatz will den engen Zusammenhang zwischen den beiden Bereichen – d. h. Polemik und Erkenntnistheorie – beleuchten und zugleich einige der Momente identifizieren, die Lessings wechselnde Einstellung zu beiden beeinflußten.

Fast alle Prosaschriften Lessings sind in gewissem Sinne polemisch, ob sich die Polemik gegen Personen oder gegen herrschende Meinungen und Vorurteile richtet.[1] Es gibt aber im Hinblick auf die Gegenstände dieser Polemik, trotz gelegentlicher Ausnahmen, eine deutliche Entwicklung vom Besonderen zum Allgemeinen, von relativ beschränkten Fragen philosophischer oder historischer Genauigkeit zu weiterreichenden Problemen grundsätzlicher Art. Es handelt sich z. B. in der frühen Kritik an Jöchers *Gelehrten-Lexikon* um biographische Unstimmigkeiten und im *Vade mecum für Lange* um Übersetzungsfehler, die für sich genommen relativ unbedeutend sind, aber in ihrer Gesamtheit die wissenschaftliche Kompetenz des Gegners ernstlich in Frage stellen. Aber bereits in der Polemik gegen Lange spielen ethische Fragen ebenfalls eine zentrale Rolle – vor allem die Frage nach der moralischen Aufrichtigkeit des Widersachers und dem Verhältnis zwischen Ethik und Wissenschaft (eine Frage, die dann im späteren Streit mit Klotz noch ausführlicher erörtert wird). Auch die Polemik gegen Basedow und Cramer in den *Litera-*

---

[1] Vgl. Otto Immisch: Beiträge zur Beurteilung der stilistischen Kunst in Lessings Prosa, insonderheit der Streitschriften. In: Neue Jahrbücher für Philologie und Pädagogik 135 (1887), S. 338.

turbriefen von 1759 berührt ethische Probleme, indem Lessing z. B. die Unabhängigkeit der persönlichen Rechtschaffenheit vom religiösen Glauben behauptet. Ungefähr um dieselbe Zeit werden auch ästhetische und poetische Werte zu einem regelmäßigen Thema seiner Polemik, z. B. in den Angriffen auf Gottsched, Dusch und andere Kritiker in den *Literaturbriefen*, auf Winckelmann, Spence und Caylus im *Laokoon* und später auf Voltaire und die französische Klassik in der *Hamburgischen Dramaturgie*. Im Fragmentenstreit der letzten Jahre rückt schließlich die Problematik der religiösen bzw. theologischen und metaphysischen Wahrheit und des ethischen Wertes der verschiedenen Religionen, die bisher – wie z. B. in den frühen »Rettungen« – nur beiläufig und relativ unverbindlich behandelt worden war, ins Zentrum der Debatte. Damit war die höchste Entscheidungsinstanz aller intellektuellen Streitigkeiten – nämlich die Wahrheit selbst – zum Gegenstand der Kontroverse geworden, so daß diese Auseinandersetzung die grundsätzlichste von allen sein mußte.

Der mir zur Verfügung stehende Raum erlaubt mir nicht, die entscheidenden Stufen in der Entwicklung von Lessings Polemik eingehend darzustellen. Aber bevor ich mich der Frage der Erkenntnistheorie zuwende, möchte ich einige thesenartige Bemerkungen machen, um die oft wenig rationale Motivation seiner Polemik und seiner wechselnden Auffassung von ihrer Funktion zu verdeutlichen.

1. Sowohl innerhalb der einzelnen Kontroversen als auch im Übergang von einer Kontroverse zur nächsten zeigt Lessings Polemik die Tendenz, zugleich heftiger und umfassender zu werden. Seine Beiträge zu den *Literaturbriefen* z. B. entwickeln sich bald von kurzen, an einen imaginären Korrespondenten adressierten Buchbesprechungen zu breit angelegter, an bestimmte Gegner gerichteter Polemik, deren Ton zunehmend schärfer wird. Die Streitschriften gegen seine Hauptgegner – Lange, Klotz und Goeze – werden im allgemeinen virulenter und umfangreicher, und die Tatsache, daß die Schriften gegen Goeze im ganzen etwas kürzer sind als diejenigen gegen Klotz (es sei denn, daß man *Nathan der Weise* zu den ersteren rechnet), hängt eher mit dem Eingriff der Braunschweiger Behörden zusammen als mit irgendeiner Abneigung von seiten Lessings, den Streit auf unbestimmte Zeit fortzusetzen. Das persönliche Engagement wird ebenfalls in den späteren Kontroversen im allgemeinen deutlicher als in den früheren: der Angriff auf Klotz z. B. geht weit über die Diskussion antiquarischer Gegenstände hinaus und wird zu einem persönlichen Zweikampf, in dem Lessing seine Bereitschaft erklärt, Klotz auf jedes Gebiet der Gelehrsamkeit zu folgen, bis er ihn aus dem Feld geschlagen habe.[2]

---

[2] »Laß ihn anfangen, was er will; da ich ihn einmal aufs Korn gefaßt habe, so folge ich ihm

2. Lessings drei Hauptgegner sind für ihn Verkörperungen des Prinzips der Autorität, mit dem er sich sein ganzes Leben lang auseinandersetzte – Lange als Schützling mächtiger Gönner, der seine Horaz-Übersetzung dem preußischen König widmete,[3] Klotz als jüngster Geheimrat in Preußen und ernsthafter Rivale Lessings als Kritiker, Publizist und Antiquar[4] und Goeze als Führer der lutherischen Orthodoxie. Lessing lehnt sich seit seiner Frühzeit gern gegen die herrschenden Mächte auf: Typische Beispiele sind Gottsched als literarischer Diktator Leipzigs und Voltaire als Vertreter der französischen Kulturherrschaft in Deutschland. Die Tatsache, daß Goezes Argumente im Fragmentenstreit fast alle an das Autoritätsprinzip appellierten – an die Autorität der Bibel oder der Kirche – war vorzüglich geeignet, Lessing in Harnisch zu bringen, und das sogenannte *Absagungsschreiben* zeigt unmißverständlich, daß Goezes »Pastoralverhetzung der weltlichen Obrigkeit« (G 8, S. 126), wie Lessing sie nennt, ihn ganz besonders empörte. Die Autoritätsfeindlichkeit ist daher ein wichtiger Faktor nicht-rationaler Herkunft, der Lessings Polemik mit motiviert.[5]

3. Die Polemik wurde für Lessing, wie Peter Michelsen bemerkt hat, zu einem notwendigen Mittel, die Widersprüche und Antinomien seines Wesens auszudrücken.[6] Diese Notwendigkeit ist für ihn viel wichtiger als die spezifischen Streitfragen, die er behandelt, so daß er sich immer mehr gezwungen fühlt, sich neue Gegner zu suchen, wenn sie sich nicht von selbst anbieten.

4. Das Vergnügen, das ihm die Polemik gewährt, ist nach seinem eigenen Geständnis dem Vergnügen des Theaters vergleichbar und sogar überlegen.[7] Daß er die Streitschrift zu einer Unterhaltungsform entwickelte, hängt mit seiner Vorstellung von der Polemik als Spiel zusammen, und der Unterhaltungswert seiner Streitschriften ist vielleicht der wichtigste Grund dafür,

---

allenthalben nach, und wenns auch ins deutsche Staats-Recht wäre«; Richard Daunicht (Hg.): Lessing im Gespräch. Berichte und Urteile von Freunden und Zeitgenossen. München 1971, S. 261. Vgl. auch Lessings Brief an A. G. Kästner vom 7. Januar 1769, S. 585: »[...] da ich mich nun einmal mit ihm abgegeben habe, so muß ich ihn schon völlig zu Bette bringen.«

[3] Vgl. Erich Schmidt: Lessing. Geschichte seines Lebens und seiner Schriften. Bd. 1. 4. Aufl. Berlin 1923, S. 229 und 231.

[4] Vgl. Kommentar des Herausgebers in B 5/2, S. 978f.

[5] Vgl. Wolfram Mauser: Toleranz und Frechheit. Zur Strategie von Lessings Streitschriften. In: Peter Freimark, Franklin Kopitzsch, Helga Slessarev (Hg.): Lessing und die Toleranz. Detroit und München 1986, S. 288. »Der Leser spürt, daß [...] nicht nur um Wahrheit, sondern auch um Macht gerungen wird.«

[6] Peter Michelsen: Der unruhige Bürger. Studien zu Lessing und zur Literatur des achtzehnten Jahrhunderts. Würzburg 1990, S. 102.

[7] Vgl. seinen Brief an Karl Lessing vom 25. Februar 1778: »Besonders freue ich mich, daß Du das *haut-comique* der Polemik zu goutieren anfängst, welches mir alle andern theatralischen Arbeiten so schal und wäßrig macht.«

daß einige von ihnen überhaupt noch gelesen werden. Er wendet sich dem-
entsprechend immer weniger an die gelehrten Fachkreise, die traditionell die
Leserschaft von philologischen, antiquarischen und theologischen Streit-
schriften ausmachten, und immer mehr an das breite Publikum,[8] für das der
Unterhaltungswert seiner Schriften genau so wichtig war wie ihr spezifischer
Inhalt.

5. Lessing lernte die Polemik zuerst im akademischen Kontext kennen, vor
allem in Abraham Gotthelf Kästners Kolloquium über die Disputierkunst in
Leipzig.[9] Die besonderen rhetorischen Formeln und Wendungen der traditionellen Gelehrtendisputation, die gelegentlich in seinen Frühschriften zum
Vorschein kommen,[10] sind für ihn in späteren Jahren jedoch nur noch ein Gegenstand der Parodie, z. B. wenn er sie bei Goeze kritisiert und lächerlich
macht.[11] Dies ist ein Zeichen dafür, daß er die traditionelle Funktion der
Schulpolemik – nämlich die Verteidigung anerkannter Wahrheiten und die
Erforschung ihrer Konsequenzen – nicht mehr ernstnehmen kann.

Dies sind einige der Faktoren, die helfen zu erklären, warum die Erforschung
der Wahrheit nur eine partielle und abnehmende Rolle in Lessings Polemik
spielt. Der Rest dieses Aufsatzes wird die Entwicklung seines Wahrheitsbegriffs
und seiner Erkenntnistheorie im allgemeinen untersuchen.

Die Ansichten des jungen Lessing über Wahrheit und Wahrhaftigkeit in
gelehrten Kontroversen waren im wesentlichen einfach und kompromißlos. In
der *Rettung des Cardanus* (1754) fragt er z. B., »ob es erlaubt sei, bei Untersuchung der Wahrheit, sich die Unwissenheit seines Gegners zu Nutze zu
machen?« Seine Antwort lautet, daß dies nur in Rechtsstreitigkeiten zulässig
sei, in denen es ausschließlich um die Verteidigung der eigenen Sache gehe. Er
setzt noch hinzu:

> Dieses aber findet sich, bei den Streitigkeiten, welche die Wahrheit zum Vorwurfe
> haben, nicht [...]. Die Partei, welche verliert, verliert nichts als Irrtümer; und kann
> alle Augenblicke an dem Siege der andern, Teil nehmen. Die Aufrichtigkeit ist daher
> das erste, was ich an einem Weltweisen verlange. (G 7, S. 21)

---

[8] Vgl. Kommentar des Herausgebers in B 8, S. 736f.
[9] Vgl. Karl Lessing: Gotthold Ephraim Lessings Leben. Hg. von O. F. Lachmann. Leipzig 1887,
S. 10.
[10] Vgl. z. B. das Streitgespräch zwischen Adrast und Theophan in der ersten Szene des *Freigeist*;
auch Kommentar des Herausgebers in *Werke und Briefe* (B 5/1, S. 814).
[11] Vgl. z. B. den ironischen Titel *Axiomata, wenn es deren in dergleichen Dingen gibt* (G 8, S. 128)
und die vom Patriarchen in *Nathan der Weise* gebrauchten Termini »Faktum«, »Hypothes«,
»Problema« (G 2, S. 297 und 300).

Noch im Jahre 1769, als ihm die Intrigen der Klotzianer zu schaffen machen, besteht er auf der Notwendigkeit absoluter Ehrlichkeit in gelehrten Disputen, selbst über Kleinigkeiten, und sagt:

> wer in dem allgeringsten Dinge für Wahrheit und Unwahrheit gleichgültig ist, wird mich nimmermehr überreden, daß er die Wahrheit bloß der Wahrheit wegen liebet. (B 6, S. 718)

In den Jahren zwischen diesen zwei Aussagen war Lessing selbst nicht immer so gewissenhaft, wie seine Worte erwarten lassen könnten – vor allem, wenn es sich um lästige Tatsachen handelte, die seinen eigenen Argumenten widersprachen. Er schreibt in *Laokoon* z. B., daß er Winckelmanns *Geschichte der Kunst* erst kennengelernt habe, nachdem sein eigenes Werk beinahe fertig war, obgleich sie ihm schon längst bekannt war.[12] Dies erlaubte ihm, frühe Thesen Winckelmanns zu widerlegen, die dieser in dem späteren Werke zurückgenommen hatte.[13] Ähnlicherweise vereinfachte und verdrehte er die Ansichten von Spence und Caylus, wie Donald Siebert und andere gezeigt haben, damit er sie um so überzeugender widerlegen konnte.[14] Aber erst in seinen späteren Jahren fängt er an, auch seine theoretischen Aussagen über Wahrheit und Wahrhaftigkeit einzuschränken. Um 1773 z. B. empfiehlt er die Verbergung gewisser Wahrheiten, sofern deren Bekanntwerden ungebührliche Angst oder Unruhe verursachen könnte; die Verbergung solcher Wahrheiten sei wie die »Klugheit eines Arztes, welcher, wenn sich die Pest zeigt [...], es so lange als noch möglich durchaus nicht wahr haben will, daß es die Pest ist, *ob er schon insgeheim seine Mittel und Vorkehrungen darnach einrichtet«*. (G 7, S. 307) Noch etwas später, in der *Erziehung des Menschengeschlechts* (§ 68), ermahnt er das »fähigere Individuum«, das seine Zeitgenossen an vernünftigen Einsichten überholt hat, diesen Zeitgenossen keine Wahrheiten mitzuteilen, die sie noch nicht verstehen können; und die *Gespräche für Freimäurer* aus derselben Zeit bedienen sich auf systematische Art des Geheimnisses als indirektes Mittel, fortschrittliches Denken anzuregen.[15] Es steht ebenfalls fest, daß er sich im Streit mit Goeze oft der Verheimlichung und sogar der Verstellung bediente, so daß er seinem Bruder

---

[12] B 5/2, S. 183 und Kommentar des Herausgebers S. 641, 662 und 846.
[13] Vgl. H. B. Nisbet: *Laocoon in Germany*. In: Oxford German Studies 10 (1979), S. 31.
[14] Vgl. Donald T. Siebert Jnr.: *Laokoon and Polymetis*. Lessings Treatment of Joseph Spence. In: Lessing Yearbook 3 (1971), S. 71–83 (bes. S. 75) und Helmut Sichtermann: Lessing und die Antike. In: Lessing und die Zeit der Aufklärung. Vorträge gehalten auf der Tagung der Joachim-Jungius Gesellschaft. Göttingen 1968, S. 186.
[15] Vgl. H. B. Nisbet: Zur Funktion des Geheimnisses in Lessings *Ernst und Falk*. In: Lessing und die Toleranz (Anm. 5), S. 291–309.

gestehen konnte, »daß ich nicht alles was ich γυμναστικῶς schreibe, auch δογματικῶς schreiben würde«[16], und seinen Freunden mitteilte, daß manche seiner Argumente nur dazu bestimmt seien, die Zustimmung der Katholiken zu gewinnen, damit er gegen protestantische Verfolgung geschützt sei. Elise Reimarus bemerkte zu solchen Manövern: »Lessing […] hat etwas noch schlimmeres als Maske, er hat Politik, er will täuschen, nicht bloß verdecken«[17], und es gibt in der Lessing-Literatur viele ähnliche Feststellungen in bezug auf die raffinierte Taktik seiner späten Streitschriften. Es ist also klar, wenn man seine späten Äußerungen und Verfahrensweisen mit seinen früheren Aussagen über Wahrheit und Wahrhaftigkeit vergleicht, daß seine Ansichten über diese Problematik eine tiefgreifende Wandlung durchgemacht haben. Diese Wandlung läßt sich auch in seinen zerstreuten Äußerungen über die heuristische Funktion der Polemik und über die Möglichkeit der Wahrheitserkenntnis überhaupt – d. h. in seiner Erkenntnistheorie – nachweisen.

Lessings erster und vielleicht bekanntester Ausspruch über den heuristischen Wert der Polemik ist folgende Stelle aus dem 70. Stück der *Hamburgischen Dramaturgie* von Anfang 1768:

> Primus sapientiae gradus est, falsa intelligere […] secundus, vera cognoscere. Ein kritischer Schriftsteller, dünkt mich, richtet seine Methode auch am besten nach diesem Sprüchelchen ein. Er suche sich nur erst jemanden, mit dem er streiten kann: so kommt er nach und nach in die Materie, und das übrige findet sich. (B 4, S. 558f.)

Das letzte Ziel der Polemik ist also die Erkenntnis der Wahrheit. Aber die Akzentuierung ist aufschlußreich. Der polemische Teil des Vorhabens – d. h. die Widerlegung des Irrtums – ist eigentlich die Hauptsache, während der zweite Teil – d. h. die Ermittlung der Wahrheit – nur beiläufig erwähnt wird: die Wahrheit wird sich schon irgendwie ergeben (»das übrige findet sich«). Lessing scheint selber über diese Unbestimmtheit etwas verlegen zu sein, denn er setzt zu seiner eigenen Rechtfertigung hinzu »Wem diese Methode etwan mehr mutwillig als gründlich scheinen wollte: der soll wissen, daß selbst der gründliche Aristoteles sich ihrer fast immer bedient hat.« Das Fazit aus diesen Überlegungen – nämlich daß die Erkenntnis der Wahrheit nicht unbedingt die wichtigste Aufgabe des Kritikers sei – wird noch durch folgende Bemerkung aus dem zweiten Teil der *Antiquarischen Briefe* bestätigt, die etwa ein Jahr später geschrieben wurde:

---

[16] Brief an Karl Lessing vom 16. März 1778.
[17] Brief an August Hennings vom 8. September 1776 in W. Wattenbach: Zu Lessings Andenken. In: Neues Lausitzisches Magazin 38 (1861), S. 205.

> In dem antiquarischen Studio ist es öfters mehr Ehre das Wahrscheinliche gefunden
> zu haben, als das Wahre. Bei Ausbildung des erstern war unsere ganze Seele geschäftig:
> bei Erkennung des andern, kam uns vielleicht nur ein glücklicher Zufall zu Statten.
> (B 5/2, S. 484)

Auch diese Worte lassen deutlich werden, was Lessing jetzt für wichtiger hält
als die Entdeckung der Wahrheit, nämlich den Grad des emotionalen und
geistigen Einsatzes, den die Tätigkeit der Wahrheitssuche verlangt (»war unsere
ganze Seele geschäftig«): mit anderen Worten, er denkt an die Art von Anregung, die er auch in zunehmendem Maße in der Polemik fand. Kurz danach,
in der Vorrede zum Aufsatz *Wie die Alten den Tod gebildet*, gibt er nicht nur zu,
daß die Polemik nicht unbedingt zur Entdeckung neuer Wahrheiten führt,
sondern auch, daß er es ohnehin für gleichgültig hält, ob sie Wahrheiten entdeckt oder nicht; denn der eigentliche Beitrag der Polemik zur Erkenntnis ist
nicht direkt, sondern indirekt, indem sie den Untersuchungsgeist erweckt und
Irrtümer entlarvt:

> Es sei, daß noch durch keinen Streit die Wahrheit ausgemacht worden: so hat den-
> noch die Wahrheit bei jedem Streite gewonnen. Der Streit hat den Geist der Prüfung
> genähret, hat Vorurteil und Ansehen in einer beständigen Erschütterung erhalten;
> kurz, hat die geschminkte Unwahrheit verhindert, sich an der Stelle der Wahrheit
> festzusetzen. (B 6, S. 717)

Der Ausdruck »beständige Erschütterung« ist bezeichnend: Worauf Lessing
jetzt vor allem Wert legt, ist die unaufhörliche Bewegung, der wiederholte
Zusammenstoß verschiedener Meinungen, die die Polemik mit sich führt.

Lessings Ansicht über den relativen Wert der Wahrheit und der Tätigkeit, die
mit ihrer Erforschung verbunden ist, findet ihren klassischen Ausdruck in der
berühmten Erklärung in der *Duplik* von 1778, daß die Nachforschung der
Wahrheit dem Menschen ersprießlicher sei, als deren Besitz, denn

> [...] nicht durch den Besitz, sondern durch die Nachforschung der Wahrheit er-
> weitern sich seine Kräfte, worin allein seine immer wachsende Vollkommenheit
> bestehet. Der Besitz macht ruhig, träge, stolz – . (B 8, S. 510)

Die Wahrheit selbst ist für Lessing mit Untätigkeit verbunden und die Erforschung der Wahrheit – zu der die Polemik in einem engen Verhältnis steht –
mit Tätigkeit und daher mit der ständigen Entwicklung des Individuums in
Richtung auf das Ziel der Vollkommenheit.

Dieser Gegensatz von Besitz und Erforschung der Wahrheit spiegelt sich um
dieselbe Zeit in Lessings Erkenntnistheorie wider. Seine Bemerkungen zum
Thema der Wahrheit nehmen immer wieder eine antithetische Form an, wobei
eine relativ zugängliche Art von Wahrheit oder Erkenntnis mit einer weniger

zugänglichen Art kontrastiert wird: Zu solchen Gegensätzen gehören zum Beispiel »Buchstabe« und »Geist«, »Bibel« und »Religion«, »schriftliche Überlieferung« und »innere Wahrheit«, »zufällige Geschichtswahrheiten« und »notwendige Vernunftswahrheiten«, »Offenbarung« und »Vernunft«, »Loge« und »Freimaurerei«, usw. (B 8, S. 312f. und 441; G 8, S. 478 und 498 usw.) Alle diese Gegensätze stellen aber insofern Vereinfachungen von Lessings Erkenntnistheorie dar, als er in der Tat glaubt, daß es nicht nur zwei, sondern mindestens drei Ebenen der Wahrheit gibt: 1) empirische Erkenntnisse (z. B. die »zufälligen Geschichtswahrheiten«), 2) logische Sätze und Vernunftwahrheiten, und 3) schließlich die absolute Wahrheit, die nur Gott besitzt, und der sich jedes Individuum in verschiedenem Grade nähert. Aber er drückt diese Unterschiede am liebsten in antithetischer Form aus – vor allem im polemischen Kontext – um den kontrastierenden Wert von aktiven und passiven Haltungen hervorzuheben: Auf der einen Seite gibt es eine relativ bestimmte, zugängliche und unveränderliche Art der Wahrheit, die gewöhnlich mit einer dogmatischen Geisteshaltung und mit intellektueller Starrheit verbunden ist, und auf der anderen Seite eine fließende, dynamische und weniger faßbare Art der Wahrheit, die man auch nach fortgesetzten Untersuchungen immer nur annähernd erreichen kann. Selbstverständlich interessiert sich Lessing mehr für die zweite als für die erste Art, die er als Hindernis für aufgeklärtes Denken betrachtet.

Diese offene Erkenntnistheorie liegt den meisten von Lessings späteren Schriften über Religion und Philosophie zugrunde. Sie ist natürlich mit der Erkenntnistheorie von Leibniz eng verwandt, dessen Schriften Lessing in den ersten Wolfenbütteler Jahren intensiv studierte; denn auch Leibniz sieht in der Entwicklung der menschlichen Vernunft von der Unwissenheit zur vollkommenen Weisheit eine unendliche Reihe von immer deutlicheren Erkenntnisstufen. Dieser Entwicklung der Vernunft will Lessing, im Gegensatz zum Beispiel zu seinem jungen Freund Jacobi, keine Grenze setzen: Das Unbegreifliche gibt es nicht, nur das Noch-Nicht-Begriffene.[18] Die immer zunehmende Erkenntnis besteht für ihn aber nicht in einer einfachen Anhäufung von ausgemachten Tatsachen und logischen Schlüssen: Selbst ethische Grundsätze, ja sogar die Weltreligionen sind nur sukzessive Stufen im unendlichen Prozeß der Aufklärung, wie dieser in der *Erziehung des Menschengeschlechts* beschrieben wird. Und im Gegensatz etwa zu Kant glaubt Lessing, daß sogar der mensch-

---

[18] Vgl. H. B. Nisbet: Lessing and the Search for Truth. In: Publications of the English Goethe Society 43 (1973), S. 72–95 (hier bes. S. 81).

liche Geist selbst sich im Laufe der Zeit weiterentwickeln könne, wie er im merkwürdigen späten Fragment *Daß mehr als fünf Sinne für den Menschen sein können* spekuliert. (G 8, S. 557–560)

Es ist also durchaus verständlich, daß Lessings letzte große Polemik zugleich die radikalste und heftigste von allen sein mußte. Denn diesmal ging es nicht nur um die Richtigkeit einzelner Behauptungen und Hypothesen des Gegners oder um sein ethisches Verhalten als Schriftsteller. Diesmal wurde die ganze Erkenntnistheorie des Gegners und der christlichen Konfession widerlegt, die dieser in amtlicher Eigenschaft vertrat. Die gleiche erkenntnistheoretische Diskrepanz kommt bereits in den sogenannten *Gegensätzen des Herausgebers* zum Vorschein, die Lessing den *Fragmenten* von Reimarus beigab, z. B. wenn er sagt: »Aus ihrer innern Wahrheit müssen die schriftlichen Überlieferungen erklärt werden, und alle schriftliche Überlieferungen können ihr [d. h. der Religion] keine innere Wahrheit geben, wenn sie keine hat«; (B 8, S. 313) und sie erscheint ebenfalls in der Zentralthese der Schrift *Über den Beweis des Geistes und der Kraft*: »Zufällige Geschichtswahrheiten können der Beweis von notwendigen Vernunftswahrheiten nie werden«. (B 8, S. 441) Schon diese Aussagen stellten eine Herausforderung für konservative Lutheraner wie Goeze dar; aber als Lessing in der *Duplik* noch hinzusetzte, daß es ihm ohnehin weniger um die Wahrheit selbst als um die Tätigkeit der Erforschung der Wahrheit ging, war das Maß für seinen Gegner wirklich voll. Diese erkenntnistheoretische Diskrepanz war sehr wahrscheinlich einer der Hauptgründe, warum Goeze nicht nur die *Fragmente*, sondern auch deren Herausgeber Lessing angriff; und als die *Duplik* erschien, sah Goeze sofort ein, daß Lessings Erkenntnistheorie potentiell zum Eingeständnis der völligen Ungewißheit führen könnte und daß sie nicht so sehr eine Definition der Wahrheit als eine Anleitung für ständigen Zweifel und nie endende Untersuchungen enthielt. Er sagte daher:

> gehört die reine Wahrheit allein für Gott, bin ich in ewiger Gefahr zu irren; so ist kein Augenblick möglich, da ich versichert sein könnte, daß ich nicht irre, und dabei einen immer regen Trieb nach Wahrheit zu haben, das ist der schröcklichste Zustand, in welchem ich mir eine menschliche Seele denken kann. (G 8, S. 210)

Die Prämissen von Lessings Streit mit Goeze, im Gegensatz zu den Kontroversen mit Lange und Klotz, hatten also unvermeidlich zur Folge, daß der Streit nicht zu einem endgültigen Ergebnis führen konnte. Denn Lessing war durch seine eigene Erkenntnistheorie dazu verpflichtet, alle aus der Kontroverse entstehenden Ergebnisse als nur provisorisch zu betrachten. Mit anderen Worten, der Inhalt seiner späten Polemik – d. h. ihre Infragestellung nicht nur einiger spezifischer Behauptungen oder Lehrsätze, sondern prinzipiell *aller* herkömmlichen Begriffe und Glaubenssysteme – war jetzt mit ihrer Form identisch, indem jeder Satz automatisch seinen Gegensatz herausforderte. Oder anders formuliert: Lessings Erkenntnistheorie fiel jetzt mit seiner polemischen Praxis zusammen.

Ich komme zum Schluß. Die Entwicklung von Lessings Polemik verlief also im letzten Jahrzehnt seines Lebens parallel zu der Entwicklung seiner Erkenntnistheorie. Inwieweit diese beiden Entwicklungen sich gegenseitig bedingten, läßt sich freilich nicht genau feststellen. Aber da die Tendenz der Polemik im Laufe seines Lebens immer radikaler wird und da die Tätigkeit der Polemik ihm nachweislich immer wichtiger wird, scheint es nicht unwahrscheinlich, daß sie auf die erkenntnistheoretischen Überlegungen seiner Spätschriften einen gewissen Einfluß hatte. Diese Wahrscheinlichkeit scheint zumindest durch die Tatsache bestätigt, daß die Erkenntnistheorie seiner letzten Jahre unter anderem zur Legitimierung der Polemik als Medium des intellektuellen Fortschritts diente.

Armand Nivelle

Aspekte der ›Disputirkunst‹ bei Voltaire und Lessing

Zweck dieses Beitrags ist ein Vergleich zwischen Voltaires und Lessings polemischen Argumentationen. Die Kürze der Zeit erlaubt keine detaillierte Darstellung der chronologischen Entwicklung und zwingt, um unkontrollierten Verallgemeinerungen zu entgehen, von möglichst überschaubaren Vorlagen als Anschauungsmaterial auszugehen. Voraussetzung bei der Wahl der Vorlagen ist ihr hoher Vergleichbarkeitsgrad. Letzterer scheint bei zwei kurzen Texten gegeben zu sein: der letzten der vier *Homilien*, die Voltaire im Jahre 1767 veröffentlichte, und von Lessing bei dem Anfang der *Gegensätze des Herausgebers*, die 1777 im Anschluß an fünf *Fragmente* von Reimarus erschienen. Die Vergleichsbasis ergibt sich aus folgenden Momenten. Beide Texte haben ein ähnliches theologisch-religionsgeschichtliches Problem zum Thema, nämlich das Verhältnis der Bibel zur christlichen Religion als Lebensregel. Sie liegen zeitlich nicht weit auseinander und stellen in der Entwicklung der beiden Autoren relativ späte Äußerungen dar. Sie gehören beide derselben literarischen Gattung an, nämlich der religiösen Streitschrift. Inhaltlich ist die Grundhaltung der beiden Verfasser so gut wie identisch: Ihnen beiden geht es um eine Dissoziation von Schrift, Historie, Philologie, Dogmen, Tradition, Theologie, Kirche einerseits und Religion als innerer Angelegenheit des Menschen und in die Praxis umgesetzter Moral andererseits. Darüber hinaus befinden sie sich beide in einer ähnlichen Redesituation; das angesprochene Publikum läßt sich in beiden Fällen mit denselben Kategorien beschreiben: Einerseits gibt es einen textinternen Adressaten und andererseits das textexterne Lesepublikum. Der Respondent – um einen Begriff aus der alten ›Disputirkunst‹ zu benutzen – ist jeweils die historisch-theologische Orthodoxie und das autoritäre Dogma. Das intendierte Lesepublikum ist dem *praeses* der alten *ars disputatoria* vergleichbar, d. h. einer ursprünglich neutralen Kontroll- und Berufungsinstanz, die selten eine aktive Funktion in der Debatte übernimmt, deren Zustimmung aber vom Opponenten besonders dann angestrebt wird, wenn der Respondent nicht bereit ist, seine Meinung zu ändern. Nun wissen Voltaire und Lessing genau, daß sie ihre Gegner nie umstimmen werden; deshalb konzentrieren sie ihre ganze Kraft, wie Wolfram Mauser gezeigt hat, auf die Überzeugung des Lesers.

An was für Leser wenden sie sich? Nicht an konformistisch-orthodoxe Christen, die durch Tradition, Erziehung und Autorität ihrer individuellen Entscheidungsfreiheit beraubt sind, nicht an als fanatisch geltende Pietisten und Sektierer aller Art, einschließlich der Atheisten, die auf keine rationalen Argumente hören; wohl aber an Leute, die sich als Christen empfinden – sonst würden sie den Text nicht einmal zur Kenntnis nehmen –, aber geistig autonom und kritisch eingestellt genug sind, um den traditionellen Schriftglauben einer selbständigen Reflexion zu unterziehen, also in Reimarus' Terminologie an »vernünftige Verehrer Gottes« oder, mit Voltaire zu reden, an ein »auditoire d'élite«, das aus »esprits raisonnables« besteht, die das Bedürfnis empfinden, sich von der »superstition dominante« (dem herrschenden Aberglauben), d. h. von den kirchlichen Dogmen, abzusetzen. Auf die Frage, bis wohin die »Vernunft« der Leser, mit der gerechnet wird, zu gehen hat, wird später eingegangen. Neben den Ähnlichkeiten gibt es selbstverständlich in der Redesituation der beiden Autoren beträchtliche Unterschiede. Eins darf jedoch nicht übersehen werden: Lessing hatte sich seit den 50er Jahren von Voltaire distanziert und ihn zum Lieblingsziel seiner Angriffe auf literarischem, literaturtheoretischem und historischem Gebiet gemacht; Attacken auf Voltaires religiöse Anschauungen fehlen aber so gut wie ganz. Lessing hatte sich vor einer evangelischen Behörde zu rechtfertigen und mußte für sich, für sein Amt, für seine Existenz alles befürchten. Voltaires Gegner ist die katholische Kirche, die er mit harten Worten anprangert; in den 60er Jahren drohte ihm aber persönlich keine direkte Gefahr mehr.

Voltaires Hauptthese, auf die er immer wieder zurückkommt und die in verschiedenen Fassungen als Stützung seiner ganzen Argumentation dient, ist folgende:

1. Die Religion ist eine innere Angelegenheit des Menschen, sie betrifft das »Herz«, d. h. die Gesinnung, die Moral, die Tugend und die dadurch bedingte praktische Tätigkeit. Prinzip der Religion ist die Nächstenliebe.

2. Die christlichen Kirchen, insbesondere die römisch-katholische, basieren auf einer willkürlichen Interpretation einer unsicheren schriftlichen Tradition und auf menschlichen Erfindungen, die sie zu Dogmen und Glaubensartikeln erheben. Prinzip der Kirchen ist Streben nach weltlicher Herrschaft durch Verbreitung von Aberglauben.

3. Religion und Kirchen haben nichts Gemeinsames; erstere muß gestärkt und verteidigt, letztere bekämpft und zerstört werden.

Um diese seine Grundthese zu erweisen, greift Voltaire mit hartnäckiger Konstanz zu Aussagenreihen, die sich ohne Mühe auf klassische Syllogismen zurückführen lassen. Dabei bleibt der obere Vordersatz so gut wie immer identisch; der untere Vordersatz erfährt bei gleichbleibender Tendenz eine Fülle von Variationen und Begründungen; der Schlußsatz beinhaltet in der Regel die Unvereinbarkeit des Ober- und Unterbegriffs, ist also eine negative Aussage, *modus tollens*:

$$a = b; \ b \neq c \ bzw. \ c \neq b; \ also \ a \neq c \ bzw. \ c \neq a.$$

Nur der letzte Syllogismus der *Homilie* ist *modus ponens*: Er proklamiert die Gottfried-Arnoldsche These vom wahren Christentum der von den Kirchen Verfolgten.

Der erste Vordersatz bezieht sich in allen Fällen auf die Religion als Angelegenheit des »Herzens«, wie sie Jesus gepredigt und dargelegt habe; der zweite auf den Schriftglauben, das Dogma, die Tradition, die Geschichte, das Alte und Neue Testament, die Kirchen. Die ganze vierte *Homilie* besteht aus acht Syllogismen, die dem Schema entsprechen; in den letzten zwei wird nicht die Religion als abstrakter Begriff dem kirchlichen Dogma, sondern die Person Jesu – demütig, arm, keusch, barmherzig – und sein Leiden der als hochmütig, habsüchtig, pervertiert, tyrannisch und blutrünstig bezeichneten katholischen Kirche entgegengesetzt. Die allgemeine Schlußfolgerung aus den acht Syllogismen ist: Da es nicht möglich ist, den »herrschenden Aberglauben« mit einem Schlag niederzuwerfen, »laßt uns Tropfen für Tropfen den göttlichen Balsam der Toleranz in ihre Seele [scil. der Fanatiker] träufeln«. Geduldige Aufklärungsarbeit kann zwar nicht alle Irrtümer und Vorurteile beseitigen, wohl aber einen allmählichen Verzicht auf illegitime Autorität und ihre bösen Folgen bewirken.

So sehr sich Voltaire bemüht, den zweiten Vordersatz mit einer Fülle von Beispielen zu veranschaulichen, so wenig kümmert er sich um eine Rechtfertigung der oberen Prämisse. Diese ist eine bloße, unerwiesene Behauptung, für die Lessing möglicherweise den Begriff Axiom benutzt hätte, d. h. nach der von ihm übernommenen Definition »Sätze, deren Worte man nur gehörig verstehen darf, um an ihrer Wahrheit nicht zu zweifeln« (LM 13, S. 207). Ob aber die Voltairesche selbstgewisse Rückführung der Religion auf Moral und Tugend der Definition entspricht, bliebe nachzuweisen. Ihm ist sie aber über allen Zweifel erhaben; er hält sie für so selbstverständlich, daß er sie bei seinen Lesern als problemlos angenommen voraussetzt und daß seine Syllogismen manchmal – freilich nicht in der vierten *Homilie* – zu Enthymemen werden, in denen ein Vordersatz in Gedanken zu ergänzen ist. Die eigene Meinung steht ein für allemal fest, sie wird keinem Zweifel, keiner Untersuchung, keiner Reflexion unterzogen. Dies ist wohl nicht der einzige innere Widerspruch der Aufklärung: ein Glaube wird als Diktat der Vernunft konstruiert und einem anderen

Glauben entgegengesetzt, eine *doxa* verwandelt sich unterderhand in eine *episteme*. Da die *Homilie* in einer monologischen Predigt besteht, bekommt der Respondent keine Gelegenheit, seine Ansicht zu präzisieren und zu verteidigen und auf die Einwürfe zu antworten. In dialogischer Gestalt wäre es übrigens nicht wesentlich anders, es sei denn, daß der Respondent – wie die ›Disputirkunst‹ es erforderte – mit eigenen Worten auftritt, die der Verfasser nicht willkürlich mißdeutet. Die Abwesenheit des Respondenten hat zur Folge, daß ein *status controversiae* nur unvollkommen umrissen werden kann. Die Meinung des Respondenten ist dem Leser nur durch das Referat des Opponenten zugänglich. Es kommt also auf die Redlichkeit und Vollständigkeit dieses Referats an. Die Beachtung dieser sinngemäßen Forderung der *ars disputatoria* müßte – genau wie die Begründung des ersten Vordersatzes – vom intendierten kritischen Leser überprüft werden können. Solche logische Notwendigkeit entspräche der strikten Definition der Aufklärung. Daß sie vom Verfasser anscheinend nicht gewünscht wird, da er die nötigen Instrumente der Beurteilung dem Leser vorenthält, relativiert aufs äußerste den Aufklärungscharakter der *Homilie* und nähert sie dem, was sie bekämpfen will.

Um der Festlegung eines *status controversiae* gerecht zu werden, hatte Voltaire dreiunddreißig Jahre früher in seinem ersten *Brief aus England* eine dialogische Auseinandersetzung versucht. Darin konstruiert er einen Dialog zwischen einem Subjekt-Ich und einem Vertreter des Quäkerstandes. Der Quäker wird teils auktorial dargestellt, teils wird sein Charakter aus seinen Worten und Haltungen sichtbar. Das Subjekt-Ich wird fast nur szenisch durch seine Worte und die Worte des Quäkers vorgestellt. Der Briefschreiber nennt keinen Adressaten; da er sich aber an ein französisches Publikum wendet und das Subjekt-Ich als Vertreter einer typisch französischen Existenz- und Denkweise stilisiert, befindet sich der Adressat in der charakteristischen Situation des *praeses*: Er empfindet spontan eine Übereinstimmung mit dem Subjekt-Ich, die durch den Dialog des Briefes allmählich ins Wanken gerät. Die Befangenheit des Subjekt-Ichs in französischen Höflichkeitsformen und katholischen Riten und Dogmen rückt durch die Konfrontation mit der Ruhe und der Einfalt des Quäkers in ein ironisches Licht, das nicht nur ihm, sondern auch seiner Welt, dem katholischen Frankreich, gilt. Vom intendierten Leser als Adressat des Briefes wird erwartet, daß er sich von seiner ursprünglichen Übereinstimmung mit dem Subjekt-Ich entfernt und der deistischen Anschauung des Quäkers nähert. Der *status controversiae* ist mit Hilfe des Dialogs deutlicher gezeichnet: katholisch-theologische und gesellschaftliche äußere Formen einerseits und inneres Christentum ohne menschliche Zusätze andererseits. Die polemische Methode besteht hier im Sichselberlächerlichmachen der einen und ausführlicher Begründung des zweiten, was der Dialog ermöglicht, die Kanzelrede der *Homilie* nicht. Dies ändert jedoch nichts am völligen Mangel an Stützung der die ganze Argumentation stützenden Grundthese. Nicht schon deshalb, weil Quäker oder andere Sekten eine Religionsauffassung konkret praktizieren, ist diese Auffassung von Religion als richtig erwiesen.

Nach der Herausgabe der Fragmente aus Reimarus' *Apologie* weiß Lessing, daß er mit einer energischen Reaktion der Orthodoxie zu rechnen hat, und läßt seine *Gegensätze* drucken. Hier kann nur die »allgemeine Antwort«, das sind die ersten vier Absätze, berücksichtigt werden. Die polemische List des Textes besteht darin, daß Lessing sich mit der Überschrift den Anschein einer Distanzierung von Reimarus gibt, zugleich aber Reimarus in Schutz nimmt gegen die zu erwartenden Vorwürfe der »gelehrten Theologen«. Das »Axiom«, wie er bald sagen wird, das er seiner Argumentation nach beiden Seiten hin zugrun-de legt, ist: Das Christentum ist eine Religion des Geistes – wobei der Begriff Geist eine beträchtliche Erweiterung in Richtung auf das Gefühl hin erfährt –, Reimarus' Bibelkritik gilt nicht dem Geist, sondern dem Buchstaben der Religion; also können die Fragmente der richtig, d. h. lessingisch, verstandenen Religion keinen Schaden zufügen. Kritik an den Büchern des Alten und des Neuen Testaments ist noch lange keine Kritik am Christentum. Diese Lessingsche Ausgangsposition hat die Form eines Syllogismus, der mit Voltaires Grundthese so gut wie identisch ist. Einen Unterschied könnte man eventuell darin bemerken, daß Voltaire Religion überhaupt meint, wo Lessing Christentum sagt, aber dieser Unterschied hält einer genauen Prüfung nicht stand. Die enge Verwandtschaft mit Voltaires Denkprozeß geht noch weiter als die syllogistische Gestaltung der Grundposition. Der erste Vordersatz erhebt hier wie dort Anspruch auf Universalität: Religion des Geistes ist ein notwendiges Attribut des Christentums; der zweite hat die Form der Feststellung einer Tatsache, und der Schlußsatz ist wie bei Voltaire eine negative Aussage. *Modus tollens* bei beiden, aber bei beiden auch der nächste Schritt: Wenn Bibelkritik keine Kritik an der Religion ist, muß eine solche Kritik von der orthodoxen Zensur nicht nur gestattet, sondern sogar zugunsten einer reineren Religion gefördert werden. Der *modus tollens* zeitigt eine positive Aussage, die Voltaire im Begriff der Toleranz gipfeln läßt. Das Wort Toleranz kommt bei Lessing in diesem Zusammenhang nicht vor, aber die Auseinanderhaltung von Bibelkritik und Religion erfüllt eine mit Voltaires Forderung vergleichbare polemische Funktion: die Orthodoxie einer irrtümlichen Haltung zu überführen, Verfolgte der Orthodoxie zu schützen, sich selbst in Sicherheit zu bringen, eine selbständig denkende Leserschicht für sich zu gewinnen.

Trotz des im Vergleich mit der vierten *Homilie* kleineren Umfangs der »allgemeinen Antwort« gliedert sie sich genau wie die *Homilie* in acht aufeinanderfolgende Syllogismen, deren vierter allerdings ein Analogieschluß ist. Lessings polemische Stellung und Argumentation sind im großen und ganzen mit der Voltaireschen Position und Methode deckungsgleich. Inhaltlich unterscheiden sie sich hauptsächlich in einem Punkt, nämlich in den leidenschaftlichen Angriffen auf Vergangenheit und Gegenwart der Kirche, die bei Voltaire den Grundton bilden und bei Lessing im fraglichen Text nicht vorkommen. Stilistisch gesehen sind aber die Unterschiede beträchtlich. Der erste, der sofort in die Augen springt, ist Lessings weitaus größeres polemisches Ausdruckstalent und – mit dem Wort von Wolfram Mauser – sein engagierter Sprech-Gestus. Er beherrscht meisterhaft die Kunst der scharfen Entgegensetzung, der Zusammenraffung verstreuter Aussagen und der bündigen antithetischen Formulierung. Voltaires Argumentation kann lebendig und manchmal bildreich sein, Lessings Prosa hat viel mehr konzentrierte Energie und suggestive Dynamik. Die vor Jahren von mir formulierte Hypothese einer Verwandtschaft zwischen Lessing und Voltaire auf Grund eines angenommenen epigrammatischen Prinzips ihrer polemischen Kritik hat sich nicht bewahrheitet. Im Gegensatz zu Lessing überträgt Voltaire das Aufbauprinzip des von ihm talentvoll gehandhabten Epigramms nicht auf seine polemische Prosa. Sätze wie »Die Religion ist nicht wahr, weil die Evangelisten und Apostel sie lehrten, sondern sie lehrten sie, weil sie wahr ist« können selbstverständlich bei Voltaire vorkommen, sie prägen aber in keiner Weise seinen polemischen Stil.

Entscheidend in Lessings Argumentation im Vergleich zu Voltaire ist die Stützung der oberen Prämisse, die bei Voltaire gänzlich fehlt. Die Aussage, Religion sei eine Angelegenheit des Geistes und nicht des Buchstabens, ist außer in der Terminologie identisch mit Voltaires Grundthese. Der Unterschied liegt in der Art und Weise, wie versucht wird, eine solche These zu stützen. Voltaire läßt es bei der Behauptung bewenden und macht keine Anstrengung, seine Behauptung plausibel zu machen oder den Weg, der ihn dazu geführt hat, zu zeigen. Lessing stellt sich von vornherein auf die Seite der Christen, für die das Christentum nun »einmal da« ist – ohne »Hypothesen und Erklärungen und Beweise« –, die ihr Christentum »so wahr« macht und in welchem sie sich »so selig« fühlen. Diese Ausgangsposition hat die Form und den Wert einer objektiven Feststellung. Was dabei festgestellt wird, hat den Anschein einer überindividuellen Erfahrungstatsache, die zwar auf subjektiven Gegebenheiten beruht, durch die Intersubjektivität aber die Gültigkeit einer objektiven Erkenntnis gewinnt. Auf solche empirisch sein wollende Beobachtung gründet Lessing seine ganze Argumentation, er appelliert an die konkrete

Wirklichkeit als Stützung seiner Grundthese. Solche Art des Einstiegs in die polemische Auseinandersetzung gibt zugleich Aufschluß über die Lessing eigene Publikumserwartung. Seine intendierten Leser sind Menschen, die sich als Christen empfinden, aber weder unnachgiebige Orthodoxen noch extreme Rationalisten und Mystiker sind, sondern religiöses Fühlen mit rationalem Denken verbinden können, Christen also, deren Gefühlssicherheit Lessing gegen den orthodoxen Schrift- und Autoritätsglauben mit Hilfe von rationalen Argumenten abzuschützen hofft, ohne die Grundlage ihres religiösen Lebens zu erschüttern, Voltaires »auditoire d'élite« vergleichbar mit betonterer Hervorhebung des Christlichen im Sinne der Religion Christi.

In den *Gegensätzen* ist der Respondent der »gelehrte Theolog«, der nicht beim Namen genannt wird und eher als Repräsentant einer Denkweise denn als Individuum gemeint ist. Nach den Angriffen des Pastors Goeze wird die Kontroverse persönlicher und nimmt einen entschieden polemischeren Charakter an. In den *Axiomata* aus dem Jahr 1778 wird der Gegner genannt, seine Meinung wörtlich zitiert, Behauptung und Widerlegung folgen aufeinander in einer Art von Zwiegespräch, das sich am Schluß zu einem »Kanzeldialog« zuspitzt, in dem Goeze ununterbrochen spricht und Lessing auf Zwischenbemerkungen angewiesen ist, bis er den Disput abbricht, weil er »es herzlich satt [ist], mit einem Tauben länger zu reden« (LM 13, S. 133). Inhaltlich kommt in den *Axiomata* wenig Neues zu der »allgemeinen Antwort« hinzu; die gleichen Sätze werden wiederaufgenommen, nur in einer etwas modifizierten »logischen« Ordnung. Was die polemische Methode betrifft, fällt aber bald auf, daß viele Argumente *ad hominem* sich in den Diskurs einschleichen. Lessing trägt nicht nur die Prinzipien vor, die er für wahr hält, sondern übernimmt die Prinzipien des Respondenten und führt sie aus, um zu zeigen, daß sie in falsche Schlüsse münden. Solche Demonstrationen *ad absurdum* bzw. *a posteriori* nach dem *modus megaricus* sind in den *Axiomata* keine Ausnahmen.

Der Ton der Goezeschen Kritik schließt bei dem Opponenten Lessing jede Kompromißbereitschaft aus. Die herkömmliche Definition der ›Disputirkunst‹ als Bemühung um Wahrheitsfindung mit Hilfe einer Disputation findet hier von vornherein keine Anwendung. Es geht beim Opponenten nur darum, *seine* Wahrheit durchzusetzen und Gründe für die Richtigkeit seiner Auffassung vorzubringen. Ein wohlwollend prüfendes Eingehen auf die Argumente des Respondenten findet nicht statt und scheint Lessing überhaupt nicht zu interessieren. Das schließt Lessings Polemik grundsätzlich aus jeder wissenschaftlich sein wollenden theologischen Disputation aus, was das mehrmalige Insistieren auf seiner Absicht, sich nicht an Theologen, sondern an das oben dargestellte Lesepublikum zu wenden, erklärt und seinen wiederholten Appell an das Urteil dieses Publikums als entscheidender Instanz und eigentlichen Adressaten rechtfertigt. Solcher Appell kommt in den elf Kapiteln des *Anti-Goeze* noch deutlicher zum Ausdruck. So heißt es im siebten: »Habe ich keine Pflicht gegen mich selbst, meine Beruhigung zu suchen, wo ich sie zu finden glaube? Und wo konnte ich sie besser zu finden glauben als bei dem Publico?«, und im elften Stück: »Uns, dachte ich, muß ein Dritter entweder zusammen oder weiter auseinanderdrängen: und dieser Dritte kann niemand sein als das Publikum«. Das Konstruieren des Lesepublikums als *praeses* der Disputation ist bei Lessing noch deutlicher als bei Voltaire. Brauchte er vielleicht mehr Zeugen, von denen er sich eine Unterstützung erhoffen konnte, als Voltaire, dessen geistige Autorität und persönliche Sicherheit in den sechziger Jahren hinlänglich gefestigt waren?

Lothar Pikulik

Lessing als Vorläufer
des frühromantischen Fragmentarismus

Wenn die Wirkungsgeschichte Lessings einen Beitrag zur Erkenntnis seines Werkes, auch von dessen Streitbarkeit leisten kann, so lohnt es sich besonders, die Würdigung zu betrachten, die ihm der Frühromantiker Friedrich Schlegel gewidmet hat.

Äußere Anregungen für die Beschäftigung mit Lessing mögen für Schlegel von verschiedenen Publikationen in den 90er Jahren ausgegangen sein. 1793–1795 veröffentlichte Lessings Bruder Karl eine Biographie Gotthold Ephraims und den Briefwechsel aus dem Nachlaß. 1791–1796 erschien die bis dato bedeutendste Lessing-Ausgabe, und zu Ostern 1796 wurde Herders Lessing-Aufsatz von 1781 zum vierten Mal abgedruckt[1]. Wohl angeregt durch Johann Friedrich Reichardt brachte Schlegel dann seinerseits 1797 im *Lyceum der schönen Künste* seinen unvollendeten Essay *Über Lessing* heraus, dem er 1801 in der Ausgabe der *Charakteristiken und Kritiken* einen Abschluß zufügte. Und wenige Jahre später, 1804, veranstaltete er unter dem Titel *Lessings Gedanken und Meinungen* eine dreibändige Auswahl aus Lessings Schriften, die er bezeichnenderweise als Sammlung von Fragmenten darbot und mit längeren Kommentaren versah.

Die Rezeption des Aufklärers durch den Frühromantiker steht im Zeichen einer neuen Lesart, die Schlegel sowohl gegen die konventionelle Meinung wie gegen ein persönliches Mißverständnis, dem er in früheren Jahren erlegen war, ins Spiel bringt. Gegen das konventionelle Urteil setzt er Lessing als Dichter herab, um ihn dafür als Kritiker, als Philosophen, als Denker zu erheben. Dieses Diktum ist allzu bekannt, als daß es hier weiter ausgeführt werden müßte. Von seinem persönlichen Mißverständnis sagt Schlegel, es habe darin gelegen, daß er früher von Lessing endgültige Gewißheiten und feste ästhetische Normen erwartet habe, ohne daß doch seine Erwartung erfüllt worden

---

[1] Kritische Friedrich-Schlegel-Ausgabe (im folgenden zit.: KA). Hg. von Ernst Behler. Paderborn/München/Wien/Zürich 1958ff. Bd. II. Einleitung von Hans Eichner, S. XXIX. – Seitenzahlen in Klammern ohne Sigle beziehen sich auf diese Ausgabe.

sei. So sei er beispielsweise vom *Laokoon* ganz unbefriedigt geblieben, denn er habe das Buch »mit der törichten Hoffnung gelesen, hier die bare und blanke und felsenfeste Wissenschaft über die ersten und letzten Gründe der bildenden Kunst, und ihr Verhältnis zur Poesie, zu finden« (II, S. III). Es war falsch, fügt er hinzu, mit der Lektüre dieser Schriften überhaupt einen Zweck, ein Interesse zu verknüpfen:

> Mein Lesen war interessiert, und noch nicht *Studium*, d. h. uninteressierte, freie, durch kein bestimmtes Bedürfnis, durch keinen bestimmten Zweck beschränkte Betrachtung und Untersuchung, wodurch allein der *Geist* eines Autors ergriffen und ein *Urteil* über ihn hervorgebracht werden kann. (II, S. III)

Nun hingegen, da ihm ein Licht aufgegangen sei, erscheine ihm Lessings Werk als etwas völlig anderes. Seine »sämtlichen Werke, ohne Ausnahme des geringsten und unfruchtbarsten«, seien für ihn ein »wahres Labyrinth [...], in welches ich äußerst leicht den Eingang, aus dem ich aber nur mit der äußersten Schwierigkeit den Ausweg finden kann« (II, S. III). Nicht mehr also die vermeintliche Fundgrube ist dieses Œuvre für Schlegel, sondern ein Ort des Suchens, ja des Sichverirrens. Nicht mehr läßt sich irgend etwas Gesichertes aus ihm davontragen, es erschwert dem Leser überhaupt, sich aus ihm zu lösen. Gefesselt von der »Magie« seines »Reizes« (II, S. III) ist er geneigt, sich in ihm immer weiter zu bewegen.

Wie kam Schlegel zu dieser neuen Lesart? Er entdeckte den bisher unbekannten Lessing, weil er mit sich selbst bekannt und ins reine gekommen war. Und er fand bei Lessing, was er bei sich selbst gefunden hatte: eine neue Methodik des Denkens und Schreibens und ein neues Verhältnis zur Wahrheit. Ob er sich damit den Aufklärer auf eine allzu subjektive Weise zurechtgelegt oder ob er etwas objektiv Richtiges getroffen hat, wird später zu beurteilen sein. Er hat jedenfalls in Lessing einen Geistesverwandten erkannt, und zwar indem er ihn in der Tat nicht vom Buchstaben, sondern vom Geiste her beurteilte[2], und er hat Lessing als Vorbild verstanden, dessen Studium es ihm ermöglichte, die eigene Position, das eigene Streben und Vorgehen zu klären. Seine Auseinandersetzung mit Lessing entwickelte sich zu einem Wechselverhältnis. Er begriff Lessing, wie er sich selbst begriff, und er begriff sich selbst, wie er Lessing begriff. Die neue Methodik des Denkens und Schreibens, die ihm im Spiegel des Geistesverwandten und Vorbildes immer klarer wurde, war der Fragmentarismus. Im selben Jahr 1797, in dem er den Lessing-Essay veröffentlichte, und

---

[2] Das Buchstäbliche ist für Schlegel mit den von Lessing »behandelten Gegenständen« gegeben. KA II, S. 110.

in derselben Zeitschrift, dem *Lyceum der schönen Künste*, erschien seine erste
Sammlung von Fragmenten. 1798 kamen die *Athenäums*-Fragmente im ersten
Band der neugegründeten Zeitschrift heraus. Und in den 1801 erfolgten Abschluß seiner Charakteristik *Über Lessing* nahm er unter der Überschrift *Ei-
senfeile* eine Auswahl aus den *Lyceums*- und *Athenäums*-Fragmenten auf.

Schlegels Fragmentarismus besteht aber nicht nur in der Abfassung kürzerer
aphoristischer Prosatexte, wie sie im *Lyceum* und *Athenäum* erschienen und von
Schlegel in Massen in seine ab 1796 geführten Notizhefte eingetragen wurden.
Der Begriff des Fragmentarischen umfaßt bei ihm vielmehr alle Arten der
unregulierten, nichtgeschlossenen, nichtelaborierten Äußerung, sei sie mündlich oder schriftlich, also etwa auch den Essay, die rhapsodische Betrachtung,
den Brief, das Tagebuch oder das Gespräch. Allen diesen Formen ist gemeinsam, daß sie dem Systematismus der Schulphilosophie und der schulmäßigen
Abhandlung in jeder konventionellen Wissenschaftssparte entgegenstehen.
Gehört zu diesem Systematismus eine streng formalisierte Ordnung, die vor
allem darauf beruht, daß die Gesetze der formalen Logik eingehalten werden,
namentlich das Gesetz des Widerspruchs und das Gesetz des zureichenden
Grundes, so kultiviert demgegenüber der Fragmentarismus das Paradox sowohl wie die unbegründete Behauptung und den grundlosen, wie vom
Himmel gefallenen Einfall. In der systematischen Abhandlung werden die
Gedanken regelgerecht durch den Syllogismus verknüpft, wobei eine Schlußfolgerung jeweils so eintritt, wie man sie auf Grund der Prämissen zwangsläufig
erwarten muß. In der fragmentarischen Rede kommt es dagegen zu gänzlich
unerwarteten, überraschenden Verknüpfungen oder besser gesagt Vermen-
gungen, die wie Produkte der äußersten a-logischen Willkür anmuten. Sie sind
nach Schlegels Verständnis die Frucht des Witzes, eines Vermögens, das er als
»innigste Vermischung und Durchdringung der Vernunft und der Fantasie«
begriff (III, S. 85) und dem er die Fähigkeit zur kühnen Kombination zu-
schrieb. Man denke etwa an *Athenäums-Fragment 216*, in dem der Witz so
heterogene Phänomene wie die Französische Revolution, Fichtes *Wissenschaftslehre* und Goethes *Wilhelm Meister* miteinander verbindet, indem er nur
kurz behauptet und keineswegs näher begründet, daß sie die »größten Tendenzen des Zeitalters« seien (II, S. 198). Der Leser wandelt bei solcher Art von
Darstellung nicht auf geradem Pfade wie bei der systematischen Abhandlung,
wo die syllogistische Verknüpfung immer einem linearen Fortschreiten gleichkommt. Er bewegt sich vielmehr in Sprüngen, Kreisen, Ellipsen und Krüm-
mungen sonstiger Art vorwärts oder auch rückwärts, die alle formal eine gewisse Verwirrung konstituieren und damit dem entsprechen, was Schlegel
Arabeske genannt hat. (II, S. 318f.)

Wer sich auf diese labyrinthische Darstellung einläßt, verliert aber nicht nur etwas, die Orientierung und den Ausgang, sondern nach Schlegels Absicht gewinnt er auch, nämlich eine ungeahnte Belebung und Förderung seines Geistes. Denn der Fragmentarismus will nicht »dieses oder jenes Gedachte, sondern das Denken selbst lehren« (III, S. 48). Der Leser soll nicht bloß nachvollziehen, was ihm vorgedacht ist, sondern mitdenken, selber denken, auch weiterdenken über das Fragment hinaus, das insofern nur Anstoß oder Samenkorn ist, bestimmt, im Leser aufzugehen und zu wachsen.

Das fragmentarische Schreiben leistet diese Erregung des Selbstdenkens deshalb, weil es selber primär den Prozeß, nicht die Resultate des Denkens spiegelt. Im Akt des Formulierens vollzieht sich auch der Akt des Denkens, so daß man mit Kleist sagen könnte, daß die Gedanken erst allmählich beim Reden verfertigt werden. Die systematische Abhandlung ist eine Gedankengeschichte, die erzählt wird, nachdem sie vorher zu Ende gedacht worden ist, gewissermaßen aus auktorialer olympic-view-Perspektive. Der Fragmentarist dagegen kennt das Ende noch gar nicht, und wenn er damit beginnt, Worte und Sätze zu formen, so bedeutet dies einen Aufbruch ins Unbekannte. Fragmentarismus ist also eine Sprach- und Denkbewegung in statu nascendi[3] mit dem Ziel der Erkundung dessen, was man noch nicht weiß, insofern übrigens auch eine Sokratisch-Platonische Form[4].

Friedrich Schlegel wäre allerdings nicht der Romantiker, der er war, wenn er dieses Ziel nicht auch mit einem metaphysischen Sinn verbunden hätte. Fragmentarismus setzt aus seiner Sicht den Verlust von Totalität voraus und strebt wieder zur Totalität zurück, unter anderem kraft des Witzes, der alles mit allem vermengt. Gleichwohl hat Schlegel, wenn das Ganze das Wahre ist, die Wahrheit als unerreichbar angesehen, ja nicht einmal als wünschbar empfunden, sie zu erreichen. Er denkt ganz wie Lessing und bezieht sich wohl auch direkt auf dessen *Duplik*, wenn er schon 1793 in einem Brief bemerkt: »Wer die Wahrheit liebt, soll nie wähnen, sie zu besitzen« (XXIII, S. 143)[5]. Man könnte für »wähnen« hier auch »wollen« setzen: soll nie wollen, sie zu besitzen.

Wie nimmt sich nun, nachdem der Fragmentarist am Beispiel Lessings sein eigenes Vorgehen und Wollen geklärt hat, umgekehrt Lessings Œuvre in den Augen des Fragmentaristen aus? Nicht anders natürlich, als was ein Blick in den

---

[3] Es geht um »das Denken in seinem Werden und Entstehen«. KA III, S. 48.

[4] Auf diese Verwandtschaft mit Platon verweist Schlegel selber. KA II, S. 415.

[5] 1801 schreibt Schlegel, die wahre Philosophie sei »ein ewiges Suchen und Nichtfinden können; und alle Künstler und Weise sind darin einverstanden, daß das Höchste unaussprechlich ist, d. h. mit andern Worten: alle Philosophie ist notwendigerweise mystisch.« KA III, S. 99.

Spiegel offenbart. So schreibt Schlegel über Lessing, was er geradesogut über sich selbst hätte sagen können:

> Das Interessanteste und das Gründlichste in seinen Schriften sind Winke und Andeutungen, das Reifste und Vollendetste Bruchstücke von Bruchstücken. Das Beste was Lessing sagt, ist was er, wie erraten und erfunden, in ein paar gediegenen Worten voll Kraft, Geist und Salz hinwirft; Worte, in denen, was die dunkelsten Stellen sind im Gebiet des menschlichen Geistes, oft wie vom Blitz plötzlich erleuchtet, das Heiligste höchst keck und fast frevelhaft, das Allgemeinste höchst sonderbar und launig ausgedrückt wird. Einzeln und kompakt, ohne Zergliederung und Demonstration, stehen seine Hauptsätze da, wie mathematische Axiome; und seine bündigsten Räsonnements sind gewöhnlich nur eine Kette von witzigen Einfällen. (II, S. 112)

»Alles was Lessing geschrieben ein Fragment« (XVIII, S. 333), heißt es einmal auch kategorisch in Schlegels Notizen. Und so wie er an diesem Autor durchaus das Bruchstückhafte betont, unterstreicht er andererseits dessen Distanz zum Analyse- und Demonstrationsverfahren der Schulphilosophie. In Lessings Schriften werden ihm der Einfall, der Witz[6], das kecke Behaupten, ohne sich um Widerspruch und Begründung zu scheren, das bloß Andeutende und Hingeworfene, das auch Lebendig-Kraftvolle und Ätzend-Polemische[7] gegenwärtig. Da Schlegel für Fragment auch den Begriff »Tendenz« einsetzt, kann er ebenfalls sagen, daß »alles, was Lessing tat, bildete, schrieb und wollte, nur Tendenz geblieben ist, [...] nur Tendenz bleiben konnte« (III, S. 68).

Dennoch will er die Fragmente Lessings als ein Ganzes verstanden wissen. Warum? Ihre »sichtbare Einheit«, behauptet er, liege in der »scheinbar formlosen Form« (III, S. 81). Die Form dieses Ganzen aber könne man so beschreiben:

> Er [Lessing] geht überall aus von einem gegebenen lebhaften Interesse [...]. Dieses Interesse faßt er in seiner größten Lebhaftigkeit auf, und beginnt von da aus zu schaffen, zu wirken und um sich zu greifen. [...] Immer tiefer dringt sein Denken ein, immer weiter greift es um sich; fand man schon in seinen ersten Schritten Paradoxie, so tritt er weiterhin mit einer ganz andern kühnern, wirklich so zu nennenden auf. Überall aber, im Ganzen wie im Einzelnen dieses Ganges zeigt sich eine ihm ganz eigentümliche Kombination der Gedanken, deren überraschende Wendungen und Konfigurationen sich besser wahrnehmen als definieren lassen. (III, S. 50f.)

Hinzuzufügen ist noch, daß der »Wahrnehmung« Schlegels diese überraschenden Wendungen und Konfigurationen als »krumme Linien«, mithin in der Gestalt der Arabeske erscheinen. Und wie das exzentrische Zentrum dieser

---

[6] Siehe hierzu besonders ebd., S. 81ff.
[7] Zu Lessings Polemik siehe ebd., S. 87ff.

Gestalt für ihn, den Romantiker, im Unendlichen liegt, die Arabeske also ein Symbol der Transzendenz ist, spricht er auch Lessing diese Symbolik zu.

> Gibt es wohl ein schöneres Symbol für die Paradoxie des philosophischen Lebens, als jene krummen Linien, die mit sichtbarer Stetigkeit und Gesetzmäßigkeit forteilend immer nur im Bruchstück erscheinen können, weil ihr eines Zentrum in der Unendlichkeit liegt? Eine solche *transzendente Linie* war Lessing, und das war die primitive [lies: ursprüngliche] Form seines Geistes und seiner Werke. (II, S. 415)

Das ist kühn behauptet, und spätestens an dieser Stelle mag man innehalten und sich sagen, daß Schlegels Thesen kritisch unter die Lupe zu nehmen seien. Es ist zu fragen, ob diese Thesen auch einer von Schlegel unabhängigen Lesart standhalten oder ob der Romantiker aus dem Aufklärer herausliest, was er zuallererst in ihn hineinliest. Im Rahmen dieses kurzen Vortrags lassen sich dazu freilich nur einige Hinweise geben.

Es ist jedem Lessing-Leser zur Genüge geläufig, daß der Autor sich selber nicht als Vertreter eines schulmäßigen Denkens, mithin auch nicht als Systematiker verstand. Am bündigsten erklärt er dies im 95. Stück der *Hamburgischen Dramaturgie*:

> Ich erinnere hier meine Leser, daß diese Blätter nichts weniger als ein dramatisches System enthalten sollen. Ich bin also nicht verpflichtet, alle die Schwierigkeiten aufzulösen, die ich mache. Meine Gedanken mögen immer sich weniger zu verbinden, ja wohl gar sich zu widersprechen scheinen: wenn es denn nur Gedanken sind, bey welchen sie Stoff finden, selbst zu denken. Hier will ich nichts als *Fermenta cognitionis* ausstreuen. (LM 10, S. 187f.)

Man kann aber nun einen Schritt weitergehen und erwägen, ob sich von einer solchen Stelle aus nicht eine Verbindung zu Friedrich Schlegel ziehen lasse. Mir scheint, um dies gleich auf den Punkt zu bringen, daß in Lessings Worten nicht nur eine Wendung gegen den Systematismus, sondern auch ein Bekenntnis zur Methodik des Fragments, und zwar im Sinne des Frühromantikers, zu sehen ist. Zu dieser Methodik gehört das von Lessing so benannte »Schwierigkeiten machen«, ohne sie aufzulösen, d. h. mit anderen Worten das Eindringen in das Labyrinth komplexer Probleme, ohne das Ende und den Ausgang zu finden. Dazu gehört der unverbundene Gedankengang, ja der Bruch mit der logischen Folge im Paradox. Dazu gehören vor allem Gedanken, die, eben weil sie nicht zu Ende gedacht und aufgelöst sind, im Leser das Selbst- und Weiterdenken erregen, gewissermaßen als Gärstoff, als »Fermenta cognitionis«.

Schlegel hat diese Stelle aus der *Hamburgischen Dramaturgie* natürlich gekannt, und sie dürfte sein Lessing-Bild entscheidend mitgeprägt haben. Vermutlich nicht gekannt aber hat er eine bis heute wenig beachtete kurze Prosaskizze, die sich unter den Entwürfen und unvollendeten Schriften im 14. Band der Lachmann-Munckerschen Ausgabe befindet und geeignet ist, den Frühromantiker noch überzeugender in seiner Rezeption zu bestätigen. Nach einem Bericht in der Biographie des Bruders Karl hatte Lessing in den ersten Breslauer Jahren eine Reihe von Aufsätzen verfaßt, die er, da er nicht glaubte, sie in ein Ganzes verweben zu können, unter der Überschrift *Hermäa* drucken lassen wollte. Von dieser Absicht lenkte ihn die Arbeit am *Laokoon* ab, aber aus dem Jahre 1763, vielleicht schon aus den letzten Monaten des Jahres 1762 ist der Entwurf einer Vorrede überliefert, die Georg Gustav Fülleborn erst 1800 nach einer inzwischen verschollenen Handschrift in seiner Zeitschrift *Nebenstunden* herausgegeben hat.[8] Sie lautet etwas abgekürzt:

> Hermäa hießen bei den Griechen alles, was man zufälliger Weise auf dem Wege fand. Denn Hermes war ihnen unter andern auch der Gott der Wege und des Zufalls. Man denke sich einen Menschen von unbegrenzter Neugierde, ohne Hang zu einer bestimmten Wissenschaft. Unfähig, seinem Geiste eine feste Richtung zu geben, wird er, jene zu sättigen, durch alle Felder der Gelehrsamkeit herumschweifen, alles anstaunen, alles erkennen wollen, und alles überdrüßig werden. Ist er nicht ganz ohne Genie, so wird er viel bemerken, aber wenig ergründen; auf mancherley Spuren gerathen, aber keine verfolgen; mehr seltsame als nützliche Entdeckungen machen; Aussichten zeigen, aber in Gegenden, die oft des Anblicks kaum werth sind.
> Und diese seine Bemerkungen, seine Spuren, seine Entdeckungen, seine Aussichten, seine Grillen; wenn er sie der Welt gleichwohl vorlegen wollte, wie könnte er sie besser nennen, als Hermäa? Es sind Reichthümer, die ihn ein glücklicher Zufall auf dem Wege, öfter auf dem Schleichwege, als auf der Heerstraße finden lassen. Denn auf den Heerstraßen sind der Finder zu viel, und was man auf diesen findet, hatten gemeiniglich zehn andre vor uns schon gefunden, und schon wieder aus den Händen geworfen. (LM 14, S. 290f.)

Kein Zweifel, Friedrich Schlegel hätte sich mit diesem »Menschen von unbegrenzter Neugierde« völlig identifiziert. Und hätte nicht auch er Hermes zu seinem Gott erwählen können? Denn wenn Hermes Einsichten durch Zufall beschert, ist er auch der Gott des Einfalls, und wenn er sich, wie er hier verstanden wird, eher abseits der Heerstraße erkenntlich zeigt, ist er nicht so sehr ein Gott der Wege wie vielmehr der Abwege, der »krummen Linien«, der Arabeske. Aus jeder Zeile dieses bemerkenswerten Prosastücks spricht eine intellektuelle Haltung, die nirgendwo anders hindrängt als zum Fragmentarismus in der vorhin gekennzeichneten Weise. Besonders fällt dabei auf, fast mehr noch als bei Schlegel, daß der Reichtum an unerwarteten Erkenntnissen als Frucht nicht

---

[8] LM 14, S. 290. Fußnote.

nur einer vielfach abgebrochenen und geänderten, sondern auch richtungs- und absichtslosen, sich völlig dem Ablenkungsreiz überlassenden Bewegung charakterisiert wird. Der Prozeß des Denkens und Darstellens erscheint hier als Flanieren, ja er hat etwas von der Art des romantischen Wanderns an sich, von jenem plan- und nutzlosen, aber dabei doch sehr einträglichen, weil überraschende Aussichten und Einblicke eröffnenden Umherschweifen. Lessing hat denn auch im letzten, von mir nicht zitierten Abschnitt der Vorrede die *Hermäa* genannten Aufsätze als »Wanderschaften eines gelehrten Landstörzers« (LM 14, S. 291) ausgegeben. Und teilt Lessing nicht sogar das Lebensgefühl des romantischen Wanderers? Dieser bricht auch deshalb nach dem Neuen, »Seltsamen« auf, weil er am Gewöhnlichen, Allzubekannten existentielle Langeweile empfindet. Aus dieser Art von Überdruß erwächst das Bedürfnis, nirgendwo zu verweilen, stets in Bewegung zu bleiben, in einer nicht nachlassenden Spannung gehalten zu werden.[9]

Das Projekt »Hermäa« wurde nicht realisiert, und dennoch ist der Autor ihm nachgekommen. Denn wenn ihn die Arbeit am *Laokoon* in Anspruch nahm, so zeigt doch die Art, wie er diese und spätere Studien verfaßte, so auch die *Hamburgische Dramaturgie* oder die Arbeiten theologischen und antiquarischen Inhalts, daß er hier durchaus dem Gotte Hermes opferte.[10] Alle diese Schriften sind Geisteswanderungen ins Unbegangene und Unbekannte und wohl auch Irrgänge nach einem tiefverborgenen und unerreichbaren Zentrum.

Es ist fast müßig zu sagen, um zum Schluß noch auf das Generalthema der Tagung einzugehen, daß der Fragmentarismus, sei es im Zeichen des aufklärerischen oder des romantischen Geistes, sich nicht nur als Alternative, sondern auch als Opposition zu jenen begreift, die die Wahrheit auf der Heerstraße zu finden oder gar schon von vornherein zu besitzen meinen. Er steht deshalb auch im Zeichen des Streites.

---

9 Vgl. dazu L. Pikulik: Romantik als Ungenügen an der Normalität. Am Beispiel Tiecks, Hoffmanns, Eichendorffs. Frankfurt a. M. 1979.

10 Wie sich der Autor des *Laokoon* als Flaneur, als Spaziergänger gibt, darüber hat erst kürzlich Ulrich Stadler einige erhellende Bemerkungen gemacht: System und Systemlosigkeit. Bemerkungen zu einer Darstellungsform im Umkreis idealistischer Philosophie und frühromantischer Literatur. In: Walter Jaeschke, Helmut Holzhey (Hg.): Früher Idealismus und Frühromantik. Der Streit um die Grundlagen der Ästhetik (1795–1805). Hamburg 1990, S. 52–68, hier S. 58f.

Mark W. Roche

Apel und Lessing – oder:
Kommunikationsethik und Komödie

I

Die von Karl-Otto Apel begründete Transzendentalpragmatik versucht, transzendentale Reflexionen – also Reflexionen über die Bedingungen der Möglichkeit objektiv gültiger Erkenntnis – für die Gegenwart dadurch produktiv zu machen, daß sie über die subjektive Sphäre Kants hinaus auf den Bereich der Intersubjektivität angewandt werden, so daß sie letztendlich zu einer dialogisch ausgearbeiteten normativen Ethik führen. Laut Apel gibt es keinen Standpunkt, von dem aus der Diskurs relativiert oder sinnvoll in Frage gestellt werden kann; jeder derartige Versuch beginge einen pragmatischen Widerspruch: Man kann gegen Argumentation nicht argumentieren, es sei denn, daß man die Gültigkeit der Argumentation schon voraussetzt. Das Eintreten ins Gespräch setzt bestimmte verbindliche Normen voraus, etwa, daß wir nicht blind handeln, sondern durch vernünftiges Argumentieren die richtige Handlungsalternative suchen, und zwar dadurch, daß wir unsere Ansichten ehrlich vorlegen und alternative Standpunkte unparteiisch in Betracht ziehen.

In mancher Hinsicht kann die Transzendentalpragmatik als die Weiterentwicklung nicht nur des Kantischen Idealismus, sondern auch von Lessings Hervorhebung der Vernunft und seiner von Kant nicht geteilten Betonung der Rhetorik des Guten gesehen werden, d. h. der Mittel, durch die das Gute gelehrt wird und gute Taten motiviert werden. Vor allem in *Nathan der Weise* entwickelt Lessing die Voraussetzungen einer Kommunikationsethik: das Prüfen alternativer Standpunkte gegen ihre eigenen Voraussetzungen sowie gegen transzendentale Normen; die Erhebung von Geist über Natur und Vernunft über Autorität und Tradition; Genauigkeit in der Sprache; schließlich allgemeine Begriffe wie ›Liebe‹ und ›Gerechtigkeit‹, die alle Besonderheiten übersteigen. In der Tat ist Lessings Begriff einer Makroethik erst jetzt etwas geworden, von dem nicht nur der Fortschritt, sondern auch das Überleben der Menschheit abhängt, und unter den modernen Denkern scheint Apel am stärksten im Geiste Lessings zu arbeiten, vor allem wenn man Argumente Apels in Betracht zieht, die wie philosophische Spiegelungen der toleranten, ›Einheit und Vielheit‹ verbindenden Rhetorik der Ringparabel klingen.[1]

Obgleich Lessings berühmte Aussage in *Eine Duplik* normative Wahrheit in Frage zu stellen scheint (wir sind endliche Wesen, die sich der Wahrheit nur annähern können), würde die Transzendentalpragmatik diesen scheinbaren Widerspruch mit Hilfe transzendentaler Reflexionen auflösen. Lessings Auffassung von der Wahrheit als unerreichbar – außer in unendlicher Annäherung – setzt schon Normen für Nähe und Ferne, Wahrheit und Irrtum voraus, welche selbst als wahr und erreichbar gelten müssen. Lessing ist nicht so sehr ein Gegner der Wahrheit bzw. des normativen Denkens, wie eine vereinfachende Lektüre dieser Stelle ihn erscheinen ließe. Jemand, der Lessings Gedanken für die Gegenwart ernst nimmt, könnte durchaus von der Transzendentalpragmatik lernen; andererseits dürfte der Philosoph, der sich für auf Symmetrie und Ehrlichkeit aufgebaute normative Bestimmungen ethischer Handlungen interessiert, von Lessing profitieren, vor allem von seinen literarischen Werken, besonders den Komödien.

II

Die außergewöhnlichen Spiegelungen zwischen Figuren in *Minna von Barnhelm* und die ausführliche Darstellung und Kritik asymmetrischen Benehmens macht Lessings Komödie zu einem faszinierenden Text für jeden Leser, der sich für das transzendentalpragmatische Argument interessiert, daß alle Handlungen symmetrisch und kommunikativ sein sollen. Tellheims anfänglich überbetonte Subjektivität wird in seinem Brief an Minna deutlich; wir sehen hier einen Ausdruck von Tellheims Verneinung der Intersubjektivität. Tellheim weigert sich, an irgendeiner Dialektik teilzunehmen, die ihn zwingen würde, anderen Positionen gegenüberzustehen und sich selbst dem Zufall und der Spontanität, die Teil jeden offenen Diskurses ist, auszuliefern. Minna antwortet Tellheim mit seinen eigenen Mitteln. Sie gibt den Brief ohne Erläuterung

---

[1] Karl-Otto Apel: Diskurs und Verantwortung: Das Problem des Übergangs zur postkonventionellen Moral. Frankfurt 1988, S. 167–178. Verbindungen zwischen Lessing und der zeitgenössischen Diskursethik sind bis jetzt allgemein von Beatrice Wehrli: Kommunikative Wahrheitsfindung. Zur Funktion der Sprache in Lessings Dramen. Tübingen 1983, bes. S. 22–52 und 168–171, und mit Bezug auf *Minna von Barnhelm* von Jürgen Schröder: Lessing: *Minna von Barnhelm*. In: Walter Hinck (Hg.): Die deutsche Komödie. Düsseldorf 1977, S. 49–65, bes. S. 57–60, behandelt worden.

zurück und spiegelt dadurch seine eigene monologische Handlung. Diese Spiegelungstechnik ist leitendes Prinzip des Stückes und vielerorts erkennbar. Werner Schwan hat Just teilweise unter dem Gesichtspunkt der Ähnlichkeit mit Tellheim analysiert, und Fritz Martini hat uns die Augen geöffnet für die Bedeutung Riccauts als Spiegelung sowohl von Tellheim als auch von Minna.[2] Die linguistische und dramatische Technik des Spiegelns dient vor allem dazu, Tellheims Widersprüche zu unterstreichen und ihn auf eine Einigung mit anderen hinzuführen. Diese Spiegelung hat eine Entsprechung im Inhalt des Stückes: Tellheim wird nicht nur durch andere Figuren dargestellt, er findet seine Identität schließlich in anderen.

Spiegelungen liegen auch in Tellheims Beziehungen zu Frau Marloff und zu Werner vor. Tellheim belügt Frau Marloff, damit er ihr gegenüber großmütig sein kann. Er leugnet alle Schulden. Obgleich sie spürt, daß er auf sie herabsieht, nimmt sie das Geld an – für einen anderen, nämlich ihren Sohn (I/6). Um Tellheim sein Geld zu schenken, muß Werner ihn belügen. Tellheim kann es nicht ertragen, anderer zu bedürfen, wenn er ihnen unterlegen ist. Werner versetzt ihn in die Lage von Frau Marloff, aber er lehnt Werners Hilfe ab – auch als Werner Geld gegenüber Intersubjektivität dadurch herabsetzt, daß er den Wert der Freundschaft (symbolisch ›Wasser‹) gegenüber instrumentalen Beziehungen (symbolisch ›Gold‹) betont und zu verstehen gibt, daß Tellheim ihm schon mehr als Geld schuldig sei, nämlich sein Leben. Tellheim nimmt hartnäckig einen asymmetrischen Standpunkt ein, wobei er weniger begünstigten Personen hilft, aber Hilfe ablehnt, wenn *er* in einer schwierigeren Position ist. Sein Denken schränkt menschliche Beziehungen auf Sollen und Haben ein. Tellheims Rhetorik sich aneignend, macht Werner die Forderung nach Symmetrie klar: »Wer von mir nichts nehmen will, wenn er's bedarf, und ich's habe, der will mir auch nichts geben, wenn er's hat, und ich's bedarf« (III/7). Tellheim gibt schließlich nach und leiht später im Stück und als Folge von Minnas Spiel Werners Geld aus – wie Frau Marloff für eine andere Person, in diesem Fall für Minna (V/1).

Am wichtigsten ist die Spiegelung Tellheims durch Minna. Jürgen Schröder hat diese These ausführlich entwickelt.[3] Ähnlich Werner nimmt Minna Tellheim wörtlich und weist dadurch auf die sinnwidrigen Folgen seiner Worte und

---

[2] Werner Schwan: Justs Streit mit dem Wirt: Zur Frage des Lustspielbeginns und der Exposition in Lessings *Minna von Barnhelm*. In: Jahrbuch der deutschen Schillergesellschaft 12 (1968), S. 170–193, und Fritz Martini: Riccaut, die Sprache und das Spiel in Lessings Lustspiel *Minna von Barnhelm*. In: Lustspiele und das Lustspiel. Stuttgart 1974, S. 64–104.
[3] Jürgen Schröder: Gotthold Ephraim Lessing. Sprache und Drama. München 1972, bes. S. 232–240.

schließlich seiner Taten hin. Tellheim meint, er sei für Minna nicht gut genug – eine versteckte Selbsterhöhung durch Selbstmitleid –, und er sieht nicht, daß seine edle Tat für andere üble Folgen hat. Um moralisch zu sein, macht Tellheim andere unglücklich. Minna muß dieser pseudo-tragischen Struktur mit komischer List entgegentreten. Sie spiegelt Tellheim freilich mit Abweichungen und setzt dadurch seine Lage in Worte um, die sie als Parodie der Tragödie erkennen lassen.[4]

Minnas ganzes Spiel besteht in einer Spiegelung von Tellheims vormaligem Standpunkt in bezug auf den Ehrverlust, die Sorge um die Folgen für die anderen und die Erklärung, daß Tellheim zu schwach wäre, eine Kompromittierung seiner Geliebten zu ertragen (V/9). Minna verbirgt dieses Spiegeln nicht: »Wollen Sie es wagen, Ihre eigene Rede in meinem Munde zu schelten?« (V/9). Es geht hier nicht nur um die uralte List des Hofmachens (vorgetäuschte Interesselosigkeit oder Abweisung, die feurigere Liebe anstachelt); Minna gibt vor, in einem Gewebe der Ausweglosigkeit und tragischer Verzweiflung zu stecken, und es ist nicht nur diese Tragödie, die Minna an Tellheim zurückspiegelt, sondern auch ihr scheinhafter Charakter (Tellheim selbst weigert sich, ihren Zustand als tragisch anzusehen).

Solche Spiegelungen tragen dazu bei, daß Tellheims Unfähigkeit, die Wahrheit zu sehen oder zu hören, aufgelöst wird. Dies gilt mit Bezug auf die Handlung (indem andere Figuren, vor allem Minna, Tellheims Worte und Handlungen spiegeln, wird Tellheim dazu geführt, sich selbst in anderen zu erkennen) wie auf die Symbolik (andere Figuren sind ein Teil von Tellheim und Tellheim ein Teil von ihnen). Tellheim findet seine Identität und seine Begierde nach Leben in einem anderen Menschen: »Der Trieb der Selbsterhaltung erwacht, da ich etwas Kostbarers zu erhalten habe als mich und es durch mich zu erhalten habe« (V/5). Hegel schreibt, fast als ob er diese Stelle kommentiert:

> Dies Verlorensein seines Bewusstseins in dem anderen, dieser Schein von Uneigennützigkeit und Selbstlosigkeit, durch welchen sich das Subjekt erst wiederfindet und zum Selbst wird, diese Vergessenheit seiner, so daß der Liebende nicht für sich existiert, nicht für sich lebt und besorgt ist, sondern die Wurzeln seines Daseins in einem anderen findet und doch in diesem anderen gerade ganz sich selbst geniesst, macht die Unendlichkeit der Liebe aus.[5]

---

4 Allgemein kann Tellheims Benehmen als Parodie der Tragödie ebenso wie als potentiell tragisch gelten; der substantielle, wenn auch komische Text ist reich genug, um beide scheinbar sich widersprechende Momente gelten zu lassen.

5 Georg Wilhelm Friedrich Hegel: Werke in zwanzig Bänden. Hg. von Eva Moldenhauer und Karl Markus Michel. Frankfurt a. M. 1970ff. Bd. 14, S. 183.

Tellheim sieht ein, daß er andere braucht und sich mit anderen entwickelt, genau wie seine Gebärde dies durch das ganze Spiel hindurch gezeigt hat – Tellheim braucht andere auch im wörtlichen Sinn, denn sein rechter Arm ist gelähmt.

Um Unglück zu überwinden, ist der Geist der Komödie bereit, an Verstellung zu appellieren. Minna verkörpert diesen Geist sowohl mit ihrem strategischen Denken als auch mit ihrem Ziel der Symmetrie. In der Tat sind beide verwandt, denn Minnas Verstellungsspiel, in dem sie Tellheims Rolle annimmt, so daß Tellheim an ihre Stelle tritt, ist eine Art von Wechselseitigkeit, die eine (echte) Symmetrie (komisch) vorwegnimmt. Eine mögliche Tragödie der Kollision (zwei gleichwertige Güter im Konflikt, nämlich Ehre und Liebe) weicht einer versöhnenden Komödie, insofern als jeder von beiden – gewollt oder ungewollt – den Standpunkt des anderen einnimmt.

Tellheims Intersubjektivität ist trotzdem nicht vollständig. Elemente der Asymmetrie bleiben. Tellheim nimmt gern symmetrische Beziehungen an; asymmetrische Beziehungen erträgt er nur, wenn er der Gebende ist. Tellheim ist bereit, für Minna die öffentliche Ehre aufzugeben. Nur kann er Asymmetrie nicht dulden, wenn es der andere ist, der sich auf das Niveau Tellheims herablassen muß. Er glaubt nicht, daß Minnas Liebe so stark wie seine eigene ist, d. h. er denkt, Minna wäre nicht fähig, der Welt seinetwegen zu trotzen. Tellheims Grenzen werden in dieser Verteilung männlicher und weiblicher Rollen deutlich (welche Lessings Betonung der Humanität bzw. des Allgemeinen gegenüber dem Besonderen widerspricht) sowie in seiner Neigung, die Frage der Symmetrie in rein finanzieller und auf die Werttheorie seiner Zeit bezogener Hinsicht zu sehen. Das Spiel schließt mit Bildern des Fortschritts (Liebe und Freundschaft sind erreicht sowie eine doppelte Verlobung und eine symbolische Vereinigung sowohl des Staates und des Individuums als auch Preußens und Sachsens); doch finden sich auch Bilder, die daran erinnern, daß die Versöhnung nicht vollständig ist (die Intersubjektivität bleibt teilweise begrenzt; die letzten Zeilen gelten dem Thema fortgesetzter Kriege). Obgleich der Schluß nicht ganz harmonisch ist, sehen wir – wie in der Transzendentalpragmatik – den Entwurf einer idealen Gemeinschaft, nach deren Verwirklichung zu streben unsere ethische Pflicht ist.

III

Aber es gibt mehr in Lessings Stück, als die Transzendentalpragmatik beim ersten Blick zuließe: Minnas Instrumentalisierung Tellheims, geschweige denn

Tellheims Lügen gegenüber Frau Marloff und Werners Lügen gegenüber Tellheim. Der Widerstreit zwischen der transzendentalpragmatischen Forderung nach Nichtinstrumentalisierung und dem strategischen, wenn auch gutgemeinten Benehmen von Lessings Figuren bringt uns zu zwei übergreifenden Fragen, eine philosophischer, die andere gattungstheoretischer Art.

Erstens: Inwiefern erhellt Lessings Spiel ein Thema, mit dem die Transzendentalpragmatik nur schwer zurechtkommt, so wie ja auch der intellektuelle Vorläufer der Transzendentalpragmatik, Kant, unfähig war, die tragische Kollision zweier Güter zu erkennen?[6] Ich denke an berechtigte Verletzungen der transzendentalpragmatischen Imperative, welche für die Erreichung eines höheren Wertes notwendig scheinen, eine Position, die Lessing eindeutig vertritt. So wie Apel das Verständnis Lessings fördert, kann Lessing uns nur helfen, Apels Gedanken weiterzubringen. Apel argumentiert, daß die Pflicht zum Konsens im Prinzip gilt. Was aber, wenn man den anderen von der Richtigkeit der eigenen Position nicht überzeugen kann? Was soll man tun, wenn es eine Endlichkeit nicht im Prinzip, sondern in der Praxis gibt, die korrigiert und überwunden werden kann? Ist es berechtigt, ein minderwertiges Gut zu verletzen, um ein größeres Gut zu verwirklichen? Kann die Asymmetrie jemals die Sache der Symmetrie befördern?

Eine Position annehmend, die dem komischen Standpunkt Minnas ähnelt, würde ich behaupten, daß unter außerordentlichen Umständen Täuschung erlaubt werden kann – wenn die Täuschung ein höheres Gut fördert, wenn jeder legitime alternative Weg versperrt ist und wenn es realistische Chancen für einen Erfolg gibt. Minnas List hilft Tellheim, zu sich selbst zu kommen, und die Ansicht, daß die Falschheit die Wahrheit erzeugen kann, erscheint symbolisch in der Tatsache, daß der Betrüger Riccaut in Wirklichkeit ein Vermittler der Wahrheit ist.[7] Der Täuschende muß sich natürlich vor einem Übermaß an

---

[6] Fragen nach dem Stellenwert strategischer Rationalität sind neuerdings von Transzendentalpragmatikern aufgeworfen worden. S. bes. Apel (Anm. 1), S. 62–68, 141–153, 213–216, 260, 268 und 464–469. Über das Normenbegründungsprinzip hinaus fordert Apel ein moralisch-strategisches Ergänzungsprinzip. Diese Tatsache schwächt den Umfang meiner Kritik an Apel, stärkt aber die Bedeutung der Kunst, in diesem Fall von Lessings Dramen, für ein weiteres Nachdenken über solche Fragen.

[7] Meine Deutung des (komischen) Wertes von Täuschung unterscheidet sich von derjenigen Alfred Hoelzels (Truth and Honesty in *Minna von Barnhelm*. In: Lessing Yearbook 9 (1977), S. 28–44), der schreibt, »In Lessing's view even benign lying has no redeeming virtues [...] lying, even for a good cause, is self-defeating« (34). Hoelzels Argument stützt sich vor allem auf Werners Lügen und Minnas Spiel, aber der Grund, weshalb sie mißlingen, mag wohl weniger in den Taten selbst liegen als in Werners erfolgloser Verfahrensweise (und seinem Pech) und in Minnas Erweiterung der Lügen über das Notwendige hinaus.

Subjektivität in acht nehmen, insofern die Täuschung ein derartiges Übermaß fördert. Ähnlich wie Tellheim leidet Minna an einem Übermaß von Subjektivität. Sie meint, daß sie Tellheim alles, was er braucht, geben kann, und dadurch vernachlässigt sie seine Bedürfnisse (II/7 und II/9); sie handelt – laut Franziska – teilweise aus Selbstüberhebung, d. h. eher will sie sich geliebt fühlen als Tellheim helfen (IV/1); und sie treibt das Spiel wohl ein bißchen zu weit. Darüber hinaus erkennt Tellheim den pädagogischen Zweck von Minnas »Lektion« nicht ganz (IV/1), so daß das Lachen des Zuschauers nicht nur gegen Tellheim, sondern auch gegen Minna gerichtet ist. Lessing gibt zu verstehen, daß die potentielle Tragödie in Tellheims Subjektivität und Rückzug besteht (obgleich ihre Wahrheit die durch Minnas Verstellung teilweise erreichte Versöhnung ist) sowie in Minnas Subjektivität und Manipulation (obgleich diese zu weit getriebene Handlung die Hilfe des eintreffenden Onkels erforderlich macht). Die Komödie bedarf der Subjektivität (als Hindernis und als Mittel, dies zu überwinden), ebenso wie sie in der Intersubjektivität gipfelt. Die Anspielungen auf Zufall und Glück sind eine andere Weise, die Grenzen der Subjektivität zu betonen.[8] Man ist von etwas, das über einen selbst hinausgeht, abhängig. Die Ankunft des Grafen steht symbolisch für das, was man »die List der Gattung« nennen könnte, d. h. die spekulative Idee, daß Subjektivität einer größeren Sphäre unterstellt ist, sei es Zufall, Vorsehung oder seien es einfach andere Subjekte.

Zweitens: Was für literarische Formen, genauer noch, was für Arten der Komödie werden von den Verletzungen symmetrischen Verhaltens ans Licht gebracht? In verschiedenen Komödien wird Instrumentalisierung unmittelbar kritisiert. Der Held handelt nicht symmetrisch und nicht affirmativ, den anderen als Subjekt anerkennend, sondern asymmetrisch und destruktiv, den anderen als Objekt manipulierend, und der Held, der letztlich versagt, wird ironisch behandelt. Der Wirt in *Minna* paßt zu diesem Modell sowie der Patriach in *Nathan*. Die Handlungen der Helden sind nicht berechtigt, und ihre Absichten sind unzulässig. Die Figur wird nur dann komischer und weniger satirisch, wenn sie große geistige Fähigkeiten zeigt, wie etwa Adam in Kleists *Der zerbrochene Krug*. In manchen solchen Komödien manipuliert eine Figur eine andere, die selbst andere strategisch behandelt, so daß durch eine Art symmetrischer Instrumentalisierung oder doppelter Negation die Unhaltbar-

---

[8] Ich stimme mit Horst Steinmetz (*Minna von Barnhelm* oder die Schwierigkeit, ein Lustspiel zu verstehen. In: Alexander von Bormann (Hg.): Wissen aus Erfahrung. Festschrift für Herman Meyer. Tübingen 1976, S. 135–153) überein, der dem Entweder-Oder (Minnas Spiel oder ein *deus ex machina*) dadurch entgegentritt, daß er die Bedeutung beider für die Lösung betont.

keit der Instrumentalisierung anschaulich gemacht wird: man denke an Werke von Hauptmann, Sternheim und Brecht. Eine andere Art von dramatischer Figur, die alle mit Entgegenkommen und der äußersten Ehrlichkeit behandelt, geht mit ihren Mitmenschen überhaupt nicht strategisch um; aber gerade dieses nicht-strategische Denken trägt zu der Enttäuschung des Helden, zu seinem Mißerfolg und schließlichem Menschenhaß bei: man denke an Molières Alceste, in gewisser Hinsicht auch an Lessings Al Hafi. Der frühe Tellheim bewegt sich in diese Richtung, obwohl äußere Kräfte ihn von dieser Haltung endlich befreien. In anderen Werken sehen wir eine Synthese von strategischer und kommunikativer Handlung. Eine Person manipuliert eine andere, um ein Ziel zu erreichen, das dem Manipulierten heilsam ist; er wird die Wohltat erkennen und für die Instrumentalisierung schließlich dankbar sein. Dies entspricht der komischen oder maieutischen Struktur der Erziehung sowie den ironischen oder spielerischen Elementen der Liebe. Der gute Lehrer geht indirekt vor, woraus der Student Vorteil zieht, was er am Ende auch erkennt. Die Geliebte gebraucht Ironie, um die Tiefe und die Fähigkeiten der eigenen Person, die der Liebhaber andernfalls unterschätzen mag, sehen zu lassen. Diese Modelle scheinen zu *Minna* zu passen – eine Deutung, die von Minnas Bestehen auf Symmetrie bekräftigt wird, sowie von Tellheims Oxymoron »O boshafter Engel!« (V/12) und seiner wohlwollenden Anerkennung von ihr und Franziska als »Komödiantinnen« (V/12). Positiv bewertete Verstellung ist ebenso deutlich in *Nathan*, vor allem in bezug auf Nathans Erziehungstaktiken, zum Beispiel mit Recha in I/2 oder in Nathans Reflexion, daß Liebe täuschen darf, »wo getäuscht zu werden, uns heilsamer war« (III/7). Das Thema komischer Instrumentalisierung und Verstellung ist kompliziert, viele mögliche Strategien, viele mögliche Ergebnisse hervorrufend. Das Thema lädt zur weiteren Reflexion ein – in bezug auf Lessing und darüber hinaus.

Apels transzendentale Überlegungen führen Lessings Auffassungen von Vernunft und Intersubjektivität weiter und geben ihnen einen Grund; und Lessings Stück – mit seinen Spiegelungen und seiner Entwicklung auf Intersubjektivität hin – bietet ein ästhetisches Korrelat zu verschiedenen Lehrsätzen der Transzendentalpragmatik. Doch fordert Lessings Kunst auch Apels Position heraus, indem sie theoretische und ästhetische Fragen stellt, die das transzendentalpragmatische Paradigma komplizieren und bereichern.

Simonetta Sanna

Streitkultur in Lessings *Minna von Barnhelm*

Minnas Fähigkeit vs. Franziskas Unfähigkeit zum Streiten als Movens von Handlungsentwicklung und Konfliktlösung

I

Bekanntlich bilden zwei Liebesgeschichten die Handlung in *Minna von Barnhelm*: diejenige der Hauptgestalten den Vordergrund, diejenige der Nebengestalten den Hintergrund. Was die letzteren angeht, ist man sich in der Lessing-Forschung stets einig gewesen: demzufolge wiederholen Franziska und Paul Werner – darin durchaus konventionellen Rastern der Komödie folgend – auf niedrigerem sozialem Niveau und weniger streng das Liebesverhältnis der Herrschaften.[1] Meine davon abweichende Auffassung, die ich weiter unten näher ausführen möchte, wird ein zentrales Anliegen dieses Beitrags bilden.

Einen weitaus größeren Raum innerhalb der Forschungsgeschichte als diese Frage nimmt jedoch die bis zum heutigen Tag anhaltende Diskussion um die Bewertung der Haupthandlung Minna-Tellheim ein: Komödie oder Tragikomödie, Minna- oder Tellheim-Drama; interne, auf die Heldin zurückgehende oder externe Lösung, mit dem König als deus ex machina – um nur einige der Problempunkte zu nennen.[2] Meine diesbezügliche Position ist die: *Minna von Barnhelm* ist eine Komödie, deren glücklicher Ausgang dem Verhalten der Titelheldin zu verdanken ist. Dieses gute Ende geht einher mit Tellheims Absage an das höfische Ideal von Ehre-Glück-Dienst und seiner

---

[1] Nur Helmut Arntzen (Die Komödie des Individuums. Lessings *Minna von Barnhelm*. In: Die ernste Komödie. Das deutsche Lustspiel von Lessing und Kleist. München 1968, S. 25–45) verweist auf das problematische Glück von Wachtmeister und Kammermädchen.

[2] Da hier wie in anderen Anmerkungen auf die gesamte Forschungslage eingegangen werden müßte, werden im weiteren Verweise auf die Sekundärliteratur, die notwendig willkürlich ausfallen müßten, zum großen Teil unterlassen. Zur Auseinandersetzung mit der Forschungsgeschichte und ausführlicheren Bibliographie verweise ich auf Simonetta Sanna: Minna von Barnhelm di G. E. Lessing. Analisi del testo teatrale. Pisa 1983, insb. S. 261–283.

Entscheidung für eine private Geselligkeit, die nicht nur allgemein eine soziale Alternative benennt, sondern ihm konkret erlaubt, seine Individualität zur Entfaltung zu bringen.[3]

Das Faktum des Streits in *Minna von Barnhelm* wurde bislang vor allem negativ gewertet: Minna als ein Lessing im Weibsrock – oder schlimmer noch: Minna bewirke mit ihrer unmäßigen Streitsucht Unglück und Zusammenbruch des Verlobten.[4] Das Interesse wandte sich nur der Streitsucht als einer überzeichneten Eigenschaft der Heldin zu, die es womöglich zu korrigieren gelte.

Im Gegensatz dazu bildet meiner Auffassung nach der Streit ein wesentliches Moment der Handlung, die weitgehend auf ihm beruht, aus ihm sich speist. Die Komödie aus dieser Perspektive zu sehen liefert nicht nur der Diskussion um das Verhältnis Minna/Tellheim neue Argumente, sondern läßt die Nebenhandlung Franziska/Werner in ihrer eigentlichen Funktion, d. h. als Gegenhandlung hervortreten.

Vier Kriterien nennt Lessing immer wieder als Bedingung für ›wahren‹ Streit, und gerade auf ihnen basiert die Haupthandlung in *Minna von Barnhelm*:

1. Ausrichtung auf die Bekämpfung einer Unwahrheit;
2. eine dementsprechende Charakteranlage;
3. das Graduelle der Streitstrategie;
4. Toleranz als unverzichtbares Gegenstück zum Streit.[5]

1. Die »blinde Anhänglichkeit« (G 8, S. 553) Tellheims an die höfischen Wertmaßstäbe von Ehre-Glück-Dienst deckt sich mit jener »geschminkte[n] Unwahrheit«, der es Minnas aktives Vorgehen unmöglich macht, »sich an der Stelle der Wahrheit festzusetzen« (G 6, S. 407).[6] Daß Abhängigkeit vom Hof, insbesondere vom aristokratischen Ehrbegriff, nicht gleichbedeutend ist mit Notwendigkeit und Vernunft, wie Tellheim wähnt, bringt der Text durch die Beschränktheit zum Ausdruck, die mit ihr einhergeht: eine versäumte Entwick-

---

[3] Zur Auseinandersetzung mit der Sezessionismus-These von Peter Weber: Lessings *Minna von Barnhelm*. Zur Interpretation und literaturhistorischen Charakterisierung des Werkes. In: Hans-Günther Thalheim, U. Wertheim (Hg.): Studien zur Literaturgeschichte und Literaturtheorie. Berlin 1970, S. 10–57. Vgl. Simonetta Sanna: Die Isotopie des Sehens und Hörens im Figurenstatut von Lessings *Minna von Barnhelm*. In: Zeitschrift für Germanistik 6 (1988), S. 665–680.

[4] Vgl. insb. Raimund Belgardt: Minna von Barnhelm als komischer Charakter. In: Monatsschrift für den deutschen Unterricht 58 (1966), S. 206–216.

[5] Vgl. Hans-Georg Werner: Lessing über Streit und Toleranz als Faktoren des Vernunftfortschritts. In: Zeitschrift für Germanistik 6 (1987), S. 668–676.

[6] Tellheims Blindheit vgl. Anm. 7.

lung der eigenen Fähigkeiten (Steifheit, Blindheit, Taubheit) und eines persönlichen Willens (die Wahrheit des Herzens in bezug auf Liebe und Freundschaft).[7] Die Wahrheit des Stücks, seine Botschaft, fällt dagegen zusammen mit den von Minna vertretenen Werten. Dem sächsischen Fräulein verdankt Tellheim seine eigene individuelle Entwicklung, diese erst erlaubt ihm die Entscheidung für eine ethisch-soziale Alternative. Die Abreise nach Thüringen, die die Haupthandlung beschließt, setzt dieses ethisch-soziale, in nuce auch politische Modell als Alternative zum höfischen Leben voraus. Der Konflikt König/ Dame wird demnach zugunsten der Dame entschieden, deren Streitfähigkeit den König in die Rolle des geschlagenen Gegenspielers bringt.[8] In seiner mittleren Schaffensperiode steht Minna als Gestalt vorbehaltlos ein für Lessings optimistische Utopie.

2. Und dennoch: Die Figur Minnas läßt sich nicht auf die Funktion, Sprachrohr des Autors zu sein, reduzieren. Das streitbare sächsische Edelfräulein hat nichts gemein mit den blassen Gestalten Gottscheds und Gellerts. Ihre Entschlossenheit und Tatkraft machen von Anfang an klar, daß sie einen weitaus differenzierteren Typus vertritt, der von der Tiefsicht des Herzens bis zu einem klarsichtigen Verstand reicht, der neue sozial-utopische Perspektiven zu entwerfen vermag. In ihren Handlungen wie in ihren Aussagen gibt sich die Titelheldin als ein äußerst differenzierter Charakter zu erkennen, in dem sich auf eine Weise Gegensätze verbinden, die ihre ›Sonderbarkeit‹ ins Unsagbare reichen läßt (vgl. II/2, 4, 7 und 9).

Doch sind es noch zwei weitere Eigenschaften, die sie direkt in Verbindung setzen mit Lessings Streitkonzept: Ruhe und Einbildungskraft, die Lessing selbst in Zusammenhang seiner Auseinandersetzung mit Goeze zur Anwendung bringt.[9] Die Ruhe, die Minna nach dem Moment höchster Gefährdung

---

[7] Tellheims Wandlungsprozeß zeichnet sich in den Isotopien des Sehens und Hörens und der Modalverben wie folgt ab:

	sehen	hören
bis IV/6	mit starren Augen	Sie hören mich nicht
V/5	ich sehe das Frl. v. B.	aber ich höre es nicht
V/12	Gott! was seh' ich?	was hör' ich?

	(individuelles) Wollen	(folgerichtiges) Können
bis IV/6	–	–
V/5	+	–
V/12	+	+

[8] Zum König als deus ex machina in der Forschungsgeschichte vgl. Sanna: Minna von Barnhelm (Anm. 2), S. 61f.

[9] Zu Lessings Theaterlogik, an der Goeze Anstoß nimmt, vgl. Marion Gräfin Hoensbroech: Die List der Kritik. Lessings kritische Schriften und Dramen. München 1976, Simonetta Sanna:

zurückgewinnt (III/12), korrespondiert mit der Rückkehr zu Besonnenheit und Entschlossenheit und gibt ihr die Idee ein, wie Tellheims Stolz zu kurieren sei.[10] Ihrer Einbildungskraft dagegen bedient sie sich in dem Moment, da es darum geht, Tellheims unterdrücktes Gefühlsleben wiederzubeleben (das Wiedererwachen des Mitleids in V/5), indem sie ihm über Rollentausch und Ringintrige einen Spiegel vorhält.

3. Lessings Streitstrategie ist wesentlich bestimmt durch graduelle Abstufung. Das Vorgehen Minnas bei der Umsetzung dieses Prinzips stellt sich als ein Prozeß der Steigerung dar, der am Ende selbst die Krise als Mittel zur Bereinigung der Situation einbezieht. Tellheims Bildungsprozeß könnte man in die folgenden Phasen zerlegen: Trennungsabsicht, Blindheit, negatives Wollen (II/8–9); Aktivierung des Mitleids, Erwerb einer Kurzsicht und positives Wollen (IV/6); Entschluß, den preußischen Dienst aufzukündigen (V/5); Entschluß, sich dem Dienst am Hof zu entziehen, und Verweigerung der Wiedereingliederung, allmähliche Zurückgewinnung des Tiefblicks des Herzens (V/9); erneute Krise und Abschluß des Freisetzungsprozesses des Individuums, Wahl der sozialen Alternative und Erwerb von Tiefblick und Gehör (Vernunft), Rückgewinnung eines nunmehr neuen, individuellen Wollens, Könnens und Müssens.[11]

4. Toleranz, die Fähigkeit zur Selbstkorrektur des eigenen Handelns in Zusammenhang mit einer neuen Einsicht oder aufgrund der veränderten Lage, kommt Minnas Strategie mindestens zweimal entgegen: einmal bei der Auseinandersetzung mit Riccaut, dann anläßlich der letzten Auseinandersetzung mit Tellheim, als sie, übermütig geworden, den Ring als deus ex machina einsetzen möchte und sich gezwungen sieht – für sie ganz unvorhergesehen – die Taktik für ihren letzten Angriff zu verändern. Die Toleranz ist es, die in beiden Fällen das eigentlich Meisterhafte dieser Charakterzeichnung bildet: Fräulein Nase-

---

Lessings *Emilia Galotti*. Die Figuren des Dramas im Spannungsfeld von Moral und Politik. Tübingen 1988, insb. S. 73–79.

[10] Anders als in der Empfindsamkeit vertritt Minna ein aktives Konzept der Ruhe, und auch die starken Leidenschaften erfahren in ihr positive Bewertung (vgl. Anm. 15).

[11] Die Handlungsstruktur von Tellheims Wandlungsprozeß stellt sich mir wie folgt dar: A Einleitung, B Wendepunkt, C Auflösung; a bis b pars destruens, c pars construens: B' redlicher Vorschlag, B" argumentative Operation, B"' Rollenwechsel:

$$
\begin{array}{l}
\text{B'}\!\!-\!\!-\!\!-\!\!-\!\!-\ \text{B''}\!\!-\!\!-\!\!-\!\!-\!\!-\!\!-\text{B'''}\\[2mm]
\text{A}\!\!-\!\!-\!\!-\!\!-\!\!-\!\!-\ \text{B}\!\!-\!\!-\!\!-\!\!-\!\!-\ \text{C}\\
\text{II/8–9}\qquad\quad \text{IV/6–7}\\
\qquad\qquad\qquad\qquad\ \text{a}\!\!-\!\!-\!\!-\ \text{b}\!\!-\!\!-\ \text{c}\\
\qquad\qquad\qquad\qquad\ \text{V/10–11}\quad \text{V/12}\quad \text{V/13}
\end{array}
$$

weis zeigt sich einsichtig und erweist sich durchaus als fähig, durch Erfahrung zu lernen. Damit wird sie aus jeder Festgelegtheit herausgelöst und erweist sich als wahrhaft offener Charakter.

II

Die Haupthandlung, von der bislang die Rede war – der von Minna gesteuerte Bildungsprozeß Tellheims –, begleitet, so die Lessing-Forschung, eine analog dazu gestaltete Nebenhandlung, die Geschichte Franziskas und Paul Werners. Ich meine dagegen, daß der Streit hier auf struktureller Ebene dergestalt wiederkehrt, daß er die beiden Geschichten konträr komponiert. Auf den ersten Blick mag Franziska aussehen wie ein Duplikat Minnas. Auch sie erreicht über ihr Durchsetzungsvermögen die liebende Selbstaufgabe des verliebten Paul Werner. Über diese Parallelität der Handlung hinaus, die konventionellen Rastern der Komödie folgt, gibt es jedoch, so meine ich, einen entscheidenden Unterschied, der von der Wirkungsabsicht der Komödie herzuleiten wäre und auf die Lessing ureigene Theaterkonzeption zurückgeht.[12] Ausdruck dieses Unterschieds wird Franziskas Einspruch angesichts der Tatsache, daß Minna über die erreichte Liebes-Kapitulation hinaus noch an der Durchführung ihres Plans festhält: »Noch nicht genug?« (V/5) Minnas Plan erschöpft sich nicht darin, sich der Liebe Tellheims zu vergewissern. Er zielt auf zwei weitere Punkte: 1. Tellheim soll sich aus freier Wahl (Herr seiner Sinne, seines Wollens, Könnens und Müssens) entscheiden und nicht aus Mitleid, unter dem Eindruck des Rollentausches. 2. Er soll die objektiven Bedingungen schaffen, die ihr und Tellheim es tatsächlich erlauben, der ›Stimme des Herzens‹ folgend zu leben (Absage ans Ehre-Glück-Dienst-Ideal und Entscheidung für die Lebens-Alternative zum Hof.)

---

[12] Die Kommunikationsstrategie trachtet danach, den Rezipienten mit den Prämissen der szenischen Handlung zu konfrontieren, die mit den seinigen übereinstimmen und m. E. zur Tragödie führen könnten. Sie ist als Störung beim Einüben des Üblichen angelegt, weswegen auch (aber nicht nur) die Franziska/Werner-Handlung konsequent als Gegenhandlung angelegt ist, auch wenn sie nicht als solche ostentativ ausgewiesen wird. Dieses *Übliche* deckt sich m. E. aus historiographischer Perspektive mit den Lebens- und Kulturmodellen der Gottsched- wie der Gellertphase der deutschen Aufklärung, indes allgemeiner mit drei Grundhaltungen von umfassender Tragweite: der Unterwerfung des Individuums unter die herrschenden Normen (Tellheim bis IV/6); der Spaltung der Gestalt zwischen Öffentlichem und Privatem (Franziska und Werner während der Gesamthandlung); der Integration des Individuums als Freisetzung von Möglichkeiten zur Humanisierung des Zusammenlebens (wobei dies letzte mit der Botschaft des Lustspiels zusammenfällt).

Der Text zeigt deutlich Franziskas Unfähigkeit, Minna in diesen Vorstellungen zu folgen. Der ersten nicht, da es Franziska und Werner nicht gelingt, ihre Individualität zu entfalten. Auch als Figuren bleiben sie vielsagend innerhalb der Grenzen des Typischen.[13] Franziska hat weder Augen noch Ohren für das, was den privaten Bereich übersteigt, und ordnet sich in allen diesbezüglichen Fragen den Entscheidungen Werners unter. Was Minnas zweite Forderung betrifft, siedelt Franziska – blind für den Unterschied – ihre Liebe und Werners Dienst prinzipiell auf einer Ebene an. Die Alternative, in zehn Jahren »Frau Generalin oder Witwe« zu sein, die ihr die Schlußrede des Lustspiels in Aussicht stellt, negiert zum einen die Möglichkeit individueller Selbstbestimmung insofern, als sie die Gestalten in vollem Umfang dem höfischen Prinzip des Dienstes unterstellt, zum anderen widerspricht sie der Stimme des Herzens.

Im wertenden Vergleich der Figuren schnitten Franziskas Mitleid und Sanftmut in der Regel besser ab als Minnas Übermut.[14] Meine Lesart, die dementgegen eine Höherbewertung der Minna vorsieht, sieht sich nicht allein dadurch bestärkt, daß sie in größerer Übereinstimmung mit dem Text steht. Auch aus poetologischer Sicht erhält diese relative Abwertung des Franziska-Charakters insofern recht, als sie zugleich die Aufwertung der Franziska-Figur und ihrer Funktion mit sich bringt, ihr eine zentrale Stellung innerhalb der Konstruktion des Lustspiels einräumt. Die besondere Effizienz der poetischen Variante, die Lessing mit *Minna von Barnhelm* vorschlägt, beruht zu einem nicht geringen Anteil gerade auf der Einführung einer solchen unverzichtbaren Gegenhandlung. Das Paar Minna/Tellheim gestaltet vorzüglich einen Prozeß wechselseitiger Individuation. Der Vielschichtigkeit der Aussage des Stücks hätte man damit allein nicht zum Ausdruck verhelfen können. Selbst der Rückgriff auf die traditionelle Variante einer Parallelhandlung hätte dafür kaum ausgereicht. Von daher ergibt sich für Lessing die Notwendigkeit einer Gegenhandlung Franziska-Werner. Entspricht Minnas Vorgehen und die Teilhandlung, die ihre Geschichte mit Tellheim ausmacht, den Ansprüchen der *Minna von Barnhelm* als Komödie, so mischt die Franziska/Werner-Episode etwas ins scheinbar ungebrochen Komische, das durchaus tragische Züge aufweist.

---

[13] Zu Franziskas Verhaftetsein in den Konventionen des moralischen wie des Lustspieltyps vgl. Simonetta Sanna: Lessing und Goldoni. Die Phasen eines Vergleichs. In: Italo Michele Battafarano (Hg.): Deutsche Aufklärung und Italien. Bern 1992.

[14] Vgl. Walter Hinck: Das deutsche Lustspiel des 17. und 18. Jahrhunderts und die italienische Komödie. Stuttgart 1965, S. 292f.

III

Mit der folgenden Analyse soll die Entwicklung der Gegenhandlung Franziska/
Werner auf dem Hintergrund der Haupthandlung in 11 Phasen veranschaulicht
werden.

1. Der Unterschied zwischen Minna und Franziska im ersten Dialog (II/1)

Zwei Äußerungen Minnas am Anfang und am Ende von II/1 scheinen den
Dialog als verschmitzten Zeitvertreib auszuweisen (»Franziska, wir sind auch
sehr früh aufgestanden. Die Zeit wird uns lang werden«, »Doch schwatze nur;
sonst schlafen wir wieder ein.«) Realisiert wird er mit einer *anadiplosis* (zwei
Stimmen führen je drei Themen aus) und einer konstanten *translatio* vom
Besonderen zum Allgemeinen. Minna, die fortwährend an ihren Tellheim
denkt, entfaltet die individuelle Problematik (ohne dabei die sozialen Bezüge
aus den Augen zu verlieren). Die zweite Äußerung zeigt uns Franziska, wie sie
sich auf Prinzipien der Tugend beruft, und sie verallgemeinernd darlegt, indem
sie fortwährend von *man* und *uns* spricht, wohingegen Minna auf *mein Herz,
meinen Tellheim, mir, mich* und *ich* pocht. Eine von Minnas Fragen und Franziskas Antworten verweisen auf diesen Sachverhalt: »MINNA: da hast du eine
sehr gute Anmerkung gemacht. [...] Und weißt du, warum ich eigentlich diese
Anmerkung so gut finde? Sie hat viele Beziehung auf meinen Tellheim. FRAN-
ZISKA: Gemacht? macht man das, was einem so einfällt?« Kurz gesagt: Das
scheinbar so zufällige Geschwätz streicht bereits beim ersten Auftritt der beiden
Protagonistinnen ihre Fähigkeit bzw. Unfähigkeit zum Streit heraus, die ihre
weitere Handlung kennzeichnen wird.

2. Bestätigung der Unterschiede auf der Handlungsebene (II/2)

Wie der Wirt erwartet auch der Zuschauer in II/2, Näheres über Minna zu
erfahren. Der Text spielt mit dieser Neugier: Des Wirtes *faux pas* (Kammerfrau
anstatt Kammerjungfer) ruft Franziskas Ressentiment hervor – und ein Über-
schwall von Information, mithin die Textintention verwirklichend, ergießt sich
auf den Wirt wie auf den unschuldigen Rezipienten. Sollte sich der Zuschauer,
den Fußstapfen von Wirt und Franziska folgend, fragen, warum wohl Lessing
soviel Worte um diese zweideutige Angelegenheit macht, so wird auch ihm der
reale Gegenstand der Szene entgehen, welchen nicht die private Moral Fran-

ziskas bildet, sondern schon hier die Alternative, in zehn Jahren »Frau Generalin, oder Witwe« zu sein.

Was ihre private Tugendhaftigkeit betrifft, zeigt Franziska ein sensibles Gehör (es ist die einzige Form von Gehör, die sie besitzt, was auch die Szene III/ 10 bestätigen wird, wo sie auch Werners private Verhaltensnormen einer näheren Untersuchung unterziehen wird). Selbst ihre Rolle als Handlungsmotor bleibt einzig privat-moralischen Zielen verpflichtet, während sie im öffentlichen Bereich *willig* ist: ein ergebener Untertan. Letztendlich ist sie eine geteilte Gestalt: Franziska-Individuum/Willig-Reduktion auf die Spezies Bürger. »Frauenzimmerchen« nennt Walter sie immerzu, und in der Tat scheint Franziska ganz dem traditionell weiblich-häuslichen Bereich verpflichtet.

3. Minna und Franziska vor dem Wiedersehen mit Tellheim (II/3-7)

Minna verleiht in II/3 ihrer Freude des Wiedersehens Ausdruck: Sie ist »von Fröhlichkeit trunken«, vom Glück »berauscht«. In II/5 weist Franziska auf den Ernst von Tellheims Lage: »wie haben wir ihn wiedergefunden?« Zwei weitere Szenen trennen Franziskas Besorgnis und Minnas Antwort: »Er jammert dich? Mich jammert er nicht. Unglück ist auch gut. Vielleicht, daß ihm der Himmel alles nahm, um ihm in mir alles wiederzugeben!« (II/7) Während Franziska dem engen Horizont des Mitleids verhaftet bleibt, ergibt sich aus Minnas Verbindung der starken Leidenschaften von Trunkenheit und Rausch mit einer ebenso wachen Vernunft eine Perspektive, die schon jetzt auf die Lösung der Haupthandlung vorausweist,[15] Tellheims Absage an den König, seine Hinwendung zur Dame. Als komplexe Gestalt, die Gegensätzliches in sich vereint, gibt sich Minna auch durch jene Schlußworte zu erkennen, die sie spricht, bevor Tellheim die Szene betritt und die Fehde beginnt: »wenn alle Mädchen so sind, wie ich mich jetzt fühle, so sind wir – sonderbare Dinger. – Zärtlich und stolz, tugendhaft und eitel, wollüstig und fromm –.« Unnötig hinzuzufügen, daß auf Franziska jeweils nur ein Terminus der drei Diaden zutrifft.

---

[15] Mit diesem engen Mitleidshorizont meine ich etwa den der Gellertschen Empfindsamkeit oder – gleichsam aus Lessings Perspektive seit Mitte der 60er Jahre – ein nur emotiv geprägtes, eben an *Kurzsicht* gebundenes Mitleidskonzept, das jegliche Reflexion verhindert und blinde Negation/Affirmation erzeugt. Im Lustspiel selbst wird Franziskas Mitleid weder als voll entfalteter Affekt (da es nur »Tochter« der Liebe ist und von dieser in *Tiefsicht* übertroffen wird), noch als starke Vernunft (die mit der Erringung der *Perspektivsicht* einhergeht) ausgewiesen, wie z. B. die Isotopie Sehen/Hören anzeigt. Der differente Mitleidsbegriff, mit dem etwa die (kritisch-) empfindsame Miß Sara Sampson oder Minna von Barnhelm operieren, wird zum Zeichen des Übergangs von der Mitleids- zur Reflexionsästhetik in Lessings Werk.

4. Die zwei Liebesgeschichten (III/4, 5, 8, 9)

Während Minna in Schmerzen ihren Plan entwirft und der Bühne fern
bleibt, gehen Franziska, Werner und Tellheim im dritten Akt aus und ein
und veranschaulichen die Analogien der zwei Liebesbeziehungen (Sympathie,
Verlobung, Heirat), die die substantiellen Unterschiede um so klarer hervor-
heben helfen. Im Laufe der Handlung kontrastiert die scheinbare Span-
nungslosigkeit der Beziehung zwischen Werner und Franziska mit den fortwährend den Konflikten in der Beziehung Minna – Tellheim, wohingegen in
der Auflösung die Spannungen auf die Gegenhandlung übergehen (und in
ihr verbleiben).

5. Franziska und die Uniformen (III/10–11)

In III/10 rät Franziska dem Major, sich umzukleiden und nicht »gar zu preu-
ßisch« wiederzukommen. Franziska ist bemüht, Tellheim der Isolierung und
der (preußischen) Grobschlächtigkeit (nach sächsischer Lebensart) zu entziehen. Anders gesagt: Sie besitzt wie gewöhnlich nur moralisch-private Ziele, was
der darauffolgende, entsprechende Rat an Werner beweist: Als dieser sie fragt,
ob auch er geputzter wiederkommen soll, antwortet sie: »Komm Er, wie Er will,
Herr Wachtmeister; meine Augen werden nichts wider Ihn haben. Aber meine
Ohren werden desto mehr auf ihrer Hut gegen Ihn sein müssen. – Zwanzig
Finger, alle voller Ringe.«
   Die Isotopie sehen/hören signalisiert die mißlungene Verbindung von Au-
gen/Ohren, Herz/Verstand. Ein Zwiespalt (das ›nichts wider‹ der Augen/ das
›gegen‹ der Ohren), der von Einfalt zeugt: Franziskas Ohren/Vernunft sollten
in der Tat »auf ihrer Hut gegen ihn sein«, statt sich auf die Liebe samt der
unvereinbaren Uniform einzulassen.

6. Minna und Franziska: Aktivismus und moralische Abgrenzung im Dialog (III/12, IV/1)

Das Fräulein, das in III/12 wieder die Szene betritt (nach Tellheims Flucht und
der Überwindung der eigenen Krise), hat seine Ruhe wiedererlangt und mithin
einen Plan entworfen, Tellheim von seinem Stolz zu heilen. Franziska bemerkt:
»So wollen Sie seiner entsagen?« Worauf Minna entgegnet: »Ei, sieh doch!
Jammert er dich nicht schon wieder? [...] Nein; aber ein Streich ist mir bei-
gefallen, ihn wegen dieses Stolzes mit ähnlichem Stolze ein wenig zu martern.«
Für Franziska existiert nur die Alternative der Entsagung oder der bedingungs-

losen Zustimmung, nicht aber die Möglichkeit aktiven Vorgehens, nicht die Änderung der Voraussetzungen: Jammer und Entsagung – kardinale Werte der Empfindsamkeit – bedingen einander. IV/1 weist deutlich Analogien zu II/1 auf: wieder ein Dialog mit der bereits bekannten Fixierung Minnas auf ihre eigene Problematik und Franziskas auf allgemeine moralische Betrachtungen. Auf einen erneuten Vorwurf des Kammermädchens erwidert Minna: »Sittenrichterin! Seht doch! Vorhin ertappte sie mich auf Eitelkeit; jetzt auf Eigenliebe. – Nun, laß mich nur, liebe Franziska. Du sollst mit deinem Wachtmeister auch machen können, was du willst.«

Die verschiedenen Vorhaltungen Franziskas setzen eine gleiche Grundhaltung voraus: Die Sorge darum, sich eine – wenn auch abstrakte – moralische Reinheit zu bewahren, dem Risiko der Handlung zu entgehen. Minnas Antwort verdeutlicht mittels der Modalverben die Problematik: Franziska wird mit ihrem Wachtmeister auch *machen können*, was sie *will*. Indes übertrifft die Sphäre des individuellen Wollens nicht die strikt privaten Bezüge, so daß, als der brave Werner sich zur Heirat bereit erklärt, Franziska all ihre Wünsche verwirklicht sieht. Auf diese Weise aber wird sie nicht einmal in der Lage sein, ihre privaten Entschlüsse durchzusetzen.

7. Aktivismus und moralische Abgrenzung in Handlung und Reflexion (IV/2-3)

Analog zu dem Wirt in II/2, stellt Riccaut in IV/2 den Katalysator dar, der die Figuren der Probe der *vérité des faits* unterzieht und es dergestalt erlaubt, an ihren Handlungen ihre Unterschiede abzulesen (vgl. R 6, S. 53). Gegenüber Riccaut schließt das Kammermädchen a priori jeglichen Kontakt aus. Sie zieht sich in die Asepsis ihres untätigen Moralismus zurück, während Minna es nicht verschmäht, mit dem Chevalier eine ›liaison‹ einzugehen.

Nach Riccauts Flucht verleiht Franziska in IV/3 ihrer Erbitterung Ausdruck: Mit dergleichen Spitzbuben mache man nicht Gesellschaft, sondern lasse sie nicht »ungehangen herumlaufen«. Minna schweigt und macht sich die soeben erhaltene Lektion zueigen. In drei durch die Gradation der Figurenanweisungen gekennzeichneten Phasen vermag sie das Geschehen zu assimilieren und, indem sie der vor lauter moralischer Entrüstung taub gewordenen Franziska eine Tasse Kaffee einschenkt, äußert sie sich wie folgt: »Mädchen, du verstehst dich so trefflich auf die guten Menschen: aber, wenn willst du die schlechten ertragen lernen? – Und sie sind doch auch Menschen. – Und öfters bei weitem so schlechte Menschen nicht, als sie scheinen. – Man muß ihre gute Seite nur aufsuchen.«

Riccaut ist ein »schlechter Mensch«, der nichtsdestoweniger eine »gute Seite« besitzt, Tellheim ein »guter Mensch« mit einer »bösen Seite«.[16] Gegenüber beiden handelt Minna, irrend und doch fähig, aus den Fehlern zu lernen. Franziskas Entgegnung liefert das noch fehlende Beweiselement: Tellheim »sollte wegbleiben! – Sie bemerken an ihm, an ihm, dem besten Manne, ein wenig Stolz, und darum wollen Sie ihn so grausam necken?« Von ähnlichen abstrakt-moralischen Prämissen geleitet, schließt Franziska jeglichen Vergleich mit Riccaut aus, wie sie Tellheim jegliche Kritik erspart.

8. Franziska und die »böse Seite« von Paul Werner (IV/4–5)

Die »böse Seite« Paul Werners, eines ansonsten »guten Menschen«, führt die darauffolgende Szene IV/4 vor. IV/5 veranschaulicht indes Franziskas Unfähigkeit, sich ihr streitend zu stellen, d. h. so zu handeln, daß sie die Voraussetzungen zu ändern vermag.

Als Werner die Szene betritt, geht Franziska ihm entgegen, indem sie ihn »lieber Wachtmeister« nennt. Doch jener, *in einer steifen Stellung, gleichsam im Dienste,* [...] *geht, ohne auf die Franziska zu achten,* auf das Fräulein zu. Er kommt, um zu »rapportieren«, und fragt Minna, ob sie »etwas zu befehlen« habe. Als das Kammermädchen sich ihm doch nähert, verweist sie Werner (*sachte zu Franziska, und ernsthaft*): »Hier nicht, Frauenzimmerchen. Es ist wider den Respekt, wider die Subordination.« *Steif* wie er eingetreten war, geht er dann ab.

In der folgenden Szene unterscheidet Franziska zwischen Werner als einem Soldaten im Dienst (und Drechselpuppe) und einem Mann, der »sich selbst gelassen ist«. Sie nimmt diese Spaltung wahr, doch ihre Überwindung zieht sie nicht in Betracht. Im Gegenteil, sie verwahrt sich eine Einmischung von seiten Minnas: »Gnädiges Fräulein, machen Sie mir den Mann nicht verwirrt.« Das Mitleid nimmt überhand, während der Widerspruch zwischen Paul und Werner (der Name wird zum Signum der Zerrissenheit), zwischen individuellen Entschlüssen und Erfordernissen des Dienstes nicht zum Bewußtsein vordringt. Sehen und hören, Herz und Vernunft besitzt Franziska nur im Privaten (»Sie sollten ihn hingegen sehn und hören, wenn er sich selbst gelassen ist.«) Nicht nur in ihrer Auflösung sondern in ihrem Gesamtverlauf erweist sich bei näherem Hinsehen eindeutig die kontrastive Funktion der Gegenhandlung.

---

[16] Auffassungen ihres Autors vertritt Minna auch hinsichtlich des Zusammenhangs zwischen Bösem und Guten. Vgl. dazu G 7, S. 192–193, bis hin zu Lessings *Faust*-Fragment.

9. Minna in Aktion und Franziskas »Irrtum« (IV/6, V/3)

Die Szene IV/6 gliedert sich nach den drei Momenten des redlichen Vorschlags, der argumentativen Operation und Ausführung des Streichs. Franziska fällt dabei die Rolle zu, die Notwendigkeit von Minnas Vorgehen zu veranschaulichen, eine Rolle, zu der sie sich vorzüglich eignet: Ihr wiederholter Versuch, sich dagegen aufzulehnen, macht diese Notwendigkeit nur um so evidenter.

Die Ringintrige z. B. interpretiert Franziska in V/3 auf ihre Weise: Sie setzt den Ring in statischer Funktion ein, indem sie dem Major den tatsächlichen Tatbestand vor Augen führen möchte (Minna hat ihm seinen Ring zurückgegeben, nicht den ihren). Doch Tellheims Taubheit geht so weit, daß das Kammermädchen ihm sogar das Stichwort »Irrtum« suggerieren muß, das der Major dann selbst noch wiederholt und dennoch nicht versteht. Das Wort ›sehen‹ wird dreimal wiederholt, ohne daß deshalb der Major den Ring zu erkennen vermag. Das Unzureichende des Mitleids wird so dank des Irrtums, dem nicht nur Tellheim, sondern auch Franziska verfällt, doppelt unterstrichen.

10. Minna: Einleitung von Tellheims Wandlung und Franziskas Haltung (V/5, 9)

Der darauffolgenden Phase von Minnas Lektion (unter der Wirkung des Mitleids ist Tellheim nunmehr bereit, den preußischen Dienst zu verlassen –, um anderen Dienst zu suchen) steuert Franziska zwei kurze ›a parte‹ bei: a) »Noch nicht genug?« – in bezug auf Minnas Plan; b) »Wenn er es noch nicht merkt!« – in bezug auf Tellheims Blindheit. Die strukturellen Analogien der zwei Äußerungen verweisen auf den Widerspruch ihrer Inhalte. Der andauernde Irrtum Franziskas ist als Indiz für den erkennenden Zuschauer angelegt.

Minna fährt mit dem Streit fort: Noch scheint ihr Tellheims Wandlung zu plötzlich einzutreten (»auf einmal«) und ungenügend motiviert (»nur«). Die Ringprobe, eine Kontrolle des Grades seiner Selbstbestimmung, vermag der Major noch immer nicht zu bestehen. Trotzdem hatte auch V/9 mit Franziskas Fürbitte begonnen, Minna möge »es mit dem armen Major gut sein« lassen.

11. Neue Krise und Lösung von Haupt- und Gegenhandlung (V/10–13, 15)

In V/10–13 wird die Krise rekapituliert (denn obwohl Tellheim die Wünsche seines Herzens erspürt hat, so ist er doch nicht in der Lage, sie mit der Vernunft zu vereinbaren und durch richtige Entscheidungen zu verwirklichen; noch hört er nicht, was wiederum das bereits erworbene Sehvermögen gefährdet) und auf diesem Wege die glückliche Auflösung der Haupthandlung herbeigeführt.

Die letzte Szene des Lustspiels gehört ganz den Nebengestalten. Dies die Schlußworte Werners: »Geb Sie mir Ihre Hand, Frauenzimmerchen! Topp! – Über zehn Jahr ist sie Frau Generalin, oder Witwe!« Mit ihrem Verweis auf den Untertitel (»Das Soldatenglück«) vergegenständlicht die Figurenrede die gegensätzliche Auflösung von Haupt- und Nebenhandlung: Minna von Barnhelm oder das Glück des ehemaligen Soldaten Tellheim; General/Toter oder das Glück des ewigen Soldaten Werner, das seine Frau mit ihm teilen wird.

Mit diesen Worten bringt der Text die Gefahren und Leiden des Krieges, die er im Verlauf der Handlung immer wieder vergegenwärtigt hat, in die Nebenhandlung ein (vgl. I/2, 5, 6, 8, 12; II/1, 2, 5, 9; III/2, 7, 10; IV/2, 6; V/9, 13, 15). Die Witwe Marloff – wahrhaft tragischer Exkurs des Lustspiels –, deren Schmerz dem Major den wenig schmeichelhaften Ausruf entlockt: »Um des Himmels Willen, gnädige Frau! welche Veränderung!« – ist eine der Alternativen Franziskas, die glitzernden Schwerte, die Köpfe spalten (I/12), ein mögliches Schicksal Werners.[17] Aus der Perspektive des erkennenden Zuschauers nimmt die Gegenhandlung Franziska/Werner bereits im Lustspiel jenes Schicksal voraus, das das spätere Trauerspiel *Emilia Galotti* wiederaufgreifen wird: Mit dem Odoardos – mit seiner Schafsgeduld – wird Lessing die Problematik Franziskas und Werners innerhalb einer tragischen Form ihrem konsequenten Ende entgegenführen.[18]

Doch hier möchte ich schließen. Ich habe versucht, die Beziehung zwischen Haupt- und Nebenhandlung und den Anteil des Streites in ihrer Entwicklung und Auflösung zu veranschaulichen. Niemand sagte es klarer als Lessing selbst, als er meinte, gegen den Streit wären die Leute, die nur ihr »eigenes Gärtchen«, ihre »eigne kleine Bequemlichkeit, kleine Ergetzung« (G 8, S. 222) im Sinne hätten. Ich denke, Sie werden mir zustimmen, wenn ich behaupte, daß diese Worte sich schwerlich auf Minna beziehen lassen und ihr exzeptionelles Streittalent. Ich hoffe, daß es mir hingegen gelungen ist, Franziskas Anteil daran herauszuarbeiten, die dem kleinen Gärtchen des privaten Glücks den Vorzug gibt vor den öffentlichen und wahrhaft vitalen Interessen eines jeden Individuums.

---

[17] Auch (die Witwe) Daja im *Nathan* wird eine pejorative Entwicklung der Franziska darstellen.
[18] Vgl. Sanna: Lessings *Emilia Galotti* (Anm. 9); Gerhard Bauer: Der Bürger als Schaf und Scherer. Sozialkritik, politisches Bewußtsein und ökonomische Lage in Lessings Fabeln. In: Euphorion 67 (1973), S. 24–51.

Karol Sauerland

Lessings *Palast-Parabel* – ein literarisches Kleinod, das über das Streitobjekt hinauswuchs

Mit der Veröffentlichung der *Parabel,* der *Kleinen Bitte* und dem *Absagungs-schreiben* im März 1778 antwortete Lessing auf Goezes Polemiken in den *Freywilligen Beyträgen zu den Hamburgischen Nachrichten aus dem Reiche der Gelehrsamkeit,* die im Dezember 1777 und Januar 1778 erschienen waren. In der *Parabel* drückt Lessing seinen in den *Gegensätzen des Herausgebers,* d. h. den Erläuterungen zu den *Fragmenten eines Ungenannten* geäußerten Gedanken »Der Buchstabe ist nicht der Geist; und die Bibel ist nicht die Religion« in anderer, literarischer Form aus. Goeze ließ es sich nicht nehmen, die *Parabel* im ersten Stück seiner Schriftenfolge *Lessings Schwächen* zu deuten. Er bezog sie ganz und gar auf den Fragmentenstreit. Lessing verwarf diese Deutung in einer hinterlassenen Notiz mit den Worten:

> Diese Parabel ist nicht das Schlechteste, was ich geschrieben. – Die albern Deutungen des Herrn Goeze nötigen mich, mein eigener Ausleger zu werden. Goeze läßt sich träumen, daß ich damit auf die Händel zielen wollen, welche die Fragmente erregen. – Und ich habe sie bestimmt, die ganze Geschichte der christlichen Religion darunter vorzustellen.

Das Unerhörte an der Parabel ist allerdings, daß sie auch unabhängig von der Autorintention und dem theologischen Streit sinnvoll auslegbar ist. So war einem Kafka, den diese literarische Perle faszinierte, der theologische Kontext wahrscheinlich recht gleichgültig. Er wird von dem Einfall angezogen gewesen sein, daß der Grundriß des Palastes, in dem »von innen überall Licht und Zusammenhang« herrscht und es keine Umwege gibt – dessen Bau mit anderen Worten mathematisch absolut durchdacht ist –, den meisten unerklärlich, ja geheimnisvoll erschien. Keinem wollte die klare Idee, die dem Bauplan zugrunde lag, einleuchten, ein jeder hatte seine eigene Interpretation, über die er sich noch stritt, als die Wächter des Palastes riefen, es brenne. Anstatt zum Löschen zu eilen, lief ein jeder mit seiner Interpretation, d. h. seinem Grundriß, auf die Straße und zeigte die Stelle, von wo aus man dem Feuer am besten beikommen könne.

Aus der Parabel läßt sich auch die Idee herauslesen, daß der Mensch nur schwer mit einem Bau fertig wird, der seinen althergebrachten körperlichen Bedürfnissen nicht entspricht, und daß ihn unsichtbare, sinnlich nicht evidente Prinzipien einfach irritieren. In außergewöhnlichen Situationen reagiert er daher nicht so, wie es die rationalen Prinzipien verlangen. Der Aufklärer hatte dafür natürlich wenig Verständnis, er nannte solche Reaktionen irrational, aber er war der Überzeugung, daß die Menschen lernen werden, sich in der vernünftig eingerichteten Welt zurechtzufinden. Mittlerweile wissen wir, daß der Körper seine eigene Logik hat, weswegen wir wieder Altstädte mögen und gar nicht erfreut sind, wenn alles nach angeblich durchsichtigen Prinzipien geordnet ist, schon gar nicht wenn der König in dem Palast all diejenigen, »um sich versammelt hat«, wie wir bei Lessing lesen, »die er als Gehülfen oder Werkzeuge seiner Regierung« braucht, wenn »ein jeder, der in den Palast gerufen« wird, »auf dem kürzesten und unfehlbarsten Wege, gerade dahin gelangen« kann, »wo man seiner bedürfe« (3, S. 434)[1]; denn nicht immer wollen wir sofort dort erscheinen, wohin wir im Namen einer höheren Sache hinbeordert werden, und gern lassen wir uns suchen, wenn wir gebraucht werden.

Adorno führt in seinem Kafkaessay die Lessingsche Parabel an und meint, daß es nur »der geringsten Akzentverschiebung bedurft«[2] hätte, um daraus einen Text von Kafka zu machen. Dieser

> hätte die bizarren und monströsen Züge des Baus auf Kosten seiner Zweckmäßigkeit stärker hervorzuheben, nur den Satz, der Palast könnte nicht eigentlicher verbrennen, als er im Grundriß steht, als Bescheid einer jener Kanzleien vorzubringen brauchen, deren einziger Rechtsgrundsatz ohnehin »quod non est in actis non est in mundo« lautet, und es wäre aus der Apologie der Religion gegen ihre verknöcherte Auslegung die Denunziation der numinosen Macht selber durchs Medium ihrer eigenen Auslegung gewoden.[3]

Ein Spezialist für Machtfragen und rationales Denken könnte sogar vorbringen, daß ein solcher Bescheid eines Kanzleibeamten dringend notwendig ist, denn wie kann es der Palast zulassen, daß draußen darüber gestritten wird, wo der Brand ausgebrochen sein mag, sein muß. Und der von Lessing angeführte Umstand, daß man über »verschiedene alte Grundrisse« verfügte, »die sich von den ersten Baumeistern des Palastes herschreiben sollten« und die »sich mit Worten und Zeichen bemerkt« fanden, deren »Sprache und Charakteristik so

---

[1] Zitiert wird nach den Werken in drei Bänden. Hg. von Herbert G. Göpfert. München 1982. (Angaben in Klammern).
[2] Theodor W. Adorno: Prismen, Kulturkritik und Gesellschaft. Frankfurt a. M. 1969, S. 336.
[3] Ebd., S. 337.

gut als verloren war« (3, S. 435), muß den Machtspezialisten einfach zu dem
Schluß kommen lassen, daß in einem solch verwickelten Fall ein autoritäres
Urteil eines Beamten absolut vonnöten ist, denn schließlich muß er es besser
wissen, wo es brennt, da er sich dauernd im Palast bewegt. Auch werden es sich
seine Vorgesetzten, die Könige, nicht entgehen lassen haben, das Wissen um
den Grundriß, um die wirkliche Bedeutung der Zeichen den Nachfolgern
weiterzugeben, obwohl es da zu Ungenauigkeiten hat kommen können, die
aber autoritär bestritten worden wären.

Man kann das Vergessen der Bedeutung der Zeichen natürlich auch anders
interpretieren. Den Machthabern lag einfach nicht daran, sich in die Karten
sehen zu lassen, denn dann hätte vielleicht jemand bemerkt, daß der Palast im
Innern so licht und klar nicht ist, daß vieles aus heutiger Sicht wie ein Not-
behelf erscheint.

Schließlich kann man im Sinne des Kafkaschen Textes *Zur Frage des Gesetzes*
argumentieren: Zwar ist es für diejenigen, die sich außerhalb des Palastes befinden, »etwas äußerst Quälendes«[4], die wahren Grundrisse nicht zu kennen,
aber da die Beherrschten im tiefsten Innern die Existenz des Palastes nicht in
Frage stellen wollen, nehmen sie ihre Unsicherheit, ob es sich tatsächlich um
einen idealen Palast handelt, gern auf sich, was sie aber nicht davon abhält,
immer wieder nach einer Interpretation des Grundrisses zu suchen. Oder
anders gesagt: Zwar ist die durch den Palast verkörperte Rationalität so
übermächtig geworden, daß es sich nicht verlohnt, die Prinzipien, welche
seinem Bau und Funktionieren zugrunde liegen, zu erforschen, aber die Drau-
ßenstehenden können es nicht lassen, immer wieder über sie nachzugrübeln.
Keiner will zu den Wenigen gehören, die – wie wir bei Lessing lesen – »sagten:
was gehen uns eure Grundrisse an? Dieser oder ein anderer? Sie sind uns alle
gleich. Genug, daß wir jeden Augenblick erfahren, daß die gütigste Weisheit
den ganzen Palast erfüllt, und daß sich aus ihm nichts als Schönheit und
Ordnung und Wohlstand auf das ganze Land verbreitet«. Schönheit bedeutet
hier Ebenmaß, Ordnung, klare Verhältnisse, Wohlstand, kein Mangel an
Notwendigem – ein Ideal, das uns nur allzu bekannt vorkommt. Aber das nur
am Rande.

Bei Lessing findet sich natürlich keine »kleine Partei«, die meint, daß es die
Grundrisse überhaupt nicht gebe. Auf diesen Einfall kommt erst Kafka in
bezug auf die Gesetze. In seinem Text versucht die »kleine Partei« nachzuweisen,

---

[4] Franz Kafka: Sämtliche Erzählungen. Frankfurt a. M. 1970, S. 314.

daß wenn ein Gesetz besteht, es nur lauten kann: Was der Adel tut, ist Gesetz. Diese Partei sieht nur Willkürakte des Adels und verwirft die Volkstradition, die ihrer Meinung nach nur geringen zufälligen Nutzen bringt, dagegen meistens schweren Schaden, da sie dem Volk den kommenden Ereignissen gegenüber eine falsche, trügerische, zu Leichtsinn führende Sicherheit gibt.[5]

Diese revolutionäre Partei, wie wir sie heute nennen würden, findet bei Kafka kein Gehör in der Masse. Kafka hegte ähnlich wie Lessing keine Sympathie für Revolutionen. Diese kommen einem Brand gleich. Schon aus diesem Grunde hätte sich der Ruf »Feuer, Feuer im Palaste!« als Fehlalarm erwiesen, hätten die »erschreckenen Wächter [...] ein Nordlicht für eine Feuersbrunst« halten müssen.

Für den heutigen Leser ist es auffallend, daß Lessing nicht den geringsten Zweifel über die tatsächliche Zweckmäßigkeit und Vollkommenheit des Palastes aufkommen läßt. Es müßte doch einiges immer noch verbesserungswürdig sein. Wie kann ein Palast allem Zweifel erhaben sein? Ein Kafka kann so nicht mehr denken. Seine Bauherren grübeln immer wieder über Verbesserungen nach, denn sie sind nie sicher, ob ihr Werk tatsächlich den Anforderungen, die ihnen vorschweben, genügt. Das Lebewesen dort wird noch im Augenblick des Todes nicht sicher sein, ob sein Bau vor jeder Gefahr gefeit ist oder nicht.

Das, was Kafka an Lessings *Parabel* angezogen haben wird, ist das Geheimnisvolle, das der Palast für den Außenstehenden ausstrahlt. Der Palast mag ihm wie ein Schloß erschienen sein. Dort funktioniert zwar alles nach einer festen Ordnung, die Untergebenen erreichen, wenn sie gerufen werden, ihren Vorgesetzten auf dem schnellsten Weg, aber von außen ist diese Ordnung nicht einsichtbar; schreibt Lessing doch selber, daß der Palast von außen »ein wenig unverständlich« sei, daß wer »Kenner von Architektur sein wollte, [...] besonders durch die Außenseiten beleidigt« wird. Genau dies ist heute der Fall: die rational durchdachten Gebilde sind von außen »ein wenig unverständlich«, und in der Art, wie sie sich dem Betrachter darbieten, beleidigen sie ihn. Oft wird er sagen: widerwärtig. Ihre Rationalität bleibt irgendwie unsichtbar. Am besten erkennt man dies an modernen Herrschaftssystemen, aber auch an dem Funktionieren der Wirtschaft oder an vielen modernen Großbauten, insbesondere Forschungsanlagen, wo mit komplizierten Apparaturen gearbeitet wird. Da es dem einzelnen fast unmöglich geworden ist, die Rationalität dieser Riesenapparate, -unternehmen oder -gebäude einzusehen, erwecken sie immer mehr den Eindruck, irrationale Gebilde zu sein. Und oft verwandelt sich dieser

---

[5] Ebd.

Eindruck zur Gewißheit, was nicht verwunderlich ist, denn rational ist die Welt nur dort, wo wir sie völlig beherrschen; aber sie läßt sich schon deswegen nicht gänzlich beherrschen, unterjochen, weil wir selber Teil der Welt sind und es nie gelingen wird, uns selber ganz und gar in Apparate oder rationale Gebilde zu verwandeln.

Das Frappierende an Lessings Text erscheint mir der auch von Adorno besonders hervorgehobene Satz: »Der Palast kann dort nicht eigentlicher verbrennen, als er hier [d. h. auf dem Grundrisse, K. S.] stehet!« Lessings Leser sollten diese Idee, daß alles aus dem Grundriß hervorgeht, als absurden Einfall empfinden, denn für sie war das, was man mit den Sinnen wahrnahm, immer noch ein untrüglicher Beweis für die Wahrheit einer Sache. Durch die Sinne wird etwas evident, was man vorher angenommen hat. Für uns klingt Lessings Spott über die Menschen, die nicht zum Feuer, sondern nach ihrem Grundriß liefen, nicht mehr so urkomisch, sondern es ist oft die richtige Reaktion. Die andere, das direkte Hineilen zum Feuer, um es auf die übliche Weise zu löschen, erscheint uns dagegen manchmal tragikomisch. Trotzdem muß man Lessing bewundern, daß er überhaupt auf die Idee mit dem Grundriß gekommen ist. Mir scheint sie eine Mischung zwischen strengem rationalistischem Denken, das sich von einem Glauben an die Kräfte der Vernunft, deren höchste Errungenschaft die Mathematik ist, herleitet, und einer sensualistischen Einstellung, wonach unsere Sinne der Garant der Wahrheit von etwas sind. Wenn es bei den Sensualisten brennt, laufen sie in den Palast zum Feuer, wenn dagegen Rationalisten hören, es brenne, eilen sie hin zu ihren Papieren außerhalb des Palastes und grübeln, wo das Feuer ausgebrochen sein könnte, denn dort müsse man mit den Löschaktionen beginnen. Diese durch und durch rationale Haltung erscheint Lessing absurd, uns dagegen nicht, wir spüren aber gleichzeitig das Irrationale in dieser Vorgehensweise heraus. Und tatsächlich erscheint einem eine Situation irrational, in der die Sinne zu versagen beginnen, wenn man etwas nicht mehr hören, sehen, schmecken, riechen oder betasten kann. Wenn alles nur noch über Formeln, Pläne, Grundrisse, Gesetze läuft, geht uns die gewohnte Evidenz verloren. Wenn eine Frucht bitter schmeckt, wissen wir auch, daß sie morgen wieder bitter schmecken wird, während wir bei der vernunftmäßigen Erfassung des Aufbaus der Materie, etwa des Atomkerns, nie wissen, ob unser heutiges Modell morgen noch gültig sein wird. Von Anfang an gibt es wie bei Lessing einen Streit der Gelehrten um den richtigen Grundriß, das richtige Modell. Und wo wir die Sicherheit verlieren, da wird es irrational, so daß man sagen kann, wenn es bei den Rationalisten einmal brennt, wird alles irrational und am Ende können sie tatsächlich »ein Nordlicht für eine Feuersbrunst« halten.

Helmut J. Schneider

Schenken und Tauschen

Bemerkungen zu einer Grundfigur der Lessingschen Dramatik

Lessings Dramen haben es mit einem übergreifenden Thema zu tun: der Herstellung sozialer Bindung zwischen mündigen Subjekten. Wie ist der Autonomieanspruch des vernünftigen Menschen zu vereinbaren mit der notwendigen Sozialität; ist eine rationale Mitmenschlichkeit denkbar und realisierbar, die sich nicht von vornherein auf die faktisch bestehende Gemeinschaft (Familie, Volk, Staat, Kirche) verläßt, in die der einzelne immer schon kraft Herkunft, Tradition, Geschichte eingebunden ist? Lessings Paradigma für dieses Grundproblem der Aufklärung war die überlieferte Offenbarungsreligion und ihre Funktion, den sozialen Zusammenhalt zu garantieren. »Alle bürgerliche Bande / Sind aufgelöset, sind zerrissen, wenn / Der Mensch nichts glauben darf«, sagt der Patriarch im *Nathan* (IV/2),[1] und Lessing stimmt dieser unsympathischsten Figur seiner Erfindung so weit zu, als die Vernunft nicht die traditionell durch den Glauben gestifteten Bindungen zersetzen darf.

Die folgenden Anmerkungen befassen sich mit einem hartnäckig wiederkehrenden Handlungsmotiv der Lessingschen Dramatik, das in diesem Zusammenhang eine prominente und, wie ich glaube, noch nicht voll gewürdigte Bedeutung erhält.[2] Gemeint ist das Schenken und alles, was zu diesem komplexen sozialen Akt dazugehört: Geschenke zu empfangen und zu erwidern (oder abzulehnen), die Großzügigkeit und das Gefühl der Dankbarkeit oder Schuldigkeit, das Sich-verpflichtet-machen und Sich-verpflichtet-fühlen, auch die überlegene Herablassung und die demütigende Abhängigkeit. Dabei ist die reinste Form des Schenkens für Lessing das voraussetzungslose Geben, das Schenken um des Schenkens willen, das den Beschenkten in den eigenen

---

[1] Alle Lessing-Zitate, unter Angabe von Akt und Szene, nach folgender Ausgabe: Gotthold Ephraim Lessing: Werke. Hg. von Herbert G. Göpfert. 2 Bde. München 1970 und 1971.

[2] Vgl. vor allem Ilse Graham: Goethe and Lessing. The Wellsprings of Creation. London 1973, S. 167–197. Die Verfasserin überschreibt diesen Teil des Buchs über *Minna* und *Nathan* »The Benign Circle«, was auf den segensreichen Kreislauf von Geben und Nehmen zielt.

Überfluß einbezieht, genauer, das den Überfluß gerade so erst eigentlich er-
schafft, indem es ihn sichtbar auf den anderen überströmen läßt. Es handelt
sich hier um einen Akt *spontaner Sozialität*, der die Mitmenschlichkeit in etwas
Fraglos-Selbstverständlichem und so letztlich Gesellschaft in Natur gründet.
Darin gleicht er dem Mitleid und kann als dessen spiegelbildliche Entsprechung gelten: statt dem teilnehmenden Sichversetzen in fremdes Leid das
Mitteilen, förmlich Austeilen des Glücks, an dem der andere teilnehmen soll.
»Komm, Liebe, ich will dich beschenken, damit du dich mit mir freuen
kannst«, sagt Minna zu Franziska, als sie den Verlobten wiedergefunden hat:
»Nimm, was du willst; aber freue dich nur [...] (*Sie faßt in die Schatulle*) da,
liebe Franziska; (*und gibt ihr Geld*) kaufe dir, was du gern hättest. Fordere
mehr, wenn es nicht zulangt. Aber freue dich nur mit mir. Es ist so traurig, sich
allein zu freuen. Nun, so nimm doch – [...]«. (II/3)
Ebenso wie im Mitleid bestärken und steigern sich im so verstandenen ›reinen‹ Schenken Selbsterweiterung und Gesellschaftlichkeit wechselseitig. Der
Gattungsort des absichtslosen Schenkens, des – so können wir sagen – sich
verschenkenden Glücks, das die Figuren in seiner Teilhabe versammelt, ist die
Komödie. Lessings positivste Figuren sind Helden von Komödien und große
Schenkende: vom Reisenden in den *Juden* über Minna zu Nathan und Saladin.
Der Sultan ist sogar hauptsächlich durch diesen, bei ihm märchenhaft-mythisch
gesteigerten Zug charakterisiert, so wie Lessings letztes Drama überhaupt den
gesamten Motivkreis am ausführlichsten ausformt. Saladins exzessive Geber-
haltung erscheint wie ein Abglanz göttlicher Gnade, was sein kurzlebiger
Schatzmeister Al-Hafi aus politischer (bürgerlicher) Perspektive kritisch sieht:
für ihn ist es »Geckerei, des Höchsten Milde [...] nachzuäffen, / Und nicht des
Höchsten immer volle Hand / Zu haben« (I/3). Die hat Saladin allerdings ganz
und gar nicht, im Gegenteil, er muß selbst borgen, um spenden zu können,
und seine Schwester streckt ihm sogar heimlich die Summen vor, mit denen er
sie zu beschenken liebt. Wenn die lang erwarteten schätzebeladenen Kamele
aus Ägypten schließlich eintreffen, so demonstrieren sie nicht zuletzt, daß
der Herrscher, der sich als unerschöpfliche Quelle von Wohltaten verstehen
möchte, seinerseits Empfänger ist.
Damit komme ich zu einem ersten Punkt, der das Schenken bei Lessing
auszeichnet, seine *Reziprozität*. Diese besteht nicht in der kalkulierten Erwartung der Gegengabe, im Prinzip des »do ut des«, vielmehr in der grundsätzlichen Bedürftigkeit auch des Schenkenden, der selbst auf Gaben angewiesen ist. Das reine, d. h. absichtslos überströmende Schenken ist kein absolutes und autarkes, wie es allein Gott zukommt. Menschliches Geben muß
sich im Nehmen als seiner anderen, komplementären Seite wiedererkennen.

Daß Saladin beim Schachspièl, gleichgültig ob er gewinnt oder verliert, der Schwester Geld auszahlen läßt, ist daher eine unbewußte Anmaßung; er möchte nicht zum Empfangenden werden, der er doch unwissentlich die ganze Zeit über ist. (Ebenso erhebt er sich durch seine Manipulation über die Wechselfälle des Spiels und die Gleichrangigkeit der Partner: dies scheint mir der Sinn der langen und ansonsten funktionslosen Schachszene, II/1). Erst durch die Vertauschbarkeit der gebenden und nehmenden Rolle und damit das Bewußtsein der *gemeinsamen* Ausgesetztheit an die Kontingenz nichtkontrollierbarer Umstände wird menschliches (im Unterschied zu göttlichem) Geben prinzipiell zu *mitmenschlichem*. Im unausschöpfbaren, sich reziprok verstärkenden und erweiternden Kreislauf von Geben und Nehmen aber realisiert sich auf der säkularen Ebene der Mitmenschlichkeit etwas von dem, was zuvor dem Reichtum und der Willkür göttlicher Gnade vorbehalten war.

Diesen Kreislauf nun stellt Lessing vorzugsweise von der Seite des Nehmens dar, wo er problematisch und gestört erscheint. Das ideale Nehmen in der beschriebenen Konstellation wäre ein aktiver Mitvollzug des Schenkens, ein freudiges Empfangen im Bewußtsein des stets möglichen, nicht etwa verpflichteten, sondern ebenso freiwilligen Wiederschenkens. Daß Franziska zögert, die ihr von Minna in überschwenglicher Freude aufgedrungenen Geschenke anzunehmen – das Geld, so heißt es, muß ihr förmlich »in die Hand gezwungen« werden – ist ein Hinweis darauf, daß diese interaktive Rolle des Nehmenden nicht einfach vorausgesetzt werden darf. Dies ist das Thema des Stücks *Minna von Barnhelm*, das sich in der Figur Tellheims konzentriert. Tellheim kann nicht annehmen. So großzügig er mit seinem Geld umgeht, so sehr weigert er sich, selbst zum Gegenstand der Großzügigkeit anderer zu werden. Er lehnt nacheinander die Hilfsangebote der Witwe Marloff, Justs und Werners ab – »Weil ich dir nichts schuldig werden will« (zu Just I/8), »Es ziemt sich nicht, daß ich dein Schuldner bin« (zu Werner III/7). Schon die frühe Szene mit der verarmten Witwe (I/6), die den meisten Interpreten als Demonstration von Tellheims Freigebigkeit gilt, wirft doch auch den Schatten auf ihn, dem Gegenüber nicht dasselbe zuzugestehen (»Edelmütiger Mann! Aber denken Sie auch von mir nicht zu klein. Nehmen Sie das Geld«, bittet die Witwe, erfolglos). Die lange, vom Handlungsverlauf her ganz überflüssige Szene in der genauen Mitte des Dramas (III/7), in der der alte Kriegsfreund Tellheim vergeblich den Erlös seines verkauften Gutes anbietet, hat keine andere Funktion, als diese tiefe Unfähigkeit zu empfangen, das Nichtschulden- und das Nichtdankbarseinwollen des Majors ins Licht zu rücken – eine Unfähigkeit, die natürlich vor allem seine Beziehung zu Minna charakterisiert. Nur wer gern annimmt, so hält ihm Werner vor, ist auch bereit zu geben; zu geben, so müssen wir hinzufügen, nicht zur Bestätigung eigener Stärke, sondern aus dem Gefühl der eigenen Verwundbarkeit heraus, die sich in der Lage des Freundes zu erkennen vermag. Indem Tellheim Empfangen mit Abhängigkeit und Schuldnertum gleichsetzt, deutet er auf einen versteckten Überlegenheitsanspruch gerade auch in seiner Großzügigkeit.

»Vielleicht, daß ihm der Himmel alles nahm, um ihm in mir alles wieder zu geben«, so hatte Minna, im gut teleologischen Kalkül des Jahrhunderts, sich den Sinn im Unglück ihres Verlobten zurechtlegen wollen. (II/7) Dessen Antwort jedoch wird lauten: »Es ist ein nichtswürdiger Mann, der sich nicht schämet, sein ganzes Glück einem Frauenzimmer zu verdanken«. (IV/6) Daß Tellheims gekränkte Männlichkeit sich dem von der Geliebten verkörperten Glücksangebot verweigert, ist nur konsequent: Im Verhältnis der Geschlechter und besonders des Mannes zur Frau erscheinen der Mangel und die Abhängigkeit am unabweisbarsten. Schon das frühe Lustspiel *Der Freigeist* macht den Zusammenhang zwischen gestörtem Geben und Nehmen und der erotischen Beziehung zum Thema und verknüpft ihn auf bezeichnende Weise mit der Problematik des Vorurteils. Der edelmütige Theologe Theophan versucht das Vertrauen des Freigeists zu gewinnen, um ihn von seiner antiklerikalen Voreingenommenheit zu heilen. Hierzu praktiziert er auf eine demonstrative Weise sein intellektualistisches Ideal einer »Freundschaft, die sich nach erkannten Vollkommenheiten mitteilet; welche sich nicht von der Natur lenken läßt, sondern welche die Natur selbst lenket«. (I/1) Theophan macht sich zum absoluten Wohltäter gegenüber Adrast, indem er heimlich dessen Schulden bezahlt und darüber hinaus eine Bürgschaft für ihn übernimmt, in der erklärten Absicht, »ihm […] seine Freundschaft abzuzwingen, es mag auch kosten, was es will«. (III/1) Sehr verständlicherweise setzt sich der Adressat dieses Freundschaftsterrorismus zur Wehr: »Ich gebe mir alle Mühe, Ihnen auf keine Weise verbunden zu sein«, heißt es noch gegen Schluß. (V/3) Sichaufzwingendes Geben und geiziges Nichtannehmen, die beiden komplementären Seiten, die später bei Tellheim in einem einzigen differenzierten Charakter verbunden sind, stehen sich hier so schroff gegenüber wie der hehre Moralismus und das starre Vorurteil; ihr Gemeinsames ist die blinde Selbstherrlichkeit. Theophan gewinnt erst Glaubwürdigkeit bei seinem Gegner, als er ihm seine unbezwingbare Neigung zu dessen Braut gesteht, worauf Adrast seinerseits mit dem Geständnis seiner Liebe zu derjenigen des Theologen herausrückt. Erst durch den so zustandekommenden Frauentausch, in dem die Antagonisten ihre (sinnliche, nichtkontrollierbare) Schwäche und Ergänzungsbedürftigkeit eingestehen und zugleich ausgleichen, ergibt sich auch die Freundschaft. –

Mit der Auflösung der Liebe über Kreuz führt die Handlung des *Freigeist* zugleich ein spezifisches *Tauschmotiv* ein, mit dem der zweite Punkt unseres Komplexes angesprochen ist. Es geht um die im Tausch verwirklichte und von ihm vorausgesetzte Gleichheit, wie sie aus dem Aufeinanderangewiesensein endlicher Wesen folgt. Wenn oben freilich gesagt wurde, daß die Reziprozität des Lessingschen Schenkens nichts mit dem Prinzip des »do ut des« zu tun haben soll, so ist das jetzt genauer zu bestimmen. So wenig der Schenkende auf Gegenleistung oder auch nur Dankbarkeit spekulieren, und so wenig der Nehmende durch eine antizipierte Verpflichtung sich gezwungen fühlen soll, so sehr hat doch die Freiheit (Freiwilligkeit) des Schenkens, die ja nicht zuletzt auch eine Freisetzung von älteren, herrschaftsbestimmten feudalen Mustern bedeutet, den idealisierten Tausch auf dem Markt zum Hintergrund. Statt des Äquivalententauschs zur Bedürfnisbefriedigung handelt es sich hier um den Ausgleich der prinzipiellen menschlichen Bedürftigkeit, durch den die mitmenschlichen Subjekte – und das unterscheidet sie von den Marktsubjekten – in ein *kommunikatives* Verhältnis eintreten, wo einer sich an die Stelle des anderen versetzt und Geben quasi von selbst sich in vorteilhaftes Nehmen verwandelt. (So ist auch das ungeschützte erotische Geständnis des Theophan zu deuten, das als Eingeständnis des Selbstinteresses – die »Aufopferung« der ungeliebten Braut »kostet« ihn wenig, sagt er (V/3) – mehr bei dem Partner vermag als alle vorhergehenden heroischen Selbstlosigkeitsanstrengungen.) Die im bürgerlichen Tausch realisierte formale Gleichheit wird vorausgesetzt *und* transzendiert; der Tausch wird zu einem *unerwartet belohnten Schenken* und damit zur utopischen Vorwegnahme vollendet egalitärer Mitmenschlichkeit. Entscheidend ist in dieser Konstellation, im Unterschied zum Markttausch, das Moment der irrationalen Vorleistung (ein schlechter Begriff), die sozusagen ins Offene, auch Gefährliche springt – so wie der Templer ins Feuer, um Recha zu retten, wodurch er eine Schwester gewinnt.

Mit einer solchen Vorleistung als utopischem – hier freilich nicht innerhalb der dramatischen Handlung beantworteten, sondern dem Zuschauer überantworteten – Pfand schließt der *Philotas*, Lessings Trauerspiel von der prinzipiellen Unnötigkeit (sowie der psychisch bedingten Zählebigkeit) der heroischen Tragödie, die eigentlich eine Komödie sein sollte.[3] Der »menschliche« König Aridäus beendet durch seinen Verzicht auf die Herrschaft und die militärische Überlegenheit den gewalttätigen Zirkel von Raub und Rache, der das negative Gegenbild zum bereichernden Kreislauf des Schenkens darstellt.

---

[3] Vgl. hierzu Helmut J. Schneider: Aufklärung der Tragödie. Lessings *Philotas*. In: Horizonte. Festschrift für Herbert Lehnert. Tübingen 1990, S. 10–39.

Notwendig wird dies, weil der jugendliche Held, der Kriegsruhm erlangen will, sich der Chance zum friedlichen Ausgleich verweigert. Vom Gegner gefangengenommen und außer der Schande den Preis für seine Auslösung befürchtend, wird der Prinz durch die Nachricht von der Gefangennahme seines Gegenstücks auf der anderen Seite (dem Sohn des feindlichen Königs) überrascht. Dem sich hierdurch anbietenden Austausch jedoch entzieht er sich starrsinnig und stellt vielmehr umgekehrt durch einen patriotischen Selbstmord nun ein Ungleichgewicht zugunsten seines Vaters her, das diesem den Sieg und ihm heroische Unsterblichkeit erzwingen soll. Es ist keineswegs so, daß Philotas die ökonomische Tauschdimension fremd wäre, im Gegenteil, er berechnet sie äußerst scharfsinnig, indem er sein eigenes Leben zum profitablen Marktobjekt verdinglicht. Was Philotas nicht vermag ist, in dem *Gleichstand* der militärischen *und* der familiären Situation – zwei gefangene Prinzen, die von ihren Vätern nach Hause gewünscht werden –, den ein glücklicher Zufall herbeiführt, die allgemeine menschliche *Gleichheit* zu erkennen. Ganz auf seine (vermeintliche) Erniedrigung und ihre heroische Korrektur fixiert, verwirklicht der Prinz eine zugleich anmaßende und destruktive Einzigkeit, die den Tausch in den Kreislauf der Gewalt zurückbiegt, statt ihn als die Voraussetzung kommunikativen Austauschs zu begreifen. Auch dieser läßt den ökonomischen Tausch, aber gleichsam in umgekehrter Richtung nach ›vorne‹ hinter sich, nämlich durch die Einseitigkeit eines Geschenks, das sich einer mitmenschlichen (familiären) Bindung verdankt und offen bleibt für eine gleichgeartete Antwort; Aridäus will, um welchen militärischen oder politischen Preis auch immer, nur seinen »Sohn wiederhaben«. (8. Auftritt) –

Daß Tellheim, um auf ihn zurückzukommen, die überlebte Tragödie des Philotas erspart bleibt, liegt an Minnas berühmter Intrige, deren Rollentausch ihm den elitären Anspruch seiner Unglücksfixiertheit vor Augen führt. Dabei durchbricht nicht nur das Mitleid mit der angeblich um seinetwillen Verstoßenen und Enterbten seine verhärtete Selbstabkapselung. Vielmehr kann man in seinem plötzlichen Umschwung gegenüber der jetzt – eben: unterlegenen Braut noch denselben Dominanzanspruch entdecken, wie er wenig später durch die königliche Wiederherstellung von Tellheims Integrität auch äußerlich bestätigt wird. So zumindest will es Minna sehen, als sie ihn fragt, ob denn »nur sein wiederkehrendes Glück ihn in dieses Feuer setzen« konnte. (V/9) Es ist vielmehr vor allem Minnas scheinbare Weigerung, mit dem frisch Rehabilitierten nun ihrerseits eine ungleiche Verbindung einzugehen, durch die der Offizier mit seiner egozentrischen Haltung konfrontiert wird. »Gleichheit ist allein das festeste Band der Liebe«, wirft sie ihm seine eigenen Worte zurück. Ob dies zur Selbsterkenntnis der eigenen Schwäche führt, ist immer noch die (von der

Forschung vieldiskutierte) Frage; denn Tellheim wird von den beiden Va-
tergestalten des Königs und dann des Grafen von Bruchsal als Sohn (wie-
der-)eingesetzt, bevor er die Chance erhält, sich der »blinden Zärtlichkeit« eines
»Frauenzimmers« (IV/6) anzuvertrauen. Doch die Komödie als Ganzes und vor
allem die Ringintrige, in der sie sich konzentriert und selbstreflexiv spiegelt,
spielt diese Gleichheit in der Reziprozität des Rollentauschs durch und macht
sie dem Zuschauer durchsichtig – eine Gleichheit, um dies zu wiederholen, die
nicht auf der Basis der äußeren Güter und des Prestiges zusammenbindet,
sondern durch das Bewußtsein menschlicher Schwäche und Gefährdung. –

Mit dem komischen Spiel ist auf eine Ebene ästhetischer Selbstreflexion
verwiesen, die gleich zum Schluß noch kurz angesprochen werden soll. Zuvor
sei auf ein im Vorangehenden bereits impliziertes Moment eingegangen, das
das dritte Charakteristikum unseres thematischen Komplexes bezeichnet. Dies
ist der *Kontingenzcharakter* des Glücks, das sich dem Menschen plötzlich und
unverdient schenkt. So erscheint es in Minnas Freude, den lange vermißten
Geliebten auf unerwartete Weise wiedergefunden zu haben; und so verkennt
es gerade Tellheim, als es ihm einfach zustößt. Gebannt auf seine ihm aber-
kannten Verdienste starrend, ist Tellheim nicht bereit für solches Glück, das
sich unvermittelt darbietet, für das er nicht gearbeitet und das er nicht verdient
hat, das gerade den Gegensatz aller Leistung und Anstrengung verkörpert. Hier
freilich wird Tellheim eine Erfahrung zuteil (man zögert, von Lernen und
Erkenntnis zu sprechen), wenn Minnas Spiel ihn durch seine abrupten
Glückswechsel jagt – wofür er schließlich zu Recht vom Komödienglück belohnt werden mag. *Minna von Barnhelm oder das Soldatenglück*, ein Lehrstück
vom Sichbeschenkenlassenkönnen, ist auch die Komödie vom Annehmen des
hereinbrechenden Glücks. –

Das Kontingenzmotiv weist in einen größeren geistesgeschichtlichen Zusammenhang der Aufklärung und ihrer Grenzen; ihrer Grenzen, soweit sie mit
einem Autonomieanspruch identifiziert werden kann, der alle Formen des
Zufälligen, des im Wortsinn Zu-Fallenden ausgrenzt. Die unübersteigliche
Schranke unserer Autonomie ist bezeichnet durch das eine, das uns allen
schlechterdings gegeben wird, für das wir nichts geleistet haben und das wir
schlicht akzeptieren müssen – unser Leben, unsere Geburt. Wenn Tellheim
Minna sein früheres strahlendes Glück in Erinnerung ruft, um dann zu re-
sümieren: »dieser Tellheim bin ich [jetzt] eben so wenig, – als ich mein Vater
bin«, (II/9) so trifft er in ihm selbst unbewußter Schärfe den Angelpunkt der
Hybris, die alles der eigenen Anstrengung verdanken will: nämlich den wi-
dersinnigen Anspruch, sich selbst zur Welt gebracht zu haben. Das Annehmen
von Kontingenz beruht letztlich auf der Hinnahme der menschlichen Gebür-

tigkeit, die den tiefsten Hintergrund der Schenkens-Thematik bei Lessing bildet. Als Geborene sind Menschen schon immer Schuldner, weshalb nichts schulden zu wollen im Letzten bedeutet, sich über die condition humaine selbst zu erheben.

Freilich ist hiermit nicht das bloße Faktum der biologischen Geburt – wie alles uns herkunftsmäßig Überlieferte und blind Übernommene – gemeint, das für den Aufklärer Lessing vielmehr den Bezugspunkt kritischer Befreiung abgibt. Gemeint ist, es kann nicht einfach genug formuliert werden, die immer schon empfangene (elterliche) Liebe, die wir so wenig wie unser Leben selbst als Dankesschuld abtragen können, aber an die Mitmenschen, als brüderliche Liebe, weitergeben sollen. Für diesen Sachverhalt signifikant ist das in Lessings Dramatik ebenfalls zentrale Motiv der Lebensrettung, das im *Nathan* gipfelt. Die Rettung aus tödlicher Gefahr vollzieht die natürliche Geburt als moralischen Akt nach und entspricht damit der geleisteten Elternschaft des Adoptionsverhältnisses. Jedoch ist sie ihrerseits eine spontane und insofern quasinatürliche Handlung, die keine Gegenleistung erwartet, sondern von sich aus zu einer ähnlichen Handlung anspornt. Die unendlich bereichernde Zirkularität des so geschenkten und wiedergeschenkten Lebens wird im *Nathan* durch den Ring der Rettungen symbolisiert (Saladin verschont den Templer, der Recha rettet, die früher von Nathan gerettet und für ihren Onkel, den Sultan, aufbewahrt wurde), wobei die moralische Bindung unbewußt die biologische Familie wieder herstellt. In der Märchenfabel des Stücks fallen der Zufall des geretteten Lebens und der »Zufall der Geburt« (III/5) zusammen, so daß am Schluß die moralische Familie sich als natürliche, das heißt die ideale Gesellschaft sich in der Natur wiedererkennen darf.

Unterbrochen wird diese utopische Synthese von Natur und Gesellschaft freilich durch den Juden Nathan, der als der erste Retter und Beschenkte auch der ursprünglich Beraubte war und der jetzt die adoptierte Tochter verliert. Es ist kein Zufall, daß das Rettungsmotiv am prominentesten in den beiden Stücken figuriert, die auch die Judenthematik behandeln. Wie im *Nathan* wird in dem frühen Lustspiel *Die Juden* die ethische Leistung der Lebenserhaltung kontrastiert mit der biologischen Geburt als sozialem Makel. Der konsternierte Ausruf des antisemitischen Barons nach der Entdeckung der unerwünschten Identität seines Retters: »Ein Jude? grausamer Zufall!« (22. Auftritt) faßt den Widerspruch des ihm überraschend wieder neu zugefallenen Lebens (der Rettung aus der Mörderhand) und des Herkunftszufalls in sich, der eine dauerhafte gesellschaftliche Verbindung mit dem Wohltäter verhindert. Wenn dann Nathan, der den aufklärerischen Adoptionsmythos am reinsten verkörpert, vom Kreis der ›geleisteten Blutsfamilie‹ ausgeschlossen bleibt, so signalisiert das zum einen ebenfalls die (negative) Diskrepanz zwischen der ethischen Vernunft und dem von ihr nicht etwa absorbierten Zufall der Geburt. Darüber hinaus aber bedeutet es gewissermaßen einen positiven Überschuß an kontingenter Kreatürlichkeit, wie ihn gerade der Vertreter der Vernunft aus der eigenen leidvollen Erfahrung ihrer Diskriminierung heraus erkennt und anerkennt. Vom Sultan um eine rationale Rechtfertigung seines Glaubens befragt – »Ein Mann, wie du, bleibt da / Nicht stehen, wo der Zufall der Geburt / Ihn hingeworfen« (III/5) –, antwortet Nathan spontan mit seiner Herkunft, seinem *Sein*: »Sultan, ich bin ein Jude«, bevor er dann mit der Erzählung der Parabel versucht, die Heterogenität der verschiedenen Herkünfte mit dem Einheitsgebot der Vernunft zu versöhnen. Die jüdische Existenz dient Lessing also sowohl zur Anklage sozialer Diskriminierung wie zur Rechtfertigung von Diversität.

Die Ringparabel ist ja nicht zuletzt die Demonstration von der unaufhebbaren Abhängigkeit unseres Daseins vom geschichtlichen Zufall. So wie der Ursprung des Ringes ein Empfangen »aus lieber Hand« (III/7) war, so sind wir an die Vergangenheit durch die elterliche (väterliche) Zuwendung *ge*bunden, die uns wiederum mit unseren Mitmenschen als Brüdern *ver*bindet. Wie in der *Minna* ist der Ring Lessings Symbol für eine vorgängige Bindung, die als freie Verpflichtung erneuert wird. Er ist überdies – und damit bin ich bei dem angekündigten letzten Punkt, dem vierten im Schenkensmotiv enthaltenen Moment – Symbol der *ästhetischen Form, der Fiktion, der Kunst.* So wie Nathan Saladin statt der verlangten Wahrheit ein »Geschichtchen« gibt, das beide, den bedrängten Untertan und den Herrscher, den Juden und den Moslem schließlich in freundschaftlichem Händedruck vereinigt, so macht die ästhetische Fiktion überhaupt die individuellen Kontingenzen füreinander durchsichtig und derart im Wortsinne vereinbar, ohne sie auszulöschen. Der Inhalt der Parabel ist daher zugleich ihre Form; die von dem »Künstler« im Auftrag des täuschungswilligen Vaters hergestellten identischen Duplikate des ursprünglichen Ringes, die doch immer noch das Erinnerungsvermächtnis des liebenden Vaters sind, entsprechen der von Nathan (und Lessing) hergestellten Fiktion, in der der mitmenschliche Kern der Offenbarungsreligionen ohne ihre willkürliche Einheitstyrannei aufbewahrt ist. Im *Geschenk der Kunst* wird die uns alle, jeweils anders bestimmende Zufälligkeit transparent gemacht; im ästhetischen *Spiel* fällt uns die Welt noch einmal und *frei* zu (ohne daß wir sie etwa selbstmächtig produzierten!). –

Blicken wir von hier aus noch einmal auf Minnas Ringintrige, die Nathans Ringauftritt näher steht, als es der unterschiedliche Stoff vermuten läßt. Minna erneuert das früher geschlossene Verlöbnis unter dem Schein seiner Auflösung; die fiktive Auflösung ist die Bedingung eines wirklich »gleichen« Bündnisses im

Bewußtsein wechselseitigen Aufeinanderangewiesenseins. Tellheims Ring, von diesem versetzt und von Minna aus der Tauschsphäre des Marktes wieder herausgefischt, wird jetzt, seinem Besitzer unerkannt in die Hand gedrückt, zum *Spielpfand* einer immer schon existierenden Gebundenheit und Abhängigkeit vom anderen, die dem Bewußtsein entgleitet und nur im Spiel ausagiert und – ohne existentielles Risiko – erfahren werden kann. »Spiele nicht mit mir!« hatte Saladin Nathan gewarnt, (III/7) der in der Tat, ganz wie Minna, sein festlegenwollendes Gegenüber auf den gemeinsamen Boden eines Spiels herüberzieht, in dem der Zufall der Geburt und des Schicksals zugleich bestätigt und ausgeglichen wird. Das Paradox von Autonomie und Gebundensein, das wir an den Anfang dieser Überlegungen gestellt hatten, führt daher bereits bei Lessing, vor Schiller und der Klassik, zur Konstitution einer ästhetischen Vermittlungssphäre, deren Symbol der geschenkte, getauschte und ausgetauschte, auch und nicht zuletzt der täuschende Ring ist. Freilich, dies sei zum Abschluß noch einmal betont, setzten Lessings ›Bindungsspiele‹, wie man die Komödien einschließlich des *Nathan* nennen könnte, stets die außer- oder vorästhetische Instanz einer naturhaften, vor allem familiären Bindung voraus, deren zwanghafte Gegebenheit sie brechen, deren unbefragte Selbstverständlichkeit sie gleichwohl bewahren wollen: ein Paradox.

Harald Steinhagen

»Wer über gewisse Dinge den Verstand nicht verliere [...]«

Tragödientheorie und aufklärerische Weltauffassung bei Lessing

Daß Lessing den Streit liebt – und nicht nur den um die Wahrheit –, das wissen wir. Übersehen sollte man dabei aber nicht, daß er bewußt auch, wenn es um ganz bestimmte Fragen geht, Streit zu vermeiden sucht, wie schon an seiner frühen, mit Mendelssohn zusammen verfaßten Schrift *Pope ein Metaphysiker!* zu zeigen wäre, der an einer Diskussion über das *System des Optimismus* offenbar nichts gelegen ist. Von solchen Streitvermeidungstaktiken handelt mein Beitrag.

Der frühaufklärerische Glaube, die wirkliche Welt sei, aufs Ganze gesehen, die beste aller möglichen Welten, gerät im Laufe des 18. Jahrhunderts bedenklich ins Wanken. Seit dem Erdbeben von Lissabon[1] macht der Fortbestand der Übel in der Welt, der in den nächsten Jahrzehnten durch vielfältige Vorkommnisse bestätigt wird, es den Vertretern der Aufklärung zunehmend schwerer, ihre Zweifel an der vernünftigen und gerechten Einrichtung der Welt, an der »Güte Gottes«[2] und an der Weisheit der Vorsehung zu besänftigen. Ein an seinem Ort ganz unerwartetes Indiz dafür ist es, wenn Lessing in der *Erziehung des Menschengeschlechts* geradezu beschwörend ausruft:

> Geh deinen unmerklichen Schritt, ewige Vorsehung! Nur laß mich dieser Unmerklichkeit wegen an dir nicht verzweifeln. – Laß mich an dir nicht verzweifeln, wenn selbst deine Schritte mir scheinen sollten, zurück zu gehen! – Es ist nicht wahr, daß die kürzeste Linie immer die gerade ist. (G 8, S. 509)

und sich in verzweifeltem Optimismus genötigt sieht, Rückschritte sophistisch als geschichtliche Fortschritte zu deuten. Und wie der noch ungetrübte Opti-

---

[1] Vgl. Harald Weinrich: Literaturgeschichte eines Weltereignisses: Das Erdbeben von Lissabon. In: Literatur für Leser, Essays und Aufsätze zur Literaturwissenschaft. Stuttgart 1971, S. 64–76.

[2] Sie war damals schon dem sechsjährigen Goethe »einigermaßen verdächtig geworden«. Goethes Werke (Hamburger Ausgabe). 5. Aufl. Hamburg 1964. Bd. 9, S. 47; vgl. auch S. 29ff.

mismus der Frühaufklärung sich – bei Gottsched – in einer entsprechenden Tragödientheorie manifestiert, die blinde Zufälle, unverschuldetes Scheitern und tragische Schicksalsschläge aus dem Drama eliminiert, indem sie das Unglück des Helden auf einen – prinzipiell korrigierbaren – Fehler in ihm selbst zurückführt, der die Welt freispricht, so haben auch die späteren Versuche, diesen Optimismus gegen alle Zweifel zu behaupten, eine bestimmte Tragödientheorie zur Folge, die sich von der eines Gottsched auf spezifische Weise unterscheidet. Sie liegt vor in der *Hamburgischen Dramaturgie* und ist realisiert in der *Emilia Galotti*, einem Drama, das ausdrücklich von jenen Zweifeln handelt – und sie zerstreuen zu können glaubt –, die den aufklärerischen Optimismus unterminieren:

> Und glauben Sie, glauben Sie mir: wer über gewisse Dinge den Verstand nicht verliere, der hat keinen zu verlieren (G 2, S. 187)

Dieses Wort der Orsina – an Odoardo gerichtet, ihn um seinen Verstand zu bringen – scheint zunächst nur eine geschliffene Sentenz zu sein, die genau in die dramatische Situation paßt und von der Orsina eingesetzt wird, um den armen Odoardo für ihre Ziele einzuspannen. Und doch formuliert sie zugleich eine beunruhigende Einsicht, auch wenn man wohl nicht sagen kann, daß Lessing diese Einsicht der »guten Sibylle« (G 2, S. 199) zu teilen gewillt wäre, wie es an anderer Stelle – dort, wo die Orsina über Zufall und Gotteslästerung räsoniert (G 2, S. 181) – der Fall zu sein scheint. Denn die Sentenz besagt immerhin nicht nur, was eine witzig formulierte Trivialität wäre, daß, wer keinen Verstand hat, auch keinen verlieren kann. Sie besagt vielmehr, daß es in der Realität Begebenheiten und Vorfälle – eben »gewisse Dinge« – gibt, über die man den Verstand verlieren kann oder gar muß, Dinge also, die so ungeheuerlich sind, daß der Verstand sie nicht zu begreifen vermag, weil es sie eigentlich nicht geben dürfte: »schon wieder rennet der Zorn mit dem Verstande davon« (G 2, S. 195), so kommentiert Odoardo seine dem Verstande unbotmäßigen Rachegedanken und macht damit deutlich, daß diese ungeheuerlichen »Dinge«, die den Verstand aussetzen lassen, zugleich andere Reaktionen auslösen: Zorn, Grausen, Entsetzen oder Verzweiflung und, daraus resultierend, unkontrolliertes, affektgeleitetes Handeln – Fürstenmord.

Fragt sich, ob es, wie die Orsina behauptet, diese »Dinge« wirklich gibt. Innerhalb des Dramas scheint die Sache klar: Odoardo verliert seinen Verstand nicht, obwohl er mehrfach nahe daran ist, d. h. er läßt sich nicht zur Rache hinreißen. Aber dann beginnen auch schon die Unklarheiten. Denn natürlich stellt sich sogleich die Frage, ob es in diesem Drama »gewisse Dinge« also doch nicht gibt, allem gegenteiligen Anschein zum Trotz. Das wäre freilich, wohl auch für Lessings Zeitgenossen, eine arge Zumutung. Wenn es sie aber gibt, warum verliert Odoardo dann den Verstand nicht, was doch ohne Zweifel begreiflich wäre? Oder soll man annehmen, daß es auch nach Lessing zwar jene »Dinge« gibt, daß er aber auch andere als affektgeleitete Reaktionen darauf für menschenmöglich und sinnvoll hält? Ob das aber an den Übeln in der Welt etwas ändern würde, kann man wohl bezweifeln. Und warum muß der verständige Odoardo dann am Schluß doch noch töten, freilich nicht den Fürsten, sondern die eigene Tochter?

Ich lasse diese Fragen zunächst unbeantwortet und wende mich der Theorie von Furcht und Mitleid zu, wie Lessing sie in der *Hamburgischen Dramaturgie* definitiv ausgearbeitet hat. Dort, in den Stücken 74–78, wird zwar das eben skizzierte Problem nirgends direkt erwähnt; aber dennoch besteht zwischen beiden ein sachlicher Zusammenhang, den man freilich nur erkennt, wenn man Lessings Zweckbestimmung der Tragödie nicht einfach als etwas Gegebenes hinnimmt, sondern die Gründe analysiert, die ihn bewogen haben, gerade Furcht und Mitleid – diese sind »die Absicht des Trauerspiels, oder es kann gar keine haben« (G 2, S. 144) – ins Zentrum seiner Theorie zu stellen. Denn notwendig ist diese Zweckbestimmung gewiß nicht, auch wenn sie durch Aristoteles vorgegeben ist. Und man muß sich weiter entschließen, den Kontext stärker zu berücksichtigen, als das vielfach geschieht: Eingeschoben zwischen die Stücke 74 und 79, in denen Lessing *Richard den Dritten* von Christian Felix Weiße kritisiert, haben seine Erörterungen des Aristotelischen Tragödiensatzes den Charakter eines Exkurses[3], in dem er sich seiner kritischen Maßstäbe versichert. Exkurs und Kontext bilden also eine sachliche Einheit, und erst aus ihr wird deutlich, welches Interesse er daran hat, Furcht und Mitleid und ihre verwandten Begriffe so subtil zu unterscheiden und so exakt zu bestimmen. Der Kontext läßt zudem einen merkwürdigen Widerspruch erkennen: Einerseits lehnt Lessing den blutrünstigen Helden in Weißes Drama entschieden ab, tritt geradezu wie ein Zensor auf, der gegen Werke von dieser Art einschreiten möchte, und andererseits verschweigt er am Ende nicht, daß er vom rücksichtslos zweckrationalen Handeln dieses Richard denn doch fasziniert ist (G 4, S. 598ff.). Wie dieser Widerspruch aufzulösen ist, bleibt vorerst unerfindlich.

Lessings Ablehnung resultiert zunächst daraus, daß der Held in Weißes Drama als »eingefleischter Teufel« (G 4, S. 596) und als das »abscheulichste Un-

---

[3] Lessing selbst nennt ihn einen »kleinen Ausschweif« (G 4, S. 575), von dem er am Ende zur kritischen Analyse des *Richard* zurückkehrt (G 4, S. 596).

geheuer« (G 4, S. 574) kein mittlerer Charakter ist, also den Zuschauern nicht ähnlich ist und daher so wenig wie übrigens seine schuldlosen Opfer Furcht und Mitleid zu erregen vermag. Schon darin zeigt sich, daß für Lessing zwischen der im Drama dargestellten Welt und der Wirkung ein innerer Zusammenhang besteht: Wenn der Zweck des Trauerspiels erreicht werden soll, dann ist eine allzu negative Darstellung der Welt und der Personen, der Handlungen und Umstände zu vermeiden. Daß das Trauerpiel einzig und allein Furcht und Mitleid erregen soll, ist bekanntlich darin begründet, daß unter allen Affekten allein diese den Zuschauern »tugendhafte Fertigkeiten« (G 4, S. 595) vermitteln. Zwar ist Lessing mit Mendelssohn der wertneutralen Auffassung, daß die Erregung von Leidenschaften generell etwas Positives ist, weil sie allesamt geeignet sind, der Abstumpfung entgegenzuwirken und das Selbstgefühl der Menschen wieder zu wecken (G 4, S. 201f.). Aber für das Trauerspiel will er, im Unterschied zu Mendelssohn, nur die Erregung von Furcht und Mitleid gelten lassen, weil eben nur sie die Zuschauer zu moralischem Handeln prädisponieren. Die Begründung weist zugleich über die Theorie hinaus auf die Realität. Denn sinnvoll ist dieses Postulat nur unter der Voraussetzung, daß die Menschen in der Realität die Fähigkeit, Furcht und Mitleid zu empfinden, nicht oder nicht in ausreichendem Maße haben. Das aber kann nur heißen, daß sie gleichgültig, kalt, abgestumpft und empfindungslos gegeneinander sind. Und in der Tat begegnen in der Literatur der zweiten Hälfte des 18. Jahrhunderts zahlreiche Belege dafür, daß Gefühllosigkeit, Kälte, Verschlossenheit, Mißtrauen – Phänomene der Entfremdung also – in der bürgerlichen Gesellschaft unter dem Absolutismus offenbar weit verbreitet sind. Diese Entfremdung, die Lessing selbst in seinen *Gesprächen für Freimäurer* mit klarem politischen Blick diagnostiziert[4], durch Verbreitung einer neuen Gefühlskultur aufzuheben, gilt daher allgemein als ein wichtiger Zweck der Literatur in dieser Zeit, und ihm kann das Theater auf besondere Weise dienen. Indem es Furcht und Mitleid erregt und durch die Katharsis in »tugendhafte Fertigkeiten« verwandelt, arbeitet es der Entfremdung entgegen, erzeugt mitmenschliche Empfindsamkeit, Gefühle der Gemeinsamkeit, Humanität im Bewußtsein der Gleichheit aller Menschen. Denn im Mitleiden erkennt der Mensch den anderen als sich selbst und in der Furcht sich selbst als dem anderen ähnlich. Durch die wechselseitige Abhängigkeit von Furcht und Mitleid ist also ausgeschlossen, daß der einzelne in der Furcht für sich selbst egoistisch nur an sich

---

[4] Die Freimaurer machen es sich nach Lessing – wie das Theater – zu ihrer Aufgabe, »jene Trennungen, wodurch die Menschen einander so fremd werden, so eng als möglich wieder zusammen zu ziehen« (G 8, S. 466); vgl. G 8, S. 462–468.

denkt und im Mitleiden mit dem anderen sich selbst vergißt. Erst in dieser unauflösbaren Koppelung ist das Band der Mitmenschlichkeit geschlossen, gelangen individuelles und allgemeines Interesse zur Deckung und sind auf ideale Weise versöhnt.

Die Hoffnung, daß der gesellschaftliche Zustand der Entfremdung aufhebbar sei, gründet sich zum guten Teil auf die bürgerliche Familie, die daher in der Literatur der Zeit eine bedeutende ideologische Rolle spielt. In ihrer abgeschirmten Privatsphäre, in der die Mitglieder angeblich als Menschen, als freie, nur durch Liebe vereinte Individuen miteinander verkehren können, soll sich die Aufhebung vorbereiten. Als reines Naturverhältnis gedacht, soll sie die Keimzelle zu einer besseren Gesellschaft sein, die eine einzige große Familie wäre. An diesem Prozeß arbeitet das Theater mit: Es weitet gleichsam von selbst die Privatsphäre auf das Theaterpublikum aus, welches, in Furcht und Mitleid vereint, die Erfahrung macht, daß Mitmenschlichkeit nicht auf die Familie beschränkt, sondern in der Öffentlichkeit praktizierbar ist. Im Theater erkennen die Individuen also, daß das, was sie bisher nur in der Abkapselung der eigenen Familie zu finden glaubten, allgemein möglich ist: eine bessere Gesellschaft, in der die Individuen unter ihresgleichen ihre Kälte und Verschlossenheit aufgeben und wahrhaft menschlich miteinander verkehren können.

Die Ursachen für den Zustand der Entfremdung liegen für Lessing – nicht zufällig gehören Kälte, Verschlossenheit und Egoismus bei ihm ursprünglich zur höfischen Sphäre – vermutlich im Absolutismus. Daß das eine Täuschung ist, konnte Lessing wohl noch nicht ahnen. Aber er hätte natürlich sehen können, daß die Erregung von Furcht und Mitleid bei Aristoteles nicht in derselben Weise gesellschaftlich begründet ist. Bei dieser Annahme ist es jedoch konsequent, wenn er in seinem letzten Trauerspiel versucht, durch eine kritische Darstellung absolutistischer Willkürherrschaft, welcher die Entfremdung zur Last gelegt wird, bei den Zuschauern Furcht und Mitleid zu erregen, durch die jene Entfremdung aufgehoben werden soll. Zugleich aber muß er, um dieses Ziel zu erreichen, die Welt – unabhängig davon, wie sie wirklich ist – im Drama so darstellen, daß die Zuschauer tatsächlich auch Furcht und Mitleid empfinden und darin nicht etwa durch »gewisse Dinge«, die andere Affekte auslösen können, gestört werden. Und genau dazu dient bei Lessing die Katharsis.

Daß Furcht und Mitleid nicht nur erregt, sondern auch noch gereinigt werden sollen, will einem zunächst nicht so recht in den Kopf. Dann müßte es also auch zu viel oder zu wenig Mitleid geben oder eine unreine Furcht und ein unreines Mitleid. Und genau das ist bei Lessing der Fall, schon im Briefwechsel über das Trauerspiel. Dort heißt es: »Der mitleidigste Mensch ist der beste Mensch« (G 4, S. 163). Aber er ist es nur dann, wenn er auch wirklich Mitleid empfindet, das der Aristoteliker Lessing als Mitte zwischen zwei Extremen versteht. Es gibt also für ihn durchaus zu wenig Furcht und Mitleid, aber auch zu viel Furcht: Beklemmung, Angst, Schrecken, und zu viel Mitleid: Jammer (G 4, S. 598), Grausen, Entsetzen, Zorn, Verzweiflung (G 4, S. 598). Gemeinsam ist diesen gesteigerten Graden, daß sie zu unkontrollierten Handlungen verleiten können, weil die im Drama dargestellten Übel und Greuel, welche jene Affekte bewirken, Zweifel an der vernünftigen und gerechten Einrichtung der Welt erwecken und die Zuschauer zum »Murren wider die Vorsehung« (G 4, S. 598) verführen. Dann aber besteht die Gefahr, daß die Menschen selbst aktiv werden, um eine bessere Einrichtung der Welt herzustellen, was freilich, wie Lessing befürchtet, die Übel in der Welt, statt sie zu beseitigen, nur vergrößern kann. Darum soll der Dichter »niemanden mit seinen Umständen unzufrieden machen« (G 5, S. 375), wie er in seiner ersten *Abhandlung über die Fabel* sagt. Folglich darf auch das Drama nichts darstellen, was jene gesteigerten Grade des Mitleids erregt, oder es muß diesem eine solche Darstellung geben, die jene gesteigerten Grade am Ende auf ein angenehm temperiertes Mitleiden einpendelt. Das ist der Zweck der Reinigung, wobei die Furcht für Lessing den Vorrang hat: Die Furcht für sich selbst reinigt das Mitleid, indem sie es auf Menschen beschränkt, die nach Charakter und Lebensumständen dem Zuschauer ähnlich sind, denen zwar einmal ein Unglück zustoßen mag, die aber von ganz außerordentlichen Übeln so wenig bedroht sind wie man selbst innerhalb normaler Lebensumstände. In diesen gibt es – wenn nicht gerade ein Erdbeben eintritt – jene »gewissen Dinge« nicht, hier geht alles mit rechten Dingen zu, hier gibt es keinen Anlaß, an der Weisheit und Güte der Vorsehung zu zweifeln. Zugleich reinigt sich auch die Furcht selbst über die Reinigung des Mitleids, weil auch der Zuschauer, wenn er dem Helden ähnlich ist, sich vor außerordentlichen Übeln nicht zu fürchten braucht. Die Katharsis dient also dazu, alle Zweifel zu beseitigen, die den Glauben an die beste aller möglichen Welten zerstören könnten. Sie beruht zwar auf der Darstellung von Unglücksfällen, aber sie verlangt zugleich, daß diese jenen Glauben nicht tangieren, was nur dann der Fall ist, wenn die Unglücksfälle nicht aus fundamentalen Übeln in der Welt resultieren, sondern – das ist der springende Punkt – durch den Helden selbst, durch eine »Schwachheit« (G 4, S. 580), durch »nicht vorsetzliche Fehler« (G 4, S. 594) oder durch eine verzeihliche »Schuld« (G 4, S. 580) verursacht sind. Die Lessingsche Wirkungsästhetik hat also eindeutig eine selektive Konsequenz: Unter allen möglichen Stoffen und Darstellungsarten sind nur solche verwendbar, die

exakt Furcht und Mitleid erregen, nicht mehr und nicht weniger; d. h. »gewisse
Dinge« darf der Dramatiker nicht oder nur so darstellen, daß sie am Ende als
rational erklärbare ihren Schrecken verlieren. Das gelingt aber nur dann, wenn
das Schicksal des Helden nicht völlig unverdient und ungerecht ist, die Katastrophe also die gerechte Einrichtung der Welt nicht ins Zwielicht rückt. Der
Böse darf nicht auch noch Erfolg haben und triumphieren, und der Gute darf
kein völlig schuldloses Opfer sein, weil beides »das Mitleiden in Entsetzen und
Abscheu« (G 4, S. 192) verwandeln würde und auf eine ungerechte Vorsehung
schließen ließe. Der Held muß daher durch seinen Willen, durch einen Fehler
oder eine Schwachheit an seinem Unglück beteiligt sein, so daß er – und mit
ihm der Zuschauer – sich nicht über die Welt beklagen kann, da er sich sein
Schicksal letztlich selbst zuzuschreiben hat. Dadurch, daß das Trauerspiel
Furcht und Mitleid erregt, die die Menschen nicht haben, und zugleich reinigt,
vermittelt es also eine bestimmte Weltauffassung, die die Menschen ebenfalls
nicht haben und zu der sie durch eigene Erfahrung möglicherweise auch nicht
gelangen würden, eine Weltauffassung, nach der es »gewisse Dinge« eigentlich
nicht geben kann. Und unter den »tugendhaften Fertigkeiten«, die es vermittelt, ist die wichtigste wohl zunächst die, nicht zu verzweifeln, d. h. die
wirkliche Welt im Sinne jener vom Trauerspiel gebotenen Weltauffassung zu
betrachten. Diese Weltauffassung ist also zweifellos nicht bloß die beiläufige
Folge der Lessingschen Tragödientheorie, sondern deren eigentliche Ursache.
Sie verlangt vom Dramatiker eine schwierige Gratwanderung: Gelingt es ihm
nicht, Furcht und Mitleid durch die Katharsis aufs richtige Maß zu bringen, tut
er zu wenig, dann versäumt er es, die Bande der Mitmenschlichkeit zu stärken;
tut er zu viel, erweckt er Grausen, Entsetzen und Verzweiflung, dann führt das
unter Umständen zum »Murren wider die Vorsehung« und zur Auflehnung der
Menschen, die im Glauben, sie müßten selbst für eine gerechtere Einrichtung
der Welt sorgen, die bestehende Gesellschaftsordnung zerstören und das Chaos
heraufbeschwören könnten. Um solche Gefahren zu vermeiden, kommt es für
den Trauerspieldichter darauf an, die latent vorhandene, aber »unter der Asche«
kaum noch spürbare »Liebe« der Menschen zum »Nebenmenschen« durch
einen genau berechneten »Windstoß« zur sanft wärmenden »Flamme des
Mitleids« anzublasen (G 4, S. 586f.), ohne sie – um im Bild zu bleiben – zur
Stichflamme der Empörung werden zu lassen.

Genau diese Balance vermißt Lessing in Weißes *Richard*, weil weder der
verbrecherische Held noch die Mitglieder der Königsfamilie als tugendhaft-
unschuldige Opfer geeignet sind, Furcht und Mitleid zu erregen. Damit aber
hat Weiße angeblich die »edelste Bestimmung« (G 4, S. 598) des Dramatikers
vergessen: Er hat es versäumt, mit der Welt im Drama mikrokosmisch die Welt

im ganzen abzubilden, hat mit seinem Drama keinen »Schattenriß vom Ganzen des ewigen Schöpfers« gegeben, in welchem, wie Lessing glauben will, »Weisheit« und »Güte« herrschen, einem Ganzen, »das völlig sich rundet, wo« – nach dem Gesetz der Kausalität – »eines aus dem anderen sich völlig erkläret« und sich angeblich »alles zum Besten« (G 4, S. 598) auflöst. Wenn in einer so beschaffenen Welt tragische Unglücksfälle auftreten, dann sind sie auch begründet und daher sinnvoll; sie können zwar Furcht und Mitleid erregen, aber sie geben niemandem das Recht, an der Vorsehung und an der gerechten, weil vernünftigen Einrichtung der Welt zu zweifeln.

Eine Begründung für diese Weltauffassung gibt Lessing nicht. Er formuliert sie wie eine gesicherte Wahrheit, die auf den consensus aller rechnen kann. Und doch: Wenn der Dramatiker die Zuschauer erst »an den Gedanken gewöhnen« (G 4, S. 598) soll, daß die wirkliche Welt so beschaffen ist, sind sie es offenbar noch nicht gewohnt, werden sie durch ihre eigene Erfahrung nicht ohne weiteres dazu gebracht, die Welt so zu sehen. Wie wenig begründet diese Weltauffassung ist, wird denn auch erkennbar, wenn Lessing anschließend einen geradezu beschwörenden Appell an die Dramatiker richtet und sagt, es sei »höchst nötig«, daß die Menschen »an die verwirrenden Beispiele solcher unverdienten schrecklichen Verhängnisse«, wie Weiße sie dargestellt habe, »so wenig, als möglich, erinnert werden«, und solche Darstellungen von allen »Bühnen« und aus allen »Büchern« verbannt wissen will (G 4, S. 599). Hier wird der Aufklärer Lessing geradezu zum Zensor, der, um eine aufklärerische Idee wider besseres Wissen – wenn auch in bester Absicht – zu retten, nahe daran ist zu fordern, daß Werke von solcher Art verbrannt werden müßten.[5] Und wenn das schon schwer begreiflich ist, noch weniger begreiflich ist es, wenn Lessing gleich darauf sein negatives Urteil über den *Richard* wieder zurücknimmt und ihm zubilligt, daß er dennoch »Vergnügen« (G 4, S. 599) bereitet. Hier bewundert er plötzlich mit befremdlicher Gleichgültigkeit gegen die Opfer das zweckrationale Handeln des Helden, das bloße Funktionieren einer rein instrumentellen Vernunft, die sich von allen objektiven Zwecken emanzipiert hat: »wir lieben das Zweckmäßige so sehr, daß es uns, auch unabhängig von der Moralität des Zwecks, Vergnügen gewähret« (G 4, S. 600).

In Wahrheit ist dieser Umschlag freilich nur konsequent. Denn in Richard bewundert Lessing, auch wenn er das nicht klar sagt und vielleicht nur ahnt, eine Vernunft, die auch die seine ist. Noch ihre Unfehlbarkeit in der Verfolgung

---

[5] Daß Lessing bei seiner Kritik am *Richard* und ähnlichen Werken in der Tat daran gedacht hat, belegt der Schlußsatz des 79. Stücks: »ich muß keinen Scheiterhaufen anzünden, um eine Mücke zu verbrennen« (G 4, S. 601).

verwerflicher Zwecke scheint ihm zu beweisen, daß sie, wenn sie sich nur gute
vorsetzt, diese ebenso unfehlbar erreichen wird. Aber in diesem ›wenn‹, in der
moralischen Zweckbindung der Vernunft liegt eben – auch bei Lessing – das
Problem. Das zeigt sich nirgends so deutlich wie dort, wo er, äußerlich im
Unterschied zu Richard, den Anspruch der Zweckgebundenheit vertritt: wo er
behauptet, daß ein mit Absicht, d. h. mit Vernunft handelnder Mensch nichts
Böses wollen könne[6], daß also die Vernunft in der Praxis, wie die Kantische, mit
Notwendigkeit moralisch sei, und wo er behauptet, Vernunft, d. h. kausale Ge-
setzmäßigkeit im Weltlauf sei die Gewähr dafür, daß in der Welt auch moralisch alles mit rechten Dingen zugehe und im Weltlauf, vermittelt durch
Kausalität, die Gerechtigkeit der Vorsehung walte.[7] Beides sind bloße Behauptungen, für die Lessing den Beweis schuldig bleiben muß, weil die behauptete Einheit von Vernunft und Moral mit Hilfe der instrumentellen Vernunft nicht zu beweisen ist. Sie müßte denn geradezu beweisen können, daß
sie ihr eigenes Gegenteil ist. Die Bewunderung Richards am Schluß der Kritik
an diesem Drama zeigt also, daß Lessings Vernunft sich von der seinen im
Grunde nicht unterscheidet, und damit wird Lessings Auffassung, daß die
Vorsehung alles zum »Besten« auflöse, daß es also in der Welt »gewisse Dinge«
nicht gebe, allen gegenteiligen Versicherungen zum Trotz unhaltbar: Wenn jene
Vernunft, die die Übel in der Welt durch die Verbreitung einer bestimmten
Weltauffassung und einer entsprechenden Tragödientheorie zu negieren versucht, dieselbe ist, die sie produziert, wie sich an Richard zeigt, dann ist dies das
stärkste in einer Reihe von Indizien dafür, daß Lessing mit seiner Weltauffassung wider besseres Wissen an einer Illusion festhält und daß seine Tragödientheorie als ein *remedium* gegen die Verzweiflung der Rettung und Er-
haltung dieser Illusion dient, die freilich gegen Lessings Willen immer wieder
als solche erkennbar wird, auch in der *Emilia Galotti*.

Daß es in diesem Trauerspiel »gewisse Dinge« gibt, die einen moralisch
integren und friedfertigen Untertanen zur Verzweiflungstat treiben können, ist
keine Frage. Aber auf der höfisch-politischen Ebene wird das Drama damit
nicht fertig, es sei denn, Lessing habe in Odoardos Selbstüberwindung den
Beweis dafür gesehen, daß das Vorgefallene nicht zu jenen »Dingen« zu rechnen
sei, welche die gerechte Einrichtung der Welt in Frage stellen könnten. Aber das
wäre ein sehr schwächlicher Beweis, der darauf hinausliefe, daß alles, was
Menschen irgend noch ohne Aufbegehren an Übeln hinnehmen können, den

---

[6] Das ist an mehreren Stellen der *Hamburgischen Dramaturgie* der Fall; vgl. G 4, S. 243, 370, 448
und 574.
[7] Diese Behauptung gehört zu Lessings Grundüberzeugungen. Vgl. G 4, S. 386 und 598f.

Glauben an die Vorsehung nicht tangiere. Lessing scheint das selbst gespürt zu haben. Um mit diesem Problem fertig zu werden, mit dem nicht fertig zu werden ist, gibt er dem Drama am Ende eine unerwartete und ziemlich unmotivierte Wendung: Wenn der Fürstenmord, auf den doch immanent alles hinausläuft, nach K.-D. Müller ein »Theatercoup« gewesen wäre, »der eine Lösung vorgespiegelt hätte, wo die Verhältnisse sie verweigern«[8], dann ist es kein geringerer Theatercoup, wenn Lessing am Ende die Aufmerksamkeit der Zuschauer plötzlich auf ein ganz neues Problem lenkt, das vorher noch kaum thematisiert worden ist: auf einen Konflikt in Emilia, der mit jenen »gewissen Dingen« im Drama nur indirekt etwas zu tun hat, um so mehr aber mit gewissen bedrohlichen Dingen in ihr selbst, in ihrer Natur.

Daß es auf der höfisch-politischen Ebene unmöglich ist, einen befriedigenden Ausgang herbeizuführen, davon lenkt Lessing ab, indem er die Zuschauer durch Emilias Handeln befriedigt. Mit ihr können sie endlich ungetrübt jenes Mitleid empfinden, das sich vorher nicht einstellen wollte, weil es durch die »Dinge« in der höfischen Sphäre immer wieder zum Grausen und Entsetzen getrieben wurde. An ihr läßt sich überzeugender demonstrieren, daß und warum es hier – in der Sphäre der Untertanen – »gewisse Dinge« nicht gibt.

Daß Emilia auf ihre Weise mit ihrem privaten Problem fertig wird, erzeugt wirkliches Mitleid, ein befriedigendes und kein beunruhigendes Mitleid. Denn sie stirbt nicht als unschuldiges Opfer höfischer Kabalen, sondern aus eigenem Entschluß: Niemand als sie selbst ist letztlich an ihrem Tod schuld, und so kann sie sich auch nicht über ihr Schicksal beklagen, so wenig wie der mitleidende Zuschauer. Ihr Tod ist nicht die unmittelbare Konsequenz »gewisser Dinge« in der höfischen Sphäre. Vielmehr beweist er gegenüber Odoardo in gesteigerter Form die moralische Stärke, die sie aufbringt, um mit »gewissen Dingen« in sich selbst fertig zu werden. Denn auch in der Sphäre der Untertanen gibt es sie und gibt es sie doch zugleich nicht. Es gibt sie, auch in Emilia, die ihre reizbaren »Sinne« und ihr »warmes Blut« (G 2, S. 202) nicht in der Gewalt hat. Sie liegen also in der Verführbarkeit der menschlichen Triebnatur, die angeblich alle moralisch-vernünftigen Ordnungen in Laster und Chaos zu stürzen vermag. Daß ein tugendhaftes Mädchen aus bester Familie dem Reiz des Hoflebens erliegen und zur Hure werden könnte, wäre ebenso zu jenen »Dingen« zu rechnen, die Zweifel an der Vernünftigkeit der Welt und an der

---

[8] Klaus-Detlef Müller: Das Erbe der Komödie im bürgerlichen Trauerspiel. Lessings *Emilia Galotti* und die commedia dell'arte. In: DVjs 46 (1972), S. 28–60.

Fürsorge der Vorsehung zu wecken geeignet sind, wie die Machenschaften des Hofes, die ihre Ursache ebenfalls in der menschlichen Triebnatur haben. Aber dazu kommt es eben nicht: Die moralische Stärke, die Emilia gegen sich selbst aufbringt, verhindert die alles zerstörende Insurrektion der Natur gegen die Ordnung der Vernunft und garantiert, daß es in der Sphäre der Untertanen jene »Dinge« nicht gibt, weil sie die Kraft besitzen, diese zu verhindern.

Daß die Untertanen im Unterschied zu den Höflingen dazu fähig sind, daß sie, wenn sie handeln, eo ipso moralisch handeln, gilt Lessing als sicher, so wie es Kant als sicher gilt, daß die Vernunft, wenn sie praktisch wird, mit Notwendigkeit moralisch ist. Das aber bleibt, wie man sagen darf, ohne Lessing Unrecht zu tun, eine Illusion, die auch in diesem Drama ihre Spuren hinterlassen hat: So groß die moralische Kraft der Heldin auch zu sein scheint, sie reicht nicht aus, um im Leben mit ihrer Natur fertigzuwerden, ihre Tugend im »Sturm« (G 2, S. 203) des Lebens zu bewähren, und weil sie sich dazu nicht fähig fühlt, bleibt ihr nur der Tod. Das aber ist im Grunde keine Lösung des Konflikts, sondern ein Ausweichen vor ihm. Gleichwohl erzeugt dieser Tod aus Schwachheit, weil er selbstgewollt und durch eine verzeihliche »Schuld« verdient ist, nichts anderes als Furcht und Mitleid und Befriedigung darüber, daß die Welt – die bürgerliche – trotz allem in Ordnung ist. Mit ihm gelingt endlich doch noch der Beweis, daß es »gewisse Dinge« nicht gibt. Daß er nur so, durch eine Verschiebung des Konflikts, geführt werden kann, ist zugleich ein Zeichen dafür, daß er der ganz unaufklärerischen Rettung einer aufklärerischen Illusion dient, deren Zerstörung in Verzweiflung enden müßte.

Gegen diese Verzweiflung wehrt Lessing sich auch dort, wo er gar nicht von ihr spricht: Der Zweck des Trauerspiels, Furcht und Mitleid zu erregen und zu reinigen, ist identisch mit dem Versuch, gegen alle Erfahrung mit poetischen Mitteln den Glauben an die vernünftige und gerechte Einrichtung der Welt zu festigen und so die optimistische Weltauffassung der Aufklärung weiter zu verbreiten. Denn wenn er nicht gelingt, droht – um mit dem jungen Schiller zu sprechen, der genau diesen Versuch fortsetzt – der ganze »Bau der sittlichen Welt« einzustürzen[9], was freilich nur möglich wäre, wenn er schon existierte[10]. Um sich den Glauben daran wider besseres Wissen zu bewahren, macht Lessing sich mit höchster intellektueller Anstrengung blind gegen die geheime Identität seiner Vernunft mit der objektiv inhumanen in der geschichtlichen Realität. So

---

[9] So Karl Moor am Schluß der *Räuber*. Schillers Werke. Nationalausgabe. Hg. von Herbert Stubenrauch. Weimar 1953. Bd. 3, S. 135.

[10] Vgl. dazu meinen Aufsatz: Der junge Schiller zwischen Marquis de Sade und Kant, Aufklärung und Idealismus. In: DVjs 56 (1982), S. 135–157.

erliegt auch er der Dialektik der Aufklärung und verkennt, daß, wie die Dinge nun einmal stehen, wohl allein das illusionslose Eingeständnis dieser Identität statt zur Verzweiflung zur Rettung vor der Verzweiflung führen könnte. Daß der Versuch Lessings, dieses Eingeständnis zu vermeiden und weiterhin an die beste aller möglichen Welten zu glauben, allen Bemühungen zum Trotz mißlingt und die Grenzen seines aufklärerischen Denkens markiert, sollte mein Vortrag deutlich machen.

Horst Steinmetz

Die Sache, die Person und die Verselbständigung des kritischen Diskurses

Offene und verdeckte Antriebe und Ziele in Lessings Streitschriften

Es ist ein Kennzeichen aller Lessingschen Streitschriften, daß sie trotz aller funkelnden Rhetorik sachlich bleiben. Auch dort, wo ihr Autor mit spitzen Gleichnissen und satirischen Paraden aufwartet, verliert er die Sache, um die es jeweils geht, nicht aus den Augen. Und ebensowenig verliert er je den Gegner aus den Augen, mit dem er sich auf einen Streit eingelassen hat. Lessings auf den Gegner gemünzte Angriffe sind stets zielgerichtet, auch ihre stilistische Schärfe ist auf die Qualität des Gegners abgestimmt. Obwohl es auf den ersten Blick bisweilen anders aussehen mag: In Lessings Art zu streiten gibt es keine Redundanz. Alles von ihm Formulierte bleibt funktional. Im Grunde herrscht in Lessings Streitschriften ein strenges ökonomisches Prinzip, das sich aus der vollen Konzentration auf das Objekt des Streites und die durch den Gegner eingenommene Position herleitet.

Zu diesem ökonomischen Prinzip gehört es, sich so wenig wie möglich als Person, als bürgerliches Individuum in den Streit ziehen zu lassen. Dort, wo Lessing sich als Person einmischt, verteidigt er sich, hat man ihn zuvor persönlich verleumdet, ihm etwa unlautere Motive unterstellt. Als Person wehrt er sich ausschließlich gegen die »niederträchtige Verschwärzung« seines »moralischen Charakters« (LM 17, S. 38). Ansonsten aber liegt ihm wenig daran, als Mensch mit bestimmten Eigenschaften in Erscheinung zu treten. Und umgekehrt liegt ihm prinzipiell auch nichts daran, die Gegner persönlich zu attackieren, sie zum Beispiel als zweifelhafte oder verächtliche Menschen auszugeben. Wo das dennoch vorkommt, geschieht es wiederum nur, nachdem man ihn auf beleidigende Weise herausgefordert oder nachdem der Gegner sich selbst bereits unmißverständlich durch die Art seines Angriffes auf Lessing diskreditiert hat. Wenn man berücksichtigt, wessen Lange, Klotz oder Goeze Lessing beschuldigen, wie erniedrigend zum Beispiel auch das *Märchen von*

1000 Dukaten ist, dann ist es erstaunlich, in wie hohem Grad Lessing sich bei aller Schärfe seiner polemischen Entgegnungen persönlicher Invektiven enthalten und stets wieder die Sache in den Mittelpunkt zu rücken gewußt hat.

Lessing wünscht sich starke, sachliche, qualifizierte Gegner. Er will von ihnen »lernen« (LM 17, S. 273) können. Er schämt sich, auf einen »so elenden Gegner« (G 3, S. 548) wie Lange gestoßen zu sein, auch Goeze ist seiner Auffassung nach nicht der richtige Widersacher, der dem Streitfall gewachsene Partner. Nicht ausreichend qualifizierte Gegner trüben die sachliche Auseinandersetzung. Das heißt nicht, daß nicht jeder seine eigene Methode des Diskutierens und Untersuchens, auch seine eigenen polemischen Verfahren ins Spiel bringen dürfte (G 8, S. 550), es heißt lediglich, daß persönliche Aspekte nicht mit dem Gegenstand interferieren dürfen. Das ökonomische Prinzip verlangt die reine, trotz aller persönlich-rhetorischen Färbung doch unpersönliche Auseinandersetzung. Der Name, die Person der Streitenden sind irrelevant. Was Lessing von ihnen verlangt, ist ein Sich-Einsetzen für die Sache, das ein vorbehaltlos integres Sich-Einsetzen sein muß. Darum etwa auch seine gereizte Reaktion auf alle Versuche, den Namen des ungenannten Verfassers der *Reimarus-Fragmente* zu ermitteln und dem Streite dadurch eine bestimmte Wendung zu geben.

Als Streitender ist man nur legitimiert, sofern man sich keine persönliche Genugtuung wünscht, sofern man über solide Kenntnisse verfügt, sofern man der Sache dienen will. Im Grunde geht es Lessing um im Streit sich offenbarende rationale Einstellungen. Sie haben sich als kritische Denkbewegungen zu manifestieren, die auf den Gegenstand des Streites bezogen sind. Aus dem von Personen geführten Streit muß das Objekt des Streites als eigentlicher und einziger Sieger hervorgehen. Nicht recht haben ist das angestrebte Ziel (G 6, S. 379), sondern Aufklärung. Und Aufklärung ist auch dann erreicht, wenn sich der eigene Standpunkt als der falsche erweist. Es gilt der Wahrheit »Dienst zu thun; sie mag sich nun endlich finden lassen, auf welcher Seite sie will« (LM 18, S. 302). Die aufrichtig und ehrlich Streitenden müssen in diesem Ziel übereinstimmen, so daß die am Streite Beteiligten eigentlich keine Gegner, sondern Partner sind. Die Wahrheit, die nach Lessings bekanntem Wort noch bei jedem Streite gewinne (G 6, S. 407), macht die Streitenden zu Brüdern im Geiste:

> Uneinigkeit, die bloß daher entstehet, daß jeder der Wahrheit auf einer anderen Stelle aufpaßt, ist Einigkeit in der Hauptsache, und die reichste Quelle einer wechselseitigen Hochachtung, auf die allein Männer Freundschaft bauen. (G 8, S. 422)

Charakteristisch für das Streben nach ›unpersönlicher‹ Auseinandersetzung ist der Streit mit Klotz. Er illustriert gewissermaßen in negativer Spiegelung, wie ein Streit auszusehen hat, der nicht auf Personen gerichtet ist. Es könnte zunächst so scheinen, als habe Lessing gerade gegenüber Klotz die eigenen Prinzipien verraten und eine auf die Person zielende, übertriebene und unversöhnliche Polemik entfacht, die gerade nicht mehr vornehmlich dem Streitgegenstand gilt. Doch dieser Eindruck täuscht. Die Schärfe des Lessingschen Angriffs auf Klotz gilt nicht dessen Person als solcher, sondern dem Dekuvrieren des Klotzeschen Verfahrens, Lessing als Person zu diskriminieren, vor allem aber dem Verfahren, die eigene Person als Argument im Streit einzusetzen. Lessing ist keineswegs auf die Demontage der Person Klotzens aus:

> Durch welches Wort habe ich mich merken lassen, daß ich ihn weiter als aus seinen Büchern kenne? Welcher Tadel, welcher Spott ist mir entfahren, der sich auf mehr gründet, als auf Beweise seiner Unwissenheit und Übereilung, wie sie in seinen Schriften da liegen? Ich habe ihn ein oder zweimal Geheimderat genennt; und auch das würde ich nicht getan haben, wenn er nicht selbst mit diesem Titel unter den Schriftstellern aufgetreten wäre. Was weiß ich sonst von seiner Person? Was verlange ich von ihr zu wissen? (G 6, S. 397)

Lessing will zeigen, daß und in welchem Maße Klotz den Streit durch die Vermischung des Sachlichen mit dem Persönlichen verunreinigt. Dazu ist es nötig, die persönlichen Argumente unmißverständlich herauszustellen. Und das wiederum kann den Eindruck erwecken, als wolle Lessing Klotz persönlich treffen. Tatsächlich aber ist der Angriff auf Klotz nichts anderes als der Nachweis, daß dieser mit unlauteren Mitteln streitet. Das hat notwendigerweise zur Folge, daß Klotz als Streitender disqualifiziert, indirekt auch sein »moralischer Charakter« vernichtet wird. In diesem Sinne ist Lessings Polemik gegen Klotz tatsächlich unversöhnlich und unnachsichtig.

Also, so muß die Folgerung hieraus lauten, der eigentliche Bezugspunkt in Lessings Streitschriften ist die Aufklärung der Sache, die Klärung im wörtlichen Sinne eines vor und auch noch während des Streites aus welchen Gründen auch immer verzerrten oder undeutlichen Sachverhaltes. Und in der Tat scheint kein Zweifel daran möglich, daß Lessing sich mit großem Engagement für die Erhellung des im Streit Umstrittenen einsetzt. Ob es die *Rettungen* sind oder die großen Polemiken, die Vehemenz seines Argumentierens scheint durch die Liebe zur Sache, die Liebe zur Wahrheit, zur vernünftigen Aufklärung eines jeweils konkreten Sachverhaltes eingegeben. Er scheut keine Mühe, sich zu informieren, wendet unbegrenzten Fleiß auf, um nur ja nichts zu übersehen, was der Sache zugute kommen könnte. Er wird nicht müde, auf Einzelheiten mit scheinbar stupender Akribie einzugehen; wo nötig, ist er bereit, ein strittiges Problem mehrmals genauestens zu entfalten. Überall zeigt sich Lessings Leidenschaft, Inhalte zu klären, Probleme ihrer richtigen Beantwortung zuzuführen, Lösungen zu finden. Ob es sich um einzelne Passagen in einer Horaz-übersetzung, um geschnittene Steine, um Aspekte der aristotelischen Tragö-diendefinition oder um Glaubensfragen biblischer oder christlicher Provenienz handelt, Lessings Eifer, möglichst zweifelsfreie Gewißheit zu erlangen, ist überall gleich stark.

Und doch kann man daran zweifeln, ob Lessings leidenschaftlicher Einsatz in letzter Instanz wirklich der Sache gilt. Ein erstes Indiz dafür, daß es nicht so sein könnte, liefert die Wirkungsgeschichte. In Lessings Wirkungsgeschichte finden sich zahlreiche Zeugnisse, in denen seinen Polemiken großes Interesse entgegengebracht wird, aus denen jedoch andererseits wenig Interesse für die inhaltlichen Gegebenheiten der Auseinandersetzungen spricht. Man bewun-dert vor allem Lessings Art zu streiten, die Lauterkeit seiner Argumente, die Scharfsinnigkeit seiner Deduktionen und Schlußfolgerungen. Im Vordergrund steht daher nicht so sehr die Frage, ob Lessing recht habe, besser: ob eine inhaltliche Klärung als Ziel des Streites auch tatsächlich erreicht sei; im Vor-dergrund stehen eher der Prozeß, die Manier, die Verfahren des Streitens als solche. Natürlich sind die keineswegs immer gründlich analysierenden Zeug-nisse der Wirkungsgeschichte keine Beweise, deren Geltung unumstritten wäre. Aber sie verraten doch vielleicht etwas von einer immanenten, einer impliziten Tendenz in Lessings Streitschriften und darüber hinaus von seiner allgemein aufklärerischen Einstellung, die nicht nur über die Rolle der Person, sondern auch über die Sache hinausweist.

Überblickt man Lessings Äußerungen über die Ziele seines Streitens im Zusammenhang, Äußerungen, die sein gesamtes Werk durchziehen, dann sind sie alle auf einen Fluchtpunkt ausgerichtet, der tatsächlich jenseits aller Inhalte liegt. Angesichts des erreichten Forschungsstandes bedarf es heute keines Be-weises mehr, daß Lessings Forderung hinsichtlich des adäquaten Disputs an seine Gegner wie an sich selbst die Forderung nach Rationalität, nach Vernunft, nach vernünftigem Denken ist. Was Lessing verlangt, hat Dieter Kimpel zu-sammenfassend die »Selbstorientierung des Denkens am Gegenstand«[1] ge-nannt. Entscheidend ist jedoch, daß auch der Gegenstand, an dem das Denken sich selbst orientiert, letztlich nur Anlaß ist, Anlaß, um den Prozeß des Denkens in Gang zu setzen, nötigenfalls in Gang zu halten. Das Streben nach Wahrheit, nicht ihr Besitz, verbürgt bekanntlich in Lessings Auffassung das richtige Erkenntnisstreben. Wenn es nicht darum geht, recht zu haben, wenn

---

[1] Lessings Hermeneutik. Voraussetzungsprobleme seiner Kritik im europäisch aufklärerischen Kontext. In: Wilfried Barner, Albert M. Reh (Hg.): Nation und Gelehrtenrepublik. Lessing im europäischen Zusammenhang. Detroit und München 1984, S. 217.

es gleichgültig ist, auf welcher Seite sich die Wahrheit findet, wenn im theologischen Streit nicht das theologische Objekt, sondern der »gesunde Menschenverstand« (LM 18, S. 226f.) der eigentliche Inhalt ist, wenn Lessing sich vor allem Gegner wünscht, die mit ihm »denken« (G 6, S. 386) können, dann weisen diese und andere Aussagen in die Richtung eines gleichsam abstrakten Diskurses, der geführt werden müsse. Wie hoch der Wert eines solchen Diskurses angesetzt ist, illustriert etwa der Satz: Die »Ähnlichkeit der Denkungsart, die Identität der Urteile, [ist] der Grund aller Liebe.« (G 8, S. 512) Wenn »überall ein guter triftiger Sinn zum Grunde liegt«, selbst dort, wo die daraus hervorgehende Aussage über einen Gegenstand »nichts als lauter Ägyptische Grillen und Chinesische Fratzenhäuserchen« enthält (G 8, S. 254), dann gibt sich in derartigen Thesen und Definitionen ein Streben nach Befreiung des Denkens aus allen inhaltlichen und personengebundenen Abhängigkeiten kund. Das äußerste Ziel ist die Ausblendung der Personen und der Sachen zugunsten eines tendenziell leeren Prinzips.

Die Lessingforschung hat wiederholt darauf hingewiesen, wie sehr es Lessing in seinen Streitschriften darauf angekommen sei, gerade auch den Leser und nicht nur seine Gegner von der Richtigkeit seiner Standpunkte zu überzeugen, ihn gewissermaßen auf seine Seite zu ziehen. Seine polemische Rhetorik sei großenteils, so nicht überwiegend durch diese Wirkungsabsicht geprägt. Das ist gewißlich nicht falsch. Doch auch hinter dieser Wirkungsabsicht der Überzeugung verbirgt sich noch eine andere, die wiederum über die inhaltlichen und rhetorischen Aspekte hinausreicht. Nicht die Aufklärung über Sachverhalte ist das letzte Ziel, sondern die Aufklärung über die richtige Art zu denken und zu argumentieren. Als an den Leser gerichtete Streitschriften sind sie Demonstrationen des Denkens, ja Lektionen, die vermitteln sollen, wie der genuine Diskurs zu erreichen sei. Lessing erteilt gleichsam Unterricht, der dem Ideal verpflichtet ist, das berühmte Selbstdenken anzuregen. Selbstdenken bedeutet allerdings nicht nur das selbständige und kritische Denken des einzelnen, das sich von Autoritäten und Dogmen befreit, sondern ein Denken, das vom Inhaltlichen abstrahiert, das seinen Sinn letztlich in sich selbst findet. Darum gehört die inhaltliche Klärung nur zum vorläufigen Ziel. »Ich bin also nicht verpflichtet, alle die Schwierigkeiten aufzulösen, die ich mache. Meine Gedanken mögen sich immer weniger zu verbinden, ja wohl gar sich zu widersprechen scheinen: wenn es denn nur Gedanken sind, bei welchen sie [die Leser] Stoff finden, selbst zu denken«, so heißt es gegen Ende der *Hamburgischen Dramaturgie*. (G 4, S. 670)

– Jedoch nicht nur dem Leser wird dieser Unterricht im Denken und Selbstdenken zuteil, auch der Gegner der Streitschrift wird im Grunde zum Adressaten der Lektionen. Das genaue, bis in kleinste Einzelheiten vorstoßende, beinahe pedantisch anmutende Verfahren Lessings, die Widerlegung Satz für Satz oder gar Wort für Wort, erschöpfen sich nicht in der kompromißlosen Leidenschaft für die Sache, auch wenn diese immer die Sache der Wahrheit ist, sondern ist wiederum die Vorführung, die Explikation des richtigen Denkens, in dem das Detail ebenso wichtig ist wie das Ganze. Was Lessing an seinen Gegnern immer wieder verärgert hat, war deren Unfähigkeit, vor allem aber deren Unwille, sich mit ihm auf den Prozeß des vorurteilslosen Denkens einzulassen, mit ihm zusammen den Diskurs des Denkens anzugehen. Und nicht nur auf diesen Diskurs überhaupt, sondern auch auf seinen im Prinzip nicht abschließbaren Prozeßcharakter. Seinen wahren Wert zeigt der Diskurs erst als ein unendlicher, der dem Denken das An-ein-Ende-kommen vorenthält. »Also, wie Sie eine Sache einmal ansehen, so, vollkommen so, sind sie gewiß, daß Sie dieselbe von nun an bis in Ewigkeit ansehen werden?« (G 8, S. 197), wird Goeze entgegengehalten. Darum war für Lessing ein Problem auch dann nur scheinbar und vorläufig gelöst, wenn es gelöst war. Die Offenheit des Denkens gebietet geradezu, daß die am Denkprozeß Beteiligten sich nicht einig werden. Einigkeit deutet ein Dilemma an, das dem Denken im Wege steht. Friedrich Nicolai hat von Lessing berichtet, daß er auch unter Freunden regelmäßig Standpunkte verteidigt habe, die im Gegensatz zu denen standen, die andere einnahmen.[2] Das ist nicht nur als Ausdruck von Debattierlust oder formaler Streitsucht aufzufassen, sondern eher als der Ausdruck der Furcht vor einem Stillstand des Denkprozesses. Die Einigkeit, die verhindert werden muß, bezieht sich im übrigen nicht allein auf die Übereinstimmung, die verschiedene Personen erreichen können, sie bezieht sich auch auf das Einigsein mit sich selbst:

> Nur Schade, daß ich nicht nachdenken kann, ohne mit der Feder in der Hand! Zwar was Schade! Ich denke nur zu meiner eigenen Belehrung. Befriedigen mich meine Gedanken am Ende: so zerreiße ich das Papier. Befriedigen sie mich nicht: so lasse ich es drucken. (G 8, S. 549)

Um Mißverständnissen vorzubeugen: Natürlich ist es nicht so, daß die Sache als solche gänzlich unwichtig wäre. Selbstverständlich ist es nicht zufällig, daß Lessing die letzten zehn Jahre seines Lebens fast ausschließlich theologischen Problemen gewidmet hat, die zu den großen und zentralen Problemen des

---

[2] Richard Daunicht (Hg.): Lessing im Gespräch. Berichte und Urteile von Freunden und Zeitgenossen. München 1971, S. 587.

Aufklärungszeitalters gehören. Und natürlich wendet Lessing alle Energie auf, um in seinen theologischen Diskussionen das Wahre vom Falschen zu scheiden. Doch dieselbe Energie, dieselbe Leidenschaft gilt auch beinahe unwichtigen Kleinigkeiten, zum Beispiel philosophischen Detailfragen, relativ banalen Sachproblemen. Die Methode der Aufklärung darf nach Lessing keinen Unterschied im Rang der Sachen kennen. Jede umstrittene Sache – ganz gleich welcher Qualität sie ist – verlangt dieselbe Zuwendung und dieselben denkerischen Operationen. Denn es sind diese Operationen, die über Recht oder Unrecht der am Streit Beteiligten entscheiden, nicht jedoch die inhaltliche Richtigkeit, die man beansprucht oder die gar in gemeinsamem Konsensus gefunden wird. Im Laufe des Streits zustande kommende Entscheidungen und Resultate werden nicht durch ihre Inhalte legitimiert, sondern durch die Art und Weise, in der sie erreicht werden. Darum sind die Streitgegenstände, sind die Sachen, als Objekte des kritischen Denkens, in bestimmtem Sinne alle gleichwertig, hat der Prozeß der Wahrheitsfindung Vorrang vor der Wahrheit selbst. Darum bleibt schließlich nicht die Sache der Gegenstand der Bewegung des Denkens, sondern wird diese ihr eigener Gegenstand.

Das Bild vom »Nachdenken mit der Feder in der Hand« verweist auf ein weiteres Charakteristikum des Lessingschen Denkens, nämlich auf seine enge Verflechtung mit der Sprache. Es ist eine durchaus nicht unproblematische Verflechtung. Beide können in bestimmten Fällen so gut wie identisch werden. In der Sprache kann das Denken direkt zum Ausdruck gelangen, so daß der Denkprozeß sich in der Sprache niederschlägt. Dort, wo Schweigen eintritt, hat dann auch das Denken aufgehört. Aber das Ineinander von Sprache und Denken kann auch gefährlich für das Denken werden. Die Sprache, die sprachliche Formulierung, kann zu falschen, auf jeden Fall voreiligen Schlußfolgerungen verleiten.

Diese Gefahr, die von der Sprache für das Denken – und damit schließlich auch für das Handeln – ausgehen kann, hat Lessing vor allem in seinen Dramen dargestellt. In der Szene zum Beispiel, in der Emilia und ihre Mutter zu dem Entschluß kommen, Appiani die Begegnung Emilias mit dem Prinzen in der Kirche zu verschweigen, findet Emilia zu diesem Entschluß, indem sie sich von sprachlichen Formen und Wendungen gleichsam tragen läßt und sich zufrieden gibt mit der gefundenen Schlußfolgerung, weil diese sie vor allem sprachlich überzeugt. Die sprachliche Zuspitzung hindert sie daran, den Vorgang der Untersuchung fortzusetzen, der ihr Aufschluß über ihr Verhalten bringen soll. – Ähnliches vollzieht sich am Schluß des Dramas, wenn der Dialog zwischen Vater und Tochter mit seinen Wortspielen um Dolch und Haarnadel beide in eine Situation manövriert, die zu tragischem Handeln zwingt. Emilia und ihr Vater begnügen sich gewissermaßen mit dem in diesem Augenblick intellektuell Erreichten, weil es sprachlich eine verführerische Gewißheit und Richtigkeit des Denkens verspricht. – In extremis wird der zu kurz greifende Denkprozeß und die mögliche verhängnisvolle Verbindung zwischen Sprache und Denken in *Philotas* demonstriert. Das falsche Denken des jungen Helden, das von Deduktionen und Konklusionen durchzogen ist, präsentiert sich in untadeliger sprachlogischer Form. Es kulminiert jedoch gerade dadurch in der Annullierung des intendierten richtigen Denkens.

In der Tragödie führt der Vorgang, in dem man das Denken sozusagen der Sprache überantwortet, in die Katastrophe. Das aber heißt nicht, daß dieser Vorgang nicht auch in der Komödie stattfindet. Hier jedoch bewahrt die literarische Gattung vor den zerstörerischen Folgen; man bleibt von den Konsequenzen des eigenen Tuns verschont. So darf Minna sich ihres Sieges über die »Gespenster« (G 1, S. 699), die Tellheim angeblich sieht, erfreuen. Minnas Sieg über Tellheim ist ja ein vorrangig mit sprachlichen Mitteln errungener Sieg, der es Tellheim unmöglich machen soll, weiter über das ihm Widerfahrene nachzudenken. Allerdings gibt es wohl auch bei Minna leise Zweifel an der Richtigkeit ihres Verfahrens, so daß sie außer zu sprachlichen Mitteln auch zum Mittel der Intrige greift. Die Komödie läßt jedenfalls erträglich, ja glücklich enden, was ebensogut unglücklich hätte ausgehen können. Und Tellheim ist wohl auch am Schluß nicht gänzlich von der Sicherheit und Gewißheit überzeugt, die Minna ihm vermitteln und garantieren will.

Es wäre falsch anzunehmen, Lessings dramatische Figuren seien nur als negative Exempel entworfen. Das Ideal des unendlichen rationalen Diskurses, der seinen Wert in sich selbst hat, machte, konsequent angewandt, Leben unmöglich. Was die Dramenfiguren illustrieren, gilt auch für den Menschen in nichtliterarischer Wirklichkeit: Man muß Entscheidungen treffen, Konklusionen in Handeln umsetzen und damit dem Prinzip des offenen Denkvorgangs notwendigerweise untreu werden. Der Größe des im eigentlichen Sinne strikt aufklärerischen Prinzips entspricht die Bedrohung, die von ihm für das Leben ausgeht. Will der Mensch sich als Mensch behaupten und verwirklichen, muß er den Verstoß gegen das genuine Denken in Kauf nehmen.

Für Lessing war das möglicher- sogar wahrscheinlicherweise ein unwillig akzeptierter Kompromiß. Sich einlassen auf die vergleichsweise unreine Lebenswirklichkeit ist notwendig, aber ist zugleich ein Sich-Einlassen auf das Unvollkommene, bedeutet Verrat am Ideal, das man eigentlich vertritt. Die historische und politische Wirklichkeit, aber auch das einfache menschliche Miteinander zwingen immer wieder zu Zugeständnissen, zu Abstrichen, zu gewollten und ungewollten Inkonsequenzen, denen man lieber entkommen würde. Tatsächlich ist es ja auffallend, wie gering die Rolle ist, die konkrete soziale, politische oder historische Faktoren in Lessings Werk spielen.

Auf der anderen Seite wußte Lessing natürlich genau um die dehumanisierende Gefahr, die sein letztlich inhaltsleerer Vernunftsidealismus implizierte. »Der Mensch ward zum Tun und nicht zum Vernünfteln erschaffen« (G 3, S. 683), schrieb er bereits in den *Gedanken über die Herrnhuter*. Der Mensch muß das Risiko des Handelns auf sich nehmen, denn nur als Handelnder kann er sich als Mensch bewähren und beweisen, auch wenn das einschließt, von der Unbedingtheit der Vernunftbestimmung Abstand nehmen zu müssen. Gerade im Spätwerk ist die menschliche Verpflichtung zum Tun eines der dominierenden Themen geworden. In den *Gesprächen für Freimäurer*, in der *Erziehung des Menschengeschlechts*, nicht zuletzt auch im *Nathan*: Überall erscheint das Handeln des Menschen als der Prüfstein seines wahren Wertes.

Selbstverständlich muß das Handeln, soll es sich als wert- und sinnvoll erweisen, der Ausfluß vernünftigen Denkens sein, vernünftiger wie sittlicher Grundsätze. So hat die Wahrheit der vernünftigen Religion nach Lessing direkten Einfluß auf die Pflichten des Menschen. (G 8, S. 293) Dennoch gilt natürlich für das Handeln erst recht, was für das Denken gilt. Es kann den besten Absichten entspringen und doch unzureichend sein. Verantwortliches Handeln kommt ja überhaupt nur dadurch zustande, daß das Denken, das ein bestimmtes Stadium erreicht hat, in Tun umgesetzt wird. Darum aber kann auch die integerste Intention zum bestmöglichen Handeln dieses nicht unvermeidlich zum bestmöglichen Handeln werden lassen. Und deshalb wiederum muß alles Handeln, wie das Denken, ein in bestimmtem Sinne offenes sein, ein verbesserbares und damit korrigier- und revidierbares Handeln. Wie die vernünftige Schlußfolgerung immer ihre eigene Revidierbarkeit einschließen muß, darf auch das Handeln kein endgültiges Festlegen des Verhaltens sein. Daher die Relativität, die Vorläufigkeit, die sich in allem Denken und Tun Lessings artikuliert. Darin ist auch ein historischer Relativismus und eine historische Vorläufigkeit mitgemeint. Weil der Mensch ein historisches Wesen ist, bleibt jede Denkbewegung historisch gebunden, ist das reine Denken unmöglich und auch in seinen ehrlichsten Anstrengungen durch die historischen Umstände begrenzt, in denen man lebt. Auch die entdeckten, wenngleich dennoch vorläufigen, notwendigen Vernunftwahrheiten müssen auf diese Weise den Status zufälliger Geschichtswahrheiten wenigstens partiell annehmen. (G 8, S. 12) Und dieser Relativismus trifft selbstverständlich a fortiori für das Handeln zu. – Die beste Antwort auf diese Situation ist die bewußte Einwilligung in die Vorläufigkeit. Mit welcher Konsequenz Lessing selbst die Vorläufigkeit als produktives und zugleich risikovolles Gebot befolgt hat, veranschaulicht auch und gerade seine Biographie. Sie ist ja nichts anderes als eine einzige Aneinanderreihung von Vorläufigkeiten. Über diese Vorläufigkeiten hat er nicht oder nur wenig geklagt. Geklagt hat er erst, als sich herausgestellt hatte, daß die Wolfenbütteler Vorläufigkeit zu einer unveränderbaren Endgültigkeit geworden war.

Vielleicht war es eben die Unbeweglichkeit, der Stillstand, zu denen Lessing in Wolfenbüttel verurteilt war, die ihn den Streit besonders intensiv suchen ließen. Mit der Veröffentlichung der Reimarus-*Fragmente* hat er bewußt das Gespräch gesucht, aus dem dann ein vehementer Streit wurde. Auch darüber hat er bisweilen geklagt. Doch war es eher eine Klage über seine Gegner als über den Streit als solchen. Denn in Lessings Augen war der Streit ja nichts anderes als die Extremform des Gesprächs, in dem man gemeinsam nach besserer Erkenntnis sucht und in das man als höchstes Gut die Bereitschaft zur Revision der eigenen Standpunkte einbringt, so daß der unendliche Diskurs möglich werden kann.

Jürgen Stenzel

Auseinandersetzung in Lessings frühen Schriften

Die folgenden Andeutungen zu den Anfängen des Schreibkämpfers Lessing wollen sich nicht eines Vorbilds von Anbeginn vergewissern, keinen Herkules in der Wiege bestaunen, der bereits mit jedem seiner Ärmchen eine Schlange erwürgt (nennen wir sie ›Gottsched‹ und ›Goeze‹). Ich suche nur nach einer Vorstellung davon, aus welchen Motiven das disputatorische, argumentierende, polemische Wesen Lessings sich entwickelt haben könnte. Kein Herkules also – jedoch sind die Anfänge von Lessings Werk unverkennbar so durchgängig vom Strukturtypus der ›Auseinandersetzung‹ bestimmt, wie bei allenfalls wenigen anderen Schriftstellern.

Ich beschränke mich auf die Jahre 1743 bis 1752 etwa, die Schriften des knapp 14- bis 23jährigen. Die Früh-Romantiker (geb. ca. 1770) erleben in dem kritischen Alter von 19 Jahren die Französische Revolution – Lessing: die von Koselleck so genannte Schwellenzeit. Sie liefert die Gattungs-, Problem- und Themenlage, auf die treffend Lessings Begabung und Sozialisation zuallererst ihre Ergebnisse zeitigen.

Als »einen guten Knaben, aber etwas moquant« soll bekanntlich ein Inspektor den Schüler von St. Afra charakterisiert haben.[1] Da hätten wir schon einen Grundzug und eine Modellsituation: Lessing, die Lacher auf seiner Seite, einem Opfer gegenüber, das eine gewiß mehr lachlustige als bösartige Arroganz und Überlegenheit zu spüren bekommt. Oder auch nur: Ein Spötter, der gern geselliges Lachen aufregt – wozu er freilich eines Opfers bedarf und eigener Überlegenheit als Mittel und Dreingabe. Vielleicht kein unbrauchbarer Charakterzug für einen zukünftigen »deutschen Molière«.[2] Ein Zug jedenfalls, der vielen Gedichten des Anfängers abzulesen ist. Es fällt ja auf, daß die Gedichte in Mylius' munterer Zeitschrift *Der Naturforscher* nicht selten auf bestimmte Artikel daraus gattungsgerecht ›moquant‹ reagieren; Lessing liebt Anlässe von jeher. Fürs satirische Epigramm, eine von Lessings frühesten Gattungen, ist der Anlaß schlechterdings konstitutiv.

---

[1] Richard Daunicht (Hg.): Lessing im Gespräch. Berichte und Urteile von Freunden und Zeitgenossen. München 1971, S. 10, Nr. 7: »ein guter Knabe, aber etwas moquant.«
[2] Vgl. Lessings Brief an den Vater vom 28.4.1749.

Aus der Schulzeit haben wir als Erstling die *Glückwünschungsrede* auf 1743, in welcher der Sohn dem Vater eine Abhandlung und Predigt hält, ihn ermahnend, nicht alles so schwarz zu sehen: Die Zeiten würden nicht immer schlechter. Lessings frühester Text (unter den erhaltenen): Widerspruch gegen eine angenommene Meinung, *para doxa*. Warum widerspricht er, sobald er den Mund aufmacht? – Weil er es von der Schule her nicht anders kennt. Er disputiert.

Wie in vielen Gelehrtenschulen sind, nach dem Vorbild der Universitäten, in St. Afra öffentliche Disputationen gehalten worden.³ Wenn je etwas den Begriff ›Streitkultur‹ verdient hat, dann die Disputation, diejenige altehrwürdige Lehr- und Lernform, in der die Spontaneität des Lernenden seine Rezeptivität zu überbieten aufgefordert ist. Der Rektor von St. Afra läßt eine Abhandlung drucken, Schüler haben sie zu studieren und dann zu verteidigen bzw. anzugreifen. Auch üben Primaner Kritik an Probelektionen von Kandidaten, und wenn ein valedizierender Freund »die Gründe des *langen Lebens* der ersten Menschen« darlegt, so beweist Lessing in der Gegenrede das »Glück eines *kurzen Lebens*«.⁴

Agonaler Zugang zur Wahrheit, domestizierter, aber produktiver Widerspruchsgeist gehören also zu den sozialisierenden Prägungen Lessings. Nicht jeder natürlich, der ihnen ausgesetzt war, wird ein Lessing, nicht einmal jeder moquante Knabe. – Zwei voneinander nicht zu trennende Lebensentwürfe bestimmen den Habitus des Redners: Der des weltweisen Gelehrten, den Lessings Gelehrtenkomödie u. a. als ausgemachten Streithammel zeichnet; dann aber zweitens der des lutherischen Theologen, der seinen Schafen allwöchentlich und öfter mit der Autorität von Amt und Hl. Schrift die Köpfe zurechtzusetzen und die reine Lehre wider alle Anfechtungen wehrhaft⁵ zu verteidigen hat. Vergessen wir nicht, daß Lessing im Beruf des Vaters lange Zeit den eigenen vor Augen sieht.

Die Auseinandersetzung mit eben diesem Vater, die bestimmende der Anfangsjahre, in der *Glückwünschungsrede* noch ritualisiert und ohne existentielle Verbindlichkeit,⁶ bekommt in der ersten Berliner Zeit (1749 v. a.) bedrohlichen

---

³ Hermann Peter: G. E. Lessing und St. Afra. In: Deutsche Rundschau 26 (Jan. – März 1881), S. 366–388, hier S. 374. – Vgl. Wilfried Barner: Barockrhetorik. Untersuchungen zu ihren geschichtlichen Grundlagen. Tübingen 1970, S. 393–407 (»Das Disputationswesen«).

⁴ Peter (Anm. 3), S. 382 (Hervorhebung hinzugefügt).

⁵ Vgl. Barner (Anm. 3), S. 403: »›Streitbarkeit‹ wird [im 17. Jh.] zu einer charakteristischen Eigenschaft vieler Theologen«.

⁶ Ob Karl Lessings Bericht, der Vater habe sich »bey allen Gelegenheiten« geäußert, »daß die Welt schlimmer würde« (Lessings Leben. Berlin 1793, S. 33f.), zutrifft, sei dahingestellt.

Ernst. Verschärft durch den heftigen Argwohn der Eltern gegen den »Vetter« Mylius ziehen Lessings neuer Lebensentwurf – ein deutscher Molière zu werden – und seine innere Orientierungssuche – der »klügliche Zweifel« an der eigenen Religion – die väterliche Kritik auf sich.

Dem Vater schreibt er am 30.5.1749, dieser sei gewohnt, »das aller niedrigste, schimpflichste und gottloseste von mir zu gedenken, sich zu überreden, und überreden zu lassen.« Und dann:

> Die Zeit soll es lehren ob ich Ehrfurcht gegen meine Eltern, Überzeugung in meiner Religion, und Sitten in meinem Lebenswandel habe. Die Zeit soll lehren, ob der ein beßrer Xrist ist, der die Grundsätze der christl. Lehre im Gedächtnisse, und oft, ohne sie zu verstehen, im Munde hat, in die Kirche geht, und alle Gebräuche mit macht, weil sie gewöhnlich sind; oder der, der einmal klüglich gezweifelt hat, und durch den Weg der Untersuchung zur Überzeugung gelangt ist, oder sich wenigstens noch darzu zu gelangen bestrebt [...]. (B II/1, S. 25f.)

Die Parallele zum frühesten Lustspiel *Damon* ist ebenso unübersehbar wie zum *Herrnhuter-Fragment* – dort der Gegensatz zwischen verbalem Schwärmen des falschen und aufrichtigem Handeln des wahren Freundes; hier, lapidar: »Der Mensch ward zum Tun und nicht zum Vernünfteln erschaffen«. (In der *Herrnhuter-Abhandlung* finden sich übrigens, sogleich am Beginn, erstmals Lessingsche Reflexionen zum gelehrten Streit, jene ›Meta-Polemik‹, an der Lessings Werk so reich ist.) Noch aber bleibt der klügliche Zweifel einstweilen Programm (wenn man von dem Gedichtfragment *Die Religion Christi* absieht). Lessings erste gedruckte »Rettung« (im Zweiten bis Neunten der kritischen *Briefe* [LM 5, S. 43–64]), die des Simon Lemnius, greift zwar in die Reformationsgeschichte, wen er aber rettet, das ist der Epigrammatiker: »diese [die Sinnschriften] eben sind es, wo ich Sie erwartete, um Ihnen unwidersprechlich zu zeigen [...]« – und zwar vor allem, daß man von literarischen Äußerungen nicht auf Meinungen und Lebenswandel des Autors schließen dürfe – »Und daß sie bey dem Geyer wären, die verdammten Ausleger! Bald wird man vor diesem Geschmeisse keinen Einfall mehr haben dürfen!«. (LM 5, S. 47) Der große Luther, ein Über-Ich wie der Vater, hier päpstlicher Gesinnung bezichtigt, mißachtet den Freiraum der Poesie (also auch Lessings eigenen) ebenso, wie Lessings Vater es getan hat.[7] »In eben der Schrift, in welcher er [Luther] den Epigrammatisten verdammt, wird er zum Pasquillanten.« (LM 5, S. 54)

Die Gattung der ›Rettung‹, Lessing von Bayle und seinem Lehrer Christ her vertraut, aktualisiert sich für Lessing erstmals dort, wo der eigene Lebensent-

---

7 Vgl. den Brief an den Vater vom 28.4.1749 und später die »Rettungen des Horaz«.

wurf zu verteidigen ist. Noch deutlicher geschieht das in der Rezension der Werenfels-Übersetzung des Kamenzer Magisters Gregorius. (B 1, S. 879–883) »Nutzen der Schauspiele«: welch wichtigeres Thema konnte es für Lessing damals geben? Eine große geistliche Autorität zugunsten des (Schul-)Theaters nun aber unzureichend verdeutscht (und damit in ihrer Wirkung geschmälert) zu sehen, das mußte den Zorn des jungen Gelehrten über das professionelle Maß hinaus reizen (man erinnere sich, daß der Haß des Vaters auf Mylius auf eine Verssatire zurückgeht, in der jener den Pastor Lessing wegen seiner Kritik am Schultheater nicht eben auf die feinste Art durchgezogen hatte). Hinzu kommt, auch das typisch für Lessing: Der Rezensierte, der »solch Zeug« zusammenschreibt, verbindet seine »unglaubliche Unwissenheit« mit einem »so ausschweifenden Stolz«,[8] wie der »Junge Gelehrte« in Lessings Komödie, und erschleicht darüber hinaus Anerkennung mit unlauteren Mitteln.[9] Also drei polemische Impulse – ein existentieller, ein professioneller und ein moralischer – lassen Lessing gegenüber dem Vater bedauern, die Rezension »nicht noch ärger« gemacht zu haben. Und schließlich viertens – *para doxa*: Lessing reagiert gereizt auf gedruckte Lobsprüche, die am Magister Gregorius eben das herausstreichen, was Lessing unsäglich schlecht erscheint.

Stümperhafte Übersetzung: Im »Vier und zwanzigsten Brief« des zweiten Teils der *Schrifften* von 1753 (LM 5, S. 122–127), beginnt die Auseinandersetzung mit Lange. Hier ist es freilich zunächst nur die bittere Enttäuschung einer hochgespannten Erwartung (»unbeschreiblichsten Verlangen«), das Zusammenstürzen eines hohen Anspruchs – dann aber auch der Zorn über die Mißhandlung eines Autors, für den Lessing seit der Meißener Zeit die unbeschränkteste Hochachtung hegt. Nur daß das Gefälle zwischen dem Rang des Gegenstandes und hunderten von »Schulschnitzern« den in solcher Materie nun wahrhaft ausgebildeten Gelehrten reizen muß, sich als Kritiker unüberhörbar zu machen. Daß die daraus sich entspinnende Fehde im *Vade mecum* nachgerade rabiate Züge annimmt, erklärt sich freilich dann aus niederträchtigen Unterstellungen, gegen die der junge Lessing mittlerweile (durch die zitierten Verleumdungen des Vaters, aber auch etwa die Affäre um das Voltaire-Manuskript) eine Allergie entwickelt haben muß.

Aber auch ohne dies: bei den ›Anciens‹ kennt der St. Afra-Schüler keine Gnade.

Theophrast, Plautus und Terenz waren meine Welt, die ich in dem engen Bezircke einer klostermäßigen Schule, mit aller Bequemlichkeit studirte – – Wie gerne

---

[8] Vgl. Briefe an den Vater vom 2.11.1750 und vom 8.2.1751.
[9] Vgl. den Schluß von Lessings Rezension und den Kommentar in B1, S. 1402f.

wünschte ich mir diese Jahre zurück; die einzigen, in welchen ich glücklich gelebt
habe.[10]

Horaz dürfen wir als Symbol dieses Glückszustandes hinzurechnen.

Um Plautus ist es schon früher gegangen. Ihm gilt Lessings erste ausführliche
Auseinandersetzung überhaupt – in den *Beyträgen zur Historie und Aufnahme
des Theaters* (1750). Der weitschweifige Gegner (wir kennen seinen Namen
nicht) wird dort mit ausgesuchter Höflichkeit behandelt; wir erfahren auch,
warum: »wohlangebrachte Belesenheit« zeige er, »Einsicht in die Regeln der
dramatischen Dichtkunst« auch. (B 1, S. 821) Gerade von der assoziativen
Redseligkeit des Gegners hebt sich indessen Lessings Vermögen zu klarer,
energisch-zusammenfassender Disposition ab: Kunst, Witz, Moral der *Ge-
fangnen* des Plautus hat er, der das Stück wiederholt für vorbildlich erklärt hat,
zu verteidigen. (B 1, S. 860) Umso mehr, als Lessing mit seiner Übersetzung
eine wirkliche Renaissance versucht hat. Denn das Gattungssystem des Lustspiels knirscht vernehmlich in den Fugen; das antike Vorbild soll angesichts
seiner drohenden Dysfunktion helfen, »den itzt einreißenden verkehrten
Geschmack in den Lustspielen einigermaßen zu hemmen.« (B 1, S. 767)

Eine unauffälligere Parallele dazu bietet die steckengebliebene Pantomi-
menabhandlung: »läppischer Geschmack der jetzigen Zeiten« habe Nicolini
erlaubt, seinen »stummen Possenspielen« (von Kinderakteuren) den Namen
›Pantomimen‹ zu geben. »Doch mit seiner und aller derer Erlaubnis, welche ihn
bewundert haben, behaupte ich, daß seine kleinen Affen nichts weniger, als
Pantomimen, sind.« (B 1, S. 711) Die lernt man eben in den antiken Quellen
kennen, und wehe dem, der ihre Begriffe unnütz im Munde führt. Philologie
ist für Lessing selbstverständliches Bezugsfeld aktueller Auseinandersetzung.

Zurück zur Plautus-Kritik. Lessing hat gegen die Einwände seines gott-
schedianischen Gegners wahrhaft keinen leichten Stand. Er liebt das Stück, aber
er muß auch erkennen, daß es die von ihm ja anerkannten ›Regeln‹ des rationalistischen Klassizismus oft gröblich mißachtet. Und diese Notlage ist es,
die Lessing auf neue Lösungen bringt. Sie ist es, die ihn im Hinblick auf
Obszönitäten (»Moral«) das historische Argumentieren lehrt: »Es ist die größte
Ungerechtigkeit, die man gegen einen alten Schriftsteller ausüben kann, wenn
man ihn nach den itzigen feinern Sitten beurteilen will. Man muß sich durchgängig an die Stelle seiner Zeitgenossen setzen, wenn man ihm nicht Fehler
andichten will, welche bei ihm keine sind.« (B 1, S. 860) – »Witz«: »Wortspiele,
behaupte ich also, beschimpfen den Dichter, als Dichter, nicht aber als Nach-

---

[10] Vorrede zum dritten Teil der *Schrifften* (1754), LM 5, S. 268.

ahmer geringer Personen.« (B 1, S. 865) Lessing denkt im Kern ganz rationalistisch – die Not treibt das ›realistische‹ Argument der »getroffene[n] Natur«
(B 1, S. 870) hervor. Endlich »Kunst«: Mit den drei Einheiten steht es misera-
bel, teilweise aussichtslos. Aber bei der ›Handlung‹ fällt ihm de la Motte
»l'unité de l'intérêt« ein (die Einheit des Interesses), und die unleugbaren Vergehen bei ›Zeit‹ und ›Ort‹ verdecken die »Hitze der Handlung«. (B 1, S. 873)
Wichtiger also als die abstrakten Regeln – ja, ja, sie müssen sein – ist schließlich
doch die konkrete Gesamtwirkung.[11]

Aus Lessings verzwickter Lage wird nicht nur die Poetik ein Stückchen
vorangeschoben. Historisches Denken, realistische Prinzipien und poetischer
Perspektivismus, Wirkungspragmatismus anstelle philosophischer Prinzipien,
das mußte, Lessings positives Vorurteil rationalisierend, aufgeboten werden,
weil es um den Versuch einer neuen, sozial wirksamen Gattungsbalance ging:
das Gleichgewicht zwischen empfindsamer Tugendpropaganda und satirischer
Aggression auf das Laster.

Es wäre ein Leichtes, sämtliche Jugendlustspiele Lessings unter dem Schlag-
wort öffentlicher ›Auseinandersetzung‹ abzuhandeln, die damaligen Gattungs-
vorstellungen schreien geradezu danach. Aber man hätte den Preis einer Über-
dehnung des Begriffs zu zahlen. Beschränkt man sich auf diejenigen Komödi-
en, die auf einen konkreten Gegner zielen oder das Risiko konkreter Gegnerschaft eingehen, dann rücken allenfalls *Der junge Gelehrte*, sicher aber *Der
Freigeist*, *Die Juden* und (freilich als fast-bürgerliches Trauerspiel) das *Samuel
Henzi*-Fragment in den Vordergrund.

Von »satyrischen Waffen« gegen das »Ungeziefer« aufgeblasener Polyhistoren
spricht Lessing selber in der Vorrede zum Erstdruck[12] des *Jungen Gelehrten*.
Solche Schärfe mag etwas von Selbstbezichtigung der gerade überwundenen
Präexistenz an sich haben; das Risiko irgend einer Gegenaggression war aber
unerheblich. Anders beim *Freigeist*. Aus Lessings Brief vom 28.4.1749 wissen
wir, daß sein Stück nicht zum wenigsten das Ziel verfolgt, der Vater möge
»vieles von seiner Schärfe fahren lassen.«[13] ›Rettung‹ der Komödie also durch
›Rettung‹ des Gottesmannes gegen die Vorurteile des Freigeists, der nun freilich
seinerseits auch ›gerettet‹ wird, insofern Lessing ihn durchaus tugendhaft sein
läßt – damals kein ganz so großes Risiko mehr, aber doch eines, das einen
Entschluß verlangte.[14]

---

[11] Vgl. B 1, S. 874: »vortreffliche Wirkung«.
[12] LM 5, S. 270. Zum Ausdruck »Ungeziefer« vgl. den vom »Geschmeisse« in der Lemnius-Rettung
(s. o., S. 496).
[13] Im Original »ihrer«.
[14] Vgl. B 1, S. 1143, Anm. 348,3.

Größer das Risiko bei den *Juden*, und zwar umso eher, als Lessing die Strategie, die er im *Misogyn* (und im *Freigeist*) auf der Bühne verfolgen ließ – die Widerlegung des Vorurteils durch des ›Lasterhaften‹ eigene Anschauung – jetzt in reichlicher Kühnheit gegen das mit dem Vorurteil behaftete Publikum wendete. Was Lessing bewogen hat, dieses spezifische Risiko auf sich zu nehmen, wissen wir nicht; vielleicht war es die Provokation durch das Arrangement Gellerts.[15] Lessings eben schon einmal zitierte Vorrede enthält allerdings eine leicht zu überlesende Wendung: dort nämlich, wo er von der »schimpflichen Unterdrückung« spricht, »in welcher ein Volk seufzen muß, das ein Christ, sollte ich meinen, nicht ohne eine Art von Ehrerbietung betrachten kann.« Ein Christ! Sollte Lessing auch hier seinem Vater vorführen wollen, in welcher Weise ein »Comoedienschreiber« ein »beßrer Xrist«[16] sein könne als die bloßen Traditionschristen? So hätte auch hier (wie im *Freigeist*) die Wahl des Gegenstandes der eigenen Verteidigung in der Auseinandersetzung mit dem Vater gedient.

Beim *Samuel Henzi* scheint das schwerlich der Fall zu sein. Oder vielleicht doch? Es gibt da einige verdächtige Parallelen zwischen Henzi und Lessing: Pfarrerssöhne beide, Literaten beide (»das Herz eben so vortrefflich als der Geist«; LM 5, S. III), beide glühende Anhänger der Antike. Lessing mag sich leicht mit dem unglücklichen Berner identifiziert haben. Nur daß in Henzi der wahre »Patriot« dargestellt wird, der sich durch Denkschriften und allenfalls »durch die allervorsichtigste Gewalt« um sein Vaterland verdient macht (und scheitert) – während Lessing ebendasselbe durch die Rolle eines »deutschen Molière« zu erreichen versucht (und fiele dann, um diesen Gedanken fortzuspielen, Mylius die Rolle des »Aufrührers« Ducret zu?).

Und nichts von den frühen Rezensionen? Nur eben dieses, daß die impertinenten darunter (also diejenigen gegen Gottsched) wohl nicht von Lessing sind,[17] der seine Selbständigkeit damals also gerade dadurch bewiesen hätte, daß er sich des rabiaten Tones enthielt, wo andere den Renegaten machten. Freilich wäre von den frühen Rezensionen Etliches mehr auch unter meinem Thema zu sagen, aber es würde der Schere der Konferenz-Parze ohnehin nicht entgehen.

---

[15] Lessings Erfindung des lebensrettenden Juden entwirft in unausgesprochener Polemik eine Nachfolge-, aber auch Gegenfigur zu Gellerts edlem Juden in der *Schwedischen Gräfin* (dem zuerst von einem Christen das Leben gerettet wird, bevor er seine Dankbarkeit bezeigen darf).

[16] Vgl. den im Text zitierten Brief an den Vater (B 11/1, S. 25f.) vom 30.5.1749.

[17] Vgl. Karl S. Guthke: Der junge Lessing als Kritiker Gottscheds und Bodmers. In: Literarisches Leben im achtzehnten Jahrhundert in Deutschland und in der Schweiz. Bern und München 1975, S. 24–71.

Ingrid Strohschneider-Kohrs

Gesten der ars socratica
in Lessings Schriften der Spätzeit

Es gibt keinen Grund zum Zweifel daran, daß Lessing das Instrumentarium rhetorischer Sprachkunst souverän einzusetzen verstanden hat, – daß seine Schriften in nachgerade sinnenfälliger Weise von Formen der Polemik und des dialogischen ›Witzes‹ durchzogen und bestimmt sind. Doch von früh an hat es auch nachdenkenswerte Hinweise darauf gegeben, daß neben und in dieser Lessingischen Sprachartistik ein eigener Problemsinn zu bemerken sei; – ein besonderer gedanklicher Sinn, der über persuasive Effekte und mögliche polemische Absichten hinausgeht – oder auch gänzlich unabhängig von ihnen erscheint.

Worauf genauer deuten Formulierungen wie – z. B. – die Herders, der von Lessings »philosophischem Scharfsinn« spricht oder von seiner »Leidenschaft«, die daraus entsteht, daß »man keiner Leidenschaft, keinem Trug unterworfen sein will«[1]? Was meinen jene Bemerkungen Friedrich Schlegels, in denen von der »Durchdringung der Vernunft und Fantasie«[2] die Rede ist – oder von der »philosophischen Tendenz«[3] vor allem in Lessings Spätschriften, – jener »philosophischen Form«, die Schlegel auch umschreibt als Lessings »transcendentale sokratische Ironie«[4]? – Und wohin lenkt Kierkegaard in seiner Lessing-Deutung das Nachdenken, wenn er anläßlich der »Kategorie des Religiösen« betont: »da ist keine Spur von Resultat«[5]; vielmehr sei in Lessings Mitteilungen »etwas, das sich nicht hinterher von Repetenten geradezu ableiern« ließe – oder »stereotypiert zur Einführung in ein systematisches Formularbuch«[6] dienlich

---

[1] Johann Gottfried Herder im Nachruf von 1781. In: Sämtliche Werke. Hg. von Bernhard Suphan. 33 Bde. Berlin 1877–1913. Bd. 15, S. 510.
[2] Friedrich Schlegel: Lessings Gedanken und Meinungen (1804). In: Kritische Friedrich- Schlegel-Ausgabe. Hg. von Ernst Behler u. a. 1958 ff. Bd. 3, S. 85.
[3] Friedrich Schlegel: Über Lessing (1797). In: Ebd., Bd. 2, S. 117 und 123.
[4] Ebd., Bd. 18, S. 79.
[5] Sören Kierkegaard: Philosophische Brocken und Unwissenschaftliche Nachschrift. Dt. von B. und S. Diderichsen. Hg. von Hermann Diem und Walter Rest. München 1976, S. 192.
[6] Ebd., S. 195.

sei. Und auch dies betont Kierkegaard: Lessing habe sich »jede Kompagnie-schaft« verbeten und entziehe sich »dem Versuch der Fanatiker«, »ihn in das positiv Soziale einzugliedern«[7]. Formulierungen, die wohl davor warnen kön-nen, Lessings Denk- und Sprachstil vornehmlich nach rhetorischen Formen oder auch (wie nicht selten in letzter Zeit) mit Begriffen des Pragmatisch-Kommunikativen oder ausschließlich ›Intersubjektiven‹ zu kennzeichnen. Wenn jedoch Hinweise wie die von Friedrich Schlegel oder Kierkegaard allzu problematisch lauten sollten, so ließe sich auch an ein schlichteres, sicher un-verdächtig neutrales Wort Hofmannsthals erinnern: im ›Ton‹ der Lessingischen Polemiken scheine ihm etwas zu liegen »wie eine Vereinigung der Logik mit etwas Höherem, schwer zu Benennendem«, das gleichwohl nicht mit dem »Ausschweifenden des Geistes«[8] wie bei manchen Autoren der romantischen Zeiten zu tun habe.

So ist es – zumal anläßlich all dieser Hinweise – begründet genug und zu-reichend deutlich angezeigt, auch Fragen wie diese aufzuwerfen: In welcher Weise geht Lessing mit seiner ›Kultur des Streitens‹ über die ausschließlich pragmatisch-intersubjektiven Ziele und Orientierungen des Sprechens und Argumentierens hinaus? Gibt es nicht unter diesen Voraussetzungen unver-kennbar Lessingische Formen der Sprach- und Erkenntniskritik, die einer genaueren Charakterisierung bedürfen?

Zunächst mag ein Stichwort aus der Reihe dieser Hinweise aufzunehmen und näher zu bestimmen sein: Spätschriften. Lessings Spätzeit oder Spätoeuvre ist von 1770 an zu datieren. Dies Jahr erscheint als eine Zäsur von doppeltem Belang, da das äußere Faktum der Übersiedlung nach Wolfenbüttel auch Lessings Wendung zu neuen theologiehistorischen Themen anzeigt. Darin liegt eine eigenständige Problemkonstellation, die – wie auch in der jüngsten Forschung mehrfach betont – zureichend genaue Beachtung verlangen muß, nicht zuletzt dergestalt, daß Zitierungen aus Lessings Schriften nicht aus allen Werkphasen oder unkritisch vermischt auf diese Spätphase bezogen werden sollten. So wenig die Zäsur von 1770 bedeutet, daß man Lessings Gesamt-toeuvre in unvereinbare Teile auseinanderfallen sehen könnte, so deutlich lassen doch die Spätschriften ein eigenes Problemzeichen: eine unverkennbare Signatur im Denk- und Sprachstil bemerken – nicht stets und überall; auch gewiß nicht in ostentativer oder drastisch pointierter Präsentation; wohl aber in anspruchsvollen *Sprachformen kritischen Vorbehalts* oder subtiler ›Doppelre-

---

[7] Ebd., S. 197.
[8] Hugo von Hofmannsthal: Gotthold Ephraim Lessing. Zum 22. Januar 1929. In: Gesammelte Werke in Einzelausgaben. Hg. von Herbert Steiner. Prosa IV. Frankfurt a. M. 1966, S. 481.

flexion‹⁹: Sprachgesten dieser Art sind es, die es hier näher und auf mehr als einem Wege zu erläutern gilt.

Unter den durchaus verschiedenen Möglichkeiten, an denen sich die Symptomatik der ›Schwellenzeit‹ von 1770 – und das heißt für die Probleme der ›Literarität‹ im 18. Jahrhundert: die Ablösung von der Tradition des rhetorischen Literatursystems ablesen läßt, ist diejenige, die sich in Lessings Spätschriften zu erkennen gibt, von relativ singulärem Charakter. In geschulter Kenntnis und ungeschmälerter Verfügungskraft über das Repertoire der Rhetorik ist Lessings neuartiger Weg über die Traditionsbedingungen hinaus nicht der der Genie-Generation in die sogenannte ›Unmittelbarkeit‹ und vermeintlich ›ursprungsnahe‹ Ausdruckskunst gewesen. Die Zeugnisse von Lessings kritischer oder auch dezidierter Distanzierung von diesen geniezeitlichen Postulaten sind unmißverständlich. – Wenn aber die Traditionszwänge normativ verbindlichen Denkens und der vorsubjektivistischen literarischen Witz-Kultur sich aufzulösen beginnen oder dem willentlichen Verdikt der Jüngeren anheimfallen, – wenn Lessing deren ›Credo‹ einer alleinigen Emotionsbürgschaft nicht für sich selbst wählt oder übernimmt, – führt sein Weg deshalb schon zu der Art von Relativität, mit der Denk- und Sprachweisen der ›Beliebigkeit‹ ausgeliefert wären? Bleibt damit nichts als der pur-pragmatische ›Interaktionsmodus‹ zweckorientierter oder nüchtern-sachlicher Mitteilungen?

»Jeder sagt, was ihm Wahrheit *dünkt*, und die *Wahrheit selbst* sei Gott empfohlen!«¹⁰ – Dies nicht wenig berühmte Lessing-Zitat ist für ›Beliebigkeiten‹ nicht in Anspruch zu nehmen; es hat einen strengeren, präziseren Sinn. Diese im Frühjahr 1778 an den Sohn des Reimarus gerichtete und der ›Hypothese‹ der Erziehungs-Schrift geltende Briefäußerung Lessings, in der er die Worte ›dünken‹ und ›Wahrheit selbst‹ durch Unterstreichung hervorgehoben hat, läßt eine Korrespondenz zu jenem Augustinus-Motto bemerken, das Lessing zwei Jahre später der vollständigen Erziehungs-Schrift voranstellt: daß »All dies aus dem gleichen Grunde einerseits wahr, wie es anderseits falsch (oder Täuschung) ist«¹¹. Ein Hinweis, mit dem in den Soliloquien bei Augustinus von der ›Rolle‹ auf dem Theater die Rede ist, in der ein ›wahrer‹ Schauspieler und ein ›bloß vorgetäuschter‹, ein auf der Bühne ›erscheinender‹ Priamus miteinander zu denken sind, und über die hinaus eine ›Wahrheit‹ zu suchen

---

⁹ Ein Wort, das Kierkegaard verwendet, um den Gegensatz zu Hegels direkter Mitteilung zu kennzeichnen; Anm. 5, S. 197.
¹⁰ Lessing am 6.4.1778 an Johann Albert Heinrich Reimarus. LM 18, S. 269.
¹¹ Lessings lateinisch und etwas gekürzt dargebotenes Zitat: »Haec omnia inde esse in quibusdam vera, unde in quibusdam falsa sunt.« LM 13, S. 413.

wäre, »die nicht zwei Gesichter trägt«, wie es bei Augustinus heißt[12]. Eine
Abgrenzung dieses Sinnes, in der die ›veritas ipsa‹ – so das bei Augustinus
emphatisch verwendete Wort – von der nur ›dünkenden‹, uns ›vor-kommen-
den‹, *für uns* ›*erscheinenden*‹ Wahrheit zu unterscheiden ist, ist nicht nur für
Lessings berühmtes Briefzitat zu bedenken. Damit ist eine Problematik oder
eine kritische Einsicht annonciert, die für die Möglichkeiten und den Gültig-
keitsanspruch sowohl des Erkennens wie des sprachlichen Mitteilens bei Lessing von genereller Bedeutung ist. Hier wird etwas wahrnehmbar von der
Erfahrung oder dem *Bewußtsein der* ›*Grenze*‹ – von einer ›Grenzerfahrung‹ der
selbstkritisch ihren eigenen Möglichkeiten begegnenden ›Vernunft‹, – wie sie in
Lessings Spätzeit eine eigentümliche Prägnanz und durchaus eigene Signalisa-
tionsformen zu gewinnen vermocht hat. Aus einer solchen Grenzerfahrung
oder diesem Grenzbewußtsein folgt bei Lessing nicht schon – wie im rigori-
stischen Agnostizismus oder einem ins ›Nihil‹ tendierenden Skeptizismus –
eine Absage an Sprache überhaupt oder eine rigide Verweigerung oder Ver-
dächtigung jeglicher Sprachmitteilung. Der Hinweis, den Lessing über seine
»Gesinnung von der historischen Wahrheit« in Religionssachen gegeben hat:
daß diese Gesinnung »weder aus Scepticismus entstehet, noch auf Scepticismus
leitet« (LM 13, S. 32), darf – wie im noetischen Bereich – so in vollem Sinne
auch auf die Sprache, auf Lessings ›Gesinnung‹ von den Möglichkeiten
sprachlichen Mitteilens bezogen werden. Gibt es doch Modalitäten kritischer
Selbst- und Sprachreflexion in Lessings Spätstil, die das, was hier als Sprachge-
stus der ars socratica zu charakterisieren gesucht wird, verdeutlichen können.
So lassen sich Zeichen oder Indikatoren eines solchen sprachkritischen
Selbstbewußtseins bemerken, mit denen in Lessings Texten nicht allein die
Bewegtheit oder Offenheit der Gedankenführung, also gleichsam das ›Werden‹[13] und das ›fermentum cognitionis‹ des Gedankens annonciert erscheinen;
diese Zeichen lassen sich auch lesen als eine streitbare Kraft der Annihilation
oder Gegenwehr gegen fixierend-behauptende, dogmatische, apodiktische
oder allzu affirmative Aussageweisen. Ein wissend sprachkritisches Vermögen,
das Lessing nicht selten auch zu offenkundiger Selbstkonfrontation in die eigenen Argumentationen und Diskurse einbezieht – mit der unverkennbaren
Intention: zu differenzieren, auf indirekte Weise zu provozieren, sich selbst zur
Prüfung des just Gesagten aufzufordern – oder und nicht zuletzt: Bedingt-

---

[12] Aurelius Augustinus: Soliloquia. In: Soliloquia. De immortalitate animae. Lateinisch und
deutsch. Hg. von Harald Fuchs und Hanspeter Müller. München und Zürich 1986, S. 110f.
[13] Herders Hinweis auf Lessings Stil: »wir sehen sein Werk werdend […] Jeder Abschnitt […] im
Fortschritt, im Werden.« (Anm. 1). Bd. 3, S. 12.

heiten der eigenen Mitteilung ans Licht zu ziehen. Denn – so ist erneut zu betonen – dieser Modus sprachkritischer Reflexion resultiert aus Einsichten in die Grenzen des Erkenntnisvermögens und der sprachlichen Mitteilbarkeit; er prägt eine Sprachgestik, die die eigene *Bedingtheit* oder das Wissen eines nur tentativen, sich erprobenden, vorläufigen Sprechens signalisiert und zu bedenken geben will.

Wie sehen sie aus diese Zeichen? Ist es möglich, diese Gesten kritischen Vorbehalts aus ihrem Textzusammenhang zu näherer Betrachtung herauszulösen? In einem vollen – die faszinierende Logizität der Lessing-Sprache einfangenden – Sinne sicher nicht; dazu wäre eine größere Ausführlichkeit, als hier zu Gebote steht, erforderlich[14]. Ich wähle deshalb einen Ausweg von zweierlei Art: nenne zunächst in kurzen Hinweisen allgemeinere, häufig in Lessing-Texten begegnende Formen, die unserem Problemzusammenhang zuzuordnen sind; werde danach bei einem einzelnen Beispiel etwas verweilen.

Zu erinnern ist zunächst an die von Lessing oft genug namentlich und demonstrativ angesagten Modalitäten seiner Rede. Es handelt sich dabei gleichsam um die Kennzeichnung sprachlicher ›Register‹, die allerdings in der Tonführung seiner Diskurse demnach nicht nur mitzuhören, sondern auch mitzudenken sind: die Ankündigung von Hypothesen und Irrealisformen; die vorausbenannten Uneigentlichkeiten in Bild- und Umschreibungsumständlichkeiten; Frage oder Anakoluth zur Unterbrechung des eigenen Satzlaufs; die ausgedehnten Selbstgesprächs-Reflexionen; oder auch die oft ostensibel vorgeführten Übergänge in die Ebene des Fiktionalen. – Jede dieser Formen – so ist zu betonen – wird nicht etwa in naiver Einfachheit dargeboten, sondern in einer Art von ›Doppelreflexion‹, d. h. einer sich willentlich mitartikulierenden Bewußtheit. Daß Lessing diese differenzierten Stilisierungsformen gerade dort einsetzt, wo es um subtile Probleme geht, nicht selten auch um Fragen, mit denen die Grenzmarkierungen zu Unwißbarem berührt sind, kann nicht verwundern. So ist es – um an Bekanntes zu erinnern – schon in der großen Satzperiode des 79. Stücks der Dramaturgie, in der die komplizierte Hypotaxe um so mehr der präzisierenden Konjunktive zeigt, je näher die Aussage an die Analogie von Kunstganzem als ›Schattenriß‹ eines Schöpfungsganzen heranführt (LM 10, S. 120): eine nicht anders als tentativ zu verstehende Rede über einen nur vermutbaren Sinn.

---

[14] In ausführlicherer Form sind diese Zusammenhänge dargelegt in meinem Buch: Vernunft als Weisheit. Studien zum späten Lessing. Tübingen 1991.

So ist es in der berühmten Textstelle der *Duplik* – nicht darin allein, daß hier in der Möglichkeitsform eine fiktive Gesprächsszene entworfen ist, sondern darin – vor diesem so oft zitierten Passus des Textes – daß Lessing zweimal zuvor seiner eigenen Rede, die zu Behauptungen und generalisierend-sentenzenhafter Aussage anzusetzen begonnen hat, Einhalt gebietet (LM 13, S. 23f.), um nicht anders als in Bild- und Dialogrede von dem um seine Bedingungen wissenden Suchen nach Wahrheit zu sprechen. – Nicht zufällig sind dies zwei der möglichen Beispiele, die in Stil und Aussagegehalt so etwas wie eine Grenzerfahrung zu Worte kommen lassen: ein Bewußtsein von der dem Wissen wie der Sprachmitteilung gesetzten Grenze.

Von irritierender Einfachheit scheint die folgende Textstelle, bei der wir ohne volle Zitierung nicht auskommen: sie gehört in das zweite der *Gespräche für Freimäurer,* in dem von Staat und bürgerlicher Gesellschaft – und davon die Rede ist, daß sie als »Mittel menschlicher Erfindung« (LM 13, S. 353) – anders als die ›Naturformen‹ – nicht ohne negative Seiten oder Bedingtheiten zu haben sind. Der Gesprächspartner Ernst resümiert, was er bisher aus dem Dialog verstanden hat, mit folgendem, bildlich formuliertem und generalisierendem Sprichwort-Hinweis:

> *Ernst.* Wer des Feuers geniessen will, sagt das Sprichwort, muß sich den Rauch gefallen lassen.

Falks Antwort und die Fortsetzung des Dialogs:

> Allerdings! – Aber weil der Rauch bey dem Feuer unvermeidlich ist: durfte man darum keinen Rauchfang erfinden? und der den Rauchfang erfand, war der darum ein Feind des Feuers? – Sieh, dahin wollte ich.
> *Ernst.* Wohin? – Ich verstehe dich nicht.
> *Falk.* Das Gleichniß war doch sehr passend. – – Wenn die Menschen nicht anders in Staaten vereiniget werden konnten, als durch jene Trennungen: werden sie darum gut, jene Trennungen? (LM 13, S. 359)

Trotz des zustimmenden ›allerdings‹ nimmt Falk hier aus dem Sprichwort ein Teilbild zum Motiv seiner neuen Fragen auf; mit dem Rauchfang-Bild verweist er auf den Bereich menschlicher Erfindungen, offensichtlich bemüht, über das zuvor gemeinsam Konstatierte hinauszugelangen, – den Gedanken nicht bei einer So-ist-es-Aussage stehen zu lassen. Es ist deutlich genug, daß er zu mehr als einer solchen So-ist-es-Einsicht weiterzugelangen sucht. Seine beiden Fragen aber muten seltsam an, und nicht unbegründet scheint er sein ›darum‹ zu wiederholen und zu pointieren. Er signalisiert, daß die Antworten in den Fragen bereits enthalten, – fast ostentativ vorformuliert sind, wie er denn auch sein Gedankenziel als bereits erreicht bezeichnet: »Sieh, dahin wollte ich.« Liegen doch die in seinem ›Gleichnis‹ artikulierten Hinweise nachgerade zutage: Natürlich darf man einen Rauchfang erfinden und selbstverständlich ist dessen Erfinder kein ›Feind des Feuers‹. Da aber Ernst den Gedanken: die ›Sachhälfte‹ dieser Gleichnisbilder nicht versteht, erläutert Falk im nachfolgenden Text nochmals explizit: wenn denn in der bürgerlichen Gesellschaft ›Trennungen‹ oder Nachteiliges unvermeidbar seien, so gelte es doch, diese »Folgen so unschädlich zu machen als möglich« (LM 13, S. 360). Damit ist nicht nur das Rauchfang-Bild erklärt, es ist eine Ergänzung zur vorherigen Einsicht hinzugewonnen: das Postulat tätiger Gegenwirkung durch menschliches Handeln. Die andere der Fragen aber – die nach dem ›Feind des Feuers‹, so selbstverständlich ihre Beantwortung auf der *Bildebene* lautet, wird für das *Grundbild* des ›Feuers‹ nicht erläutert, nicht aufgelöst. Nur so viel aus der Gesamtheit der *Ernst und Falk*-Dialoge ist deutlich, daß hier ein auch sonst mitgehender Bildkreis berührt ist, von dessen Symbolsinn stets nur andeutend oder nur in änigmatischen Hinweisen die Rede ist. Nicht unbegründet, da damit das ›Sein‹ und das verborgene Tun derer gemeint ist, die in der ›unsichtbaren Kirche‹ (LM 13, S. 361) ihr Geheimnis besitzen und über das ›wahre‹ Wesen der Freimaurerei nicht zu sprechen vermögen. So verweist denn das Bild vom ›Feuer‹ nur approximativ auf etwas Inexplikables, wie denn in Lessings Text als ganzem mehrfach auf die Grenze des Mitteilens über diesen geheimen Sinn und das ›opus supererogatum‹ hingewiesen wird, niemals aber expressis verbis im Text dies Gebot unbeachtet gelassen erscheint. So kurz dieser Text aus den *Ernst und Falk*-Dialogen ist und so einfach er zu sein scheint, so zeigt er doch ein reiches Ensemble von Stilmitteln. »[…] antworten ohne zu antworten« (LM 13, S. 351): Dies Diktum über die Freimaurer ist hier auf nachgerade sinnenfällige Weise realisiert. Jede wörtlich-direkte Belehrung ist vermieden; gleichnishaftes Sprechen ohne unnötige Emphase auf den Weg gebracht; und mit erstaunlicher Präzision wird hier eine metaphorische Wendung in die Argumentation einbezogen, – ein einzelnes Bildmotiv zu progredierender Gedankenführung genutzt. Unverkennbar ist dies ein maieutisch-dialogischer Sprachmodus, der zum Selbstdenken herausfordert und begreifendem Erschließen anheimgestellt wird. Über diese Art sokratischer Sprechweise hinaus ist dem Textabschnitt ein besonderer Grad von Reflektiertheit und der Gestus kritischen Vorbehalts keineswegs abzusprechen. Nicht darin allein, daß hier bewußt in der Form indirekter Mitteilung geredet wird, sondern daß Falk eine mit Vorbehalten und Ungesagtem operierende Reflexionssprache zu handhaben weiß – genau der im Gesamttext angeschlagenen Thematik von der Grenze des Mitteilbaren gemäß. Seinen Hinweisen ist abzulesen, daß dies Wissen über Inexplikables die Bedingung des Problemverständnisses bildet und niemals außer acht gerät. Daß in dieser Sprach- und Redestilisierung Gesten der ars socratica zu erkennen sind, mag deutlich geworden sein. Nicht weniger wohl auch dies, daß diese Gestik in mehr und anderem besteht als in der Verwendung formal-rhetorischer Stilelemente. In diesem Beispiel – wie in den anderen, hier nur kurz erwähnten – ist etwas von dem subtileren Sinn sokratischer Sprache und Mitteilungsintention wahrzunehmen möglich: jener mitgehende psychagogische Sinn, der mehr als bislang im Dialog Expliziertes und mehr als nur pragmatisch Gegebenes zu begreifen nahelegt und in kritischem Denken zu erschließen verlangt.

Ist aber mit Hinweisen wie diesen das Thema ›Streitkultur‹ gänzlich aus den Augen geraten oder allzu sehr in den Hintergrund getreten? Auch wenn für ein knappes und unumgänglich vereinfachendes Resümee vielerlei Vorsicht geboten sein mag, ist es wohl nicht willkürlich oder unbegründet, die hier erörterte Lessingische ars socratica zu verstehen als nicht nur irgendein zielloses kritisches und streitbares Vermögen. Diese ars socratica darf vielmehr als die Gegenkraft und als eine so subtile wie effektive Bestreitung dessen bezeichnet werden, was anmaßend auf ›Unbedingtes‹, auf ›Totalität‹ oder ›Absolutes‹ sich beruft und damit – sei es in Sprachweisen oder in vermeintlicher Erkenntnis – die eigenen Grenzen und Bedingtheiten in unstatthafter Hybris zu ignorieren versucht. Möglichkeiten wie diese, die in Lessings Sprachgestik sich abzeichnen und die mit nicht wenigen der sein Spätwerk durchziehenden Problem- oder Deutungshinweise in Einklang stehen, gehören zu einer deutlichen Signatur der sich selbst kritisch begegnenden Aufklärung. Lessings Sprachgesten sind als ein Zeichen wahrzunehmen, das auf erkennbare Weise teilhat an jenem philosophischen und literarästhetischen Epochenwandel, in dem die überkommenen metaphysischen Dogmen und Wahrheits-Demonstrationen ebenso wie die logizistisch sich darbietenden Normenlehren ihre Verbindlichkeit und Glaubwürdigkeit einbüßen. In Lessings Spätzeit, in den kunstvoll und bewußt akzentuierten Sprachzeichen seines Spätwerks wird etwas lesbar von der klärenden Kraft und dem souverän sich artikulierenden Vermögen, das als Fundament der kritischen Philosophie der Vernunft tragfähig zu werden beginnt.

Jürgen Trinks •

Ein streitendes Selbstbewußtsein im Aufbruch

Irrtum, Wahrheitsliebe und Streit in Lessings *Duplik*

Die Konstellation

Daß die von Lessing veröffentlichten *Fragmente des Reimarus* sowohl vom Verfasser und seinen Nachkommen als auch von Nicolai und Mendelssohn als zu brisant für eine Veröffentlichung gehalten wurden, kritisiert Rilla als eine Aufklärung, die zwar in der Studierstube zu großem Höhenflug fähig war, die öffentliche Auseinandersetzung aber scheute.[1] Kennzeichnend ist, daß Lessing diesen Mangel überwindet, indem er einen Text veröffentlicht, mit dem er sich selbst nicht ganz identifizieren kann, der also seinerseits Mängel hat und der gleichermaßen bruchloses Akzeptieren und totale Verdammung unmöglich macht. Das zweite wichtige Merkmal ist die ebenso zeitgebundene Verdeckung, welche diesen Prozeß begleitet. Lessing respektiert zunächst die Vorsicht und innere Gespaltenheit eines hochangesehenen Hamburger Gelehrten und seiner Familie. Er fordert die heroische Einheit nicht vom zwiespältigen Subjekt selbst ein, findet sich aber auch nicht mit dem Widerspruch zwischen geistigem Mut und öffentlicher Zaghaftigkeit ab, sondern macht ihn in einer bezeichnenden Weise fruchtbar. Als Ungenannter gewinnt nämlich, wie in der *Duplik* selbst thematisiert wird, der Autor einen besonderen Status und fordert damit eine besondere Haltung der Gegner heraus. Der Ungenannte kann auf keinen Namen, keinen Ort und keine Zeit festgelegt werden, er hat kein Prestige. Er wird dadurch nicht erniedrigt, sondern erhöht: Lessing warnt, ihn zu gering zu schätzen und ihn herabzuwürdigen. Gerade seine Anonymität müsse dazu führen, in ihm allen Scharfsinn und alle Bildung zu vermuten und entsprechend zu argumentieren. Der persönliche andere wird aus dem Bereich möglicher imaginärer Verfestigungen herausgelöst und zu einem anderen erhoben, dem höchstes Wissen unterstellt werden muß. So wird die Schwäche des An-

---

[1] Paul Rilla: Lessing und sein Zeitalter. In: R 10, S. 332.

onymen zu einem produktiven Faktor in der Auseinandersetzung. Lessing löst
das Problem von der Einzelperson und stellt es in die Situation der Zeit; das
Symptom wird nicht als ein persönliches, sondern als ein gesellschaftliches
behandelt. Nicht im Namen eines Autors, sondern im Namen der Aufklärung
selbst wird gestritten.

　　Die dritte Besonderheit ist, daß Lessing sich nicht zum Sachverwalter des
Umgreifenden stilisiert, sondern sich eine Rolle zuweist, die noch unter der des
Reimarus zu liegen scheint. Lessing faßt sich nur als sein Vermittler, sein Stell-
vertreter auf, der für ihn Verantwortung übernimmt.[2] Er will ausdrücklich
nicht »Wärtel« sein, überhaupt keine richtende Funktion übernehmen (B 8,
S. 507). Diese Zurücknahme in die Brüderlichkeit derjenigen, die von den
gleichen Problemen betroffen sind, zeigt sich darin, daß auch er sich nicht
tollkühn und ungeschützt in das Wagnis der Veröffentlichung begibt. Indem
er den Text als einen Fund aus der Wolfenbütteler Bibliothek ausgibt, schützt
er nicht nur den Verfasser, sondern auch sich selbst und den Erfolg des Unternehmens, eine öffentliche Auseinandersetzung einzuleiten. Es gilt eine
mächtige Zensur zu überlisten, den Raum für eine öffentliche Auseinandersetzung überhaupt erst zu schaffen. Nicht unbekümmerte Stärke, sondern
geschickter Umgang mit den Schwächen bringt diesen Prozeß voran. Schon aus
der Konstellation wird sichtbar, daß der Streit nicht nur um ein theologisches
Thema ausgetragen wird, sondern auch um allgemeine Voraussetzungen des
Streites selbst.

Harmonie

Natürlich ist die Thematik nicht gleichgültig. Ganz allgemein geht es in der
Duplik um die Gültigkeit des Worts in der Bibel, an der wegen einiger Wider-
sprüchlichkeiten der Evangelienberichte Reimarus starke Zweifel hegt. Gerade
in dieser Frage weicht Lessing von Reimarus ab und nimmt eine eigenständige
Position ein, die sich der Komplementarität zwischen Reimarus und seinen
Gegnern entzieht. Beide geben die Harmonie zwischen den Berichten, letztlich
die absolute Gültigkeit der Heiligen Schrift als eine notwendige Bedingung für
die Glaubwürdigkeit der Religion aus. Während Reimarus meint, daß die
Widersprüche ausreichen, die ganze Religion in Zweifel zu ziehen, versuchen
seine Gegner, die Harmonie in der Bibel zu rekonstruieren. Lessing aber bricht

---

[2]　B 8, S. 510f. und 521.

diese Verkopplung auf. Die Widersprüche bedeuten für ihn nicht die vollständige Infragestellung der historischen Ereignisse, nicht die Widerlegung des
Geistes der Bibel.

Wenn es nur um die Logik ginge, hätte sich Lessing mit dem auf den Seiten
511f. und 522f. geleisteten Nachweis begnügen können, daß die Gesamtaussage,
›wenn es in den Evangelienberichten Widersprüche gebe, dann sei die ganze
Religion unglaubwürdig‹, nur dann nicht gilt, wenn der Folgesatz falsch ist, ein
Streit um den Vordersatz also müßig ist. Wenn sich Lessing dennoch in diesen
Streit begibt, dann deswegen, weil es von vornherein nicht nur um die Logik,
um das rein Rationale, sondern vor allem um den Stil der Auseinandersetzung
und um die sie prägenden Voraussetzungen geht.

Hierzu zählt die Harmoniegläubigkeit selbst, in deren Kritik Lessing so weit
geht, daß er gerade die Stimmigkeit zu einem Zeichen der Unglaubwürdigkeit
macht. Auf ihr ließe sich kein Glauben gründen. Gerade die Verabredung
wäre verdächtige »Büberei« (B 8, S. 515), dem heiligen Geist nicht angemessen,
der über den Widersprüchen steht, die sich bei seinen Wirkungen einstellen
können.

So räumt Lessing in der *Duplik* den meisten Raum ein, um exemplarisch
und detailliert nachzuweisen, wie wenig die Evangelienharmonie und die
Entgegnungen des »lieben Nachbarn« leisten, um die zehn aufgespürten Widersprüche zu beheben. Er wirft seinem Gegner vor, daß er durch die »Brille
seiner Harmonie« lese und gerade dadurch das Entscheidende ideologisch
verfälsche (B 8, S. 560). Dahinter steht die Überzeugung, daß die Kraft des
Glaubens nicht von der Widerspruchsfreiheit, ja überhaupt nicht von der
Begrifflichkeit abzuleiten ist. In diesem Zusammenhang ist die Wahrheits-
problematik zu sehen, der Lessing eine oft zitierte, geradezu programmatische
Stelle (B 8, S. 509f.) widmet, die im folgenden Absatz für Absatz so kommentiert werden soll, daß die Berührungspunkte zwischen Lessing und gegenwärtiger Auseinandersetzungen um die Aufklärung deutlich werden, ohne
daß in diesem Rahmen genauer entfaltet werden kann, inwiefern Lessing als
Ahnherr eines Aufklärungsverständnisses aufgefaßt werden könnte, dessen
genauere Bestimmungen gegenwärtige Denker zu leisten versuchen.

Bewegung und Mehrwert (1)

Ein Mann, der Unwahrheit, unter entgegensetzter Überzeugung, in guter Absicht,
eben so scharfsinnig als bescheiden durchzusetzen sucht, ist unendlich mehr wert, als
ein Mann, der die beste edelste Wahrheit aus Vorurteil, mit Verschreiung seiner
Gegner, auf alltägliche Weise verteidiget. (B 8, S. 509)

Hier kommt es auf den Unterschied zwischen den Erkenntnisinhalten und deren Vertretung an, den Unterschied zwischen Wahrheitsanspruch und seiner Geltendmachung. Aus der Fülle möglicher Typen innerhalb dieses Verhältnisses greift Lessing zwei heraus, setzt dabei nicht stimmige, sondern jeweils in sich zwiespältige Charaktere gegeneinander. Bei beiden passen Überzeugungsinhalt und seine Vertretung nicht zusammen, es zeigt sich die Mehrdimensionalität zwischen dem Subjekt der Aussage und dem Subjekt des Aussagens. Lessing würdigt sowohl den Wahrheitsgehalt der Aussagen als auch deren Vertretung, aber die Inhalte fallen unmäßig weniger ins Gewicht: Es besteht ein unendlicher Wertunterschied: Das Positive im Inhaltlichen kann nie die Schwäche im Verteidigen ausgleichen. Gute Absicht, Scharfsinnigkeit und Bescheidenheit schaffen einen nicht mehr einholbaren Mehrwert, der in seiner unendlichen Differenz sich auf eine ganz andere Ebene zu erheben scheint.

Man könnte den ersten Typ als den innovativen Ketzer, den anderen als sichernden Dogmatiker überzeichnen. Die Tätigkeit des einen besteht im Durchsetzen, des anderen im Verteidigen. Der letztere vertritt nur eine aus Vorurteil übernommene Wahrheit und dies auf »alltägliche Weise«, so wie alle denken. Das Alltägliche seiner Argumentation zeigt sich darin, daß die Verkettung auch ohne das Zutun des Argumentierenden als notwendig erscheint, sie nimmt das Schwinden des selbständig agierenden Subjekts des Aussagens in Kauf und setzt an dessen Stelle ein Ego, das selbstgefällig in seinen abgesicherten Überzeugungen und Vor-stellungen ruht, Stellungen verteidigt.

Ganz anders der erste Typ. Er hat sich seine Überzeugung selbständig und schöpferisch erworben, ohne die gängigen Absicherungen, also mit dem erhöhten Risiko des Irrtums. Im Bewußtsein von diesem Wagnis weiß er sich als einer, der die Wahrheit verfehlen, der irren kann. Das ist eine Bescheidenheit, die hier nicht zufällig unmittelbar mit dem Scharfsinn verbunden ist. Gerade das Bewußtsein des fundamentalen Mangels, der ständigen Möglichkeit des Irrtums zwingt ihn zum Scharfsinn, der als Einsicht in das Geschiedene eine Seite der Bescheidenheit darstellt. Scharfsinn zeigt sich zuerst im Zertrennen des dichten Scheins, dann in der denkerischen Anstrengung einer neuen, argumentativen Verbindung. Die Destruktivität, die der erste nur aggressiv gegen Angriffe von außen zu wenden vermag, ist hier nach innen genommen, in die Tätigkeit des gliedernden, bei Lessing oft antithetischen Denkens. Die destruktive Energie ist denkerisch sublimiert, ist der Abwehr weitgehend entzogen. Damit wird der Mehrwert auf beiden Seiten produziert: in der geistigen Differenzierung und in der Offenheit gegenüber den Argumenten der anderen.

Mit solcher bescheidenen Beschränkung, die der ignorantia docta verwandt ist, ist keine sozusagen raumfüllende Allmachts- und Vollkommenheitsphantasie, kein herrschendes Einrichten im Raum, sondern ein sich in die Zeit lösendes Herumstreifen verbunden. Gegenüber der zu vertretenden Sache tritt das sich in der Zeit zur Geltung bringende Subjekt hervor, das kein stolz in sich ruhendes Ich darstellt, sondern ein immer in Bewegung seiendes, sich stets neue, erhellende Anfänge setzendes, sich hinauswagendes. Es ist unabgeschlossen, öffnet sich der Unendlichkeit, der metonymischen Bewegung seines unstillbaren Begehrens, in dessen Befolgung es den Wert gewinnen kann, der in seiner Unabgeschlossenheit unendlich ist.

Verblendung (2)

Obwohl Lessing auch von mit Vorbedacht gemachten Plänen spricht, »Lügen auszustaffieren, die man Lügen zu sein weiß«, steht doch in diesem Absatz nicht das Problem der Lüge, der Verblendung anderer, sondern die Unmöglichkeit bewußter Selbstverblendung im Vordergrund. Die Blendung anderer ist möglich, weil man selbst der Täuschung, die man anderen bereitet, entgeht, dies mit vollem, ja sogar mit geschärftem Bewußtsein, denn gerade der Lügner muß, wenn er erfolgreich sein will, alle Aufmerksamkeit, Umsichtigkeit und ein waches Gedächtnis aufbringen. Die vorher gelobte Scharfsinnigkeit und Bescheidenheit könnten auch zu einer gelungenen Täuschung eingesetzt werden. Nur in der Verbindung mit der »guten Absicht«, also ohne Täuschungsintention, sind sie von Wert.

Die Differenz zwischen für wahr gehaltener Überzeugung und geäußerter Meinung ist nur zwischen den Menschen möglich oder als unbewußte Verkennung, im Bereich des Bewußten nicht. Das Bewußte definiert sich geradezu durch den Ausschluß einer solchen Möglichkeit. Mit dem vorhandenen Wissen kann ich mich nicht bewußt täuschen, allerdings kann dieses Wissen insgesamt dann zu einem Verblendungszusammenhang werden, wenn es sich für absolut wahr hält und die grundsätzliche Möglichkeit einer im Noch-nicht-Erkannten verborgenen Wahrheit vergißt, die bisherige Begründungszusammenhänge umstürzen könnte. Wer nur von der Vorläufigkeit der Gewißheit ausgeht, sich die Möglichkeit des Irrtums ständig vor Augen führt, entgeht am ehesten möglichen Verblendungen. Dafür sokratisch den Sinn zu schärfen, ist Lessings Intention. Eine unkritische Aufklärung verfällt der Faszination, die beim Zurückdrängen der Verblendung durch Erweiterung des Wissens entsteht, sie berauscht sich am Gewonnenen, blendet sich durch die eigene Helle, verfällt dem Irrtum, als könne man sich mit irgendeiner Wahrheit aus dem Feld des Irrtums ein für allemal auf eine überzeitliche Metaebene emanzipieren.

Gerade diejenigen, die wegen ihrer der Einheit und Harmonie verhafteten Fiktion das noch nicht Assimilierte vergessen und sich mit dem Stand ihres Wissens zufriedengeben, also nicht mehr den Stachel der Unwissenheit in sich spüren, sich gar der Auseinandersetzung mit anderen entziehen, geraten in die Gefahr der Selbstverblendung, ohne es zu wissen. Sie haben ihre Wißbegierde arretiert, geraten mit sich selbst in Widerspruch, weil sie von ihrer Unwissenheit nichts wissen wollen. Nur das nicht enden wollende Begehren nach Wissen, das notwendig mit der Ahnung des Noch-nicht-Gewußten verbunden ist, kann dem Wissen das angemessene Selbstbewußtsein vermitteln. Es geht nicht nur um die Richtigkeit des Wissens, sondern welche Besetzung, welche Wertschätzung es als solches erfährt.

Wachsende Vollkommenheit (3)

Der Wert des Menschen liegt nicht in einem erworbenen Stand, sondern in seiner Entwicklungsfähigkeit, seinem Streben nach Vollkommenheit. Gegen die Scheinüberlegenheit, bei der die Beweglichkeit des Geistes sich auf eine nervöse Unruhe gegenüber allem Zweifel und Fragen reduziert hat, setzt Lessing das forschende Suchen, die Beunruhigung durch das noch nicht Erkannte. Dahinter steht die Überzeugung, daß gegen die ideologische Verblendung nicht ein wahres Wissen gesetzt werden kann, sondern nur die Bewegung eines Philosophierens, die erhellend im Unwahren den Weg zu mehr Wahrheit eröffnet, unhaltbare Positionen als solche erkennen läßt. Das, worauf es ankommt, läßt sich nicht als Wissen übergeben, sondern erschließt sich nur durch eigene geistige Anstrengung und in der Auseinandersetzung mit anderen. Das bedeutet nicht, daß damit der Bestand vernünftiger Ergebnisse gefährdet wäre. Ganz im Gegenteil, das Verlorengehen vernünftiger Ergebnisse kann nur dadurch verhindert werden, daß man die Menschen in ihrem Streben nach Wahrheit stärkt, die argumentative Stärkung der Inhalte reicht dafür nicht aus. Stärkung der Vernunft darf nicht Verdrängung, Unterdrückung oder scheinbare Sättigung des Begehrens bedeuten, die von Lessing intendierte Vervollkommnung liegt in einer Bewegung, welche die Widerstände überwinden will, die Unbekanntes und Verdrängtes abschirmen. In einer solchen Art von Begehren liegt das Wesentliche des Menschen, seine Wahrheit. Nur wenn er sich darauf bezieht, berührt er seinen Wert, kann er der Wahrheit im Wesen entsprechen, ist er der Wahrheit würdig. Vernunft bedeutet hier das Selbstbewußtsein des Verstandes: Der Verstand wird erst vernünftig durch die Anerkennung seiner Mangelhaftigkeit, Begrenztheit, dadurch hält oder bringt die Vernunft dem Verstand in forschende Bewegung.

Versuchung (4)

Lessings fiktive Begegnung mit Gott ist ein kleines Drama, in dem sich die Rollen der Mitwirkenden konstituieren. Es ist ein Spiel mit Rollen in der Phantasie des Autors, ein Spiel mit Gott, nicht ohne Witz. Das Ich denkt sich in eine Sphäre hinein, in der ihm Gott direkt begegnet. Auf den ersten Blick erscheint der Inhalt der Alternative, die Gott dem Menschen anbietet, skandalös. Der von Lessing entworfene Gott fällt so weit aus der Rolle, daß er eher eine satanische Geste der Versuchung bietet. Es ist eine unmögliche Wahl: Die eine Möglichkeit enthält das, was der Mensch ohnehin schon hat, die andere würde das Menschliche an ihm auflösen. Sieht man aber vom Inhalt der Alternative ab, so läßt sich sagen: Gott will etwas, aber indem er dem Menschen eine Wahl zwischen zwei Möglichkeiten läßt, zeigt er, daß er den Willen des Menschen will. Demnach wäre sein Begehren nur so zu erfüllen, daß der Mensch nicht das wählt, was dieses Begehren arretieren würde – den Wahrheitsbesitz – sondern das Begehren als das Streben nach Wahrheit. Das Satanische liegt also nur in der Faszination des Inhalts.

So ist die Ablehnung der absoluten Wahrheit auch nur auf den ersten Blick demütig, denn mit dieser Demut ist ein merkwürdig stolzes Selbstbewußtsein verbunden: Aus der Einsicht in den eigenen Mangel erwächst die Stärke, die Versuchung durch den Inhalt abzulehnen und den eigentlichen Willen Gottes zu erfüllen.

Nun ist dies keine offenbarte Geschichte von Gott, es ist eine von Lessing erfundene. Nur die menschliche Phantasie kann sich in eine solche Travestie versteigen, sie spielt mit einer Allmachtsphantasie, bricht sich aber selbst, indem sie den Wahnsinn zurücknimmt, der sie anfänglich beflügelte. Darin ist sie aufklärerisch, sie hat den Mut der gewagten Entwürfe, wendet sich dann im Innehalten zur Bescheidenheit, die als Selbstbeherrschung zu einer anderen Art von Stolz wird: der selbständigen, nicht erzwungenen Zügelung der eigenen Kraft, damit eine Kraft höherer Güte, die die erste überwältigt. Gerade darin, daß sich Lessing nicht in den Sog aufklärerischer Selbstüberschätzung ziehen läßt, sondern deren Verlockungen widersteht, nicht indem er sich von ihnen einfach fernhält, sondern sich in sie hineinbegibt und in ihnen selbst das Innehalten praktiziert, liegt seine Besonderheit. Darin möchte ich auch die

Grundlage seiner Ästhetik des Widerstands sehen: in der Kraft, den eigenen
genialen Aufschwung brechen zu können.

Diskurs des Irrtums

Die Rede vom Diskurs des Irrtums will nicht behaupten, daß die Konsens-
forderung und der Wahrheitsanspruch unsinnig sind, sondern daß die entscheidende Zeit des Diskurses im Irrtum verläuft und es für das Gelingen des
Diskurses von entscheidender Bedeutung ist, wenn die Vorwitzigkeit des
Konsenses gebändigt und eine mögliche Unerreichbarkeit der Wahrheit in
die Praxis einbezogen wird. Als Lebenseinstellung gehört dazu der Mut, den
Irrtum als Grundvoraussetzung zu akzeptieren, sich in dessen Tiefe zu wagen,
sich verwirren zu lassen und sich Erschütterungen auszusetzen. Nur in solcher
Verwirrung wird Wahrheit zum Ereignis. Erst wenn das Wissen bereit ist,
sein Unwissen wirken zu lassen, das Eingebildete, die Vorurteile einer Krise
auszusetzen, macht es sich in einer Art sokratischer Propädeutik bereit, von
der Wahrheit lernen zu können, das bisher Angenommene in einem neuen
symbolischen Rahmen zu ordnen. Nicht der Anspruch, sondern ein solcher
Verzicht ist für Lessing die Voraussetzung, Wahrem überhaupt erst in seiner
bedeutungsbildenden Funktion zu begegnen. Diese Erschütterung können
nur die wenigsten ganz auf sich gestellt leisten. Man ist eher nicht geneigt,
die Vorstellungen und Überzeugungen in Frage zu stellen, aus denen sich die
eigene Ich-Stärke zu nähren pflegt. Dergleichen geschieht eher im Gespräch,
insbesondere dem streitbaren. Wo die Sprache des einen die des anderen bezweifelt, zerfällt die vermeintliche Selbstverständlichkeit und öffnet sich erst
die Dimension der Wahrheit und des Irrtums. Im Gespräch wird das Subjekt
in die Position gebracht, in der es sich Mißverständnissen öffnet, die fruchtbar insofern sind, als in ihnen die Wahrheit auch dann durchbricht, wenn wir
sie verkannt haben und aus welchen Gründen auch immer gerne an imaginären Funktionen festgehalten hätten. Der Streit provoziert »Zwischenfälle«,
die die Sprache erschüttern und hinter illusionärer Glätte die Wahrheit hervortreten lassen. Auch die Einfälle des Dichters und Künstlers leisten eine
solche Erschütterung.

Wahrheit erscheint als umstrittene und dies wörtlich: Der Streit geht um
sie, nicht auf ihrem Gebiet. Ihr Platz wird von den Streitern selbst nicht
ausgefüllt. Das Paradoxe ist, daß gerade die, die sich von den Fiktionen ihrer
vorgeblichen Wahrheit betören lassen und die grundsätzliche Irre verdrängen,
dem Irrtum aller Irrtümer verfallen: der Furcht vor dem Irrtum. Lacans »Les

non-dupes errent«[3] müßte zu dem Aufklärungsappell: Errare aude! gewendet werden.

Widerstreit

Lessings Strategie des Streits kennt zwei Phasen. Einmal die, in der die Voraussetzungen eines sinnvollen Streits überhaupt erst erstritten werden müssen. Hier geht es darum, die Einbildung der Gegner aufzubrechen, sie nicht mehr als Vertreter hypostasierter Gewalten gelten zu lassen. Erst nach dieser Vorarbeit kann die eigentliche Kultur des Streits beginnen: ein Konflikt, der aus der Gebrochenheit sowohl der einen als auch der anderen »Gewalt« entsteht und der Wahrheitsliebe dient.

Die Brüderlichkeit, von der Lessing ausgeht, ist zunächst die der gemeinsamen Schwäche. Wo dieses Bewußtsein der grundsätzlichen Schwäche noch nicht vorhanden ist, müssen die Arroganten erst im Streit zur Anerkennung ihres grundlegenden Mangels gebracht werden. Dies aber in guter Absicht: Anstatt von der Stärke übernommener Meinungen zu zehren, sollen sie in der Auseinandersetzung sich ihrer eigenen Kräfte bewußt werden. Im Streit zeigt sich, ob die Stärke wirklich die eigene ist und nicht nur ein übergeworfener Mantel. In einer solchen Konstellation hat der streitbare Widerstand nichts Triumphierendes, sondern bedeutet das Exponieren der Schwächen und das Bloßlegen unerkannter, in Fundamentalismen eingeschlossener Aggressionen. Er macht sensibel für Betroffenheit. An der Wahrheit zu partizipieren bedeutet dann nicht, daß wir dieselbe Sache denken, sondern daß wir, jeder auf seine Weise, von ihr betroffen und berührt sind.

Damit entwickelt Lessing die Stärke des Ich aus einer anderen Quelle als der der Fiktionen, sie besteht eher aus dem Aushalten der Spannung, in die uns grundsätzlicher Irrtum und Wahrheitsstreben bringen, aus der Beharrlichkeit im Forschen, und der Selbstüberwindung, mit der man den notwendigen Überschwang bricht, um nicht in romantische Schwärmerei zu verfallen.

Lessing verharmlost also weder das Subjektive noch das Zwischenmenschliche zu etwas Harmonistischem. Er springt aber auch nicht in die Hypostasierung des Gegenteils, des grundsätzlich kriegerischen Verhältnisses. Er intendiert eher das, was Jaspers den »liebenden Kampf«[4] genannt hat. Liebe und Kampf ist gemeinsam, daß ihnen die Gegenstände der Welt nicht gleichgültig

---

[3] Jacques Lacan: Ecrits II. Paris 1966, S. 201.
[4] Karl Jaspers: Von der Wahrheit. Darmstadt 1983.

sind, daß diese ihnen nicht in Partikularitäten zerfallen, sondern auf Bedeutungsvolles bezogen werden. Dies ist bei Lessing aber keine äußere, sich objektiv gebende Ideologie, sondern der Mensch selbst, auch dieser nicht als feststehendes Bild, sondern als ein sich entwickelndes Wesen. Lessings Subjekt will etwas bewegen, führt diesen Prozeß aber nicht souverän in objektiver Distanz durch, sondern konstituiert sich erst durch diesen Prozeß. Als wahrheitsliebendes bildet es sich in einem dem Irrtum ausgesetzten Prozeß der Wahrheitssuche.

Wenn man Lessing zu einem edlen Streiter, zum »Ritter der Wahrheit« verklärt, integriert man ihn in totalitäre Entwicklungen. Demgegenüber sollte anerkannt werden, daß er diese Geschlossenheit gerade nicht hat, und damit die Tradition einer Aufklärung begründete, deren Wirksamkeit immer noch an der Zeit ist.

Sprechen

Lessings Sprachstil hat im besonderen Verhältnis zwischen gedanklicher Durchdringung und literarischer Gestaltung seine Originalität. Die Logik, der sich Lessing in der *Duplik*, und nicht nur dort verpflichtet weiß, bereitet dies vor. Er folgt weder dem voreiligen Schließen des Reimarus (»auch darum«) noch dem dreisten des Nachbarn (»denn«), sondern dem bescheidenen »obschon« (B 8, S. 507f. und 584). Die Widersprüche zerstören nichts, müssen deshalb auch nicht selbst zerstört werden, sondern werden eingeräumt. Er setzt rationale Argumente voraus, gibt sich aber nicht der Illusion hin, daß sie von sich aus notwendig wirken. Die geistige Durchdringung ist zwar eine notwendige Voraussetzung, dann aber geschieht für die Selbstvergewisserung und die Überzeugung das Entscheidende: ein freies Spiel innerhalb einer lebendigen Sprache, die das Begreifen zu einem Umspielen erweitert und damit den Menschen an mehr als nur einer Stelle berührt. Lessing äußert in einem anderen Zusammenhang:

> Ich bin mir bewust, daß mein Stil gerade dann die ungewöhnlichsten Kaskaden zu machen geneigt ist, wenn ich der Sache am reifsten nachgedacht habe. Er spielt mit der Materie oft um so mutwilliger, je mehr ich erst durch kaltes Nachdenken derselben mächtig zu werden gesucht habe.

Das Durchdachte wird dem Spiel der Sprache ausgesetzt, es wird nicht im logisch stringenten Fluß der Argumentationskette geäußert, sondern in Brechungen, kaskadenhaft: epigrammatische und elliptische Kürze, Pointierung, das durchschlagend Witzige, kantiger Abbruch, Interjektionen, Lücken aufreißend, in denen das Subjekt sich zur Geltung bringen kann. Es ist eine Ästhetik der »willkommenen Störung«. Das tendenzielle Verschwinden des Subjekts hinter dem Allgemeingültigen des formulierten, auf eine Formel gebrachten Gedankens wird damit wieder aufgehoben, die Kraft des Subjekts und seine Sprachgewalt als Widerstand entgegengesetzt. Die schweigsame Konzentration im Denken, der Ernst, die Erstarrung, wird gelöst in ein Spiel des Sprechens. Hier ist das Feld des prägnanten, nicht des exakten, des evozierenden, nicht des diskursiven Ausdrucks. Seine Wirklichkeit vollendet sich in der aktivierenden Wirkung auf die Gesprächspartner.

In Lessings Sprache ist das Subjekt in Bewegung, es bewegt nicht nur die Sprache aus sich heraus, sondern läßt es sich vom Ausgesprochenen immer wieder einholen und selbst bewegen. Dies wird in der *Duplik* deutlich, wenn Lessing »warm und teilnehmend« (B 8, S. 585) wird und es als falsch ansieht, sich vorzunehmen, kalt und gleichgültig zu bleiben. Der akademische Zwang zum Intellektualismus wird aufgebrochen und kritisiert. Am Ende der *Duplik* macht Lessing deutlich, daß er sich selbst durch seine Sprachaktionen neu begreift, also nicht nur auf seine Gegner einwirkt. Dies ist nicht nur eine subjektive Erregung, sondern ein Mittel, als Mensch überzeugend und glaubwürdig zu sein. So ist Lessings Sprache eine Sprache »mit« Stimme, keine Schrift, keine Vorschrift wie in der dogmatischen oder wissenschaftlichen Rede. Die Exposition zur Verletzlichkeit, die Beschämung ist eine fühlbare Abkehr vom Totalitären, also nichts rein Destruktives, sondern letztlich ein Versuch, das Menschliche zu retten. Lessing will den Nerv treffen, einen Schmerz erregen, der im Sinne Heideggers »versammelt«.[5] An einer solch schmerzhaften Stelle erweist sich gleichermaßen die Wahrheit der Aussage wie die des Subjekts. Indem Lessing so in seinem Sprechen die Wahrheit des Subjekts realisiert und nicht das überlieferte Beziehungssystem reproduziert, ist er ein Schriftsteller des »vollen Sprechens«.

Lessing ist ein Literat, aber hinter seinem Schreiben steht eine Philosophie, die sich selbst bricht, um durch voreilige Produkthaftigkeit nicht alles zu verderben. In einem solchen Verständnis liegt sowohl eine Bindung an die sokratische Tradition als auch ein Bezug zu gegenwärtigem Denken.

---

[5] Martin Heidegger: Unterwegs zur Sprache. Pfullingen 1959.

Horst Turk

Handlung in Gesprächen oder Gespräch in Handlungen?

Zum Problem der Konfliktfähigkeit in Lessings Dramen

»Wir unterscheiden nahverwandte Dichtungsarten«, lesen wir bei **Goethe**, »die aber bei lebendiger Behandlung oft zusammenfließen: Epos, Dialog, **Drama,** Theaterstück lassen sich sondern. *Epos* fordert mündliche Überlieferungen an die Menge durch einen einzelnen; *Dialog* Gespräch in geschlossener Gesellschaft, wo die Menge allenfalls zuhören mag; *Drama* Gespräch in **Handlungen,** wenn es auch nur vor der Einbildungskraft geführt würde; *Theaterstück* alles drei zusammen, insofern es den Sinn des Auges mit beschäftigt und unter gewissen Bedingungen örtlicher und persönlicher Gegenwart faßlich werden kann.«[1]

Das Thema der ›Streitkultur‹ lenkt den Blick nicht zufällig auf einen Dramatiker wie Lessing. Kann er nicht als Klassiker des Gesprächs ebenso wie als Klassiker des Dramas und des Theaters gelten? Und was wäre die Streitkultur ohne die Kunst des Gesprächs, die Kunst der Handlungsführung sowie die Kunst der Inszenierung? Ich beabsichtige im folgenden, die These einer beschränkten Vorbildlichkeit Lessings zu vertreten, wobei mir als Gegenbeispiel eher Schiller als Goethe vorschwebt. Wieso, aufgrund welcher Überzeugungen und Strategien, kann Lessing zu den Begründern einer modernen Streitkultur zählen, nicht jedoch zu den Begründern einer politischen Streitkultur? Ich versuche, eine historisch-systematische Antwort auf diese Frage zu geben, indem ich zunächst einige Beobachtungen zu Lessings Gesprächskunst vortrage, dann das Problem der beschränkten Konfliktfähigkeit in der Gegenüberstellung zu Corneille andeute. Vorausgesetzt ist dabei, daß die Grundlagen einer politischen Streitkultur in der Redekunst statt in der Kunst des Gesprächs verankert sind.

---

[1] Johann Wolfgang Goethe: Shakespeare und kein Ende. In: Goethes Werke. Hamburger Ausgabe. Bd. 12. 5. Aufl. Hamburg 1963, S. 287–298, hier S. 296.

1. Gespräch und Handlung

Wir können von einem Gespräch in Handlungen im Lessingschen Sinn bei der *Miß Sara Sampson* und *Nathan dem Weisen* sprechen. Beidemal ist die Dramaturgie programmatisch auf den Vollzug einer Verständigung im Gespräch angelegt,[2] wobei die Glückensbedingung gewisse Einschränkungen für die Erfindung der Fabel mit sich bringt. Das Szenarium ist beidemal auf die Selbstfindung als Peripetie angelegt: mit wirksam werdender Gefährdung von außen in der *Miß Sara Sampson*, ohne wirksam werdende Gefährdung von außen im *Nathan*. Die zentrale Operation hier wie dort ist jedoch der Eingriff in die Handlung mit den Mitteln des Gesprächs. Wieso funktioniert dieses Verfahren nicht in der *Emilia Galotti* bzw. verkehrt es sich beinahe zum Gegenteil in der *Minna von Barnhelm*?

Waitwell und Nathan, unter anderen Bedingungen auch Minna, sind Meister in der Kunst der mäeutischen Lenkung. Nicht die Überredung, sondern die Unterredung ist das Verfahren, die eine gleiche Zuständigkeit mehrerer, im Idealfall aller, für die Entscheidung einer Handlung herzustellen. Minna macht in diesem Sinn von den Mitteln der Intrige Gebrauch, Waitwell und Nathan erzielen die angestrebte Wirkung im Dialog. »Lieber alter Vater, ich glaube, du hast mich überredet«, begründet Sara ihre Bereitschaft, die zunächst zurückgewiesene Vergebung am Ende doch anzunehmen. Waitwell repliziert: »Ach Gott! wenn ich so glücklich gewesen bin, so muß mir ein guter Geist haben reden helfen. Aber nein, Miß, meine Reden haben dabey nichts gethan, als daß sie Ihnen Zeit gelassen, selbst nachzudenken«.[3] Nathan gebraucht dieselbe Strategie im Verhältnis zum Tempelherrn; er verzichtet nur auf die terminologische Benennung: »*Tempelherr.* Ich muß gestehn / Ihr wißt, wie Tempelherren denken sollten. *Nathan.* Nur Tempelherren? *sollten* blos und blos / Weil es die Ordensregeln so gebieten?«[4]. Beidemal ist indessen auch

---

[2] Ich beziehe mich hier und im folgenden auf Ergebnisse meiner Untersuchungen zum Konzept der Verständigung: Horst Turk: Dialektischer Dialog. Literaturwissenschaftliche Untersuchung zum Problem der Verständigung. Göttingen 1975 und ders.: Wirkungsästhetik: Aristoteles, Lessing, Schiller, Brecht. In: Wirkungsästhetik. Theorie und Interpretation der literarischen Wirkung. München 1976, S. 47–82, S. 59ff.; vgl. ferner Jürgen Schröder: Gotthold Ephraim Lessing: Sprache und Drama. München 1972; Beatrice Wehrli: Kommunikative Wahrheitsfindung. Zur Funktion der Sprache in Lessings Dramen. Tübingen 1983, bes. S. 80–171; Gisbert Ter-Nedden: Lessings Trauerspiele. Der Ursprung des modernen Dramas aus dem Geist der Kritik. Stuttgart 1986; Leonard P. Wessell: »Handlung« as the »Geist« of Lessing's Aesthetic Thinking. In: Lessing Yearbook XIX (1987), S. 113–136.

[3] G. E. Lessing: *Miß Sara Sampson* (III/3), LM 2, S. 307f.

[4] G. E. Lessing: *Nathan der Weise* (II/5), LM 3, S. 61.

auffällig, daß eine List angewendet wird: Waitwell gibt vor, daß der Brief eine strenge Verurteilung enthalte, Nathan insinuiert, daß er das Verhalten des Tempelherrn verstehen und insofern auch anerkennen könne. Vergleicht man unter diesem Gesichtspunkt die Handlungsführung der *Minna von Barnhelm*, so wird deutlich, daß die Wirkung im »Lustspiel« geradezu ausschließlich der List anvertraut wird, im »Trauerspiel« und im »dramatischen Gedicht« hingegen eine Sache der Aussprache ist.

Die skizzierte Aufgabenverteilung scheint jedoch nicht für jedes Lessingsche »Trauerspiel« zu gelten. Welche Bedeutung hat es zum Beispiel, daß die Szene II/6 der *Emilia Galotti* eher der Handlung in Gesprächen als dem Gespräch in Handlungen zuzuordnen ist? Claudia Galotti beendet das Gespräch für ihren Teil mit der Bemerkung:

> Ich wollte dir das nicht sagen, meine Tochter, bevor dir es dein eigner gesunder Verstand sagte. Und ich wußte, er würde dir es sagen, sobald du wieder zu dir selbst gekommen.

Kann sich Emilia auf den eigenen gesunden Verstand verlassen? Bzw. wie gelingt es Lessing, ihre Verstrickung in das Geschehen plausibel zu machen? Auch die Sprache der Galanterie hat ihre Meisterschaft des gelenkten Dialogs, nur daß sie sich nicht an die Urteilsfähigkeit der Vernunft, sondern an die Eitelkeit des Begehrens richtet. Die Mutter fährt fort:

> – Der Prinz ist galant. Du bist die unbedeutende Sprache der Galanterie zu wenig gewohnt. Eine Höflichkeit wird in ihr zur Empfindung; eine Schmeichelei zur Betheuerung: ein Einfall zum Wunsche; ein Wunsch zum Vorsatze. Nichts klingt in dieser Sprache wie Alles; und Alles ist in ihr so viel als Nichts.

Es ist jedoch nicht die Unvertrautheit mit der Sprache der Galanterie, die Emilia veranlaßt, den Rat der Mutter zu befolgen und einen Weg der Geheimhaltung einzuschlagen, der ebenfalls Nichts wie Alles und Alles wie Nichts klingen läßt, sondern ihre Unvertrautheit mit der Sprache der Politik. Emilia riskiert die Geheimhaltung, ohne zu ahnen, daß analoge Gefahren auch da lauern:

> meine Mutter! – so müßte ich mir mit meiner Furcht vollends lächerlich vorkommen! – Nun soll er gewiß nichts davon erfahren, mein guter Appiani! Er könnte mich leicht für mehr eitel, als tugendhaft, halten.[5]

---

[5] G. E. Lessing: *Emilia Galotti* (II/6), LM 2, S. 398–402. Eine Analyse der Dialogführung in *Emilia Galotti* liefert Reinhold Zimmer: Dramatischer Dialog und außersprachlicher Kontext. Dialogformen in deutschen Dramen des 17. bis 20. Jahrhunderts. Göttingen 1982, S. 82–105.

Pragmatisch wirksam wird die Meisterschaft des gelenkten Dialogs nicht in der befürchteten Variante.

Wir nähern uns dem Punkt mit der Frage, welche Bedeutung Odoardos Triumph über Marinelli in der Szene V/5 beizumessen ist. Lessing erweist sich auch hier als souveräner Kenner der Gesprächskunst, allerdings nicht im Sinn der »zwischenmenschlichen Aussprache«[6] oder der »herrschaftsfreie[n] Diskussion«,[7] sondern durchaus im Sinn der Durchsetzung und Abwehr eines Vorsatzes mit den Mitteln der »Eindrucksmanipulation«[8] rsp. der »Dissimulation«.[9] Odoardo fehlt die Kenntnis des Vorwands, um sich darauf einstellen zu können. Wie hätte er ihm begegnen können? Die Frage stellt sich für ihn wie für den Zuschauer. Denn auch der Zuschauer wird von Lessing über den letzten, entscheidenden Schachzug im Unklaren gehalten. Er erfährt ihn wie Odoardo erst im Vollzug, im modus operandi. Odoardo befindet sich in der mißlichen Lage, den Sachverhalt, die Intrige, die Gefahr, die Situation aus hingestreuten Andeutungen herausbuchstabieren zu müssen. Natürlich ist er nicht der Geschickteste. Aber selbst eine Wissende wie die Gräfin Orsina, mit der Scharfsichtigkeit des eingeübten Lasters, ist machtlos trotz ihres Wissens, weil die Gewalt in den Händen der Gegner ist. Man sollte nun keineswegs unterschätzen, daß Lessing auch in diesem Fall mit Idealisierungen arbeitet. Der Punkt ist, daß bei der Umsetzung der Handlung in Gespräche die Dialogie immer auch zur Falle werden kann. So kommt es dem Prinzen und Marinelli ganz offensichtlich darauf an, Odoardo und Claudia mit den Mitteln des gelenkten Dialogs zu paralysieren. Es genügt, daß der Prinz, Marinellis Einwendung gewiß, die vollständige Freigabe Emilias vortäuscht, damit Odoardo in die Falle geht: »*Odoardo (gegen Marinelli).* Nun, mein Herr? *Marinelli.* Wenn Sie mich sogar auffodern! – *Odoardo.* O mit nichten, mit nichten.« Natürlich mischt sich der Prinz mit der Bitte um Aufklärung ein: »*Der Prinz.* Was haben Sie beide? *Odoardo.* Nichts gnädiger Herr, nichts. – Wir erwägen blos, welcher von uns sich in Ihnen geirret hat« –. Wodurch Marinelli die

---

[6] Peter Szondi: Theorie des modernen Dramas. Frankfurt a. M. 1956, S. 13.

[7] Jürgen Habermas: Vorbereitende Bemerkungen zu einer Theorie der kommunikativen Kompetenz. In: Jürgen Habermas, Niklas Luhmann (Hg.): Theorie der Gesellschaft oder Sozialtechnologie – Was leistet die Systemforschung? Frankfurt a. M. 1971, S. 101–141, hier S. 138.

[8] Erving Goffman: Wir alle spielen Theater. Die Selbstdarstellung im Alltag. 3. Aufl. München 1976, S. 189.

[9] Baltasar Gracián: Handorakel und Kunst der Weltklugheit. Übers. von Arthur Schopenhauer. Stuttgart 1967, Nr. 98, S. 40. Zur Dissimulation im Barock vgl. Reinhard Meyer-Kalkus: Wollust und Grausamkeit. Affektenlehre und Affektdarstellung in Lohensteins Dramatik am Beispiel von *Agrippina*. Göttingen 1986, S. 153–162.

Gelegenheit erhält, durch Odoardo wie durch den Prinzen aufgefordert, seine Sicht der Dinge darzulegen: »*Der Prinz*. Wie so? – Reden Sie, Marinelli.« Was folgt, ist ein zuvor abgekartetes Spiel der Gegenverdächtigung, das Odoardos unbedachte Aufforderung ebenso verwendet, wie Claudias laute Überlegung, indem sich der ›Ton‹, den sie in II/18 unmißverständlich gegen Marinelli vorbrachte, andeutungsweise auch gegen sie und Odoardo vorbringen läßt. Marinelli braucht sich nur vom Prinzen die vorgebliche Freundschaft zwischen ihm und Appiani bestätigen zu lassen, schon ist der Verdacht mit Claudias eigenen Worten vom Prinzen und Marinelli weg auf einen »begünstigten Nebenbuhler« gelenkt. »*Marinelli*. Ein Nebenbuhler, und ein begünstigter Nebenbuhler – *Odoardo*. Was? ein begünstigter? – Was sagen Sie?«[10] Formell kann Ordoardo gegen die veränderte Gesprächssituation nichts mehr vorbringen. Ihm bleibt nur der – wiederum unbedachte – Griff nach dem Dolch. Dies war aber gerade das Kalkül der abgekarteten Dialogführung. Sie bezweckte, dem Gegner mit den Mitteln des Gesprächs jeden Verhaltensspielraum abzuschnüren.

Außer dem ›Nichts‹ des Begehrens und dem ›Nichts‹ der Gewalt ist jedoch auch das ›Nichts‹ der Geltung als Faktor und Thema der Lessingschen Gesprächskunst zu identifizieren. Wieso entzieht Lessing gerade im »Lustspiel« dem Dialog die Kompetenz, zu einem Ausgleich der Gegensätze zu führen bzw. wieso durchschaut Tellheim das Spiel mit den Ringen nicht, geht Minna in diesem Spiel über das Maß des Zuträglichen hinaus?[11] Thematisch ist die Komödie mit den Szenen II/9 und IV/6 auf die Aussprache der Kontrahenten angelegt. Dazwischen steht, personell und thematisch anders besetzt, die Szene III/7, in der Werner dem Major von Tellheim ein halbes Zugeständnis abgewinnt. Es scheint so, als müsse die Einstellungsänderung, die im Brennpunkt der Aufmerksamkeit steht, durch eine Verhaltensänderung vorbereitet werden, damit die psychologische Disposition in einem gewissen ausgewogenen Verhältnis zur pragmatischen Konstellation steht. Gleichwohl droht das Spiel mit den Ringen zu scheitern, indem Tellheim den Irrtum partout nicht bemerkt, Minna partout auf die Weiterführung des Spiels nicht verzichtet, beide sich schließlich in ein unentwirrbares Mißverständnis verstricken, dessen Not-

---

[10] G. E. Lessing: *Emilia Galotti* (V/5), LM 2, S. 443f.

[11] Zu den mit diesen Fragen verbundenen verschiedenen Deutungen des Komödienschlusses vgl. Horst Steinmetz: *Minna von Barnhelm* oder die Schwierigkeit, ein Lustspiel zu verstehen. In: Wissen aus Erfahrung. Festschrift für Herman Meyer. Hg. von Alexander von Bormann. Tübingen 1976, S. 135–153. Vgl. auch Günter Saße: Der Streit um die rechte Beziehung (in diesem Band).

wendigkeit nicht ohne weiteres einsehbar ist. Ist Minna im Recht, wenn sie am Ende erklärt? »Nein, ich kann es nicht bereuen, mir den Anblick Ihres ganzen Herzen verschafft zu haben.«[12] Zählte Tellheim zu den »Blinden, die nicht sehen wollen«?[13] Wollte oder konnte Tellheim nicht sehen?

Seine Reaktion in V/10, kurz nachdem Minna ihm den kränkenden Hinweis auf die »nichtswürdige Kreatur« heimgezahlt hat, ist bei genauerer Prüfung eigentlich naheliegend. Er nimmt an, Minna habe sich wieder in den Besitz ihres Rings gebracht, sie sei nur gekommen, um auf diese Weise das ihr nicht mehr anstehende Verhältnis aufzulösen:

> Vergessen Sie meinen Namen! – Sie kamen hierher, um mit mir zu brechen. Es ist klar! – Daß der Zufall so gern dem Treulosen zu Statten kömmt! Er führte Ihnen Ihren Ring in die Hände. Ihre Arglist wußte mir den meinigen zuzuschanzen.[14]

Das Umgekehrte, daß Minna ihm tatsächlich ihren Ring zurückerstattete und seinen behielt, war nicht nur ziemlich unwahrscheinlich, geradezu romanhaft, sondern vertrug sich vor allem auch schlecht mit der Denkrichtung, die das Gespräch in den voraufgegangenen Szenen genommen hatte. Minna hatte die Gelegenheit nicht ungenutzt gelassen, mithilfe eines vorgespiegelten Situationswechsels die »Gleichheit« und Unabhängigkeit ebenso prinzipiell zur Geltung zu bringen wie zuvor Tellheim. »Die Gleichheit ist allein das feste Band der Liebe«, erläuterte sie die Bedeutung, die in ihren Augen das Spiel mit den Ringen angenommen hatte.

> Die glückliche Barnhelm wünschte nur für den glücklichen Tellheim zu leben. Auch die unglückliche Minna hätte sich endlich überreden lassen, das Unglück ihres Freundes durch sich, es sey zu vermehren, oder zu lindern. – Er bemerkte es ja wohl, ehe dieser Brief ankam, der alle Gleichheit zwischen uns wieder aufhebt, wie sehr zum Schein ich mich nur noch weigerte.[15]

Und als er versuchte, ihr den Ring aufzuzwingen, entgegnete sie:

> Wie? In diesem Tone? – So soll ich, so muß ich in meinen eignen Augen verächtlich werden? Nimmermehr! Es ist eine nichtswürdige Kreatur, die sich nicht schämet, ihr ganzes Glück der blinden Zärtlichkeit eines Mannes zu verdanken. *v. Tellheim.* Falsch, grundfalsch! *Das Fräulein.* Wollen Sie es wagen, Ihre eigene Rede in meinem Munde zu schelten?[16]

---

[12] G. E. Lessing: *Minna von Barnhelm* (V/12), LM 3, S. 260.
[13] Ebd.
[14] V/10, ebd., S. 258.
[15] V/9, ebd., S. 256.
[16] V/9, ebd., S. 256f.

Es sind in der Tat fast dieselben Worte, die Tellheim in IV/6 gegen sie gebraucht hatte:

> *v. Tellheim.* [...] Es ist eine nichtswürdige Liebe, die kein Bedenken trägt, ihren Gegenstand der Verachtung auszusetzen. Es ist ein nichtswürdiger Mann, der sich nicht schämet, sein ganzes Glück einem Frauenzimmer zu verdanken, dessen blinde Zärtlichkeit –[17]

In bezug auf sie hat Tellheim jetzt eine gewisse Mühe, die Berechtigung seiner Haltung gegen das Gleich-zu-Gleich aufrechtzuerhalten:

> *v. Tellheim.* Sophistin! So entehrt sich das schwächere Geschlecht durch alles, was dem stärkern nicht ansteht? So soll sich der Mann alles erlauben, was dem Weibe geziemet? Welches bestimmt die Natur zur Stütze des anderen?[18]

Minna hat das Spiel offensichtlich bis zu dem Punkt weitergespielt, an dem dessen Bedeutung in der Rede deutlich wird, damit zugleich aber auch eine doppelte Unverträglichkeit riskiert. Sie konnte, ja mußte in Tellheims Augen als lieblos, möglicherweise ›falsch‹ erscheinen so wie er in ihren Augen als lieblos, in gewisser Weise untreu erschien. Auch konnte, bzw. mußte Lessings Minna gegen die gesellschaftlich etablierte Definition ihrer Rolle aufbegehren, sobald es um das Prinzip, die Selbstachtung in der »Gleichheit« und Unabhängigkeit ging. Nichts Geringeres als eben dieses Prinzip galt es in der Lessingschen Komödie *ein*zuspielen. Die Gleichheit und Selbständigkeit läßt sich aber möglicherweise überhaupt nur ein*spielen*, indem ihre Explikation in der Aussprache für die Aussprache zu Unverträglichkeiten führt. Weil jede Beziehung sowohl individuell als auch generell auf dem Spiel steht, sobald die Gleichheit und Unabhängigkeit in ihr beansprucht wird, eignet sich dieses Thema nur für die Tragödie oder Komödie, nicht aber für das »dramatische Gedicht«.

2. Das Problem der Konfliktfähigkeit

Mit dem Gespräch in Handlungen und der Handlung in Gesprächen war die Lessingsche Kunst des gelenkten Dialogs nicht auszuschreiten. Wir mußten auch das Gespräch im Spiel und das Spiel im Gespräch berücksichtigen. Daß sich hier keine breitere Auffächerung wie bei den Handlungen ergibt, liegt daran, daß Lessing den Weg der reinen Intrigenkomödie meidet, die Lösung

---

[17] IV/7, ebd., S. 242.
[18] V/9, ebd., S. 257.

des Problems durch eine Vervielfachung der Probleme anzustreben. Umgekehrt ist für die Lessingsche Streitkultur in den »Trauerspielen« und im »dramatischen Gedicht« festzuhalten, daß die Handlung, unterschieden von den Handlungen,[19] keine mythopoetische Statur gewinnt. In der *Emilia Galotti* ebenso wie im *Nathan* und in der *Miß Sara Sampson* bildet die bürgerliche Öffentlichkeit den ›Schattenriß‹ der Schöpfung,[20] in der *Emilia Galotti* nur eben zur Gegenwelt verkehrt. Der Hauptpunkt meiner Ausführungen sollte jedoch nicht die Lessingsche Gesprächskunst in ihrer immanenten Bewertung sein, sondern deren halbherzige Einstellung zur Entstehung einer politischen Streitkultur. Es ist nicht zu leugnen, daß die Lessingsche Gesprächskunst in den skizzierten vier Varianten auch eine Beziehung zur Gewalt unterhält. Ebenso deutlich ist aber auch, daß diese Beziehung nicht dazu angetan ist, eine aktive Mitwirkung zu begründen. Vielmehr stellt sie das verdünnte Rinnsal einer noch nicht hinreichend mediatisierten Gewalt dar, auf das der Dramatiker angewiesen bleibt, um den Binnenraum seiner Dialogkunst zu den Faktoren außerhalb ihrer ins Verhältnis zu setzen. Diese Faktoren können historisch unter der Geschichte als Situationsmacht subsumiert werden, ebensogut aber auch politisch unter den Instanzen und Institutionen als Situationsmacht. Beidemal zeigt sich die Grenze der Lessingschen sowie generell der aufklärerischen Streitkultur. Wie konfliktfähig sind die Lessingschen Figuren? Auch diese Frage wird in der Regel zu eng verstanden. Denn die Konfliktfähigkeit umfaßt nicht nur das Erleiden von Gegensätzen: Strategien der Konfliktbewältigung, sondern sie umfaßt vor allem auch das Benennen von Gegensätzen: Strategien der Konfliktinszenierung. Es liegt nahe, das Thema der ›Streitkultur‹ über den Lessingschen Rahmen hinaus zu verfolgen, die Gesprächskunst, in der Lessing unbestrittener Meister ist, in den umfassenderen Zusammenhang der Kunst, Konflikte zu inszenieren, einzuordnen.

Ist die Gattung des Dramas eher über den Konflikt oder über das Gespräch zu definieren? Die Konfliktforschung unterscheidet zwischen Parteien- und Urteilskonflikten bzw. zwischen Parteien- und forensischen Konflikten,[21]

---

[19] Zur Differenzierung im Blick auf das Drama allgemein vgl. Manfred Pfister: Das Drama. Theorie und Analyse. 3. Aufl. München 1982, S. 268–270; im Blick auf die Komödie: Karlheinz Stierle: Text als Handlung. München 1975, S. 56–97; Rainer Warning: Elemente einer Pragmasemiotik der Komödie. In: Wolfgang Preisendanz, Rainer Warning (Hg.): Das Komische. München 1976, S. 279–333, sowie im selben Buch: Rainer Warning: Vom Scheitern und vom Gelingen komischer Handlungen, S. 376–379.

[20] Vgl. Lessing in der *Hamburgischen Dramaturgie*. Bd. 2. 79. Stück.: »[...] das Ganze dieses sterblichen Schöpfers sollte ein Schattenriß von dem Ganzen des ewigen Schöpfers sein«, Bd. 10, S. 120. Vgl. zu dieser Stelle auch Wessell (Anm. 2), S. 126.

[21] Vgl. Bernhard Asmuth: Einführung in die Dramenanalyse. 3. Aufl. Stuttgart 1990, S. 141ff.

wobei sie eine Anleihe bei der Rhetorik, nicht bei der Gesprächskunst macht. Nun ist aber keineswegs durchgängig vorauszusetzen, daß der Konflikt immer entweder ein Parteien- oder ein Urteilskonflikt sein muß, so wie es auch nicht der Natur der Sache entspricht, Parteien- und forensischen Konflikt als Gegensatz zu denken. Tatsächlich liegen die Dinge im Drama wie übrigens auch in der Realität sehr häufig so, daß der Parteienkonflikt nur über einen beiderseitigen Urteilskonflikt durchgefochten werden kann oder daß die Parteien konfligierende Interessen gerade unter der Bedingung wahrnehmen können, daß die Entscheidung rsp. das Urteil an einen Situationsmächtigen delegiert ist. Tritt in der zuletzt genannten Konstellation ein Urteilskonflikt, das heißt ein Konflikt zwischen widerstreitenden Normen oder Grundsätzen auf, dann kann er vom Situationsmächtigen nur entweder zurückverwiesen werden oder er muß ihn nach einem in der Regel schwer begründbaren Eigeninteresse entscheiden. Vor diesem Hintergrund ist es keineswegs verwunderlich, daß die Geschichte des neuzeitlichen Dramas von Calderón über Shakespeare bis Schiller eine interessante Doppelstrategie erkennen läßt: den Parteienkonflikt unter fortschreitender Marginalisierung des Situationsmächtigen vom bloßen Interessenkonflikt in einen Urteilskonflikt, einen Agon widerstreitender Normen und Grundsätze, umzuwandeln; oder aber die Situationsmacht des Situationsmächtigen zu verlagern: von der immer nur temporären Akzeptanz institutioneller Regelungen weg in die überzeitliche Akzeptanz historischer Entwicklungen. Beide Strategien haben das Gemeinsame, daß die Zuständigkeit für eine Bewahrung oder Umgestaltung der Ordnungen nicht mehr *über* den antagonierenden Protagonisten, sondern *in* ihnen etabliert wird. Bezeichnend ist dann aber die Haltung, die Lessing auf der Grundlage der Gesprächskunst in diesem Punkt einnimmt.

Um meine Überlegung nicht unabhängig von den Stücken entwickeln zu müssen, gehe ich von unserer Beobachtung zur *Minna von Barnhelm* aus. Die Konfliktstruktur in Lessings »Lustspiel« hat offensichtlich eine gewisse Ähnlichkeit mit der strategischen Konfliktinszenierung Corneilles im *Cid*. Auch im *Cid* wird mit den Mitteln des Rollentauschs, nur eben in der Form des Agons, eine ›Gleichheit‹ zwischen den Kontrahenten hergestellt. Wieso hat Lessing dem ›tragikomischen‹ Drama nichts abgewinnen können? Seine Voreingenommenheit für die zu entwickelnde deutsche Nationalliteratur ist sicher allein kein hinreichender Erklärungsgrund. Lessing hielt nichts von ausagierten pointierten Normenkonflikten, sowie er auch nicht bereit war, ihre Entscheidung an die Geschichte als Situationsmacht zu delegieren. In dem zuletzt genannten Punkt können wir eine Übereinstimmung zwischen Schiller und Lessing bemerken. In dem zuerst genannten Punkt ist ihre entschiedene Nichtüberein-

stimmung aufschlußreich. Man wird im Blick auf Lessings *Minna von Barn-
helm* einräumen müssen, daß Lessing durchaus einen Sinn für die strategische
Konfliktinszenierung hatte – allerdings so ausgeprägt nur unter dem Un-
schädlichkeitsvorbehalt des ›Lustspiels‹. In dem ›Trauerspiel‹ oder auch nur
dem ›dramatischen Gedicht‹ würde sie einen Vorstoß gegen die psychologische
Glaubwürdigkeit darstellen. Und für Lessing rangierte eben die psychologische
Glaubwürdigkeit höher als die politische. Man vergleiche nur seine bekannte
Äußerung zu Corneilles *Rodogune*:

> [...] weit erhabener und – weit unnatürlicher [...]. Diese Prinzen sind gut ange-
> kommen! [...] Die Mutter sagt zu ihnen: wer von euch regieren will, der ermorde
> seine Geliebte! Und die Geliebte sagt: wer mich haben will, ermorde seine Mutter!
> Es versteht sich, daß es sehr tugendhafte Prinzen sein müssen [...]. Denn wenn sie
> nicht beide sehr tugendhaft sind, so ist die Verwicklung so arg nicht, als es scheinet
> [...].[22]

Wieso konnte Schiller – am Beispiel des *Cid* – Konstruktionen dieser Art
geradezu als »Meisterstück der tragischen Bühne« einschätzen?
»Ehrliebe und Kindespflicht«, heißt es bei Schiller,

> bewaffnen Roderichs Hand gegen den Vater seiner Geliebten, und Tapferkeit macht
> ihn zum Überwinder desselben; Ehrliebe und Kindespflicht erwecken ihm in
> Chimène, der Tochter des Erschlagenen, eine furchtbare Anklägerin und Verfolgerin.
> Beide handeln ihrer Neigung entgegen, welche vor dem Unglück des verfolgten
> Gegenstandes ebenso ängstlich zittert, als eifrig sie die moralische Pflicht macht,
> dieses Unglück herbeizurufen.[23]

Es ist offensichtlich: Lessing urteilt im kategorialen Rahmen der psychologischen Glaubwürdigkeit. Schillers Urteil wäre allenfalls unter dem Aspekt der
politischen Glaubwürdigkeit zu retten, etwa im Rahmen des Versuchs, die
Position des Situationsmächtigen überflüssig zu machen. Dies setzte jedoch
voraus, daß wir die Rede unabhängig von der Wahrheit des Dialogs[24] als Situationsmacht und Instrument der dramatischen Konfliktinszenierung in Er-
wägung ziehen.[25]

---

[22] G. E. Lessing: *Hamburgische Dramaturgie*. Bd. 1. 34. Stück., Bd. 9, S. 313.
[23] Friedrich Schiller: Über die tragische Kunst. In: Sämtliche Werke. Auf Grund der Originaldruk-
ke hg. von Gerhard Fricke und Herbert G. Göpfert. Bd. 5. 3. Aufl. München 1962, S. 380.
[24] Hans-Georg Gadamer: Wahrheit und Methode. Tübingen 1960.
[25] Näheres dazu vgl. Horst Turk: Poesie und Rhetorik. In: Carl-Joachim Classen, Heinz-Joachim
Müllenbrock (Hg.): Die Macht des Wortes. Aspekte gegenwärtiger Rhetorik-Forschung.
Marburg 1992, S. 131–148.

Beatrice Wehrli

›Le style c'est l'homme‹ – und die Frauen?

Minnas Streitkultur, eine »zeitige Aufgabe«

»Wie kann ein Mann ein Ding lieben, das ihm zum Trotze auch denken will? Ein Frauenzimmer, das denket, ist ebenso ekel als ein Mann, der sich schminket.«[1] Diese kritischen Sätze leistet sich eine adlige Mätresse, die zudem in Lessings Drama nur Nebenfigur ist, derweil die Titelheldin, der Gelehrsamkeit unverdächtig, Opfer ihrer Tugendvorstellungen wird. »Die sozial und gesellschaftliche Stoßrichtung des bürgerlichen Trauerspiels« basiere »auf dem ›Frauenopfer‹«, schreibt Inge Stephan in ihrer Untersuchung zu *Frauenbild und Tugendbegriff bei Lessing und Schiller*.[2] Das gleiche Rezeptionsmuster findet sich auch bei Sigrid Weigel[3]: Sara, Emilia und Luise in einem Atemzug – eine feministische Literaturwissenschaft, die die Strukturen des männlichen Rezeptionsparadigmas (nämlich Lessing von Schiller her zu lesen) ungebrochen übernimmt, muß ich mich fragen? Silvia Bovenschen stellt fest: »Unter dem Banner der Gelehrsamkeit entstanden ungezählte Texte über die weibliche Vernunftbegabung, es gab zahlreiche aufgrund solcher Ermunterung schreibende Frauen, aber es gab keinen weiblichen Nathan.«[4]

Nun möchte ich die These wagen, daß es in der Aufklärungsliteratur tatsächlich so etwas gibt, wie einen »weiblichen Nathan«: Ich meine Lessings »Minna von Barnhelm«, die sich dort als weibliches Pendant zu Nathan liest, wo dieser nicht mehr als Gelehrter, sondern vielmehr als »vir bonus« eines rhetorisch-humanistischen Weltverständnisses in die Geschichte der Literatur

---

[1] Gotthold Ephraim Lessing: *Emilia Galotti* (IV/3). LM 2, S. 428.
[2] Lessing Yearbook. Sonderband 1986, S. 371.
[3] Sigrid Weigel: Frau und »Weiblichkeit«. Theoretische Überlegungen zur feministischen Literaturkritik. In: Feministische Literaturwissenschaft. Berlin 1984 (AS 120), S. 103–114, hier S. 143ff.
[4] Silvia Bovenschen: Die imaginierte Weiblichkeit. Exemplarische Untersuchungen zu kulturgeschichtlichen und literarischen Präsentationsformen des Weiblichen. Frankfurt a. M. 1979, S. 81; vgl. auch: Friederike J. Hassauer-Roos: Das Weib und die Idee der Menschheit. Zur neueren Geschichte der Diskurse über die Frau. In: Bernhard Cerquilini, Hans Ulrich Gumbrecht (Hg.): Der Diskurs der Literatur- und Sprachhistorie. Frankfurt a. M. 1985.

eingeht, wie ich an anderer Stelle gezeigt habe.[5] Zum Gelehrtentum hatte Lessing, wie wir wissen, ein gebrochenes Verhältnis. Vom frühen Lustspiel *Der junge Gelehrte* bis hin zu den Versen Rechas im *Nathan* verpaßt Lessing keine Gelegenheit, die Gelehrtheit als »kalte Buchgelehrtheit«[6] unter Beschuß zu nehmen. Aus solcher Kritik aber eine konservative Haltung gegenüber dem anderen Geschlecht oder gar Frauenfeindlichkeit ableiten zu wollen, ist m. E. nur dort möglich, wo der Blick auf den Text in simpler Weise verkürzt wird, und das sowohl um die historische als auch um die literaturtheoretische Dimension. Wenn Wolfgang Martens Rechas Rede als Beleg für die konservative Wende gegen den emanzipatorischen weiblichen Gelehrtentypus der Frühaufklärung anführt,[7] dann befördert er damit ein Mißverständnis, das sich schließlich auch die feministische Literaturkritik zu eigen macht.[8] Warum sich der streitbare Lessing, anders als seine Zeitgenossen Wieland, Herder und Gellert, zum Thema Weiblichkeit so hartnäckig ausschweigt, darüber ist meines Wissens nichts bekannt. Den vielleicht aufschlußreichsten Einblick in Lessings Umgang mit dem Thema außerhalb seiner Dramen gibt die Stelle im achten *Anti-Goeze*, wo Lessing gegen den borniert Wahrheitsanspruch des Pastors seinen Stil verteidigt. Da heißt es: »Der Begriff ist der Mann; das sinnliche Bild des Begriffs ist das Weib; und die Worte sind die Kinder, welche beide hervorbringen.« (LM 13, S. 90) Die Tatsache der Zweigeschlechtlichkeit der Menschen macht Lessing nicht ratlos. In der Sprache, »durch welche die Menschen zu einer fast natürlichen Gemeinschaft miteinander verbunden werden«[9], verbinden sich auch die beiden Geschlechter zu einer Gemeinschaft, zu der das Weibliche das Bild bzw. das Metaphorische beisteuert, das der »kalten symbolischen Idee« der Begrifflichkeit »etwas von der Wärme und dem Leben natürlicher Zeichen« gibt. (LM 13, S. 148ff.) Das Recht auf Sprache haben sie aber alle beide, denn daß die Frau als Subjekt ihres Sprechens in Frage kommt, bezeugt nicht nur Orsina, die ver-rückte »Philosophin«, die dem bürgerlichen Publikum sein unaufgeklärtes Frauenbild vorrechnet.

In der Tradition des »rhetorischen Humanismus« findet sich jene Streitkultur, die Lessing für sein aufklärerisches Denken produktiv zu nutzen wußte. Ihm gilt Sokrates, der alte Arzt und Beförderer der Wahrheit, als Gewährsmann für den kritischen Geist überhaupt. In einer Verbindung der Sokratischen

---

[5] Beatrice Wehrli: Kommunikative Wahrheitsfindung. Zur Funktion der Sprache in Lessings Dramen. Tübingen 1983 (Hermaea 46), S. 147ff.

[6] Lessing: *Nathan der Weise* (V/6). LM 3, S. 161.

[7] Wolfgang Martens: Die Botschaft der Tugend. Stuttgart 1968, S. 538.

[8] Bovenschen (Anm. 4), S. 81.

[9] Cicero: Über die Pflichten, 1; 16; 50.

Lehrart mit der logischen Stringenz Cartesianischen Philosophierens schafft sich Lessing das Instrumentarium seiner aufklärerischen Rhetorik, die nicht der Herstellung persuativer Techniken zu beliebigen Zwecken dienen soll, sondern Mittel bereitstellt zur kritischen Prüfung der Sachlichkeit von gesetzten Zwecken. Auf der Suche nach einem geeigneten Medium für sein Anliegen experimentiert Lessing mit den beiden traditionellen Gattungsformen Komödie und Tragödie und schafft in der Verbindung von Ernst und Komik, von Einfühlung und Distanz jenes »bürgerliche Trauerspiel«, das zum Paradigma der Aufklärung auf dem Theater werden konnte.[10]

Nicht erst die moderne Humanwissenschaft und ihre Kritiker wissen um das problematische Verhältnis von Vernunft und Sprache. Gegen die Argumente einer ›Dialektik der Aufklärung‹ insistiert Habermas auf einer rhetorisch-dialogischen Wahrheitsfindung,[11] während Adorno der Dialektik zutraut, »das rhetorische Element kritisch zu retten«[12]. Rhetorik wäre also in dem Maße kritisch, als sie, wissend um die Dialektik der Aufklärung, ihrer Verständigungsleistung permanent mißtraut?[13] Bereits Lessing, der »Liebhaber der Vernunft«, weiß um deren Mißbrauch und sucht nach einem Korrektiv. In den *Freimaurer-Gesprächen*, an denen sich Hamann »nicht satt lesen«[14] konnte, exponiert Lessing die Dialektik des Trennenden und Verbindenden von sozialen Systemen. Die unvermeidliche Gliederung in Staaten schafft die Ideologie mit ihrer stabilisierenden und gleichzeitig auch trennenden Funktion, was Falk richtig erkennt:

> Wenn itzt ein Deutscher einem Franzosen, ein Franzose einem Engländer, oder umgekehrt, begegnet, so begegnet nicht mehr ein bloßer Mensch einem bloßen Menschen, die vermöge ihrer gleichen Natur gegeneinander angezogen werden, sondern ein solcher Mensch begegnet einem solchen Menschen, die ihrer verschiedenen Tendenz sich bewußt sind, welches sie gegen einander kalt, zurückhaltend, mißtrauisch macht, noch ehe sie für ihre einzelne Person das geringste mit einander zu schaffen und zu theilen haben.(LM 13, S. 356)

---

[10] Wehrli (Anm. 5), S. 73ff.

[11] Jürgen Habermas: Die Verschlingung von Mythos und Aufklärung. Bemerkungen zur »Dialektik der Aufklärung« – nach einer erneuten Lektüre. In: Karl Heinz Bohrer (Hg.): Mythos und Moderne. Frankfurt a. M. 1983, S. 428f.

[12] Theodor W. Adorno: Negative Dialektik. Frankfurt a. M. 1966, S. 62.

[13] Vgl. Jürgen Mittelstrass: Kant und die Dialektik der Aufklärung. In: Jochen Schmidt (Hg.): Aufklärung und Gegenaufklärung in der europäischen Literatur, Philosophie und Politik von der Antike bis zur Gegenwart. Darmstadt 1989, S. 359f.; auch Wolfram Malte Fues: Poesie der Prosa, Prosa als Poesie. Eine Studie zur Geschichte der Gesellschaft bürgerlicher Literatur von der deutschen Klassik bis zum Ausgang des 19. Jahrhunderts. Heidelberg 1990, S. 65ff.

[14] Vgl. Johannes von Lüpke: Wege der Weisheit. Studien zu Lessings Theologiekritik. Göttingen 1989, S. 25.

In dialektisch-dialogischer Form entfaltet Lessing vor dem Leser den Widerspruch der Kontingenz[15] bürgerlicher Lebenswelten, der grundsätzlich nicht aufhebbar ist, denn nur *in* ihr (der Lebenswelt mit ihren Widersprüchen) kann Vernunft überhaupt zur Geltung gebracht werden. »Wenn die bürgerliche Gesellschaft auch nur das Gute hätte, daß allein in ihr die menschliche Vernunft angebauet werden kann: ich würde sie bei weit größeren Übeln noch segnen«.[16] Wo Menschen im Bewußtsein dieser Spannung leben und handeln, besteht die Möglichkeit einer friedlichen Koexistenz. Wo dieser Widerspruch »aufgehoben« ist (sei es auch »dialektisch«),[17] entsteht Raum für die Entfaltung der Macht der Kontingenz mit ihren Formen der Gewalt gegen den einzelnen, sei es die »Tyranney« des Staates, der sich selbst zum Zweck setzt (wie in den *Freimaurer-Gesprächen*). Lessing ist davon überzeugt, daß »in der permanenten öffentlichen Diskussion Wahrheit gefunden und zur wirklichkeitsverändernden Macht«[18] werden müsse. Da er aber um die Ideologieanfälligkeit sprachlicher Vernunft weiß[19], verlegt er seine Reflexion in die Poesie als jenem »selbständigem Raum der ›Dauerreflexion‹« (Schelsky, 1965), »in dem die ›positiven Formulierungen‹ aus derselben Ursache in gewisser Hinsicht wahr, aus der sie in anderer Hinsicht unwahr« sind, wie es im Motto der *Erziehung des Menschengeschlechts* heißt (LM 13, S. 416).[20] Es gehört zu den Errungenschaften rhetorischer Tradition, wenn Lessing dem Wahrheitsanspruch begrifflicher Rede mißtraut, um auf den Wahrscheinlichkeitsanspruch poetischer Sprache zu setzen. Seine Dramaturgie weiß sich explizit der Aristotelischen *Rhetorik* verpflichtet.[21] Das Schauspiel, das sich konsequent am emanzipatorischen Ziel der kritischen Mündigkeit des Rezipienten orientiert, wird ihm zum optimalen Instrument der Aufklärung, weil im Zusammenspiel von Rede und Handlung, wie es allein das Theater ermöglicht, Vernunft bzw. Unvernunft für den Zuschauer sinnfällig werden kann. Nathans Weisheit bewährt sich in seinem Tun

---

[15] Vgl. Karl Eibl: Lauter Bilder und Gleichnisse. Lessings religions-philosophische Begründung der Poesie. DVjs 2 (1985), S. 231ff.

[16] Lessing: *Gespräche für Freimäurer* (LM 13, S. 359). Vgl. auch Eibl (Anm. 15), S. 234.

[17] Vgl. dazu Christina von Braun: NICHTICH. Logik, Lüge, Libido. Frankfurt a. M. 1988, S. 386. Von Brauns Kritik an Hegel ist allerdings nur beschränkt richtig. Sie gilt für die Dialektik aus der *Phänomenologie des Geistes*, wenn man sich dort auf die Anerkennungsdialektik konzentriert. Zur idealistischen Lösung dieser Widersprüche vgl. auch Peter Bürger: Zur Kritik der idealistischen Ästhetik. Frankfurt a. M. 1983, S. 151.

[18] Vgl. Rudolf Vierhaus: Deutschland im 18. Jahrhundert: soziales Gefüge, politische Verfassung, geistige Bewegung. In: Franklin Kopitzsch (Hg.): Aufklärung, Absolutismus und Bürgertum in Deutschland. München 1976, S. 173-191.

[19] Vgl. Wehrli (Anm. 5), S. 53ff.

[20] Vgl. dazu auch Eibl (Anm. 15), S. 252.

[21] Vgl. Lessing, LM 10, S. 102.

als idealer Redner, wie ihn Quintilian in seinen zwölf Büchern dargestellt hat, als gesellschaftlich handelnder »Weise[r] [...], der nicht in abgeschiedenen Erörterungen, sondern in praktischen Versuchen und Leistungen sich als ein Mann von echter Bürgerart erweist«[22].

Als »Spiel vom sittlichen Handeln«[23] hat Nathan in der Minna sein weibliches Gegenstück. Auch wenn sie nicht als solches in die Geschichte der Literatur eingegangen ist – daran hinderten sie die Diskursbedingungen der »großen Erzählung« (um ein Wort Lyotards zu gebrauchen), die von den Tellheims meist widerspruchslos akzeptiert worden sind –, so sind im Text doch alle Anzeichen dafür da, Minna als große Erzieherin zu begreifen. Was das Stück zur Komödie macht, ist schließlich Minnas Spiel der Demontage, dem die Autorität des Tellheimschen Ehrbegriffs zum Opfer fällt. Auch wenn sich die Literaturgeschichte bis in die jüngste Zeit hinein schwer tut: Zur komischen Figur in diesem Stück wird nicht Minna, die Außenseiterin unter den Weiblichkeitsimaginationen ihrer Zeit, sondern Tellheim und mit ihm eine ganze männliche Gesellschaft, als deren exemplarischer Repräsentant der Major in diesem Stück figuriert. Es sei die »Sprache des Herzens«, die Minna dem sentenziösen Pathos der Tellheimischen Rhetorik entgegenstelle, wird die Forschung seit Böckmann nicht müde zu wiederholen.[24] Man(n) will der weiblichen Figur den Triumph über ihren männlichen Gegenspieler nicht lassen und zieht es vor, den Konflikt auf den Gegensatz natürliche Sprache versus Rhetorik herunterzuspielen. Aber schauen wir uns diese Sprache des Herzens doch etwas genauer an.

Daß es in *Minna von Barnhelm*, Lessings Lustspiel vom »Soldatenglück« (wie es im Untertitel heißt), um die Demontage eines Männlichkeitstopos geht, der die Welt im Kleinen wie im Großen nach wie vor gefährdet, wurde schon gesagt. Was Lessing bereits im *Philotas* exponiert hat, setzt er hier mit anderen Mitteln fort, und was dem tragischen Einakter nicht gelingt, soll von der Komödie eingelöst werden: Der Zuschauer muß auf Distanz gehalten werden zu jenem soldatischen Ehrbegriff, der den Menschen fremdbestimmt und zu gesellschaftlichem Handeln unfähig macht. So kann es denn nicht wundern, daß Minnas dekonstruktivistisches Vorhaben ins Zentrum dieser Fremdbestimmtheit zielt. Zwar kann der verabschiedete Offizier die gesellschaftlichen

---

[22] M. F. Quintilian: Institutionis oratoriae libri XII. Ausbildung des Redners, zwölf Bücher, Lateinisch und Deutsch. Hg. und übers. von Helmut Rahn. Bd. 1–2. Darmstadt 1972/73, 5; 2; 7.

[23] Vgl. Wehrli (Anm. 5), S. 98ff.

[24] Ebd., S. 103f.

Widersprüche, die ihm soviel Schmerz zufügen, auf den Begriff bringen, wenn er sagt:

> Es ist gekommen, wie es hat kommen müssen. Die Grossen haben sich überzeugt, dass ein Soldat aus Neigung für sie ganz wenig; aus Pflicht nicht viel mehr: aber alles seiner eigenen Ehre wegen tut. Was können sie ihm also schuldig zu sein glauben? Der Friede hat ihnen mehrere meinesgleichen entbehrlich gemacht, und am Ende ist ihnen niemand unentbehrlich. (IV/6)

In sein Inneres aber dringen diese Begriffe nicht vor, so daß er von seiner Einsicht unberührt bleibt. Doch schon eilt ihm das Fräulein zu Hilfe.

> Sie sprechen, wie ein Mann sprechen muss, dem die Grossen hinwiederum sehr entbehrlich sind. Und niemals waren sie es mehr als jetzt. Ich sage den Grossen meinen grossen Dank, dass sie ihre Ansprüche auf einen Mann haben fahren lassen, den ich doch nur ungern mit ihnen geteilt hätte. – Ich bin ihre Gebieterin, Tellheim; Sie brauchen weiter keinen Herrn. (IV/6)

In einer großangelegten dissimulatio nimmt sie die Umbesetzung der geltenden Werte vor. Eine reizvolle amplificatio führt zu Minnas Selbstinaugurierung als Tellheims »Gebieterin«, die die Stelle einnehmen will, welche im Denken des Soldaten der oberste Feldherr besetzt hält. Eine verblüffende Schlußfolgerung (entymema)[25] führt dann das incrementum zum Kippen: »Sie brauchen weiter keinen Herrn«, was doch wohl im Klartext heißt, daß Tellheim nicht einen anderen Herrn braucht, sondern keinen. Mit großem Scharfsinn entdeckt sie die Schwachstelle in Tellheims Männerwelt: was diese Helden nämlich in Betrieb hält, ist die Struktur ihres Autoritätsdenkens. Obrigkeitshörig sind sie alle, von Philotas bis zum alten Galotti. »Ausgang des Menschen aus seiner selbstverschuldeten Unmündigkeit« setzte sich die Aufklärung zu ihrem Ziel. Unvergeßlich ist mir der Zynismus, mit dem Marinelli diese Schwachstelle bürgerlichen Denkens diagnostiziert: Der (dem Prinzen) ungelegene Bräutigam soll durch einen besonders ehrenvollen diplomatischen Auftrag für einige Zeit von seiner Braut entfernt werden, um für den Prinzen den Weg zur begehrten Emilia freizumachen. Als Appiani des Prinzen besondere »Gunst« aber ausschlägt, wird das Zeichen des Wohlwollens zum Befehl:

> *Appiani.* Der Befehl des Herrn? – des Herrn? Ein Herr, den man sich selber wählt, ist unser Herr so eigentlich nicht – Ich gebe zu, daß sie dem Prinzen unbedingten Gehorsam schuldig wären. Aber nicht ich. – Ich kam an seinen Hof als ein Freywil-

---

[25] Vgl. Gert Ueding: Einführung in die Rhetorik. Geschichte, Technik, Methode. Unter Mitarbeit von Christine Brüggemann u. a. Stuttgart 1976, S. 274.

liger. Ich wollte die Ehre haben, ihm zu dienen: aber nicht sein Sklave werden. Ich bin der Vasall eines grösseren Herrn – *Marinelli*. Grösser oder kleiner: Herr ist Herr. (II/10)

Wer nicht willens ist, in eigener Verantwortung zu handeln, liefert sich fremden Interessen aus. Minna, das mut-willige Mädchen, zieht alle Register der Ironie (auch das eine rhetorische Strategie), um Tellheims Erstarrung von innen her aufzubrechen. Auf seinen Verweis antwortet sie mit einer simulatio, die Ein- lenken vortäuscht:

> Ich will nicht mehr mutwillig sein. Denn ich besinne mich, dass sie allerdings ein kleiner Krüppel sind. Ein Schuss hat Ihnen den rechten Arm ein wenig gelähmt.– Doch alles wohlüberlegt: so ist auch das so schlimm nicht. Und so viel sicherer bin ich vor Ihren Schlägen. (II/10)

Aber mitlachen kann der gute Major noch lange nicht, das verbietet ihm der Ernst seiner Männersache.

> Über die wilden, unbiegsamen Männer, die nur immer ihr stieres Auge auf das Gespenst der Ehre heften! für alles andere Gefühl sich verhärten! – Hierher Ihr Auge! auf mich, Tellheim! (der indes vertieft, und unbeweglich, mit starren Augen immer auf eine Stelle gesehen) [...] Nein, mein Fräulein, Sie werden von allen Dingen recht gut urteilen können, nur hierüber nicht. Die Ehre ist nicht die Stimme unseres Gewissens, nicht das Zeugnis weniger Rechtschaffenen – –
> *Das Fräulein.* nein, nein, ich weiß wohl. Die Ehre ist – die Ehre. (IV/6)

Mit dieser Tautologie erreicht Minnas rhetorische Strategie ihren vorläufigen Höhepunkt. Zwar entlarvt sich dem willigen Zuschauer Tellheims Männerlo- gik längst als Mytho-Logik, er selbst indes verharrt in seiner Ideologie, so daß Minna an dieser Stelle sich entschließt, die Diskursebene zu wechseln: »Viel- leicht würde mir ihr Mitleid gewähret haben, was mir ihre Liebe versagt«, spricht sie »indem sie den Ring langsam vom Finger zieht« (IV/6), wie es in der Regieanweisung heißt, – den Ring, das Treuepfand seiner Liebe. Damit trans- portiert sie ihre persuasive Strategie von der Sprache auf eine andere Ebene symbolischer Handlungen, in der Hoffnung, mit dieser Actio-Spielform seinen Diskurs erfolgreich zu durchqueren. Dabei gerät ihr Spiel beinahe außer Kon- trolle.

Vordergründig entfaltet sich die Komödie, indem Tellheims moralische Attitüde in immer größeren Widerspruch zur konkreten Situation gerät. Auf einer anderen Ebene bahnt sich aber eine Tragödie an, nämlich dort, wo sich der unheilvolle Mechanismus seiner ideologischen Verstrickung in Gang setzt, um sich gegen den Urheber selbst zu richten. Es ist jedoch der Komödie vor- behalten, die tragische Folgerichtigkeit und Unausweichlichkeit zu durchkreuzen und die Wende zum Positiven zu erzwingen. Wie Minna den ehrbesessenen Tellheim dann doch zur Vernunft bringt, kann im einzelnen in dieser Kürze nicht weiter verfolgt werden.[26]

Wie sich gezeigt hat, scheut Minna vor keiner rhetorischen Raffinesse zurück, wenn es darum geht, Tellheim aus seiner ideologischen Verkrampfung zu befreien, und darum geht es in diesem Stück allemal. Sie versteht es, in argumentativem Zugriff die Redekunst für ihre gute Sache einzusetzen, und wenn sie mit den Strategien ihres angestammten Aufklärungsstils nicht mehr weiterkommt, verlegt sie sich aufs Spiel. Dazu gehört ihre Ringintrige ebensowohl wie die Inszenierug der spiegelbildlichen Verhältnisse, was ihre Entehrung durch die vorgebliche Enterbung durch ihren Onkel anbetrifft. Daß eine männliche Literaturkritik dieser weiblichen Figur ihr Rollenspiel um den Ehrbegriff ganz besonders übel genommen hat, gehört zu den Pikanterien dieser Rezeptionsgeschichte. Die Tellheims unter den Kritikern können offenbar ein Spiel nicht zulassen, das die wohlabgesteckten Grenzen von Spiel und Ernst tangiert: Eine Frau, die im Spiel für sich den gleichen Ehrbegriff beansprucht wie ihr männlicher Widerpart wird zum Ernstfall.

Le style c'est l'homme – die zeitgenössische Enzyklopädie (1751–80) verzeichnet unter dem Stichwort *Homme*:

> Er ist ein fühlendes und denkendes Wesen, das frei über die Erde schreitet und wohl an der Spitze der anderen Tiere steht, über die er herrscht: er lebt in Gemeinschaft, hat Wissenschaften und Künste erfunden, besitzt ihm eigene Güte und Bosheit, hat sich Herrscher gegeben, sich Gesetze geschaffen, usw.[27]

Der Artikel *Femme* dagegen gibt sich lakonisch: »Sie ist das Weibchen des Menschen« (»femmelle de l'homme«). Damit will sich Lessings Minna nicht begnügen. Unbekümmert um die Spielregeln der Zeit spielt sie ihr eigenes souveränes Spiel. Merkwürdig, wie wenig die feministische Wissenschaft – soweit ich das sehe – sich für dieses literarische Weiblichkeitsmuster interessiert hat. Gerade eine dekonstruktivistische Literaturtheorie mit ihrer Vorliebe für den Spielbegriff sollte eigentlich ein Organ haben für einen Text wie Lessings Minna, zumal hier nicht nur auf der Diskursebene der Figuren Männlichkeitsstrukturen dekonstruiert werden, tatsächlich wird auch im Bereich des ästhetischen Codes das Versus der binären Opposition Komödie/Tragödie dekonstruiert zugunsten eines Spiels, wo die Vermischung von Spiel und Ernst den Ernst des Spiels nicht aufs Spiel setzt. Das Konzept des »Spiels«, wie es die

---

[26] Vgl. Wehrli (Anm. 5), S. 98ff.
[27] Encyclopédie (1765), S. 256.

französischen Poststrukturalisten formuliert haben, markiere eine »utopische Alternative« zum traditionellen Umgang mit Texten, schreibt Gisela Ecker in ihrer Abhandlung *Zu einer feministischen Praxis der Dekonstruktion*. Und weiter:

> Ihre Kritik, von einer philosophischen Warte aus formuliert, rüttelt an den epistemologischen Grundlagen abendländischen Denkens. Dazu gehört auch die Erkenntnis, daß der Mensch, der Held der abendländischen Philosophie, männlichen Geschlechts ist und daß er sich nur herausbilden konnte, indem er sich implizit – nämlich unter dem Deckmantel von Geschlechtsneutralität – von einem Anderen, dem Weibchen, abgesetzt hat. Dies ist der offensichtlichste Berührungspunkt mit der feministischen Wissenschaftskritik.[28]

Lessing, im Bewußtsein der Zweigeschlechtlichkeit der Menschen, macht männliche wie weibliche Protagonisten zu Musterbeispielen kommunikativen Handelns. Mit Nathan und Minna schafft er Raum für jene »Ausgeschlossenen«, deren Strukturen des Ausschlusses in vielem ähnlich gewesen sein müssen.[29] Nicht nur, daß sich die Toleranz des aufgeklärten Geistes an ›Juden‹ und ›Weibern‹ zu bewähren hat.[30] Lessing tut noch mehr. Er macht die beiden Outlaws abendländischer Geschichte zu den Trägern einer zukünftigen Gesellschaft, die in sich jene ideale Form unentfremdeten Menschseins vereinigen, dem Denken, Fühlen und Handeln als Ganzheit innewohnen.

Ich meine, nicht nur für eine Frauenforschung, die sich um eine ideologiekritische Entzauberung von Weiblichkeitsbildern in der Literatur kümmert, könnte Lessings *Minna von Barnhelm* von Interesse sein, vielmehr könnte das Stück auch einen Beitrag leisten, wo es um utopische Weiblichkeitsentwürfe geht.[31] »Jeder Mensch hat seinen eigenen Stil, so wie seine eigene Nase«, schreibt Lessing im zweiten *Anti-Goeze*, und von dieser Einsicht nimmt er die Frauen nicht aus. Das gilt nicht nur für die adligen Mätressen unter seinen Weiblichkeitsdarstellungen, es gilt auch für eine Minna, eine Claudia Galotti, eine Sittah, ja eine Recha und nicht zuletzt für seine Frau Eva König. Zu untersuchen wäre allenfalls Lessings Briefwechsel mit seiner zukünftigen Gattin. An ihm ließe sich die Distanz ermessen, die Lessings Weiblichkeitseinschätzung etwa von derjenigen Schillers trennt. »Er hat eine so gewisse Feinheit

---

[28] Gisela Ecker: Spiel und Zorn. Zu einer feministischen Praxis der Dekonstruktion. In: Annegret Pelz u. a. (Hg.): Frauen. Literatur. Politik. Berlin und Hamburg 1988 (AS 172/173), S. 8ff.

[29] Vgl. Jean Delumeau: Angst im Abendland. Die Geschichte kollektiver Ängste im Europa des 14.-18. Jahrhunderts. Reinbek bei Hamburg 1985, S. 456ff.

[30] Vgl. Bovenschen (Anm. 4), S. 261.

[31] Weigel (Anm. 3), S. 106f.

gegen seine Frau, [...] sie muß erstaunend viel Tätigkeit gehabthaben, und vielen Verstand«, schreibt Charlotte Schiller nach dessen Lektüre.[32]

Nun ist, wie wir wissen, die Rhetorik in ihrer historischen Ausprägung und Praxis eine ausgesprochen männliche Domäne.[33] Aus den eigenen Reihen immer schon viel beklagt und zutiefst verachtet,[34] fristet die Disziplin ein merkwürdiges Dasein: Offiziell kaum beachtet treibt die Rhetorik neue Blüten in den Händen von Werbefachleuten und Propagandaministern. Ich meine, gerade weil in unserer abendländischen Kultur Männerherrschaft von Sprachherrschaft[35] nicht zu trennen ist, können wir Frauen es uns nicht leisten, in jene Tradition der Rhetorikverachtung – übrigens eine ebenso männliche Geschichte wie die Rhetorik selbst – einzustimmen. Das Pro und Contra in diesem Diskurs entzündet sich schon immer an der Zielvorstellung der Rhetorik, die, unter den Begriff der persuasio subsumiert, entweder als Überzeugen oder aber als Überreden ausgelegt wird. Sicher ist eins: Derweil man und frau sich über die Legitimität von Fach und Gegenstand streiten, bedient sich eine Männerherrschaft weiter der Sprachherrschaft, um ihre Privilegien zu sichern und auszubauen.

---

[32] Brief an Schiller vom 27. Juni 1789.

[33] Regula Venske: Thesen zu einer feministischen Rhetorik. In: Rhetorik. Ein internationales Jahrbuch 4 (1984), S. 149–158, hier S. 149.

[34] Vgl. Manfred Fuhrmann: Die Tradition der Rhetorik-Verachtung und das deutsche Bild von ›Advokaten‹ Cicero. In: Rhetorik. Ein internationales Jahrbuch 8 (1990), S. 41–55, hier S. 43ff.

[35] Vgl. Joachim Dyck: Männerherrschaft als Sprachherrschaft? Eine Kritik der feministischen Linguistik. In: Rhetorik. Ein internationales Jahrbuch 8 (1989), S. 95ff.; Gisela Schoenthal: Kritik der feministischen Linguistik. Rhetorik 9 (1990), S. 103–107, hier S. 103ff.

Marianne Willems

Der »herrschaftsfreie Diskurs« als »opus supererogatum«

Überlegungen zum Interaktionsethos des ›bloß Menschlichen‹

Es scheint Einigkeit darüber zu bestehen, daß es in den *Freimäurergesprächen* »um das Verhältnis des einzelnen zum Staat«[1] geht und daß sie eine Antwort auf die soziale und politische Problemsituation geben.[2] Diskutiert wird vor allem die Frage, ob die *Freimäurergespräche* eine politische oder eine moralische Lösung propagieren. Zielen sie auf Staatsveränderungen, auf Reformen im politischen Bereich oder letztlich gar auf den völligen Umsturz der politischen Verhältnisse, wie Reinhart Koselleck behauptet,[3] oder sind sie ein Plädoyer für das Ethos des ›bloß Menschlichen‹, das die Gesellschaftsordnung unangetastet läßt und stattdessen auf die sittliche Vervollkommnung des Menschen setzt? Kosellecks Argumentation bietet den Vorteil, daß sie die historische Problemreferenz der *Freimäurergespräche* genau zu bestimmen versucht und sie damit in

---

[1] Klaus Bohnen: *Nathan der Weise*. Über das »Gegenbild einer Gesellschaft« bei Lessing. In: Deutsche Vierteljahresschrift für Literaturwissenschaft und Geistesgeschichte 53 (1979), S. 394–416, hier S. 398.

[2] Vgl. Manfred Durzak: Gesellschaftsreflexion und Gesellschaftsdarstellung bei Lessing. In: Zeitschrift für Deutsche Philologie 93 (1974), S. 546–560; Wilfried Barner, Gunter E. Grimm u. a.: Lessing. Epoche – Werk – Wirkung. 5. Aufl. München 1987; Ehrhard Bahr: Lessing: Ein konservativer Revolutionär? Zu *Ernst und Falk: Gespräche für Freimäurer*. In: Edward P. Harris, Richard E. Schade (Hg.): Lessing in heutiger Sicht. Beiträge zur internationalen Lessing-Konferenz Cincinnati/Ohio 1976. Bremen und Wolfenbüttel 1977, S. 299–306; Peter Michelsen: Die »wahren Taten« der Freimaurer. Lessings *Ernst und Falk*. In: Peter Christian Ludz (Hg.): Geheime Gesellschaften. Heidelberg 1979, S. 293–324; Gonthier-Louis Fink: Das Moralische Glaubensbekenntnis eines kosmopolitischen Individualisten. In: Recherches Germaniques 10 (1980), S. 18–64; Dieter Arendt: Lessings *Nathan der Weise* und das opus supererogatum – oder: Der Mensch als Rolle und die Rolle des Menschen in der Aufklärung. In: Diskussion Deutsch 83 (1985), S. 243-263; Marianne Henn: Lessings *Ernst und Falk*. Gesellschaftsutopie und Verantwortung. In: Wolfgang Wittkowski (Hg.): Verantwortung und Utopie. Zur Literatur der Goethezeit. Ein Symposium. Tübingen 1988.

[3] Reinhart Koselleck: Kritik und Krise. Eine Studie zur Pathogenese der bürgerlichen Welt. Freiburg und München 1973; direkt zu den *Freimäurergesprächen* siehe S. 68–74.

Bezug zu den sozialstrukturellen Veränderungen der Zeit setzt. Nach seiner Auffassung ist es die Herausbildung des absolutistischen Staates mit seiner Trennung von Moral und Politik und der Nivellierung der ständischen Ordnung zum Untertanenverband, die den Ausgangspunkt und das Angriffsziel der *Freimäurergespräche* bildet.[4] Die Verfechter der ›moralischen Lösung‹ sehen das Angriffsziel in den ›Trennungen‹, die die politischen, gesellschaftlichen und religiösen Ordnungen zwischen den Menschen etablieren. Sie stellen universale Probleme jeder Gesellschaftsordnung dar. Die Intention der *Freimäurergespräche* ist entsprechend, einen Prozeß der Aufklärung zu initiieren, der sie bewußt und reflexiv überwindbar macht.[5] Der geschichtliche Bezug, der hergestellt wird, beschränkt sich weitgehend auf politische und Ideengeschichte, erfaßt aber nicht mehr wie bei Koselleck die sozialstrukturellen Voraussetzungen. Die Würde und fraglose Gültigkeit des Anliegens der *Freimäurergespräche* scheint die Frage zu erübrigen, welche sozialstrukturelle Problemsituation Phänomene wie ›Aufklärung‹ und ›Emanzipation‹ überhaupt erst nötig gemacht hat. Im folgenden wird gerade diese Frage im Mittelpunkt stehen. Es soll versucht werden, das in den *Freimäurergesprächen* gezeichnete Ethos des ›bloß Menschlichen‹ in seiner historischen Bedingtheit und damit auch in seiner Funktion genauer zu bestimmen.

Der Bezug der *Freimäurergespräche* zu den sozialstrukturellen Veränderungen der Zeit ist nicht so direkt herzustellen, wie es Koselleck getan hat. Wenn Falk im zweiten Gespräch von der »bürgerlichen Gesellschaft« und ihren notwendigen »Übeln« spricht, dann beschreibt er ganz offensichtlich nicht den absolutistischen Staat, wie ihn Kosellecks Interpretation voraussetzt. Für Falk ist ein Staat ohne ständische Ordnung nicht denkbar (G 8, S. 463). Er begreift den Staat auch keineswegs als überreligiösen, von moralischen Forderungen entlasteten rationalen Handlungsbereich. Da in den einzelnen Staaten notwendig »ganz verschiedene Sittenlehren« und »folglich ganz verschiedene Religionen« entstehen (G 8, S. 462), müssen auch ihre Staatsverfassungen entsprechend differieren (G 8, S. 462f.). Falk bindet damit die Gesetze des Staates an die religiös begründeten Norm- und Wertvorstellungen der jeweiligen Gesellschaft. Der Begriff der »bürgerlichen Gesellschaft«, der hier verwendet wird,

---

4 Ebd., S. 11ff. und 41ff. Als erster hat Ion Contiades in seinem Nachwort zur *Ernst und Falk*-Ausgabe von 1968 auf die Analyse Kosellecks aufmerksam gemacht. Ion Contiades (Hg.): Gotthold Ephraim Lessing: *Ernst und Falk*. Mit den Fortsetzungen Johann Gottfried Herders und Friedrich Schlegels. Frankfurt a. M. 1968, S. 134-149. Direkt an Koselleck anschließend interpretieren Durzak (Anm. 2), S. 549ff. und Bahr (Anm. 2), S. 299ff.
5 Vgl. Bohnen (Anm. 1); Fink (Anm. 2); Arendt (Anm. 2); Michelsen (Anm. 2).

ist der auf Aristoteles zurückgehende Begriff der »societas civilis«, der nach
Riedel in den politischen Theorien bis weit ins 18. Jahrhundert immer wieder
begegnet und eigentlich die feudalständische Gesellschaft bezeichnet.[6] Es ist ein
Begriff, der eine Unterscheidung zwischen politischer und sozialer Ordnung
ebensowenig kennt wie die zwischen dem Staat als Institution rationaler Herr-
schafts- und Verwaltungsorganisation und der Gesellschaft als Untertanenverband.[7] Der in *Ernst und Falk* verwendete Gesellschaftsbegriff reflektiert nicht
die Konzentration der Macht in der Hand des absolutistischen Herrschers und
seiner Bürokratie und ebensowenig die Zerstörung der zünftigen und feudalständischen Produktionsweise. Er reflektiert nicht die Trennung von
Staat und Gesellschaft und die mit ihr einhergehende Trennung von Moral und
Politik. Dies ist kaum verwunderlich, handelt es sich doch nicht um vollausge-
bildete Entwicklungen, wie Kosellecks Interpretation suggeriert, sondern um
Tendenzen, die erst im historischen Rückblick in aller Deutlichkeit hervortreten.[8] Die sozialstrukturellen Veränderungstendenzen der Zeit manifestieren
sich nicht im Gesellschaftsbegriff der *Freimäurergespräche*, und doch stehen sie,
wie zu zeigen sein wird, in unmittelbarem Bezug zu ihnen.

Die Veränderungstendenzen der Gesellschaftsstruktur lassen sich mit Niklas
Luhmann als Übergang von einer primär schicht- zu einer primär funktional
differenzierten Gesellschaft beschreiben. Im Prozeß funktionaler Differenzierung werden immer mehr und immer stärker gesellschaftliche Funktionsbereiche wie Politik, Recht und Wirtschaft, die ehemals fest im Schichtsystem
verankert waren, auf ihre spezifischen Zwecke hin ausdifferenziert. Sie prägen
ihre eigenen funktionsbestimmten Gesetze aus und werden voneinander unabhängig.[9] Diese Entwicklung verläuft zögernd und von Rückschritten unterbrochen, aber am Ende steht doch die moderne, voll ausgebildete Staatsge-
walt und die Zerstörung des Ständetums.[10] Vor dem Hintergrund dieser Entwicklung tritt klar zu Tage: Falk beschreibt hier einen Gesellschaftstyp, der de

---

[6] Manfred Riedel: Gesellschaft, bürgerliche. In: Otto Brunner, Werner Conze, Reinhart Koselleck
    (Hg.): Geschichtliche Grundbegriffe. Historisches Lexikon zur politisch-sozialen Sprache in
    Deutschland. Bd. 2. Stuttgart 1979, S. 719–800, hier S. 740.
[7] Ebd., S. 721ff. und 738ff.
[8] Vgl. Erich Angermann: Das Auseinandertreten von »Staat« und »Gesellschaft« im Denken des
    18. Jahrhunderts. In: Ernst-Wolfgang Böckenförde (Hg.): Staat und Gesellschaft. Darmstadt
    1976, S. 109–131.
[9] Niklas Luhmann: Gesellschaftsstruktur und Semantik. Studien zur Wissenssoziologie der
    modernen Gesellschaft. Bd. 1. Frankfurt a. M. 1980, S. 25ff. Vgl. auch Alois Hahn: Theorien zur
    Entstehung der europäischen Moderne. In: Philosophische Rundschau 1984, S. 178–202, hier
    S. 185ff.
[10] Angermann (Anm. 8), S. 115f.

facto im Zerfall begriffen ist. Er beschreibt eine Gesellschaft, in der der einzelne seine Identität durch Einordnung in die Gesellschaft gewinnt. Soziale Bezüge wie Territorialitätszugehörigkeit, Stand und Religion bestimmen sein Selbstverständnis und sein Verhalten (G 8, S. 461ff.). Aber diese Bindungen sind nicht mehr selbstverständlich. Sie konstituieren den Menschen als »solche[n] Menschen« und entfremden ihn damit der Natur des »bloße[n] Menschen« (G 8, S. 462). Die Interessenpräferenzen, Wert- und Normvorstellungen, die durch das Hineingeborenwerden in einen bestimmten gesellschaftlichen Kontext erworben werden und dem einzelnen seine Identität verbürgen, sind kontingente Bestimmungen – Falk und Ernst sind sich hier völlig einig –, sie garantieren nicht mehr den Zusammenhalt der Gesellschaft. Sie erweisen sich als trennend! In diesem Kontingenzbewußtsein kommen die sozialstrukturellen Veränderungstendenzen der Zeit zum Ausdruck. Sie werden zwar noch nicht auf der Ebene des Gesellschaftsbegriffs reflektiert. Aber sie werden als Probleme für die Individuen wahrgenommen. In dieser Form bilden sie das Bezugsgeschehen für die *Freimäurergespräche.* Ich will die Probleme, die sich mit dem Übergang zu einer funktional differenzierten Gesellschaft ergeben, kurz andeuten. Nur in einer primär schichtdifferenzierten Gesellschaft kann der einzelne durch Einordnung in die Gesellschaft eine stabile Identitäts- und Verhaltensgrundlage gewinnen, weil er hier durch seine familiäre Herkunft nur *einem* Teilsystem der Gesellschaft, d. h. nur einem Stand, angehört. Er kann dort alle seine Lebensvollzüge sicherstellen, weil alle Funktionen (politische, rechtliche, wirtschaftliche u. a.) fest mit Familie und Stand verknüpft sind. Ihre Anforderungen divergieren nicht, sondern sind aufeinander bezogen.[11] Die schichtspezifischen Kriterien des Verhaltens und Urteilens sind in einer gesellschaftlich durchgehenden, religiös begründeten Moral fundiert, die zugleich die Gesellschaftsordnung als Ganzes legitimiert.[12] Die Schicht der Bürger, die zusammen mit dem Apparat des modernen Staates und der Umgestaltung der Produktionsweise im 18. Jahrhundert entsteht, ist nicht mehr in einem derart integrierten System angesiedelt. Das neue Bürgertum setzt sich aus völlig heterogenen Gruppen zusammen.[13] Diese Bürger sind nicht mehr durch ein ständisches Ethos integriert und nicht mehr durch ein ständisches Ethos integrierbar. Man muß nun zwischen dem Verhalten und Urteilen als ›Privat-

---

[11] Luhmann (Anm. 9), Bd. 1, S. 29ff. und 72f. Vgl. auch Bd. 3. Frankfurt a. M. 1989, S. 166f. und 189f.
[12] Luhmann (Anm. 9), Bd. 1, S. 129ff.
[13] Karl Eibl: Die erste deutsche Jugendrevolte: Sturm und Drang. In: Trierer Beiträge 12 (1987), S. 36–43, hier S. 37f.

mann‹, dem als ›Staatsbürger‹ und dem als ›Kaufmann‹, ›Manufakturist‹ oder ›Schreiber‹ unterscheiden. Die Teilhabe an den gesellschaftlichen Funktionsbereichen läßt sich jetzt als ›Rolle‹ von der privaten Existenz als ›Mensch‹ ablösen. Die Selbst- und Fremdidentifikation als Grundlage des Verhaltens und Urteilens kann sich jetzt nicht mehr an soziale Zugehörigkeiten halten. Sie muß gerade jenseits aller gesellschaftlichen Bindungen gesucht werden, wenn Kommunikation zwischen Menschen mit völlig unterschiedlicher Herkunft, mit unterschiedlichem sozialem Status, mit unterschiedlichen religiösen und beruflichen Bindungen möglich werden soll.

Was in den *Freimäurergesprächen* als universales Problem erscheint, die Spannung zwischen ›bloßem‹ und ›solchem‹ Menschen, zwischen ›Mensch‹ und ›Bürger‹, ist damit Ausdruck einer spezifischen historischen Problemsituation. Nicht die »Übel« der bürgerlichen Gesellschaft, nicht die nach nationalen, religiösen und ständischen Bindungen differierenden Interessen-, Wert- und Normpräferenzen bilden den eigentlichen Problemhorizont der *Freimäurergespräche*, sondern die Kontingenzerfahrung dieser Bindungen. So ist bezeichnend, daß Falk im Hinblick auf die Kontingenz der gesellschaftlich vermittelten Identitäten keinerlei Überzeugungsaufwand treiben muß. Ernst ist hier mit ihm völlig einer Meinung (G 8, S. 459ff.). Im *Nathan* zeigt sich der gleiche Problembefund. Hier ist Daja die einzige Figur, die ihre Identität als Deutsche und als Christin definiert, für die also soziale Existenz und eigentliches Menschsein in eins fallen. Alle anderen Figuren sind von vornherein durch die Distanz zu ihren gesellschaftlichen Bindungen gekennzeichnet. Selbst der Tempelherr muß nicht erst »von einer allen Positivitäten vorausliegenden Natur überzeugt« werden.[14] Die Erfahrung der Konkurrenz verschiedener Religionen, verschiedener sozialer Orientierungssysteme mit der Konsequenz, daß sie, anstatt Gemeinschaft zu ermöglichen, die Menschen trennen, ja zum Kriegszustand führen, hat ihm seine soziale Identität fragwürdig werden lassen (II, 508ff.).[15] Bei der ersten Begegnung mit Nathan versucht er geradezu, Nathan zu überzeugen, daß es gilt, vom Absolutheitsanspruch der eigenen Religion abzurücken. Seine Verachtung gegenüber den Juden begründet er gerade damit, daß ihnen jedes Kontingenzbewußtsein bezüglich der eigenen Religion und Lebensform fehle: »Wie? wenn ich dieses Volk nun, zwar nicht

---

[14] Bohnen (Anm. 1), S. 409; nach Bohnen ist es eine Hauptintention der *Freimäurergespräche* und des *Nathan* zu zeigen, daß »alle Positivitäten – seien sie gesellschaftlicher oder ideologischer Art« – »[...] nur als solche identifizierbar« sind, »wenn sie vor dem Hintergrund des Unverbildeten, der Natur, bewußt gemacht werden.« (G 8, S. 400).

[15] *Nathan der Weise* wird zitiert mit Akt- und Versangabe nach G 2.

haßte,/ Doch wegen seines Stolzes zu verachten,/ Mich nicht entbrechen könnte? Seines Stolzes;/ [...] Nur sein Gott sei der rechte Gott!« (II, 504ff.) Wenn Nathan im Laufe des Gesprächs zwischen sozialer Identität und bloßem Menschsein unterscheidet (II, 519ff.), spricht er nur aus, was der Tempelherr längst begriffen hat. Der Tempelherr erkennt lediglich, daß er Nathan »verkannt« hat (II, 527f.). Auch der Sultan ist längst vor der Begegnung mit Nathan von der Kontingenz der partikularen gesellschaftlichen Wert- und Normsysteme überzeugt. Wie Nathan unterscheidet er zwischen dem Menschen und seinen sozialen Rollen. So bittet er den Tempelherrn: »Bliebst du wohl bei mir?/ [...] Als Christ, als Muselmann: gleich viel! [...] Im Turban, oder deinem Filze: wie/ Du willst! Gleich viel! Ich habe *nie* [M. W.] verlangt,/ Daß allen Bäumen Eine Rinde wachse« (IV, 305ff.). Wie der Sultan hier zwischen »Baum« und »Rinde«, so unterscheidet Nathan gegenüber seinem Freund, dem Derwisch, zwischen »Herz« und »Kleid«, zwischen »Derwisch« und »dem Kerl im Staat« (I, 393ff.). Was Nathan an ihm bloß unterscheidet, will der Derwisch faktisch trennen. Er will aus der Gesellschaft an den Ganges fliehen (I, 444ff.). Ebenso empfindet der Klosterbruder seine gesellschaftliche Existenz als Fremdbestimmung. Auch ihm schwebt als Lösung die Flucht aus der Gesellschaft vor (IV, 568ff.). Die Kontingenzerfahrung macht die gesellschaftliche Existenz zum Problem. Der einzelne steht jetzt einer Welt gegenüber, deren Ordnungen er als partikular und wahrheitsfern erlebt. Jede Übereinstimmung mit der Gesellschaft scheint damit unmöglich geworden zu sein. Diese Erfahrung geht notwendig mit Orientierungsverlusten und Identitätskrisen einher.[16] Auch nach der ersten Begegnung mit Nathan hat der Tempelherr den Verlust seiner alten, ständisch bestimmten Identität noch nicht verwunden. Von Nathan nach seinem Namen gefragt, kommt er ins Stottern: »Mein Name war – ist Curd von Stauffen: – Curd!« (II, 587). Er sucht nach neuen Außenhalten, nach neuen Bindungen, die ihm wieder eine Identität ermöglichen und seinem Handeln Orientierung verleihen könnten: »Nicht genug, daß ich/ Auf sein [des Sultans] Geheiß noch bin, *mit* seinem Willen/ Noch leb': ich muß nun auch von ihm erwarten,/ *Nach* wessen Willen ich zu leben habe.« (II, 577ff.) – Dieser Seitenblick auf den *Nathan* sollte deutlich machen: Nicht die Gesellschaftsordnung schlechthin, nicht die Gesellschaftsordnung des Absolutismus, sondern der Zerfall der »bürgerlichen Gesellschaft« als ständisch gegliederte und durch Religion fundierte Gesellschaft bildet die historische Problemreferenz der

---

[16] Vgl. Karl Eibl: Gotthold Ephraim Lessing: *Nathan der Weise*. In: Deutsche Dramen. Interpretationen zu Werken von der Aufklärung bis zur Gegenwart. Bd. 1: Von Lessing bis Grillparzer. Hg. von Harro Müller-Michaels. Königstein/TS 1981, S. 3–30, hier S. 21f.

Freimäurergespräche, des Lessingschen Spätwerks überhaupt. Denn mit diesem Zerfall stellt sich die Frage: Was ist der Mensch jenseits aller gesellschaftlichen Bestimmungen, was kann nun seine Identität verbürgen, und worauf soll nun die Interaktion gegründet werden, wenn alle traditionellen Grundlagen der Identitätsstiftung und Verhaltensorientierung versagen müssen? Und wenn diese Frage beantwortet ist, stellt sich eine zweite: Wie kann dieser Mensch wieder Mitglied der Gesellschaft sein, ohne der Entfremdung und der Spaltung anheimzufallen?

Die *Freimäurergespräche* antworten auf diese Problemlage nicht direkt, sondern in der Auseinandersetzung mit den vorhergegangenen Lösungsversuchen. Die Antwort, die in der ersten Hälfte des 18. Jahrhunderts auf diese Fragen gegeben wird, knüpft sich an die Instanzen ›Natur‹ und ›Vernunft‹. Eine allgemeine Moral, deren Tugendnormen »vermittelst der gesunden Vernunft« aus der Natur des Menschen deduziert werden,[17] soll nun dem einzelnen jenseits aller sozialen Bindungen seine Identität verbürgen und die Menschen unabhängig von Herkunft, Religion, Stand, Beruf etc. zusammenschließen. Für diese Lösung steht Christian Wolff und in seiner Nachfolge Gottsched. An die Stelle der verschiedenen Sitten und Sittenlehren, die, wie in den *Freimäurergesprächen* gezeigt, nach den je besonderen Bedingungen der Staaten und Stände differieren, tritt nach dieser Konzeption eine Sittenlehre, die allgemein und wahr ist, weil sie in der allgemeinen Natur des Menschen gründet. Ihre Lehren lassen sich daher, wie Gottsched es ausdrückt, »in allen Altern, Geschlechtern, Ständen und Lebensarten der Menschen ohne Unterschied brauchen«.[18] Das Naturrecht, als »Wissenschaft der natürlichen Gesetze« des Menschen, formuliert keineswegs wie etwa die modernen Grundrechte Ansprüche, die der einzelne gegenüber der Gesellschaft geltend machen könnte, sondern deduziert aus den wahren, natürlichen Zwecken der menschlichen Natur die Regeln seines Handelns als Pflichten.[19] Der Mensch in seinen natürlichen Bestimmungen steht so dem Menschen gegenüber, der seine Handlungsorientierungen den zufälligen und partikularen Bedingungen seiner Sozialisation verdankt. Damit ist die erste Frage beantwortet. Und Wolff beantwortet auch die zweite. Denn das Naturgesetz der Zwecke, das den einzelnen bereits im Stande der Natur bindet, begründet bei ihm auch die bür-

---

[17] Christian Wolff: Gesammelte Werke, Materialien und Dokumente. Hg. von Jean Ecole, Hans Werner Arndt u. a. III. Abt. Bd. 20.2: Johann Christoph Gottsched. Erste Gründe der gesamten Weltweisheit. Hildesheim, Zürich, New York 1983, S. 6.
[18] Wolff (Anm. 17), S. 11.
[19] Ebd., S. 6. und 91ff.

gerliche Gesellschaft.[20] Die natürlichen Zwecke des einzelnen, aus denen die Gesetze seines Handelns als Tugendnormen abgeleitet werden und deren Befolgung Glückseligkeit verspricht, sind ja zugleich die Zwecke der Gattung und können damit auch die Grundlage und Richtschnur der Gesetze und Einrichtungen des Staates bilden. Es gibt keine grundsätzliche Differenz zwischen Natur- und Gesellschaftszustand, zwischen der Glückseligkeit des einzelnen Menschen und der Glückseligkeit des Gemeinwesens. Als Zweck des Gesellschaftsvertrags wird die Glückseligkeit des Staates bestimmt. Die Herrschaftsordnung ist zugleich Tugendordnung. Sie ist dadurch legitimiert, daß sie die »gemeinschaftliche Glückseligkeit« sichert und befördert.[21] Da die bürgerlichen Gesetze als allgemeinverbindliche von allen konkreten Situationen und Umständen absehen müssen, kann es sein, daß sie in bestimmten Fällen der Glückseligkeit eines einzelnen zuwiderlaufen. Das ist als unabänderlich in Kauf zu nehmen und zugleich durch das Naturgesetz legitimiert, das den einzelnen dem Ganzen unterordnet. Entsprechend heißt es bei Gottsched: »Da es nun kommen kann, daß bisweilen die Wohlfahrt der ganzen Gesellschaft der Wohlfahrt eines einzelnen Mitglied derselben zuwiderläuft: so muß man jene billig dieser vorziehen. Denn das Ganze ist wichtiger, als ein Theil desselben«[22] – und an anderer Stelle: »Die Glückseligkeit des ganzen Staates [...] muß allezeit dem Wohl eines einzigen vorgezogen werden.«[23]

Dieser Konzeption ist die Bestimmung der bürgerlichen Gesellschaft in den *Freimäurergesprächen* diametral entgegengesetzt. Der Adressat ist keineswegs, wie Koselleck behauptet, der absolutistische Staat, der anstatt durch moralische Gesetze, die auf das bürgerliche Glück abgestimmt sind, »durch politische Maximen der Staasräson geleitet« wird.[24] Der Angriff gilt vielmehr der Wolff/Gottschedschen naturrechtlichen Konzeption des Staates. Falk und Ernst sind sich einig: Die bürgerliche Gesellschaft ist nicht »Zweck der Natur« (G 8, S. 460). Die Menschen sind nicht wie bei Wolff und Gottsched für die Staaten geschaffen (G 8, S. 459). Natur und Gesellschaftszustand sind grundsätzlich getrennt. Im Gegensatz zur Wolffschen Konzeption geht Lessing konsequent vom Teil, vom einzelnen aus:

---

[20] Wolff trägt zwar dem modernen naturrechtlichen Denken Rechnung und begründet die bürgerliche Gesellschaft durch Vertrag. Aber dieser Vertrag selbst beruht wiederum auf dem Naturgesetz, das »die Individuen in ihren ursprünglichen, als ›Rechte‹ begriffenen Zwecken verbindet.« Riedel (Anm. 6), S. 745.
[21] Ebd., S. 745f. Vgl. Wolff (Anm. 17), S. 162f., 213ff. und 389ff.
[22] Wolff (Anm. 17), S. 164f.
[23] Ebd., S. 189.
[24] Koselleck (Anm. 3), S. 73.

> Die Staaten vereinigen die Menschen, damit durch diese und in dieser Vereinigung jeder einzelne Mensch seinen Teil von Glückseligkeit desto besser und sicherer genießen könne. – Das Totale der einzeln Glückseligkeiten aller Glieder ist die Glückseligkeit des Staats. Außer dieser gibt es gar keine. (G 8, S. 459)[25]

Ernst verschärft noch den Gegensatz. Es ist direkt der Wolffschen Konzeption entgegengesetzt, wenn er aufgebracht äußert: »Als ob die Natur mehr die Glückseligkeit eines abgezogenen Begriffs, wie Staat [...] und dergleichen sind – als die Glückseligkeit jedes wirklichen einzeln Wesens zur Absicht gehabt hätte!« (G 8, S. 460) Der einzelne ist in dieser Konzeption nicht mehr Teil eines Ganzen, das nach gegebenen natürlichen Zwecken über ihn verfügen könnte. Er wird freigesetzt als Individuum. Die Begriffe der menschlichen Natur, aus denen Wolff die Tugenden des Menschen ebenso wie die Einrichtungen und Gesetze des Staates herleitet, haben ihre Evidenz verloren. Auch sie sind bloß noch »angenommene Begriffe« (G 8, S. 461). Die Kluft zwischen der Glückseligkeit des einzelnen und der des Gemeinwesens ist nun grundsätzlich aufgebrochen und nicht mehr legitimierbar. Wenn Lessing auch im Begriff der »bürgerlichen Gesellschaft« immer noch die Vorstellung eines ständisch gegliederten Staates transportiert und eine Differenz zwischen politischer und sozialer Ordnung negiert, so bricht er doch mit ihrer Theorie, die die Gesellschaftsordnung stets mit der Naturordnung identifizierte. Er bricht mit einer Theorie, die bei Wolff ihre letzte große Renaissance erlebt hatte. Wolffs Konzeption ist als Versuch zu werten, den Menschen noch einmal durch »Inklusion«[26] in die Gesellschaft zu bestimmen, ihn noch einmal durch ein starres System von Normen und Werten zu definieren, die sein Handeln und Urteilen in allen Lebensbereichen zu orientieren vermögen, was nur möglich ist, wenn alle gesellschaftlichen Funktionsbereiche durch die gleiche natürliche Tugendordnung integriert sind. Damit hat Wolff beide Fragen beantwortet, die sich mit dem Zerfall der ständisch differenzierten Gesellschaft stellen. Aber er beantwortet sie im Rückgriff auf traditionelle Muster und im Widerspruch zu den

---

[25] Nach Koselleck ist die Intention dieser Ausführungen Falks zu zeigen, daß der Staat, der »durch politische Maximen der Staatsräson geleitet« wird, »kraft derer die moralischen Gesetze, die auf die totale Vollkommenheit des bürgerlichen Glücks abgestimmt sind, zwangsläufig außer Kraft treten«, »eo ipso verschleierte Despotie« sei. Er will damit Ernst die Erkenntnis vermitteln, daß der Gegensatz zwischen den moralischen Gesetzen und denen des Staates auf einen »radikalen Dualismus« zutreibt, der den absolutistischen Staat grundsätzlich in Frage stellt. (Ebd., S. 72). Es handelt sich aber hier im Gegenteil um eine Auseinandersetzung mit einer Konzeption des Staates, die ausdrücklich Moral und Politik verbindet und die »Vollkommenheit des bürgerlichen Glücks« zum Zweck der Vergesellschaftung erklärt.

[26] Luhmann (Anm. 9), Bd. 1, S. 31.

sozialstrukturellen Veränderungstendenzen der Zeit, die diese Fragen initiiert haben. Denn die funktionale Differenzierung, die die ständische Ordnung untergräbt, führt unweigerlich zur Verselbständigung der einzelnen funktionalen Bereiche nach Maßgabe ihres jeweiligen Funktionsprimats. Nur noch im Religionssystem wird es schließlich um Heil und Verdammnis und um die moralische Vervollkommnung des Menschen gehen, nicht aber im politischen, im Rechts- oder im Wirtschaftssystem.[27] Der einzelne kann dann nicht mehr wie in einer ständisch differenzierten Gesellschaft nur in einem Teilsystem der Gesellschaft angesiedelt sein. Er hat potentiell Zugang zu allen gesellschaftlichen Teilsystemen, zum Erziehungssystem, zum politischen, zum wirtschaftlichen System etc. Er kann aber in keinem Teilsystem der Gesellschaft mehr leben. Er muß als »sozial ortlos vorausgesetzt werden«.[28] Er kann seine Identität nicht mehr durch Einbindung in die Gesellschaft gewinnen, sondern nur noch in der Ablösung der gesellschaftlichen Rollen und Funktionen von seiner Identität und in einem distanzierten Umgang mit ihnen.

Bei Lessing ist der »bloße Mensch« konsequent außerhalb der Gesellschaft angesiedelt. Er ist nicht durch vorgegebene Normen, nicht durch ein System wahrer Zwecke bestimmt, sondern gerade durch die Fähigkeit zur Distanzierung von allen vorgegebenen Bindungen, auch den vermeintlich natürlichen und allgemeinverbindlichen. Das ›bloß Menschliche‹ fixiert nicht die natürliche Identität des Menschen, sondern bezeichnet ein Interaktionsethos. Die Freimäurer, die das »opus supererogatum« auf sich genommen haben, die Trennungen der bürgerlichen Gesellschaft zu überwinden, sind durch Diskursfähigkeit bestimmt. Falk charakterisiert sie durch die Fähigkeit, sich von tradierten partikularen Norm- und Wertsystemen zu distanzieren. Die Freimäurer sind Männer, »die nicht glaubten, daß alles notwendig gut und wahr sein müsse, was sie für gut und wahr erkennen.« (G 8, S. 465) Er kennzeichnet sie weiterhin durch die Fähigkeit zur Überwindung der Standeshierarchie und der nationalen Schranken (G 8, S. 465). Letztere hat er im vorhergehenden als Trennungen der Menschen durch unterschiedliche, oft entgegengesetzte Interessen konkretisiert (G 8, S. 461f.). Die Freimäurer sind also bereit und fähig, den Geltungsanspruch eigener Werte und Normen zu suspendieren und sie einer vernünftigen Überprüfung zugänglich zu machen. Sie sind bereit, Rangunterschiede außer Kraft zu setzen, d. h. sich als gleich und gleichberechtigt anzuerkennen, und sie sind bereit, sich von partikularen Interessen zu distan-

---

[27] Ebd., S. 28.
[28] Niklas Luhmann: Liebe als Passion. Zur Codierung von Intimität. 3. Aufl. Frankfurt a. M. 1983, S. 16. Vgl. auch Luhmann (Anm. 9). Bd. 1, S. 30f.

zieren. Damit erfüllen sie die wesentlichen Bedingungen, die nach Habermas eine ideale Sprechsituation konstituieren, in der partikulare und strategische Interessen ebenso wie Machtverhältnisse negiert sind, in der keine Themen tabuisiert werden, potentiell alle Normen und Werte zur Disposition stehen.[29] Nach Habermas sind das die Bedingungen vernünftiger Konsensbildung, die die Ermittlung von Normen ermöglichen und die legitimierende Kraft erhalten, wenn letzte Gründe als Ausgangspunkt der deduktiven Ermittlung von Normen nicht mehr plausibel gemacht werden können.[30] Im fünften Gespräch bestimmt Lessing die Freimäurer, indem er die Freimäurerei auf die Tischgesellschaften zurückführt, deutlich als Diskursgemeinschaft. Er erinnert an die Sitte der »Vorfahren«, »auch die wichtigsten Dinge am Tische zu überlegen« (G 8, S. 484). Es ist eine Gemeinschaft, die nicht durch bestimmte Werte und Normen gebunden ist. Sie beruht nicht auf »äußerlichen Verbindungen« (G 8, S. 481). Vielmehr ist sie durch die Fähigkeit bestimmt, die Orientierungen des Handelns jeweils konsensuell zu ermitteln. Trotz der Ähnlichkeit der Positionen gibt es aber eine wesentliche Differenz, die auf die unterschiedlichen Voraussetzungen und Leistungen der beiden Konzeptionen verweist. Die Haltung der Freimäurer wird von Lessing keineswegs im Hinblick auf die Legitimation allgemeinverbindlicher Normen und Werte akzentuiert. Die Bedingungen ihres Diskurses werden nicht als Grundlage eines vernünftigen Konsensus ausgezeichnet, der als Vertrag die Einrichtungen und Gesetze des Staates begründen könnte. Ein Konsens kann für Lessing jeweils nur begrenzte situative Geltung beanspruchen. Lessing hält fest an der grundsätzlichen Differenz zwischen Individuum und Gesellschaft, zwischen Allgemeinem und Besonderem. Auch die beste aller denkbaren Staatsverfassungen könnte ihren Zweck, die »Glückseligkeit jedes wirklichen einzeln Wesens« zu ermöglichen, nicht erfüllen (G, S. 460f.). Sie wäre »Bemäntelung der Tyrannei. Anders nichts!« (G 8, S. 459) Keine Tugendordnung, sei sie nun begründungsrationalistisch oder durch Interessenkonsens fundiert, kann die aufgebrochene Differenz zwischen Individuum und Gesellschaft schließen und Entfremdung aufheben. Die Kluft zwischen den allgemeinen, für alle verbindlichen Gesetzen und Regeln einerseits und den unterschiedlichen, ständig wechselnden konkreten Situationen und Umständen der Individuen andererseits ist nicht zu

---

[29] Jürgen Habermas: Legitimationsprobleme im Spätkapitalismus. 3. Aufl. Frankfurt a. M. 1975, S. 148f. Vgl. auch ders.: Zur Logik des theoretischen und praktischen Diskurses. In: Manfred Riedel (Hg.): Rehabilitierung der praktischen Philosophie. Bd. 2: Rezeption, Argumentation, Diskussion. Freiburg 1974, S. 381–402, hier S. 397f.

[30] Jürgen Habermas: Legitimationsprobleme im modernen Staat. In: Peter Graf Kielmansegg (Hg.): Legitimationsprobleme politischer Systeme. Opladen 1976, S. 39–61, hier S. 43f.

überwinden. Habermas sieht im 18. Jahrhundert die Idee der Interaktion von Mensch zu Mensch entstehen und damit die Durchsetzung einer Bewußtseinslage gegeben, die nur mehr den Bedingungen vernünftiger Konsensbildung normlegitimierende Kraft zuschreibt. Er abstrahiert von der historischen Problemsituation und übersieht im Gegensatz zu Lessing, daß diese Interaktion an konkrete Situationen und an Personenkenntnis gebunden ist. Für das Interaktionsethos des ›bloß Menschlichen‹, wie es in den *Freimäurergesprächen* skizziert wird, ist nicht nur die Rationalität konstitutiv, die sich in einem vorurteilslosen von Zwängen freien Bemühen um Wahrheit äußert, sondern ebensosehr das Sympathisieren (G 8, S. 481). Das Sympathisieren, das Mitleiden, ist denn auch die Kategorie, mit der bereits der junge Lessing die Bereiche des Poetischen und des Gesellschaftlichen miteinander verknüpft. »Der *mitleidigste Mensch* ist [...] zu allen gesellschaftlichen Tugenden [...] der aufgelegteste«[31], und das hieße in diesem Kontext, derjenige, der am meisten zum Diskurs disponiert ist. Das Sympathisieren, das Einfühlen in andere Umstände und Personen vermag Abstraktionen, die den Blick auf die konkrete Situation und die Handlungspartner verstellen, außer Kraft zu setzen und ermöglicht die Ausrichtung des Handelns an der Situation und den an ihr Beteiligten. Was als Prinzip der Lessingschen Kritik ermittelt wurde, daß sie nicht auf absolute Wahrheit zielt, sondern auf »das dem Besonderen, der Realität angemessene Vernünftige«,[32] gilt auch für die Ermittlung von Handlungsmaximen. Sie können nur in bezug auf die konkrete Situation und die Handlungspartner Geltung beanspruchen. Sich als »bloße Menschen« zu begegnen bedeutet, sich immer wieder von Normen, Werten und Interessen zu distanzieren und offen für den Diskurs zu sein, der Handlungsorientierungen anstrebt, die den konkreten Umständen und allen Handlungspartnern angemessen sind. Identitätsbildung wird damit als prinzipiell unabschließbarer Prozeß bestimmt.[33] Die Frage, was der Mensch sei, entzieht sich der Fixierung in einem Begriff. Aus diesem Interaktionsethos läßt sich kein Modell zur Legitimation allgemeiner Werte und Normen abstrahieren. Es kann aber die Grundlage einer Interaktion bilden, die Menschen mit unterschiedlichen gesellschaftlichen Bindungen und Prägungen zu integrieren vermag. Es stellt eine Orientierung dar, die dem Leben in pluralen, nicht integrierten Kontexten angemessen ist.

---

[31] G 4, S. 163.
[32] Ingrid Strohschneider-Kohrs: Vom Prinzip des Maßes in Lessings Kritik. Stuttgart 1969, S. 25.
[33] Vgl. Karl Eibl: Identitätskrise und Diskurs. Zur thematischen Kontinuität von Lessings Dramatik. In: Jahrbuch der deutschen Schillergesellschaft 21 (1977), S. 138–191, hier S. 184.

Wilfried Zieger

»Doch ich vergesse mich. Wie gehört das alles zur *Zelmire*?«

Argumentation und Aufbau in Lessings Besprechung der *Zelmire* von Dormont de Belloy im 18. und 19. Stück der *Hamburgischen Dramaturgie*

Die *Hamburgische Dramaturgie* nimmt in der Forschung eine zentrale Stellung ein. Immer wieder werden ihre Kernsätze zitiert, um Lessings dramaturgische Positionen zu belegen. Dabei ist es zumeist der jeweiligen Forschungsaufgabe geschuldet, daß die strukturelle Eigenart der *Hamburgischen Dramaturgie* häufig außer acht gelassen wird. Am Ende des 95. Stückes hat Lessing die Besonderheit seiner Schrift selbst benannt, indem er seine Leser daran erinnert, daß er weder eine in sich geschlossene Abhandlung noch eine systematische Dramentheorie liefern, vielmehr nur »Fermenta cognitionis ausstreuen« wollte. (B 6, S. 655) Die geeignetste Form hierfür schien ihm die Rezension zu sein, woraus sich der Charakter der Dramaturgie ergibt.[1] Lessing entwickelt seine Ansichten aus der Kritik an den in Hamburg inszenierten Stücken. Seine dramentheoretischen Grundpositionen sind das Ergebnis kritischer Argumentation. Sie entstammen somit einem Kontext, der in seiner inhaltlich-formalen Einheitlichkeit sowie im Zusammenwirken stilistisch-struktureller und funktional-ästhetischer Aspekte bisher nur ansatzweise untersucht worden ist. Die

---

[1] Hierauf ist häufig verwiesen worden, u. a. bei Horst Steinmetz: Der Kritiker Lessing. Zu Form und Methode der *Hamburgischen Dramaturgie*. In: Neophilologus 52/1 (1968), S. 33 und 41; Klaus L. Berghahn: Der kritisierte Kritiker. Zur Lesererwartung, historischen Bedingungen und Form in Lessings *Hamburgischer Dramaturgie*. In: Ehrhard Bahr u. a. (Hg.): Humanität und Dialog. Lessing und Mendelssohn in neuer Sicht. Beiträge zum Internationalen Lessing-Mendelssohn-Symposium anläßlich des 250. Geburtstages von Lessing und Mendelssohn, veranstaltet im November 1979 in Los Angeles/Kalifornien. Detroit und München 1982 (Beiheft zum Lessing Yearbook), S. 155 ff. und 159; Klaus Bohnen: Geist und Buchstabe. Zum Prinzip des kritischen Verfahrens in Lessings literarästhetischen und theologischen Schriften. Köln und Wien 1974 (Kölner Germanistische Studien 10), S. 104.

wenigen Arbeiten, die die kritische Methode der *Hamburgischen Dramaturgie* zum Gegenstand haben, betrachten zumeist nur einen der genannten Aspekte[2] und gehen in der Regel auf die Eigenart der Lessingschen Argumentation in den einzelnen Theaterkritiken nicht näher ein.[3]

Es soll deshalb hier der – freilich keineswegs erschöpfende – Versuch unternommen werden, Argumentation und Aufbau der in der *Hamburgischen Dramaturgie* praktizierten Kritik an einem signifikanten Beispiel unter Beachtung der dramentheoretisch-funktionalen Komponente darzustellen. Die Besprechung von Dormont de Belloys Tragödie *Zelmire* im 18./19. Stück erweist sich dafür als besonders geeignet, denn sie läßt deutlich werden, wie komplex die Bemühungen Lessings in der *Hamburgischen Dramaturgie* um eine eigenständige, den bürgerlichen Rezipienten nachhaltig beeinflussende deutsche Dramatik waren. Zwar ist die *Zelmire*-Rezension in ihrer Rhetorik längst nicht so attraktiv wie die bereits untersuchte Kritik an Corneilles *Rodogune* im 29.– 32. Stück.[4] Diese bildet jedoch in ihrer äußerst aggressiven Polemik eher die Ausnahme unter den Rezensionen der Dramaturgie.[5] Die Besprechung der *Zelmire*, die eine Mittelstellung zwischen den im ersten Band häufigen kurzen Kritiken[6] und den, den Rahmen der Rezension sprengenden, sich über mehrere Stücke hinziehenden theoretischen Erörterungen des zweiten Bandes einnimmt,[7] ist dagegen durchaus typisch für die in der *Hamburgischen Dramaturgie* praktizierte polemisch-dialogische Methode. Das zeigt sich auch in dem

---

[2] So beschäftigen sich Max R[itter] von Waldberg (Studien zu Lessings Stil in der *Hamburgischen Dramaturgie.* Berlin 1882) und Walter Schwarzlose (Methoden der deutschen Theaterkritik untersucht an den Kritiken von Lessing, Tieck, Laube, Rötscher, Fontane, Kerr. Diss. Münster 1951) mit Lessings Stil unter weitestgehender Vernachlässigung der in der *Hamburgischen Dramaturgie* geführten dramentheoretischen Auseinandersetzungen, während Klaus L. Berghahn (Anm. 1) und Klaus Bohnen (Anm. 1, S. 104–130) letztere zuungunsten der stilistischen Besonderheiten bevorzugen. Ernst Keller (Kritische Intelligenz: G. E. Lessing – F. Schlegel – L. Börne. Studien zu ihren literaturkritischen Werken. Bern 1976) vollzieht zwar eine gewisse Synthese zwischen beiden Betrachtungsweisen und stellt den Bezug zu einzelnen Kritiken her, kann aber deren Argumentation – bedingt durch den vergleichenden Charakter seiner Arbeit – nicht eingehender untersuchen.

[3] Ausnahmen sind lediglich H. Steinmetz (Anm. 1, S. 41–44), der Lessings Kritik an Corneilles *Rodogune* (29.–32. Stück) primär unter methodisch-stilistischem Aspekt betrachtet, und Adolf Baumann (Studien zu Lessings Literaturkritik. Diss. Zürich 1951, S. 44–78), der Lessings Cronegk-Kritik (1.–5. Stück) – jedoch ohne auf sprachlich-strukturelle Mittel einzugehen – behandelt.

[4] Siehe Anm. 3.

[5] Hierauf verweist auch H. Steinmetz (Anm. 1), S. 44.

[6] Siehe z. B. die Besprechung des Lustspiels *Der verheiratete Philosoph* von Destouches im 12. Stück.

[7] Siehe z. B. die Ausführungen zu dem Trauerspiel *Der unglückliche Liebling oder Graf von Essex* von Banks im 54.–68. Stück.

auf die Einbeziehung des Lesers zielenden charakteristischen Wechsel der rhetorischen Situation,[8] in dem ständigen Pendeln zwischen nüchtern-sachlichem, die Vernunft ansprechendem *docere* und pathetischem, auf emotionale Bewegung des Rezipienten gerichtetem *movere*.[9]

Der erste Abschnitt der *Zelmire*-Kritik spiegelt bereits die Komplexität der Anstrengungen Lessings bei der Schaffung einer nationalen Theaterkunst in Deutschland wider wie auch die Vielfalt der hierbei eingesetzten rhetorischen Mittel. Lessing beginnt nicht, wie man annehmen könnte, mit der Diskussion dramentheoretischer Fragen, sondern nimmt die Auszeichnung, die de Belloy als Autor der *Bürger von Calais* zuteil wurde (er war auf Grund des patriotischen Gehaltes seiner Tragödie zum Ehrenbürger Calais' ernannt worden), zum Anlaß, um ein »kulturpolitisches« Problem,[10] und zwar die unterschiedliche Wertschätzung des Theaters in Frankreich und Deutschland, zu beleuchten. Dies geschieht in eindringlicher, sich steigernder pathetischer Manier, die der Übertragung der inneren Bewegtheit des Autors auf den Leser dienen soll.

Zunächst jedoch bringt der erste Satz die stereotyp-nüchterne, in den einzelnen Rezensionen der Dramaturgie nur hin und wieder leicht variierte Ankündigung der Theateraufführung. Doch schon der nächste Satz, der in der Regel dem Stück oder dem Verfasser desselben gilt,[11] spricht den Leser unmittelbar an. Er leitet eine umfangreiche Textpassage ein, die in ihrer rhetorischen Lebendigkeit als symptomatisch nicht nur für Lessings Stil in der *Hamburgischen Dramaturgie*, sondern für sein theoretisches Werk überhaupt gelten kann. Bei aller Lockerheit der Sprache und Komposition entwickelt Lessing hier seine Gedanken logisch-systematisch und unter Anlehnung an Argumentationsschemata, die der antiken Rhetorik entstammen. Diese werden über größere Abschnitte lose, also nicht streng von Satz zu Satz, beibehalten und mit Einschüben versehen.[12]

»Der Name Du Belloy«, so heißt es eingangs, an die Literaturkenntnisse des Lesers appellierend,[13] »kann niemanden unbekannt sein, der in der neuern französischen Literatur nicht ganz ein Fremdling ist.« Darauf läßt Lessing,

---

[8] Zu diesem Charakteristikum Lessingscher Argumentation siehe auch M. R. von Waldberg (Anm. 2), S. 5f.

[9] Zur Verwendung dieser Grundprinzipien antiker Rhetorik bei Lessing siehe Klaus Dockhorn: Wordsworth und die rhetorische Tradition in England. Göttingen 1944, S. 259ff.; zu Lessing als Rhetoriker Walter Jens: Feldzüge eines Redners. Gotthold Ephraim Lessing. In: Reden. Leipzig und Weimar 1989, S. 176ff.

[10] Hierauf verweist auch E. Keller (Anm. 2), S. 174.

[11] Zu diesem stereotypen Verfahren Lessings siehe auch M. R. von Waldberg (Anm. 2), S. 13–20.

[12] Siehe hierzu auch ebd., S. 29 und 35f.

[13] Vgl. hierzu und zum folgenden B 6, S. 272–279.

quasi dialogisierend, einen elliptischen Ausruf folgen, der ebenso ein Einwurf des mitdenkenden Lesers sein könnte: »Des Verfassers der *Belagerung von Calais*!« Damit wird das Thema des Abschnittes vorbereitet und sodann als Behauptung vorgetragen: Die Aufmerksamkeit (Lessing sagt redesprachlich das »Lärmen«), die das französische Volk der *Belagerung von Calais* widmet, gereicht ihm – unabhängig vom künstlerischen Wert des Stückes – zur Ehre. Sogleich schließt Lessing die Durchführung dieses Grundgedankens an, indem er in drei aufeinanderfolgenden, anaphorisch beginnenden Nebensätzen darauf hinweist, daß dieses Verhalten die Franzosen als ein Volk zeige, das auf seinen Ruhm bedacht, von seiner Geschichte beeindruckt und vom Nutzen des Dichters wie des Theaters für Tugend und Sitten überzeugt sei. Hierauf setzt die Schlußfolgerung abrupt und mit großer Emphase ein. Sie stellt die Verhältnisse in Deutschland antithetisch-vergleichend denen in Frankreich gegenüber und fällt ein vernichtendes Urteil: »Wie weit sind wir Deutsche in diesem Stücke noch hinter den Franzosen! Es gerade herauszusagen: wir sind gegen sie noch die wahren Barbaren! Barbarischer, als unsere barbarischsten Voreltern [...].«

Dieser ernüchternden Feststellung wird durch die dreifache, dicht aufeinanderfolgende gesteigerte Wiederholung von »Barbar« besonderer Nachdruck verliehen; die nahezu lautmalerische Häufung derselben Silbe erzielt höchste Eindringlichkeit. Das geschieht offenbar nicht zufällig, verwendet Lessing doch in diesem Abschnitt mehrmals die zum Stabreim tendierende Wiederholung gleichlautender Konsonanten im Anlaut kurz aufeinanderfolgender Wörter (»wie weit sind wir [...]«; »wie weit haben wir [...]«; »ob ein Barde, oder einer, der mit Bärenfellen und Bernstein handelt, der nützlichere Bürger wäre? [...]«). Damit kann ein weiteres Charakteristikum des Lessingschen Stils benannt werden: die der Ausdrucksverstärkung dienende Wiederholung von Wörtern, Wortgruppen sowie Sätzen und Satzgruppen zumeist in Form der Anapher, Epipher, Epizeuxis und des Parallelismus. In Lessings Texten wimmelt es geradezu von derartigen Figuren. Dabei kommt der dreimaligen Wiederholung ein und derselben lexikalischen und syntaktischen Einheit bzw. der dreifachen Anführung der Argumente besondere Bedeutung zu. Lessing setzt offenbar die Dreizahl als Inbegriff des Vollständigen und Ganzen bewußt ein, um der Argumentation eine schlüssige Wirkung zu verleihen.[14]

Seine unmittelbare Betroffenheit von den als barbarisch bewerteten deutschen Verhältnissen bringt Lessing nicht nur dadurch zum Ausdruck, daß er seine Ansicht ausschließlich in (drei) Ausrufesätzen äußert. Sie zeigt sich auch

---

[14] Hierauf verweist auch M. R. von Waldberg (Anm. 2), S. 114ff.

im Wechsel der Darbietungsweise vom unpersönlichen _es_ zum sich selbst einbeziehenden _wir_, wenn er auf Deutschland zu sprechen kommt. Im folgenden liefert er dann den Beweis für sein mit Bitterkeit gefälltes Urteil und bezieht dabei mit betonendem _Ich_ Standpunkt, indem er feuilletonistisch seine persönliche Sicht auf die deutschen Gegebenheiten einbringt (»Ich mag mich in Deutschland umsehen, wo ich will [...]«).[15] Lessing führt aus, daß sich in Deutschland keine Stadt finden würde, die einem deutschen Dichter auch »nur den tausendstel Teil der Achtung und Erkenntlichkeit« entgegenbringen würde, die Calais de Belloy entgegengebracht hatte. Er denkt hier zweifellos an die offensichtlich schon wenige Monate nach Beginn des Theaterprojektes gemachten mißlichen Erfahrungen mit dem Hamburger Patriziat. Lessing führt zwar antithetisch-einschränkend an, daß die Ehrbezeigung der Stadt Calais gegenüber de Belloy nur Ausdruck französischer Eitelkeit gewesen sein könnte, doch hebt er dies zugleich wieder auf: »[...] wie weit haben wir noch hin, ehe wir zu so einer Eitelkeit fähig sein werden!« Und mit einer elliptischen redesprachlich-rhetorischen Frage, die sich gleichsam an den Leser wendet (»Was Wunder auch?«) geht Lessing zu den Ursachen der bezeichneten Mißstände über: Nicht nur die Gelehrten Deutschlands würden der Theaterkunst mit Geringschätzung begegnen und die Nation darin bestärken, sich finanziell einträglicheren Dingen zuzuwenden, ebenso verhielten sich auch die gemeinen Bürger.

Lessing führt dies wiederum unter Verwendung lexikalischer und syntaktischer Anaphern sowie der Dreizahl bei der Nennung der Argumente an, nimmt aber schließlich noch eine Steigerung der rhetorischen Mittel vor: Nach dem Wunsch, »eine reiche blühende Stadt« möge »durch ihre bloße Teilnehmung« das Theater in Deutschland fördern, folgt eine durch Doppelpunkt und Gedankenstrich bezeichnete, Spannung erzeugende Pause. Sodann, mit der Aufforderung an den Leser, sich umzuhören und umzusehen, ob dieser Wunsch Erfüllung finden würde, geht Lessing zur szenischen Gestaltung des Textes über.[16] Er läßt den Wucherer Albinus aus der _Dichtkunst_ des Horaz auftreten und ausrufen: »Dem Himmel sei Dank, [...] daß unsere Bürger wichtigere Dinge zu tun haben!« Lessing entgegnet ihm – gleichsam in Parenthese – mit einem Zitat aus der _Dichtkunst_ des Horaz, das sich auf Albinus und

---

[15] Zur häufigen Verwendung feuilletonistischer Mittel bei Lessing siehe die instruktive Übersicht bei Werner Gaede: Die publizistische Technik in der Polemik Gotthold Ephraim Lessings. Diss. Berlin 1955, S. 78–102.

[16] Ein vor allem für Lessings Streitschriften typisches Verfahren. Siehe dazu Norbert W. Feinäugle: Lessings Streitschriften. Überlegungen zu Wesen und Methode der literarischen Polemik. In: Lessing Yearbook I (1969), S. 126–149.

dessen im Rechnen geübten Knaben bezieht (»- - Eu! / Rem poteris servare tuam! - -«), um dann in Frage-Antwort Albinus kommentierend zu korrigieren (»Wichtigere? Einträglichere; das gebe ich zu!«), die Schlußfolgerung zu ziehen (»Einträglich ist freilich unter uns nichts, was im geringsten mit den freien Künsten in Verbindung stehet.«) und sogleich - wieder mit Horaz - seine Abscheu über den nur auf Gelderwerb bedachten Bürger zu äußern (» - haec animos aerugo et cura peculi / Cum semel imbuerit - «). An dieser Stelle höchster Anschaulichkeit bemerkt Lessing, daß er sich von seinem eigentlichen Anliegen weit entfernt hat und bricht plötzlich ab (eine bei ihm durchaus nicht seltene Gepflogenheit), um zum Ursprung der Argumentation zurückzukehren: Der Feststellung »Doch ich vergesse mich.« folgt die an den Leser und sich selbst gerichtete Frage »Wie gehört das alles zur *Zelmire*?«

Lessing begibt sich zwar im folgenden Absatz zu seinem Ausgangspunkt, dem Dichter der *Zelmire*, zurück, doch nur, um die bisherige Problematik durch die Frage nach den Möglichkeiten für eine freie Schriftstellerexistenz zu ergänzen. Nicht ohne Neid blickt er dabei auf Dormont de Belloy, dem es gelungen war, nach abgebrochenem Jurastudium als freier Schriftsteller in seinem Vaterland zu Ruhm zu gelangen. Denn für Lessing galt schließlich das, was er schlußfolgernd am Ende dieses, den Lebensweg de Belloys überschauenden Abschnittes feststellen mußte: »Wehe dem jungen deutschen Genie, das diesen Weg einschlagen wollte! Verachtung und Bettelei würden sein gewissestes Los sein!« Lessing gelangt zu diesem Fazit unter Verwendung der schon beschriebenen strukturellen und sprachlichen Mittel. Die Argumentation folgt dem Schema Behauptung/Gegenthese, Beweis, vergleichende Schlußfolgerung, bedient sich der Figuren der Wiederholung und mündet in anprangernde Ausrufesätze.

Erst nach diesem breit angelegten Vorspann wendet sich Lessing im dritten Abschnitt dem Stück *Zelmire* zu. Er nutzt den Umstand, daß Dormont de Belloy mit dem *Zelmire*-Stoff frei umgegangen war, um eine dramentheoretische Problematik aufzuwerfen: die Frage nach den Gestaltungsmöglichkeiten historischer Stoffe durch den Tragödiendichter und nach den unterschiedlichen Wirkungsabsichten der Tragödie und der Geschichtsschreibung. Die Argumentation erhält nun eindeutig polemischen Zuschnitt, denn Lessing führt einen Dialogpartner ein, einen nicht näher bezeichneten Kunstrichter aus dem *Journal Encyclopédique*, um in Auseinandersetzung mit diesem eigene Positionen entwickeln zu können.[17] Wie so oft in der *Hamburgischen Dramaturgie* ist

---

[17] Zu diesem Verfahren Lessingscher Kritik siehe Lessings Äußerung im 70. Stück der *Hamburgischen Dramaturgie*, LM 6, S. 535.

nicht das aufgeführte Stück Gegenstand kritisch-ästhetischer Erörterung, sondern liefert hierfür nur den Anlaß. Zumeist wird ein mit dem betreffenden Schauspiel weitläufig in Verbindung stehendes Zitat zum Ausgangspunkt der theoretischen Diskussion. In der *Zelmire*-Besprechung beendet Lessing das 18. Stück mit der zitierenden Anführung des französischen Kunstrichters, fügt aber seine Meinung hierzu nicht an und erzeugt so beim Leser eine Erwartungshaltung bezüglich des 19. Stückes. Dieses beginnt jedoch überraschend mit einer logisch-sachlichen, das bewährte Argumentationsmuster (These/einschränkende Gegenthese, Beweis, Schlußfolgerung) verwendenden Passage über die *wahre* Art, Kunstkritik zu betreiben. Deren Mittelteil dient aber dazu, die Ausführungen des französischen Kunstrichters als exemplarisch für eine anmaßende, den eigenen Geschmack zum Maßstab erhebende Kritik zu kennzeichnen. Die Methode des Franzosen verwerfend, tritt Lessing für eine objektivierte Kritik ein, die sich an den Gesetzmäßigkeiten der jeweiligen Kunstgattung orientiert und nicht nach eigenem Gutdünken urteilt.

Erst nach diesem Exkurs setzt sich Lessing mit den Meinungen des zitierten Kritikers auseinander. Dabei greift er zum ersten Mal in der *Hamburgischen Dramaturgie* auf Aristoteles – hier als Repräsentanten *wahrer* Literaturkritik – zurück. Nach Ansicht des französischen Kunstrichters wäre es besser gewesen, wenn de Belloy einen historischen Stoff gestaltet hätte, denn die Tragödie hat für ihn die Aufgabe, die in der Geschichte vorhandenen »großen Handlungen wirklicher Helden zur Bewunderung und Nachahmung« darzustellen. Mit dieser Auffassung macht sich der Kunstrichter zum Sprecher des französischen Klassizismus und damit einer Dramaturgie, die in Deutschland durch die Vermittlung Gottscheds zur unumstößlichen Norm für den Tragödiendichter erhoben worden war. Sie hatte das Ziel, beim Zuschauer Bewunderung hervorzurufen für die auf der Bühne agierenden, der Geschichte entnommenen fürstlichen Heroen. Dies stand aber in grundlegendem Widerspruch zu der Auffassung vom Trauerspiel, die sich bei Lessing seit der Mitte der fünfziger Jahre allmählich herausgebildet hatte. Lessing ging es darum, nicht distanzschaffende Bewunderung zu erreichen, sondern über die Identifizierung vor allem bürgerlicher Rezipienten mit dem tragischen Schicksal unheroischer, schlechthin menschlich-natürlich empfindender Bühnengestalten, katharische Wirkungen zu erzielen, die für die Vermenschlichung der bestehenden feudalgesellschaftlichen Verhältnisse nutzbar gemacht werden sollten.[18] Das aber vermochten die Tragödien der französischen Klassizisten und ihrer deutschen

---

[18] Zu dieser Wirkungsstrategie Lessings siehe vor allem die Stücke 74–78 der *Hamburgischen Dramaturgie*.

Nacheiferer nicht zu leisten. In ihnen dominierte für Lessing die Darstellung heroischen Verhaltens und extremer, unnatürlicher Leidenschaften.[19] Ein Grundanliegen der *Hamburgischen Dramaturgie* war es daher, die bislang gängige Meinung von der Vollkommenheit des klassizistischen Dramas zu widerlegen[20] und so dessen Untauglichkeit für die Herausbildung einer nationalen Theaterkunst in Deutschland zu erweisen. Dies geschah vor allem dort, wo dieser Anspruch, wie bei Corneille, unter Berufung auf die *Poetik* des Aristoteles erhoben worden war,[21] die Lessing im Sinne seiner eigenen Trauerspieltheorie interpretiert wissen wollte und die ihm als »unfehlbares Werk«[22] galt. So entgegnet Lessing dem französischen Kritiker, Aristoteles habe längst entschieden, daß der Tragödiendichter mit dem geschichtlichen Stoff frei umgehen könne und die historische Wahrheit nicht einzuhalten brauche. Denn den Dramatiker interessiere nicht das historische Geschehen an sich; er greife es nur auf, um es seinen Absichten nutzbar zu machen. Lessing trägt dies streng logisch-sachlich in Form einer dreifachen Behauptung vor, die er einschränkend, dabei durch wörtliche und z. T. syntaktische Wiederholung Eindringlichkeit erzielend, erweitert.

Die folgenden wiederum zur lexikalischen und syntaktischen Wiederholung neigenden fünf Sätze wirken wie eine Beweisführung des Vorhergehenden. Die Glaubwürdigkeit historischer Begebenheiten wird in Frage gestellt und die innere Wahrscheinlichkeit zum alleinigen Wahrheitskriterium für dramatische und geschichtliche Handlungen erhoben. Indem Lessing hierfür ausschließlich die Frageform wählt, wobei Fragen an den Leser wechseln mit rhetorischen, die Antwort bereits gebenden Fragen, wird Lebendigkeit in der Diktion und der Einbezug des Lesers erreicht. Auch wechselt Lessing einmal mehr den Autorenstandpunkt und geht zum kollektiven, sich mit dem Leser verbindenden *wir* über. Die in Antithesen vorgetragene Schlußfolgerung grenzt die Tragödie von der Historie (bzw. deren Darbietung in der einschlägigen Geschichtsschreibung) unter funktionalem Aspekt ab und mündet, wie so oft bei Lessing, in eine sentenzartige Verallgemeinerung. Es sind die berühmten Worte:

> Die Absicht der Tragödie ist weit philosophischer, als die Absicht der Geschichte; und es heißt sie von ihrer wahren Würde herabsetzen, wenn man sie zu einem bloßen Panegyrikus berühmter Männer macht, oder sie gar den Nationalstolz zu nähren mißbraucht.

---

[19] Vgl. hierzu z. B. die Interpretation von Corneilles *Rodogune* im 29.–32. Stück.
[20] Siehe ebd., sowie 101.–104. Stück und 81. Stück, B 6, S. 686–688 und 586ff.
[21] Siehe vor allem das 75.–83. Stück.
[22] 101.–104. Stück, B 6, S. 686.

Die Tragödie (und damit die Dichtkunst überhaupt) verfolgte für Lessing einen menschlicheren Zweck als die Geschichtsschreibung, die bis zu diesem Zeitpunkt vor allem Dynastiengeschichte war. Indem in den Geschichtswerken die Verherrlichung der Fürsten durch Darstellung von Heldentaten betrieben wurde, waren sie in der Tat ein »Panegyrikus berühmter Männer« und dienten somit der Festschreibung der feudalständischen Ordnung. Wurde eine derartige Zwecksetzung nun gar auf die Tragödie übertragen, wie es der französische Kritiker tat, wurden die für Lessing unterschiedlichen Zielstellungen der Geschichtsschreibung und der dramatischen Dichtkunst unter Verkennung ihrer Spezifik miteinander vermengt, so mußte das den Widerspruch Lessings hervorrufen, der mit der Tragödie gerade die entgegengesetzte Absicht verband. Auf dem Theater sollte eben nicht »das Andenken großer Männer« erhalten werden. Es sollte nicht zeigen, »was dieser oder jener einzelne Mensch getan hat, sondern was ein jeder Mensch von einem gewissen Charakter unter gewissen gegebenen Umständen tun werde.« Das Bühnengeschehen sollte dem Zuschauer über die Gestaltung verallgemeinerungsfähiger menschlicher Schicksale identifizierende Anteilnahme ermöglichen, ihn emotional läutern, moralisch bessern und so – über die Vermenschlichung des Individuums – zur Humanisierung der Feudalgesellschaft beitragen. Das aber war für Lessing nicht möglich, wenn auserwählte historische Persönlichkeiten heroisch und mit extremen Leidenschaften versehen vorgeführt wurden. Stattdessen sollte natürlich-menschliches Verhalten vorwiegend bürgerlicher Gestalten die Bühne beherrschen. Lessings Argumentation in der *Zelmire*-Besprechung ist damit eine eindeutige Absage an die Doktrin der Ständeklausel und eine heroische, das Laster nicht selten in grellen Affekten poetisierende Heldengestaltung, wie er sie bei den französischen Klassizisten sah.[23] Zugleich ist sie ein nachdrücklicher Hinweis auf die unterschiedlichen Gegenstände und Wirkungsmöglichkeiten poetischer und wissenschaftlicher Texte und belegt eine der wichtigsten literaturtheoretischen Leistungen Lessings: die Herauslösung der Dichtkunst aus dem umfassenden, künstlerische und nichtkünstlerische Texte funktional nivellierenden Literaturverständnis seiner Zeit.

Der folgende Abschnitt wirkt, ähnlich den Ausführungen im 18. Stück über die freie Schriftstellerexistenz, wie ein Nachtrag zur vorhergehenden Thematik. Es bezeugt die Differenziertheit der Lessingschen Kritik, wenn er seinem Gegner nunmehr zustimmt, daß die Handlung der *Zelmire* zu viele Unwahrscheinlichkeiten aufweise und damit keine illusionierend-anteilnehmende Wirkung beim Zuschauer hervorrufen könne. Lessing argumentiert wieder

---

[23] Vgl. hierzu auch die entsprechenden Passagen zur Heldenwahl in den Stücken 14, 29–32 und 75.

unter freier Verwendung des schon beschriebenen dreiteiligen Schemas. Auf die indirekt wiedergegebene Meinung des Franzosen folgt eine exemplarische Beweisführung, die in ihrer aufgelockerten Form mit der des vorhergehenden Abschnitts korrespondiert; mit dem Unterschied, daß statt der Fragesätze hier ausschließlich Ausrufe stehen. Dies geschieht, wie auch in der Schlußfolgerung, in anaphorischer und epipherischer Wortwahl und mit Tendenz zum wiederholenden Satzbau. Schließlich beendet Lessing die Auseinandersetzung mit dem französischen Kritiker, wie er sie begonnen hat, mit einem längeren Zitat, das diesmal aber, als positive Illustration zur eben gezogenen Schlußfolgerung, die Unnatürlichkeiten der Handlungsführung in der *Zelmire* veranschaulichen soll.

Wie so oft in seinen Kritiken in der *Hamburgischen Dramaturgie* geht Lessing auch noch auf die Übersetzung des Stückes und die Leistungen der Schauspieler ein. Dabei wird ein weiterer Grundzug seiner Rezensionen deutlich: Lessing beschäftigt sich mit einer Vielzahl unterschiedlicher Aspekte der Aufführung des Stückes. Er beschränkt sich nicht auf dramentheoretische Fragestellungen, sondern versucht umfassend für die Herausbildung einer nationalen Bühnenkunst in Deutschland zu wirken. Das Spektrum der angesprochenen Probleme reicht dabei von der prägnanten Wahl des Dramentitels (*Rodogune*-Kritik) bis zur grundsätzlichen Betrachtung des Verhältnisses von Theater und Nation und erfaßt neben den bereits angeführten Themen auch die Dramensprache, das Schauspielerverhalten und sogar die Bühnenmusik (26./27. Stück). In jedem Falle aber entwickelt Lessing aus der kritischen Bewertung der aufgeworfenen Fragen programmatische Forderungen. Diese haben nur ein Ziel: die Erhöhung der Wirksamkeit des Theatererlebnisses zu dem oben beschriebenen Zweck.

Die durchgängige Dominanz funktionalen Herangehens in der *Zelmire*-Besprechung bezeugen auch die Äußerungen Lessings zur Dramenübersetzung. Entscheidend für die Sprachform der Übersetzung wie des Originals sei, daß eine ausdrucksstarke, an der Alltagssprache orientierte Sprache gewählt werde, die dem Schauspieler die Deklamation erleichtere. Wieder den Dialog mit dem Leser anstrebend und unter Verwendung der bereits mehrfach charakterisierten stilistischen Mittel[24] formuliert Lessing sein eigenes, auch in der *Hamburgischen Dramaturgie* praktiziertes Sprachideal als Forderung für die Dramensprache.

---

[24] Wie dies geschieht, kann hier aus Platzgründen und um Wiederholungen zu vermeiden, nicht näher ausgeführt werden.

Die genannten sprachlich-strukturellen Eigenheiten bestimmen auch Lessings abschließende Beurteilung von David Borchers, der den Antenor spielte. Borchers wird zum Prototyp des engagierten Schauspielers erhoben, der mit seinem guten Gedächtnis, seiner geeigneten Stimme und seinem ungezwungenen Spiel über drei wesentliche Voraussetzungen wirksamer Schauspielkunst verfüge. Da Lessing für den Darsteller nur lobende Worte findet, Polemisches folglich fehlt, erscheint die Überzeugungsrede hier relativ abgeschwächt.

Register

Namenregister

Werkregister

Titel von Werken, die nur genannt und nicht auch besprochen werden, wurden nicht berücksichtigt.